NATURWISSENSCHAFTEN
ganz leicht

HOLST · AMANN · SCHUMANN

NATURWISSENSCHAFTEN
ganz leicht

impian

Genehmigte Lizenzausgabe für Impian GmbH, Hamburg, 2020
© mitp Verlag, Frechen

Lektorat: Katja Schrey
Umschlaggestaltung: Nele Schütz Design, München
unter Verwendung von Shutterstock/Tartila/Alhovic
Herstellung: Mona Heylmann
Satz: DREI-SATZ, Husby
Druck: CPI books GmbH, Leck
Printed in Germany

ISBN 978-3-96269-100-4

www.impian.de

PHYSIK
ganz leicht

Inhalt

1

2

3

4

5

6

7

8

9

10

11

12

13

14

15

Vorwort

»Physik ist Mathematik, Physik ist nur was für Jungen und Physik, das ist mir viel zu kompliziert.« Das sagen vielleicht sogar deine Eltern, weil sie das Fach Physik so in der Schule kennen gelernt haben. Das ist aber alles Quatsch.

Blitz und Donner bei einem Gewitter, der anschließend zu beobachtende Regenbogen, die gerötete Haut nach einem ausgiebigen Sonnenbad, Sonnen- und Mondfinsternis, eine unübersehbare Fülle von *Naturerscheinungen*, die uns umgibt, läuft nicht regellos ab, sondern wird durch *Naturgesetze* beschrieben. Die Erforschung dieser Naturgesetze hat die Physiker in den letzten 300 Jahren immer weiter in die größten und die kleinsten Bereiche der Natur geführt. Die Kenntnis der Naturgesetze hat es der Menschheit zunächst ermöglicht, die *Naturerscheinungen zu verstehen* und sie nicht als das Wirken unbegreiflicher Gewalten zu sehen. Später führte das Verständnis der Naturgesetze zur *technischen Beherrschung* vieler Naturvorgänge (selbst gemachte Blitze lassen sich in Museen betrachten, Bräunungslampen wurden entwickelt, Weltraumfahrten wie die Mondlandung wurden durchgeführt und weitere Ausflüge zu erreichbaren Planeten sind geplant).

> Die Physik befasst sich mit der Erforschung der Naturgesetze und der Beschreibung der Naturerscheinungen mit Hilfe dieser Gesetze.

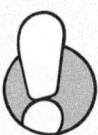

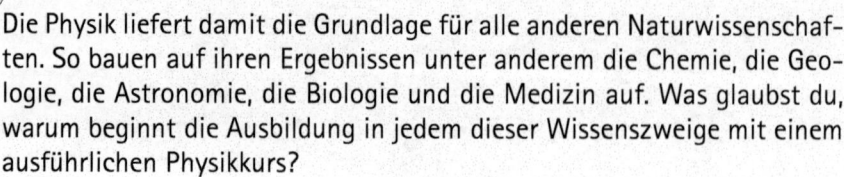

Die Physik liefert damit die Grundlage für alle anderen Naturwissenschaften. So bauen auf ihren Ergebnissen unter anderem die Chemie, die Geologie, die Astronomie, die Biologie und die Medizin auf. Was glaubst du, warum beginnt die Ausbildung in jedem dieser Wissenszweige mit einem ausführlichen Physikkurs?

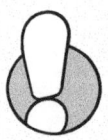

Die Physik bildet die Grundlage für alle Naturwissenschaften und deren Anwendungen.

Ganz ohne Physikkurs, aber durch Beobachtung seiner Umwelt, gelang Jim Knopf eine technische Glanzleistung. Lucas der Lokomotivführer in der Geschichte »Jim Knopf und die Wilde 13« von Michael Ende baute eine Lokomotive in eine Maschine um, die, einmal in Gang gesetzt, ganz von selbst weiterlaufen konnte.

Solche Maschinen werden Perpetuum mobile genannt und du als geschulter Physiker (nachdem du dich in diesem Buch mit Physik vertraut gemacht hast) wirst über solche Menschen lachen, die versuchen, Maschinen zu bauen, die ohne »Brennstoff« funktionieren.

Bevor du als Physiker entscheidest, ob etwas »geht oder nicht«, untersuchst du die Natur und versuchst, die beobachteten Zusammenhänge zu klären.

Mit einer Lupe kannst du die Dicke eines Haares bestimmen, das Bild der Sonne auf ein weißes Blatt Papier brennen und die Buchstaben eines Zeitungsartikels Kopf stehen lassen. Betrachtest du nacheinander mehrere Male mit einem Fernglas den Vollmond, so stellst du fest, dass er uns immer das gleiche Gesicht zeigt.

Diese Untersuchungen im Kleinen wie im Großen sind Hauptaufgabe physikalischer Forschung. Physikalische Forschung wie die lebensrettende Crashfestigkeit von Fahrzeugen heißt für dich Experimente durchführen und dann dem gestellten Problem »zu Leibe rücken«.

Wie ein Physiker dem Problem zu Leibe rückt, stellte schon René Descartes (1596–1650), Philosoph und Mathematiker, in drei Regeln auf.

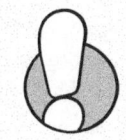

1. Regel

Hüte dich vor jeder Übereilung und vorgefassten Meinung und halte nur das für wahr, was man wirklich eingesehen hat.

2. Regel

Zerlege jedes Problem in einzelne Teilprobleme, damit die Lösung dadurch erleichtert wird.

3. Regel

Beginne immer beim Einfachsten, welches leicht einzusehen ist, und gehe schrittweise zu Komplizierterem vor.

Was heißt eigentlich Physik?

Die griechischen Philosophen (Freunde der Weisheit) beobachteten die unbelebte Natur im Kleinen (wie sind die Dinge um uns herum aufgebaut) und im Großen (was hält die Planeten, die Sterne und unser Universum zusammen). Sie suchten nach Kräften für diesen Zusammenhalt. So heißt dann auch in der griechischen Sprache »physis« Kraft.

Es besteht heute guter Grund zu der Annahme, dass die Naturgesetze überall im Universum gelten und sich auch im Laufe der Zeit nicht ändern werden.

Die ersten Anfänge der Physik gehen bis in das Altertum zurück. Im Laufe der Jahrhunderte entstehen dann die Teilgebiete der Physik, wie

◇ Mechanik

◇ Wärmelehre

◇ Optik

◇ Elektrizität

◇ Magnetismus

◇ Astronomie

◇ Atomphysik

◇ Relativitätstheorie

Die Physik des 20. Jahrhunderts wird durch zwei Entwicklungsrichtungen gekennzeichnet. Die erste Entwicklungsrichtung betrifft die Erforschung des Aufbaus der Materie. Die Anwendung neuer Erkenntnisse bleibt nicht ohne Folgen für die Menschheit; die Atombombe wird entwickelt und zum Schrecken aller eingesetzt, neue Werkstoffe werden für friedliche und militärische Einsätze entwickelt und führen zu einer ganz neuen Art von Technologie, der Nanotechnologie. Die zweite Entwicklungsrichtung betrifft die Erforschung der Sterne und des Weltalls.

Diese stürmische Entwicklung der Naturwissenschaften in den letzten Jahrzehnten ist nicht ohne Gefahr, wie die Probleme der *Umweltverschmutzung* und der *Rohstoff-* und *Energieverknappung* zeigen. Die Lösung dieser Probleme erwartet man heute größtenteils von den Naturwissenschaften und der Technik. Weil wir alle auf dem »Raumschiff Erde« leben und von seinem Schicksal abhängen, besteht eigentlich für jeden die Notwendigkeit, sich mit Möglichkeiten und Grenzen der Naturwissenschaften zu befassen.

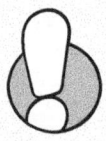

Die Naturwissenschaft und die Technik beeinflussen das Geschick der Menschen wie nie zuvor.

Ich möchte dich in diesem Buch mitnehmen auf eine Reise durch die Physik, damit du abschließend hoffentlich den Eindruck gewinnst:

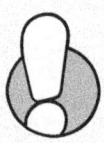

Physik ist nicht Mathematik, Physik ist nicht kompliziert und Physik ist für jedermann.

Was bietet dir dieses Buch?

Alle Teilgebiete der Physik wirst du in den einzelnen Kapiteln nicht kennen lernen (so ein Buch wäre dann ein richtiger Schinken); dafür aber *wie*

◇ Physiker arbeiteten

◇ Physiker sich untereinander verständigen

◇ Physiker »rechnen«

◇ Physiker sich »Bilder« von der Natur machen

◇ die Geschichte der Menschen die Physik veränderte

Einleitung

Wie arbeitest du mit diesem Buch?

Dieses Buch ist ein Informations- und Arbeitsbuch zugleich. Viele Themen habe ich geschlossen dargestellt, sodass du einzelne Kapitel überspringen kannst. Blätterst du einfach nur so in dem Buch, findest du einige immer wiederkehrende Symbole, die ich dir hier näher erläutern möchte:

Hier findest du am Anfang eines Kapitels Informationen, die dich auf das folgende Thema neugierig machen sollen. Vielleicht hast du etwas Ähnliches gerade auch in der Zeitung, der Tagesschau oder im Internet gefunden.

Wenn der Hund Buffi inmitten eines Kapitel auftaucht, werden dir hier Zusammenhänge erklärt sowie neue Begriffe und Arbeitsweisen erläutert. Wenn es mal wieder schnell gehen soll, kannst du genau hier das Wichtigste und Wesentliche nachlesen.

Experimente spielen in der Physik eine wichtige Rolle. Die Versuchsanleitung zu vielen einfachen spannenden Freihandversuchen findest du in dieser Box.

Physiker messen, aber wie? In dieser Box erfährst du, wie Messgrößen festgelegt und verglichen werden. Von der Messgröße zu einer Formel ist es dann nur noch ein kleiner Schritt. Keine Angst! Merksätze, Tabellen und Grafiken sollen dich in der Ausbildung zum Physiker an dieser Stelle unterstützen.

Ich zeige dir, wie man ein physikalisches Problem löst oder eine Formel herleitet. Schau dir den Lösungsweg genau an, denn dann bist du auf Fragen und Aufgaben zum Kapitel gut vorbereitet.

Fragen und Aufgaben

Vielleicht möchtest du auf der nächsten Geburtstagsfete oder sogar im Physikunterricht die eine oder andere Knobelaufgabe stellen und dann selbst lösen? Hier findest du genug »Stoff« am Ende eines Kapitels. Die Lösungen dazu findest du am Ende des Buches.

Was brauchst du für dieses Buch?

In vielen Fällen brauchst du **Experimentiermaterial** (also die Sachen für den Versuch). Welche Sachen im Einzelnen gebraucht werden, kannst du aus der **Box mit der Glühbirne** entnehmen. In der Regel handelt es hier um Haushaltsgegenstände, wie Glasflaschen, Becher, Korken, Wasser und so weiter.

Bleistift, Lineal und ein **karierter Block** zum Schreiben sowie auch ein **Taschenrechner** können nicht schaden. Oft brauchst du einen **Partner** (manchmal ist sogar ein Erwachsener nötig) für die Experimente, aber im Team macht es überhaupt mehr Spaß zu arbeiten.

Physiker hinterlassen Spuren (denke nur an die Namen berühmter Forscher wie Albert Einstein oder Leonardo da Vinci). Begib dich nun auf die Spurensuche!

Bist du bereit?

Abb.: So denkt Einstein.

1

Mit zweierlei Maß gemessen

Als im 17. und 18. Jahrhundert noch jeder Landesfürst sein Recht auf Münz- und Maßfreiheit wahrnahm, gab es nahezu 132 verschiedene Ellenmaße (die Elle bezeichnet den Abstand zwischen der Spitze des Zeigefingers und dem Ellenbogen eines Armes). Kaufte nun jemand Stoff, so wurde in einer Handelsstadt mit einem hölzernen Stab, der Leinwand-Elle (63 cm) abgemessen. Fühlte sich ein Händler unbeobachtet, griff er schon mal unauffällig zu der kürzeren Handels-Elle (58 cm) und maß damit weiter. Er hatte mit zweierlei Maß gemessen.

Glaubst du, dass so etwas heute passieren kann? Zentimetermaßstäbe, Uhren und Waagen sind immer geeicht (TÜV-geprüft und verlässlich). Der Weg zu einer einheitlichen Messung war ein langer Weg .

In diesem Kapitel möchte dich mitnehmen auf diesen Weg über

◎ menschgemachte Messgrößen

◎ Reaktionszeiten

◎ Absprachen in der Physik

◎ erste Formeln

1

Was ist eigentlich eine Sekunde?

Wie schnell ein Mensch reagiert, kann über Leben und Tod entscheiden. Mit dem folgenden Versuch kannst du ohne großen technischen Aufwand die Reaktionszeit messen.

Versuch 1

Die jeweilige Testperson (dein Großvater oder Bruder oder ...) soll ein nach unten fallendes Lineal möglichst schnell auffangen. Dazu hältst du als der Tester (linke Hand) ein Lineal zwischen Daumen und Zeigefinger deiner Versuchsperson (rechte Hand). Lenke die Versuchsperson etwas ab und lasse das Lineal fallen.

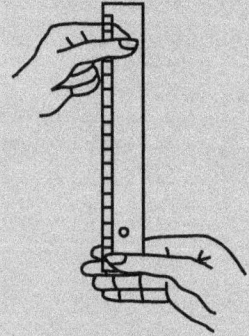

Abb. 1.1: Ermittlung der Reaktionszeit

Je schneller die Testperson zugreift, desto geringer ist die Falltiefe des Lineals und desto kürzer ist die Reaktionszeit.

Versuch 2

Wiederhole diesen Versuch mit einer Spielkarte aus einem Skatblatt.

Versuch 3

Fühle deinen Puls am Handgelenk (lege dazu den Zeige- und Mittelfinger der linken Hand gleichzeitig auf die Innenseite des rechten Unterarms direkt unterhalb des Handgelenkes). Wenn das nicht gleich klappt, bitte doch einen Erwachsenen um Hilfe.

Deine *Messungen* liefern vielleicht 11 cm Fallstrecke des Lineals, das in der Regel ein guter Wert für eine Reaktionszeit ist.

> Ein Physiker ist bei seiner Arbeit auf Messungen angewiesen. Zu jeder Messung benötigt er eine Messgröße, eine Maßeinheit und ein Messgerät.

Was denkst du, wird Zeit in Zentimeter angegeben? Welche Messgeräte sich für die Zeit- und Längenmessung eignen und in welcher Maßeinheit diese Größen heute nach internationalen Vereinbarungen ermittelt werden, erfährst du auf einer Reise durch die Geschichte der *Maßbänder*, die von Menschen entdeckt und festgelegt wurden.

Menschliche Maße

Eine Sekunde entspricht etwa der Dauer eines Herzschlages als auch dem Zeitbedarf eines menschlichen Schrittes beim normalen Gehen. Der Schiedsrichter in einem Fußballspiel schreitet bei einem Freistoß die neun Meter mit weiten Schritten ab, seine Schrittweite beträgt etwa ein Meter. Ebenso wie das Meter und die Sekunde scheint auch das Kilogramm eine menschliche Größe zu sein.

Wir nehmen täglich ungefähr ein Kilogramm feste und ein Kilogramm flüssige Nahrung zu uns und müssen diese Massen auch täglich wieder abgeben. Vielleicht sind unsere Armmuskeln deshalb vorsorglich mit einer Muskelkraft ausgestattet, die es uns erlaubt, ein Kilogramm Zucker oder Mehl mühelos zu heben.

Nun kannst du dir vorstellen, dass der Puls ebenso wie die Schrittweite von Menschen unterschiedlich sein können, ganz zu schweigen von der Menge, die wir täglich so »verputzen«.

Die Zeitmessung

Zeiten werden mit Uhren gemessen. Diese zählen Vorgänge, die sich regelmäßig wiederholen, wie Schwingungen von Pendeln oder Quarzen.

1

Für die Zeiteinheiten werden noch heute Bezeichnungen von Vorgängen benutzt, die schon im Altertum verwendet wurden: Mond und Sonne bestimmen den ständig wiederkehrenden Tageslauf, die Mondphasen und den Jahreslauf.

Es gelten heute die Beziehungen:

1 d (Tag) = 24 h (Stunden) = 1440 min (Minuten) = 86400 s (Sekunden)

Die Maßeinheit für die Zeit ist die Sekunde. Lege ich die Bewegung der Erde um die Sonne zugrunde, dann wird die Sekunde wie folgt festgelegt.

1 Sekunde (1 s) ist der 86400ste Teil eines mittleren Sonnentages.

Bei Abschluss von Kaufverträgen, die an einen Termin gebunden sind, gilt diese Festlegung immer noch, denn Kaufleute haben eine etwas andere Zeitrechnung.

Das Wirtschaftsjahr besitzt 360 Tage mit 12 Monaten, wobei jeder Monat mit gleich vielen Tagen (nämlich 30) berücksichtigt wird. 24 Stunden machen einen Tag aus, 60 Minuten eine Stunde und 60 Sekunden eine Minute. Wir rechnen:

Ein Jahr: $1a = 60 \cdot 60 \cdot 24 \cdot 30 \cdot 12s = 86400s$.

Das Formelsymbol (auch Größensymbol) für den Zeitraum ein Jahr ist: 1 a (lat. Anno).

Heutzutage ermittelt man Zeiten (eben auch Reaktionszeiten) mit elektronischen Präzisionsuhren, deren Anzeigewerte von Menschen und Witterung unabhängig sind.

Abb. 1.2: Anzeige eines digitalen Weckers

Eine einfache Form von Uhren, die Sonnenuhr, war bereits vor 6000 Jahren in Gebrauch. Man steckte einen Stab (Gnomon) in den Boden und las die Zeit aus der Lage des Schattens ab. Wenn der Schatten eines Stabes oder Säule (Obelisk) am kürzesten war, so war es Mittag. Die Römer teilten die Zeit zwischen zwei Sonnenhöchstständen in 24 Stunden auf.

Atomuhren gehen noch genauer

Schwingung von Pendeln, Drehung der Erde, jetzt dreht sich auch mir schon der Kopf.

Den Wissenschaftlern aber noch lange nicht. In der Geschichte der Zeitmessung hat eine Erhöhung der Taktfrequenz von Uhren immer zu höherer Genauigkeit von Uhren geführt. Kannst du dich noch an alte Penduhren erinnern, die jede Woche einmal aufgezogen werden mussten und jeweils etwa eine Minute nachgingen?

Die besten Uhren im Pariser Observatorium funktionieren bisher mit einer Abweichung von einer Sekunde alle 52 000 000 (also 52 Millionen) Jahre. Waren es früher Pendel (auch in einer Taschenuhr finden wir ein Pendel, nur ist dieses drehbar gelagert und wird Unruh genannt), die eine Uhr antrieben, sind es heute Vibrationen von Kristallen und Schwingungen von Atomen.

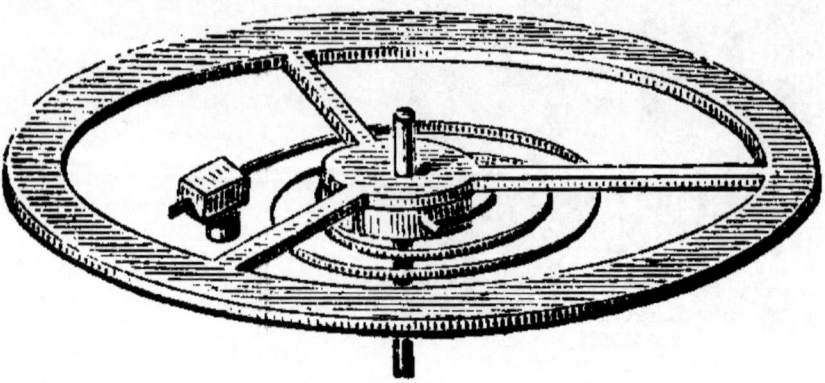

Abb. 1.3: Unruh (Drehpendel)

Grundlagen zur Zeitmessung

Die Hin- und Herbewegung eines *Pendels* wird *Schwingung* genannt. *Schwingende Kristalle* zeigen Schwingungen von 1000 bis mehreren Millionen Schwingungen pro Sekunde.

Atome können noch viel »schneller« schwingen.

Seit 1967 gilt: Eine Sekunde ist dann vergangen, wenn ein Cäsium-Atom sich gerade 9.192.631.770 Mal hin- und herbewegt hat.

Die Längenmessung

Zum Messen von Längen benutzen wir die Skala auf einem Lineal, Maß-band oder Zollstock. Die kleinste auf der Skala markierte Länge ist die Einheit. Das Messergebnis besteht dann aus der Angabe von Vielfachen dieser Einheit.

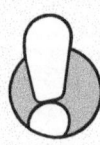

Vielfaches einer Einheit

1,83 m Körpergröße bedeutet 183 Mal 1 cm. Genauer sieht es dann so aus:

1,835 m Körpergröße bedeutet 1835 Mal 1 mm.

Unser Maß- und Gewichtssystem wurde nach der Französischen Revolution von der Pariser Akademie der Wissenschaften festgelegt. Als Maßeinheit für die Länge entschied man sich für das Meter.

> Ein Meter (1 m) ist jene Länge, die ein in Paris gelagerter Platinstab (das so genannte Pariser Urmeter) bei 0° C hat. Es ist etwa der zehnmillionste Teil eines Viertels des Erdumfanges (so ein Viertel nennt man Erdmeridianquadrant).

Diese Vereinbarung war äußerst wichtig und notwendig. Bei der Benutzung von Längeneinheiten gab es früher erhebliche Unsicherheiten. Jedes Königreich legte nach eigenen Gutdünken Körpermaße fest.

Was man unter Körpermaßen versteht

Körpermaße bestimmten schon im Altertum die Längenmessung. Elle und Fuß haben wir den Ägyptern zu verdanken, die Griechen führten das Stadion (180 m) ein, nämlich eine Strecke, die ein geübter Läufer schnell zurücklegen kann.

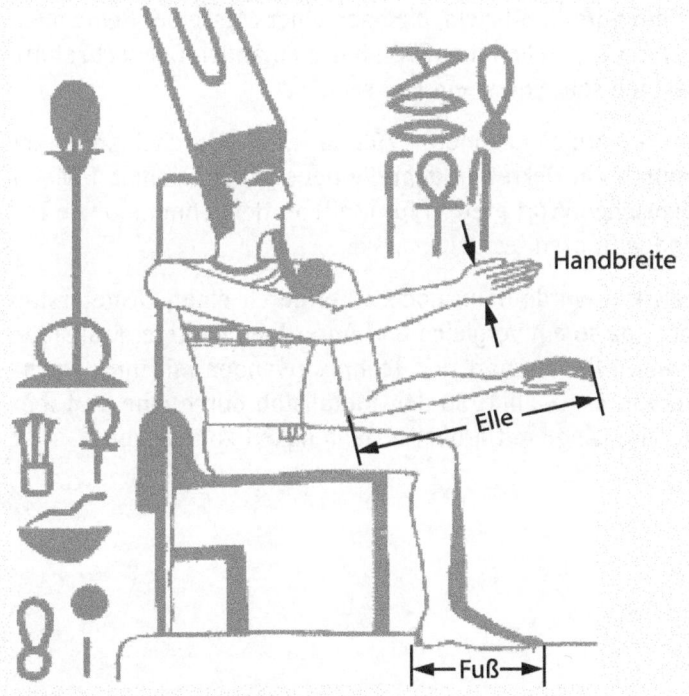

Handbreite

Elle

Fuß

Abb. 1.4:
Entstehung von
Körpermaßen

Die Römer fügten zur Messung großer Entfernungen in ihrem Straßennetz die Meile als neues Längenmaß hinzu.

Zu Lebzeiten versuchten Könige immer wieder, in ihrem Reich das Messwesen zu vereinheitlichen, wie Karl der Große mit der Einheit Fuß seiner Schuhgröße. Viele Herrscher nahmen sich des Problems an. Heinrich I. von England führte im Jahre 1101 die Längeneinheit Yard (Abstand von seiner Nasenspitze bis zum Daumen seines ausgestreckten Armes) und Inch (Breite seines Daumens) ein. Eine aus heutiger Sicht witzige Idee ersann Eduard II. von England, indem er drei hintereinander gelegte Gerstenkörner zur Länge von einem Zoll erklärte.

1 yard

1 inch

Abb. 1.5:
Yard und Inch

An Stelle eines Körpermaßes schlug der Mathematiker J. Kölbel ein Naturmaß vor: 16 Männer groß und klein, die nach einer Messe der Reihe nach aus der Kirche kommen, stellen ihre Füße hintereinander. Der sechzehnte Teil der Gesamtlänge sollte dann ein Fuß sein.

Ludwig XVI. von Frankreich beendete 1793 das große Durcheinander der Maßeinheiten durch ein Dekret, in dem die neue Längeneinheit 1 Meter (nach dem griechischen Wort metron für Maß) als der zehnmillionste Teil des Erdmeridianquadranten festgelegt wird.

Dieser Naturmaßstab wurde dann noch 1799 durch einen **Urmeterstab** aus **Platin** ersetzt, da so ein Vergleich und Anfertigen weiterer Maßstäbe leicht möglich war. Wissenschaft und Technik zwangen mit ihrer wachsenden Anforderung dazu, ab 1960 den Metallstab durch eine im Labor jederzeit erzeugbare Länge mit größerer Genauigkeit zu ersetzen.

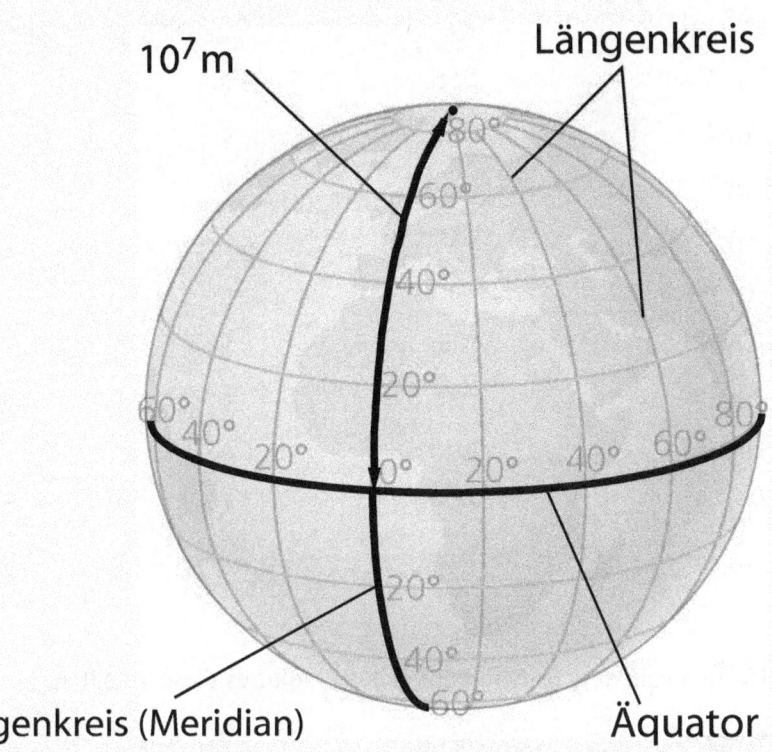

10^7 m

Längenkreis

Längenkreis (Meridian)

Äquator

Abb. 1.6: Ein Viertel des Erdumfangs

Heute wird die Längeneinheit als die Strecke festgelegt, die Licht in der Zeit t = 1/299 792 458 s zurücklegt. Die Lichtgeschwindigkeit mit dem Zahlenwert »299 792 458« ist eine Naturkonstante.

Weil die Längeneinheit 1 m für viele Zwecke zu groß oder zu klein ist, sind davon auch Vielfache oder Teile mit der Zahl 10 erlaubt. Sie werden durch Buchstaben vor der Einheit angegeben:

1 m = 100 cm = 1000 mm

Potenz	Name	Zeichen
10^{-1}	Dezi	d
10^{-2}	Zenti	c
10^{-3}	Milli	m
10^{-6}	Mikro	μ
10^{-9}	Nano	n
10^{-12}	Piko	p
10^{-15}	Femto	f
10^{-18}	Atto	a
10^{-21}	Zepto	z
10^{-24}	Yocto	y

Für den Fall, dass es mal mehr sein soll, gibt es diese Vorsätze:

Potenz	Name	Zeichen
10^{24}	Yotta	Y
10^{21}	Zetta	Z
10^{18}	Exa	E
10^{15}	Peta	P
10^{12}	Tera	T
10^{9}	Giga	G
10^{6}	Mega	M
10^{3}	Kilo	k
10^{2}	Hekto	h
10^{1}	Deka	da

Masse statt Klasse

Ich möchte dich jetzt nicht noch weiter mit der Geschichte der Maßstäbe langweilen, aber dennoch zur Angabe der **Menge** (der Physiker nennt die *Menge einer Sache* die *Masse eines Stoffes*) so viel:

Bring mir bitte ein halbes Pfund Butter und drei Pfund Tomaten mit, hätte dir wahrscheinlich deine Urgroßmutter auf einen Einkaufszettel geschrieben. Unter einem Pfund verstehen wir in Deutschland 500 Gramm, in England beträgt ein Pound 453,6 Gramm.

Auch hier musste eine Regelung her. Das »Urkilogramm« wird in einem Labor bei Paris unter einer doppelten Käseglocke aufbewahrt; eine Kopie dieses Urkilogramm befindet sich auch in Deutschland und wird etwa alle zehn Jahre mit dem Urkilogramm aus Paris verglichen.

Auf die Verständigung kommt es an

1998 ging folgende spektakuläre Mitteilung durch die Presse:

»Fehler bei der Umrechnung führten zum Verglühen der Sonde Mars Climate Orbiter ...

... aber auch die Amerikaner hatten einige Rückschläge (bei der Raumfahrt) zu verkraften, wobei der peinlichste Fehler sich bei der Mars-Climate-Orbiter-Mission ereignete. Die NASA-Mitarbeiter machten Fehler bei der Umrechnung von Einheiten und der Marsboden war dann da, wo er eigentlich nicht sein sollte. Wie konnte dies geschehen?

Die Firma Lockhead Astronautics fertigte ein Computerprogramm mit den Werten im englischen Maß (Pound, Inch, ...), während das ebenfalls am Projekt beteiligte Jet Propulsion Laboratory ein Computermodell erstellte, das Werte im metrischen Maß (Kilogramm, Meter, Sekunde, ...) erwartete.«

Der peinliche Vorfall der Mars-Mission zeigt dir, wie wichtig es ist, dass alle Welt mit gleichem Maß misst. Das neue Maß Meter wurde zur Grundlage des internationalen metrischen dezimalen Maßsystems. 1960 wurde es unter dem Namen »Systeme International d'Unites« (SI) aus der Taufe gehoben, das auf sieben Basiseinheiten, darunter Kilogramm, Meter und Sekunde beruht.

Die SI-Einheiten im Einzelnen

Basisgröße	Basiseinheit	Zeichen	Definition
Länge	Meter	m	Das Meter ist die Länge der Strecke, die Licht im Vakuum während der Dauer von 1/299792458 Sekunden durchläuft.
Masse	Kilogramm	kg	Das Kilogramm ist die Einheit der Masse; es ist gleich der Masse des Internationalen Kilogrammprototyps.
Zeit	Sekunde	s	Die Sekunde ist das 9192631770fache der Periodendauer der dem Übergang zwischen den beiden Hyperfeinstrukturniveaus des Grundzustandes von Atomen des Nuklids ^{133}Cs entsprechenden Strahlung.
elektrische Stromstärke	Ampere	A	Das Ampere ist die Stärke eines konstanten elektrischen Stromes, der, durch zwei parallele, geradlinige, unendlich lange und im Vakuum im Abstand von einem Meter voneinander angeordnete Leiter von vernachlässigbar kleinem, kreisförmigem Querschnitt fließend, zwischen diesen Leitern je einem Meter Leiterlänge die Kraft $2 \cdot 10^{-7}$ (0,0000002) Newton hervorrufen würde.

Basisgröße	Basiseinheit	Zeichen	Definition
Temperatur	Kelvin	K	Das Kelvin, die Einheit der thermodynamischen Temperatur, ist der 273,16te Teil der thermodynamischen Temperatur des Tripelpunktes des Wassers.
Stoffmenge	Mol	mol	Das Mol ist die Stoffmenge eines Systems, das aus ebenso viel Einzelteilchen besteht, wie Atome in 0,012 Kilogramm des Kohlenstoffnuklids ^{12}C enthalten sind. Bei Benutzung des Mol müssen die Einzelteilchen spezifiziert sein und können Atome, Moleküle, Ionen, Elektronen sowie andere Teilchen oder Gruppen solcher Teilchen genau angegebener Zusammensetzung sein.
Lichtstärke	Candela	cd	Die Candela ist die Lichtstärke in einer bestimmten Richtung einer Strahlungsquelle, die monochromatische Strahlung der Frequenz $540 \cdot 10^{12}$ Hertz aussendet und deren Strahlstärke in dieser Richtung 1/683 Watt/Steradiant beträgt.

Die Verständigung auf internationale Einheiten

Wie wir Reaktionszeiten messen, hast du in dem Eingangsversuch kennen gelernt.

Reaktionszeit	Fallstrecke in cm	Bewertung
	0	
0,13 s	9	hervorragend
0,15 s	11	sehr gut

Reaktionszeit	Fallstrecke in cm	Bewertung
0,17 s	14	gut
0,18 s	16	in Ordnung
0,20 s	20	mäßig
0,22 s	24	unterdurchschnittlich
0,25 s	30	schlecht

Das Lineal lässt sich somit neu skalieren, es können dann »Zeiten« statt »Fallstrecken« abgelesen werden. Die einzelnen Messgrößen hängen also voneinander ab, sind über Gesetze miteinander verknüpft. Mit anderen Worten, kennst du die Fallstrecke, kannst du (später) die Reaktionszeit berechnen.

Wie schätzen wir unsere Ergebnisse ein? Zeiten von 0,5 s bis 1 s sind Reaktionszeiten, die im täglichen Leben wie Straßenverkehr und Sport üblich sind.

Wie Physiker messen

Größe	Basiseinheit	Formelsymbol	Einheitenzeichen	Beispiel
Länge	Meter	s	m	s = 5 m
Zeit	Sekunde	t	s	t = 30 s
Masse	Kilogramm	m	kg	m = 7,5 kg

Messen bedeutet **Vergleichen**. Wenn jemand behauptet, dass ein Koffer doppelt so schwer ist wie ein anderer, wird keine **Einheit** angegeben.

Wenn du dich auf **Einheiten** für das **Messen** mit deinen Mitmenschen einigst, beispielsweise auf die **Massen-Einheit Kilogramm**, dann kannst du über deine **Messergebnisse** sprechen, ohne dass die betreffenden Gegenstände greifbar sein müssen.

Von Größengleichungen und Formelsymbolen

Wendest du diese Basiseinheiten in deinen zukünftigen Erfindungen, Aufsätzen und Protokollen an, dann kann auch ein Leser z.B. aus Asien deine Messdaten in folgendem Protokoll lesen, ohne den Text verstehen zu müssen.

»Über einen Zeitraum von bereits t = 333 s halte ich die Einkaufstasche der Masse m = 2,3 kg in einer Höhe von s = 0,75 m.«

Gemäß Vereinbarung teilst du mit diesem Text eine Zeit von 333 Sekunden, eine Masse von 2,3 Kilogramm und eine Strecke (Höhe) von 0,75 Metern mit.

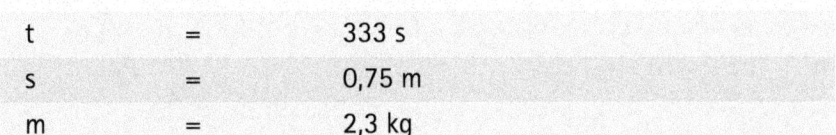

t	=	333 s
s	=	0,75 m
m	=	2,3 kg

Du hast nun ganz automatisch Größengleichungen verwendet und kannst dich mit Physikern verständigen.

Zusammenfassung

Der Physiker ist bei seiner Arbeit auf Messungen angewiesen. Zu jeder Messung benötigt man eine Maßeinheit und ein Messgerät. Erst wenn beides vorhanden ist, kann die Messung durchgeführt werden. Daher hast du in diesem Kapitel gelernt,

◇ wie man Reaktionszeiten misst

◇ was man unter Körpermaßen versteht

◇ wie Herrscher und Könige das Messwesen beeinflussten

◇ wie sich die international vereinbarten physikalischen Einheiten entwickeln

◇ dass Physiker mit Formelsymbolen und Größengleichungen umgehen

Fragen und Aufgaben

1. Finde dich mit deinen Freunden zusammen und ermittle die Länge »ein Fuß« nach dem Verfahren des Mathematikers J. Kölbel.

2. Wie viele deiner Daumen passen auf einen Fuß?

3. Mit Hilfe einer Tabellenkalkulation kannst du alte und neue Maße ineinander umrechnen. Das Hilfemenü der Tabellenkalkulation hilft dir da weiter.

4. Klebe auf ein Lineal gemäß der Formelbox die Reaktionszeiten. Jetzt hast du ein Reaktionszeitmessgerät.

5. Ein Juwelier handelt Edelsteine in Karat. Worum handelt es sich dabei?

2

Ein kurzes Kapitel über die Schnelligkeit

Wie kommt es, dass bei Schiffen und Flugzeugen die Geschwindigkeit meist in Knoten angegeben wird?

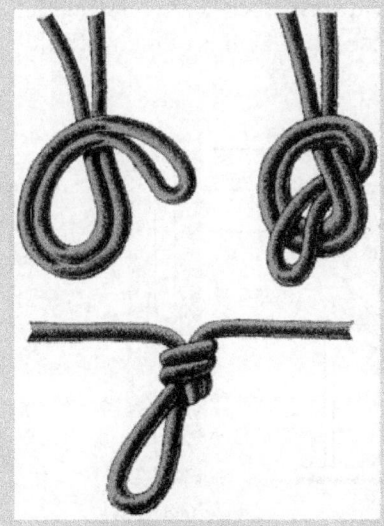

Abb. 2.1: Ein Seemannsknoten

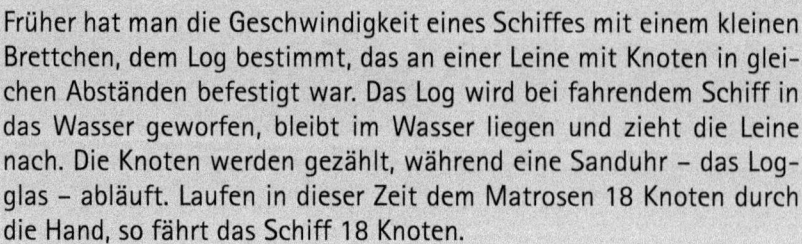

Früher hat man die Geschwindigkeit eines Schiffes mit einem kleinen Brettchen, dem Log bestimmt, das an einer Leine mit Knoten in gleichen Abständen befestigt war. Das Log wird bei fahrendem Schiff in das Wasser geworfen, bleibt im Wasser liegen und zieht die Leine nach. Die Knoten werden gezählt, während eine Sanduhr – das Logglas – abläuft. Laufen in dieser Zeit dem Matrosen 18 Knoten durch die Hand, so fährt das Schiff 18 Knoten.

Du lernst in diesem Kapitel, wie du diese Knoten entfesselst und noch mehr, wie du

◎ Geschwindigkeiten berechnest

◎ die Gewitterregel kennen lernst

◎ Geschwindigkeiten selbst misst

Wie du Geschwindigkeiten ermittelst

Für diesen Versuch benötigst du ein durchsichtiges Glas- oder Kunststoffröhrchen (schau mal in der Küche nach, ob nicht im Gewürzfach ein leeres Röhrchen zur Aufbewahrung von Vanilleschoten oder ein leeres Röhrchen für Backaroma zu finden ist).

Fülle nun das Röhrchen so mit Wasser, dass nach dem Verschließen eine Luftblase im Wasser bleibt. Klebe zum Schluss einen Streifen kariertes Papier längs des Röhrchen.

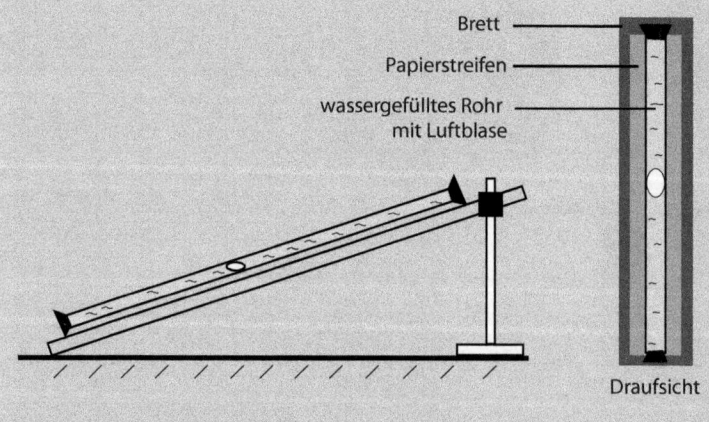

Abb. 2.2: Versuchsaufbau

Lege das Röhrchen waagerecht auf den Tisch und starte die Luftblase durch Anheben des Glasrohres um eine feste Höhe (wähle zunächst nur 2 cm, werde dann mutiger). Markiere auf dem Papierstreifen alle 5 Sekunden mit einem Bleistift die Stelle, an der sich die Luftblase gerade befindet.

Schau dir nun die Abstände der Markierungen auf dem Papier an. Von Sekunde zu Sekunde müssten die Abstände gleich sein. Die Luftblase legt dann immer gleich lange Strecken in gleich langen Zeiten zurück und der Physiker sagt dazu, die Luftblase bewegt sich mit konstanter (gleicher) Geschwindigkeit.

Weg und Zeit bestimmen die Geschwindigkeit

Bezeichnen wir die Strecke mit dem Formelsymbol s und die Zeit mit t, so erhalten wir die Geschwindigkeit v (von velocitas, lat. Schnelligkeit), indem wir die Strecke durch die Zeit teilen. Teilt man zwei Größen durcheinander, so nennen wir diesen Bruch auch Quotient.

Die Formel zur Berechnung einer Geschwindigkeit lautet also in Worten:

$$\text{Geschwindigkeit} = \frac{\text{Strecke}}{\text{Zeit}}$$

Anstelle der Wörter Geschwindigkeit, Strecke und Zeit kannst du nun »Platzhalter« (die Formelsymbole) einsetzen.

Damit hast du deine erste Formel aufgestellt: $v = \frac{s}{t}$

Wie du damit umgehen kannst, lernst du in der folgenden Box.

2

Wie ich mit Formeln umgehe

Der Quotient aus zurückgelegtem Weg s und dafür benötigter Zeit t heißt Geschwindigkeit v. Mit dieser Anweisung müsstest du eigentlich schon recht gut umgehen können. Angenommen, in deinem Experiment hat die Luftblase in 5 Sekunden 7 Zentimeter zurückgelegt, so berechnet sich die Geschwindigkeit v zu:

$$v = \frac{7 \text{ cm}}{5 \text{ s}} = 1{,}4 \frac{\text{cm}}{\text{s}}$$

1,4 Zentimeter pro Sekunde beträgt die ermittelte Geschwindigkeit. Die Physiker geben sich mit diesem Ergebnis noch nicht zufrieden. Schon wieder gilt es, eine Vereinbarung einzuhalten, nämlich das mks-System. Was bedeutet dies?

$$v = \frac{7 \text{ cm}}{5 \text{ s}} = \frac{0{,}07 \text{ m}}{5 \text{ s}} = 0{,}014 \frac{\text{m}}{\text{s}}$$

In physikalischen Formeln und Rechnungen werden die Größen Strecke, Masse und Zeit immer in den Einheiten Meter, Kilogramm und Sekunde angegeben.

An die Vereinbarung des mks-Systems halten sich nicht alle. Wenn du dir die Verkehrschilder zur Geschwindigkeitsbeschränkung anschaust, findest du dort die Angaben 30, 50, 70 oder 100 (es gibt noch weitere solcher Angaben). Diese Zahlenwerte geben die Geschwindigkeit in Kilometer pro Stunde (die Stunde erhält das Formelsymbol h) an. Also:

$$v = \frac{30 \text{ km}}{1 \text{ h}} = \frac{30000 \text{ m}}{3600 \text{ s}} = 8{,}33 \frac{\text{m}}{\text{s}}$$

Hast du verstanden, wie ich die Geschwindigkeit von km/h in m/s umgerechnet habe?

Ganz einfach: 1 km entspricht 1000 m und 1 h entspricht 60·60 s, also 3600 s. Diese Werte habe ich in die Formel eingesetzt und neu gerechnet.

Gewitter –
ein Beispiel für die 12/4-Regel

Zieht ein Gewitter heran, so kannst du die Entfernung der Gewitterwolken durch Anwendung folgender Regel abschätzen:

Sofort nach Aufleuchten des Blitzes beginnst du laut 0 – 1 – 2 – 3 usw. im Sekundentakt zu zählen und brichst das Zählen beim Wahrnehmen des Donners ab. Teile die erreichte Zahl durch 3 und schon hast du die Gewitterentfernung in Kilometer. Wieso das so ist, erfährst du jetzt.

Die Schallgeschwindigkeit in Luft beträgt 340 m/s. Wie weit ist ein Blitz entfernt – den man praktisch ohne Verzögerung sieht –, wenn der Donner 3 s später zu hören ist? Diese Aufgabe möchte ich dir vorrechnen, da du hiermit das Umformen von Formeln kennen lernst.

Umformen von Formeln

Zuerst eine Aufgabe: Stelle die Zahlen 12, 4 und 3 durch sich selbst dar.

$$4 = \frac{12}{3} \qquad 12 = 4 \cdot 3 \qquad 3 = \frac{12}{4} \quad \rightarrow \text{12/4-Regel}$$

Setze jetzt hier deine erste physikalische Formel ein:

$$v = \frac{s}{t} \quad \text{und forme um:} \quad s = v \cdot t \qquad t = \frac{s}{v} \quad \rightarrow \text{nützliche Formeln}$$

Formeln sind Größengleichungen und die verwendeten Größen können wie Zahlen in einem Bruch vertauscht werden. Die gesuchte Entfernung s kannst du also mit einer der drei Formeln berechnen, aber welche?

Natürlich mit $s = v \cdot t$

Setzt du jetzt die Werte v = 340 m/s und t = 3 s ein, so ermittelst du eine Entfernung von s = 1020 m.

$$s = 340 \, \frac{m}{s} \cdot 3 \, s = 1020 \, m$$

Wie du leicht erkennen kannst, kürzt sich bei dieser Rechenoperation die Einheit s (Sekunde) weg und übrig bleibt die Einheit m (Meter).

2

Wenn du mit einem Auto mitfährst und das Tachometer betrachtest (das ist die Geschwindigkeitsanzeige) wirst du feststellen, dass die Anzeige nicht immer unverändert ist. Das Tachometer zeigt dir die **Momentangeschwindigkeit** an, denn ein Autofahrer muss immer wissen, wie schnell er gerade fährt. Ändert sich die Geschwindigkeit einer Bewegung (Schnellerwerden), so spricht man von einer (positiven) **Beschleunigung**. Nimmt die Geschwindigkeit beim Bremsen ab, so spricht man von einer **Verzögerung** (negative Beschleunigung).

Abb. 2.3: Tachometer in einem Auto

Legst du mit deinem Fahrrad in 2 Stunden 30 Kilometer zurück, so ist es sicher schwierig, die gesamte Strecke mit der konstanten Geschwindigkeit v = 15 km/h zu fahren. Der Quotient 15 km/h gibt dir die **Durchschnittsgeschwindigkeit** an.

Bei Bewegungen mit unveränderlicher Geschwindigkeit stimmen Momentan- und Durchschnittsgeschwindigkeit überein.

Beispiele für Geschwindigkeiten

	m/s	km/h
Haarwachstum	0,000 000 01	–
Schnecke	0,002	0,007
Fußgänger	1,4	5
Radfahrer	5	18
Auto	40	144
Rauchschwalbe	100	360
Flugzeug	250	900

	m/s	km/h
Schall in Luft	340	1224
Mond um Erde	1000	3600
Satellit um Erde	2600	9360
Erdbeben	5000	18000
Licht im Weltall	300000000	1080000000

Achtung – Unfallgefahr

»Jeder darf eigentlich nur so schnell fahren, wie er rechtzeitig anhalten kann.« In einigen Jahren wirst vielleicht auch du diesen Ausspruch im Fahrschulunterricht hören. Oft unterschätzt wird nämlich der Anhalteweg.

Beispiel: Ein Auto fährt mit v = 30 km/h in einer Spielstraße. Da läuft ein Kind in einer Entfernung von etwa 20 m auf die Fahrbahn. Kann der Fahrer noch rechtzeitig halten?

In der Fahrschule lernst du zwei Regeln. Die Reaktionszeit, die den Reaktionsweg ohne Betätigung der Bremsen beschreibt, liegt durchschnittlich bei t = 1 s; wird jetzt gebremst, berechnet sich der Bremsweg, indem du die Geschwindigkeit in km/h durch 10 teilst und davon das Quadrat bildest.

Reaktionsweg und Bremsweg machen den Anhalteweg aus.

Reaktionsweg:

$$s_R = v \cdot t = 30 \, \frac{km}{h} \cdot 1 \, s = 30 \, \frac{km}{3600 \, s} \cdot 1 \, s = 0,0083 \, km = 8,3 \, m$$

Bremsweg: $\quad s_B = \left(\frac{30}{10}\right)^2 m = 9 \, m$

Anhalteweg: $s = s_R + s_B = 8,3 \, m + 9 \, m = 17,3 \, m$

Der Anhalteweg berechnet sich aus Reaktionsweg und Bremsweg zu 17,3 m.

Es reicht also!

Zusammenfassung

In diesem kurzen Kapitel über die Schnelligkeit hast du etwas gelernt

◇ über den Begriff Geschwindigkeit

◇ über den Umgang mit Formeln

◇ über die 12/4-Regel

◇ über das Schneller- und Langsamerwerden

Ich denke, zur Entspannung wären jetzt ein paar Anwendungsaufgaben ganz gut, oder?

Fragen und Aufgaben

1. In einer Stunde legt ein Schiff bei 1 Knoten 1 Seemeile zurück. 1 Seemeile beträgt 1852 m. Berechne mal diese Geschwindigkeit in m/s und km/h.

2. Ein Auto fährt mit der Geschwindigkeit 144 km/h. Wie weit kommt es in 10 s?

3. Tachometerprüfung am Fahrrad: Suche dir eine 50 m lange Strecke und fahre gleichmäßig schnell mit der Tacho-Anzeige 10 km/h. Miss die dafür benötigte Zeit. Geht dein Tacho richtig, so muss die Fahrzeit 18 s betragen.

4. Ermittle den Bremsweg eines Autos in der Spielstraße, das eine Geschwindigkeit von 60 km/h hat.

3
Temperatur
hat man

Es ist Sommer. Lisa hat kalt geduscht, Jens heiß, bevor sie in das Wasser des Schwimmbeckens eines Freibades springen. Beide empfinden das Wasser als unterschiedlich warm.

Hast du es nicht auch schon einmal erlebt, dass es dir draußen recht kalt war, dein Freund hingegen empfand es als recht angenehm.

In diesem Kapitel erfährst du etwas über

◎ den Temperatursinn

◎ Thermometer

◎ Maßbänder für Temperaturen

Versuch 1

Stelle vor dir auf einen Tisch nebeneinander drei gleich große Schalen (Dessertteller) und fülle diese jeweils mit sehr warmen Wasser (Vorsicht), lauwarmen und kalten Wasser. Halte nun eine Minute lang die linke Hand in das sehr warme Wasser und die rechte Hand in das kalte Wasser. Dann tauche die beiden Hände gleichzeitig in das lauwarme Wasser. Was empfindest du ?

Versuch 2

Buddelthermometer: Fülle eine Glasflasche zu einem Drittel mit Wasser (mit etwas Tinte anfärben) und verschließe diese mit Knetmasse so, dass ein Trinkhalm in das Wasser hineinragt. Umklammere mit beiden Händen die Flasche und beobachte das Wasser in dem Trinkhalm.

Abb. 3.1: Flaschenthermometer

Jens friert zunächst im Schwimmbad, Lisa dagegen empfindet das Wasser als richtig warm. Unsere Haut als Sinnesorgan gestattet es dir, zwischen heißen, lauwarmen und kalten Zuständen unserer Umgebung oder von Gegenständen, die du berührst, unterscheiden zu können. Temperaturen zwischen 15° C und 45° C unterscheiden wir mit Hilfe unserer Haut recht gut.

Vom Temperatursinn zum Thermometer

Im Bereich der Körpertemperatur (37° C) ist unser Temperatursinn besonders empfindlich. Du selbst kannst durch Berühren der Stirn eine Abweichung von der üblichen Körpertemperatur bei Fieber feststellen. Hast du
schon mal bei deinen Geschwistern an die Stirn gefasst, wenn sie Grippe
hatten? Im Gegensatz zu deiner Stirn waren ihre viel wärmer.

Wenn wir einen Gegenstand berühren, vergleichen wir seine Temperatur
mit der Temperatur, die wir zuvor angenommen hatten. Ein Gegenstand
erscheint dir wärmer, wenn du vorher etwas Kaltes angefasst hast. Und
beim Baden in einem Freibad empfinden wir das Wasser oft als kalt, weil
wir aus der wärmeren Luft kommen.

Dieses Empfinden ist **subjektiv**, das heißt, es ist von der einzelnen
Person und ihrer Erfahrung abhängig. Messen wir mit einem Thermometer nach, ob es heiß oder kalt ist, so ist die ermittelte Temperatur
eine **objektive** Messgröße. Das heißt, diese Messung kann von jedermann nachvollzogen werden.

Messgeräte für die Temperatur heißen also Thermometer. Dein Buddel-
thermometer, ein so genanntes Flüssigkeitsthermometer, kann durch die
Höhe des Wassers in dem Trinkhalm den Zustand heiß oder kalt oder eine
Zwischenstufe davon messen.

Maßbänder für Temperaturen

Um Temperaturen genau und verlässig zu bestimmen, verwenden wir
Thermometer. Der Wert der Temperatur wird in Grad Celsius (° C) angegeben. Neben den Flüssigkeitsthermometern kennst du sicher auch elektronische Digitalthermometer.

Für Flüssigkeitsthermometer (vielleicht gibt es in eurem Haushalt noch
ein Quecksilber-Fieberthermometer) schlug Anders Celsius (1701–1744)
ein Maßband für Temperaturen vor, das wir heute als Celsiusskala
bezeichnen.

Die Temperaturen von Eiswasser und von siedendem (kochendem) Wasser werden willkürlich als Bezugspunkte gewählt. Eiswasser erhält die Temperatur 0° C, siedendes Wasser 100° C.

Die Länge der Flüssigkeitssäule zwischen diesen Bezugspunkten wird in hundert Teile geteilt. Dieser hundertstel Temperaturunterschied wird als Temperatureinheit gewählt und mit 1 Grad Celsius, kurz 1° C, bezeichnet. So einfach geht das.

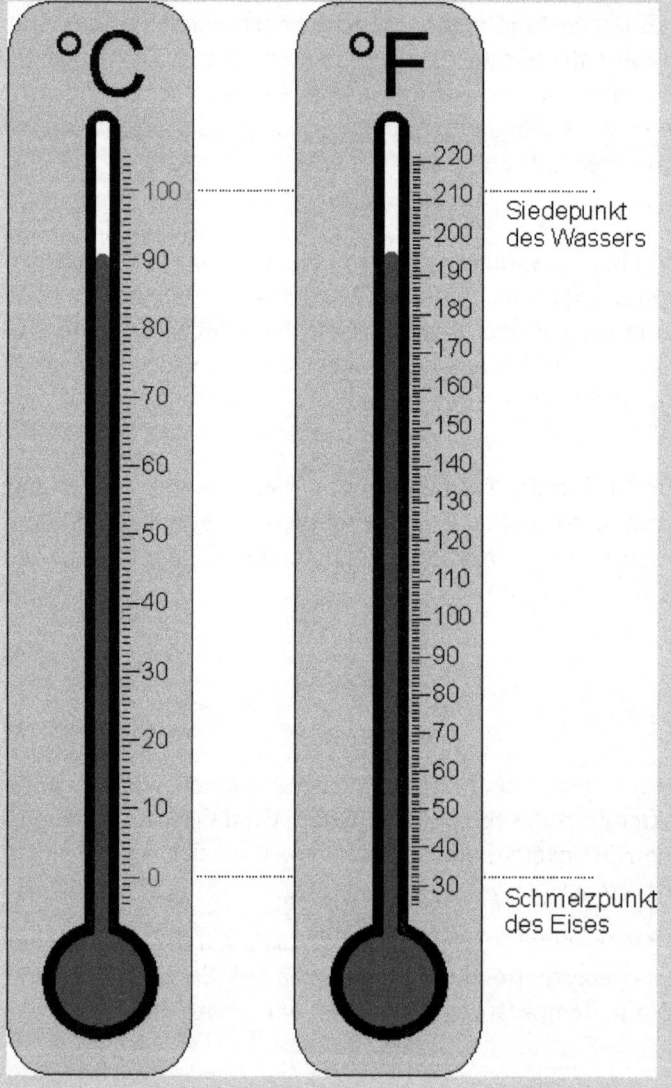

Abb. 3.2: Celsius und Fahrenheit

In den USA wird ein anderes Maßband, die Fahrenheit-Skala mit der Temperatureinheit 1° F, verwendet. Diese Skala stammt von dem Glasbläser Daniel Fahrenheit (1686–1736). Als Nullpunkt seiner Skala (0° F) wählte Fahrenheit die tiefste Temperatur des strengen Winters 1709, die er durch eine spezielle Eis-Wasser-Salz-Mischung immer wieder erreichen konnte. Weil selbst die ältesten Leute behaupteten, sie hätten noch nie so bitterkalte Tage erlebt, hoffte Fahrenheit auf diese Weise, negative Temperaturen vermeiden zu können.

Der andere Fixpunkt soll seine Körpertemperatur gewesen sein, der er willkürlich die Zahl 100 zuordnete. Die Schmelztemperatur von Eis kam so auf 32° F und die Siedetemperatur des Wassers auf 212° F.

> Fahrenheit hat einen sehr kalten Wintertag in Danzig (-17° C) als ersten Bezugspunkt dieser Skala für 0° F und unsere normale Körpertemperatur (37° C) als zweiten Bezugspunkt für 100° F gewählt.

Wenn du nun genau hinschaust, lässt dich der folgende Urlaubsgruß kalt:

»Heute bei 30 Grad Fahrenheit schmelzen wir nur so in der Sonne. Deine Liebste sendet dir diesen Gruß aus den USA.«

Versuch 3

Kältemischung für Speiseeis: Wir machen es wie die römischen Kaiser oder Napoleon von Frankreich. Diese Herrscher schleckten im Sommer gerne gefrorenen Honig oder gefrorene Sahne. Zerkleinere dazu in einer Plastikschale Eisstücke möglichst fein. Fülle dann eine 2 bis 3 cm dicke Schicht davon in eine hochwandige Rührschüssel (2 L); darüber streust du eine 1 cm dicke Schicht Kochsalz (oder Streusalz), darüber wieder Eis usw. Fülle nun einen kleinen Becher Sahne in ein Metallgefäß und tauche dieses in die Eismischung. Wenn die Sahne unter ständigem Rühren erstarrt, hast du eine Temperatur von unter -20° C erreicht.

3

Beispiele für Temperaturen

tiefste mögliche Temperatur	-273,15° C
flüssige Luft	-210° C
Mond (unbeleuchtet)	-170° C
tiefste auf der Erde gemessene Lufttemperatur	-89° C
hohe Wolken	-50° C
Körper des Menschen	37° C
höchste auf der Erde gemessene Lufttemperatur	57° C
Mond (beleuchtet)	150° C
glühende Holzkohle	1100° C
Glühfaden einer Glühlampe	2500° C
Sonnenoberfläche	5500° C

Die Kelvinskala

Die niedrigstmögliche Temperatur in unserem Universum (auf der Erde und im Weltraum) beträgt -273,15° C. Lord Kelvin (1834–1907) hat nun vorgeschlagen, diese tiefste Temperatur als Nullpunkt einer neuen Temperaturskala (Kelvin-Skala) zu wählen.

Negative Temperaturen gibt es in dieser Skala dann nicht. 0 Kelvin (0 K) entsprechen -273,15° C. Ein Temperaturunterschied von 1 K ist genau so groß wie der Unterschied von 1° C.

0° C entsprechen auf der Kelvin-Skala 273,15° C, 25° C entsprechen demnach 298,15° C.

Ein Wechsel zwischen diesen beiden Skalen ist also leicht möglich; du brauchst lediglich zum Wert der Temperatur in Grad Celsius den Zahlenwert 273,15 zu addieren und schon bist du in der Kelvin-Skala. Thermometer mit der Kelvin-Skala werden in Wissenschaft und Forschung verwendet.

Zusammenfassung

In diesem Kapital hast du gelernt

◇ wie du deinen Temperatursinn überlisten kannst

◇ wie du den Zustand eines Körpers (heiß oder kalt) objektiv beschreibst

◇ wie Temperaturskalen festgelegt wurden

◇ dass Physik auch lecker sein kann

Fragen und Aufgaben

1. Warum können wir flüssige Luft oder glühende Holzkohle nicht mit unserem Temperatursinn erfassen?

2. Hitzefrei bei 24° C ! Wie viel Grad Fahrenheit sind dies?

3. In den Wettervorhersagen im Rundfunk hört man oft von der gefühlten Temperatur (z.B. stark windig bei -2° C, gefühlte Temperatur heute -7° C). Was verstehst du darunter ?

4. Gib die Temperatur in deinem Zimmer in ° C und in K an.

4
Wärme gibt man

Bei kalten Füßen oder Bauchschmerzen ist oft eine Wärmflasche von Nutzen. Eine Thermoskanne (Isolierkanne) hält heißen Kaffee oder Kakao über Stunden warm. Taucher schützen sich vor Unterkühlung durch Thermoanzüge; ganze Häuser packt man in solche Anzüge, indem man sie von außen mit Styropor isoliert.

Du hast vielleicht schon an der Überschrift gesehen, dass man Wärme abgeben (oder aufnehmen) kann. Für Physiker ist »Wärme« von besonderem Interesse. Damit der Motor in einem Auto nicht überhitzt, wird dieser gekühlt, sodass die Temperatur im Motor immer gleichbleibt. Der Motor hat »Temperatur«, nicht Wärme.

Warum dies so ist, erfährst in diesem Kapitel, nämlich

◎ wie die Geschichte für Kalorien verantwortlich ist

◎ wie Wärme mit Arbeit zu tun hat

◎ wie Physiker sich Dinge (Körper) vorstellen

◎ wie viel Energie in dir steckt

4

Abb. 4.1: Die Welt im Großen und Kleinen

Reibe die Hände kräftig gegeneinander.

Rubbel mit einem Radiergummi das Ende eines Bratenthermometers (auf keinen Fall ein Quecksilber-Fieberthermometer verwenden).

Verschließe mit einem Daumen die Öffnung einer Fahrradluftpumpe und presse möglichst schnell die zuvor angesogene Luft heraus.

Bewege deine Hand möglichst schnell durch die Luft hin und her. Was spürst du auf dem Handrücken?

Reibst du deine Hände kräftig gegeneinander, werden die Hände warm. Die Temperatur deiner Handflächen steigt, ebenso steigt auch die Temperatur am Ende des Bratenthermometers. Indem du reibst, verrichtest du Arbeit, die dann in Wärme umgewandelt wird.

Die Geschichte der Wärme

Wärme, was ist das, wirst du nun fragen. Im 18. Jahrhundert war man überzeugt, dass Wärme ein gewichtsloser Stoff ist, dem man den Namen »Caloricum« oder auch »Phlogiston« gab. Man war der Meinung, dass das Caloricum beim Erwärmen eines Stoffes in dessen feinste Poren eindringt, was zu dessen Ausdehnung führt. So glaubte man auch die Ausdehnung der Thermometerflüssigkeit verstehen zu können. Presst man die Luft in einer Luftpumpe zusammen, so entweicht die Wärme in Form des Caloricums aus der Pumpe.

Benjamin Thomson unternahm 1798 einen Versuch, um zu überprüfen, wie viel Caloricum (Wärme) in einen Stoff passt. Er nahm stumpfe Stahlbohrer und ließ sie im Innern von Kanonenrohren laufen. Nach kurzer Zeit wurden die Rohre glühend heiß, und das zur Kühlung verwendete Wasser kam zum Sieden (Kochen). Der Versuch nahm auch nach sehr vielen Wiederholungen immer den gleichen Ausgang. Wenn Wärme ein Stoff wäre, der im Stahl der Kanonenrohre gebunden ist und durch die Erschütterung beim Bohren freigesetzt wird, dann müsste der Wärmestoff irgendwann zur Neige gehen. Da dies aber nicht der Fall war, bekam man Zweifel an der Phlogiston-Theorie.

Gelehrtenmeinung

Es dauerte nicht lange, da setzte sich bei einer Reihe von Gelehrten die Meinung durch, dass Wärme etwas mit Energie und Arbeit zu tun haben müsste. Unser guter Lord Kelvin führte den Energiebegriff ein, der bis heute Gültigkeit hat.

Stehst du auf dem 3-Meter-Brett eines Sprungturms im Schwimmbad, dann hast du mehr Energie als die Schwimmer im Wasser. Diese Energie, auch Lageenergie (Höhenenergie) genannt, ermöglicht es dir, Arbeit zu verrichten.

Im Zirkus nutzen die Artisten dies, um von einer gewissen Höhe aus auf eine Wippe zu springen und dort einen weiteren Artisten in die Höhe zu katapultieren. Die Wippe verrichtet an dem nach oben Geschleuderten Arbeit. Bevor dort aber Arbeit verrichtet werden kann, wird die ursprüngliche Höhenenergie immer geringer und in Bewegungsenergie umgewandelt.

Wissenswertes über Energie

Energie beschreibt die Fähigkeit, *Arbeit* zu verrichten. Wird Arbeit verrichtet, *wandelt* sich eine *Energieform* in eine andere um.

Bei diesen Beispielen bleiben die Artisten wie auch du selbst im Schwimmbad kalt. Das heißt, die Temperatur ändert sich nicht. Wie sind dann aber unsere Reibe-Versuche zu erklären?

4

Was ist Wärme?

Physiker können ausrechnen, dass ein Wassertropfen aus einer Höhe von 427 m herabfallen müsste, damit er sich um 1° C erwärme. Wird nach dem Aufprall **keine Arbeit** verrichtet, sondern der herabfallende Gegenstand nur erwärmt, spricht man von **Wärme**. In dem Gegenstand selbst hat sich etwas geändert, was wir an der Temperaturänderung erkennen. Die gesamte Höhenenergie hat sich in so genannte **innere Energie** umgewandelt.

Erhöht sich die Temperatur unserer Hände, dann wird den Händen Wärme zugeführt. Die Thermoskanne verhindert, dass Wärme abgegeben wird und die Temperatur sinkt.

Der Physiker und Wärme

Wissenswertes über Wärme

Mit dem Begriff Energie beschreibst du den Zustand eines Gegenstandes. Diesen Zustand kannst du ändern, indem du an diesem Gegenstand Arbeit verrichtest: Anheben, Schnellermachen, Biegen.

Hierbei wandelst du eine Energie in eine andere Energie um; Energie gibt es also in verschiedenen Formen:

Lageenergie

Bewegungsenergie

Spannenergie

Elektrische Energie

Chemische Energie

Wärme: Ändert sich nur die Temperatur unseres Gegenstandes, so ändert sich seine innere Energie durch Wärmezufuhr oder Wärmeabgabe.

Arbeit verrichten heißt zum Beispiel einen Werkzeughammer anheben. Ändert sich dabei die Temperatur des Hammers nicht, so hat sich die äußere Energie, nicht aber die innere Energie verändert. Wärme kommt erst ins Spiel, wenn die Temperatur sich ändert.

So, jetzt raucht aber unser Köpfchen und wir schauen uns einmal die Welt unter der Lupe an, um eine endgültige Vorstellung von Wärme zu erhalten.

Die Welt unter der Lupe

Abb. 4.2: Lupe

Bewegst du deine Hand rasch durch die Luft (Vorsicht: Achte auf deinen Nebenmann), dann spürst du etwas auf der Handoberfläche: Luft!

Vor ca. 2400 Jahren entwickelte bereits der griechische Philosoph Demokrit die Vorstellung, dass alle Körper aus kleinsten unteilbaren Teilchen bestehen. Diese nannte er Atome und diese Vorstellung teilen wir heute noch.

Diese Vorstellung nennen wir **Denkmodell**. Wir können die kleinsten Teilchen auch heute mit Supermikroskopen noch nicht direkt sehen, sondern müssen uns vorstellen bzw. denken, wie diese Teilchen die Eigenschaften unserer Welt bestimmen.

Alle Körper sind aus kleinsten Teilchen aufgebaut, die in ständiger Bewegung sind, die sich bei geringem Abstand gegenseitig anziehen, sich aber abstoßen, wenn sie aufeinander treffen. Dies ist das Teilchenmodell, das du vielleicht schon aus der Chemie kennst.

4

Ein Modellauto kannst du mit dem Original (z.B. einem Ferrari-Modell) vergleichen und feststellen, wie gut das Modell gelungen ist. Solche Modelle nennt man **Real-Modelle**.

Wenn wir uns Luft vorstellen wollen, können wir dies nicht. Da hilft uns dann das Teilchenmodell wirklich weiter.

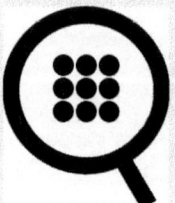  

Abb. 4.3: fester Zustand	Abb. 4.4: flüssiger Zustand	Abb. 4.5: gasförmiger Zustand
Feststoff	Flüssigkeit	Gas
Geringer Teilchenabstand, die ortsfesten Teilchen schwingen um die Ruhelage hin und her.	Geringer Teilchenabstand, die Teilchen sind gegeneinander verschiebbar.	Relativ großer Teilchenabstand, die Teilchen bewegen sich völlig frei und regellos im Raum.

Stelle dir nun vor, ein kleiner Stein liegt im Hochsommer vor dir im Licht der Sonne. Du stellst fest, dass dieser sich im Laufe des Tages erwärmt. Es ändert sich seine innere Energie. Die Temperatur steigt im Stein, folglich nimmt auch seine innere Energie zu.

Im Teilchenmodell erklären wir dies durch eine unregelmäßige Zunahme der Hin- und Herbewegung der Teilchen. Diese **Zunahme der Teilchenbewegung** kannst du als **Wärme** deuten.

Nimmst du den Stein in die Hand und schleuderst ihn in die Luft, dann werden **alle Teilchen in eine Richtung** (mit dem Stein) geschleudert. Jetzt verrichtest du **Arbeit**.

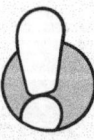

Gemeinsamkeiten und Unterschiede

Änderst du die äußere Energie eines Gegenstandes, so verrichtest du Arbeit.

Die Energie, die bei der Berührung eines heißen Körpers mit einem kalten Körper von selbst überwechselt, heißt Wärme.

Wie ich Energie und Wärme messe

Energie, Arbeit und Wärme wird in der Einheit Joule (J) gemessen. Das Maßband für die Energie ist das **Joule**.

Hebst du eine Tafel Schokolade vom Boden einen Meter hoch auf, dann verrichtest du die Arbeit 1 Joule.

In der Formelschreibweise lautet dies: W = 1 J, wobei W für **work** (englisch für Arbeit) steht.

1 Liter Wasser um 1° C zu erwärmen, erfordert die Wärme von 4186 Joule.

Die Formelschreibweise lautet hier dann : W = 4186 J = 4,186 kJ.

Wie viel Energie steckt in dir drin

Nährstoff	Innere Energie pro Gramm (J/g)
Fette	40000
Zucker	20000
Eiweiße	17000

Wie viel Energie in Nahrungsmitteln steckt, kannst du der Packung entnehmen. Wundere dich nicht, wenn du dort nicht Zahlenangaben mit der Einheit Joule (J) findest. Die Wärme, die beim Verdauen von Nahrungsmitteln (Schokoriegel zum Beispiel) in unserem Körper freigesetzt wird, wird noch häufig **in Kalorien** angegeben.

Was Kalorien sind

Die Kalorie ist eine Energieeinheit, die von Physikern nicht mehr verwendet wird. Es gibt aber einen Zusammenhang zwischen **Kalorie** und **Joule**.

Um 1 g Wasser um 1° C zu erwärmen, brauchst du 4,19 J (Joule) oder 1 cal (Kalorie).

Achtung, oft werden die Energien in Tausender-Päckchen angegeben. 17 kJ entsprechen dann 17000 J.

Als Größengleichung: 17 kJ = 17000 J

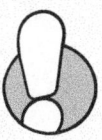

4

Zusammenfassung

In diesem Kapitel hast du gelernt, dass sich Energieformen umwandeln lassen. James Prescott Joule (1818–1889), Bierbrauer in der Gegend von Manchester, war es, der sich in seiner Freizeit mit Physik befasste und die Umwandlungen der Energieformen entdeckte. Außerdem hast du

◇ erfahren, dass die Teilchenbewegung für Arbeit oder Wärme verantwortlich ist

◇ gelernt, dass ein heißer Stein eine größere innere Energie besitzt als ein kalter Stein

◇ gelernt, dass ein ruhender kalter Stein weniger äußere Energie besitzt als ein fliegender kalter Stein

◇ gelernt, dass die Energie 1 Joule zweierlei bedeuten kann

Fragen und Aufgaben

1. Übe, mit einem Jo-Jo zu spielen. Welche Formen von Energie treten hier auf?

2. Schau dir verschiedene Lebensmittelverpackungen (auch Süßigkeiten) genau an. Dort findest du Angaben über deren innere Energie.

3. Wie viele Tafeln Schokolade musst du einen Meter anheben, um 1 Gramm (1 g) Fett zu verlieren?

4. Bei einem schwer beladenen Lastwagen erhöht sich die Temperatur der Luft bedenklich in den Reifen nach schneller Fahrt. Findest du eine Erklärung?

5
Auf das Gewicht kommt es an

Bericht des Astronauten Neil Armstrong nach Rückkehr von der ersten bemannten Mondlandung: »Auch mit den veränderten Schwereverhältnissen (Gewichtskräften) mussten wir erst einmal vertraut werden. Auf dem Mond fände es ein Astronaut gar nicht so schwierig, Sprünge von bis zu sechs Metern Höhe zu machen. Aber er darf nicht vergessen, dass die Masse seines Körpers die gleiche bleibt. Der Aufprall auf einen Mondfelsen würde genauso wehtun wie der Aufprall auf einen Felsbrocken hier auf der Erde.«

In unserer alltäglichen Sprache wird zwischen Masse und Gewicht oft nicht unterschieden. Dieser Fehler (auch Neil Armstrong macht diesen Fehler) spielt in unserem täglichen Leben aber auch keine große Rolle. Ich denke, du möchtest schon den Unterschied zwischen »Dick sein« und »Stark sein« kennen lernen. Dazu erfährst du in diesem Kapitel einiges über

◎ den Kraftbegriff

◎ die Möglichkeiten, Kräfte zu messen

◎ Gewichtskräfte auf der Erde und anderen Himmelskörpern

◎ das Schwersein und Trägsein

Für die folgenden Experimente brauchst du Gummibänder, die Schraubenfeder aus einem Kugelschreiber, einen Trinkhalm, ein hohes Trinkglas, Büroklammern und eine unangebrochene Tafel Schokolade.

Befestige eine Büroklammer an einer Tafel Schokolade (am Rande durch das Papier stechen) und hänge diese an die Schraubenfeder.

Wir spielen Fahrstuhl: Schneide einen Gummibandring einmal durch und kürze den Trinkhalm so, dass du das Gummiband durchziehen kannst und die Gummibandenden jeweils aus dem Trinkhalm heraus-schauen. Verknote die Gummibandenden jeweils mit einer Büroklam-mer (eine Klammer soll verhindern, dass das Gummi aus dem Halm rutscht) und befestige an der unteren Klammer die Tafel Schokolade. Halte den Trinkhalm nun so, dass die Tafel Schokolade das Gummi-band nach unten dehnt. Beobachte jetzt den Abstand zwischen Scho-kolade und Trinkhalmende, wenn du kräftig den Trinkhalm nach oben ziehst, wenn du den Trinkhalm ganz ganz langsam nach oben ziehst und wenn du den Halm mittelschnell nach oben ziehst und anschlie-ßend abrupt anhältst.

Versuche, ein Trinkglas zu kippen, indem du den intakten Gummiring bis zur halben Höhe über das Glas ziehst und die Schraubenfeder seit-lich einhakst. Was beobachtest du, wenn du den Gummiring bis zum oberen Rand schiebst und den Kippversuch wiederholst?

Und noch ein Versuch: Male dir auf ein Papier aus deinem Malblock einen Kreis, der das gesamte Blatt bedeckt; markiere auch den Kreis-mittelpunkt. Rolle von der Seite her eine schwere Murmel (besser noch eine dicke Glaskugel, aber aufpassen – möglichst auf dem Fuß-boden ausprobieren) auf den Kreis zu und versuche dann mit einem Lineal (kleiner Hammer geht auch), die Murmel auf der Kreisaußenli-nie zu halten.

Kennst du den Spruch »Alles fällt nach unten, Gott sei Dank. Wenn es nach oben fallen würde, müssten wir ...« ? Auf der Erde fallen deswegen alle Körper (Gegenstände) nach unten, weil auf diese Körper eine Kraft, die so genannte Gewichtskraft wirkt.

Wenn Physiker von einer Kraft sprechen

Wenn du ein Gummiband oder eine Schraubenfeder dehnst (auseinander ziehst), musst du Kraft aufwenden; um einen ruhenden Fahrstuhl (dies gilt natürlich auch für Fahrzeuge) in Bewegung zu versetzen (Beschleunigen nennen wir dies, kennen wir doch schon) oder einen fahrenden Fahrstuhl abzubremsen, muss eine Kraft auf diesen wirken.

Und was ist mit der Fahrt im Kreis? Um die Kurve zu kriegen, muss man am Lenkrad eines Autos Kraft aufwenden; ein Auto (nicht nur ein Auto, auch die Murmel) möchte von alleine lieber geradeaus fahren.

Physiker haben diese Erscheinungen zusammengefasst und daraus den Kraftbegriff entwickelt.

Kräfte erkennst du nur an ihren Wirkungen. Kräfte können einen Körper verformen, seine Geschwindigkeit vergrößern oder verkleinern, seine Bewegungsrichtung ändern. Die Kraft als physikalische Größe erhält das Formelsymbol F (engl. force).

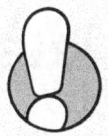

Wie kannst du dich nun mit deinen Freunden messen, wer die größere Kraft F besitzt (also der Stärkere ist)? Es muss schon wieder ein Maßband her, ein Maßband für die Kraft. Dieses Maßband hast du in den Versuchen mit der Tafel Schokolade kennen gelernt.

Wissenswertes über Kraft und Masse

Eine Tafel Schokolade hat eine Masse m (das ist die Menge der Teilchen, aus der die Schokolade besteht) von etwa 100 g = 0,1 kg. Die Kraft F, mit der die Tafel an einer Schraubenfeder zieht, wird auf der Erde festgelegt als 1 Newton (F = 1 N).

1 Newton ist die Einheit, in der Kräfte gemessen werden, und dazu gibt es Kraftmesser, die unserer Schraubenfeder entsprechen. Hänge ich 2 Tafeln an die Schraubenfeder, wirkt also die doppelte Kraft F = 2 N.

5

Umrundet man die Erde vom Nordpol aus über Mitteleuropa, dann über den Äquator zum Südpol mit einer Tafel Schokolade an einem genauen Kraftmesser, stellt man auf der Anzeige des Kraftmessers etwas Merkwürdiges fest:

Nordpol	0,983 N
Mitteleuropa	0,981 N
Äquator	0,978 N
Südpol	0,983 N

Heute deutet man die Abnahme und Zunahme der Kraft auf die Tafel Schokolade beim Umrunden der Erde so, dass die Kugel Erde an den Polen etwas abgeplattet bzw. am Äquator etwas bauchiger ist.

Am Äquator sind wir etwas schwerer als am Nord- oder Südpol. Schwersein heißt, die Gewichtskraft der Erde wirkt auf uns.

Von der Gewichtskraft und vom Ortsfaktor

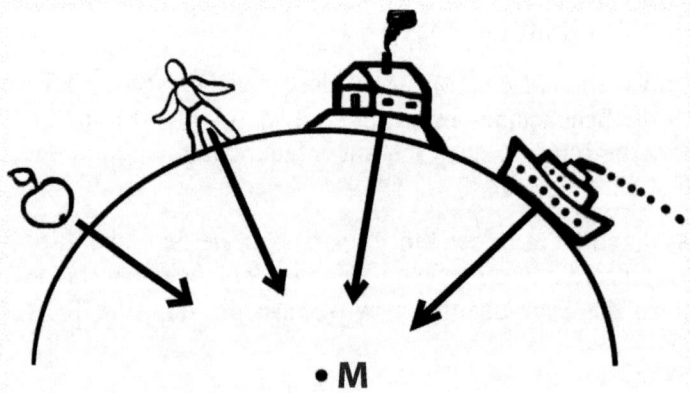

Abb. 5.1: Erdanziehung- Gewichtskraft

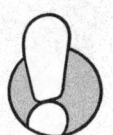

Wie du weißt, fallen alle Gegenstände zu Boden. Auf die Gegenstände muss daher eine Kraft wirken. Man nennt sie *die Schwerkraft* oder kurz *das Gewicht* bzw. *die Gewichtskraft*.

Die Ursache der Gewichtskraft ist die gegenseitige Anziehung zwischen Körpern. Die Größe dieser Kraft ist abhängig von der Masse und der Entfernung zwischen den beteiligten Körpern. Die Erde zieht alle Massen in Richtung Erdmittelpunkt (natürlich, sonst würdest du ja auf der Südhälfte der Erde herunterfallen).

Die Gewichtskraft auf der Erde ist stets zum Erdmittelpunkt gerichtet.

Auch die rollende Murmel kann nur auf einer Kreisbahn geführt werden, wenn du ständig mit dem Lineal in Richtung Kreismittelpunkt stößt.

Wenn das mit der Massenanziehung stimmt, müsste doch die Gewichtskraft auf unsere Tafel Schokolade auf einer Reise von der Erde direkt zum Mond abnehmen, ohne dass sich dabei die Masse m (falls nicht ein hungriger Astronaut daran knabbert) ändert. Machen wir uns doch auf diese Reise, wir starten irgendwo in Mitteleuropa (in Osnabrück, dort lebt der Autor dieses Buches) und beobachten die Anzeige des Kraftmessers:

Gewichtskraft in N	Entfernung von der Erdoberfläche in km
0,981	0
0,33	1000
0,568	2000
0,308	5000
0,149	10000
0,012	50000
0,004	100000
0,002	400000

Befindest du dich auf der Höhe des Mondes, wirkt nur noch 2/1000 der Gewichtskraft Erde auf dich.

Achtung: Bei dieser Betrachtung ist die Masse des Mondes noch nicht berücksichtigt worden. Das wollen wir jetzt nachholen, indem wir einen so genannten Ortsfaktor einführen.

Auf der Erde erfährt eine Masse von m = 1 kg (Tüte Zucker oder Mehl) eine Gewichtskraft von ungefähr 10 N.

Himmelskörper mit anderen Massen (Sonne, Mond, ...) rufen an der Tüte Zucker oder Mehl andere Gewichtskräfte hervor. Die Gewichtskraft ist also vom Ort abhängig.

Dazu hat der Physiker den Ortsfaktor g (der auch Erdbeschleunigung genannt wird) eingeführt. Auf der Erde beträgt dieser für Mitteleuropa g = 9,81 N/kg.

Berechnen lässt sich die Gewichtskraft durch die Formel $F = m \cdot g$. Hier bedeutet g Ortsfaktor (nicht mit Gramm verwechseln) und m Masse.

Ortsfaktoren im Universum

Himmelskörper	Ortsfaktor in N/kg
Merkur	3,70
Venus	8,87
Erde	9,81
Mars	3,73
Jupiter	24,9
Saturn	11,1
Uranus	9,0
Neptun	11,4
Pluto	0,17
Sonne	274
Mond	1,62

Die Gewichtskraft auf der Sonne ist ungefähr 28 Mal so groß wie auf der Erde, eine Tüte Zucker würde 28 Mal so stark (eben wie 28 Tüten) nach unten ziehen. Im Gegensatz dazu beträgt die Gewichtskraft auf dem Mond nur ca. 1/6 der Gewichtskraft auf der Erde.

Neil Armstrong irrt, wenn er meint, ein Sturz auf dem Mond würde genauso schmerzen wie auf der Erde. Schau dir dazu die folgende Beispielrechnung an.

Wir nehmen einmal an, Neil Armstrong hat eine Masse von m = 75 kg.

Auf der Erde wirkt dann:

$$F = m \cdot g_{Erde} = 75 \text{ kg} \cdot 9{,}81 \frac{N}{kg} = 735 \text{ N}$$

Wechseln wir nun auf den Mond:

$$F = m \cdot g_{Mond} = 75 \text{ kg} \cdot 1{,}62 \frac{N}{kg} = 121{,}5 \text{ N}$$

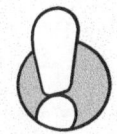

Wie du leicht nachvollziehen kannst, ist die Kraft, die uns eventuell zum Sturz führt, nur noch 1/6 der Gewichtskraft auf der Erde.

Alle Körper sind träge

Abb. 5.2:
Eine Fahrt im
Fahrstuhl

5

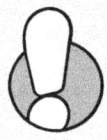

Schau dir jetzt einmal die Abbildung der Fahrstuhlfahrt an. Das Gewichts-stück (besser Massestück) hat eine Masse von 1 kg und somit eine Gewichtskraft von ungefähr F = 10 N.

Startet der Fahrstuhl, zeigt der Kraftmesser mehr an und wir selbst spüren, wie wir in die Knie gehen. Wir wollen unseren ursprünglichen Bewegungszustand der Ruhe beibehalten. Man sagt, wir haben ein gewisses Beharrungsvermögen, wir sind träge (sind wir das auf eine andere Art nicht alle?); diese Trägheit erfordert eine zusätzliche Kraft von 2 Newton.

Wird der Fahrstuhl abgebremst, haben wir das Bestreben, den Zustand der Fahrt beizubehalten. Wir haben das Gefühl, leichter zu werden; nun wirkt eine um 2 Newton verminderte Kraft auf uns.

Körper großer Masse haben großes Beharrungsvermögen: »Masse macht träge«.

In einem Science-Fiction-Film genügt der Knopfdruck des Kommandanten, um das Raumschiff in Bewegung zu setzen. Keiner im Kommandoraum muss sich festhalten. Im Weltraum herrscht praktisch keine Gewichtskraft, trotzdem muss ein Raketenmotor eine um so größere Kraft auf das Schiff ausüben, je mehr Masse es hat. In der Realität ist ein großes Raumschiff sehr träge.

Ein Körper großer Masse ist also nicht nur schwer, er ist auch träge.

Beispiele für Massen	kg
1 Liter Wasser	1
Mensch	100
Elefant	$10000 = 10^4$
Güterzug	$1000000 = 10^6$
Kölner Dom	$100000000 = 10^8$
Cheopspyramide	10^{10}
Weltjahresverbrauch an Erdöl	10^{12}

Beispiele für Massen	kg
Marsmond Phobos	10^{14}
Jährliche Niederschlagsmenge	10^{16}
Lufthülle der Erde	10^{18}
Weltmeere	10^{20}
Mond	10^{22}
Erde	10^{24}
Planetensystem ohne Sonne	10^{26}
Kleiner Stern	10^{28}
Unsere Sonne	10^{30}

Auf den Angriffspunkt kommt es an

Aufräumen in deinem Zimmer ist angesagt. Wie kannst du den Schrank beiseite schieben, ohne dass dieser umkippt? Packst du den Schrank oben an, droht er umzukippen. Er haftet am Boden, eine weitere Kraft verhindert, dass der Schrank beiseite rutscht.

> Kräfte, die durch Berührung oder Aufeinandergleiten von Gegenständen entstehen, heißen *Reibungskräfte*.

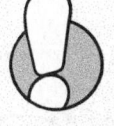

Diese Reibungskraft kannst du umgehen, indem du selbst deine Körperkraft an einer geschickteren Stelle am Schrank angreifen lässt (also am besten unten an den Füßen). Diese Erfahrung hast du sicher bei dem Versuch gemacht, das Trinkglas zu verschieben.

Abb. 5.3: Kneifen-Schieben-Kippen

Geschickt Kräfte an Gegenständen angreifen lassen bedeutet, dass die Wirkung einer Kraft nicht nur von deiner Stärke (der Physiker nennt dies den Betrag einer Kraft), sondern auch von der Richtung und dem Angriffspunkt der Kraft abhängt. Viele einfache nützliche Maschinen im Alltag nutzen dies aus (Nussknacker, Schubkarre, ...).

Reibungskräfte können störend sein, aber auch lebensrettend, wenn man an das Abbremsen eines Autos oder Fahrrades denkt. Ohne Reibung gäbe es nirgends Halt. Die Reibung hält den Nagel in der Wand und verhindert das Ausrutschen beim Gehen.

»Ab 80 km/h fahren Sie Wasserski«, warnt eine Hinweistafel an der Auto-bahn vor überhöhter Geschwindigkeit bei regennasser Fahrbahn. Es

besteht die Gefahr von Aquaplaning. Bei hoher Geschwindigkeit und starken Regenfällen bildet sich unter den Reifen des Autos ein Wasserkeil, der die Reibung so stark heruntersetzt, dass das Auto nicht mehr lenkbar ist. Wegen seiner hohen Trägheit rutscht es geradeaus weiter.

Zusammenfassung

In diesem Kapitel hast du gelernt,

◇ dass Gewicht und Masse nicht das Gleiche sind

◇ dass du auf der Erde der Gewichtskraft ausgesetzt bist

◇ dass die Masse die Größe der Gewichtskraft bestimmt

◇ dass ohne Kräfte die Trägheit der Gegenstände überwiegt

◇ dass Kräfte in Newton gemessen werden

Fragen und Aufgaben

1. Eine Murmel auf dem Blatt Papier im Kreis herumführen? Wiederhole diesen Versuch einmal mit deinen Freunden auf dem Schulhof mit einem Fußball.

2. Wie stark Kräfte verformen, untersuchen Techniker in so genannten Crashtests. Neue Fahrzeuge werden unter bestimmten Bedingungen gegen ein Hindernis gelenkt. Dabei treten Kräfte auf, die einem 100- bis 1000fachen Ortsfaktor Erde entsprechen. Berechne die Kräfte, die auf einen Fahrzeuginsassen der Masse m = 80 kg wirken.

3. Berechne die Gewichtskraft, die du auf Erde, Mond, Mars, Jupiter und Sonne erfährst (dazu musst du erst deine Masse auf einer Waage bestimmen).

6

Schwerpunkt und Trägheit im Experiment

In diesem Kapitel werden dir Experimente vorgeschlagen, die du auf Geburtstagsfeiern oder in der Schule vorführen kannst. Du bist nun weitgehend darauf vorbereitet, diese Versuche nicht nur vorzuführen, sondern kannst diese auch erläutern. Nun zu den Experimenten wie

◎ der verhexte Karton

◎ der balancierende Knopf

◎ der schwebende Schmetterling

◎ die Kerzenwippe

◎ der Balancierbesen

◎ die standhafte Münze

◎ der geteilte Apfel

Als Werkzeug benötigst du Messer, Gabel und Kerzen. Führe diese Versuche bitte nur in Anwesenheit von Erwachsenen durch.

Der verhexte Karton

Klebe in eine Ecke eines leeren Schuhkartons einen faustgroßen Kieselstein und setze darüber aus dünner Pappe einen doppelten Boden, damit man den Stein nicht sieht. Jetzt kannst du den Karton auf dieser Ecke mit deiner Hand balancieren. Du kannst den Karton auch mit dieser Ecke so auf einen Tisch stellen, dass der überwiegende Rest des Kartons über den Tischrand ragt. Ein normaler Karton fällt vom Tisch, wenn du ihn mit einer Ecke auf die Tischkante stellst.

Du hast den Schwerpunkt, der eigentlich in der Mitte des Kartons liegt, in eine Ecke verschoben. Unterstützt du einen Gegenstand im Schwerpunkt, so wird der Gegenstand weder kippen noch sich drehen.

Der balancierende Knopf

Glaubst du, du kannst einen Knopf auf einen Tassenrand legen, ohne dass dieser herunterfällt? Stecke zwei Kuchengabeln (eine von links, die andere von rechts) so auf einen Knopf, dass das Gebilde einem Bumerang mit dem Knopf in der Mitte ähnelt. Legst du nun den Knopf auf den Tassenrand, bleibt er in dieser Lage. Die gebogenen Gabelgriffe, deren Enden besonders schwer sind und seitlich um die Tasse greifen, verschieben den Angriffspunkt genau auf den Tassenrand.

Der schwebende Schmetterling

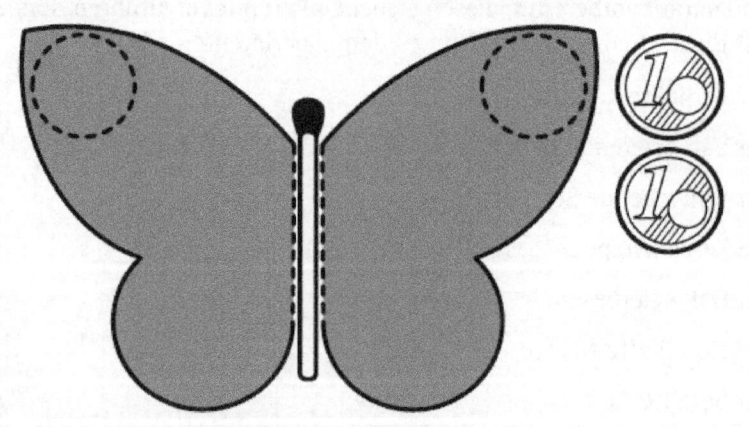

Abb. 6.1: Vorlage Schmetterling

Schneide aus Schreibpapier zwei Schmetterlinge aus wie hier abge-
bildet. Zünde ein Streichholz kurz an, puste es aus und klebe es mit
dem verkohlten Köpfchen nach vorne auf den Schmetterling. Klebe
anschließend zwei Ein-Cent-Stücke auf die Flügelspitzen und den
zweiten Schmetterling oben auf den ersten. Die Cent-Stücke sollten
nicht mehr zu sehen sein. Setze nun den Schmetterling mit seinem
Kopf auf einen Finger, auf eine Tischecke oder eine Bleistiftspitze.

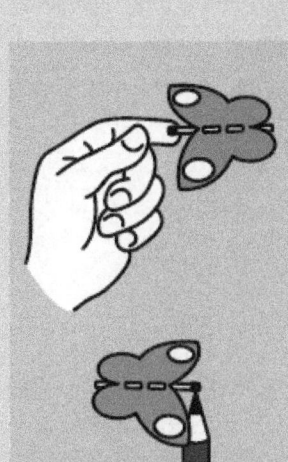

Abb. 6.2: Experimentiervorschlag

Warum schwebt der Schmetterling? Auch hier hast du den Angriffspunkt
der Gewichtskraft so geschickt gewählt, dass der Schwerpunkt genau
unter dem Auflagepunkt liegt.

Die Kerzenwippe

Bohre eine Stricknadel der Länge nach durch die Mitte eines Fla-
schenkorkens, stecke quer dazu eine Stopfnadel hindurch (vorsichtig!)
und setze auf deren Enden je eine kleine Kerze. Baue nun diese Wippe
auf einem Tablett über zwei Gläser auf und sichere sie mit Büroklammern am Rand der Gläser.

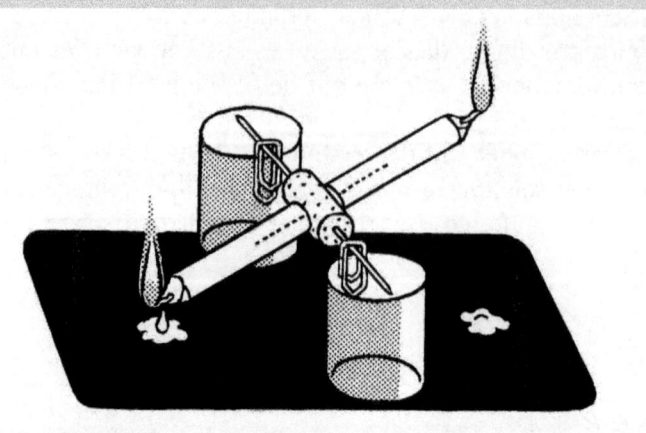

Abb. 6.3: Kerzenwippe

Sie beginnt zu schaukeln, sobald du die Kerzen anzündest. Anfangs liegt der Schwerpunkt der Wippe genau in der Mitte. Sobald aber an einem Ende ein Wachstropfen fällt, verlagert sich der Schwerpunkt zur anderen Seite. Die Kerzen tropfen abwechselnd und der Schwerpunkt wandert von einer Seite auf die andere.

Der Balancierbesen

Lege einen Besen über die Zeigefinger der rechten und linken Hand. Was wird passieren, wenn du die Finger zusammenschiebst? Der Besen fällt am schwereren Ende herunter, oder? Der Stab bleibt im Gleichgewicht, das heißt, der Angriffspunkt aller Kräfte liegt immer genau zwischen deinen Fingern. Hat ein Ende Übergewicht, lastet es stärker auf dem betreffenden Finger. Der weniger belastete Finger kann jetzt vorrücken. Durch das wechselseitige Zusammenwirken von Gewichtskraft und Reibungskraft kann sich der Vorgang so lange wiederholen, bis sich die Finger treffen.

Die standhafte Münze

Abb. 6.4: Schnell muss es gehen

Lege einen Streifen Papier über eine glatte Tischkante und stelle eine 1-Euro-Münze (oder einen Bleistift mit geradem glatten Ende) darauf. Wird es dir gelingen, das Papier zu entfernen, ohne die Münze zu berühren oder umzuwerfen? Ziehst du das Papier langsam fort, fällt die Münze garantiert um. Der Versuch gelingt, wenn das Papier durch blitzschnelles Aufschlagen mit dem Finger entfernt wird. Die Erklärung hast du selbst parat: Durch schnelles Schlagen nutzt du die Trägheit der Münze aus.

Der geteilte Apfel

Abb. 6.5: Vorsicht: Der geteilte Apfel

6

Schneide mit einem Messer so weit in das Fleisch eines Apfels, dass er beim Anheben auf der Klinge bleibt. Klopfe nun mit dem Rücken eines zweiten Messers gegen die im Apfel steckende Klinge. Nach einigen Schlägen hat sich der Apfel selbst halbiert.

Mit ganz ähnlichen Experimenten hat der italienische Naturforscher Galileo Galilei im 16. Jahrhundert nachgewiesen, dass jeder Körper »träge ist«.

In dem letzten Versuch hindert die Trägheit den Apfel daran, die ruckartigen Bewegungen des Messers mitzumachen. Er schiebt sich selbst langsam auf die Klinge, bis er geteilt ist.

Ruckartige Bewegungen können zu unerwartet hohen Trägheitskräften führen. Deshalb müssen wir uns in Fahrzeugen immer anschnallen.

Fragen und Aufgaben

1. Wiederhole den Versuch »Balancierbesen« mit einem einfachen Stab (das große Tafellineal in der Schule geht auch). Was beobachtest du nun?

2. Große Holzscheite werden mit einer Axt gespalten, indem man die Axt in den Scheit schlägt und anschließend das Scheit mit Axt so zu Boden schlägt, dass die Axt mit ihrer Rückseite zuerst den Boden berührt. Warum ist das so?

3. Übe den Versuch »Die standhafte Münze« und versuche jetzt, die Münze durch einen Bleistift zu ersetzen. Das ist nicht einfach, aber wenn der Versuch dann klappt, macht das mächtig Eindruck.

4. Ein Auto soll abgeschleppt werden. Ein hilfsbereiter weiterer Autofahrer bietet sich an, mit einem Seil das Fahrzeug abzuschleppen. Obwohl das Seil der doppelten Gewichtskraft eines Autos standhält, reißt es bei dem Abschleppversuch. Was hat der hilfsbereite Autofahrer falsch gemacht?

7
Dicke Luft

Was haben Evangelista Torricelli (1608–1647), Otto von Guericke (1602–1686) und Johann Wolfgang von Goethe (1749–1832) gemeinsam? Alle drei beschäftigten sich unter anderem mit der uns umgebenden Luft. Diese Luft ist für uns lebensnotwendig, diese Luft verursacht aber bei rasanter Fahrstuhlfahrt oder bei verschnupfter Nase Ohren- und Kopfschmerzen. Die Luft, die unsere Erde umgibt, lastet auf uns und übt einen gewissen Druck aus.

Luftdruckmessgeräte (so genannte *Barometer*) wurden von Torricelli und von Guericke entwickelt. Nach dem Tode des Dichters Goethe, auch ein Naturforscher, fand sich im Nachlass ein dekorativer Wandschmuck, der seither *Goethe-Barometer* oder auch *Goethe-Wetterglas* genannt wird.

Speziell in den Niederlanden war dieses Gerät seit 1619 sicher bekannt und wurde dort als *Donnerglas* bezeichnet.

Abb. 7.1: Goethebarometer

In diesem Kapitel sollst du erfahren, dass Luft ein Körper ist und dieser Körper auch »messbar« ist.

Wie

◎ lässt sich der Luftdruck (Schweredruck) erklären

◎ funktioniert ein Luftdruckmessgerät (Barometer)

◎ misst man eigentlich Druck

◎ beeinflusst der Luftdruck unser Wetter

Die Luft ist ein Körper

Versuch 1

Die Luft steckt fest

Setze einen kleinen Trichter (schau dich dazu in eurer Küche um) in die Öffnung einer leeren Flasche und verschließe den Rand mit Knetmasse. Gießt du Wasser in den Trichter, läuft es nicht in die Flasche. Stecke nun einen Trinkhalm, bei dem du das obere Ende mit dem Finger verschließt, durch den Trichter. Hebe nun den Finger an.

Was geschieht, wenn du dich in eine randvoll mit Wasser gefüllte Badewanne legst? Natürlich, das Wasser läuft über.

Wie viel Wasser überläuft, hängt davon ab, wie groß der Raum ist, den du selbst beanspruchst. Der Physiker nennt diesen Raum *Volumen* V eines Körpers. Nicht du selbst in der Badewanne, auch die *Luft* beansprucht ein bestimmtes Volumen.

Versuch 2

Die Taucherglocke

Kannst du ein Taschentuch unter Wasser tauchen, ohne dass es nass wird? Dir gelingt dieser Versuch, wenn du das Taschentuch fest in einen Glasbecher stopfst und diesen Becher mit der Öffnung nach unten vorsichtig in Wasser tauchst.

In Taucherglocken wird diese Eigenschaft von Luft ausgenutzt. Die Luft kann unter Wasser in einem nach unten geöffneten Gefäß nicht entweichen, ein Taucher kann auf dem Grund eines Hafenbeckens an Versorgungsleitungen Reparaturen ausführen und ein Taschentuch in einem Glasbecher bleibt trocken. Genauso wie du eine Masse m hast, hat Luft auch eine bestimmte Masse m. Die Erfahrung zeigt, dass Luft »leichter« als Wasser ist und so nicht aus Taucherglocken entweichen kann. Um Vergleiche anstellen zu können, bezieht man die Masse eines Körpers auf ein bestimmtes Volumen (z.B. wie groß die Masse von einem Liter Wasser oder einem Liter Luft ist).

In der Luft gibt es auch Reibung. Ein luftgefüllter Luftballon bewegt sich mit nahezu gleich bleibender Geschwindigkeit zum Boden, der leere Luftballon fällt wesentlich schneller. Die große Oberfläche des gefüllten Ballons bietet den Luftteilchen genügend Angriffsfläche, um den etwas schwereren Ballon beim Fall abzubremsen.

7

Versuch 3

Fall eines aufgeblasenen und eines leeren Luftballons

Für diesen Versuch benötigst du zwei gleiche Luftballons (die Farbe kann verschieden sein). Einen Luftballon pustest du auf und lässt anschließend beide aus gleicher Höhe (1 Meter oder besser noch 2 Meter) zu Boden fallen. Der leere Ballon erreicht eher den Boden, obwohl doch im aufgepusteten Ballon mehr enthalten ist.

Die Dichte von Luft

Den Quotient aus der Masse m und dem Volumen V eines Stoffes bezeichnet der Physiker als Dichte ρ. Die Dichte ist von Stoff zu Stoff verschieden.

Die Größengleichung: $\rho = \dfrac{m}{V}$ Einheit: $\dfrac{g}{L}$ (Gramm pro Liter)

Schau dir die Werte der Dichten einmal genau an, indem du die Werte mit der Dichte von Wasser (also 1 Liter Wasser hat die Masse von ungefähr 1 kg) vergleichst.

	Dichte in g/L
Luft	1,29
Wasser	998
Quecksilber	13546
Benzin	700
Holz (Eiche)	700
Ziegelstein	1500

Luft hat eine viel geringere Dichte als Wasser; Luft ist ein Gas und möchte in Wasser immer nach oben steigen. So erklärt sich letztendlich die Funktionsweise der Taucherglocke. Die geringere Dichte der Luft führt dazu, dass die Luft sich »oben« in der Glocke sammelt.

Wie der Luftdruck entsteht

Müsste Luft denn nicht die Erde verlassen bei einer so geringen Dichte? Die Erfahrung zeigt dir, dass die Erde von einer Lufthülle, der Atmosphäre, fest umschlungen ist.

Da Luft ein Körper mit einer Masse ist, erfährt diese Luft auf der Erde eine Gewichtskraft, wie alle anderen Körper auch. Luft fällt praktisch zur Erdoberfläche und sammelt sich dort.

> **Versuch 4**
>
> **Luft wegdrücken**
>
> Verschließe mit dem Daumen die Öffnung deiner Fahrradpumpe. Schiebe den Griff hinein. Die Luft lässt sich zusammendrücken, am Daumen spürst du eine Kraft.

Im Gegensatz zu Gestein ist Luft komprimierbar, Luft lässt sich wie jedes andere Gas auch zusammendrücken. Die Gewichtskraft der Luft über uns verursacht einen Schweredruck, den *Luftdruck*. Dieser Luftdruck ist im Gebirge geringer als auf Meereshöhe. Das liegt daran, dass die Dichte der Luft am Boden (hier ist die Luft etwas zusammengedrückt) größer ist als in höheren Lagen (die Luft ist weniger zusammengedrückt).

Wie Druck gemessen wird

Ob ein Druck hoch oder gering ist, können wir nur entscheiden, wenn wir wissen, wie Druck überhaupt gemessen wird.

Physiker nehmen gerne folgendes Beispiel, um die physikalische Größe Druck p zu erläutern: Halte einen frisch angespitzten Bleistift zwischen Daumen und Zeigefinger einer Hand und drücke kräftig zu. Aua, obwohl du mit den Fingern jeweils die Kraft erzeugst, schmerzt doch nur die Spitze des Bleistifts. Die Auflagefläche der Bleistiftspitze ist aber viel geringer als das stumpfe Ende des Bleistifts.

Hilfreich zum Verständnis von Druckangaben ist folgende Tabelle:

7

Der Druck p

Verteilt man 1 Tafel Schokolade auf einer Fläche A von 1 Quadratmeter, so herrscht ein Druck von $p = 1\,\dfrac{N}{m^2}$. Erinnerst du dich, die Gewichtskraft einer Tafel Schokolade beträgt ca. F = 1 N.

Die gesetzliche Druckeinheit ist das Pascal (Pa): $1\,Pa = 1\,\dfrac{N}{m^2}$

Die Größengleichung zur Bestimmung des Drucks: $p = \dfrac{F}{A}$

Du siehst, die physikalische Größe Druck p wird wieder als ein Quotient zweier Größen (nämlich Kraft F und Fläche A) festgelegt.

In technischen Anlagen hat man es mit sehr hohen Drücken zu tun, dort wird der Druck in »bar« angeben.

Lege dir zehn Tafeln Schokolade übereinander auf deinen Daumennagel mit der Fläche von 1 cm², dann herrscht dort der Druck 1 bar:

$$p = \frac{10\,N}{cm^2} = 1\,bar\,.$$

1 Pa	=	1 N/m²			
100 Pa	=	1 hPa (1 Hektopascal)	=	1 mbar (1 Millibar)	
1000 Pa	=	1 kPa (1 Kilopascal)			
10000 Pa	=	1 N/cm²			
100000 Pa	=	10 N/cm² = 1000 hPa	=	1 bar	= 1000 mbar

Merke: 1 bar = 1000 hPa

Wind und Wetter

Druckunterschiede in der Luft sind die Ursache für Winde. In Wetterkarten findest du Stellen mit gleichem Luftdruck durch Linien miteinander verbunden (diese heißen *Isobaren*, griech. gleicher Druck). Diese Linien können Hoch- und Tiefdruckgebiete umschließen.

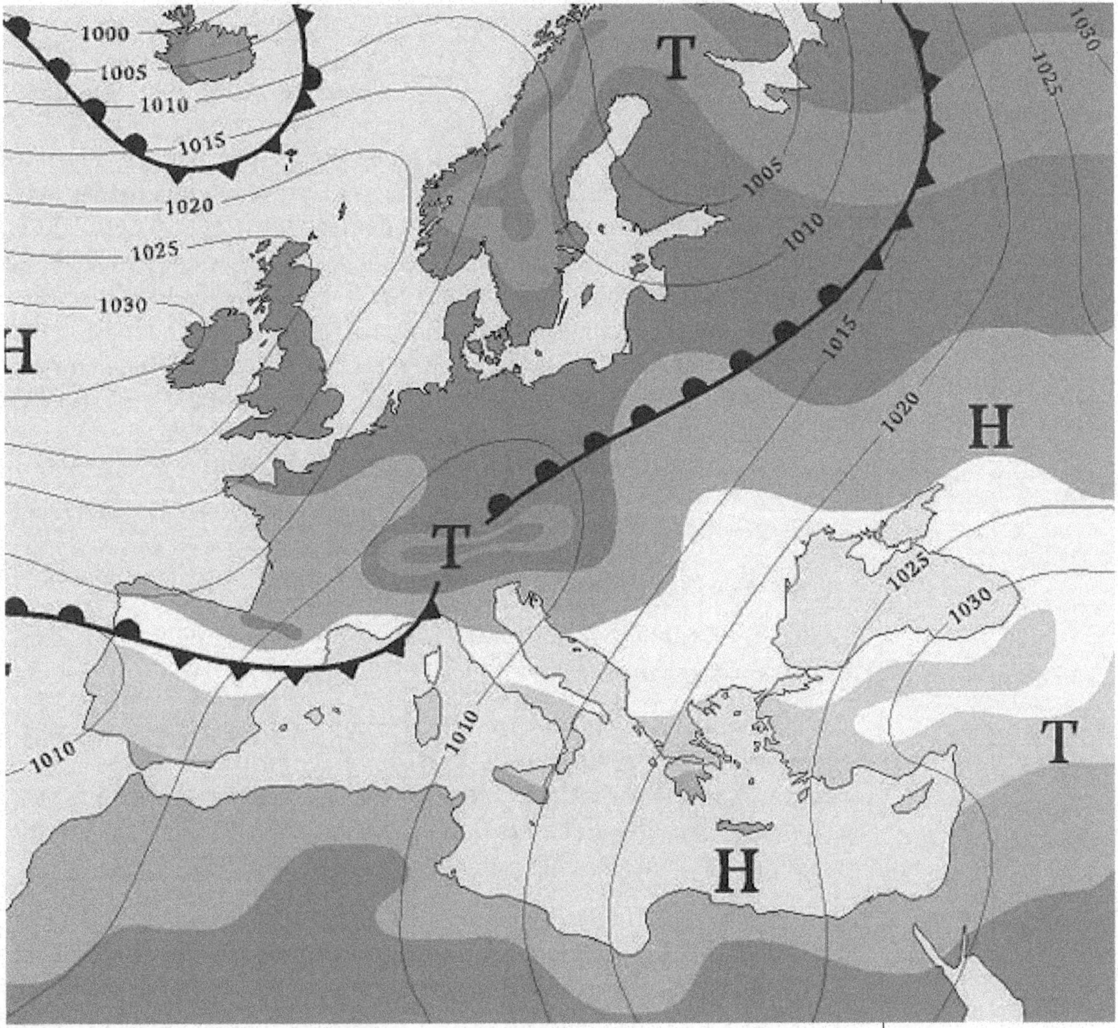

Meistens schwankt der Luftdruck zwischen Werten von 970 hPa und 1030 hPa, normal sind 1013 hPa (Normaldruck, also weder Tief- noch Hochdruck).

7

Die Luft strömt nicht geradewegs von einem Hoch- zu einem Tiefdruckgebiet. Je nach geografischer Breite drehen sich die Druckgebiete mit der Erde verschieden schnell. Der Wind aus dem Hochdruckgebiet strömt deshalb auf der Nordhalbkugel im Uhrzeigersinn aus dem Hoch heraus und gegen den Uhrzeigersinn in ein Tief hinein.

Die berühmten Versuche von Guericke und Torricelli

Lange Zeit war umstritten, ob es in einem Raum, der nichts enthält, ein *Vakuum* gibt. Otto von Guericke ging dieser Frage nach und ließ aus verschiedenen Gefäßen die Luft herauspumpen. Nach einigen erfolglosen Versuchen mit Holzfässern und Metallkugeln, die sich entweder als undicht erwiesen oder mit lautem Knall zusammengedrückt wurden, gelang ihm eine stabile Konstruktion aus glatt aufeinander liegenden kupfernen Halbkugeln. Sechzehn Pferde konnten die Halbschalen nicht auseinander reißen. Der Druck, den die Luft von außen auf die luftleeren Halbkugeln ausübte, war und ist ungeheuerlich.

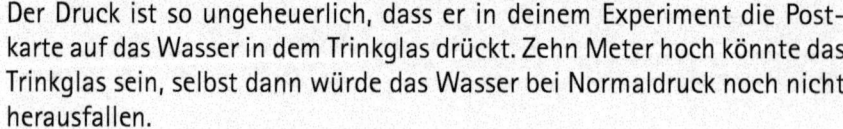

Versuch 5

Luft hält Wasser fest

Achtung: Diesen Versuch nur über der Küchenspüle oder einem Waschbecken durchführen.

Fülle ein hohes schmales Trinkglas randvoll mit Wasser und bedecke den oberen Rand mit der glatten Seite einer Postkarte so, dass zwischen Karte und Wasser keine Luft mehr ist. Drücke die Karte leicht auf den Rand und drehe das Glas um, so dass die Öffnung nach unten zeigt. Jetzt kannst du die Hand von der Karte nehmen.

Der Druck ist so ungeheuerlich, dass er in deinem Experiment die Postkarte auf das Wasser in dem Trinkglas drückt. Zehn Meter hoch könnte das Trinkglas sein, selbst dann würde das Wasser bei Normaldruck noch nicht herausfallen.

Torricelli verwendete Quecksilber (das einzige bei Zimmertemperatur flüssige Metall) in Glasröhren. Die Glasröhren waren einseitig offen und

tauchten mit der Öffnung nach unten in eine Schale mit Quecksilber. Da Quecksilber eine 13,5fach höhere Dichte besitzt als Wasser, steigt in Quecksilber-Barometern die Flüssigkeit statt auf 10 m nur auf

$$\frac{10}{13,5}\ m = 0{,}76\ m\ .$$

Das Goethe-Barometer

Wie schon zu Beginn des Kapitels erwähnt, diente Goethe ein Wasserglas zur Beobachtung des Luftdrucks.

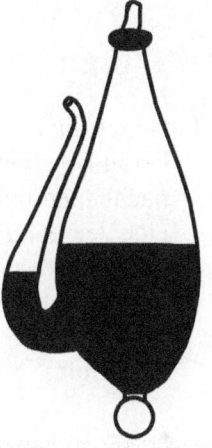 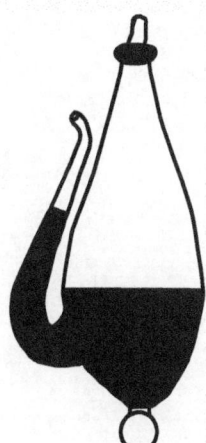

Abb. 7.2: links Hochdruck, rechts Tiefdruck

Bei hohem Luftdruck steht der Wasserspiegel im Schnabel des Barometers tief, bei tiefem Luftdruck hoch, daher auch der Name Kontrabarometer (kontra = gegen).

Das Barometer enthält neben einer gefärbten Flüssigkeit, die als beweglicher Verschluss dient, auch Luft. Du kannst dir nun vorstellen, was mit dieser Luft geschieht, wenn das Barometer bei gleichem Luftdruck einmal über einem Heizkörper und ein anderes Mal im kalten Flur aufgehängt wird.

Richtig, die Luft dehnt sich aus oder zieht sich zusammen (schau dazu noch einmal in Kapitel 4 nach). Das Barometer ist demnach auch ein Thermometer.

Das Gerät ist ein schöner Blickfang, aber ein ungeeignetes Messgerät.

7 Zusammenfassung

Hättest du gedacht, dass Luft ein Körper ist? Dazu hast du in diesem Kapitel eben etwas dazugelernt, nämlich

◇ dass Luft, wie jeder andere Stoff auch, Körpereigenschaften hat

◇ dass die Dichte der Luft in Taucherglocken eine Rolle spielt

◇ dass der Luftdruck ungeheuerlich sein kann

◇ dass es unterschiedliche Druckeinheiten wie Pascal oder bar gibt

◇ dass Luftdruckschwankungen mit Barometern gemessen werden

Fragen und Aufgaben

1. Findest du in deinem Zimmer einen Ort, an dem die Temperatur annähernd konstant ist, dann kannst du dir ein Wetterglas Marke Goethe nachbauen und mit Wettervorhersagen am Frühstückstisch glänzen. Eine leere Kunststoffflasche mit Wasser bis zur Hälfte auffüllen, etwas Tinte oder Lebensmittelfarbstoff hinzugeben und mit einem durchbohrten Korken (durch diesen steckst du einen dünnen Kunststoffschlauch) verschließen; jetzt auf den Kopf stellen, fertig ist das Wetterglas.

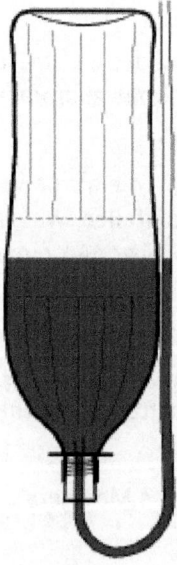

2. Du bist erkältet, die Stirnhöhle sitzt zu. Warum bereitet dir das so arge Kopfschmerzen?

3. Warum merken wir eigentlich nichts von dem »ungeheuren« Luftdruck?

4. Übersetze mit Hilfe physikalischer Größen folgende Erläuterung: Das Wasser, das in einem 10 cm hohen Glas auf jedem Quadratzentimeter des Deckels lastet, wiegt 10 g. Der Druck der Luft von unten beträgt hingegen 1000 g auf jeden Quadratzentimeter.

8

Auf den Spuren von Kapitän Nemo

Tiefer geht es nicht: 11.770 Meter

Der Pazifik ist der tiefste Ozean mit einer durchschnittlichen Tiefe von 4.000 Metern. Der tiefste Punkt ist der »Marianen-Graben« in der Nähe von Guam, zwischen Japan und Neuseeland. 1960 erreichten Jacques Picard und John Walls an Bord der »Trieste« im »Challenger-Tief« eine Tauchtiefe von 10.910 Metern.

Der Marianen-Graben ragt an der tiefsten bekannten Stelle 11.770 Meter hinab, während der Mount Everest nur 8.848 Meter hoch ist. Lässt du eine Bleikugel der Masse 1 kg in den Ozean fallen, würde diese nach einem Fall von nur 64 Minuten den Boden des Marianen-Grabens erreichen.

Wenn der Luftdruck schon ungeheuerlich ist, wie ist denn der Druck in 10 km Tiefe? In diesem Kapitel erfährst du daher,

◎ wie man untergeht

◎ wie man unter Wasser an »Gewicht« verliert

◎ wie man tief taucht

◎ wie man den Auftrieb berechnet

Wie man untergeht

Eine Bleikugel versinkt im Wasser, weil die Dichte von Blei (11,35 kg/L, das heißt, eine 1-Liter-Milchtüte aus Blei wiegt 11,35 kg) größer ist als die Dichte von Wasser (ca. 1 kg/L). Diese Erkenntnis ist einfach, auch die, dass Gegenstände mit einer geringeren Dichte (zur Dichte siehe Kapitel 7) als Wasser schwimmen.

Salzwasser hat eine wesentlich höhere Dichte als Leitungswasser und durch diesen Trick erreichst du, dass ein Ei auf Wasser schwimmt oder, wenn du Salz- und Leitungswasser geschickt übereinander schichtest, scheinbar schwebt.

Versuch 1

Gewichtsabnahme

Dies ist ein Versuch, den du besser draußen ausführen solltest. Suche dir einen Ziegelstein, den du gerade noch gut heben kannst. Tauche diesen nun in eine große Wanne mit Wasser. Er scheint an Gewicht zu verlieren.

Versuch 2

Schwimmen–Schweben–Sinken

Fülle drei Einmachgläser mit Wasser und lege in jedes ein Ei. Zur Überraschung schwimmen die Eier in unterschiedlicher Höhe. Das geht nur dann gut, wenn du die Gläser vorher präpariert hast. Glas 1 enthält einfach Leitungswasser, dort sinkt das Ei zu Boden. Im Wasser von Glas 2 sind drei Esslöffel Kochsalz aufgelöst. Das Ei schwimmt an der Oberfläche. Glas 3 wird zunächst nur zur Hälfte mit Wasser gefüllt und mit zwei Esslöffel Kochsalz versetzt, bis sich alles gelöst hat. Dann wird mit Hilfe einer Soßenkelle das Glas vorsichtig mit Leitungswasser aufgefüllt (das Salz- und das Leitungswasser dürfen sich nicht vermischen). Gibst du ein Ei hinzu, schwebt es im Glas 3.

Schon die alten Griechen ...

Im Wasser wie auch in der Luft herrscht ein Schweredruck. Der Schweredruck in Wasser ist noch viel größer als der Schweredruck in der Luft (was glaubst du, ob das wieder an der größeren Dichte des Wassers liegt? Richtig).

Die Kräfte des Schweredrucks lassen dich im Wasser viel leichter erscheinen. Sie wirken von allen Seiten auf dich oder einen untergetauchten Stein. Die Kräfte in größerer Tiefe sind höher als die Kräfte in geringerer Tiefe. Das Ergebnis ist eine noch oben gerichtete Auftriebskraft F_A, kurz Auftrieb genannt.

Die griechische Naturphilosoph Archimedes (um 250 v. Chr.) hatte dies bereits erkannt.

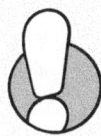

Satz des Archimedes

Der Auftrieb (die Auftriebskraft also) ist so groß wie die Gewichtskraft der verdrängten Flüssigkeit.

Versuch 3

Wie groß ist deine Faust?

Stelle ein Gefäß (ein Litermaß) zu ¾ mit Wasser gefüllt auf eine Küchenwaage und notiere dir die Anzeige. Tauche nun deine Faust hinein, ohne das Gefäß zu berühren und Wasser überlaufen zu lassen. Zeigt sich beim Eintauchen eine Anzeigezunahme von 300 g, so besitzt deine Faust ein Volumen von 300 cm^3.

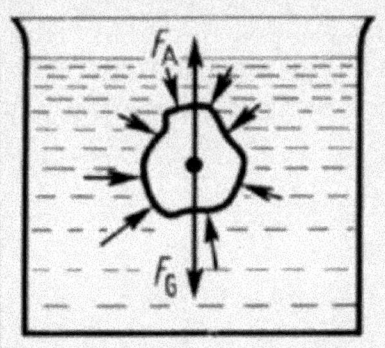

Abb. 8.1: Kräfte beim Auftrieb

Schauen wir einmal einem Physiker über die Schulter, wie er jetzt mit dem Satz des Archimedes umgeht:

Berechnung der Auftriebskraft

Ein Gegenstand (Mini-U-Boot) habe die Masse m = 175 g. Beim Untertauchen stellst du fest, dass m_A = 225 g Wasser verdrängt werden. Wird dieses Boot sinken, schweben oder schwimmen?

Gewichtskraft: $F = m \cdot g = 0{,}175 \text{ kg} \cdot 9{,}81 \, \frac{N}{kg} = 1{,}72 \text{ N}$

Auftriebskraft: $F_A = m_A \cdot g = 0{,}225 \text{ kg} \cdot 9{,}81 \, \frac{N}{kg} = 2{,}21 \text{ N}$

Auftrieb: $F_A - F = 2{,}21 \text{ N} - 1{,}72 \text{ N} = 0{,}49 \text{ N}$

Da die Auftriebskraft in diesem Beispiel größer ist als die Gewichtskraft des U-Bootes, wird das U-Boot nicht tauchen, sondern schwimmen (auftauchen).

Vom Tauchen

Versuch 4

Froschmänner

Für dieses Experiment brauchst du eine durchsichtige PET-Flasche (viele Limonaden mit Kohlensäure werden jetzt in diesen Flaschen ausgeliefert). Die Flasche füllst du jetzt bis über den Rand mit Wasser und wirfst 4 bis 5 abgebrochene Streichholzköpfe hinein. Verschließe die Flasche mit dem Schraubdeckel, ohne dass Luft in der Flasche zurückbleibt. Drückst du nun auf die Flasche, gehen die Froschmänner auf Tauchstation. Je nach Stärke des Fingerdrucks tauchen diese auf und unter oder schweben frei im Wasser.

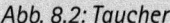
Abb. 8.2: Taucher

Hast du schon einmal versucht, im Schwimmbad im Sprungbecken auf 3 m Tiefe zu tauchen? Das klappt gar nicht so gut, du musst dich tüchtig anstrengen.

Das liegt einerseits an der Auftriebskraft, die wir durch unsere Verdrängung verursachen, andererseits an dem zunehmenden Schweredruck im Wasser, der zu dem in unserer Lunge herrschenden Luftdruck (nehmen wir mal einen Luftdruck von 1000 hPa an) hinzukommt.

Tiefe	Schweredruck	Druck in der Lunge		
0 m	0 bar = 0 hPa	1000 hPa		
10 m	1 bar = 1000 hPa	1000 hPa + 1000 hPa	=	2000 hPa
20 m	2 bar = 2000 hPa	2000 hPa + 1000 hPa	=	3000 hPa
30 m	3 bar = 3000 hPa	3000 hPa + 1000 hPa	=	4000 hPa
50 m	5 bar = 5000 hPa	5000 hPa + 1000 hPa	=	6000 hPa
100 m	10 bar = 10000 hPa	10000 hPa + 1000 hPa	=	11000 hPa
10.000 m	1000 bar =1000000 hPa	1000000 hPa + 1000 hPa	=	1001000 hPa

Tauchst du mit Schnorchel, Flossen und Taucherbrille in die Tiefe ab (10 m), so wird dein Brustkorb aufgrund des zunehmenden Druckes zusammengedrückt, und zwar so stark, dass die Luft in der Lunge und in den Atemwegen den des umgebenden Wassers annehmen (hier dann also schon doppelter Luftdruck).

Wie tief kann ich mit einem Schnorchel tauchen?

Ganz schön tief, aber ist das auch gesund? Gängige Schnorchel lassen eine Tauchtiefe von 30 cm zu. Um etwas größere Tiefen zu erreichen, könnte man daran denken, sich einen längeren Schnorchel (z.B. einen Schlauch der Länge 5 m) zu besorgen. Wie die folgende Überlegung zeigt, ist dies nicht ratsam und auch gefährlich.

Tauchen mit Schnorchel

Da der Schnorchel eine direkte Verbindung zur Wasseroberfläche herstellt, herrscht in der Lunge nahezu unabhängig von der Tiefe der Druck 1 bar (1000 hPa).

In 0,3 m Tiefe herrscht ein Druck von 1,03 bar (1030 hPa). Dieser äußere Druck wird durch die Körperflüssigkeiten weitergegeben und wirkt auch von außen auf die Lungenbläschen (diese findest du am Ende der Bronchien in der Lunge). Es besteht also ein Druckunterschied von 0,03 bar (30 hPa).

Man weiß heute, dass ein Druckunterschied von 0,06 bar (60 hPa) bereits nach fünf Minuten zu bleibenden Gesundheitsschäden führt, eine Druckdifferenz von 0,04 bar (40 hPa) kann auf Dauer schädlich sein. Beim Tauchen mit einem 30 cm langen Schnorchel liegst du also noch »im grünen Bereich«.

In 5 m Tiefe herrscht im Wasser ein Druck von 1,5 bar, was zu einem Druckunterschied von 0,5 bar (500 hPa) führt. Das ist mehr als das 10fache der Gefährdungsschwelle.

In dieser Tiefe müsste die Muskulatur eine Kraft von ungefähr 4000 Newton aufbringen, um den Brustkorb zu heben. (Vergleiche diesen Wert mal mit der Gewichtskraft deines Körpers.)

Tauchen in große Tiefen

Beim Tauchen in größere Tiefen löst man das Problem mit Pressluftflaschen. Man gibt dem Taucher Luft zum Atmen, die unter dem gleichen Druck steht wie das Wasser der Umgebung. Dadurch wird der Brustkorb nicht mehr zusammengedrückt und es entsteht kein gefährlicher Unterdruck in den Lungen.

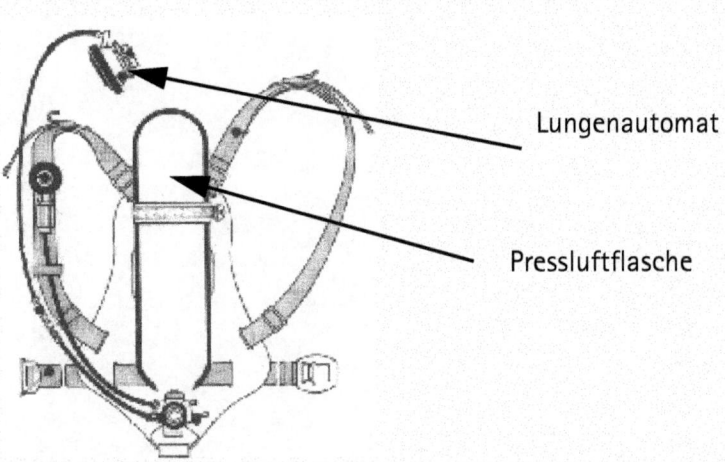

Lungenautomat

Pressluftflasche

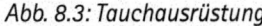

Abb. 8.3: Tauchausrüstung

Die Luft in den Pressluftflaschen hat meistens einen Druck von 200 bar. Ein Lungenautomat sorgt dafür, dass die eingeatmete Luft stets an den Umgebungsdruck angepasst wird.

In 10.000 m Tiefe herrscht ein Druck, der 1.000 Mal so groß wie der Luftdruck ist. Auf einen Quadratzentimeter wirken 1.000 Mal 1.000 g Wasser.

Fragen und Aufgaben

1. Wie groß ist der Druck in 10.000 m Tiefe in Tonnen, der auf einen Quadratzentimeter lastet (ein Mittelklassewagen besitzt etwa die Masse m = 1 t)?

2. Auf ein 5 cm^2 großes Stück der Innenwand eines Autoreifens wirkt eine Kraft von F = 90 N. Berechne den Druck im Autoreifen in Bar und Pascal.

3. In einer Wasserleitung herrscht ein Druck von 4,3 bar. Welche Kraft benötigst du, um mit dem Daumen an einem geöffneten Wasserhahn von 1,4 cm^2 Querschnitt das Ausfließen zu verhindern? Welche Kraft wäre hierzu bei einem Hydrantenanschluss (den benutzt die Feuerwehr) von 25 cm^2 Querschnitt nötig?

4. Scharfe Messer schneiden besser als stumpfe! Was hat dies mit Druck zu tun?

9
Bernsteinelektrizität – Eine geheimnisvolle Anziehung

Autsch, das saß aber. Beim Öffnen der Wagentür hast du einen elektrischen Schlag bekommen. Der Wagen war irgendwie elektrisiert. Diese Erfahrung, einen elektrischen Schlag zu bekommen, haben viele Forscher bereits vor Jahrhunderten gemacht, besonders dann, wenn sie Stoffe wie Bernstein und Seide gegeneinander rieben.

Otto von Guericke (du hast diesen Forscher bereits im Kapitel 7 kennen gelernt) baute 1660 eine Elektrisiermaschine, um Adlige am Hofe zu unterhalten.

»Aus einem lebendigen Körper fahrende Funken machen einen Hauptteil der Belustigung derer Herren und Frauenzimmer aus.«

Er verwendete dazu eine durchbohrte Schwefelkugel, die in Drehung gebracht, mit der Hand gerieben und so elektrisch geladen wurde. Hielt nun jemand mit der einen Hand einen Draht an die Kugel, so konnte er mit der anderen Hand durch Funken Schießpulver entzünden.

Viele wichtige Erkenntnisse über Elektrizität verdanken wir der Barock-zeit, als elektrische Experimente ein beliebtes Vergnügen bei Hofe waren und so manches glanzvolle Fest durch geheimnisvolle Funken belebten.

In diesem Kapitel erfährst etwas über

◎ elektrische Ladung und Isolatoren

◎ Anziehung und Abstoßung von elektrischen Ladungen

◎ den Nachweis von Ladungen

◎ das elektrische Feld

◎ Gefahren elektrischer Ladungen

Die elektrische Ladung

Schaltest du gegen Abend in deinem Zimmer die Lampe über den Licht-schalter ein, verspürst du keinen elektrischen Schlag. Ziehst du deinen Pullover nach dem Duschen über deine frisch gefönten Haare, hörst du ein Knistern. Unangenehme elektrische Schläge kannst du erhalten, wenn du mit Turnschuhen über Kunststoffböden gegangen bist.

Solche elektrostatischen Aufladungen treten nur bei guten Isolatoren auf. Was haben diese mit Elektrizität zu tun? Die griechischen Naturphiloso-phen beobachteten, dass der Isolator Bernstein (griechisch: Elektron) nach dem Reiben kleine Seidestückchen anzieht; sie sagten, er wird elek-trisch geladen.

Vom Bernstein (griechisch Elektron) leitet sich das Wort »elektrisch« ab.

Weist du eigentlich, was Bernstein ist? Genau gesagt handelt es sich bei Bernstein um Baumharz, das vor Jahrmillionen aus den Wunden von Bernsteinkiefern und anderen Nadelhölzern ausgetreten und an der Luft ausgehärtet ist.

Bernstein ist ein uraltes Material, man kann ihn auch als erstes natür-liches Plastik bezeichnen. Bernstein ist sehr leicht. Ein Kubikzentime-ter wiegt wenig mehr als ein Gramm. In Süßwasser sinkt er und schwimmt in stark salzhaltigem Wasser. Bernstein ist nicht elektrisch leitend (isoliert also).

Für Versuche ist Bernstein aber zu schade, wir verwenden daher alltägliche Kunststoffe.

Versuch 1

Reibe deinen Kugelschreiber oder Füllhalter aus Kunststoff an deinem Pullover, halte ihn danach über kleine Stückchen Löschpapier. Wiederhole diesen Versuch mit einem großen langen Eisennagel.

Versuch 2

Reibe nun mit einem Wolltuch die durchsichtige Kunststofffolie eines leeren Schnellhefters und öffne den Schnellhefter langsam. Was spürst du?

Versuch 3

Schneide dir aus einem Müllbeutel einen schmalen Streifen zurecht. Falte ihn in der Mitte zusammen und ziehe beide Hälften durch ein Wolltuch. Schon beim Reiben knistert es und die Hälften stoßen sich ab.

Was konntest du nun in diesen Versuchen erfahren? Mal zogen sich verschiedene Körper gegenseitig an und mal stießen sie sich ab. Zwischen ihnen wirkten Kräfte, die sowohl anziehend als auch abstoßend wirken können.

Wir können uns dies so erklären, dass es zwei unterschiedliche Ladungsarten gibt. Jeder Körper ist aus positiven (+) und negativen (-) Ladungen aufgebaut. Ist ein Körper elektrisch neutral, so enthält er gleich viele negative wie positive elektrische Ladungen.

Reibe ich die Kunststoffstreifen des Müllbeutels, so sind beide Streifen gleich geladen; die Papierschnipsel und der Füllhalter sind unterschiedlich geladen.

Es gibt zwei Arten elektrischer Ladung: positive ($\oplus$) und negative ($\ominus$) Ladungen. Zwischen diesen Ladungen herrschen Kräfte. Gleichnamige Ladungen stoßen sich ab, ungleichnamige Ladungen ziehen sich an.

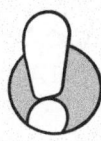

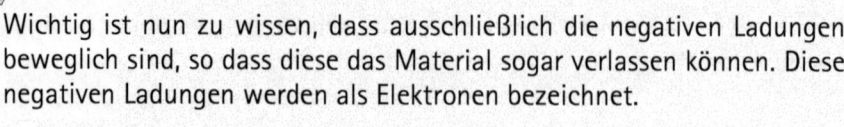

Wichtig ist nun zu wissen, dass ausschließlich die negativen Ladungen beweglich sind, so dass diese das Material sogar verlassen können. Diese negativen Ladungen werden als Elektronen bezeichnet.

Die negativen Ladungen in Materialien bezeichnet man als Elektronen.

Wie kannst du dir nun das Entstehen von positiv geladenen und negativ geladenen Körpern erklären?

Entfernt man Elektronen, so ist ein Überschuss an positiven Ladungen im Material enthalten. Der Körper ist positiv geladen. Führt man dagegen zusätzliche Elektronen zu, so wird das Material negativ geladen.

Elektronenmangel oder Elektronenüberschuss bestimmen also die Ladung eines Materials.

In manchen Materialien sind die Elektronen ziemlich unbeweglich und fest gebunden (das hat etwas mit Chemie zu tun, der Eigenschaft von Stoffen). Diese Materialien nennt man Isolatoren. In Metallen hingegen gibt es freibewegliche Elektronen, die elektrische Ladung von einer Stelle zur anderen »leiten« können. Diese Elektronen nennt man daher auch Leitungselektronen, und die Metalle selbst werden als elektrische Leiter bezeichnet.

Mit dieser Vorstellung (hier lernst du wieder ein Modell zur Erklärung von Beobachtungen kennen) kannst du alle Experimente erklären, wenn du annimmst, dass Ladungen zwar von einem Körper auf den anderen übergehen, aber weder neu entstehen noch verloren gehen.

Berühren zwei Isolatoren einander, so treten an der Berührungsstelle einige Elektronen von einem Körper auf den anderen über. Die Körper sind elektrisch geladen.

Metalle lassen Elektronen abfließen. Metalle können nur elektrisch geladen werden, wenn diese mit einem Isolator verbunden sind.

Presst du zwei Isolatoren einfach aneinander, so berühren sie sich nur an wenigen Stellen, da ihre Oberfläche stets rau ist (das musst du dir durch eine Superlupe vergrößert vorstellen). Reibt man die Materialien dagegen aneinander, so kommen viele Stellen in Kontakt, und mehr Elektronen können ausgetauscht werden.

Reibungselektrizität ist eigentlich Kontaktelektrizität.

Wie ich Ladungen nachweise

Versuch 4

Wiederhole den Versuch 2 und streiche mit der Metallspitze eines Schraubenziehers mit Glimmlämpchen (frage einen Erwachsenen danach; diese Schraubenzieher werden auch Polprüfer genannt) über die Kunststofffolie. Im abgedunkelten Raum siehst du ein Aufleuchten in diesem Schraubenzieher.

In diesen Polprüfern befindet sich eine Glimmlampe.

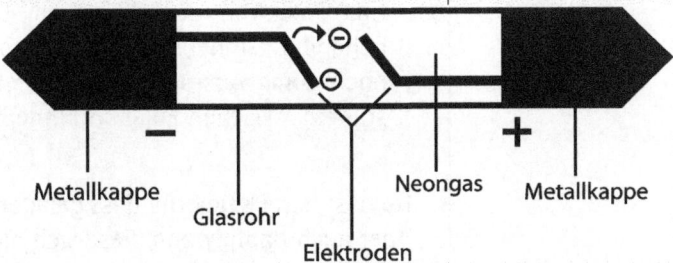

Metallkappe Glasrohr Elektroden Neongas Metallkappe

Abb. 9.1: Aufbau einer Glühlampe

Drückst du während des Versuchs kräftig auf das obere Ende des Schraubenziehers, leuchtet die Glimmlampe im Schraubenzieher auf, und zwar nur an einem Ende. Ist die Kunststofffolie negativ geladen, wandern die Elektronen durch den Metallschraubenzieher durch die Glühlampe in deinen Finger (keine Angst, hier können die Elektronen noch keinen Schaden anrichten)

9

Jetzt bist du ganz schön geladen, oder? .

Bei einer Glimmlampe leuchtet das Gas immer an dem Drahtende auf, das mit dem elektrisch negativ geladenen Material verbunden ist.

Man hat vereinbart, dass Material mit Elektronenüberschuss *Minuspol* und Material mit Elektronenmangel *Pluspol* genannt wird

Welche Gefahr umgibt elektrische Ladung?

Versuch 5

Puste zwei Luftballons auf, lege einen auf den Boden und reibe den anderen kräftig an deinem Pullover (oder mit einem Wolltuch). Nähere nun den aufgeladenen Ballon dem am Boden liegenden, ohne diesen zu berühren. Wie von Geisterhand wird sich dieser Ballon deinem von alleine annähern oder entfernen.

Versuch 6

Klappe deinen leeren Schnellhefter ganz auf und reibe die durchsichtige Folie mit dem Wolltuch. Lege Papierschnipsel auf die nicht behandelte Innenseite und klappe langsam die Folie darüber (halte noch einen Abstand von 2 cm ein). Die Papierschnipsel sollten nun ständig zwischen Folie und Innenseite hin und her hüpfen.

Du hast bereits gelernt, dass geladene Körper Kräfte aufeinander ausüben. Aber auch dann, wenn diese sich nicht berühren?

Über zwei Jahrhunderte wurde dieses Problem diskutiert. Man hielt es für unmöglich, dass Kräfte ohne Kontakt (also Berühren, eine Stange verwenden, eine Antriebskette, ...) übertragen werden. Michael Faraday (1791–1867), ein bedeutender Experimentalphysiker, haben wir die Idee des *elektrischen Feldes* zu verdanken.

Danach nehmen wir an, dass geladene Gegenstände ihre Umgebung so verändern, dass auf andere geladene Körper Kräfte ausgeübt werden. Diesen Wirkungsbereich nennen wir *elektrisches Feld*.

> Geladene Körper erzeugen in ihrer Umgebung elektrische Felder, in denen andere geladene Körper Kräfte erfahren.

Wie du in deinen Experimenten beobachten konntest, bewegen sich die Papierschnipsel von alleine auf einem bestimmten Weg zum geladenen Gegenstand. Faraday veranschaulichte diese Beobachtung durch die Einführung von Feldlinien. Die Feldlinien sind demnach nichts anderes als die Wege, die die Papierschnipsel nehmen.

Wie Wege zwischen zwei Orten durch Start und Ziel begrenzt sind, beginnen Feldlinien an dem positiv geladenen Körper und enden auf dem negativ geladenen Körper. Mit Hilfe dieser »Idee« lässt sich der Schutz vor starken elektrischen Aufladungen, wie sie durch Blitzeinschlag bei Gewitter möglich sind, erklären.

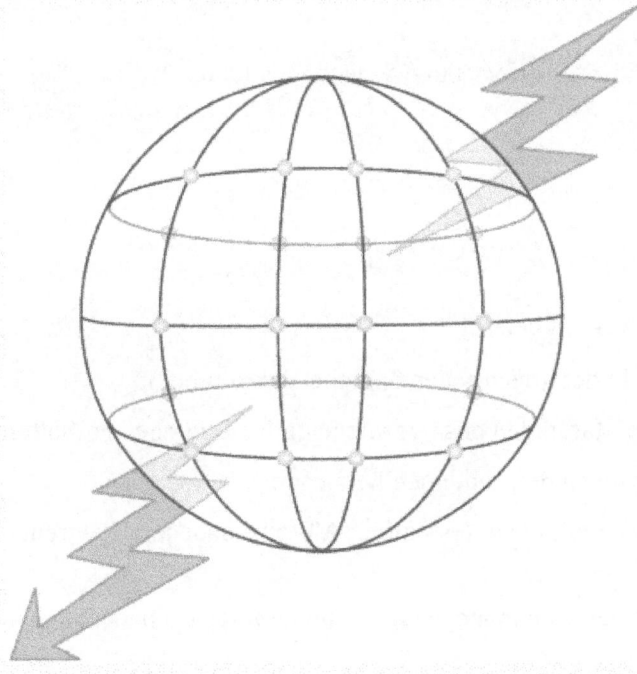

Abb. 9.2: Faradayscher Käfig

Stell dir vor, ein Auto steht auf seinen gummibereiften Rädern im Gewitter. Der Blitz (dieser transportiert Ladungen) schlägt in die Metallkarosserie und lädt diese negativ elektrisch auf. Die gesamte Karosserie besitzt nun ein Überschuss an Elektronen, die sich alle untereinander abstoßen und auf der Außenseite der Karosserie sammeln. Im Innern des Autos fehlt der positive Gegenpol und so kann sich im Innern des Autos auch kein elektrisches Feld ausbilden. Die Folge ist, der Innenraum ist, wie der Physiker sagt, *feldfrei* und es wirken keine elektrischen Kräfte, die schaden könnten.

Die Autokarosserie wirkt wie ein Drahtkäfig und Michael Faraday war es, der sich als Erster in einen solchen Faraday-Käfig setzte und seine abschirmende Wirkung demonstrierte. Übertragungskabel für elektronische Messgeräte, Antennen und Computer sind mit einem Drahtgeflecht umgeben. Dadurch werden Störungen (Aufladungen) durch äußere elektrische Felder abgeschirmt.

Schafft man keinen Schutz gegen elektrische Ladungen, wandern diese Ladungen ab und können dabei ungeheure Wirkung hinterlassen. Bislang haben wir uns nur mit ruhenden Ladungen beschäftigt, das ist die so genannte Elektrostatik.

Die Elektrostatik ist die Erforschung ruhender Ladung.

Zusammenfassung

In diesem Kapitel hast du gelernt

◇ dass Bernstein in der griechischen Sprache Elektron heißt

◇ dass alle festen Materialen positive wie negative Ladungen enthalten

◇ dass Kräfte zwischen den Ladungen herrschen

◇ dass Isolatoren Elektronen festhalten, Metalle dagegen Elektronen weiterleiten

◇ dass du mit einer Glimmlampe das Ladungsvorzeichen bestimmen kannst

◇ dass geladene Gegenstände von einem elektrischen Feld umgeben sind

◇ dass der Faraday'sche Käfig im Innern feldfrei ist und somit ein Schutz gegen Ladungen darstellt

Fragen und Aufgaben

1. Jemand schaut dir bei den Ladungsversuchen zu und sagt erstaunt: »Du kannst ja Ladungen erzeugen.« Wie müsstest du ehrlicherweise antworten?

2. Lässt du bei Gewitter einen Drachen steigen, besteht Lebensgefahr. Warum?

3. Eine CD wird mit einem weichen Tuch gerieben und über Papierschnipsel gehalten, die auf einem Tisch mit glatter Oberfläche liegen. Die Papierstückchen hüpfen einige Male auf und ab. Erkläre, warum das so ist.

4. Du kannst dir ein einfaches Ladungsnachweisgerät selbst bauen. Bohre in ein trockenes Holzbrettchen (ein altes Holzlineal geht hervorragend) ein Loch so, dass durch dieses genau ein Nagel passt. Durch diese Bohrung steckst du zwei Lamettafäden von ca. 10 cm Länge (ein Baumschmuck zu Weihnachten; gleich lange schmale Aluminiumfolienstreifen gehen auch). Mit dem Nagel klemmst du die Fäden fest. Näherst du dem Nagel einen geladenen Gegenstand, so spreizen sich die Fäden auseinander. Finde eine Erklärung.

10
Die elektrische Strömung und ihre Wirkung

Für uns ist es selbstverständlich, dass überall dort, wo wir sind, elektrischer Strom zur Verfügung steht. Hochspannungsleitungen verteilen den elektrischen Strom an Umspannwerke, von wo es unterirdisch weitergeht bis in unsere Wohnungen und Zimmer. Stromleitungen können wir auch sehen, wenn wir auf die Rückseite von elektronischen Bauteilen aus Computern oder Taschenrechnern schauen. Nicht sehen, aber spüren können Taucher die elektrischen Impulse von elektrischen Fischen.

»Zum Betäuben und Lähmen von Beute können Zitterrochen mit einer Spannung von 90 V bis 800 V und einer Stromstärke von 30 A über 5 ms (Millisekunden) lang aussenden« (aus einem Lehrbuch der Biologie).

10

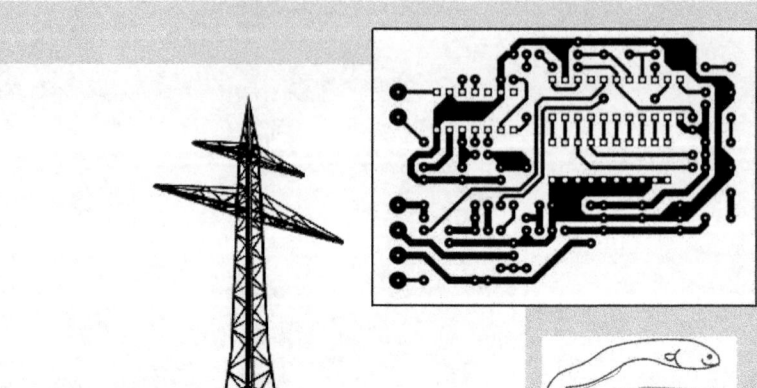

Abb. 10.1: Stromleitungen

Du hast bisher nur ruhende Ladungen betrachtet. In diesem Kapitel will ich zur Untersuchung bewegter Ladungen übergehen. Dabei beschränke ich mich auf die einfachste Bewegungsform von Ladungen in elektrischen Leitern, nämlich auf den Gleichstrom.

Darum lernst du in diesem Kapitel etwas über

◎ die Festlegung, was man unter elektrischer Stromstärke versteht

◎ die Wirkungen der elektrischen Stromstärke

◎ die Gefahren elektrischer Stromstärke

◎ die unterschiedliche Wirkung ruhender und bewegter Ladung

Versuch 1

Für diesen Versuch benötigst du eine Glühlampe aus dem Vorder- oder Rücklicht eines Fahrrades, eine 4,5-Volt-Flachbatterie (solche Batterien findest du in Elektrogroßmärkten) und eine Kabeltrommel. Nimm die Glühlampe und prüfe mit der Batterie, ob sie leuchtet. Schalte nun das Kabel der Kabeltrommel zwischen Glühlampe und Batterie. Die Glühlampe leuchtet gar nicht oder nur ganz schwach. Ist die Leitung in der Kabeltrommel etwa verstopft?

Die elektrische Stromstärke

In der Grundschule hast du vielleicht schon kennen gelernt, wie eine Schaltung zum Betreiben einer Glühlampe funktioniert. Aus einer Batterie, Zuleitungen, Schalter und Glühlämpchen mit Fassung muss du einen geschlossenen Stromkreis aufbauen.

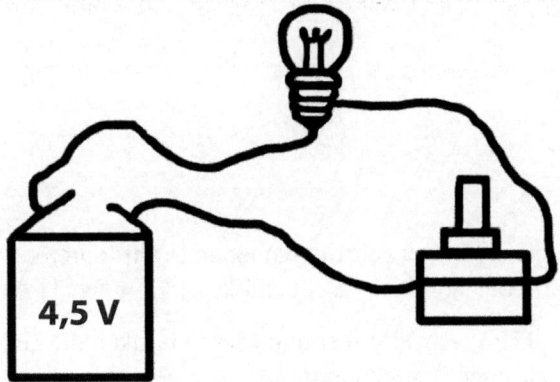

Abb. 10.2: Schaltskizze für einen elektrischen Stromkreis

Was in den kunststoffummantelten Kabeln und in der Glühlampe passiert, kannst du nicht sehen. Du kannst aber die Wirkung des elektrischen Stroms erkennen: Die Glühlampe wird heiß und sendet dabei Licht aus.

Ob durch eine Leitung elektrischer Strom fließt, erkennst du an seinen Wirkungen.

Wie können wir uns vorstellen, was im Inneren eines Metalldrahtes die Wärmeentwicklung hervorruft?

Schließt du einen elektrischen Stromkreis, so bewegen sich die Elektronen durch das Metall. Dabei wird Ladung von einem Ende des Drahtes zum anderen transportiert. Du kannst diesen elektrischen Strom mit der Strömung von Wasser durch ein Rohr vergleichen. Die Stärke der Strömung beschreibt man in diesem Fall durch die Angabe, wie viele Liter Wasser pro Sekunde durch dieses Rohr fließen.

Ähnlich legt man die elektrische Stromstärke durch die Angabe fest, wie viele Elektronen pro Sekunde durch einen Draht (elektrischen Leiter) fließen.

Versuch 2

Bestimme die Wasserstromstärke an der Küchenspüle, indem du das Wasser aus dem Hahn in die Spüle laufen lässt und dann gleichzeitig ein Litermaß in den Wasserstrahl hältst und eine Stoppuhr startest. Ist ein Liter in den Messbecher gelaufen, stoppst du deine Uhr.

Wiederhole das Experiment, jetzt soll der Wasserhahn aber nur tropfen.

Stromstärke I: $I = \dfrac{Q}{t}$

Q ist die Ladungsmenge, die in der Zeit t durch einen Draht (durch den Leiterquerschnitt) fließt. Die Einheit der Stromstärke ist 1 Ampere (1 A).

André Ampère (1775–1836) war Physiker und Mathematiker, die Einheit der Stromstärke ist nach ihm benannt.

In unserem Wassermodell entsprechen die Wassertropfen den Elektronen; Tropfen zählen ist anstrengend und daher haben wir die Wassertropfen zu einem »Paket« geschnürt: 1 Liter Wasser. Genauso hat es auch Charles Coulomb (1736–1806) mit den Elektronen gemacht. Er schnürte Ladungspakete, indem er eine sehr hohe Anzahl von Elektronen (genau sind es immer $6{,}25 \cdot 10^{18}$ Elektronen) zu einem Paket schnürte. Diese Ladungsmenge wird 1 Coulomb genannt.

Die Ladungsmenge 1 Coulomb (1 C) entspricht der Anzahl von 6250000000000000000 Elektronen.

Die Stromstärke beträgt also I = 1 A, falls die Ladungsmenge Q = 1 C (1 Coulomb) pro Sekunde (t = 1 s) durch den Leiterquerschnitt fließt.

Außer der Stromstärke ist auch die Stromrichtung in einem Draht wesentlich. Wie du bereits gelernt hast, sind nur die Elektronen (die negativen Ladungen) beweglich. Diese wandern in einem Leiter vom Minuspol der Batterie zum Pluspol. Leider wusste man im 19. Jahrhundert nicht, dass die Elektronen negative Ladungen tragen. Man definierte damals die technische Stromrichtung als diejenige Richtung, in der positive Ladungen transportiert werden, also vom Pluspol zum Minuspol.

Die physikalische Stromrichtung

Elektronen wandern in einem geschlossenen Stromkreis vom Minuspol zum Pluspol.

Vom Standpunkt der Physik ist die Ladung Q diejenige Grundgröße, die für die Elektrizitätslehre (Aufladen von Gegenständen, Wandern und Wirken in Leitungen) maßgebend ist. Messen kann man Ladungen Q nur mit aufwändigsten Apparaturen, dagegen ist die elektrische Stromstärke I ganz einfach festzustellen. Heutzutage findest du genaue Stromstärkemessgeräte zu wenigen Euro im Angebot des Elektrofachhandels.

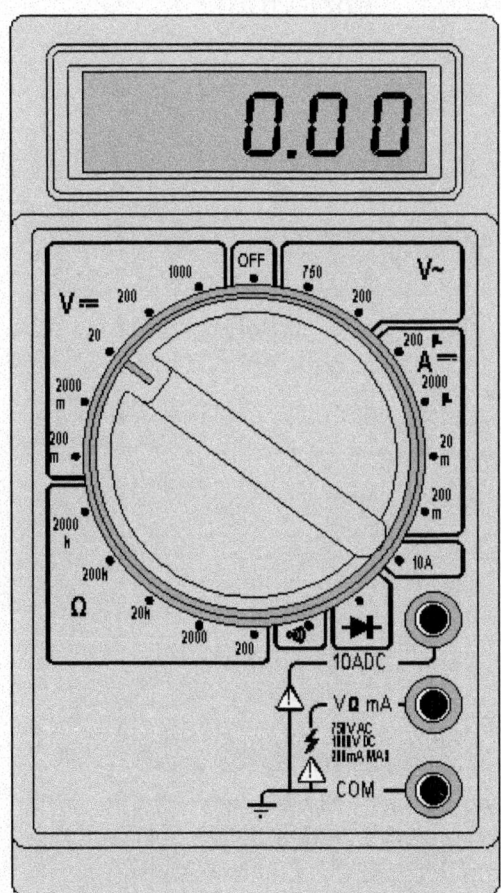

Abb. 10.3: Vielfachmessgerät

10

Wegen der praktischen Bedeutung der Stromstärke hat man sich entschlossen, nicht das Coulomb, sondern das Ampere als vierte Grundeinheit in das internationale Maßsystem aufzunehmen.

Meter, Kilogramm, Sekunde und Ampere sind die Grundeinheiten, aus denen alle anderen Einheiten in der Physik hergeleitet werden.

Schaut man in physikalische Lehrbücher, findet man für elektrische Geräte daher Angaben der elektrischen Stromstärke.

Armbanduhr, batteriebetrieben	0,001	mA
Glimmlampe	0,1 bis 3	mA
Taschenlampe	0,07 bis 0,6	A
Haushaltsglühlampe	0,07 bis 0,7	A
Heizkissen	0,3	A
Bügeleisen	2 bis 5	A
Autoscheinwerfer	5	A
Elektrischer Ofen	5 bis 10	A
Straßenbahnmotor	150	A
Überlandleitung	100 bis 1000	A
E-Lok	1000	A
Blitz	100000	A

Wie ich elektrische Stromstärke »erzeuge«

Versuch 3

Ich denke einmal, dein Fahrrad ist verkehrssicher und die Lichtanlage funktioniert einwandfrei. Wenn das der Fall ist, kannst du folgenden Versuch durchführen: Der Dynamo wird an den Reifen geklappt, das Rad langsam in Bewegung gesetzt und die Glühlampe im vorderen Scheinwerfer beobachtet. Das Licht flackert.

Der Dynamo liefert einen *Wechselstrom* im Gegensatz zu einer Batterie, die stets einen *Gleichstrom* liefert. Den Gleichstrom hast du schon kennen gelernt. Die Erzeugung von Gleichstrom gelingt mit Batterien recht leicht. Technische Geräte, so genannte Stromgeneratoren, liefern einen elektrischen Strom, der ständig seine Richtung ändert. Für die Wirkung, nämlich die Glühlampe so aufzuheizen, dass diese leuchtet, spielt die Richtung keine Rolle. Ich möchte dir diesen Umstand durch folgende Überlegungen erklären.

Leuchtet in einem geschlossenem Stromkreis ein Glühlämpchen auf, wandern die Elektronen durch die Zuleitungen und den Glühdraht des Lämpchens hindurch. Die positiven ortsfesten Ladungen (das hast du im vorherigen Kapitel gelernt) im Glühdraht, der sehr dünn ist, werden von den Elektronen angestoßen und in Bewegung (Schwingung) versetzt. Die Folge ist nun, dass sich die Temperatur des Drahtes erhöht. Die Elektronen verrichten Arbeit, wenn sie durch den Draht wandern. Du kannst dir wohl vorstellen, wenn es eng wird, der Draht also dünn ist, dass die Elektronen dort mehr Arbeit verrichten, als wenn der Draht dick ist.

Der elektrische Widerstand

Elektronen verrichten in einem Metalldraht Arbeit, so dass dieser sich erwärmt. Dünne Drahte mit einem geringen Drahtquerschnitt (damit ist die Fläche gemeint, auf die du schaust, wenn du einen Draht durchschneidest) erwärmen sich stärker als Drähte mit einem großen Drahtquerschnitt.

Man sagt, ein dünner Draht stellt einen größeren elektrischen Widerstand dar als ein dicker Draht. Ebenso stellt ein langer Draht einen größeren Widerstand als eine kurzer Draht dar.

Der elektrische Widerstand von Gegenständen wird von Physikern als *Strombegrenzer* bezeichnet.

Wandern nun Elektronen durch einen Drahtwiderstand, so ist es unerheblich, ob die Elektronen immer nur in einer Richtung hindurchwandern oder in ständig wechselnder Richtung, wie das beim Wechselstrom der Fall ist. Festhalten können wir, beim Durchwandern des Drahtes verrichten die Elektronen Arbeit und wir stellen dies als eine Wirkung des elektrischen Stroms fest: Der Draht erwärmt sich.

Damit du dir besser die gleiche Wirkung von Wechselstrom und Gleichstrom vorstellen kannst, schau dir einmal die Möglichkeiten an, ein Holzbrett durchzusägen. Eine Kreissäge dreht sich immer in gleicher Richtung

10

und trennt das Brett durch. Eine Bügelsäge muss ständig hin- und herbewegt werden und führt zum gleichem Ergebnis.

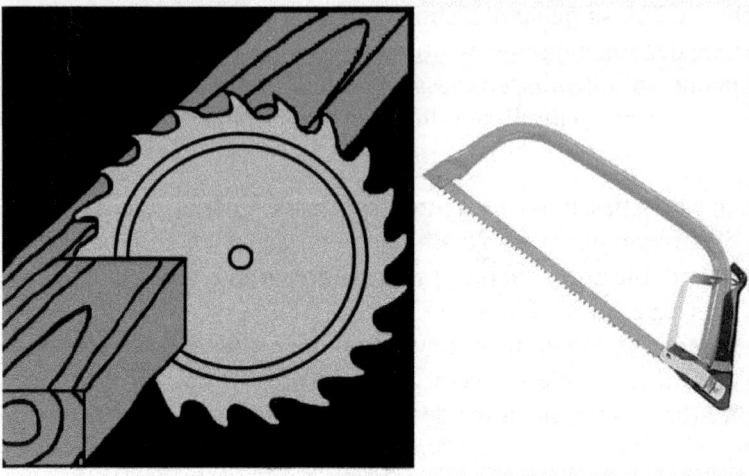

Abb. 10.4: So sägt man

Gleich- und Wechselstrom bewirken in einem elektrischen Stromkreis das Gleiche. Batterien liefern Gleichstrom, Generatoren liefern Wechselstrom.

Wie gefährlich ist elektrischer Strom?

Hast du schon einmal einen elektrischen Schlag an einer defekten Schreibtischlampe erlebt? Das ist doch das Gleiche, als ob ich einen elektrischen Schlag durch Aufladung erleide, wirst du entgegnen. Dass dies nicht so ist, möchte ich in diesem Abschnitt erläutern; dazu brauchen wir ein paar Erkenntnisse über den »elektrischen Widerstand« des menschlichen Körpers.

Fast alle Organe werden durch elektrische Impulse gesteuert, die vom Gehirn ausgehen. Muskelbewegungen werden z.B. durch schwache elektrische Impulse angeregt. Auch das Herz schlägt auf Grund elektrischer Ströme, die es aber selbst erzeugt.

Fließt nun ein von außen kommender Strom durch den Körper, der größer als die körpereigenen Ströme ist, dann verkrampfen sich die Muskeln, die äußere Stromquelle kann dann nicht mehr losgelassen werden. Fließt der Strom über das Herz, versucht dieses, den äußeren Impulsen zu folgen. Es entstehen Rhythmusstörungen oder sogar Herzkammerflimmern, das ohne sofortige Hilfe zum Tod führt.

> Gefahr für unser Leben herrscht immer dann, wenn elektrischer Strom durch unseren Körper fließt. Dieser kann zwei Wege nehmen, durch die Muskeln oder durch das Herz.

In unseren Haushalten findest du einen Sicherungskasten, der neben elektrischen Sicherungen für die einzelnen Räume in neueren Häusern auch einen so genannten FI-Schalter (Fehlerstromschutzschalter) enthält. Dieser Schalter unterbricht die elektrische Versorgung im Haushalt, wenn die fehlgeleitete Stromstärke mehr als 40 mA beträgt. Warum dies so ist, verrät dir die folgende Tabelle.

Stromstärke I	Wirkung
bis zu 0,05 mA	bei Berührung mit der Zunge ein Kribbeln
bis zu 1 mA	bei Berührung Kribbeln im Finger (vergleichbar dem »Ameisenlaufen«)
bis zu 5 mA	entstehen nur geringe Einwirkungen
5 bis 15 mA	beginnt das Verkrampfen der Muskeln. Loslassen des Kontaktes ist aber noch möglich.
15 bis 50 mA	wird der Strom für die Herzrhythmussteuerung stark gestört, das Herz arbeitet unregelmäßig und kann gar aussetzen. Die Muskeln der Hände verkrampfen und die Stromquelle kann nicht mehr losgelassen werden.
mehr als 50 mA	tritt praktisch sofort Bewusstlosigkeit ein und Körperteile brennen
mehr als 80 mA	setzt Herzkammerflimmern mit tödlicher Wirkung ein, der Körper verkohlt schnell

10

Die Wirkung des elektrischen Stroms oder woran ich erkenne, ob in einem Draht Strom fließt

Zwei Wirkungen hast du bereits kennen gelernt. Die Wärmewirkung des elektrischen Stroms zeigt sich in der Glühlampe. Ausgenutzt wird diese in vielen Heizgeräten wie Fön, Heizlüfter oder auch Elektroherd.

Fließt ein elektrischer Strom durch unseren Körper, bewirkt dieser Strom, dass sich in unserem Körper Stoffe bleibend verändern. So einen Vorgang nennt man chemische Reaktion (bleibende Stoffveränderung). Fließt durch unseren Körper ein elektrischer Gleichstrom von einigen Ampere (z.B. I = 20 A), dann wird sogar das Wasser in unserem Körper in seine Bestandteile zerlegt und zwar in die Gase Sauerstoff und Wasserstoff (diese Gasmischung wird auch Knallgas genannt). Die hier beschriebene Wirkung des elektrischen Stroms nennt man *chemische Wirkung*.

Versuch 4

Für dieses Experiment benötigst du einen möglichst langen und dicken Nagel (eine entsprechend große Schraube geht auch), einen ungefähr 50 cm langen isolierten Draht (gut eignen sich Kabel, die den Dynamo des Fahrrads mit den Lampen verbinden), eine 4,5-Volt-Flachbatterie und Büroklammern. Wickle den Draht so um den Nagel, dass der Draht wie eine Schraubenfeder aussieht. Verbinde nun kurzzeitig die beiden blanken Enden des Drahtes mit den Anschlüssen der Batterie und halte den Nagel über die Büroklammern. Diese werden wie an einer Perlenschnur vom Nagelende angezogen.

Hast du einen kleinen Kompass zur Hand, kannst du sogar beobachten, dass immer wenn du die Drahtenden mit der Batterie verbindest, die Nadel im Kompass ausschlägt.

Es gibt drei Wirkungen des elektrischen Stroms: Wärmewirkung, chemische und magnetische Wirkung.

Der dänische Physiker Christian Oersted entdeckte 1820 zufällig diesen Effekt. Eine Magnetnadel, die neben einem stromführenden Draht stand, wurde abgelenkt. Damit war gezeigt, dass elektrische Ströme auf Magnetnadeln Kräfte ausüben. Die magnetische Wirkung ist die dritte Wirkung des elektrischen Stroms. Heute weiß man, dass die Metalle Eisen, Kobalt und Nickel von einem Magneten angezogen werden.

Oersteds Ergebnisse erregten in Europa ungeheures Aufsehen. Steckt man beispielsweise den stromführenden Draht durch ein Papierblatt und bestreut dieses mit Eisenfeilspänen, so werden die Späne magnetisiert und ordnen sich in Kreisen rund um den Draht an. Die Späne, die jetzt zu kleinen Magneten (Magnetnadeln) geworden sind, veranschaulichen so die Richtung der wirkenden Kraft. Dieses Experiment führt uns dazu, von einem Magnetfeld zu sprechen, das den stromführenden Draht umgibt, das aber auch zwischen den Polen eines Hufeisenmagneten vorhanden ist.

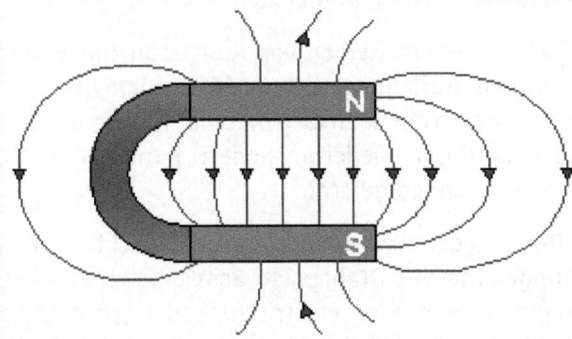

Abb. 10.5: Magnetfeld eines Hufeisenmagneten

Man stellt das Magnetfeld durch Feldlinien grafisch dar. Die Richtung der Feldlinien wird durch die Einstellung einer kleinen Magnetnadel festgelegt. Dort, wo der Nordpol der Nadel hinweist, befindet sich der Südpol des Magnetfeldes.

Nebenbei hast du hiermit die Grundlagen des Magnetismus kennen gelernt.

> Ein Magnet (wie die Magnetnadel eines Kompasses) besitzt immer zwei Pole, nach Vereinbarung den Nord- (Rot) und den Südpol (Grün). Gleiche Pole stoßen sich ab, ungleiche Pole (wie Nord- und Südpol) ziehen sich an.

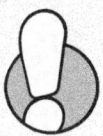

Bereits im 12. Jahrhundert verwendete man Magneteisensteine als Kompass zur Orientierung auf dem Meer und begann, die Eigenschaften von Magneten zu erforschen. Dem Magneteisenstein wurden auch viele wunderbare Eigenschaften zugeschrieben: »Der Magnet hat die Kraft, Krankheiten festzuhalten, deswegen muss man ihn auf den Krankheitsherd legen.«

Wie sich ruhende und bewegte Ladungen unterscheiden

Das Experiment von Oersted hatte gezeigt, dass eine Magnetnadel in der Nähe eines stromdurchflossenen Drahtes abgelenkt wird. Oersted war es, der den Unterschied zwischen Bernsteinelektrizität und der vermeintlichen »Elektrizität« von Magneteisenstein aufdeckte.

Wie du bereits gelernt hast, führt das Reiben von Kunststoff mit einem Wolltuch zur elektrostatischen Aufladung; Ladungen werden getrennt und sammeln sich auf dem entsprechenden Gegenstand. Die Umgebung dieser ruhenden Ladung beeinflusst wiederum andere Kunststoffe. Du hast dabei das elektrische Feld kennen gelernt.

Erst bewegte Ladungen (bei uns der stromdurchflossene Draht) bewirken ein Magnetfeld in der Umgebung des Drahtes, so dass magnetisierbare Stoffe wie Eisen angezogen werden. Sind elektrische Ladungen ständig von einem elektrischen Feld umgeben (das kann ganz schön stören; denke mal an die aufgeladenen Haare nach dem Fönen), so kann man das Magnetfeld ein- und ausschalten. Fließt kein elektrischer Strom durch einen Draht, gibt es auch kein Magnetfeld. Diese Eigenschaft wird in der Technik in Form von Elektromagneten genutzt; auf einem Recyclinghof lässt sich so Eisen aus einem Container in den nächsten umsetzen: Elektromagnet einschalten, das Eisen haftet am Magneten; Elektromagnet ausschalten, das Eisen fällt ab.

Magnetfelder lassen sich durch bewegte Ladungen (stromdurchflossene Drähte) erzeugen. Elektrische Felder werden durch ruhende Ladungen (aufgeladene Gegenstände) hervorgerufen.

Zusammenfassung

In diesem Kapitel hast du gelernt,

◇ dass die Menge von Ladungen in Coulomb angegeben wird

◇ dass die elektrische Stromstärke tatsächlich als Fließen von Ladungen gedeutet werden kann

◇ dass der elektrische Strom Wirkungen hinterlässt

◇ dass es sinnvoll ist, sich auch vor kleinen Stromstärken zu schützen

◇ dass die Vorstellung von einer »Magneteisensteinelektrizität« im Mittelalter sich als Wirkung bewegter elektrischer Ladung herausstellt

Fragen und Aufgaben

1. Messgeräte zur Erfassung der elektrischen Stromstärke haben eine rasante Entwicklung hinter sich. Was steckt hinter den Begriffen wie: Hitzdrahtamperemeter, Knallgasamperemeter und Drehspulamperemeter?

2. Ein Stromkreis soll an einer Stelle bei zu hoher elektrischer Stromstärke durchschmelzen. Ein sehr dünner und ein dicker Draht stehen dafür zur Verfügung. Für welchen entscheidest du dich?

3. Wende die 12/4-Regel in folgenden Aufgaben an. Wie groß ist die Ladungsmenge Q, wenn in einem Stromkreis eine Sekunde lang die Stromstärke genau ein Ampere beträgt?

4. Bei einem Formel-Eins-Rennen dauert der Boxenstopp 9 Sekunden, dabei werden 89 Liter Benzin getankt. Wie groß ist hier die Benzinstromstärke?

11

Watt ihr Volt

»In den ersten Tagen des Septembers des Jahres 1786, während die Sonne unterging, beobachtete Luigi Galvani zum ersten Male die Bewegungen der an Eisenstäben dieses Geländers aufgehängten toten Frösche.«

Diese Inschrift findet sich auf einer Gedenktafel des Hauses Nr. 29 in der Via Ugo Bassi in Bologna. Der Mediziner Luigi Galvani (1737–1798) hatte durch Zufall beim berühmten Froschschenkelversuch eine neuartige Spannungsquelle gefunden; ein präparierter Froschschenkel zuckte jedes Mal, sobald ein Funke von einer zufällig eingeschalteten Elektrisiermaschine übersprang. Galvani selbst deutete dies fälschlicherweise als *tierische Elektrizität*.

Der Forscher Allesandro Graf Volta (1745–1827) glaubte nicht an diese tierische Elektrizität. Er erkannte, dass die eigentliche Ursache für das Entstehen des elektrischen Stromes in der Berührung der Froschschenkelnerven mit zwei unterschiedlichen Metallen liegt. Nach zahlreichen Versuchen mit Froschschenkeln benutzte er seine Zunge als Muskel. Er legte sich dabei ein Stück Zinn (früher wurde Essbesteck oft aus Zinn hergestellt) und eine Silbermünze so auf die Zungenspitze, dass sich beide berührten. Die Zunge zuckte zwar nicht zusammen, Volta verspürte aber einen eigenartigen säuerlichen Geschmack. Volta schloss daraus, dass man mit Hilfe zweier verbundener Metalle und angesäuertem Wasser eine elektrische Quelle (diese werden wir Batterie nennen) bauen kann.

Spricht man im Alltag über Elektrizität, so ist in der Regel die elektrische Spannung gemeint. Diese elektrische Spannung hängt eng mit der Arbeit beim Verschieben von elektrischen Ladungen zusammen.

Daher lernst du in diesem Kapitel, wie

◎ eine Spannung mit Hilfe eines Fahrraddynamos erzeugt wird

◎ das Märchen vom Stromverbrauch entstand

◎ eine Spannung in einer Batterie erzeugt wird

◎ elektrische Widerstände im Haushalt geschaltet sind

◎ die elektrische Spannung und die elektrische Stromstärke die Leistung beeinflusst

Arbeit und elektrische Spannung

Versuch 1

Diesen Versuch kennst du eigentlich schon. Klappe den Dynamo deines Fahrrades an das Rad und drehe erst langsam und dann immer schneller. Die Glühlampe im Vorderlicht leuchtet immer heller auf; dazu musst du aber auch immer kräftiger drehen.

Was geschieht in dem Dynamo, wenn du ihn in Drehung versetzt? Schauen wir doch einfach wieder durch die Physikerlupe. Der Dynamo stellt eine Elektronenpumpe dar. Versetzt du den Dynamo in Drehung, werden Elektronen von einem Pol durch die Glühlampe zum anderen Pol geschoben. In der Glühlampe verrichten diese Elektronen (Ladungen) Arbeit, indem sie die Metallatome im Glühdraht zu Schwingungen anregen und sich dadurch der Draht erwärmt.

Die von Elektronen verrichtete Arbeit W wird beim Durchströmen des Drahtes in innere Energie umgewandelt und erwärmt den Draht.

Indem du an dem Dynamo drehst, verrichtest auch du Arbeit. Diese Arbeit gibst du den Elektronen mit auf ihren Weg durch den Draht. Man kann auch sagen, die Elektronen haben eine bestimmte Arbeitsfähigkeit (die

natürlich von deiner Drehgeschwindigkeit abhängt). Trennst du die Kabel von der Glühlampe (bitte nicht wirklich nachmachen) und drehst weiter am Dynamo, trennst du Elektronen von einem Pol und »schaufelst« diese auf den anderen Pol des Dynamos. Auf dem ersten Pol sitzen arbeitsfähige Ladungen, auf dem zweiten fehlen genau diese. Der Physiker sagt, zwischen diesen Polen herrscht jetzt eine elektrische Spannung.

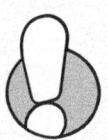

> Unter der elektrischen Spannung U zwischen zwei Polen (dies können die Anschlüsse des Dynamos, einer Batterie oder auch einer Steckdose sein) versteht man die Arbeitsfähigkeit der Ladungen Q.
>
> Zu Ehren von Allesandro Volta wird die Spannung in Volt (1 V) gemessen.

Beträgt also die Spannung einer Steckdose in deinem Zimmer U = 230 V, so kann die Ladung Q = 1 C (also ein Coulomb; weißt du noch, wie viele Elektronen dies sind? Falls nicht, schau doch mal in Kapitel 10 nach) beim Transport zwischen den Polen die Arbeit W = 230 J verrichtet. Damit die Ladung Q = 1 C diese Arbeit verrichten kann, muss genau diese Arbeit auch im Generator eines Kraftwerkes aufgebracht werden (das Kraftwerk ist ja mit der Steckdose verbunden).

Die elektrische Spannung, die eine Batterie liefert, ohne dass ein »Verbraucher« angeschlossen ist, nennt man *aktive Spannung*.

Beispiele für aktive Spannungen

Solarzelle	0,5 V
Knopfbatterie (Hörgerät)	1,35 V
Mignonzelle (AA)	1,5 V
Monozelle	1,5 V
Flachbatterie (3 Monozellen)	4,5 V
Fahrraddynamo	6 V
Blockbatterie	9 V
Autobatterie	12 V
Haushaltssteckdose	230 V
Kraftsteckdose (Elektroherd)	400 V

Straßenbahn	500 V
Zündkerze beim Auto	15000 V
Eisenbahnoberleitung	15000 V
Kunststofffolie (gerieben)	bis zu 30000 V
Hochspannungsleitung	380000 V
Blitz (Gewitterwolke)	1000000 V

Bevor der Blitz bei einem Gewitter niederfährt, herrscht also eine Spannung von einer Million Volt, U = 1000000 V. Wie viele Tafeln Schokolade lassen sich mit Hilfe der Ladung Q = 1 C einen Meter hochheben? Das kannst du nun leicht selbst errechnen.

Die Ladung Q = 1 C kann bei diesem Gewitter eine Arbeit von W = 1000000 J verrichten. Hebe ich eine Tafel Schokolade einen Meter hoch, muss ich die Arbeit von W = 1 J verrichten.

1000000 Tafeln Schokolade lassen sich demnach einen Meter hochheben; dies entspricht der Masse von m = 100000 kg. Ein Mittelklasse-PKW besitzt die Masse von etwa 1000 kg.

Der Blitz könnte also 100 Autos dieser Klasse einen Meter hochschleudern, beeindruckend, oder?

Die passive Spannung

Zur Erläuterung der passiven Spannung habe ich mir schon wieder das Fahrrad ausgesucht, besser gesagt, die Fahrradbeleuchtung. Sind sowohl das Vorderlicht als auch das Rücklicht intakt, so wird in beiden Glühlampen Arbeit verrichtet. Betrachte ich jetzt nur eine der beiden Lampen, so spricht der Physiker hier von einem Spannungsabfall (Verrichten von Arbeit) an einem »Verbraucher«. Wie viel Arbeit von den Ladungen in einem einzelnen Bauteil verrichtet wird, wird durch die passive Spannung angegeben.

Die aktive Spannung ist die Arbeitsfähigkeit von Ladungen, die eine Batterie zur Verfügung stellt. Die passive Spannung ist die Arbeit der Ladungen, die in einem Bauteil verrichtet wird.

Schauen wir uns dazu ein Beispiel an, eine Lichterkette. Diese Lichter-kette, bestehend aus 20 Glühlämpchen, wird mit einem Netzteil geliefert. Auf dem Netzteil findet sich der Aufdruck 230V/24V. Was bedeutet dies? Die elektrische Spannung, die für 20 aneinander gereihte Lämpchen zur Verfügung steht, beträgt 24 V (aktive Spannung, na klar). Für jedes ein-zelne Lämpchen bleibt eine Arbeitsfähigkeit von 1,2 V (dies ist dann wohl die passive Spannung).

Jetzt reicht es aber auch mit Spannung. Nur noch so viel: Hast du schon einmal vom Spannungsverbrauch gehört? Ich denke nicht, dagegen findet sich der Begriff Stromverbrauch häufig in Zeitungsartikeln, die über zukünftige Energieprobleme berichten.

Das Märchen vom Stromverbrauch

In einem geschlossenen Stromkreis werden Elektronen herumgepumpt, diese gehen nicht verloren. Die Elektronen geben praktisch in Verbrau-chern wie Glühlampen Energie ab und werden in einer Batterie oder Steckdose wieder »aufgeladen« (sie werden wieder fit für die nächste Arbeit).

> Es gibt keinen Stromverbrauch, da in einem Stromkreis keine Elektro-nen verloren gehen. Man müsste eigentlich von einem Arbeitsver-brauch sprechen. Mit Elektronen wird elektrische Energie transpor-tiert. Verbraucher sind demnach Energiewandler.

In einer Glühlampe (als Verbraucher) wird nicht Strom verbraucht, son-dern elektrische Energie in thermische Energie (Wärme) umgewandelt.

Wie eine Batterie funktioniert

Die Idee von Volta, aus zwei verschiedenen Metallen und saurem Wasser eine »Spannungsquelle« (Batterie) zu bauen, kannst du leicht im Experi-ment nachvollziehen.

11

Versuch 2

Eine Batterie, die eine Spannung von U = 1,5 V liefert, ist leicht gebaut. Steche dazu in eine frische Zitrone einen dicken Kupferdraht und in einem Abstand von 1 cm einen Bleistiftanspitzer aus Leichtmetall ohne Klinge.

Ein Glühlämpchen aus dem Fahrradlicht wird nicht leuchten, wenn du es mit dieser Batterie betreibst. Im Elektronikhandel gibt es für wenige Cent Leuchtdioden (LED), die erfolgreich mit deiner Batterie betrieben werden können. Leuchtdioden lassen den elektrischen Strom nur in einer Richtung hindurch. Sollte eine Leuchtdiode nicht gleich aufleuchten, vertausche einfach die Anschlüsse. Eine Anschaffung von Leuchtdioden lohnt sich.

Abb. 11.1: Eine Zitrone

Hinweis

Die Zitrone darf nach diesem Versuch auf keinen Fall verzehrt oder der Saft getrunken werden.

Vielleicht hast du schon einmal von edlen und unedlen Metallen gehört. Gold und Silber sind edle Metalle, erkennbar daran, dass diese Metalle sich an der Luft nicht verändern. Im Gegensatz dazu sind Zink und Eisen unedle Metalle, die sich an der Luft verändern (man sagt auch rosten oder korrodieren).

Sind nun das unedle Leichtmetall des Anspitzers und das edlere Metall Kupfer nur durch die Säure in der Zitrone verbunden, so bildet das Leichtmetall den negativen Pol und das edlere Kupfer den positiven Pol der Batterie.

Eine kleine Gesetzeskunde zur Stromverzweigung

Viele Elektrogeräte lassen sich regeln, wie z.B. das Gebläse eines Föns oder die Drehzahl eines Küchenmixers. Diese Geräte enthalten neben vielen Schaltelementen elektrische Widerstände, die du im letzten Kapitel als *Strombegrenzer* kennen gelernt hast. Ich möchte nun mit dir die Gesetze erforschen, die für die Spannungs- und Stromverteilung in derartigen Geräten gelten.

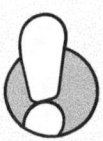

Der elektrische Widerstand R

Mit der Gleichung $R = \frac{U}{I}$ legt der Physiker den Begriff »elektrischer Widerstand« fest.

Die Einheit des elektrischen Widerstandes ist $1 \frac{V}{A} = 1\ \Omega$ (sprich 1 Ohm).

Georg Simon Ohm (1787–1854) war Professor der Physik und entwickelte diese Gleichung.

Aus dieser Widerstandsgleichung lassen sich durch Umformen Gleichungen für die Berechnung von Stromstärken oder Spannungen herleiten.

Widerstand hin, Widerstand her. Sicher, du könntest jetzt den Widerstand deines Föns berechnen, ermitteln, wie groß die Stromstärke im Wäschetrockner ist, oder die Spannung berechnen, mit der Halogenlampen betrieben werden. Diese Geräte findest du alle im Haushalt. Hast du dich schon einmal gefragt, wie diese eigentlich geschaltet sind?

Schauen wir uns dazu noch einmal die Lichterkette an, die mit einer aktiven Spannung von 24 V betrieben wird. 20 Lämpchen werden dazu gebraucht. Auf jedem Lämpchen müsste eigentlich der Aufdruck 1,2 V zu

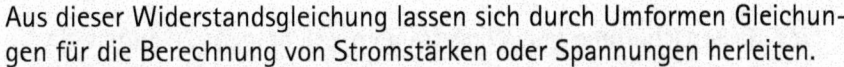

Beispiele:

Eine Glühlampe für eine Schreibtischlampe lässt bei einer Spannung von 230 V eine elektrische Stromstärke von I = 4,6 A zu.

Der elektrische Widerstand ist $R = \dfrac{U}{I} = \dfrac{230\,V}{4,6\,A} = 50\,\dfrac{V}{A} = 50\,\Omega$.

Wie groß ist die Stromstärke I, wenn du nun diese Glühlampe mit einer Flachbatterie verbindest?

Die elektrische Stromstärke ist $I = \dfrac{U}{R} = \dfrac{4,5\,V}{50\,\Omega} = \dfrac{4,5\,V}{50\,V/A} = 0,09\,A$.

In einem Digitalwecker (Guten Morgen) darf durch einen Draht mit 500 Ω Widerstand nur ein Strom der Stärke I=0,001 A fließen.
Man braucht dann eine Spannung von
$U = I \cdot R = 0,001\,A \cdot 500\,\Omega = 0,001\,A \cdot 500\,V/A = 0,5\,V$.

finden sein. Fällt dir da nicht etwas auf? Kaufst du einen Fön oder einen Wäschetrockner oder einen Computer, musst du darauf achten, dass diese Geräte eine passive Spannung von 230 V zulassen, genau diese 230 V sind aber auch die aktive Spannung der Haushaltssteckdose. Und nun?

Ganz einfach. Die Lämpchen in der Lichterkette sind, wie der Physiker sagt, *in Reihe geschaltet*. Die Ladungen müssen ein Glühlämpchen nach dem anderen durchqueren. Es gibt keine Abzweigungen. Drehst du ein Glühlämpchen heraus, erlöschen auch alle anderen.

Eine Reihenschaltung von Widerständen ist daran zu erkennen, dass sich die aktive Spannung auf die einzelnen Widerstände aufteilt. Die Summe der passiven Spannungen (du musst alle passiven Spannungen zusammenzählen) entspricht der aktiven Spannung.

Komisch, im Computerraum einer Schule sind zehn Computer über eine Steckdosenleiste an einer Steckdose mit einer aktiven Spannung von 230 V angeschlossen. Jeder Computer müsste eine passive Spannung von 23 V zulassen und wenn die Computer in Reihe geschaltet wären, müssten beim Ausschalten eines Gerätes gleich alle anderen Computer auch ausgehen. Ich glaube, dass du so etwas noch nicht beobachtet hast.

Im Haushalt liegen alle elektrischen Geräte an der gleichen Spannung (in der Regel 230 V, dies ist wichtig beim Kauf).

Die Geräte im Haushalt und ebenso die Rechner im Schulcomputerraum sind nicht in Reihe, sondern parallel geschaltet. Erkennbar ist diese Parallelschaltung daran, dass die aktive Spannung genauso groß ist wie die passive Spannung.

Eine Parallelschaltung von Widerständen ist daran zu erkennen, dass aktive und passive Spannung genau gleich sind.

Nur ein Bauteil ist im Haushalt zu allen anderen Geräten in Reihe geschaltet und wird dieses Teil entfernt oder geht es sogar kaputt, fallen alle Geräte aus. Richtig, damit ist die Sicherung (auch Sicherungsautomat genannt) im Sicherungskasten gemeint.

Im Haushalt sind alle elektrischen Geräte parallel geschaltet bis auf die Sicherung. Die Sicherung ist in Reihe geschaltet.

Kirchhoffsche Gesetze, spezifischer Widerstand, Schaltung von Vielfachmessgeräten, Schaltzeichen; diese Begriffe wirst du mit Sicherheit im Physikunterricht deiner Schule kennen lernen. Ich möchte an dieser Stelle auf eine tiefer gehende Erläuterung dieser Begriffe verzichten. Viel wesentlicher erscheint mir eine weitere elektrische Größe, die elektrische Leistung P.

Wenn du eine Glühlampe kaufst, gibst du neben der Spannung (230 V, die kennen wir langsam) die gewünschte »Stärke« in Watt an, z.B. 60 W. Wie du aus der Mechanik weißt, misst man in der Einheit Watt die Leistung, die Energieabgabe je Sekunde. Diese Leistung ist auch in der Elektrizitätslehre von großer Bedeutung und man kann sie aus den elektrischen Größen U und I berechnen.

11

> **Die elektrische Leistung P**
>
> Was sagen die Physiker? Mit der Gleichung $P = U \cdot I$ wird der Begriff elektrische Leistung festgelegt.
>
> Die Einheit der elektrischen Leistung ist $1\ W = 1\ V \cdot 1\ A$ (für W sprich Watt).

Ein Mensch leistet im Durchschnitt 40 W bis 160 W.

Elektrische Leistungen

Laserpointer	1mW	= 0,001 W
Taschenlampe	1 W	
Rasierapparat	10 W	
Monitor	60 bis 90 W	
Glühlampen	15 bis 200 W	
Farbfernseher	150 W	
Computer	350 W	
Bügeleisen	1000 W	= 1 kW
E-Lok	5000000 W	= 5000 kW
Blitz	10000000000 W	

Die Kilowattstunde

Einmal im Jahr wird abgerechnet und zwar schickt das örtliche Energie-versorgungsunternehmen (in vielen Städten sind das die Stadtwerke) eine »Stromverbrauchsabrechnung«. Wie du weißt, ist dieses Wort irreführend: Man verbraucht ja keinen Strom, man verbraucht keine fließenden Ladungen. Vielmehr wird die der Steckdose entnommene Energie in der Einheit kWh in Rechnung gestellt. Diese Energie wird jährlich am »Elektrizitäts-zähler« abgelesen.

Abb. 11.2: Der Elektrizitätszähler

> Aus der Leistungseinheit 1 kW und der Zeiteinheit 1 h erhält man die
> große Arbeits- und Energieeinheit 1 kWh (Kilowattstunde).
>
> W = P·t = 1 kW·1 h = 1 kWh = 1000 W·3600 s = 3600000 Ws =
> 3600000 J

Was kann man alles mit einer Kilowattstunde tun?

> Mit einer Kilowattstunde elektrischer Energie, die zurzeit in Deutsch-
> land im Durchschnitt etwa 15 Cent kostet, kannst du einen Hefeku-
> chen backen oder eine Maschine Wäsche waschen oder fünf Stunden
> am Computer arbeiten oder zwei Tage einen Kühlschrank nutzen oder
> 17 Stunden eine Glühlampe (60 W) betreiben oder ...

Zusammenfassung

In diesem Kapitel hast du gelernt,

◇ dass elektrische Spannung durch Verrichten von Arbeit in Generatoren
(Dynamo) entsteht

◇ dass bestimmte Batterien aus einem edlen und einem unedlen Metall
in Säure getaucht bestehen

◇ was der Unterschied zwischen aktiver Spannung einer Batterie und
passiver Spannung an einem elektrischen Gerät ist

11

◇ wie der elektrische Widerstand eines Bauteils berechnet wird

◇ dass im Haushalt alle elektrische Geräte parallel geschaltet sind bis auf die Haushaltssicherung

◇ dass die »Stärke« von elektrischen Geräten durch die elektrische Leistung P angegeben wird

◇ was 1 Kilowatt ist

Fragen und Aufgaben

1. Berechne den Widerstand des menschlichen Körpers für die bedrohliche Stromstärke I = 50 mA (I = 0,05 A) an der Haushaltssteckdose mit einer Spannung von U = 230 V.

2. Der elektrische Widerstand zwischen deiner rechten und linken Hand beträgt etwa R = 1200 Ω. Welche Stromstärke I durchfährt dich, wenn du mit den Händen beide Pole der Haushaltssteckdose berührst?

3. Den elektrischen Widerstand zwischen den Händen hast du schon kennen gelernt; der Widerstand zwischen Hand und Rumpf (das könnte der Bauch sein) beträgt R = 600 Ω. Findest du dafür eine Erklärung?

4. Auf einer LAN-Party läuft dein Computer mit Monitor 35 Stunden. Was kostet dich das?

5. Suche bei dir zu Hause den Energiezähler und schaue dir dort die Anzeige einmal am Tage und einmal am Abend (wenn z.B. die Geschirrspülmaschine läuft) an.

12

Experimente zu Ladung und Spannung

In diesem Kapitel findest du wieder Versuche zum Vorführen, aber auch zum Ausprobieren im stillen Kämmerlein.

Versuche mit einem Kamm

Du benötigst für diese Experimente einen Kamm aus Kunststoff, eine Wolldecke, Papier, einen Tischtennisball und am besten frisch gewaschene Haare.

Streiche mit dem Kamm über die Wolldecke, bis es knistert. Jetzt ist dieser richtig aufgeladen. Halte nun den Kamm vor einen auf einem Tisch liegenden Tischtennisball und bewege ihn langsam von dem Ball weg. Der Ball wird wie von Zauberhand geführt.

Zerreiße das Papier in unterschiedlich große Stücke und lege es auf einen Tisch. Fahre dir mehrmals mit dem Kamm durch die Haare und halte den Kamm über die Papierschnipsel. Die Schnipsel springen auf und ab oder bleiben am Kamm hängen.

12

Den nächsten Versuch führen wir in der Küchenspüle durch. Öffne den Kaltwasserhahn so, dass ein dünner durchgehender Wasserstrahl herausläuft. Fahre dir wieder mit dem Kamm durch die Haare und halte den Kamm nah an den Wasserstrahl (nicht berühren). Wie durch ein Wunder biegt sich der Strahl in Richtung Kamm.

Versuche mit einer Flachbatterie

Du benötigst für diese Versuche eine 4,5-Volt-Flachbatterie, Klebefilm, große Schrauben und andere Metallgegenstände (Schere, ...), 2 m isolierten Kupferdraht und einen beidseitig angespitzten Bleistift, und, wenn vorhanden, einen kleinen Kompass.

Wickle um eine dicke fingerlange Holzschraube eine Lage Klebefilm und darauf 1 bis 2 m isolierten dünnen Kupferdraht. Verbinde die blanken Drahtenden mit den Polen der Batterie. Jetzt hast du einen richtig »starken« Elektromagneten. Verstecke diesen Magneten unter einer Tischplatte und versuche Schrauben, Scheren oder Büroklammern auf dem Tisch zu verschieben. Untersuche auch die Wirkung auf Cent- und Euromünzen.

Verbinde ein Glühlämpchen für eine Taschenlampe mit der Batterie, indem du mit einer Schere und einem Bleistift die Kontakte herstellst. Dass Metalle den elektrischen Strom leiten, ist nicht neu. Der Bleistift enthält aber Grafit (schon lange nicht mehr Blei), das auch ein guter elektrischer Leiter ist.

Abb. 12.1: Taschenkompass

Umwickle nun einen kleinen Kompass 10 Mal mit dem Kupferdraht so, dass von dem Kupferdraht die Enden jeweils 20 cm lang sind. Berühre mit den blanken Drahtenden kurz die Pole der Flachbatterie; vertausche beim Berühren jetzt einmal die Pole. Wie du siehst, ändert sich dann die Richtung, in der die kleine Magnetnadel ausschlägt. Einen Elektromagneten kannst du nicht nur ein- und ausschalten, du kannst in diesem Versuch auch Nord- und Südpol vertauschen.

Versuche zu Obstbatterien

Wichtig:

Die hier verwendeten Lebensmittel sind nicht mehr zum Verzehr geeignet. Du brauchst für die Versuche einen Kupferdraht und einen Eisennagel (noch besser ist ein Zinknagel), eine Leuchtdiode, einen Kopfhörer eines Walkmans oder eines MP3-Players, außerdem eine Banane, eine Kartoffel und einen Apfel.

Der Versuchsablauf gleicht sich im Folgenden: Stecke den Kupferdraht und den Eisennagel in die Kartoffel und teste mit der Leuchtdiode, ob diese aufleuchtet. Wenn nicht, vertausche die Anschlüsse der Leuchtdiode.

Setze dir den Kopfhörer auf und verbinde Draht und Nagel mit den beiden Anschlüssen des Steckers des Kopfhörers. Dabei solltest du ein Knacken im Kopfhörer wahrnehmen.

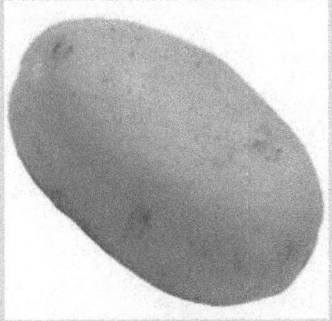

Abb. 12.2: Kartoffel

Wiederhole die Versuche mit den anderen Lebensmitteln. Auf jeden Fall wirst du das Knacken hören, die Leuchtdiode wird nicht immer leuchten (das liegt am Säuregehalt des Lebensmittels).

Fragen und Aufgaben

1. Vor einigen Jahrzehnten waren Kämme aus Aluminium unter Jugendlichen groß in Mode. Was meinst du, wie die Experimente mit einem
Aluminiumkamm verlaufen würden?

2. So wie du die Leitfähigkeit von Grafit untersucht hast, kannst du auch
die elektrische Leitfähigkeit von z.B. einer Kartoffel untersuchen.
Denke dir dazu einen Versuchsaufbau aus.

13
Was Licht ist

Die Optik, die Lehre vom Licht, gehört zu den ältesten Gebieten der Physik. Schon immer war bei den Menschen die Frage »Was ist Licht?« auf großes Interesse gestoßen. Zahlreiche experimentelle Befunde (Beobachtungen von Sternen, Untersuchung des Regenbogens, Deutung von Finsternissen) erweiterten im Laufe der Zeit die Kenntnisse sehr stark. Sie bewirkten, dass die Auffassung über die Natur des Lichtes in eigenartiger Weise zwischen einem Teilchenbild und einem Wellenbild hin- und herschwankte.

Isaac Newton (1643–1727) glaubte, mit einem einfachen Teilchenmodell auskommen zu können. Thomas Young (1773–1829), ein Professor der Physik, hatte Zweifel an der Newton'schen Teilchentheorie. Er betrachtete die Lichtausbreitung als Wellenbewegung.

Um 1900 schien die Wellennatur des Lichtes durch zahlreiche Experimente bewiesen. Die Physiker waren der Meinung, jetzt alles zu wissen. Erschüttert wurde diese feste Vorstellung über Licht unter anderem von Albert Einstein (1879–1955). Viele Experimente erforderten plötzlich die Annahme, das Licht sowohl Teilchen- als auch Welleneigenschaft haben muss.

13

Bei der weiteren Erkundung des Lichtes standen den Physikern anscheinend die Haare zu Berge. In einem Briefwechsel mit Albert Einstein schrieb der Physiker Max Born (1882–1970): »Die Quanten sind schon eine hoffnungslose Schweinerei.« Die Quantenphysik war geboren, in deren Mittelpunkt die Frage »Was ist Licht?« steht. Selbst bis in die jüngste Zeit hinein ist die Frage nach der Natur des Lichtes noch nicht beantwortet.

»Ich glaube, niemand versteht die Quantenphysik.« Dieser Ausspruch stammt von einem der bedeutendsten Physiker des 20. Jahrhunderts, Richard Feynman (1918–1988).

An der Entwicklung der Optik lässt sich gut das Geschick physikalischer Theorien verfolgen. Mit der Frage »Was ist Licht?« möchte ich dieses Kapitel beginnen, anschließend sollst du etwas über die unterschiedlichen Möglichkeiten des Lichtes erfahren, wenn

◎ es auf undurchsichtige Gegenstände trifft

◎ es auf verspiegelte Flächen trifft

◎ es in durchsichtige Stoffe eintritt

Was ist Licht?

In einem total verdunkelten Raum siehst du nichts. Erst wenn die Lampe eingeschaltet wird, nimmst du deine Umgebung wahr. Du siehst nicht nur die Lampe selbst, sondern auch die von der Lampe bestrahlten Gegenstände.

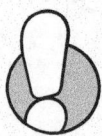

Licht ist das, was auf direktem Wege in unser Auge gelangt.

Wir sehen also Dinge, wenn das von ihnen erzeugte oder reflektierte Licht in unsere Augen gelangt.

Ohne Licht, genauer das Licht der Sonne, gäbe es auf der Erde kein Leben. Das Licht der Sonne erwärmt die Erdoberfläche, bringt Wasser in den

Meeren zum Verdunsten und treibt damit den lebensnotwendigen Kreislauf des Wassers an.

Mit Licht wird Energie transportiert.

Das Sonnenlicht liefert die Energie, mit der die Pflanzen Nährstoffe erzeugen und durch die deine Haut bei unvorsichtigem Sonnenbaden verbrennt.

Mit Licht gelangen in unser Auge als wichtigstem Sinnesorgan stets vielfältige Informationen. Mit dem Auge nehmen wir unsere Umwelt wahr, wir sehen.

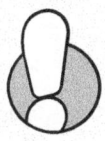

Mit Licht wird Information übertragen.

Was geschieht eigentlich, wenn wir sehen? Mit der Erklärung des Sehvorganges befassten sich schon die griechischen Naturphilosophen. Heute ist uns klar, dass unser Auge – physikalisch gesehen – ein Lichtempfänger ist.

Ein alter Gelehrtenstreit über das Sehen

Pythagoras (570–480 v. Chr.) war der Meinung, vom Auge aus strömen heiße Sehstrahlen, die von den kalten Körpern dann »zurückgedrängt« werden.

Hipparch (190–120 v. Chr.) verglich die von den Augen ausgehenden Sehstrahlen mit Händen, die Gegenstände abtasten und dadurch sichtbar machen.

Von der Oberfläche eines Gegenstandes lösen sich dauernd Atome ab, die als Abbild des Körpers durch die Luft fliegen und so in unser Auge gelangen. Das ist die Vorstellung vom Sehen der so genannten Atomisten (ca. 150 v. Chr.).

13

Schattenspiele

Licht, das wir nicht wahrnehmen, gelang auch nicht in unser Auge. Befindet sich zwischen unserem Auge und der Lichtquelle ein undurchsichtiger Gegenstand, so befinden wir uns im Schattenraum.

Versuche mit Teelichtern

Für diese Experimente benötigst du möglichst viele Teelichter (vielleicht sechs), undurchsichtige Gegenstände (Kaffeetasse, Teller, Teekanne, ...) und eine Projektionsfläche. Am besten führst du die Versuche auf der Küchenspüle durch und benutzt die Kacheln als Projektionsfläche. Wenn dann mal etwas Kerzenwachs verkleckert, ist das nicht so schlimm.

Versuch 1

Entzünde ein Teelicht und stelle zwischen Teelicht und Projektionsfläche verschiedene Gegenstände. Verändere auch mal den Abstand Teelicht und Gegenstand.

Als Folge der geradlinigen Lichtausbreitung zeigen sich (stets vergrößert) die Umrisse der Hindernisse. Der unbelichtete Bereich wird als Schattenraum (kurz Schatten) bezeichnet.

Versuch 2

Entzünde jetzt zwei Teelichter und beobachte die Schattenbildung. Verändere dabei den Abstand der Teelichter zueinander.

Bei großem Abstand der beiden Kerzen beobachtest du zwei getrennte Schatten. Stehen die Kerzen nahe genug beieinander, so gibt es im Schattenwurf einen so genannten *Teillichtbereich* (auch Halbschatten genannt) und einen Bereich, in den weder das Licht der einen noch der anderen Kerze gelangt. Blickst du aus dem Halbschatten in Richtung Kerzen, kannst du nur eine Kerze sehen. Schaust du vom Kernschattenraum in die Richtung der Kerzen, so kannst du keine Kerze sehen (du stehst hier also voll im Schatten).

Beleuchtest du einen Gegenstand mit einer Milchglaslampe, so siehst du einen »fließenden« Übergang zwischen Kernschatten und den ganz hellen

Bereichen am Rande. Wie dieser Übergangsschatten zustande kommt, zeigt dir der nächste Versuch.

Versuch 3

Jetzt kannst du alle zur Verfügung stehenden Teelichter entzünden und in einer Reihe parallel zur Projektionsfläche aufstellen. Halte jetzt eine Tafel Schokolade zwischen diese ausgedehnte Lichtquelle und die Projektionswand.

Jede Lichtquelle liefert einen Betrag zur Schattenbildung, aber jede dieser Lichtquellen sendet auch Licht in den Schattenraum der Nachbarlichtquellen. So kommt es zu einem kontinuierlichen Übergang zwischen Hell und Dunkel.

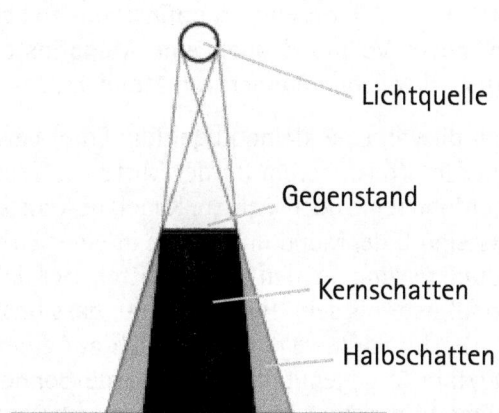

Lichtquelle

Gegenstand

Kernschatten

Halbschatten

Abb. 13.1:
Schattenkonstruktion

Aus der »Schärfe« eines Schattens kannst du auf die »Art« der Lichtquelle schließen.

Mit einer punktförmigen Lichtquelle lassen sich scharfe Schattenbilder erzeugen. Ausgedehnte Lichtquellen liefern unscharf begrenzte Schatten.

Licht breitet sich immer geradlinig aus.

13

Ein Teelicht im Versuch liefert einen relativ scharf begrenzten Schatten. Näherst du den Gegenstand mehr und mehr der Kerze an, so wird auch der Schattenrand unscharf. Die Kerze kann als punktförmige Lichtquelle betrachtet werden, wenn du einen gewissen Abstand zwischen Kerze und Gegenstand nicht unterschreitest. Probiere es aus.

Von Finsternissen

Unsere Sonne stellt eine sehr große ausgedehnte Lichtquelle dar. Auf der sonnenabgewandten Seite der Erde (Nachtseite) entsteht also ein *Kernschatten* und ein *Übergangsschatten*.

Gelangt nun der Mond, der erfahrungsgemäß viel näher an der Erde ist als die Sonne, in den Bereich des Kernschattens, so wird er vollständig beschattet. Man spricht dann von einer *Mondfinsternis*. Eigentlich müsste bei jedem Vollmond, dann befindet sich unser Mond vollständig auf der Nachseite der Erde, eine Mondfinsternis zu beobachten sein. Warum nicht bei jedem Vollmond auch eine Mondfinsternis herrscht, liegt an den unterschiedlichen Bahnen von Mond-Erde und Erde-Sonne.

Stell dir vor, eine kleine Kugel (die Erde) bewegt sich auf einem flachen Teller im Kreise herum (in der Mitte des Tellers befinde sich die Sonne). Der Mond (eine noch kleinere Kugel) bewege sich gleichzeitig um die Erde. Hier sind Erde, Mond und Sonne in einer Ebene; der Mond tritt bei jeder Erdumkreisung in den Kernschatten der Erde – jeden Monat müsste Mondfinsternis sein. Hier siehst du, dass unser Tellermodell nicht richtig ist. Der Mond bewegt sich nämlich auf einer Bahn um die Erde, die um ungefähr 5° gegenüber der Bahn Erde-Sonne geneigt ist. Daher läuft der Vollmond meistens oberhalb und unterhalb des Schattenkegels der Erde vorbei.

Steht der Mond zwischen Sonne und Erde (Neumond), so fällt sein Schatten auf die Erde. Wir beobachten eine Sonnenfinsternis.

Tritt der Mond auf der Nachtseite in den Kernschatten der Erde ein, so beobachten wir eine Mondfinsternis. Schiebt sich der Mond zwischen Sonne und Erde, fällt der kleine Kernschatten des Mondes auf die Erde. Wir beobachten eine Sonnenfinsternis.

Gerichtete und ungerichtete Reflexion

Versuch 4

Du brauchst für dieses Experiment lediglich einen kleinen Hand- oder Kosmetikspiegel und ein Blatt weißes Papier. Lege beide Gegenstände auf einen Tisch und halte dir eine Schreibtischlampe so vor den Bauch, dass die Lampe Spiegel und Papier beleuchtet. Das Papier strahlt weiß, der Spiegel erscheint schwarz.

Weißes Papier ist nur sichtbar, wenn von dem Papier Licht ausgeht. Nicht nur du kannst das Blatt Papier sehen, jeder im Raum sieht das Papier aus allen Richtungen. Das Licht deiner Schreibtischlampe wird auf dem Papier in alle Richtungen umgelenkt, das Licht wird vom Papier ungerichtet reflektiert (lat. reflectere – zurückbiegen). Von einem Spiegel wird Licht vollständig in eine bestimmte Richtung umgelenkt. Man sagt, es wird *gerichtet reflektiert*.

Schau dich bei deinem Experiment einmal im Zimmer um. Irgendwo an der Decke siehst du das Licht, das vom Spiegel reflektiert wird. Nur aus dieser Richtung siehst du das Licht, aus anderen Richtungen betrachtet bleibt die Spiegelfläche dunkel.

Auf rauen Oberflächen wie Papier wird Licht ungerichtet reflektiert, man sagt auch das Licht wird *gestreut*. Glatte Oberflächen wie Spiegel hingegen lenken das Licht gerichtet um, das Licht wird reflektiert.

Von einem zerknitterten Stück Aluminiumfolie glitzern daher nur die Flächenstückchen, die Licht in Augenrichtung reflektieren.

Die gerichtete Reflexion an glatten Spiegeln ist genau untersucht worden. Dabei fällt auf, dass Licht unter senkrechten Einfall genau in die ursprüngliche Richtung reflektiert wird. Streift das einfallende Licht den Spiegel von der Seite her, so streift auch das reflektierte Licht den Spiegel. Um die Richtung des Spiegels angeben zu können, hat man das Lot eingeführt.

13

Versuch 5

Klebe auf einen kleinen Spiegel genau in der Mitte einen Trinkhalm, so dass dieser senkrecht zur Spiegeloberfläche steht. Du hast jetzt einen Richtungsmesser für den Spiegel. Probiere nun aus, in welche Richtung Licht im Vergleich zu dem Trinkhalm reflektiert wird.

Das Lot ist eine Hilfslinie, die immer senkrecht auf einem Spiegel steht. Trifft Licht nun unter einem bestimmten Winkel zu diesem Lot auf den Spiegel, so wird es unter genau diesem Winkel reflektiert.

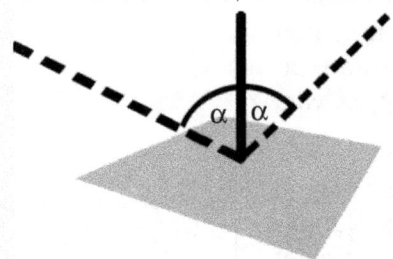

Abb. 13.2: Reflexion am Lot gemessen

Diese Beobachtungen an einem Spiegel haben die Physiker in einem Gesetz, dem Reflexionsgesetz, zusammengefasst.

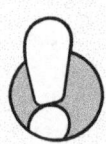

Das Reflexionsgesetz

Der Einfallswinkel und der Reflexionswinkel sind immer gleich groß. Diese Winkel werden auf eine Hilfslinie, das Lot, bezogen.

Bei der Reflexion ist der Lichtweg umkehrbar.

Wenn du dich im Alltag umsiehst, findest du vielfältige Anwendungen des Reflexionsgesetzes. Der Rückspiegel im Auto gestattet es dem Autofahrer, den nachkommenden Verkehr im Auge zu behalten, und gekrümmte Spiegel sorgen in Scheinwerfern dafür, dass das Licht in eine bestimmte Richtung gelenkt wird.

Die Astronauten der ersten Mondlandung von Apollo 11 brachten 1969 einen Spiegel auf den Mond. Er bestand aus 100 kleinen Tripelspiegeln, wie sie auch in dem Katzenauge deines Fahrrades vorhanden sind. Ein solcher Tripelspiegel lenkt das einfallende Licht genau zu der Stelle zurück, von der es ausgesandt wurde. Genauso 1969: Das von der Erde ausgesandte Laserlicht wurde zur selben Stelle auf die Erde zurückgesandt.

Strahlengang in einem Tripelspiegel

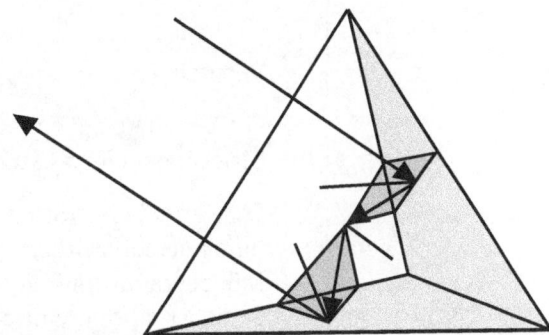

Abb. 13.3:
Katzenauge

Aus der Laufzeit ließ sich die Entfernung zum Mond bis auf wenige Zentimeter genau bestimmen. Etwas mehr als eine Sekunde benötigt das Licht für die Strecke Erde-Mond. Der genaue Abstand Erde-Mond beträgt 384.400 km. Eine Lichtsekunde entspricht einer Strecke von 300.000 km.

Das Lichtjahr

Exakt beträgt die Ausbreitungsgeschwindigkeit des Lichtes c = 299.458 m/s. Das Jahr hat 31.600.000 Sekunden. Das Lichtjahr beschreibt die Strecke, die das Licht in einem Jahr zurücklegt.

1 Lichtjahr = $9,46 \cdot 10^{15}$ m = 9,46 Billionen km

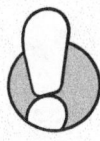

In der Umgangssprache wird die Einheit »Lichtjahr« zunehmend (und falsch) gerne für lange Zeiten benutzt (Oh, das ist schon Lichtjahre her!).

13

Geknickte Lichtwege

Versuch 6

Lege eine Münze in eine Kaffeetasse. Stelle die Tasse so unter eine Lampe, dass die Münze im Schattenraum der Tassenwand liegt. Fülle nun vorsichtig Wasser in die Tasse, ohne dass die Münze weggeschwemmt wird.

Die Münze liegt jetzt plötzlich nicht mehr im Schatten!

Versuch 7

Für diesen Versuch brauchst du neben Kaffeetasse, Münze, Trinkhalm, Stricknadel einen Laserpointer (Vorsicht!).

Die Kaffeetasse wird wieder mit Wasser befüllt, nachdem eine Münze hineingelegt worden ist. Schaue jetzt durch den Trinkhalm auf den Münzenrand und verändere die Position des Trinkhalmes nicht. Schiebst du nun eine Stricknadel durch den Halm, so trifft diese den Münzenrand nicht. Verwendest du statt der Stricknadel den Laserpointer, so trifft das Licht, das durch den Halm geht, den Münzrand. Wenn du genau hinschaust, beobachtest du, dass das Licht an der Wasseroberfläche abknickt.

Wenn Licht schräg von einem durchsichtigen Stoff wie Luft in einen anderen durchsichtigen Stoff wie Wasser übergeht, ändert sich seine Richtung. Dies ist die umgangssprachliche Formulierung der Erscheinung der Lichtbrechung.

Die Physiker haben darüber ein Gesetz formuliert, das Brechungsgesetz.

Das Brechungsgesetz

Licht wird beim Übergang vom optisch dünneren in einen optisch dichteren Stoff zum Lot hin gebrochen, beim Übergang vom optisch dichteren in den optisch dünneren Stoff vom Lot weg.

Die Neigung des einfallenden Lichtes gibt man durch den Winkel zum Lot, den Einfallswinkel, an. Der Winkel zwischen gebrochenem Licht und Lot heißt Brechungswinkel.

Der Lichtweg lässt sich wie schon bei der Reflexion bei der Brechung umkehren.

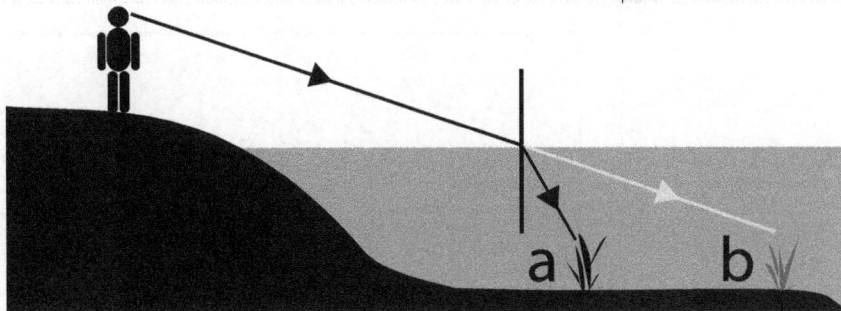

Abb. 13.4: Licht-brechung

Dort, wo das Licht an der Grenzfläche zwischen zwei verschiedenen durchsichtigen Stoffen abknickt, zeichnen wir uns wieder eine senkrechte Hilfslinie, das Lot. Den Stoff, in dem das Licht zum Lot hin abgelenkt wird, bezeichnet man als *optisch dichter* als den anderen Stoff. Dieser heißt dann *optisch dünner*.

Luft und Wasser unterscheiden sich also in ihrer optischen Dichte, Wasser ist optisch dichter als Luft.

Erst wenn du die Tasse mit Wasser füllst, gelangt das Licht vom Münzrand so geschickt zur Wasseroberfläche, dass es dort vom Lot wegknickt und in unser Auge gelangt. Wir sehen die Münze. Genau diesen Lichtweg kannst du nachvollziehen, wenn du mit einem Laserpointer in Blickrichtung leuchtest. Das Licht knickt jetzt an der Wasseroberfläche zum Lot hin und kann so in den ursprünglichen Schattenraum gelangen.

Ist dir beim Tauchen im Schwimmbad eigentlich schon einmal aufgefallen, dass du nicht aus dem Wasser noch oben schauen kannst, sondern die Wasseroberfläche von unten wie ein Spiegel wirkt?

Man spricht hier von der *Totalreflexion* des Lichtes, die immer dann auftreten kann, wenn Licht aus einem optisch dichteren Stoff in einen optisch dünneren Stoff übergeht.

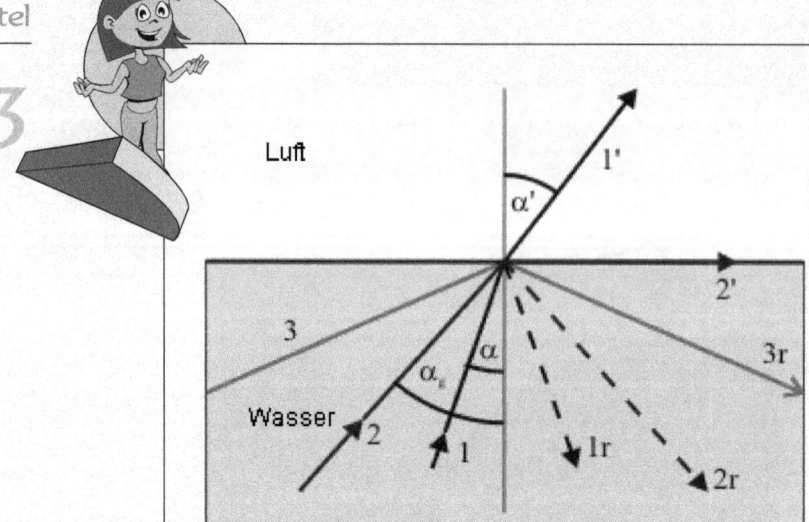

Abb. 13.5: Totalreflexion

Ich denke, diese Abbildung mit drei möglichen Wegen des Lichtes aus dem Wasser heraus liefert eine zufrieden stellende Erklärung.

Begeben wir uns zunächst auf den Weg 1: Stimmt, Luft ist optisch dünner als Wasser; also knickt der Weg des Lichtes vom Lot weg.

Weg 2: Unter diesem Winkel verlässt das Licht das Wasser so, dass es gerade über die Wasseroberfläche streift. Lassen wir Licht über diesen Weg aus der Luft in das Wasser eintreten, stellt das den größtmöglichen Einfallswinkel dar.

Weg 3: Und nun? Gelangt Licht auf diesem Weg zur Wasseroberfläche, kann es das Wasser nicht mehr verlassen. Es wird an der Unterseite des Wassers total (vollständig) reflektiert.

Der Winkel, ab dem die Totalreflexion einsetzt, wird *Grenzwinkel* genannt.

Stoffpaar (optisch dick/dünn)	Grenzwinkel
Wasser/Luft	49°
Glas/Luft	41°
Rubin/Luft	43°
Diamant/Luft	24°

Überschreitet (vom optisch dichteren Stoff aus gesehen) der Einfallswinkel den Grenzwinkel, so entsteht Totalreflexion.

Luftspiegelungen (Fata Morgana) lassen sich durch die Totalreflexion erklären. Wesentliche Anwendung findet die Totalreflexion in der Glasfasertechnik. Dabei verwendet man zur Weiterleitung von Licht haardünne durchsichtige Glasfasern. Diese Fasern sind zum Schutz ummantelt. Da das Glas optisch dichter als der Mantel ist, wird das Licht bei großem Einfallswinkel am Glasmantel totalreflektiert und bleibt so in der Faser. Biegt man diese Glasfaser, lässt sich damit Licht sogar auf gekrümmten Wege übertragen.

Die Glasfasertechnik wird zum Beleuchten innerer Organe (Endoskopie) in der Medizin und zur Übertragung von Informationen und Daten beim Fernsehempfang oder bei Telefongesprächen verwendet.

Farbiges Licht durch Brechung

Trifft weißes Licht unter bestimmten Winkeln auf Wassertröpfchen, so wird das Licht in den Tropfen gebrochen und in seine Bestandteile zerlegt, die so genannten *Spektralfarben*. Besonders beeindruckend ist dies bei einem Regenbogen zu beobachten.

Versuch 8

Dieser Versuch gelingt nur an einem sonnigen Nachmittag. Stelle dich dazu am späten Nachmittag draußen auf einen Stuhl mit dem Rücken zur Sonne und sprühe mit dem Wasserschlauch einen feinen Regen. Vor dir erscheint ein Regenbogen.

Man nennt diese Erscheinung *Farbzerstreuung* oder *Dispersion des Lichts* (lat. dispergere – zerstreuen). Bei der Brechung des Lichts in Glas oder Wasser wird blaues Licht stärker gebrochen als rotes.

Bei der Brechung von weißen Licht beobachtet man Dispersion.

Zusammenfassung

In diesem Kapitel hast du etwas gelernt

◇ über die Sehtheorien des Altertums

◇ über unterschiedliche Schattenarten wie Kern-, Halb- und Übergangsschatten

◇ über Schattenwürfe im Weltraum

◇ über Gesetzmäßigkeiten bei Reflexion und Brechung

◇ über die Anwendung der Totalreflexion

◇ über die Entstehung von Spektralfarben

Du hast keine Antwort auf die Frage »Was ist Licht« gefunden.

Fragen und Aufgaben

1. Welche Auswirkungen auf unseren Alltag hätte es, wenn die Idee von
den Sehstrahlen Hand und Fuß hätte?

2. Mit großen Kerzen kannst du schöne Schattenspiele vorbereiten. Versuchs doch einmal.

3. Bei welchen Mondphasen beobachtet man eine Mond- oder Sonnenfinsternis?

4. Wie viel Zeit benötigt das Licht genau für den Hin- und Rückweg
Erde-Mond?

5. Der Maurer benutzt ebenfalls ein Lot, um Mauern »gerade« hochzu-
ziehen. Worum handelt es sich dabei?

6. Wie musst du zielen, wenn du mit einer Harpune von einem Boot aus
der Luft heraus den weißen Hai erledigen möchtest?

14

Der kürzeste Weg ist nicht immer der schnellste

Was haben ein Lebensretter der Fernsehserie »Bay watch« und Edelsteine mit Licht zu tun? Eine gute Frage, die auch eine gute Antwort in diesem Kapitel von *Physik für Kids* verdient.

Die Brille gilt als das älteste optische Instrument und wurde gegen Ende des 13. Jahrhunderts erfunden. Der Name Brille leitet sich vom Beryll-Kristall (ein durchsichtiger Halbedelstein) her, denn die ersten Brillengläser bestanden aus geschliffenen Beryllen. Die Gläser waren so geschickt geschliffen, dass das Licht auf seinem Weg durch den Kristall abgelenkt wurde und Fehlsichtigkeiten wie Kurz- oder Weitsichtigkeit bereits vor 700 Jahren ausgeglichen werden konnten.

Viele Physiker beschäftigten sich mit der Frage nach den Wegen des Lichtes wie auch der französische Physiker Pierre de Fermat (1601–1665). Das nach ihm benannte *Fermatsche Prinzip* besagt, Licht nimmt immer den Weg, auf dem es die wenigste Zeit benötigt. Das ist in der Regel der kürzeste Weg; von dieser Regel gibt es aber auch Ausnahmen.

14

Richard Feynman hast du ja bereits kennen gelernt. Ich möchte dir in diesem Kapitel aufzeigen, wie die Vorgänge in einer optischen Linse – diese ist Bestandteil fast aller optischen Geräte wie Lupe, Fernrohr und Mikroskop – mit Unterstützung von Feynmans Übersetzung vom Fermatschen Prinzip erfahrbar werden. Du erfährst also etwas über

◎ das Fermatsche Prinzip und Reflexion

◎ eine Eigenschaft von Licht, über die das Licht selbst erstaunt sein muss

◎ die Grundprinzipien der optischen Abbildung

Das Fermatsche Prinzip

> Licht nimmt immer den Weg, auf dem es die wenigste Zeit benötigt. Darum breitet sich Licht in einem Medium wie Luft oder Wasser auch immer geradlinig auf dem kürzesten Weg aus.

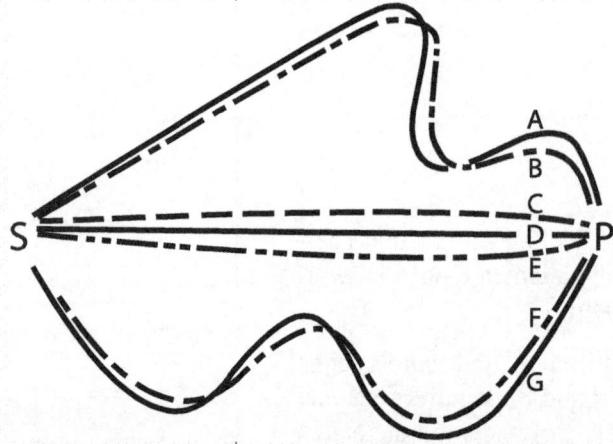

Abb. 14.1: Mögliche und unmögliche Wege des Lichts

Betrachten wir einmal den Weg von der Sonne S zu einem Planeten P: Logisch, der Weg D ist der Weg, auf dem Licht zu dem Planeten gelangt. Alle anderen sind viel länger und kommen nicht in Frage.

Wird Licht an einem Spiegel reflektiert, bleibt das Licht in einem Medium (z.B. Luft) und braucht für einen Hinweg zum Spiegel und für den Rückweg wieder die gleiche Zeit. Einfallswinkel und Reflexionswinkel müssen übereinstimmen.

Versuch 1

Für diesen Versuch benötigst du eine Lupe. Lege die Lupe auf ein Blatt mit Text und betrachte den Text. Vergrößere jetzt den Abstand zwischen Blatt und Lupe stetig und schaue weiterhin durch die Lupe (dein Kopf bleibt dabei immer mindestens 30 cm von der Lupe entfernt).

Der Text erscheint zu Beginn des Experimentes gut lesbar, die Buchstaben scheinen im Verlauf des Versuchs immer größer zu werden. Jetzt ist ein Punkt erreicht, an dem alles unscharf wird. Zum Schluss erscheinen die Buchstaben wieder scharf; doch sie stehen auf dem Kopf und werden immer kleiner.

Die Lupe ist eine so genannte *Sammellinse*. Licht, das von den einzelnen Bereichen der Buchstaben in unser Auge gelangt, wird durch die Sammellinse wieder in erkennbare Anteile der Buchstaben übertragen. Auf der Netzhaut unserer Augen entsteht ein Bild. Physiker nennen diesen Vorgang *optische Abbildung*.

Optische Abbildung

Gelangt Licht von jedem Punkt eines Gegenstandes (hier alle Bereiche des Buchstabens) so durch eine Lupe, dass es sich wieder zu einzelnen Punkten (man spricht dann von Bildpunkten) sammelt, spricht man von einer optischen Abbildung.

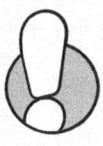

Darüber staunt selbst das Licht

Du weißt bereits, dass Licht auf dem Weg aus der Luft in das Glas der Lupe gebrochen wird. Was du noch nicht weißt, ist, dass sich die Geschwindigkeit des Lichtes beim Durchgang durch das Glas verringert. Feynman erklärt diesen Umstand an einem Beispiel.

Der Lebensretter Harry beobachtet am Strand (fester Sand), wie Sarah in einiger Entfernung vom Ufer im Wasser um Hilfe ruft. Er überlegt nicht lange und wählt den Weg 4. Auf diesem Weg gelangt Harry in kürzester Zeit zu Sarah, obwohl dieser Weg nicht der kürzeste Weg (das ist der Weg 3) ist.

Harry

Strand

1   2   3   4   5

Wasser

Sarah

Abb. 14.2: Welchen Weg nimmt Harry ?

Über Sand erreicht Henry eine wesentliche höhere Geschwindigkeit als im Wasser und gleicht den etwas längeren Weg über Sand durch einen kürzeren Weg im Wasser aus.

> In optisch dichteren Stoffen (wie Glas) ist die Geschwindigkeit des Lichts geringer als in optisch dünnen (z.B. Luft).

Die optische Abbildung

Jedes optische Instrument beruht auf dem Prinzip der optischen Abbildung: Das von einem Gegenstandspunkt ausgehende Licht wird in einem Bildpunkt zusammengeführt.

Wie soll das Licht, das sich von einem Bildpunkt gleichzeitig mit gleicher Geschwindigkeit in alle Richtungen geradlinig ausbreitet, sich wieder in einem Punkt sammeln? Richtig, man muss dafür sorgen, dass für alle Wege dorthin die gleiche Zeit benötigt wird. Dies geht aber nur, wenn das Licht auf dem direkten Wege (von S nach P) langsamer unterwegs ist als auf den Außenbahnen. Setzt man kleine Glasstücke entsprechender Dicke auf diese Wege, wird das Licht auf direktem Wege genau so viel Zeit benötigen wie auf den Außenbahnen.

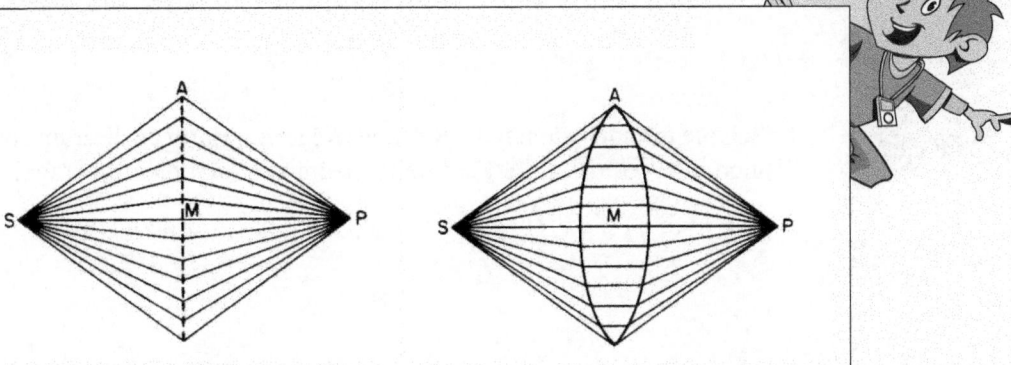

Abb. 14.3: Ein Lichtabbremser

So ein bauchiger Lichtabbremser wird *Konvex-* oder *Sammellinse* genannt. Jede Sammellinse lässt sich durch Kenndaten wie Brennpunkt F und Brennweite f beschreiben. Befindet sich ein Gegenstand G im Abstand der Brennweite vor einer Sammellinse, lässt sich dieser nicht als Bild B scharf abbilden.

Die geometrische Optik befasst sich mit der Konstruktion von Abbildungen durch optische Linsen. Dabei beschränkt man sich nicht nur auf eine optische Linse, sondern kombiniert verschiedene optische Linsentypen. Einen Vorgeschmack dazu soll dir die Abbildung einer brennenden Kerze liefern.

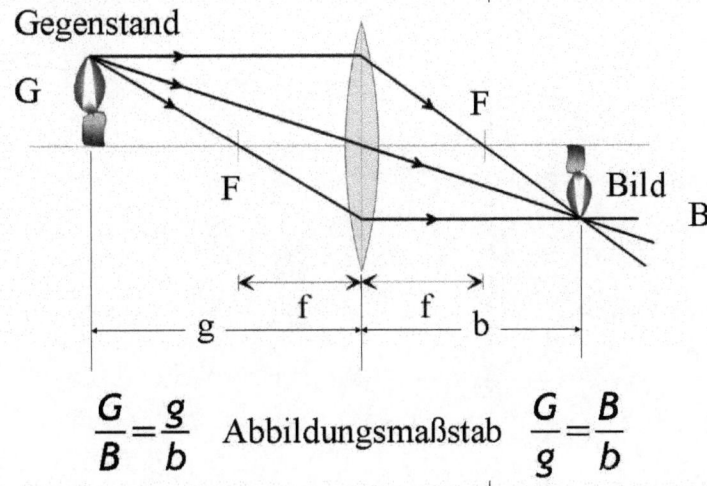

$$\frac{G}{B} = \frac{g}{b} \quad \text{Abbildungsmaßstab} \quad \frac{G}{g} = \frac{B}{b}$$

Abb. 14.4: Die optische Abbildung

Du merkst schon, da steckt noch viel mehr drin. Nämlich Stoff für ein weiteres Buch.

Fragen und Aufgaben

1. Schaue dir noch einmal die Rettungswege von Harry an. Warum kommen die Wege 1 und 5 für einen Rettungsversuch nicht in Frage?

2. Wie groß ist die Brennweite der Lupe in deinem Experiment?

15

Experimente zu Licht und Schatten

Licht fasziniert auf einmal mehr denn je die Menschen in Wissenschaft und Technik. Wgar es früher zur Steinzeit das Feuer, so sind es heute die technischen Möglichkeiten, mit Licht Informationen zu speichern und zu übertragen. Denke dabei einmal an einen CD- oder DVD-Player; hierbei liest eine besondere Lichtquelle (Laser) die Informationen (Noten oder Bilder) auf einer CD aus und leitet diese Informationen weiter, damit diese in hörbare Musik und sichtbare Filme umgewandelt werden können. Die hier aufgeführten Versuche sollen dir etwas von der Faszination Licht vermitteln. Die Experimente im Einzelnen sind

⊚ Kann ein Spiegel Schatten werfen?

⊚ Was uns ein Schatten verrät

⊚ Die Schusterkugel

⊚ Ein Wassertropfen als Lupe

⊚ Geheimschrift

⊚ Mein erster Film

Kann ein Spiegel Schatten werfen?

Du brauchst für diesen Versuch einen kleinen Spiegel (am besten eignet sich eine quadratische Spiegelkachel), eine Kerze und einen Bleistift. Verdunkle den Raum, in dem du experimentierst und stelle den Spiegel 20 cm hinter der brennenden Kerze auf; setze jetzt den Bleistift zwischen Kerze und Spiegel.

Sowohl die Kerze, der Bleistift und sein Schatten werden gespiegelt. An dem schwachen Schatten des gespiegelten Bleistifts kannst du erkennen, dass auch die gespiegelte Kerze wie eine richtige Lichtquelle wirkt.

Was uns ein Schatten verrät

Setze in unserem verdunkeltem Raum die brennende Kerze cirka einen Meter vor eine weiße Wand. Halte nun aufrecht zwischen Kerze und Wand einen runden Frühstücksteller und beobachte den Schatten an der Wand, während du den Teller langsam drehst.

Wird der Teller vollständig vom Licht beschienen, so erscheint ein runder Schatten, wie ihn auch ein Ball werfen würde. Dadurch, dass du den Teller drehst, verrät dir der Schatten eben mehr.

Die Schusterkugel

Wieder bleiben wir in unserem dunklen Raum. Neben einer brennenden Kerze benötigst du eine bauchige mit Wasser gefüllte durchsichtige Blumenvase. Halte nun die Vase zwischen Kerze und Wand und ändere dabei den Abstand zur Kerze.

An der Wand erscheint das auf dem Kopf stehende Bild der Kerzenflamme so hell und vergrößert, dass du als Schuster in einem dunklen Kämmerlein Schuhe nähen oder flicken könntest.

Die Wassertropfen-Lupe

Für diesen Versuch benötigst du eine Büroklammer, unser Experimentierraum muss hell erleuchtet sein (also Licht an). Biege das Ende der Büroklammer über einen dünnen Bleistift zu einem Ring mit einem Durchmesser von 1/2 Zentimeter. Tauchst du nun den Draht mit dem Ringende in Wasser, bleibt ein Wassertropfen in dem Ring hängen. Du hältst jetzt eine winzige Lupe in den Händen.

Du glaubst es nicht? Halte diesen Tropfen über eine sehr kleine Schrift und du kannst die Buchstaben gut erkennen.

Geheimschrift

Dieses Experiment musst du etwas vorbereiten. Schalte deinen Computer ein und schreibe mit einer Textverarbeitung folgenden Text: PHYSIK für KIDS. Für die Schriftgröße sollte 24 gewählt und das Wort KIDS sollte in Rot geschrieben werden; drucke nun den kleinen Text auf ein Blatt Papier aus. Mit einem Grogstäbchen (ein Glasstab, der verhindern soll, dass sehr heiße Getränke Trinkgläser zersprengen) betrachte nun den Text aus 2 cm Höhe. Statt des Grogstäbchens eignet sich auch ein Weinglas mit Glasstiel (Vorsicht! Erst die Eltern fragen) oder ein Backaromaröhrchen, das du mit Wasser füllst.

Was beobachtest du? Die schwarze Schrift kannst du lesen und die rote Schrift steht Kopf. Der Glasstab ist eine Zylinderlinse, die das Licht bricht. Dadurch kann es zu Vergrößerungen oder Umkehrungen von Texten kommen.

Mein erster Film

Für das letzte Experiment benötigst du zwei runde Bierdeckel (du kannst dir auch aus weißem Karton zwei runde Scheiben schneiden). Beklebe die Bierdeckel mit weißem Papier und zeichne auf den ersten Deckel einen bunten Vogel und auf den zweiten einen Käfig. Steche mit einer Schere vorsichtig am Rande rechts und links Löcher in die Scheibe und ziehe einen Faden durch die Löcher wie auf dem Bild. Klebe die Scheiben zusammen und halte, nachdem der Kleber auch wirklich trocken ist, die Scheibe mit beiden Händen an den Fadenenden und wirbele den Faden so herum, dass er sich verdrillt. Was beobachtest du, wenn du den Faden lang ziehst?

15

Dein Vogel (hier im Bild der Fuß) ist plötzlich im Käfig gefangen. Wenn unser Auge in schneller Folge einzelne Bilder sieht, kann es sie nicht mehr getrennt sehen. Ganz nett wirkt dieser kleine Versuch, wenn du auf Vorder- und Rückseite der Scheibe ein Strichmännchen malst, das sich nur in der Haltung der Arme (es winkt dir dann zu) oder der Beine (es läuft!) unterscheidet.

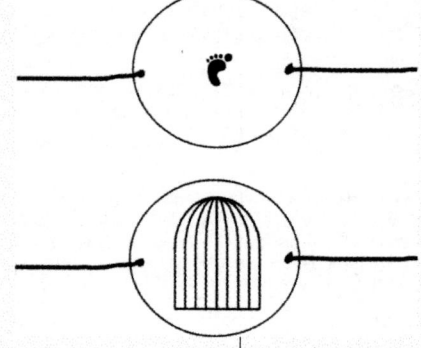

Abb. 15.1: Vorlage für einen Film

Lösungen zu den Aufgaben

1 Mit zweierlei Maß gemessen

1. Nicht schubsen bei der Lösung dieser Aufgabe. Vielleicht ermittelt ihr für einen Fuß 21 cm.

2. Da wird es auch wieder ungenau; so neun bis zwölf Daumen könnten es schon sein.

3. Hier findest du keine Antwort; also los und ausprobieren.

4. Jetzt kannst du deine Mitmenschen testen; weniger als 9 cm sollte niemand schaffen.

5. Das Karat ist ein Gewichtsmaß für Edelsteine und Schmucksteine. Ein metrisches Karat (Kt) entspricht 200 mg Edelstein: 1 Kt = 0,2 g. Die Gewichtseinheit für Schmucksteine ist das metrische Carat (ct); auch hier gilt 1 ct = 0,2 g. Eine ganz andere Bedeutung hingegen hat das Karat bei der Gehaltsangabe von Gold in Schmuckstücken. Einkarätiges Gold enthält 1/24 Anteil Gold, 24-karätiges Gold (Feingold) steht für absolut reines Gold.

2 Ein kurzes Kapitel über die Schnelligkeit

1. Du brauchst die Angaben nur in die Formel für die Geschwindigkeit einzusetzen:

$$v = \frac{s}{t} = \frac{1852 \text{ m}}{1 \text{ h}} = \frac{1,852 \text{ km}}{1 \text{ h}} = 1,852 \frac{\text{km}}{\text{h}}$$

$$v = \frac{s}{t} = \frac{1852 \text{ m}}{1 \text{ h}} = \frac{1852 \text{ m}}{3600 \text{ s}} = 0,514 \frac{\text{m}}{\text{s}}$$

2. 12/4-Regel anwenden:

$$v = \frac{s}{t} \rightarrow$$

$$s = v \cdot t = 144 \frac{\text{km}}{\text{h}} \cdot 10 \text{ s} = \frac{144 \text{ km}}{3600 \text{ s}} \cdot 10 \text{ s} = \frac{1440 \text{ kms}}{3600 \text{ s}} = \frac{1440 \text{ km}}{3600} = 0,4 \text{ km} = 400 \text{ m}$$

3. Vergleiche deine Ergebnisse mit folgender Rechnung:

$$v = \frac{s}{t} \rightarrow$$

$$t = \frac{s}{v} = \frac{50 \text{ m}}{10 \text{ km § h}} = \frac{50 \text{ m} \cdot 1 \text{ h}}{10 \text{ km}} = \frac{50 \text{ m} \cdot 3600 \text{ s}}{10000 \text{ m}} = \frac{50 \cdot 3600 \text{ s}}{10000} = 18 \text{ s}$$

4. Der Bremsweg ist nicht der Anhalteweg. Der Bremsweg berücksichtigt nicht die Reaktionszeit eines Autofahrers. Der Bremsweg berechnet sich nach der Fahrschulformel: Geschwindigkeit in km/h durch 10, davon das Quadrat.

$$s_{\text{Brems}} = \left(\frac{60}{10}\right)^2 \text{ m} = 36 \text{ m}.$$

Der Reaktionsweg bei einer Sekunde Reaktionszeit beträgt

$$s_{\text{Reaktion}} = v \cdot t = 60 \frac{\text{km}}{\text{h}} \cdot 1 \text{ s} = \frac{60000 \text{ m} \cdot 1 \text{ s}}{3600 \text{ s}} = 16,7 \text{ m}.$$

Der gesamte Anhalteweg ist also die Summe aus Reaktions- und Bremsweg: s = 52,7 m.

3 Temperatur hat man

1. Flüssige Luft hat eine Temperatur von −180° C, glühende Kohlen etwa +400° C. Unser Temperatursinn kann nur Temperaturen in unserem Erfahrungsbereich erfassen (kälter als Körpertemperatur bzw. wärmer als Körpertemperatur).

2. Tippe in deiner Tabellenkalkulation im Eingabefenster folgenden Ausdruck ein: =UMWANDELN(24;"C";"F"). In einer von dir vorher markierten Zelle erscheint: 75,2 (°F).

3. Wie der Ausdruck »gefühlte Temperatur« bereits andeutet, wird das Empfinden zu der wahren Temperatur hinzugefügt. Wie viel und welche Kleidung du gerade trägst, macht dein Temperaturempfinden aus. Im T-Shirt empfindest du winterliche Temperaturen noch kälter und umgekehrt im Wintermantel hochsommerliche Temperaturen noch heißer. Nicht nur deine Kleidung, auch die Windverhältnisse haben Einfluss auf die gefühlte Temperatur.

4. Zeigt ein Thermometer in deinem Zimmer 21° C an, sind dies auf der Kelvinskala immerhin schon (273,15 + 21) K = 294,15 K.

4 Wärme gibt man

1. Das Jo-Jo bewegt sich auf und ab. Es besitzt Bewegungsenergie und Lageenergie, wobei sich diese Energieformen an den »Umkehrpunkten« jeweils ineinander umwandeln. Diese Umwandlung ist nur möglich, da das Jo-Jo noch eine weitere Energieform besitzt, die Rotationsenergie (Drehenergie).

2. Auf einer 1-Liter-Packung frischer Vollmilch:

   100 ml – 267 kJ (Kilojoule)

   Auf einem 250g-Joghurtbecher:

   100 g – 385 kJ (Kilojoule).

3. Um 1 Gramm Fett abzubauen, benötigst du eine Energie von W = 40 000 J. Hebst du eine Tafel Schokolade 1 Meter hoch, so verrichtest du eine Arbeit von W = 1 J. Du müsstest also 40.000 Tafeln Schokolade 1 Meter hoch stemmen.

4. Die Teilchenbewegung in dem Reifen nimmt zu (die Teilchen werden praktisch herumgeschleudert). Eine Zunahme der Teilchenbewegung ist stets mit einer Temperaturerhöhung gekoppelt. Die Zunahme dieser Teilchenbewegung bedingt auch eine Druckerhöhung; vielleicht hast du am Rande der Autobahn schon einmal zerfetzte Lastwagenreifen gesehen.

5   Auf das Gewicht kommt es an

1. Versuchst du, einen Fußball auf dem Schulhof im Kreis zu führen, musst du ihm eine bestimmte Geschwindigkeit verleihen und ihn anschließend immer wieder zum Mittelpunkt dieses Kreises »kicken«.

2. Nehmen wir an, der Ortsfaktor auf der Erde beträgt g = 9,81 N/kg. Dann lässt sich bei einem 100- bis 1000fachen Wert die Kraft berechnen nach: $F = m \cdot g$.

   Rechnung: $F = 80\ kg \cdot 9,81\ \dfrac{N}{kg} = 784,8\ N$ Gewichtskraft der Versuchsperson.

   Ungefähr 78480 N bis 784800 N sind dann die auftretenden Kräfte bei einem Crash.

3. Beträgt deine Masse m = 52 kg, dann berechnet sich die Gewichtskraft auf den Himmelskörpern nach altbekannter Formel:

   $F = m \cdot g_{Himmelskörper}$

6   Schwerpunkt und Trägheit im Experiment

1. Die Finger nähern sich automatisch der Mitte des Stabes. Haben sich deine Finger der rechten und linken Hand berührt, befindet sich der Schwerpunkt genau zwischen diesen Fingern. Mit etwas Übung kannst du jetzt sogar nur einen Finger an diese Stelle bringen.

2. Beim Holzhacken nutzt man die große Trägheit des Holzscheites aus. Auf der scharfen dünnen Kante der Axt gleitet das Holzscheit weiter nach unten und ist für die Spaltung praktisch selbst verantwortlich.

3. Üben, üben und üben.

4. Die Trägheit von Gegenständen und die damit verbundene Trägheitskraft macht sich besonders bei ruckartigen (also schnellen) Bewegungen bemerkbar. Zieht der Autofahrer das abzuschleppende Auto langsam an, sorgt das Seil für die nötige Stabilität. Bei einem starken Ruck wirken plötzlich Trägheitskräfte (diese können ein Vielfaches der Gewichtskraft des Autos betragen), die das Seil reißen lassen.

7 Dicke Luft

1. Tipp: Beim Bau des Wetterglases eher Lebensmittelfarbstoff verwenden. Dieser lässt sich im Falle eines Falles besser auswaschen.

2. Sitzt die Stirnhöhle bei Erkältungen zu, kommt es nicht mehr zu einem Druckausgleich zwischen Stirnhöhle und Umgebung. Entweder herrscht in der Stirnhöhle oder außen ein höherer Druck. Dieser führt zu einseitig wirkenden Kräften (diese können enorm sein) auf die Knochenwände und führt dann zu Kopfschmerzen.

3. Wir spüren den Luftdruck im Regelfall nicht, weil wir »offen« sind. In unserem Atmungsapparat (Nase, Stirnhöhle, Ohr, Rachen, Lunge) herrscht der gleiche Druck wie in der Umgebung.

4. Übersetzen kannst du diese Aussagen mit der Formel zur Berechnung des Drucks:

$$p_1 = \frac{F}{A} = \frac{m \cdot g}{A} = \frac{10\,g \cdot 9{,}81\,N/kg}{1\,cm^2} = \frac{0{,}01\,kg \cdot 9{,}81\,N/kg}{(0{,}01\,m)^2} = \frac{0{,}0981\,N}{0{,}0001\,m^2} = 981\,\frac{N}{m^2}$$

$$p_2 = \frac{F}{A} = \frac{m \cdot g}{A} = \frac{1\,kg \cdot 9{,}81\,N/kg}{1\,cm^2} = \frac{1\,kg \cdot 9{,}81\,N/kg}{(0{,}01\,m)^2} = \frac{9{,}81\,N}{0{,}0001\,m^2} = 98100\,\frac{N}{m^2}$$

5. Der von unten wirkende Luftdruck p_2 ist 100 Mal so groß wie der Druck p_1 von 10 cm Wasser. Darum kann Luft auch Wasser in einem Wasserbarometer 100 Mal 10 cm hochdrücken (10 m also).

8 Auf den Spuren von Kapitän Nemo

1. Diese Art von Aufgabe beherrscht du bereits. Die Druckformel führt dich zu einem Ergebnis: In 10.000 m Tiefe herrscht ein Druck von 1000 bar.

$$p = \frac{F}{A} = 1000\,bar = 1000.000\,hPa = 100.000.000\,Pa$$

$$= 100.000.000\,\frac{N}{m^2} = 100.000.000\,\frac{N}{(100\,cm)^2}$$

$$p = \frac{100.000.000\,N}{10.000\,cm^2} = 10.000\,\frac{N}{cm^2}$$

10000 N entspricht der Gewichtskraft eines Fahrzeuges der Masse m = 1000 kg; in 10.000 m Tiefe drückt ein VW Golf auf die Fläche eines Daumennagels.

2. Berechnung nach der Druckformel:

$$p = \frac{F}{A} = \frac{90\,N}{5\,cm^2} = \frac{90\,N}{0{,}0005\,m^2} = \frac{90}{0{,}0005}\,\frac{N}{m^2} = 180.000\,\frac{N}{m^2} = 180.000\,Pa$$

$$p = \frac{F}{A} = \frac{90\,N}{5\,cm^2} = \frac{180\,N}{10\,cm^2} = 180\,\frac{N}{10\,cm^2} = 180\,bar$$

3. Berechnung und Umformen nach der 12/4-Regel:

$$p = \frac{F}{A} \rightarrow F = p \cdot A = 4{,}3\,bar \cdot 1{,}4\,cm^2 = 4{,}3\,\frac{N}{10\,cm^2} \cdot 1{,}4\,cm^2 = \frac{4{,}3 \cdot 1{,}4}{10}\,N = 0{,}602\,N$$

$$p = \frac{F}{A} \rightarrow F = p \cdot A = 4{,}3\,bar \cdot 25\,cm^2 = 4{,}3\,\frac{N}{10\,cm^2} \cdot 25\,cm^2 = \frac{4{,}3 \cdot 25}{10}\,N = 10{,}75\,N$$

4. Scharfe Messer haben eine wesentlich geringe Schnittfläche A als stumpfe Messer. Dies hat zur Folge, dass bei gleicher Kraft F (die wirkt ja von unseren Fingern auf das Messer) der Druck p bei geschärften Messern viel größer wird:

Scharf: $p = \dfrac{F}{A_{klein}}$ ist größer als

Stumpf: $p = \dfrac{F}{A_{groß}}$.

Vergleiche dazu: $\dfrac{18}{3} > \dfrac{18}{6} \rightarrow 6 > 3$, oder?

9 Bernsteinelektrizität – Eine geheimnisvolle Anziehung

1. Elektrische Ladungen (nämlich positive und negative) sind schon bereits in der Materie vorhanden. In den Ladungsversuchen »trennst« du diese lediglich.

2. Die geladenen Gewitterwolken könnten sich über die Drachenschnur und dann über dich entladen.

3. Die CD wird dabei elektrostatisch aufgeladen und von einem elektrischen Feld umgeben. Papierschnipsel erfahren in diesem Raum Ladungstrennungen, so dass die Schnipsel entgegengesetzt zur CD elektrostatisch geladen sind und zur CD »aufsteigen« (wenn die Gewichtskraft der Schnipsel es zulässt). Dort entladen sich die Schnipsel und nehmen die Ladung der CD an; gleiche Ladungen stoßen sich ab und die Schnipsel fallen zu Boden. Der Vorgang wiederholt sich nun.

4. Dieses Ladungsnachweisgerät beruht auf der Eigenschaft, dass gleiche Ladungen (also gleiche Ladungsvorzeichen) sich abstoßen. Die Ladungsart, ob positiv oder negativ geladen, lässt sich damit nicht nachweisen.

10 Die elektrische Strömung und ihre Wirkung

1. Man nutzt bei den Stromstärkemessgeräten die Wirkung des elektrischen Stroms. In einem Hitzdrahtamperemeter dehnt sich ein gespannter Draht, je stärker dieser durch einen elektrischen Strom erhitzt wird. Das Knallgasamperemeter nutzt die chemische Wirkung des elektrischen Stroms. Die Knallgasmenge ist dabei ein Maß für die elektrische Stromstärke. Zum Schluss noch das Drehspulamperemeter. Hierbei wird die magnetische Wirkung des elektrischen Stroms genutzt.

2. Ein dünner Draht führt an dieser Stelle dazu, dass die Elektronen dort viel Arbeit verrichten. Der Draht heizt sich auf und schmilzt so durch.

3. Wir wenden die Definition der elektrischen Stromstärke I an:

$$I = \frac{Q}{t} \rightarrow Q = I \cdot t = 1\,A \cdot 1\,s = 1\,As = 1\,C \quad \text{(1 Coulomb)}$$

4. Dazu setzen wir die Benzinstromstärke wie folgt fest:

$$I = \frac{L}{t} = \frac{89\,L}{9\,s} = \frac{89}{9}\frac{L}{s} = 9{,}9\,\frac{L}{s} \quad \text{(also 9,9 Liter pro Sekunde)}.$$

11 Watt ihr Volt

1. Der elektrische Widerstand berechnet sich wie folgt:

$$R = \frac{U}{I} = \frac{230\,V}{0,05\,A} = \frac{230\,V}{0,05\,A} = 4600\,\Omega$$

Umformen und Einsetzen führt zu folgendem Ergebnis:

$$R = \frac{U}{I} \;\rightarrow$$

$$I = \frac{U}{R} = \frac{230\,V}{1200\,\Omega} = \frac{230}{1200}\,\frac{V}{V\!/\!A} = \frac{230}{1200}\,\frac{VA}{V} = 0,192\,A = 192\,mA$$

Gefahr!

2. Der Abstand Hand und Bauch ist nur halb so lang wie der Abstand zwischen den Händen; daher reduziert sich der Körperwiderstand auch um die Hälfte.

3. Ein Computermonitor hat eine Leistung von P = 350 W. Bei 35 Stunden Betrieb entnimmst du dem elektrischen Haushaltsnetz Energie.

$$P = \frac{W}{t} \;\rightarrow$$

$$W = P \cdot t \; = \; 350\,W \cdot 35\,h \; = \; 12250\,Wh \; = \; 12,250\,kWh$$

$$12,250\,kWh \rightarrow 12,250 \cdot 15\,Ct \; = \; 183,75\,Ct \approx 1,85\,Euro$$

Der Monitorbetrieb kostet dich knapp 2 Euro.

4. Sind viele elektrische Geräte eingeschaltet, bewegt sich das Zählrad besonders schnell.

12 Experimente zu Ladung und Spannung

1. Aluminiumkämme eignen sich überhaupt nicht für Ladungsversuche. Aluminium ist ein Metall und wie jedes andere Metall auch ein guter elektrischer Leiter, der sich durch Reiben nicht elektrostatisch aufladen lässt. Erst wenn Metalle mit Isolatoren verbunden werden, kann man verhindern, dass Ladungen abfließen.

2. Stecke dazu zwei Büroklammern in einem Abstand von 1 cm in eine rohe Kartoffel und schalte diese in einen Stromkreis, bestehend aus einer Flachbatterie, Glühlämpchen und Zuleitungskabeln.

13 Was Licht ist

1. Gäbe es Sehstrahlen, so würden sich die Gegenstände, die wir betrachten, langsam, aber sicher auflösen.

2. Besonders große Schatten erzeugst du, wenn du z.B. deine Hände nahe an die Kerzenflamme hältst (dabei wird der Schatten etwas unscharf; ausprobieren).

3. Eine Mondfinsternis ist nur bei Vollmond (also in der Nacht) zu beobachten; dabei fällt der Erdschatten auf den voll beleuchteten Mond. Nur am Tage kannst du eine Sonnenfinsternis bei Neumond beobachten. Der von der Erde aus nicht sichtbare Mond schiebt sich dabei zwischen Sonne und Erde und wirft seinen kleinen Schatten auf die Erde.

4. Etwa 2,5 Sekunden. Wenn du es genau wissen möchtest, kannst du es berechnen:

$$v = \frac{s}{t} \rightarrow$$

$$t = \frac{s}{v}; s = 2 \cdot 384.400 \text{ km}; v = 299.458 \,^{km}/_s$$

$$t = \frac{2 \cdot 384.400 \text{ km}}{299.458 \,^{km}/_s} = 2,57 \text{ s}$$

5. Bei dem Maurer-Lot handelt es sich um eine Schnur mit einem Gewicht. Hältst du diese Schnur aufrecht mit einer Hand, »zieht« das Gewicht die Schnur senkrecht nach unten. Die Schnur bildet also ein Lot zum Erdboden.

6. Da das Licht von einem Fisch im Wasser reflektiert wird und auf seinem Weg aus dem Wasser heraus in die Luft vom Lot weg gebrochen wird, musst du mit einer Harpune beim Fischfang stets etwas tiefer zielen.

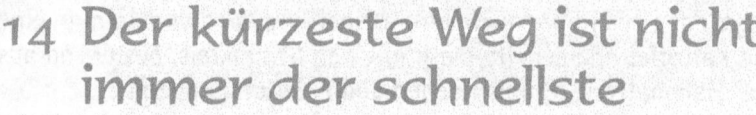

14 Der kürzeste Weg ist nicht immer der schnellste

1. Wählt Harry den Weg 1, hat er sich für den längsten Weg sowohl über Sand als auch über Wasser entschieden. Eine Rettung wird kaum möglich sein. Weg 5 stellt zwar den kürzesten Weg über Wasser dar, aber auf dem langen Weg über Sand verliert hier Harry wiederum wertvolle Zeit.

2. Betrachtest du die einzelnen Buchstaben in diesem Buch, indem du deine Lupe zunächst auf die Buchstaben legst und anschließend den Abstand vergrößerst, findest du einen Abstand, bei dem das Bild unscharf wird und anschließend auf dem Kopf verkleinert zu sehen ist. Dieser Abstand stellt ungefähr die Brennweite deiner Lupe dar.

15 Experimente zu Licht und Schatten

Im Haushalt findest du viele durchsichtige Gegenstände, die sich als Lupe eignen.

Probier doch ein mit Wasser gefülltes verschlossenes glattes Marmeladenglas oder eine bauchige mit Wasser gefüllte Blumenvase aus. Zu zweit macht das Experimentieren sowieso mehr Spaß; schaut euch einmal durch diese Lupen in die Augen.

Viel Spaß!

CHEMIE

ganz leicht

Inhalt

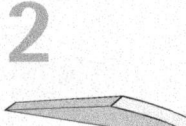

6

7

8

9

10

A

B

176

Einleitung

Chemie macht Schlagzeilen – Glykol im Wein, saurer Regen, hochgiftige »polychlorierte Biphenyle (PCB)« im Fettgewebe und in der Muttermilch, Nitrite in der Wurst, Dioxin in der Umwelt und so weiter. Zur Gefährlichkeit dieser Wissenschaft kommt noch die unverständliche Sprache: Acrylnitril, Difluordichlormethan, PCB (bereits genannt) – wie soll man sich da für die Chemie begeistern? Trotzdem: Es gibt viele Menschen, die mit Hingabe die Gesetze dieser Wissenschaft erforschen. Was macht Chemie für diese Menschen so interessant?

Zunächst einmal hat Chemie als die »Wissenschaft von den Substanzen«, wie wir sie hier vorläufig nennen wollen, sehr viel mit deinem täglichen Leben zu tun. Alles was du anfassen, riechen, schmecken kannst, ist Gegenstand der Chemie. Viele Menschen wollen verstehen, was in dieser Welt der Substanzen vor sich geht.

Viele wollen auch verstehen, *warum* es geschieht – was diese Welt »im Innersten zusammenhält«. Es ist die Freude an der Beobachtung und Erforschung der Natur, die Begeisterung für das Experiment, mit dem Fragen an die Natur gestellt werden. »Ein reizvolles Experiment ist in sich selbst oft wertvoller als zwanzig Formeln, die man sich mühsam ausdenken muss« (Albert Einstein).

Aber vielleicht ist dir das zu hoch gegriffen. Vielleicht geht es dir nur darum zu erfahren, was da bald in der Schule mit dem Unterrichtsfach Chemie auf dich zukommt. Einverstanden; schließlich möchte nicht jeder Leser dieses Buches gleich zum großen Naturforscher und Experimentator werden. Bleiben wir also auf dem Boden der Schüler-Tatsachen! Was wird die Chemielehrerin/der Chemielehrer von dir erwarten (oder besser: erhoffen)? Vor allem natürlich Neugier – ohne sie geht es wohl in keinem Fach. Darüber hinaus: die Bereitschaft und das Erlernen der Fähigkeit,

stoffliche Vorgänge genau zu beobachten und das Wesentliche in ihnen zu erkennen. Vielleicht auch die Bereitschaft, sorgfältig eigene Experimente durchzuführen. Die Offenheit, neue Sichtweisen für vertraute Vorgänge zu entwickeln. Es ist nicht immer leicht, die Chemie zu erlernen, aber du wirst für deine Mühe belohnt. Jedes Wissen über die Welt der Substanzen ist auch ein Wissen über uns selbst. Und nur wer die Vielfalt und Großartigkeit der Natur kennt, wird wirklich Achtung vor ihr empfinden können.

Aber um es deutlich zu sagen: Dies ist kein Schulbuch. Es ist nicht seine Absicht, auf einzelne Klassenarbeiten im Fach Chemie vorzubereiten (kann diesen Zweck aber vielleicht doch hin und wieder erfüllen – das wäre ein schöner Nebeneffekt!). Ich habe eigene Schwerpunkte gesetzt, an manchen Stellen auf so genannte »didaktische Verkürzungen« verzichtet. Mein Ziel war es vor allem, Interesse zu wecken. Wenn ich dieses Ziel erreicht habe, dann ist das Buch gelungen. Dafür ist *dein* Urteil entscheidend.

Machen wir uns also auf zur Reise in die Welt der Chemie!

Zur Benutzung dieses Buches

Bedeutung der Symbole in diesem Buch:

Diese Textstellen solltest du aufmerksam lesen, um die folgenden Sachverhalte zu verstehen und die Aufgaben lösen zu können.

Das solltest du dir merken – wichtige Regeln, Gesetze und Erklärungen.

Auch Aussagen zu Einzelvorgängen und Reaktionsgleichungen sind in dieser Weise gekennzeichnet.

An diesen Stellen findest du Versuche, die du mit einfachen Mitteln selbst zu Hause durchführen kannst.

Die notwendigen Materialien für die Versuche werden jeweils gesondert angegeben. Ansonsten brauchst du nur einen Bleistift und einen Block Papier zur Lösung der Aufgaben. Wenn du vergleichen willst: Am Ende des Buches stehen meine Lösungen. Die Aufgaben sind aber nur dann nützlich, wenn du in jedem Fall *zuerst selbst* die Lösung suchst!

1

Was machen die Chemiker eigentlich?

Ein Tag in den Sommerferien: Spaziergang im Stadtpark, ein vorbeifahrendes Auto, ein Schluck Mineralwasser zur Erfrischung ... Was hat das mit Chemie zu tun? Chemie, ist das nicht gesundheitsschädliche Arbeit mit Reagenzgläsern und geheimnisvollen Geräten, »unnatürlich«, Umweltverschmutzung und unverständlicher Formelkram? Das kann aber nicht alles sein. Wieso gibt es in der Schule trotzdem das Fach Chemie, wo doch schon dieser Name für viele wie ein Schimpfwort klingt? Wieso arbeiten trotzdem allein in Deutschland über 400.000 Menschen in der chemischen Industrie? Wieso werden Menschen für herausragende Forschungsleistungen in der Chemie ausgezeichnet, zum Beispiel mit dem Nobelpreis?

In diesem Kapitel lernst du

◎ welche Bedeutung die Chemie in deinem Leben hat

◎ was der Chemiker unter Stoffen versteht

◎ was den Chemiker vom Physiker unterscheidet

◎ welche Aufgaben die Chemie hat

◎ seit wann es Chemie gibt

Wohin man blickt – Stoffe!

Schauen wir etwas genauer hin bei unserem Spaziergang. Das Sonnenlicht, die Buche im Stadtpark – zusammen eine chemische Fabrik, die in jeder Stunde ein paar hundert Gramm Zucker und große Mengen Sauerstoff erzeugt!

Sonne

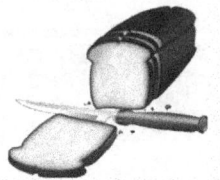

Abb. 1.1: Grüne Pflanzen erzeugen im Sonnenlicht Kohlenhydrate.

Das vorbeifahrende Auto – es enthält etwa 150 kg Kunststoffe, die von der chemischen Industrie hergestellt wurden. Das Mineralwasser – es enthält chemisch erzeugte Kohlensäure. Wir selbst – eine »chemische Fabrik«, die ständig Nahrung in andere Stoffe umwandelt. Und bereits bei den bisher genannten Punkten eine der Gemeinsamkeiten, die uns später die Übersicht im riesigen Feld der Chemie erleichtern werden: Es ist das Gas Kohlenstoffdioxid, von dem du vielleicht schon gehört hast. Das Auto und wir selbst erzeugen dieses Gas; im Mineralwasser entsteht daraus die Kohlensäure, und die Buche wandelt es zusammen mit Wasser und mit Hilfe des Sonnenlichts in den neuen Stoff Zucker um.

Abb. 1.2: Baum, Auto, Medikamente – Chemie ist überall!

Aber das ist noch nicht alles: deine Kleidung, die Sonnenschutzcreme, die Tablette gegen Zahnschmerzen, die Luft um dich herum – all das interessiert den Chemiker. Wie? Du möchtest »keine Chemie« in deiner Kleidung, trägst reine Baumwolle oder vielleicht sogar reine Seide? Sei sicher – auch das gehört zur Chemie. Aber was ist denn nun Chemie? Was machen die Chemiker eigentlich?

Unsere erste Erkenntnis: Chemie ist überall!

Betrachten wir noch einmal Kohlenstoffdioxid, eine gasförmige Substanz. In der Luft ist sie nur in geringen, aber leider steigenden Mengen vorhan-

den: Dieser Anstieg ist höchstwahrscheinlich die Hauptursache für die zunehmende Erderwärmung (Treibhauseffekt). Es wird von Lebewesen bei der Umwandlung von Nährstoffen erzeugt. Ein Erwachsener gibt täglich etwa 360 Liter davon (über 700 Gramm) an die Umwelt ab, bei schwerer körperlicher Arbeit auch erheblich mehr. Ein Mittelklassewagen erzeugt zwischen 140 und 200 Gramm Kohlenstoffdioxid pro Kilometer(!). In großen Mengen entsteht es bei der Verbrennung von Holz, Kohle und Erdölprodukten. Andererseits sind grüne Pflanzen mit Hilfe des Sonnenlichts in der Lage, aus diesem scheinbar nutzlosen Gas etwas sehr Wertvolles herzustellen: Zucker, ein Kohlenhydrat. Das ist der wichtigste chemische Vorgang auf diesem Planeten Erde (wegen der Mitwirkung des Lichts nennt man ihn *Fotosynthese*), denn er ist die Grundlage für fast alle Lebensformen.

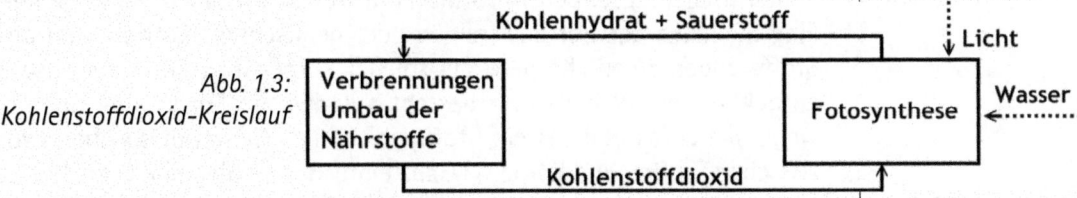

Abb. 1.3:
Kohlenstoffdioxid-Kreislauf

Bei der Fotosynthese werden durch die Energie des Sonnenlichts Kohlenhydrate erzeugt. Ohne die Fotosynthese gäbe es fast kein Leben auf der Erde. Durch den Verbrauch von Kohlenstoffdioxid bremst die Fotosynthese den Treibhauseffekt.

Die Aufgabe des Chemikers

Aber offenbar reicht dieser Vorgang nicht mehr aus, um die steigenden Kohlenstoffdioxidmengen zu bewältigen. Der Chemiker wird nach Wegen suchen, Kohlenstoffdioxid auf andere Weise »unschädlich« zu machen. Dazu muss er aber diese Substanz sehr gut kennen lernen. Er muss ihr Vorkommen, ihre Entstehung und ihre Eigenschaften erforschen, so genau wie möglich – ein »Steckbrief« dieser Substanz muss erstellt werden, wie bei der Kriminalpolizei.

Vorläufiger Steckbrief von Kohlenstoffdioxid (auch Kohlendioxid genannt):

Farb- und geruchloses Gas, schwerer als Luft, wasserlöslich, in der Luft zu 0,03% enthalten (ab 5% Vergiftungserscheinungen), in großen Mengen im Wasser der Weltmeere gelöst, flammenerstickend, wird bei –78 °C fest.

In der Luft ist sie gemischt mit den Hauptbestandteilen Stickstoff und Sauerstoff enthalten. Sie kann durch Sauerstoffkontakt aus allen Substanzen entstehen, die Kohlenstoff enthalten. Der Chemiker möchte verhindern, dass zu viel davon in die Luft kommt, z.B. aus den Schornsteinen großer Kohlekraftwerke. Das entstehende Kohlenstoffdioxid soll so gut es geht noch im Schornstein abgefangen, also aus dem Abgasgemisch herausgetrennt werden. Das gelingt durch Einleitung in Kalkwasser: Unser Sorgenkind bindet sich in Form von Kalkstein und kann so z.B. als Baustoff weitere Verwendung finden.

Chemie oder Physik

Sauerstoff, Stickstoff, Kohlenstoff, Kraftstoff, Kunststoff, Farbstoff – immer wieder dieser Begriff »Stoff«! Wir wollen ihn künftig so verwenden: Eine Substanz besteht aus (reinen oder gemischten) Stoffen, und diese Stoffe bilden einen »Körper«. Ein solcher Körper wäre beispielsweise ein aufgeblasener Luftballon. Er besteht aus den Stoffen Gummi und Luft, wobei die Luft ihrerseits ein Stoffgemisch ist. Warum diese Abgrenzung zwischen Stoffen und Körpern? Ganz einfach, weil hier eine Grenzlinie zur anderen großen Naturwissenschaft verläuft, zur Physik. Für den Chemiker stehen die *Stoffe* im Vordergrund, für den Physiker die Eigenschaften und das Verhalten von *Körpern*, insbesondere ihre *Energie*. Beispiel Fußball: Der Chemiker fragt z.B. nach den Eigenschaften der Kunststoffe, aus denen dieser besteht. Der Physiker hat andere Fragen: Wie weit fliegt der Fußball, wenn er mit einer bestimmten »Wucht« getreten wird? Unter welchem Winkel sollte er abgeschlagen werden, damit er möglichst weit fliegt? Wie verhält es sich also mit der *Energie* des Fußballs unter bestimmten Bedingungen?

Physik: Energie?

Chemie: Stoffe?

Abb. 1.4: Physik und Chemie des Fußballs

Aber natürlich ist diese Abgrenzung nicht ganz eindeutig. Energie spielt auch in der Chemie eine große Rolle, und der Physiker kann stoffliche Eigenschaften nicht vernachlässigen, wenn er das Verhalten von Körpern

studiert. Deshalb muss jeder gute Chemiker auch etwas von Physik verstehen und umgekehrt.

Chemie untersucht Stoffe – Physik untersucht Körper

Stoffe umgeben uns in unendlicher Vielfalt. Müll, Abwasser, Luft, Abgase, Lebensmittel, Gesteine sind typische Beispiele von Stoffgemischen. In vielen Fällen hat der Chemiker die Aufgabe, solche Gemische zu trennen (Recycling, Abwasser- und Abgasreinigung, Erzgewinnung).

Bestandteil	Anteil (%)
Bioabfälle	31
Papier/Pappe/Kartonagen	13
Glas	12
Kunststoffe	10
Metalle	5
Textilien	4
Mineralstoffe	4
Verbundstoffe	3
Holz	2
Schadstoffbelastete Abfälle	1
Sonstiges	15

Tabelle 1.1: Hausmüllanalyse 2000/2001 der Landeshauptstadt Magdeburg (Sachsen-Anhalt). Gesamt-Müllmenge pro Jahr 54.500 t.

Der reine Stoff

Andere Stoffe gelten zwar als »rein« – z.B. Metalle (Eisen, Aluminium usw.), Halbleiter (Silizium), Zucker, Salz, Arzneimittelwirkstoffe – sind es aber in Wirklichkeit gar nicht. Es gibt ein Gebiet der Chemie, das sich auf die Untersuchung der Zusammensetzung und den Nachweis von Stoffen spezialisiert hat: die analytische Chemie. Sie ist mit modernen Methoden in der Lage, auch äußerst geringe Verunreinigungen nachzuweisen. So

kann z.B. das Umweltgift Blei in manchen Lebensmitteln noch nachgewiesen werden, wenn es nur zum fünfzigmillionsten Teil enthalten ist (20 ppb, also »parts per billion«, Anteile pro Milliarde).

Steckbrief Blei: Häufigkeit in der Erdrinde 0,0018%, schweres und sehr weiches Metall, sehr giftig, Verwendung: Bleikabel, Akkumulatoren, Strahlenschutz usw.

Bestimmte Bestandteile des Benzins (Antiklopfmittel) können in Wasser nachgewiesen werden, wenn sich nur der hundertmillionste Teil davon in einem Liter gelöst hat – das sind 0,00001 Gramm. Oder anders ausgedrückt: In 100.000 Liter Wasser kann man noch ein Gramm dieser Antiklopfmittel nachweisen! Man spricht von der »Nachweisgrenze«: Wenn man nichts findet, heißt das noch lange nicht, dass es keine Verunreinigung gibt – sie liegt dann eben unter der Nachweisgrenze.

»Acetylsalicylsäure reinst, Gehalt > 99,5%« (Angaben auf einem Chemikalien-Etikett; es handelt sich um den Wirkstoff von Aspirin-Tabletten)

Den völlig reinen Stoff, der mit keinem anderen Stoff verunreinigt ist, gibt es also nur theoretisch. Für viele Anwendungsbereiche wäre er sehr wünschenswert, beispielsweise im Arzneimittelbereich oder in der Halbleiterindustrie. Die Steigerung des Reinheitsgrades chemischer Produkte ist deshalb eine immerwährende, sehr anspruchsvolle Aufgabe der Chemie.

Wegen der enormen methodischen Fortschritte in der Analytik lassen sich in menschlichem Blut oder in der Muttermilch heute mehr Stoffe nachweisen als noch vor einigen Jahren. Aus wissenschaftlicher Sicht ist diese Tatsache nicht überraschend, da der Mensch durch Atmung und Ernährung in einem ständigen Stoffaustausch mit seiner Umgebung steht. Moderne Biomonitoring-Verfahren erlauben heute den Nachweis eines Tropfens einer Substanz gelöst in 100.000 Litern, was etwa dem Fassungsvermögen eines Eisenbahnkesselwagens entspricht. Romanowski: »Das Aufspüren synthetischer Substanzen in so geringen Konzentrationen wie Millionstel (ppm) oder sogar Milliardstel Gramm (ppb) je Gramm ist nicht automatisch mit einem gesundheitlichen Risiko gleichzusetzen. Darin sind sich Wissen-

schaft und Behörden weitgehend einig.« (Aus einer Stellung-
nahme des Verbandes der chemischen Industrie e. V., VCI,
vom 6.10.2005)

Aufgaben der Chemie

Die bisher näher beschriebenen Aufgaben der Chemie können wir so
zusammenfassen (und in Kapitel 2 vertiefen):

◇ Untersuchung von Stoffeigenschaften

◇ Nachweis von Stoffen

◇ Trennung/Reinigung von Stoffgemischen

Aber zur Chemie gehört noch viel mehr als »nur« die Reinigung und Zerlegung von Stoffgemischen sowie die Untersuchung und der Nachweis
von Stoffen, die bereits auf natürlichen Wegen entstanden sind. Chemie
kann mehr: In *chemischen Reaktionen* werden ganz gezielt *neue Stoffe*
erzeugt. In aller Regel entstehen sie aus mehreren, teils einfacheren Stoffen oder können in solche zerlegt werden. Man spricht deshalb von *chemischen Verbindungen*. Manche davon gab es bereits in der Natur, z.B.
Vitamine. Die chemische Produktion deckt hier den gestiegenen Bedarf,
der sich aus dem Bevölkerungswachstum ergibt. Andere Stoffe werden
ganz gezielt und maßgeschneidert für technische, medizinische oder Kon-
sumzwecke hergestellt, z.B. Reinigungsmittel, Malaria-Präparate oder
Lippenstiftfarben. Und oft werden gefährliche Stoffe durch chemische
Reaktionen unschädlich gemacht (Beispiel: Abgasreinigung). Mit diesem
riesigen Gebiet der chemischen Verbindungen und Reaktionen werden wir
uns jetzt näher befassen.

Wenn das Essen anbrennt: Chemische Reaktionen

Das haben wir alle schon mal erlebt: Fett wird in der Pfanne überhitzt, ein
beißender Geruch entsteht und verursacht Kopfschmerzen. Der Stoff Fett
(eigentlich ein Gemisch sehr ähnlicher chemischer Verbindungen, der »Tri-
glyceride«) wird durch die Hitze zunächst in einfachere Stoffe zerlegt:
Glycerin und Fettsäuren. Glycerin (das der Chemiker korrekt *Glycerol*
nennt) kennen wir als Hautpflegemittel; es hat völlig andere Eigenschaften als unser Bratfett! Noch mehr gilt das für die Produkte der anschlie-
ßenden chemischen Reaktion: Aus Glycerol entsteht Wasser und Acrolein
– dieses giftige Gas verursacht den Kopfschmerz.

1

Fett + Wärme   **Acrolein**

Abb. 1.5: Aus überhitztem Fett entsteht das giftige Acrolein.

Ausgangsstoffe (Edukte) bilden also in einer chemischen Reaktion neue und andersartige Endstoffe (Produkte). Eigentlich kennen wir das ja schon: die Buche im Stadtpark mit ihrer Zuckerproduktion, die Kohlensäure im Mineralwasser, die Umwandlung unserer Nahrung – chemische Reaktionen sind überall! Ein Streichholz verbrennt, übrig bleiben Gase und ein bisschen Asche – die Liste chemischer Reaktionen in unserem Alltag ließe sich fast endlos fortsetzen.

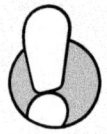

> Chemische Reaktionen sind überall!

Aber der Chemiker erforscht nicht nur solche Alltagsreaktionen (obwohl auch diese oft sehr kompliziert und schwer verständlich sind). Mehr als 20 Millionen chemische Verbindungen sind bereits bekannt, jedes Jahr kommen Hunderttausende neue dazu. Über sechs Millionen bekannte chemische Reaktionen lassen diese Vielfalt entstehen.

> *Die Beiträge der Greifswalder Wissenschaftler um Prof. Ulrike Lindequist (Institut für Pharmazie) und Prof. Frieder Schauer (Institut für Mikrobiologie) konzentrierten sich auf die Suche nach neuen Wirkstoffen aus marinen Organismen. Dazu wurden in Kooperation mit dem Institut für Marine Biotechnologie in Greifswald über 300 Algen, Pilze, Muscheln, Schnecken und Würmer untersucht, aus denen verschiedene Wirkstoffe isoliert und chemisch definiert wurden. Die gewonnenen Substanzen wurden anschließend auf ihre Wirkung gegen Krankheitserreger (Viren, Bakterien, Pilze), gegen Tumorzellen sowie auf Knochenzellen (Osteoporose-Schutz), Hautzellen und verschiedene Enzyme geprüft. Mehrere hochaktive neue Substanzen aus marinen Organismen konnten dabei entdeckt werden. Diese wurden daraufhin in Rostock analysiert, nachsynthetisiert und in größeren Mengen hergestellt. (Aus: Analytik-News – Tagesaktuelle News und Infos für Analytiker, www.analytik-news.de, vom 4.1.2006)*

Die chemische Industrie erzeugt aus ca. 300 so genannten »Grundprodukten« schließlich etwa 100.000 Produkte für den Endverbraucher. Die Grundprodukte (z.B. Ammoniak, Kohlenwasserstoffe) wiederum stammen aus den Vorräten dieser Erde: vor allem Erdöl und Erdgas, selten auch noch Kohle (die fossilen Rohstoffe), dazu Luft, Wasser und mineralische Rohstoffe (Erze).

Sparte	Prozentanteil
Chemische Grundstoffe	48,47
Schädlingsbekämpfungs-, Pflanzenschutz- und Desinfektionsmittel	0,93
Anstrichmittel, Druckfarben und Kitte	7,84
Pharmazeutische Erzeugnisse	22,44
Seifen, Wasch-, Reinigungs- und Körperpflegemittel, Duftstoffe	7,73
Klebstoffe, Gelatine	1,07
Chemiefasern	3,17
Datenträger	0,31
Sonstige	8,04

Tabelle 1.2: Anteil der Sparten an der Gesamtproduktion der deutschen chemischen Industrie im Jahr 2004 (Quelle: Verband der chemischen Industrie, VCI)

Das alles ergibt noch nicht die Zahl von 20 Millionen bekannten (in Datenbanken registrierten) Verbindungen. Viele entstehen zunächst in der wissenschaftlichen Forschung, die eine oder andere findet schließlich den Weg zur industriellen Produktion.

Wir können jetzt also eine vollständige Definition der Chemie angeben – sie lautet kurz und bündig:

Chemie ist die Wissenschaft von den Stoffen und Stoffumwandlungen.

Ein einfacher Satz, hinter dem sich ein riesiges Universum des Wissens und der Anwendungen verbirgt!

Den Überblick behalten

Wie soll man sich bei der gewaltigen Zahl bekannter Verbindungen eigentlich noch in der Chemie zurechtfinden? Ohne das regelmäßige Stu-

dium von Fachzeitschriften – die gibt es schon seit dem Jahr 1778 – geht das keinesfalls. Allerdings erscheinen dort inzwischen ca. 600.000 Veröffentlichungen pro Jahr (in der Regel in englischer Sprache), so dass man um Spezialisierung und die Nutzung elektronischer Datenbanken schon lange nicht mehr herumkommt.

Abb. 1.6: Chemie-Informationsquellen sind Fachzeitschriften, Bücher, elektronische Verzeichnisse (DVD) und das Internet.

Von der analytischen Chemie hast du schon gehört. Weitere Fachrichtungen:

◇ Organische Chemie: die Chemie des Grundbausteins (Elements) Kohlenstoff

◇ Anorganische Chemie: Verbindungen aus anderen Grundbausteinen (Elementen)

◇ Physikalische Chemie: Anwendung physikalischer Erkenntnisse und Methoden in der Chemie

◇ Biochemie: chemische Vorgänge in lebenden Systemen

In dieser Aufzählung ist erstmals die Rede von »Grundbausteinen« oder genauer »Elementen«. In Kapitel 3 werden wir uns näher damit befassen. Die organische Chemie ist das Hauptthema in den Kapiteln 9 und 10, wird uns aber – ebenso wie die anorganische und physikalische Chemie – auch zuvor immer wieder begegnen. Biochemie schließlich setzt fundierte Kenntnisse insbesondere der organischen Chemie, aber auch der Biologie voraus. Eine genauere Betrachtung würde den Rahmen dieses Buches leider bei weitem sprengen.

Seit wann gibt es Chemie?

Seit 1778 gibt es also schon chemische Fachzeitschriften – und wie lange gibt es schon die Chemie? Diese Frage ist nicht ganz leicht zu beantworten, denn natürlich haben sich die Menschen schon seit Urzeiten mit Stoffen und Stoffumwandlungen beschäftigt und sich Gedanken darüber gemacht. Das Wort jedenfalls stammt aus dem Arabischen. Die alten »Alchimisten« suchten beispielsweise nach Möglichkeiten, den relativ wertlosen Stoff Blei in Gold zu verwandeln – nicht gerade aus wissenschaftlichen Gründen! Fragen wir also besser nach den Anfängen der Chemie als Wissenschaft, die nach Erkenntnis sucht. Da finden wir bereits um 400 v. Chr. den Griechen Demokrit, der – auf die stoffliche Welt bezogen – den berühmten Satz sprach: »In Wahrheit gibt es Atome und eine Leere.« Die Weisheit dieser Feststellung wird sich uns in Kapitel 5 erschließen. Ein weiteres »Highlight« in der Chemie-Geschichte war dann sehr viel später John Dalton mit seinem Teilchenmodell (»daltonsche Atomhypothese«, 1809; siehe Kapitel 3). Im 19. Jahrhundert lieferte z.B. der deutsche Chemiker Justus von Liebig entscheidende Impulse sowohl für die wissenschaftliche Weiterentwicklung als auch die wirtschaftliche Umsetzung seines Faches.

Nach diesem Überblick können wir uns jetzt die Teilgebiete, Konzepte und Arbeitsweisen der Chemie genauer ansehen. Wir beginnen mit dem ersten Teil der Chemie-Definition, mit dem Stoff »an sich«. Stoffkenntnis ist schließlich die Voraussetzung für gezielte stoffliche Umwandlungen. Du lernst in Kapitel 2 zunächst die Systematik der Stoffe und Stoffgemische sowie Möglichkeiten der Stofftrennung kennen, bevor wir in Kapitel 3 bei den »einfachsten« Stoffen überhaupt ankommen – den Elementen. Keine Angst – die Zahl der Elemente ist viel kleiner als zwanzig Millionen!

Zusammenfassung

Den ersten Spaziergang im Riesenreich der Chemie hast du hinter dir. In diesem Kapitel hast du gelernt

⬦ dass die Fotosynthese aus Kohlenstoffdioxid und Wasser mit Hilfe des Sonnenlichts Kohlenhydrate und Sauerstoff erzeugt und dies die wichtigste chemische Reaktion auf unserem Planeten ist

⬦ dass Substanzen aus Stoffen zusammengesetzt sind und Stoffe einen Körper bilden

⬦ dass es völlig reine Stoffe nicht gibt

⬦ dass der Chemiker Stoffe untersucht, Stoffgemische trennt und Stoffe umwandelt

⬦ dass der Physiker Körper und ihre Energie erforscht

⬦ dass die chemische Industrie aus ca. 300 Grundprodukten etwa 100.000 Endprodukte erzeugt

⬦ dass der Chemiker derzeit mehr als 20 Millionen chemische Verbindungen und sechs Millionen unterschiedliche chemische Reaktionen kennt

◇ dass es die Fachrichtungen der analytischen, organischen, anorganischen, physikalischen und der Biochemie gibt

◇ dass sich Menschen bereits seit mehr als zweitausend Jahren wissenschaftlich mit der Chemie beschäftigen

Aufgaben

1. Formuliere einen Stoffkreislauf, der im grünen Gras einer Wiese beginnt, indem du die Begriffe *Weiderind – Kohlenstoffdioxid – Wasser – Mensch – Sonnenlicht – Kohlenstoffdioxid – Kohlenhydrat – Fotosynthese* (siehe Abschnitt »Wohin man blickt - Stoffe«) in die richtige Reihenfolge bringst!

2. Die Nachweisgrenze für Blei in Kartoffeln liegt bei 20 ppb (siehe Zitat unter *Der reine Stoff*). Welche Bleimenge kann in 500 Gramm Kartoffeln, in denen bei der Analyse kein Blei gefunden wurde, noch enthalten sein?

3. Nenne mindestens drei Endprodukte der chemischen Industrie, auf die du persönlich leichten Herzens verzichten könntest, und mindestens drei Produkte, die du persönlich für unverzichtbar hältst. Bitte eine Freundin/einen Freund, ebenfalls solche Produkte zu nennen; vergleicht eure Antworten und begründet sie.

4. Nenne fünf Fachrichtungen der Chemie.

5. Ermittle in einer Internet-Recherche (z.B. unter www.google.de) fünf bedeutende deutsche Chemiker des 19. und 20. Jahrhunderts.

2

Kalbsleberwurst, Milch und Schmutzwasser

Den völlig reinen Stoff gibt es, wie du bereits weißt, nur theoretisch. »Reinstaluminium« z.B. enthält 0,001% Verunreinigungen, stellt also immer noch ein Stoffgemisch dar. Ein anderes – deutlicheres – Beispiel sind wir selbst. Eine sehr materialistische Beschreibung des Menschen könnte lauten: 60–70% Wasser, 20% Eiweiß, 4–10% Fett, 1% Kohlenhydrate, 4–5% Mineralstoffe – der Mensch als Stoffgemisch.

Abb. 2.1: Der Mensch als Stoffgemisch

Kohlenhydrate

Fette

Eiweiß

Wasser

Mineralstoffe

In diesem Kapitel lernst du

◎ den Unterschied zwischen physikalischen und chemischen Vorgängen

◎ die Kennzeichen von heterogenen und homogenen Gemischen

◎ etwas über die Wirkung von Emulgatoren

◎ welche Möglichkeiten der Gemischtrennung es gibt

◎ auf welchen Stoffeigenschaften die Trennmethoden beruhen

2

Chemische und physikalische Vorgänge

Der menschliche Körper *als Ganzes* hat natürlich andere Eigenschaften als die in der vorherigen Abbildung genannten Stoffanteile – aber deren Eigenschaften sind sogar in diesem hoch komplizierten Gemenge erhalten geblieben. Sie können dadurch nachgewiesen und isoliert werden. Blutzucker (ein Kohlenhydrat) zum Beispiel ist genau dasselbe wie Traubenzucker aus der Drogerie, schmeckt genauso süß, ist genauso wasserlöslich und zeigt die gleichen chemischen Reaktionen.

Auch der Mensch ist ein Stoffgemisch!

Doch wir wollen den Menschen nicht auf seine stofflichen Bestandteile reduzieren! Betrachten wir deshalb zunächst ein etwas »gröberes« Gemisch-Beispiel, nämlich Müll. Viele Bestandteile kann man bereits mit bloßem Auge unterscheiden und damit auslesen. Eisenbestandteile können mit dem Magneten herausgeholt werden, weil Eisen auch in dieser Mischung mit anderen Stoffen magnetisch ist. Andere Metalle können von Holz und vielen Kunststoffen getrennt werden, weil sie schwerer sind. Kupfer könnte man, außer an seinem Aussehen, auch an seiner hervorragenden elektrischen Leitfähigkeit erkennen und von anderen Metallen im Müll unterscheiden. Wieder etwas anders stellt sich die Situation bei salzigem Wasser dar. Mit bloßem Auge und auch mit Hilfe eines Mikroskops wird es uns keinesfalls gelingen, Salz und Wasser zu unterscheiden – das Salz können wir überhaupt nicht mehr entdecken! Aber es ist noch vorhanden, wie uns bereits der salzige Geschmack beweist. Zur Gemischtrennung genügt es, etwas Salzwasser ein paar Tage offen stehen zu lassen. Wasser wird dann verdunsten, wie es »reines« Wasser ebenfalls tun würde. Salz wird – sichtbar in Form von Salzkristallen – zurückbleiben, wie auch ein geöffneter Salzstreuer sich nicht durch Verdunstung entleeren würde.

Im Gemisch bleiben die Stoffeigenschaften erhalten.

Müll und Salzwasser sind also verschiedene Arten von Stoffgemischen. Wir werden nicht umhin kommen, Stoffgemische nach bestimmten Kriterien zu ordnen, um den Überblick zu behalten.

Gemische und Verbindungen

Doch bevor wir das tun, werden wir noch etwas grundsätzlicher und fragen uns: Wo liegen denn überhaupt die Unterschiede zwischen Stoffgemischen und chemischen Verbindungen? Zur Erinnerung: Chemische Verbindungen sind »reine« Stoffe, die durch chemische Reaktionen aus anderen, meist einfacheren »reinen« Stoffen entstehen. Und da haben wir doch schon den ersten, wichtigen Unterschied: Gemische können nämlich, wie bereits ihr Name sagt, durch irgendeine Form des Mischens entstehen, nicht nur (aber auch) durch chemische Reaktionen! Das führt uns gleich zum zweiten wesentlichen Unterschied.

Bei *chemischen Vorgängen* (chemischen Reaktionen) entstehen chemische Verbindungen mit neuen, eigenen Eigenschaften, während die Eigenschaften der Ausgangsstoffe verschwunden sind. Beispiele dazu haben wir bereits erwähnt (Zucker aus Kohlenstoffdioxid und Wasser und weitere Beispiele). Bei *physikalischen Vorgängen* dagegen bleiben die Stoffe selbst und ihre Eigenschaften erhalten, es entstehen keine neuen Stoffe. Die Stoffe ändern »nur« ihren Zustand (fest, flüssig, gasförmig, gelöst; warm, kalt; rein, gemischt; grobkörnig, feinkörnig usw.).

Zucker

Abb. 2.2: Chemischer und physikalischer Vorgang

Chemischer Vorgang

Physikalischer Vorgang

Deshalb können Gemische auch durch physikalische Vorgänge, also ohne chemische Reaktionen, wieder in ihre Bestandteile zerlegt werden, so wie sie auch durch physikalische Vorgänge entstanden sind. Chemische Verbindungen dagegen können nur durch chemische Reaktionen in einfachere Stoffe zerlegt werden.

> **Physikalischer Vorgang:**
> Die Stoffe bleiben erhalten, aber sie ändern ihren Zustand.
> **Chemischer Vorgang:**
> Die Stoffe werden umgewandelt, neue Stoffe entstehen.

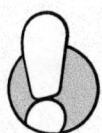

Ein wichtiger Punkt fehlt noch: Während Menschen durchaus einen unterschiedlichen Fettanteil haben können, während wir Müll und (in gewissen Grenzen) Salzwasser in beliebigen Verhältnissen aus den Bestandteilen mischen können, ist dies bei chemischen Verbindungen völlig anders. Diese enthalten die Grundbausteine (Elemente), aus denen sie zusammengesetzt sind, immer in einem ganz bestimmten Verhältnis, von dem niemals abgewichen wird (sonst wäre es eben eine andere chemische Verbindung). 100 Gramm Traubenzucker z.B. enthalten *immer* 40 Gramm des »Grundbausteins« Kohlenstoff, 6,7 Gramm Wasserstoff und 53,3 Gramm Sauerstoff (in Form kleinster Teilchen miteinander verbunden). Diese wichtige Erkenntnis formulierte als Erster der französische Naturforscher Joseph Louis Proust (1754–1826). In Kapitel 4 kommen wir darauf zurück.

Fassen wir also zusammen:

*Tabelle 2.1:
Unterschiede
zwischen
Gemischen und
chemischen
Verbindungen*

Kriterium	Gemisch/Gemenge	Chemische Verbindung
Entstehung	Durch physikalischen Vorgang oder durch chemische Reaktion	Nur durch chemische Reaktion
Eigenschaften der Ausgangsstoffe	Bleiben erhalten, weil auch die Ausgangsstoffe erhalten bleiben	Bleiben nicht erhalten, weil die Ausgangsstoffe verschwinden
Zusammensetzung	Beliebiges Verhältnis (mit Einschränkungen bei echten Lösungen und Legierungen)	Ganz bestimmtes Verhältnis der Grundbausteine
Zerlegung	Durch physikalischen Vorgang oder durch chemische Reaktion	Nur durch chemische Reaktion

Man sieht, was drin ist – heterogene Gemische

Müll hatten wir bereits – aber wie ist das mit der Milch? Sieht doch völlig einheitlich aus! Also nehmen wir ein Mikroskop zu Hilfe. Ein kleiner Tropfen Milch auf einen Objektträger aufgebracht, mit einem Tropfen Wasser verdünnt und fein verteilt (ausgestrichen) – bei 400facher Vergrößerung werden kleine Kügelchen sichtbar. Es sind Fetttröpfchen, die wir da sehen. Die Verpackungsaufschrift gibt denn auch an, dass (in Vollmilch) etwa 3,5% Fett enthalten sind. Milch ist also ein heterogenes Gemisch.

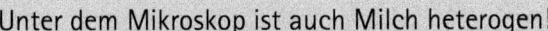

Unter dem Mikroskop ist auch Milch heterogen!

Eine kleine Abschweifung und eine Vorausschau: Die Fetttröpfchen führen eine ständige, bei dieser Vergrößerung aber nur bei genauer Beobachtung sichtbare Zitterbewegung aus. Dieses Phänomen wurde bereits im Jahr 1827 von dem schottischen Botaniker Brown beschrieben und nach ihm »Brownsche Bewegung« genannt. Was zunächst wie eine technische Störung des Mikroskops (oder eine Störung unserer Augenfunktion) wirkt, ist in Wahrheit ein Hinweis auf sehr viel kleinere, im Mikroskop noch lange nicht sichtbare Teilchen – ein Hinweis auf die grundlegende Struktur chemischer Verbindungen! Sogar der große Albert Einstein veröffentlichte dazu 1905 eine wissenschaftliche Abhandlung mit dem Titel »Über die von der molekularkinetischen Theorie der Wärme geforderte Bewegung von in ruhenden Flüssigkeiten suspendierten Teilchen«. Wir werden auf diese »Theorie der Wärme« in Kapitel 3 (Kugelmodell nach Dalton) zurückkommen.

Fett ist eigentlich in Wasser nicht löslich und setzt sich an der Oberfläche ab. Diesem Aufrahmen wird im Falle Milch bereits in der Molkerei durch die so genannte Homogenisierung (Verkleinerung der Fetttröpfchen) entgegengewirkt. Andere Milchbestandteile wie Lecithin tun ein Übriges: Als so genannte *Emulgatoren* sorgen sie für die Durchmischung der ineinander unlöslichen Bestandteile. Weitere typische Beispiele hierfür aus dem Lebensmittelbereich: Mayonnaise, Leberwurst, Butter und Margarine. Schweineschmalz dagegen ist nahezu reines Fett. Emulgatoren – auch chemisch erzeugte, also in der Natur nicht vorkommende – finden in der Lebensmittelherstellung ausgedehnte Verwendung. Fette sorgen zwar für guten Geschmack, sind aber nicht gerne »gesehen«! Unter einem normalen Lichtmikroskop werden sie aber, wie erwähnt, trotzdem sichtbar. Deshalb gilt:

Auch die für das bloße Auge völlig einheitlichen, emulgierten Fett-Wasser-Mischungen sind heterogene Gemische.

Lebensmittel	Fett	Wasser
Mayonnaise	83%	13%
Butter	83%	16%
Margarine	89%	19%
Leberwurst	40%	47%

Tabelle 2.2: Emulgierte Fett-/Wasser-Anteile einiger Lebensmittel

197

Was die Dinge zusammenhält

Die Wirkung von Emulgatoren können wir leicht demonstrieren:

> **Versuch 2a:**
>
> Gebe in ein Glas etwas Wasser und dazu etwas Öl. Halte die Hand auf die Öffnung und schüttle kräftig. Lasse das Glas dann ruhig stehen und beobachte das Verhalten der Flüssigkeit.
>
> Wiederhole diesen Versuch, gebe aber vor dem Schütteln einige Tropfen Geschirrspülmittel zu.

Wie du siehst, trennt sich im ersten Fall das Öl bereits nach kurzer Zeit wieder vom Wasser. Im zweiten Fall aber bleibt eine trübe Mischung bestehen. Die Trübung rührt von den fein verteilten Öltröpfchen her.

Emulsionen ...

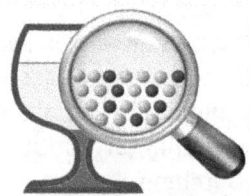

Abb. 2.3: Modell einer Emulsion

... sind heterogen!

Seifen und Waschmittel – wichtige Produkte der chemischen Industrie – enthalten Emulgatoren. Auch die Gallensäuren in unserer Verdauung wirken emulgierend. Chemiker sprechen ganz allgemein von »grenzflächenaktiven Stoffen«. Sie sollen an den Grenzflächen zwischen unterschiedlichen Bereichen eines Gemisches – den *Phasen* – ihre Wirkung entfalten.

Emulsionen bestehen aus (mindestens) zwei *flüssigen Phasen*, im häufigsten Fall Öl (Fett) und Wasser. Die entsprechende feine Verteilung fester Stoffe in einer Flüssigkeit dagegen nennt man *Suspension*. Ein Beispiel dafür ist naturtrüber Apfelsaft (oder ganz einfach schmutziges Wasser). Suspensionen bestehen also aus *mindestens einer festen* und *einer flüssigen Phase*. Wir können damit heterogene Gemische so definieren:

> Heterogene Gemische bestehen aus Phasen, die sich entweder bereits mit bloßem Auge oder in optischer Vergrößerung (Lupe, Mikroskop) unterscheiden lassen.

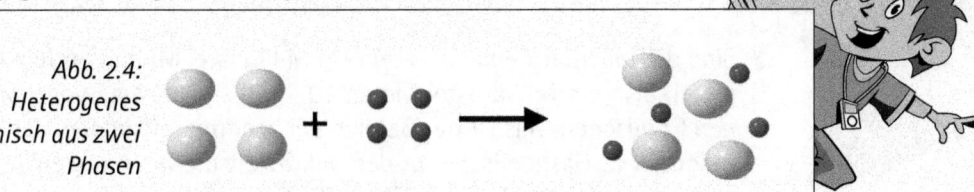

Abb. 2.4:
Heterogenes
Gemisch aus zwei
Phasen

Daraus leiten wir die folgenden Möglichkeiten heterogener Gemische ab:

Phasen	Beispiel
flüssig-gasförmig	Nebel
gasförmig-flüssig	Badeschaum
flüssig-flüssig	Milch (Emulsion)
flüssig-fest	Lehm
fest-flüssig	Schmutzwasser (Suspension)
fest-fest	Gestein
fest-gasförmig	Rauch
gasförmig-fest	Styropor

Tabelle 2.3:
Phasen bei
heterogenen
Gemischen

Bei einigen dieser Gemischtypen steht chemisch-technisch die Trennaufgabe im Vordergrund (Schmutzwasser, Rauch, Gesteine zur Erzgewinnung), andere wiederum werden gezielt hergestellt oder stabilisiert (Styropor, Badeschaum). Kenntnis der Stoffeigenschaften – und damit chemisches Wissen – ist in jedem Fall notwendig.

Vielleicht hast du in der Tabelle oben die Kombination gasförmig-gasförmig vermisst. Das hat seinen Grund: In solchen Gemischen lassen sich auch mit dem stärksten Lichtmikroskop keine Phasen unterscheiden. Man nennt sie deshalb homogen.

Völlig gleichartig – homogene Gemische

Lasse ein Glas Wasser einige Zeit stehen. Aus der zunächst völlig klaren Flüssigkeit scheiden sich schließlich an den Glaswänden Luftbläschen ab – du hast damit den Übergang vom homogenen zum heterogenen Gemisch beobachtet! Die Luft war ja bereits vorher im Wasser. Aber offenbar war sie so fein verteilt, dass wir sie nicht erkennen konnten. An diesem Zerteilungsgrad, also an der Größe der Teilchen, die sich miteinander mischen, verläuft die Grenze zwischen heterogen und homogen.

◇ Sind die Teilchen kleiner als etwa ein Millionstel Millimeter (ein Nanometer, also ein Milliardstel Meter, 10^{-9} m), spricht man von *homogenen* Gemischen. Das ist der Bereich der »echten« Lösungen, der Legierungen und Gasgemische. In der Mikrowelt dieser kleinsten Teilchen gibt es natürlich ebenfalls Grenzflächen wie bei den heterogenen Gemischen – nur sind sie hier so winzig, dass man sie auch im Lichtmikroskop bei stärkster Vergrößerung nicht erkennen kann. Man sagt auch: Homogene Gemische sind *mikro-heterogen.*

◇ Den Übergangsbereich bis etwa 1/10000 mm (also ein Zehnmillionstel Meter, 10^{-7} m) Teilchendurchmesser bezeichnet man als *kolloiddispers.* Mit bloßem Auge ist hier nichts zu erkennen, aber beispielsweise wird Licht an solchen Teilchen ebenso gestreut wie an den (größeren) Wassertröpfchen des Nebels. Man sieht dann den »Weg des Lichts«. Ein bekanntes Beispiel sind Stärkelösungen. Ein weiteres, etwas problematischeres Beispiel sind Teile der Feinstäube, die in den Großstädten unsere Lungen belasten. Die Verminderung dieser Feinstäube ist auch eine Aufgabe der Chemie.

◇ Alle Gemische mit höherer Teilchengröße (ab ungefähr dem Bereich 1/1000 mm, 10^{-6} m) schließlich nennt man *heterogen.*

Tabelle 2.4: Einteilung der Gemische nach der Teilchengröße

Teilchengröße	Art des Gemisches
10^{-6} m und größer	Heterogen
Zwischen 10^{-7} m und 10^{-9} m	Kolloiddispers
Kleiner 10^{-9} m	Homogen

Doch zurück zu den homogenen Gemischen! Die folgenden Kombinationen sind möglich:

Tabelle 2.5: Phasen bei homogenen Gemischen

Phasen	Beispiel
flüssig-gasförmig	Luft oder Kohlenstoffdioxid in Wasser
flüssig-flüssig	Essig, Schnaps
fest-flüssig	Zucker- oder Salzwasser
fest-fest	Legierungen
fest-gasförmig	Hydridspeicher (Wasserstoff in Metall gespeichert, z.B. für Brennstoffzellen)
gasförmig-gasförmig	Alle Gasgemische (Luft usw.)

In den ersten drei Fällen handelt es sich um die bereits erwähnten *echten Lösungen*. *Echt* nennt man sie, weil der gelöste Stoff so weit zerkleinert ist, dass es kleiner gar nicht mehr geht. Hier sind wir tatsächlich in der Wunderwelt einzelner *Atome*, *Ionen* oder *Moleküle* angekommen. Das sind die kleinsten Teilchen der Stoffe. Nur der Physiker kann diese Teilchen noch kleiner machen!

In echten Lösungen sind die Stoffe in ihre kleinsten Teilchen zerlegt.

Abb. 2.5: In echten Lösungen sind keine Phasen mehr erkennbar.

Echte Lösungen ...

... sind homogen!

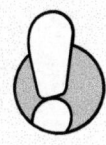

Homogene Gemische bestehen aus Phasen, die sich weder mit bloßem Auge noch mit dem Lichtmikroskop unterscheiden lassen. Die enthaltenen Teilchen sind kleiner als ein Millionstel Millimeter.

Erinnerst du dich an den Satz von Demokrit (400 v. Chr.): »In Wahrheit gibt es Atome und eine Leere«? Wenn sich ein Edelgas wie Helium in Wasser löst, liegen tatsächlich – fein zwischen den *Molekülen* des Wassers verteilt – einzelne Helium-*Atome* vor. Und was ist mit der »Leere«? Da müssen wir noch genauer hinsehen und brauchen die Hilfe der Physiker! Aber halt – wir wollen nichts überstürzen. Atome, Ionen und Moleküle werden wir in Kapitel 3 und ab Kapitel 5 unter die Lupe nehmen.

Eine Besonderheit bei echten Lösungen und Legierungen, zum Teil auch bei kolloiddispersen Systemen (Feinstaub) muss noch erwähnt werden: Wenn die Teilchen der gemischten Stoffe so fein verteilt sind, dann hat das auch Auswirkungen auf die Eigenschaften. So bleibt im Salzwasser zwar *prinzipiell* der Unterschied der Siedepunkte erhalten – wir können also durch Erhitzen (Abdampfen) das Wasser vom Salz trennen. Aber: Die Lösung siedet nicht bei 100 Grad Celsius, sondern erst bei höherer Temperatur! Und sie gefriert auch nicht bei null Grad Celsius, sondern sie bleibt bis zu Minusgraden flüssig! Man nützt das bekanntlich im Winter aus, indem man Eis durch Salzzugabe zum Schmelzen bringt. Bei den Legierungen (Bronze, Messing, Stahl usw.) gibt es ähnliche Veränderungen. Es gibt hier sogar einen fließenden Übergang von der Mischung zur chemischen Verbindung, der so genannten »intermetallischen Verbindung«. Und bei den Feinstäuben macht diese Besonderheit bei der Luftreinigung Probleme. Die *Aerosole*, wie man sie auch nennt, bleiben hartnäckig in der Luft schweben, obwohl sie schwerer sind als diese und sich eigentlich absetzen müssten. Man sieht, auch auf dem Gebiet der homogenen Gemische gibt es für den Chemiker reichlich zu tun!

Zeige mir, wer du bist – Trennen mit System

Wie können wir die in einem Gemisch enthaltenen reinen Stoffe erkennen? Richtig, an ihren Eigenschaften. Und diese Eigenschaften nutzen wir, um das Gemisch zu zerlegen. Da die Gemischtrennung – im Gegensatz zur Zerlegung einer chemischen Verbindung – auch als physikalischer Vorgang möglich ist, nutzen wir (in diesem Kapitel) die *physikalischen Eigenschaften*. Das sind eben solche, die durch physikalische Messungen, also ohne chemische Reaktion, festgestellt werden können. Masse, Teilchengröße, Löslichkeit, Magnetismus, elektrische Leitfähigkeit, Schmelz- und Siedepunkt und Haftfähigkeit (Adsorbierbarkeit), aber auch Farbe, Geruch, Geschmack sind wichtige Beispiele; eine weitere physikalische Eigenschaft – die Dichte – wirst du gleich kennen lernen.

Wir nutzen zur Gemischtrennung die physikalischen Eigenschaften der enthaltenen reinen Stoffe.

Ein aktueller politischer Vorgang zeigt, welche gewaltige Bedeutung Gemischtrennungen haben können: Der Stoff Uran liegt in mehreren Arten in der Natur vor. Sie unterscheiden sich nur ganz minimal in der Masse und Größe der kleinsten Teilchen, sind aber in allen anderen oben aufgezählten Eigenschaften praktisch identisch. In einer weiteren Eigenschaft aber, die ich *nicht* genannt habe, ist der Unterschied riesig: Mit Uran, das die leichtere Teilchenart in größerem Anteil enthält als das natürliche Uran, kann man Kernreaktoren betreiben – aber auch Atombomben bauen! Wer das eine oder eben auch das andere will, muss also die leichtere Teilchenart *anreichern*. Derartige Anlagen werden weltweit von der Internationalen Atomenergiebehörde streng kontrolliert.

Auch Uran-Anreicherung ist Gemischtrennung!

Bei der Dialyse – der Blutreinigung bei Nierenkranken – werden übrigens ganz ähnliche Methoden angewendet wie bei der Uran-Anreicherung – Trennung nach der Teilchengröße.

Aber sogar beim Kaffeefiltern nutzt man diese Stoffeigenschaft aus. Der Kaffeesatz bleibt im Filter zurück, weil die Teilchen nicht durch die Löcher (Poren) des Filterpapiers passen. Andererseits wandern die gelösten Teile des Kaffeepulvers und erst recht die Teilchen des Wassers spielend durch diese Barriere. Filtern – oder besser: filtrieren – nutzt also die unterschiedliche Teilchengröße der Stoffe im Gemisch aus.

Abb. 2.6: Gemischtrennungen im Haushalt

Kaffee wird filtriert ... **... Tee wird extrahiert ...** **... und Wein wird dekantiert**

Wenden wir dieses Prinzip gleich an:

Versuch 2b: Trennung von Schmutzwasser in die Bestandteile durch Filtrieren

Besorge dir aus einem trüben Bach oder Tümpel einen Becher schmutziges Wasser (ohne technische Verunreinigungen wie z.B. Öl, Benzin). Setze einen Kaffeefilter aus Papier auf eine große Porzellan-, Keramik- oder Glastasse, halte den Filter fest und schütte die Hälfte der Flüssigkeit in kleinen Portionen hinein.

Ergebnis: Im Filter bleibt ein Rückstand. Er stammt von den grob suspendierten Teilchen des Schmutzwassers. Die durch den Filter gelaufene Flüssigkeit – das *Filtrat* – und den Rest des Schmutzwassers bewahrst du bitte für weitere Versuche auf.

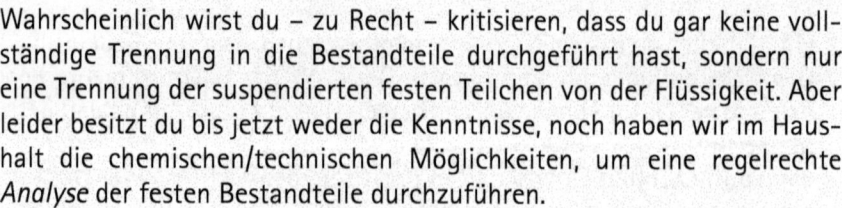

Wahrscheinlich wirst du – zu Recht – kritisieren, dass du gar keine vollständige Trennung in die Bestandteile durchgeführt hast, sondern nur eine Trennung der suspendierten festen Teilchen von der Flüssigkeit. Aber leider besitzt du bis jetzt weder die Kenntnisse, noch haben wir im Haushalt die chemischen/technischen Möglichkeiten, um eine regelrechte *Analyse* der festen Bestandteile durchzuführen.

Dennoch können wir uns mit einfachen Mitteln weitere Kenntnisse über die Zusammensetzung der nichtwässrigen Bestandteile verschaffen.

Versuch 2c: Trennung von Schmutzwasser in die Bestandteile durch Sedimentieren und Dekantieren

1. Gebe den Rest des Schmutzwassers nach kräftigem Umrühren in ein möglichst enges(!), hohes Glas und lasse es 12 bis 24 Stunden lang ruhig stehen.

   Ergebnis: Die festen Bestandteile haben sich (wenigstens zum größten Teil) auf dem Boden des Glases abgesetzt. Man nennt dieses »Absetzen lassen« in der Fachsprache *Sedimentieren*. Bei genauem Hinsehen kannst du im Bodensatz (Sediment) vielleicht sogar einzelne Schichten unterscheiden.

2. Schütte die überstehende Flüssigkeit vorsichtig – ohne den Bodensatz (Fachsprache: Bodenkörper) aufzuwirbeln – in ein weiteres Gefäß um. Dieses Abgießen nennt man in der Fachsprache *Dekantieren*.

Beim *Sedimentieren* haben wir die höhere *Dichte* der suspendierten festen Teilchen gegenüber Wasser ausgenutzt. Sie sinken der Schwerkraft gehorchend nach unten. Dazu kommt: Je *größer* ihre Dichte ist, desto *schneller* sinken sie. Im Sediment können wir deshalb mit etwas Glück die verschiedenen festen Bestandteile unterscheiden – je weiter unten, desto *dichter*.

Dichte – eine Stoffeigenschaft

Dichte? Was ist das? Eine nicht ganz ernst gemeinte Frage dazu: Was ist schwerer, ein Kilo Zuckerwatte oder ein Kilo Blei? Klar, die sind gleich schwer, aber ein Kilo Blei ist viel kleiner, nimmt also viel weniger *Volumen* ein. Die Formulierung »gleich schwer« hören Naturwissenschaftler allerdings mit Stirnrunzeln. Ein Kilo Blei (und genauso ein Kilo Zuckerwatte) ist nämlich auf der Erde, auf dem Mond und im Weltall sehr unterschiedlich schwer! Chemiker und Physiker verwenden lieber den Begriff *Masse* anstelle von Gewicht, weil die Masse vom Ort der Messung unabhängig ist, das Gewicht aber nicht (in der Schwerelosigkeit gibt es kein Gewicht mehr, aber immer noch die Masse!). Also noch einmal: Ein Kilogramm Blei und ein Kilogramm Zuckerwatte haben die gleiche *Masse*, aber ein sehr verschiedenes *Volumen*. Wenn wir die Masse (bei beiden gleich groß) ins Verhältnis zum Volumen (bei Blei klein, bei Zuckerwatte groß) setzen, also die Masse durch das Volumen teilen, bekommen wir die Dichte. Da kommt bei Blei natürlich ein viel größerer Wert heraus als bei Zuckerwatte – Blei hat eine viel größere Dichte!

Abb. 2.7: Dichten verschiedener Materialien

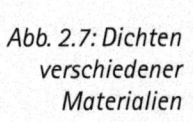 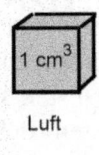 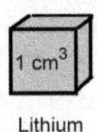 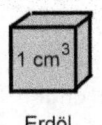 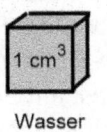 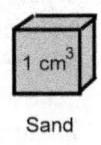 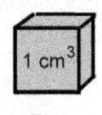 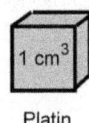

Luft	Lithium (Metall)	Erdöl	Wasser	Sand	Eisen	Platin
0,0013 g	0,5 g	0,9 g	1 g	2,0 g	7,8 g	21,4 g

Die Dichte gibt die Masse pro Volumeneinheit an. Die Masse wird in der Einheit Gramm (g) oder Kilogramm (kg) ausgedrückt, das Volumen in der Einheit Kubikzentimeter (cm^3) oder Kubikdezimeter (dm^3). Statt Kubikdezimeter kann man bei Gasen und Flüssigkeiten auch den Begriff Liter (l) verwenden.

Dichte = Masse / Volumen

Dichte von Gold 19,3 kg/dm^3 bedeutet, dass ein *Kubikdezimeter* Gold die *Masse 19,3 kg* hat. Ein *Kilogramm* Gold hat dann das *Volumen 0,052 dm³*.

Dichte von Holz 0,7 kg/dm^3 bedeutet, dass ein *Kubikdezimeter* Holz die *Masse 0,7 kg* hat. Ein *Kilogramm* Holz hat dann das *Volumen 1,43 dm³*.

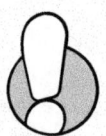

Der Begriff *Dekantieren* wiederum ist bei Wein-Liebhabern wohlbekannt: Darunter versteht man dort das vorsichtige Abgießen des Weins vom festen Weinstein (vor allem bei älteren, wertvollen Weinen).

Vom Wein zurück zum Schmutzwasser (was für ein Abstieg!). Du erinnerst dich: Die sehr feinen kolloiddispersen Teilchen in der Flüssigkeit gehen uns bei diesem Verfahren durch die Lappen – sie »schweben« weiterhin in der Flüssigkeit, obwohl auch sie eine höhere Dichte als Wasser haben. Noch mehr gilt das für die »echt« gelösten Teilchen; das sind die mit dem höchstmöglichen Zerteilungsgrad (die kleinsten Teilchen der Stoffe). So kommt es, dass höchstwahrscheinlich sowohl die dekantierte Flüssigkeit aus Versuch 2b als auch das Filtrat aus Versuch 2c nicht völlig klar sind, sondern mehr oder weniger trüb erscheinen.

Die uns zur Verfügung stehenden Trennmöglichkeiten nach der Teilchengröße und nach der Dichte haben wir jedoch ausgeschöpft. Mittels einer Zentrifuge könnten wir zwar starke Fliehkräfte nach außen erzeugen, wie bei einem schnell drehenden Kettenkarussell (oder einer Salatschleuder). Der Physiker nennt diese Kräfte *Zentrifugalkräfte*, sie wirken praktisch wie eine gewaltige Verstärkung der Schwerkraft. Damit würden wir durchaus eine bedeutende Beschleunigung der Sedimentation und eine weitergehende Abtrennung fein suspendierter Teilchen erreichen. Aber welcher Haushalt hat schon eine Zentrifuge? Und außerdem: Auch durch Zentrifugieren würde die Abtrennung sehr feiner – kolloiddisperser und echt gelöster – Bestandteile nicht gelingen. Theoretisch könnten wir auch spezielle Filter mit sehr engen Poren einsetzen. Die kleinsten Teilchen der Stoffe würden aber sogar durch die winzigsten Löcher solcher Filteranlagen schlüpfen.

Das Prinzip des Abdampfens

Überlegen wir also, in welchen weiteren Eigenschaften sich diese verbliebenen nichtwässrigen Bestandteile vom Wasser unterscheiden. Farbe, Geruch und Geschmack kommen leider nicht in Frage. Nach diesen Eigenschaften können nur gröbere Gemische getrennt werden (Farbe und Geruch vielleicht in der Müllvorsortierung – mit Geschmacksproben sollte man aber generell vorsichtig sein!). Über die elektrische Leitfähigkeit weißt du noch zu wenig, und mit dem Magneten kannst du auch nichts ausrichten. Aber erinnere dich an die Salzlösung und ihre Trennung durch Abdampfen des Wassers! Wir nutzen dabei aus, dass Wasser und Salz sehr unterschiedliche Siedepunkte haben. Dieses Prinzip kannst du auch hier anwenden. Bei der Temperatur des siedenden Wassers wird kein messbarer Anteil der weiteren Bestandteile verdampfen.

Versuch 2d: Abtrennung kolloiddisperser und echt gelöster Bestandteile aus vorgereinigtem Schmutzwasser durch Abdampfen.

Gebe in getrennten Arbeitsgängen das Filtrat aus Versuch 2b und die dekantierte Flüssigkeit aus Versuch 2c in dünner Schicht in einen weiten Topf und erhitze auf geringer Stufe, bis jeweils das ganze Wasser verdampft ist.

Ergebnis: Wahrscheinlich wird in beiden Fällen ein deutlicher Rückstand im Topf sichtbar. Ein eventueller Unterschied zwischen den Rückständen der filtrierten und der dekantierten Flüssigkeit zeigt die unterschiedliche Qualität der vorangegangenen Trennschritte (Art des Filters, Dauer der Sedimentation).

Und was müsstest du tun, um die abgedampfte Flüssigkeit für weitere Untersuchungen zurückzugewinnen? Es könnten ja schließlich auch flüssige Verunreinigungen mit niedrigerem Siedepunkt im Schmutzwasser enthalten sein!

In einem solchen Fall käme – sozusagen als verfeinerte Methode des Abdampfens – die *Destillation* in Frage. Der Dampf wird abgekühlt (in der Regel durch fließendes Wasser in einem Kühlmantel), er kondensiert wieder zur Flüssigkeit und wird aufgefangen als *Destillat*.

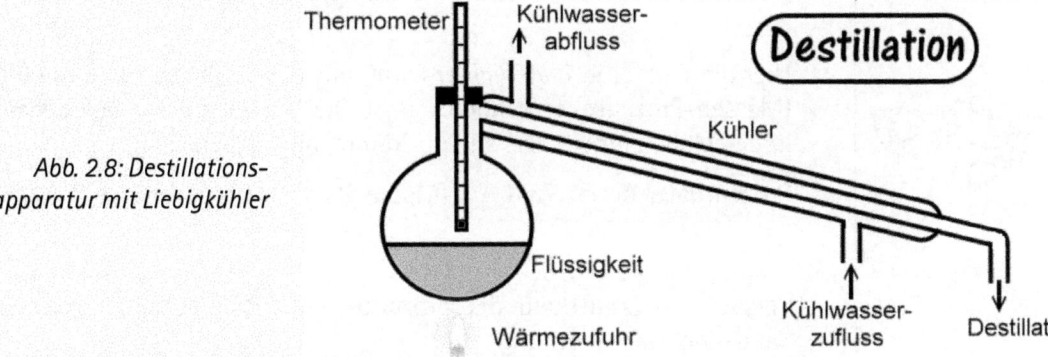

Abb. 2.8: Destillations-
apparatur mit Liebigkühler

Bleiben wir noch ein bisschen bei wässrigen Mischungen! Auch Lebensmittel enthalten in unterschiedlichen Mengen Wasser. Bei Milch z.B. ist das offensichtlich, bei anderen aber nicht.

Versuch 2e: Bestimmung des Wasseranteils in Mehl durch Abdampfen (Trocknen)

Wiege auf einer Aluminiumfolie 50 g Mehl ab und verteile es gleichmäßig auf der Folie. Trockne das Mehl zwei Stunden lang bei 100 Grad Celsius im Backofen und wiege es anschließend noch einmal.

Ergebnis: Durch die Trocknung ergibt sich ein deutlicher Gewichtsverlust. Er entspricht dem Wasseranteil.

Masse des frischen Mehls ($Masse_{frisch}$) minus Masse des getrockneten Mehls ($Masse_{trocken}$) = Masse des Wasseranteils ($Masse_{Wasser}$).

Errechne daraus den prozentualen Wasseranteil des frischen Mehls (Massen-Prozent) nach der Formel

Prozentualer Wasseranteil = ($Masse_{Wasser}$ / $Masse_{frisch}$) * 100%

2

Eine sportliche Übung

Die bisherigen Versuche haben uns fit gemacht für eine sportliche Übung. Lasse dir von einer Freundin/einem Freund eine Mischung aus feinem Sand und Kochsalz zubereiten. Sie/er soll sich dabei die jeweiligen Anteile in Gramm notieren; deine Aufgabe ist es, diese Anteile experimentell zu ermitteln. Wie gehst du vor?

Versuche zunächst, eine eigene Trennstrategie zu entwickeln und vergleiche erst dann mit der folgenden Anleitung unter Versuch 2f!

Hier die Formel in *allgemeiner* Form, mit der du prozentuale Anteile (Massen-Prozente) berechnen kannst. Die Massen müssen beide Male in derselben Einheit, also z.B. in Gramm, angegeben sein:

Prozentualer Anteil Stoff A = (Masse Stoff A / Gesamtmasse) * 100%

Versuch 2f: Ermittlung der prozentualen Zusammensetzung einer Sand-Kochsalz-Mischung

1. Wägung der gesamten Mischung oder besser nur eines Teils davon (z.B. genau 20 Gramm), der bei den folgenden Versuchen verwendet wird.

2. Durch Zugabe von Wasser und kräftiges Rühren wird Kochsalz in eine echte Lösung überführt.

3. Die Sandabtrennung könnte auch durch Sedimentieren und Dekantieren erfolgen, sicherer aber durch *Filtrieren*. Darauf achten, dass die *gesamte* Mischung filtriert wird; zum Abschluss noch etwas sauberes Wasser in den Filter nachgießen (zum Ausspülen von Kochsalzresten aus dem Rückstand).

4. Erste Möglichkeit: Das Kochsalz wird aus dem Filtrat durch vorsichtiges Abdampfen des Wassers zurückgewonnen. Das geht in einem Topf bei *geringer* Erhitzungsstufe oder noch besser mit einer Campingausrüstung. Zweite Möglichkeit: Der Sand wird getrocknet und vollständig vom Filterpapier abgetrennt.

5. Das gesammelte, trockene Salz oder der getrocknete Sand werden gewogen und daraus die prozentuale Zusammensetzung berechnet.

– Fortsetzung

Beispiele:

a. Anfängliche Masse der Mischung 20 g, Masse des trockenen Salzes 7,4 g.

Prozentualer Anteil Salz = (7,4 g/20 g) * 100% = 37%. Der restliche Anteil (63%) ist Sand.

b. Anfängliche Masse der Mischung 15 g, Masse des getrockneten Sandes 10,5 g.

Prozentualer Anteil Sand = (10,5 g/15 g) * 100% = 70%. Der restliche Anteil (30%) ist Salz.

Eine Trennmethode, die gelegentlich sehr schön anzusehende Ergebnisse liefert und chemisch-technisch enorme Bedeutung hat, ist die Chromatografie. Das bedeutet so viel wie »Farbenschreiben«. Sie beruht zum Teil auf unterschiedlichen Löslichkeiten der Gemischbestandteile in verschiedenen Flüssigkeiten (Lösungsmitteln), zum Teil auf unterschiedlicher Haftfähigkeit (Adsorbierbarkeit). Der zweite Punkt lässt sich besser anschaulich machen, ich möchte mich deshalb bei der Erklärung auf ihn beschränken.

Durch Chromatografie lässt sich beispielsweise schwarze Filzstiftfarbe in ihre Bestandteile zerlegen.

Versuch 2g: Trennung von schwarzer Filzstiftfarbe in ihre Farbbestandteile durch Chromatografie

Schneide aus weißem Küchenpapier oder aus weißem Kaffeefilter ein kreisrundes Stück aus. Male genau in die Mitte des Papiers einen dicken Klecks mit schwarzer Filzstiftfarbe. Lege dann dieses Papier auf den Rand einer weiten Tasse. Lasse dann – z.B. mit einem Löffelstiel oder mit dem Finger – regelmäßig einzelne Wassertropfen genau auf den schwarzen Klecks fallen, bis die Wasserfront etwa 1 cm vom Papierrand entfernt ist.

Ergebnis: Das Wasser wandert von der Mitte nach außen und erzeugt dabei verschiedene Farbzonen.

Die Erklärung: Die verschiedenen Farben, aus denen sich schwarze Filzstiftfarbe zusammensetzt, haften unterschiedlich stark an den Fasern des Papiers. Sie werden deshalb von dem Wasser, das ständig von der Mitte nach außen strömt, unterschiedlich schnell und damit im gleichen Zeitraum unterschiedlich weit mitbefördert. Auf diese Weise wird die Trennung sichtbar. Man kann den Versuch mit verschiedenen Filzstiftfarben oder Tinten wiederholen und dabei feststellen, dass manche Farben keine Auftrennung ergeben – sie sind (mit der bekannten Einschränkung) Reinstoffe. Statt Papier wird im chemischen Labor häufig die so genannte Dünnschicht-Chromatografie angewandt. Die Trennung erfolgt hier auf einer speziellen Folie von unten nach oben.

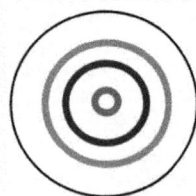

Papierchromatogramm
(Runge-Bild, schematisch)

Dünnschicht-
Chromatogramm

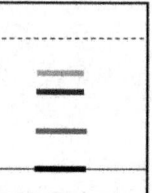

Abb. 2.9: Beispiele einer Farbstoffauftrennung durch Papier- und Dünnschichtchromatografie

Trennprinzipien in der Übersicht

Fassen wir einige Trennprinzipien in Tabellen zusammen.

◇ Trennung aufgrund unterschiedlicher *Teilchengröße*:

Tabelle 2.6:
Trennprinzip
Teilchengröße

Gemisch-Phasen	Trennverfahren
fest-fest	Sieben, Auslesen
fest-flüssig	Filtrieren
fest-gasförmig	Filtrieren (Luftfilter)
gasförmig-gasförmig	Diffusion (z.B. für die Uran-Anreicherung)

◇ Trennung aufgrund unterschiedlicher Dichte:

Tabelle 2.7:
Trennprinzip
Dichte

Gemisch-Phasen	Trennverfahren
fest-fest	Aufwirbeln (Schlämmen), Sedimentieren
fest-flüssig	Sedimentieren, Dekantieren
fest-gasförmig	Sedimentieren
gasförmig-gasförmig	Zentrifugieren (z.B. für die Uran-Anreicherung)

◇ Trennung aufgrund unterschiedlicher Siedepunkte:

Tabelle 2.8:
Trennprinzip
Siedepunkt

Gemisch-Phasen	Trennverfahren
fest-flüssig	Abdampfen, Destillieren, Trocknen lassen
flüssig-flüssig	Destillieren

◇ Trennung aufgrund unterschiedlicher Löslichkeit:

Gemisch-Phasen	Trennverfahren
fest-fest	Extrahieren (z.B. Fett aus Schinken/Speck)
fest-flüssig	Eindampfen (der schlechter lösliche Stoff scheidet sich zuerst ab)
flüssig-flüssig	Extrahieren (z.B. eine Öl-Wasser-Emulsion mit Benzin mischen und schütteln)
flüssig-gasförmig	Auswaschen (z.B. Gemisch durch Waschflüssigkeit leiten)

Tabelle 2.9:
Trennprinzip
Löslichkeit

◇ Trennung aufgrund unterschiedlicher Adsorbierbarkeit:

Gemisch-Phasen	Trennverfahren
flüssig-flüssig	Chromatografie, z.B. Papier-, Dünnschichtchromatografie
gasförmig-gasförmig	Gaschromatografie (Gasgemisch über Feststoff leiten, an dem die Gasbestandteile unterschiedlich stark haften)

Tabelle 2.10:
Trennprinzip
Adsorbierbarkeit

Das Fett in der Kalbsleberwurst

Nach so viel Trennung wollen wir noch mal auf die Kalbsleberwurst in der Kapitelüberschrift zurückkommen. Du weißt, der enorme Fettanteil ist in diesem Lebensmittel emulgiert und damit für unser Auge unsichtbar. Du kannst das Fett aber trotzdem sehr leicht nachweisen, auch wenn du gerade kein Mikroskop zur Hand hast. Etwas Zeitungspapier genügt bereits: Drücke es an einer Stelle leicht auf die Leberwurst, so dass ein Fleck entsteht (haften gebliebene Leberwurst wischt du ab). Zum Vergleich setzt du daneben einen Wasserfleck und lässt die beiden Flecke trocknen (zur Beschleunigung kann ein Fön verwendet werden). Die *beiden* Flecke? Du stellst fest, nur der Wasserfleck trocknet, der Fettfleck bleibt durchscheinend. Fett hat eben einen viel höheren Siedepunkt als Wasser! Diese einfache »Fettfleckmethode« wird durchaus auch in seriösen Lehrbüchern der Lebensmittelchemie zur schnellen Orientierung empfohlen.

Wollten wir den Fettanteil mengenmäßig (*quantitativ*) bestimmen, müssten wir das Fett mit einem geeigneten Lösungsmittel *extrahieren* (herauslösen). Dafür kämen z.B. Ether oder Benzin in Frage. Da diese Stoffe aber in mehrfacher Hinsicht recht problematisch sind, wollen wir das in unserem häuslichen Umfeld lieber sein lassen! Wer wenigstens das *Prinzip* einer solchen Extraktion zu Hause kennen lernen will, kann es mit Nagellack-Entferner versuchen. Etwas Kalbsleberwurst mit Nagellackentferner sehr fein und kräftig verrühren, danach einige Zeit warten: Die überstehende Flüssigkeit ist mit Fett angereichert. Das wiederum lässt sich mit der Fettfleckmethode zeigen.

Erinnerst du dich noch an die Beschreibung des Menschen als Stoffgemisch? Wasser, Eiweiß, Fett, Kohlenhydrate und Mineralstoffe habe ich als Bestandteile angegeben. Eine andere, genauso zutreffende Angabe seiner Zusammensetzung könnte aber lauten: 56% Sauerstoff, 28% Kohlenstoff, 9,3% Wasserstoff, 2% Stickstoff, 1,5% Calcium und der Rest in kleinen Anteilen Chlor, Phosphor, Schwefel, Eisen, Natrium, Kalium und so weiter. In der ersten Beschreibung habe ich *chemische Verbindungen* als Bestandteile angegeben. In der zweiten Beschreibung aber die *Grundbausteine* dieser Verbindungen, die einfachsten Stoffe überhaupt: die *Elemente*. Zu ihnen kommt man, wenn man die Verbindungen durch *chemische Reaktionen* in größtmöglicher Weise zerlegt. In Kapitel 3 werden wir uns genauer damit befassen.

Zusammenfassung

In diesem Kapitel hast du erfahren

◇ dass bei physikalischen Vorgängen die Stoffe erhalten bleiben, aber ihren Zustand ändern

◇ dass bei chemischen Vorgängen neue Stoffe entstehen und die ursprünglich vorhandenen verschwinden

◇ dass sich Gemische und chemische Verbindungen in vier Kriterien unterscheiden

◇ dass sich heterogene und homogene Gemische vor allem in der Größe der vermischten Teilchen unterscheiden

◇ dass in echten Lösungen die Stoffe in ihre kleinsten Teilchen zerlegt sind

◇ dass Emulgatoren Fett in anderen Stoffen fein verteilen und damit vor unserem Auge verbergen können

◇ dass bei der Gemischtrennung die physikalischen Eigenschaften der enthaltenen reinen Stoffe ausgenutzt werden

◇ dass die Dichte eine dieser physikalischen Stoffeigenschaften ist – andere Eigenschaften sind Teilchengröße, Siedepunkt, Löslichkeit, Adsorbierbarkeit, elektrische Leitfähigkeit und Magnetisierbarkeit (und weitere)

Aufgaben

1. Welche der folgenden Ereignisse sind physikalische Vorgänge, welche sind chemische Reaktionen? Schnee schmilzt; Gartenabfälle werden kompostiert; Kaffee wird aufgebrüht; Benzinmotor läuft; Elektromotor läuft; Teebeutel wird aufgebrüht; Brot wird getoastet; Milch wird sauer. Begründe jeweils deine Entscheidung.

2. Informiere dich anhand der Zutatenliste auf den Verpackungen fetthaltiger Lebensmittel über die Inhaltsstoffe. Sie sind dort in der Reihenfolge abnehmenden Anteils angegeben. Überprüfe mit Hilfe der E-Nummern auf den Einsatz synthetischer Emulgatoren (Listen der E-Nummern im Internet z.B. unter http://www.meb.uni-bonn.de/giftzentrale/zusatzst/emulgato.html).

3. Überlege dir weitere Beispiele für die heterogenen Gemischtypen nach Tabelle 2.3!

4. Überlege dir weitere Beispiele für die homogenen Gemischtypen nach Tabelle 2.5!

5. Bestimme mit Hilfe eines Messbechers und einer Küchenwaage die Dichte von Vollmilch.

6. Bei der Dichtebestimmung einer Edelmetallmünze ergeben sich folgende Werte: Masse 20 g, Volumen (gerundet) 1,9 cm^3. Berechne die Dichte und identifiziere das Edelmetall mit einer Dichtetabelle in einem Schulbuch oder durch eine Suchanfrage im Internet.

7. »Danziger Goldwasser« ist ein Likörgetränk, das (im Wesentlichen) die Inhaltsstoffe Wasser, Alkohol, feine Goldstreifen und gelöste, zuckerartige Stoffe enthält. Überlege dir eine Strategie zur Trennung dieser Gemischteile. Notiere zu jedem Trennungsschritt die ausgenutzte Stoffeigenschaft und das Ergebnis der Trennung (was wurde abgetrennt, was bleibt in der Mischung).

8. Im Container einer Sammelstelle für Altmetall liegen durcheinander Kleinteile aus Eisen, Kupfer und Styropor. Informiere dich über die Eigenschaften dieser Stoffe und entwickle danach eine Strategie zur Trennung des Gemisches.

3

Elemente –
die »einfachsten« Stoffe

Schon immer haben die Menschen nach dem Grundlegenden, Einfachsten gesucht – in der Natur ebenso wie in der Philosophie. Das war sowieso ein und dasselbe: Naturwissenschaft als Naturphilosophie! So entstand bereits vor über 2000 Jahren in Griechenland die Vorstellung, alle Stoffe seien aus den vier Elementen Erde, Feuer, Luft und Wasser aufgebaut. Aristoteles (384–322 v. Chr.) stellte die Theorie auf, dass alle Stoffe aus der gleichen Ursubstanz aufgebaut seien, die sich ständig in ihrer Form verändert.

In diesem Kapitel lernst du

◎ was die Naturwissenschaftler heute unter Elementen verstehen

◎ wie Elemente bezeichnet werden

◎ die Unterschiede zwischen Metallen und Nichtmetallen kennen

◎ die Steckbriefe ausgewählter Elemente kennen

◎ dass Elemente zu Elementfamilien zusammengefasst werden

◎ wie sich John Dalton 1809 die Atome vorstellte und warum diese Vorstellung auch heute noch für uns nützlich ist

Elemente und ihre Symbole

Nach Aristoteles dauerte es sehr lange, bis schließlich im 17. Jahrhundert der englische Naturforscher Boyle Elemente als »primitive und einfache, völlig unvermischte Körper« beschrieb, als »Zutaten, aus denen alle perfekt gemischten Körper zusammengesetzt sind und in welche diese letztlich wieder zerlegt werden«. Erkannte man nach dieser Definition zunächst nur ca. 20 Stoffe als Elemente, so sind es heute 115 – von denen aber nur 92 in der Natur vorkommen. Du verstehst das richtig – man kann heute Elemente (auch Gold!) künstlich herstellen! Aber das ist hauptsächlich das Fachgebiet von Atomphysikern; nur wenige Chemiker (mit der Spezialisierung »Kernchemie«) sind daran beteiligt.

Eine auch heute noch gültige Definition des Begriffs Element stammt aus dem 18 Jahrhundert: Ein Element ist ein Stoff, der in keine einfacheren Stoffe zerlegt werden kann.

Schauen wir uns einmal die Häufigkeit der Elemente im Universum an:

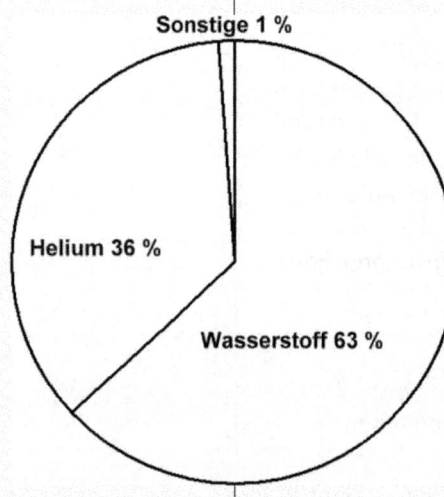

Abb. 3.1: Häufigkeit der
Elemente im Universum

Ein recht einfaches Diagramm. Wo sind all die anderen Elemente? – Sie kommen im Weltall *insgesamt* offenbar nur in Spuren vor!

Betrachten wir zum Vergleich die Elemente, die auf der Erdoberfläche bis in einige Kilometer Tiefe vorkommen:

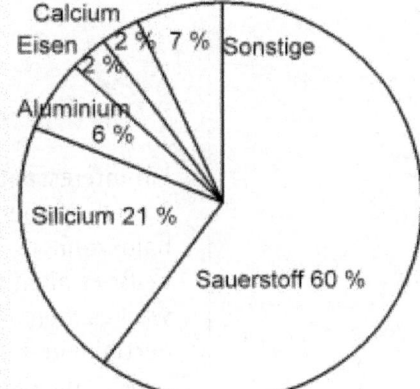

Abb. 3.2: Häufigkeit der Elemente in der Erdrinde

Das sind doch schon einige mehr, wenn auch die Verteilung wiederum recht einseitig ist! Das stark unterschiedliche Vorkommen im Weltall und auf der Erde gibt bereits deutliche Hinweise auf die Entstehung der Elemente in der Geschichte des Universums. Ich werde in Kapitel 5 darauf zurückkommen.

Metalle und Nichtmetalle im Haushalt

Doch schauen wir uns mal in unserem Haushalt um. Welche Elemente, die als solche (also nicht als Bestandteil chemischer Verbindungen) vorliegen, können wir erkennen?

Da die meisten Elemente Metalle sind, suchen wir zuerst nach diesen. Da wäre als erstes die Aluminiumfolie. Abgesehen von einer dünnen Schicht an der Oberfläche (chemische Verbindung mit Sauerstoff) liegt hier Aluminium elementar vor. Unser Besteck und metallene Küchengerätschaften – in aller Regel handelt es sich um Legierungen (also Mischungen) mit dem Hauptbestandteil Eisen. In elektrischen Leitungen: Kupfer. Und vielleicht gibt es ja noch Gold- und Silberschmuck ...

Wie sieht es bei Nichtmetallen aus? Vielleicht gibt es in der Hausapotheke eine Iod-Tinktur, dann hätten wir schon eines davon. Da wir bereits an der Schmuckschatulle waren, schauen wir noch mal nach Diamanten – das wäre dann das Element Kohlenstoff (derselbe Kohlenstoff, der bei Verbrennung das Gas Kohlenstoffdioxid bildet!). Sehr viel mehr wird unsere

Suche aber nicht erbringen: Kaum ein Privathaushalt verfügt über Schwe-fel-, Phosphor- oder Chlor-Vorräte, um nur einige weitere Nichtmetalle zu nennen. Aber natürlich gibt es in jedem Haushalt die Luft zum Atmen: Sie enthält Sauerstoff, Stickstoff und noch – in geringer Menge – einige Edel-gase (z.B. Helium). Von Wasserstoff, der doch im Universum *insgesamt* fast ausschließlich vorkommt, keine Rede!

Gegen die Sprachverwirrung: Elementsymbole

Ein interessantes metallisches Element ist Quecksilber. Es ist das einzige Metall, das bei Zimmertemperatur flüssig ist (alle anderen sind fest). Des-halb kann es auch in Thermometern verwendet werden. Auf Englisch heißt es nicht etwa quicksilver, sondern *mercury*. In Frankreich wiederum wird es *mercure* genannt. Zur Verständigung wurden bis ins 18. Jahrhun-dert hinein unter Chemikern (und Alchimisten) zeichnerische Darstellun-gen für die damals bekannten Elemente verwendet.

Tabelle 3.1: Ele-mentsymbole im 18. Jahrhundert

♂	♀	☽	☉
Eisen	Kupfer	Silber	Gold

Der schwedische Chemiker Berzelius schlug schließlich Anfang des 19. Jahrhunderts die Bezeichnung der Elemente mit dem ersten Buchstaben ihres lateinischen oder griechischen Namens vor. Schwefel wurde so mit dem Buchstaben S (von Sulfur) symbolisiert – oder anders ausgedrückt: Schwefel erhielt das Elementsymbol (oder einfach: Symbol) S. Das Symbol für Wasserstoff wiederum ist der Buchstabe H (von Hydrogenium). Der erste Buchstabe reichte aber bald nicht mehr aus. Gold (Aurum) und Silber (Argentum) zum Beispiel konnten nur durch die Hinzunahme eines weite-ren Buchstabens korrekt symbolisiert werden – Au für Gold, Ag für Silber (Ar ging nicht – das ist das Symbol des Edelgases Argon). Quecksilber übrigens bekam das Symbol Hg (von Hydrargyrum). Und so haben heute die meisten Elemente ein Symbol mit zwei Buchstaben (die übrigens *getrennt* ausgesprochen werden – »A-u« für Gold, nicht »Au«!). Bei neuen, künstlich hergestellten Elementen werden für eine Übergangszeit bis zur endgültigen Benennung auch drei Buchstaben verwendet. So erhält Ele-ment 115 gegenwärtig das Symbol Uup (Ununpentium).

Tabelle 3.2: Einige Elemente mit Symbolen und deren Herkunft

Element	Symbol	Herkunft des Symbols
Kohlenstoff	C	carboneum (von lat. carbo = *Kohle*)
Sauerstoff	O	oxygenium (*Säurebildner*)
Stickstoff	N	nitrogenium (*Salpeterbildner*)

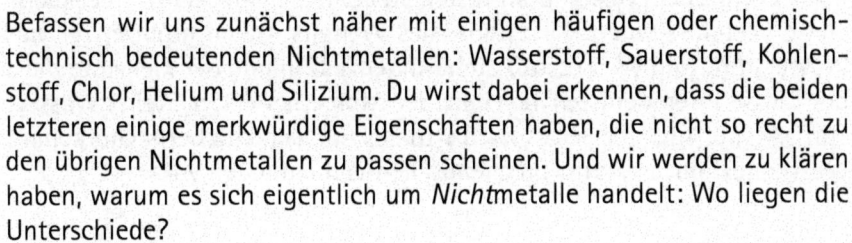

Element	Symbol	Herkunft des Symbols
Silizium	Si	silicium (von lat. silex = *Kieselstein*)
Eisen	Fe	ferrum (von lat. ferreus = *hart*)
Helium	He	helios (*Sonne*)
Neon	Ne	neos (*neu*)
Aluminium	Al	von lat. alumen = *Alaun (Färbemittel)*
Kupfer	Cu	cuprum (nach *Zypern*)
Blei	Pb	plumbum (lateinisch)

Befassen wir uns zunächst näher mit einigen häufigen oder chemisch-technisch bedeutenden Nichtmetallen: Wasserstoff, Sauerstoff, Kohlenstoff, Chlor, Helium und Silizium. Du wirst dabei erkennen, dass die beiden letzteren einige merkwürdige Eigenschaften haben, die nicht so recht zu den übrigen Nichtmetallen zu passen scheinen. Und wir werden zu klären haben, warum es sich eigentlich um *Nicht*metalle handelt: Wo liegen die Unterschiede?

Nicht Metall – aber was sonst?

Es ist schon etwas merkwürdig mit der Bezeichnung *Nichtmetalle*: Wer käme denn auf die Idee, Mädchen als *Nichtjungen* zu bezeichnen (oder umgekehrt)? Wenn du aber etwas genauer hinsiehst, merkst du schnell, dass dies ein nicht ganz passendes Beispiel ist. Die so genannten Nichtmetalle bieten uns nämlich ein reichlich buntes und sehr uneinheitliches Bild! Man will zunächst nicht glauben, dass der Stickstoff der Luft irgendeine Gemeinsamkeit mit dem hochgiftigen weißen Phosphor hat. Oder hochaggressives, hochgiftiges Chlorgas und lebensnotwendiger Sauerstoff! Bei diesem zweiten Vergleich kommen allerdings bereits erste Zweifel an der *grundsätzlichen* Verschiedenheit. In reiner Form eingeatmet hat nämlich auch Sauerstoff verheerende Folgen für die Gesundheit – und die chemischen Reaktionen, die diese Gesundheitsschädigungen bei Chlor und bei Sauerstoff verursachen, sind von recht ähnlicher Natur. Trotzdem, mindestens auf den ersten Blick haben die Metalle untereinander sehr viel mehr Gemeinsamkeiten als die Nichtmetalle. Offensichtlich ist nur, dass den Nichtmetallen in aller Regel genau das fehlt, was wir als typisch für Metalle empfinden: z.B. das Verhalten beim Anlegen einer elektrischen Spannung, die gute Verformbarkeit im festen Zustand, der wunderschöne »metallische Glanz« ... *Nichtmetall* heißt also tatsächlich *Nicht* Metall – die Definition bezieht sich auf das Fehlen metallischer Eigenschaften.

Doch jetzt wollen wir uns die oben genannten Nichtmetall-Elemente genauer ansehen. Beginnen wir mit Wasserstoff, dem Urvater aller anderen Elemente!

Wasserstoff – das erste Element

Erster ist Wasserstoff in mehrfacher Hinsicht: Es ist in der Geschichte unseres Universums als erstes Element entstanden, aus dem in den vergangenen 20 Milliarden Jahren alle anderen Elemente gebildet wurden. Es steht damit in der Häufigkeit des Vorkommens im Universum immer noch mit großem Abstand an erster Stelle. Der Planet Saturn beispielsweise besteht – wie die Fixsterne des Weltalls – zum größten Teil aus Wasserstoff. Und Wasserstoff steht in der Anordnung der Elemente nach der Masse ihrer kleinsten Teilchen, der Atome, an erster Stelle: Wasserstoff-Atome sind die leichtesten Atome. Auf der Erdoberfläche kommt Wasserstoff nur in Form von chemischen Verbindungen vor.

Steckbrief von Wasserstoff:

Symbol H (von hydrogenium = Wasserbildner), im 18. Jahrhundert als Element entdeckt, Vorkommen als chemische Verbindung in Wasser, Kohle, Erdöl/Erdgas und allen Lebewesen, Schmelzpunkt –259 °C, Siedepunkt –253 °C, Dichte 0,09 g/l (Gramm pro Liter) bei 0 °C und Luftdruck in Meereshöhe (damit 14-mal leichter als Luft!), sehr gut löslich in Metallen (Hydridspeicher), aber schlecht löslich in Wasser, brennbar, bildet mit Sauerstoff (Luft) und Chlor explosive Gemische (Knallgas).

Die Explosion eines solchen Knallgas-Gemisches führte 1986 zu einer der schlimmsten Katastrophen der Raumfahrt. Die Raumfähre Challenger wurde dadurch kurz nach dem Start zerstört und riss sieben Astronauten in den Tod. Es handelte sich um die gewaltigste Knallgasexplosion, die je beobachtet wurde.

Knallgas können wir normalerweise (Gott sei Dank!) im Haushalt nicht in nennenswerter Menge erzeugen. Aber bitte doch mal einen Chemielehrer deiner Schule, dir eine so genannte »Knallgasprobe« vorzuführen! Er wird sich über dein Interesse sicher freuen.

Abb. 3.3: Wasserstoff als brennbares Gas wird in roten Stahlflaschen aufbewahrt.

Wasserstoff aus Wasser

Als brennbares Gas wird Wasserstoff im Labor in roten Gasflaschen aufbewahrt. Gewonnen wird es hauptsächlich aus der chemischen Zerlegung fossiler Stoffe (Erdöl, Erdgas), aber auch aus Wasser durch Zerlegung dieser Verbindung mit Hilfe des elektrischen Stroms. Du kannst dies bereits mit Taschenlampenbatterien sichtbar machen (Verbesserung des Ergebnisses durch Zugabe von Säure).

Versuch 3a: Zerlegung des Wassers durch den elektrischen Strom.

Fülle ein Glas zur Hälfte mit Essigessenz und gebe etwas Wasser dazu. Besorge dir drei Flachbatterien (4,5 Volt). Verbinde mit Draht den Minuspol der ersten Batterie (langer Metallstreifen) mit dem Pluspol der zweien Batterie (kurzer Metallstreifen) und den Minuspol der zweiten Batterie mit dem Pluspol der dritten. An der ersten und letzten Batterie bleiben damit entgegengesetzte Pole – Plus und Minus – frei (Reihenschaltung, ergibt zusammen 13,5 Volt). Verbinde dann einen Draht mit dem freien Pluspol (erste Batterie) und einen Draht mit dem freien Minuspol (dritte Batterie). Tauche die beiden Drähte mit geringem Abstand, aber ohne gegenseitige Berührung in die Flüssigkeit.
Ergebnis: An den Drahtenden scheiden sich Gasbläschen ab. Am Minus-Draht (*negative Elektrode*) handelt es sich dabei um Wasserstoff.

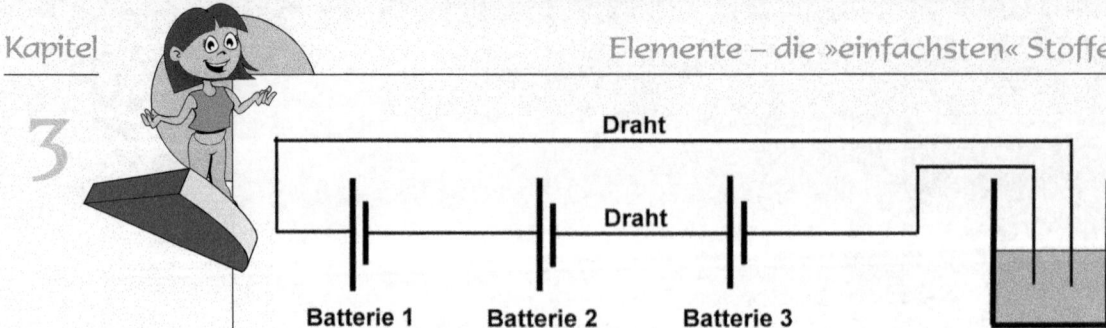

Draht

Draht

Batterie 1   Batterie 2   Batterie 3

Abb. 3.4: Zerlegung des Wassers durch elektrischen Strom

In großen Mengen wird Wasserstoff zur Erzeugung des Grundprodukts Ammoniak eingesetzt (siehe Kapitel 1). Zusätzliche, aktuelle Bedeutung hat er als Energieträger durch die Entwicklung von Brennstoffzellen erhalten. Damit sollen – irgendwann – die knapper werdenden fossilen Energieträger ersetzt werden. Die elektrische Energie, die die Brennstoffzelle liefert, stammt aus der Umkehrung der Wasserzerlegung – aus Wasserstoff und Sauerstoff wird kontrolliert wieder Wasser gebildet. Damit imitiert die Technik im Grunde einen Vorgang, der in den Zellen unseres Körpers in jeder Sekunde abläuft. Er liefert die nötige Energie sowohl für unsere Körperwärme als auch für jede denkbare Muskel- und Stoffwechselarbeit. Biochemiker nennen diesen Vorgang *Atmungskette* – aus Wasserstoff (stammt aus der Nahrung) und Sauerstoff (stammt sowohl aus der Luft, die wir atmen, als auch aus der Nahrung) bilden die Körperzellen in raffinierter, kontrollierter Weise Wasser. Ein Erwachsener erzeugt davon täglich etwa 0,3 Liter. Das Besondere daran: Die Energie aus dieser Reaktion, die normalerweise bei der *Knallgasexplosion* in ganz kurzer Zeit vollständig freigesetzt wird, damit als Wärme verpuffen würde und für uns nicht nur nutzlos, sondern sogar tödlich wäre, wird nach und nach in *kleinen Portionen* frei. Außerdem wird diese Energie zu einem erheblichen Teil in speziellen Verbindungen, einer Art *wiederaufladbarer Körperakkus*, gespeichert. Die Evolution ist damit der chemischen Technik mehr als einen Schritt voraus!

Sauerstoff – der Säurebildner

Es handelt sich, wie du weißt, um das häufigste Element auf der Erdoberfläche. Im Gegensatz zu Wasserstoff kommt es (in der Luft) auch *elementar* vor, das heißt chemisch nicht gebunden. Die ursprüngliche Bezeichnung als »Feuerluft« sagt schon einiges aus über seine Eigenschaften. Jede Verbrennung (außerhalb spezieller Abläufe in chemischen Laboren) ist eine chemische Reaktion mit Sauerstoffbeteiligung, bei der Oxide entstehen. Der französische Chemiker Lavoisier erkannte dies bereits im Jahr 1775. Wissenschaftsgeschichtlich ist dieses Datum bedeutsam: Bis dahin galt die Phlogistontheorie, nach der Phlogiston als »Feuerstoff« in jeder brennbaren Substanz enthalten sei und bei der Verbrennung entweichen würde. Kohle bestand nach dieser Theorie aus Asche und Phlogiston. Daneben hielt man Sauerstoff für den zwingenden Bestandteil aller Säuren, was zu seiner Namensgebung führte. Wir wissen aber heute, dass es auch sauerstofffreie Säuren gibt.

Steckbrief von Sauerstoff:

Symbol O (von oxygenium = Säurebildner), im 18. Jahrhundert als Element entdeckt, Vorkommen elementar in Luft und chemisch gebunden in Wasser, Gesteinen und allen Lebewesen, Schmelzpunkt –219 °C, Siedepunkt –183 °C, Dichte 1,4 g/l bei 0 °C und Luftdruck in Meereshöhe, damit etwas schwerer als Luft (Mischung Sauerstoff/Stickstoff), als Gas farb-, geruch- und geschmacklos, in flüssiger Form hellblau, in Wasser etwas löslich, Reaktionspartner bei Verbrennungen.

Neben dem »normalen« Sauerstoff gibt es auch eine Sonderform, das *Ozon.* Es handelt sich um das gleiche Element, aber um eine andere Erscheinungsform mit anderen Eigenschaften. Ozon wird für Desinfektionszwecke verwendet, was bereits etwas über seine Giftigkeit aussagt. In großer Höhe (Stratosphäre) wirkt es als Schutzschild gegen die gefährliche Ultraviolett-Strahlung. Der Unterschied zum Normal-Sauerstoff beruht einzig und allein auf der Anordnung der kleinsten Teilchen, der *Atome*: bei Ozon sind es *drei* davon, die sich jeweils zusammenschließen, gegenüber nur *zwei* im Normalfall.

Aber auch Normal-Sauerstoff ist nicht ganz ohne: einerseits lebensnotwendig, andererseits – in reiner Form – giftig. In früheren Zeiten wurden enorme Gesundheitsschäden durch einen zu hohen Sauerstoffanteil in Brutkammern für Frühgeborene und bei Tauchern beobachtet.

Sauerstoff kann mit fast allen anderen Elementen – außer einigen Edelmetallen und Edelgasen – chemische Reaktionen eingehen. Bei Metallen sorgt er dabei für Korrosion (Rosten). Man erkennt die entstandenen sauerstoffhaltigen Verbindungen meist schon an den entsprechenden Namensteilen, beispielsweise -oxid, -hydroxid, -peroxid. Die rasche Entstehung solcher Oxide unter Flammenerscheinung nennt man Verbrennung und formuliert, dass Sauerstoff »die Verbrennung unterhält«. Was das heißt, lässt sich mit der so genannten Glimmspanprobe zeigen: Ein glimmender (nicht: brennender) Holzspan flammt sofort wieder auf, wenn er mit Sauerstoff angeblasen wird. Stahlflaschen mit reinem Sauerstoff werden die wenigsten Haushalte vorrätig haben – aber auch diesen Versuch (wie die oben genannte Knallgasprobe) wird dir ein Chemielehrer deiner Schule gerne vorführen! Vielleicht kennst du auch einen Handwerker mit Schweißausrüstung oder einen metallverarbeitenden Betrieb, der das autogene Schweiß-Verfahren anwendet. Hier gibt es ebenfalls Sauerstoff in (blauen) Stahlflaschen und hoffentlich einen hilfreichen Menschen, der dir die gefahrlose Glimmspanprobe zeigen kann.

Sauerstoff wird chemisch und technisch für zahlreiche Zwecke eingesetzt, darunter auch – wie bereits erwähnt – zum Schweißen und Schneiden von Metallen. Die Verwendung als Raketenantriebsstoff hast du ja bereits kennen gelernt (Challenger-Katastrophe).

Kohlenstoff – der Herrscher der organischen Chemie

Welches Element kann schon für sich in Anspruch nehmen, eine eigene Fachrichtung der Chemie ins Leben gerufen zu haben? Kohlenstoff jedenfalls hat dieses Kunststück geschafft. Es wurde möglich durch den erst im 19. Jahrhundert widerlegten Glauben, dass Stoffe in tierischen und pflanzlichen Organismen prinzipiell etwas ganz anderes seien als Stoffe in der unbelebten Natur – vor allem, dass sie nur in Lebewesen entstehen könnten. Deshalb teilte man die Chemie in eine *unbelebte (anorganische)* und *belebte (organische)* Richtung ein. Seit einem bedeutenden Experiment des deutschen Chemikers Friedrich Wöhler (Synthese von Harnstoff, 1828, siehe Kapitel 9) wissen wir zwar, dass organische Stoffe durchaus auch im Reagenzglas hergestellt werden können. Da aber alle organischen Naturstoffe Verbindungen des Kohlenstoffs sind, hat man die Einteilung anorganisch-organisch beibehalten. An diesem Beispiel sieht man sehr schön, dass die Bedeutung eines Elements nicht unbedingt etwas mit seiner Menge zu tun haben muss: Kohlenstoff ist in der Erdrinde nur zu etwa 0,03% enthalten!

Steckbrief von Kohlenstoff:

Symbol C (carboneum, abgeleitet von carbo = Kohle), 1775 als Element erkannt, Vorkommen elementar als Graphit und Diamant, chemisch gebunden in Kohle, Erdöl/Erdgas, Kohlenstoffdioxid und in organischen Verbindungen (Kohlenhydrate, Fette, Eiweiße usw.), Umwandlung Diamant zu Graphit bei 1500 °C, direkter Übergang des Graphits bei 3800 °C vom festen in den gasförmigen Zustand (Sublimation), also kein Schmelzen und Sieden, Dichte Diamant 3,51 kg/dm^3, Dichte Graphit 2,22 kg/dm^3. Härte: Graphit weich, Diamant härtester Naturstoff. In beiden Arten geruch- und geschmacklos, in Wasser unlöslich. Elektrische Leitfähigkeit bei Graphit, nicht aber bei Diamant; brennbar (auch Diamant!).

Auch Ruß ist nichts anderes als Graphit, allerdings stark mit anderen Stoffen verunreinigt und in kleinsten Kristallen. Es gibt noch eine weitere Erscheinungsform des Kohlenstoffs, die *Fullerene*, die aber in der Natur nur in Spuren vorkommen. Man kann sie jedoch im Labor in größeren Mengen herstellen.

Abb. 3.5: Kohlenstoff in Form von Graphitpulver

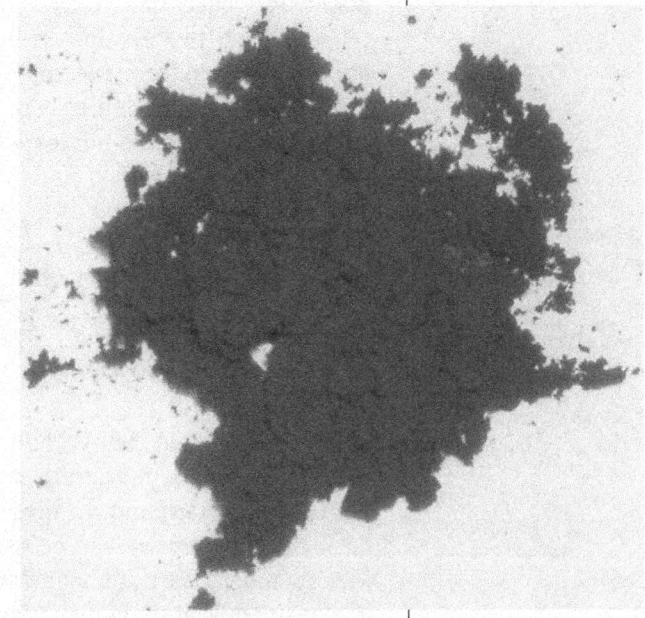

Wer hätte das gedacht – Ruß und Diamant sind ein und dasselbe Element! Bereits beim Sauerstoff (Normalform und Ozon) haben wir gesehen, welche Bedeutung die Kombination der kleinsten Teilchen hat. Hier sind die Auswirkungen in den Eigenschaften noch deutlicher. Sie bewirken auch die verschiedene Härte und elektrische Leitfähigkeit. Beim Graphit sind sie schichtenförmig (zweidimensional), beim Diamant als räumliches (dreidimensionales) Gitter und bei den Fullerenen so ähnlich wie die Oberfläche eines Fußballes angeordnet. Weil diese Anordnungen so bedeutungsvoll sind, werden wir uns in diesem Kapitel noch mit der Teilchenvorstellung des englischen Naturforschers John Dalton (Anfang 19. Jahrhundert) befassen. Sie ist – aus der Sicht heutiger Erkenntnisse – sehr einfach, genügt aber bereits, um manche Eigenschaften, Veränderungen und Erscheinungsformen der Stoffe gut zu verstehen.

Merke dir bis dahin den Fachbegriff für die Element-Erscheinungsformen:

Erscheinungsformen eines Elements = Modifikationen

Sauerstoff kommt also in zwei Modifikationen vor, Kohlenstoff in drei Modifikationen.

Die Verwendung des Kohlenstoffs ergibt sich aus seinen Eigenschaften. Der harte Diamant, der auch künstlich aus Graphit hergestellt werden kann, dient nicht nur als Schmuckstück, sondern vor allem für Bohr- und Schneidezwecke. Der weiche Graphit findet Verwendung als Schmiermittel, in Bleistiftminen und in elektrischen Geräten (Kohlebürsten), aber auch in Kernreaktoren (als so genannter Moderator). Daneben werden aus Kohlenstoff-Fasern (eine besondere Verarbeitungsform des Graphits) zahlreiche Werkstoffe hergestellt.

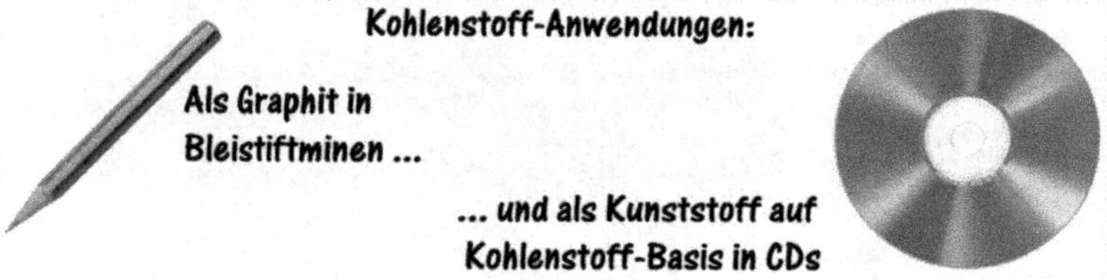

Kohlenstoff-Anwendungen:

Als Graphit in Bleistiftminen ...

... und als Kunststoff auf Kohlenstoff-Basis in CDs

Abb. 3.6: Anwendungen des Kohlenstoffs

Noch ein Nachtrag zum Vorkommen des Kohlenstoffs als Kohlenstoffdioxid: Dieses Gas ist uns bereits mehrfach begegnet. Bekannt ist seine Rolle bei der Erderwärmung. In diesem Zusammenhang verdient Erwähnung, dass das in Meerwasser gelöste Kohlenstoffdioxid ein Vielfaches der Menge in der Luft ausmacht. Nicht auszudenken, wenn dieses Gas plötzlich aus dem Wasser in die Luft gelangen würde! Neben einer gewaltigen Verstärkung des Treibhauseffekts wäre wohl die erste Folge der Erstickungstod zahlreicher Menschen. In Afrika hat sich durch die plötzliche Freisetzung von Kohlenstoffdioxid aus einem See bereits einmal eine derartige (regional begrenzte) Katastrophe mit vielen Toten ereignet.

Silizium – wie Sand am Meer

In der Tat, Silizium steckt in jedem Sandkorn, in jedem Gestein, in jedem Felsen. Deshalb ist es auch das zweithäufigste Element der Erdrinde. Ein Element, bei dem der Chemiker schon überlegen muss, wo er es hin steckt – zu den Metallen, oder doch lieber zu den Nichtmetallen? Es sieht zwar eher aus wie ein Metall, aber es hat fast keine elektrische Leitfähigkeit. Wirklich? Beim Erwärmen fließt auf einmal etwas mehr Strom – bei den Metallen ist es genau umgekehrt! Noch verwirrender wird die Sache, wenn Silizium in ganz geringem Maße mit anderen Elementen verunreinigt ist (oder gezielt verunreinigt wird): Die elektrische Leitfähigkeit steigt auf einmal fast explosionsartig an – was aber rein mengenmäßig nicht an den Verunreinigungen liegen kann! Eine merkwürdige Sache ist das also mit diesem Silizium.

Abb. 3.7:
Silizium

Man einigte sich darauf, es als Halbmetall oder – besser – als *Halbleiter* zu bezeichnen. Und als solcher hat Silizium Karriere gemacht. Eine eigene Halbleiterindustrie ist entstanden und produziert sowohl Solarzellen zur Stromerzeugung durch Sonnenlicht als auch die stofflichen Grundlagen der Computerindustrie. In dieser Industrie finden Chemiker und Techniker sehr anspruchsvolle Arbeitsplätze. Silizium darf nämlich nicht einfach *irgendwie* verunreinigt sein – nein, die Verunreinigung (Dotierung) muss ganz gezielt erfolgen und setzt deshalb erst einmal die Produktion von hochreinem Silizium voraus.

Steckbrief von Silizium:

Symbol Si (silicium, abgeleitet von silex = Kieselstein), 1822 Entdeckung als Element, Vorkommen in chemisch gebundener Form in Silikaten (Gesteinen, Sand usw.), Schmelzpunkt 1414 °C, Siedepunkt 3265 °C, Dichte 2,3 kg/dm^3, sehr hart, Halbleitereigenschaften, schwach metallisch glänzend, unlöslich in Wasser, reagiert bei normalen Temperaturen nur mit wenigen Stoffen (z.B. Fluor, Chlor), bei hohen Temperaturen aber vielfältige chemische Reaktionen.

Bei der Herstellung von Silizium wird übrigens der bis jetzt »reinste Stoff« überhaupt erreicht. Nur ein einziges Fremdatom-Teilchen unter Hunderten von Milliarden Silizium-Atomen kann den Reinigungsbemühungen der Chemiker noch entgehen. Bei der gezielten *Dotierung* mit den Atomen anderer Elemente will man nämlich den Überblick behalten: Nur etwa jedes hunderttausendste Silizium-Atom wird dann ersetzt.

In mancher Hinsicht ist Silizium dem Kohlenstoff recht ähnlich: So entspricht der Aufbau der kleinsten Teilchen ungefähr demjenigen im Diamanten (und deshalb ist Silizium auch sehr hart, wenn auch nicht in gleichem Maße wie der Diamant). Mit Graphit hat Silizium Gemeinsamkeiten in der Elektrizitätsleitung: Bei beiden nimmt – im Gegensatz zum Verhalten der Metalle – die Leitfähigkeit beim Erwärmen zu. Und schließlich kann Silizium – wie Kohlenstoff, wenn auch in viel geringerer Zahl und Vielfalt – Verbindungen aus einer hohen Zahl miteinander vernetzter Teilchen bilden, die so genannten Silicone. Als Kunststoffe und Siliconöle finden sie bereits ausgedehnte Verwendung, z.B. als Dichtungsmaterial, in der Motorentechnik und in der Medizin.

Chlor – gelbgrün, giftig, wichtig

Wohl kaum ein Element hat einen ähnlich schlechten Ruf wie Chlor. Begründet wurde er im ersten Weltkrieg; Chlorgas wurde 1915 mit verheerenden Folgen als erster chemischer Kampfstoff eingesetzt. Bereits 0,05% Chlor in der Luft führen zum Tode. *Chlorfrei* gilt immer noch als Gütesiegel und bedeutet für den Laien so viel wie *chemiefrei*, sei es bei Papier, Insektenspray oder Kunststoff. In der Tat hat dieses Element – angefangen beim Aussehen – so gar nichts Liebenswertes an sich. Es gibt fast kein weiteres Element, das sich so aggressiv mit anderen Stoffen verbindet wie Chlor. Gemeinsam mit Sauerstoff und Fluor ist es geradezu der Prototyp des Nichtmetalls, das typische Nichtmetall schlechthin. »Typisch« heißt: Es fehlt ihm so ziemlich alles, was ein richtiges Metall ausmacht. Nach dem Motto »Gegensätze ziehen sich an« reagiert es besonders heftig mit unedlen Metallen. Mit diesen Eigenschaften ist Chlor meilenweit vom gerade beschriebenen Silizium entfernt! In elementarer Form werden wir einen derart angriffslustigen Stoff in der Natur nicht finden. Aber in praktisch jeder Küche werden seit Urzeiten Chlorverbindungen verwendet, in jedem Lebewesen spielen sie eine wichtige Rolle und die Industrie kann trotz allem nicht auf sie verzichten. Auch Chlor hat mehrere Gesichter!

Die enge Verwandtschaft mit Sauerstoff zeigt sich in einem speziellen Knallgasgemisch: Chlor und Wasserstoff reagieren genauso explosionsartig miteinander wie Sauerstoff und Wasserstoff. Zur Auslösung dieser Explosion genügt ultraviolettes Licht. Aber auch bei der Korrosion (Zersetzung von Metallen) gibt es Parallelen. Die Aggressivität des elementaren Chlors nutzt man zur Desinfektion und zur Bleichung (chemischen Zerstörung) von Farbstoffen. Die chemische Industrie erzeugt aus Chlor vor allem Lösungsmittel und Kunststoffe. Chlorhaltige Pflanzenschutzmittel und Zwischen- oder Nebenprodukte wie das äußerst gefährliche Gift Dioxin haben wesentlich zum schlechten Ruf von Chlor beigetragen.

Abb. 3.8: Chlorgas – gelbgrün und giftig

Steckbrief von Chlor:

Symbol Cl (von griech. chloros = gelbgrün), im 18. Jahrhundert entdeckt, Vorkommen in Form gelöster Salze in den Weltmeeren und fester Salze in Salzstöcken (z.B. Steinsalz, aus dem Kochsalz gewonnen wird, oder Sylvin), Schmelzpunkt –101 °C, Siedepunkt –34 °C, Dichte 3,2 g/l (schwerer als Luft), gelbgrün, stechender Geruch, in Wasser etwas löslich, hochgiftig und aggressiv, reagiert mit fast allen Elementen (sogar mit Gold).

In seinen Verbindungen zeigt sich Chlor – wie alle Elemente – sehr uneinheitlich. Das (in Maßen genossen) harmlose Speisesalz ist genauso vertreten wie der Kunststoff PVC, aber auch die ätzende Salzsäure. Vielen Menschen ist nicht bekannt, dass in ihrem Magen genau diese Säure am Verdauungsprozess teilnimmt – und dabei gelegentlich ein Magengeschwür verursacht.

Nachdem wir mit Chlor einen »Rambo« der Elemente kennen gelernt haben, wie es kaum einen zweiten gibt, wenden wir uns dem genauen Gegenteil zu: Helium lässt sich in seiner Friedfertigkeit von keinem Element übertreffen, ein »Rühr mich nicht an« wie aus dem Bilderbuch!

Helium – das edle Kind der Sonne

War Wasserstoff das *erste* Element in der Geschichte unseres Universums, so ist Helium das *zweite*. In Sternen entsteht es in einer Art »immerwährender Wasserstoffbombe« aus seinem Vorgänger und trägt deshalb den Namen der Sonne. Auf Jahrmärkten und in Showveranstaltungen wird Helium zur Erzeugung einer Mickymaus-Stimme missbraucht; die Stimmbänder schwingen in Helium anders als in Luft. Für den Chemiker aber ist die interessanteste Frage, warum dieses Element weder freiwillig noch unter Zwang an chemischen Reaktionen teilnimmt. Nur Neon und Argon – zwei enge Verwandte des Heliums – sind genauso störrisch. Die ganze »Familie«, zu der noch Krypton, Xenon und Radon gehören, verdankt dieser äußersten Zurückhaltung ihren Namen: Es handelt sich um die Edelgase.

Steckbrief von Helium:

Symbol He (von griech. helios = Sonne), 1868 in der Sonne, 1895 auf der Erde entdeckt, Vorkommen in kleinsten Mengen in der Luft, Schmelzpunkt (unter Druck) –272 °C, Siedepunkt –269 °C, Dichte 0,18 g/l (viel leichter als Luft), farblos, geruchlos, geschmacklos, in Wasser etwas löslich, geht keine chemischen Verbindungen ein.

Der feste Zustand von Helium bei –272 °C ist nur beim 25fachen des normalen Luftdrucks erreichbar. Unter normalen Bedingungen wird Helium überhaupt nicht fest und nur mit größten Anstrengungen flüssig. Hauptgrund für diese Schwierigkeit ist der so genannte »absolute Nullpunkt«: kälter als –273,15 °C geht nicht und wird niemals gehen – hier setzt die Natur eine unüberwindliche Grenze. Und je näher man dieser tiefsten möglichen Temperatur kommt, desto schwieriger wird die weitere Abkühlung.

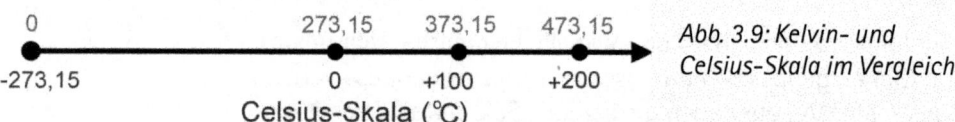

Abb. 3.9: Kelvin- und Celsius-Skala im Vergleich

Weil jeder gute Chemiker auch etwas von Physik verstehen muss (ich erwähnte es bereits in Kapitel 1), hier ein wichtiger Hinweis: Für den Physiker ist die Temperaturangabe in Grad Celsius eine sehr unpraktische Sache. Warum null Grad Celsius, wo es doch noch sehr viel kälter geht? Also lässt er die ganze Temperaturskala dort anfangen, wo wirklich »Null« ist, eben bei –273,15 ×C. Das nennt er dann »Null Kelvin« (0 K), zu Ehren des englischen Naturforschers Lord Kelvin. Wo für uns Normalmenschen dann null Grad Celsius ist – also 273,15 Grad Celsius wärmer als am absoluten Nullpunkt –, ist für den Physiker die Temperatur 273,15 Kelvin (273,15 K). Alles klar?

Auch für dieses so unendlich »träge« Element Helium findet man in der Technik Verwendung. Tiefseetaucher atmen ein Gemisch aus Helium und Sauerstoff ein (zur Vermeidung der Taucherkrankheit hat man Stickstoff weggelassen und *reiner* Sauerstoff wäre ja – du hast bereits davon gehört – ein schlimmes Gift, das die Lunge zerstört). Diese Heliumbeimischung sorgt dann für den bekannten Mickymaus-Effekt. Weiterhin gibt es Heliumlampen und Helium-Laser. Eine wichtige Anwendung fehlt noch: Weil Helium so viel leichter als Luft ist, wird es für Ballon- und Zeppelinfüllungen eingesetzt.

Anwendungsbeispiele von Edelgasen:

Als Füllung für Luftballons ...

... und für Glühlampen

Abb. 3.10: Edelgase sind nicht brennbar.

Dafür gäbe es allerdings ein noch leichteres und damit noch besser geeignetes Gas, den Wasserstoff. Das dachten sich auch die Konstrukteure der großen Luftschiffe, die Anfang des 20. Jahrhunderts den Atlantik überquerten. Im Jahr 1937 war Schluss damit: Der riesige Zeppelin »Hindenburg« geriet beim Landeanflug auf New York in Brand. Nach allem, was du bereits über Wasserstoff weißt, kannst du dir das Ausmaß dieser Katastrophe vorstellen. Seither verwendet man Helium, das aber leider sehr viel teurer ist.

Ich habe es bereits erwähnt, für den Chemiker ist die interessanteste Frage: Warum reagiert Helium nicht? Was hat Helium, was andere Elemente nicht haben? Mit deinen bis jetzt erworbenen Kenntnissen kannst du bereits genauer fragen: Was haben Helium-Atome, was die Atome anderer Elemente nicht haben? Dieses Rätsel wirst du erst lösen, wenn du *in die Atome hineinschauen* kannst (Kapitel 5). Selbst die Atomvorstellung von John Dalton hilft uns hier nicht weiter.

Nachdem du einige Nichtmetall-Elemente näher kennen gelernt hast, wenden wir uns den viel zahlreicheren Metallen zu. Was den *Nicht*metallen an Eigenschaften fehlt, das sollten wir hier finden. Die chemisch-technisch wichtigen Elemente Eisen, Natrium, Kupfer, Germanium und Gold werden wir genauer unter die Lupe nehmen.

Metalle – die glänzenden Leiter

Nein, Metalle müssen keineswegs so »hart wie Stahl« sein. Einerseits ist der härteste Naturstoff – der Diamant – ein Nichtmetall und Stahl ein Stoffgemisch. Andererseits gilt flüssiges – und damit »weiches« – Quecksilber eindeutig als Metall. Es muss also etwas anderes sein, was die Metalle von den Nichtmetallen unterscheidet. Ich beschränke mich dabei zunächst auf Unterschiede in den *physikalischen* Eigenschaften.

Glänzen denn alle Metalle? Im Prinzip ja – aber an der Luft ist dieser Glanz oft nicht lange haltbar! Viele Metalle verändern durch eine chemische Reaktion mit Sauerstoff oder Luftschadstoffen (Korrosion) recht schnell ihr Aussehen. Da durch diese Reaktionen das Metall verschwindet und durch Metallverbindungen ersetzt wird, können wir trotzdem den typischen *metallischen Glanz* als Kennzeichen der Metalle festhalten. Eine weitere typische Metalleigenschaft kannst du fühlen, wenn du einen Porzellan- und einen Metalllöffel gleichzeitig in die heiße Flamme eines Gasherds hältst. Rate mal, welchen Löffel du zuerst loslassen musst – natürlich den Metalllöffel! Damit hätten wir also die bessere *Wärmeleitfähigkeit* der Metalle als typische Eigenschaft erkannt. Schließlich betrachten

wir noch eine elektrische Steckdose: Die Kontakte sind aus Metall, die Außenteile aus Kunststoff. Das Kabel eines Elektrogeräts: außen Kunststoff (Isolator), innen Kupfer (Leiter). *Elektrische Leitfähigkeit* müssen wir also ebenfalls zu den metallischen Eigenschaften zählen.

Verformbarkeit, elektrische Leitfähigkeit, metallischer Glanz ...

Abb. 3.11: Anwendungsbeispiele von Metallen

Du wirst vielleicht einwenden, dass elektrischer Strom auch durch Wasser fließen kann, wie du bei Versuch 3a (Wasserstofferzeugung) gesehen hast. Richtig – nur lautete die Versuchsüberschrift »*Zerlegung* des Wassers durch den elektrischen Strom«! Der Unterschied besteht also in der Art und Weise, *wie* der Strom fließt: unter *Zerstörung* des »Leitermaterials« (Wasser und Säuren, daneben noch Salze und Laugen) oder unter *Erhalt* des Leiters (Metalle). Metalle tragen deshalb den Ehrentitel »Leiter 1. Klasse«, während die genannten Nichtmetallverbindungen sich mit der 2. Klasse begnügen müssen.

Metall ist Charaktersache

Aber halt – da war doch noch etwas! Graphit, eine Modifikation des Kohlenstoffs, leitet ebenfalls zerstörungsfrei den elektrischen Strom und ist außerdem noch schwach glänzend! Auch der Kohlenstoff hat also in *einer* seiner Erscheinungsformen metallische Eigenschaften – so strikt ist die Trennung zwischen Metallen und Nichtmetallen denn doch nicht! Und erinnere dich an Silizium: Von einer schwachen Leitfähigkeit war die Rede, die sich allerdings – im Gegensatz zum metallischen Verhalten – beim Erwärmen verstärkt. Auch der metallische Glanz ist vorhanden. Wir haben Silizium deshalb als Halbmetall (Halbleiter) bezeichnet. Bei Kohlenstoff sind wir nicht so weit gegangen – *insgesamt* betrachtet, ist der Unterschied zu den Metallen doch etwas zu groß. Der Diamant hat keinerlei metallische Eigenschaften. Man sagt auch, der Kohlenstoff habe nur einen *schwachen Metallcharakter*, während dieser bei Silizium etwas stärker sei.

Versuche einmal, ein Stück Kandiszucker zu biegen oder flach zu klopfen! Den gleichen Misserfolg wirst du mit einem Salzkristall (und auch mit Graphit, Diamant und Silizium!) erleben. Mit einem Kupferdraht dagegen gelingt es spielend. Diese Verformbarkeit der (reinen) Metalle ist ebenfalls eine ihrer typischen Eigenschaften. Technisch ist sie oft, aber nicht immer

erwünscht. Sie lässt sich durch gezielte Beimengungen anderer Stoffe – vor allem von Kohlenstoff – verringern.

> **Fassen wir zusammen:**
>
> Typische physikalische Metalleigenschaften sind metallischer Glanz, elektrische Leitfähigkeit, Wärmeleitfähigkeit und Verformbarkeit.

Nach so viel Vorrede wollen wir jetzt das technisch wichtigste, auf der Erde (nach Aluminium) zweithäufigste metallische Element genauer ansehen: Eisen, eines der am längsten bekannten chemischen Elemente.

Eisen – in Blut und Boden

Ohne Eisen kommt der Brennstoff nicht zu den Körperzellen: In den roten Blutkörperchen ist Eisen für den Sauerstofftransport zuständig. Durch Kohlenstoffmonoxid wird dieses *Hämoglobin-Eisen* außer Gefecht gesetzt, mit den bekannten Folgen (Erstickungstod). Man sieht, Eisen ist nicht nur technisch bedeutend, hat nicht nur eine große Geschichte (Eisenzeit, etwa 1000 v. Chr.), sondern ist auch eine Voraussetzung unseres Zellstoffwechsels.

In der Alchemie des Mittelalters stand Eisen für das *männliche Prinzip*. Das kann man durchaus kritisch sehen (immerhin gab es im 20. Jahrhundert auch eine »eiserne Lady« genannte englische Politikerin). Eisen also so viel wie hart, unbeugsam? Das ist nicht ganz richtig: Hart wird Eisen erst durch Zusätze, und unbeugsam – unverformbar – ist es schon gar nicht.

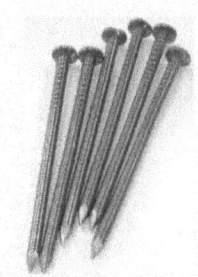

Abb. 3.12: Eisennägel bestehen aus Stahl.

> **Steckbrief von Eisen:**
>
> Symbol Fe (ferrum; von lat. ferreus = hart), seit über 3000 Jahren bekannt, Vorkommen in Form chemischer Verbindungen im Erdboden (bräunliche Farbe), in Eisenerzen und in Lebewesen, selten auch als Meteoriteneisen elementar, Schmelzpunkt 1539 °C, Siedepunkt 2861 °C, Dichte 7,87 kg/dm^3 (Schwermetall), silberweiß und weich (im reinen Zustand), magnetisch, sehr unedel (rostet an feuchter Luft und reagiert mit Säuren unter Auflösung).

Über die Eigenschaften und technischen Anwendungen von Eisenlegierungen ließe sich mühelos ein eigenes Buch schreiben. Im Grunde seit Jahrtausenden experimentiert die Menschheit mit diesem Element und hat dabei Produkte wie Roheisen, Gusseisen und die verschiedensten Stähle für alle möglichen Anwendungen entwickelt. Zunächst wird Eisen in Hochöfen mit Hilfe von Koks aus Eisenerzen gewonnen.

Dieses Roheisen (das viel Kohlenstoff enthält) wird dann in Stahlwerken »veredelt« (Senkung des Kohlenstoffgehalts, Entfernung von Verunreinigungen). Das hat starken Einfluss auf die Eigenschaften: Kohlenstoff steigert die Härte, aber auch die Sprödigkeit und sorgt für bleibende magnetische Eigenschaften (Permanentmagnete).

Dabei bilden sich – für den Chemiker hochinteressante – Übergangszustände zwischen Gemisch und chemischer Verbindung. Kohlenstoff kann sich, ein heterogenes Gemisch bildend, zwischen mikroskopisch dünne Eisenschichten legen, er kann sich aber auch homogen im Eisen auflösen (Mischkristalle) und er kann schließlich regelrechte chemische Verbindungen mit Eisen bilden.

Stahl – kein reines Eisen

Der Begriff Stahl – von Laien oft mit Eisen gleichgesetzt – beschreibt ganz allgemein Legierungen mit dem Hauptbestandteil Eisen und mit eher geringem Kohlenstoffanteil: Stähle sollen nicht spröde, sondern elastisch sein. Chrom als Legierungsbestandteil macht den Stahl rostfrei, andere Metalle wie z.B. Nickel erhöhen die Härte (aber nicht die Sprödigkeit).

Aber nicht immer stehen diese Anforderungen im Vordergrund. Gerade die *Permanent*magnetisierung ist oft unerwünscht, z.B. in Elektromagneten. Für diese Zwecke ist Reineisen gefragt. Man stellt es zum Beispiel aus Eisen-Sauerstoff-Verbindungen (Eisenoxiden) durch Behandlung mit Wasserstoff her. Du weißt ja, dass Wasserstoff sehr heftig mit Sauerstoff reagieren kann. Er ist deshalb in der Lage, dem Eisenoxid den Sauerstoffanteil zu entreißen und dabei Wasser zu bilden, wie es auch in der Knallgasreaktion entsteht. Reines Eisen bleibt übrig.

Wegen der überragenden technischen Bedeutung von Eisen werden in der Metallurgie alle übrigen Metalle kurzerhand als NE-Metalle (Nichteisen-Metalle) bezeichnet. In einer anderen Betrachtungsweise wird Eisen mit seinen »nächsten Verwandten« Cobalt und Nickel zur »Eisengruppe« zusammengefasst. Eine vergleichbare (noch stärker ausgeprägte) Sonderstellung eines Elements hast du bisher nur bei den Kohlenstoffverbindungen kennen gelernt, die als *organische Chemie* eine eigene Fachrichtung begründen. Wenden wir uns trotzdem den NE-Metallen zu: Es gibt dort interessante Elemente zu entdecken! Beginnen wir mit Natrium, in elementarer Form genauso unausstehlich wie ein berüchtigtes Nichtmetall ...

Natrium – leicht, weich und aggressiv

Mit Luft und besonders mit Wasser verträgt sich Natrium überhaupt nicht. Als eines der leichtesten Metalle schwimmt es nicht nur auf dem Wasser, sondern setzt dabei augenblicklich chemische Reaktionen in Gang, die geradezu explosionsartig verlaufen können. In chemischer Hinsicht verhält sich Natrium damit ähnlich aggressiv wie Chlor. Und deshalb kommt es auch, wie Chlor, in der Natur nicht elementar vor.

Ein so unleidliches Metall ist in seiner wirtschaftlichen Bedeutung natürlich meilenweit vom nützlichen Eisen entfernt. Eine Betrachtung lohnt trotzdem: Chemisch gebunden (mit Chlor!) in Form von Kochsalz ist es weit verbreitet, und es ist in unserer Auswahl das mit Abstand *unedelste* Metall.

Abb. 3.13: Der Glanz von Natrium ist vergänglich.

Steckbrief von Natrium:

Symbol Na (von natron = Soda), elementar zum ersten Mal zu Beginn des 19. Jahrhunderts dargestellt, Vorkommen (wie Chlor) in Form gelöster Salze in den Weltmeeren und fester Salze in Salzstöcken sowie in Lebewesen; Schmelzpunkt 98 °C, Siedepunkt 883 °C, Dichte 0,97 kg/dm^3 (leichter als Wasser), sehr weiches, schneidbares, silbrig glänzendes Metall, ätzend auf feuchter Haut, sehr reaktionsfähig, brennt mit gelber Flamme.

Natrium ist in Form von gelöstem Salz reichlich in unseren Körperflüssigkeiten enthalten. In Salzform wird es auch für die verschiedensten Zwecke verwendet: als Auftausalz, zur Konservierung (Salzhering!), zur Nahrungszubereitung und für chemische Zwecke (z.B. Chlorgewinnung). Im elementaren Zustand sind die Verwendungsmöglichkeiten seltener, dafür

aber sehr interessant. So dient es in *physikalischer* Verwendung als Kühl-mittel in Kernkraftanlagen oder zur Erzeugung des schönen gelben Lichts an Fußgängerüberwegen.

> Natrium ist so reaktionsfähig, dass es unter Petroleum aufbewahrt werden muss, um Luft und Wasser fernzuhalten.

Petroleum ist wie viele andere »organische« Flüssigkeiten in seinen Eigen-schaften von Wasser grundverschieden und reagiert deshalb nicht mit Natrium. Darum kann sich der Chemiker auch die Reaktion des Natriums mit Wasser zunutze machen, um solche organischen Flüssigkeiten von hartnäckigem Restwasser zu befreien.

Natrium steht mit seinen Eigenschaften nicht allein in der Welt der Metalle. Vor allem die vier Elemente Lithium, Kalium, Rubidium und Cäsium haben große Ähnlichkeit mit ihm. Kalium, Rubidium und Cäsium sind noch aggressiver, Lithium und Kalium noch leichter, Kalium, Rubi-dium und Cäsium noch weicher. Und alle sind gute Elektrizitäts- und Wär-meleiter. Eine richtige Familie also – ich werde darauf zurückkommen! Aber bevor ich das tue, betrachten wir noch die Elemente Kupfer, Germa-nium und Gold. Jedes dieser Metalle steht für ganz besondere Eigenschaf-ten. Allesamt sind sie meilenweit von denen des Natriums und seiner Familie entfernt.

Kupfer – in edler Verwandtschaft

Nur Silber leitet noch etwas besser den Strom und die Wärme, nur Silber und Gold lassen sich noch einfacher dehnen und verarbeiten. Wie Gold und Silber ist Kupfer ein Schwermetall mit angenehmem Äußeren: Alle drei Elemente werden als *Münzmetalle* bezeichnet. Die chemische Reak-tionsfähigkeit ist sehr viel geringer als bei Natrium und seinen Verwand-ten. Kupfer trägt also edle Züge – fast so edel wie Gold und Silber! Kein Wunder, dass dieses Metall schon seit Tausenden von Jahren zu Waffen und Schmuck verarbeitet wird.

Die beschriebenen Ähnlichkeiten legen nahe, auch die drei Metalle Kup-fer, Silber und Gold als »Elementfamilie« zu betrachten, wie wir es schon bei Lithium, Natrium, Kalium, Rubidium und Cäsium, bei Eisen, Cobalt und Nickel sowie bei Helium, Neon, Argon, Krypton, Xenon und Radon getan haben.

*Abb. 3.14: Kupfer – in
bester Verwandtschaft*

Steckbrief von Kupfer:

Symbol Cu (von lat. cuprum = Zypern), seit ca. 7000 Jahren bekannt, Vorkommen vereinzelt in elementarer (gediegener) Form, meistens aber in chemischer Verbindung mit Schwefel, Spurenelement in Lebewesen, Schmelzpunkt 1083 °C, Siedepunkt 2562 °C, Dichte 8,95 kg/dm^3, rotes, weiches Metall, ausgezeichneter Wärme- und Elektrizitätsleiter, in der Kälte langsame, beim Erhitzen rasche chemische Reaktion mit Nichtmetallen.

Die Verwendung von Kupfer leitet sich von seinen hervorstechenden Eigenschaften ab: für Elektrokabel und anderes Leitermaterial, für Rohre in Heizungsanlagen und als Kupferblech in der Bautechnik. Sehr oft werden auch Gefäße aus Kupfer hergestellt, beispielsweise die Kessel in Brauereien, aber auch Blumengießkannen. Als Schwermetall ist Kupfer giftig; in Spuren in Wasser gelöst hat es desinfizierende Wirkung.

Die in der frühen Menschheitsgeschichte aus Kupfer hergestellten Gegenstände nutzten sich rasch ab. Schon bald wurden deshalb Legierungen mit anderen Metallen hergestellt, und eine davon gab einer ganzen Epoche den Namen: Bronze, aus Kupfer und Zinn gebildet (Bronzezeit ab ca. 3000 v. Chr.). Diese Legierung ist härter und haltbarer als das reine Kupfer. Bis in die Neuzeit wird Bronze häufig verarbeitet, vor allem in der Kunst und im Kunsthandwerk. Die zweite häufige Kupferlegierung ist Messing, sie enthält bis zu 40% Zink.

Bleiben wir in der Kupferfamilie und gehen wir zum König der Metalle, zum »göttlichen Metall« der alten Ägypter.

Gold – das Metall des Sonnengottes

Kein anderes Metall hat die Menschen je so fasziniert, für kein anderes Metall haben so viele Menschen ihr Leben gelassen. Gold stand schon immer für Macht und Reichtum und vor Tausenden von Jahren auch für Unsterblichkeit. Die Eroberungskriege der Spanier in Südamerika, die Raubzüge des römischen Weltreichs, die Vertreibung und Ausrottung nordamerikanischer Indianerstämme – getrieben von der Gier nach Gold. Generationen von Alchimisten suchten im vorwissenschaftlichen Mittelalter nach dem Stein der Weisen, um damit Gold herzustellen. Was macht dieses Metall so faszinierend?

Abb. 3.15: Goldmünze (Krügerrand)

Gold ist nicht nur eines der schwersten Metalle, sondern für die meisten Menschen eindeutig das schönste. Dazu kommt: Dieses schöne, schwere Element findet sich elementar – zum Teil sogar in sehr reiner Form – in der Natur, muss also nicht mühsam chemisch aus Erzen hergestellt werden. Aber es kommt eben sehr selten vor. Es zu besitzen ist etwas Besonderes. Und es lässt sich extrem gut bearbeiten, ist widerstandsfähig gegen fast alle Chemikalien. All das erklärt trotzdem noch nicht den wohligen Schauer, der jeden erfasst, der zum ersten Mal einen Goldbarren in der Hand hält ...

Steckbrief von Gold:

Symbol Au (aurum; von lat. aurora = Morgenröte), seit über 6000 Jahren bekannt, Vorkommen meist gediegen in Gesteinen, Sänden und im Meerwasser, Schmelzpunkt 1063 °C, Siedepunkt 2856 °C, Dichte 19,3 kg/dm^3, gelblich glänzend, weich, ausgezeichneter Wärme- und Elektrizitätsleiter, extrem dehnbar und verformbar, chemisch sehr reaktionsträge (edel), reagiert mit Chlor, Brom und »Königswasser« (Säuremischung).

Der englische Physiker Ernest Rutherford (1871–1937) suchte für Experimente zum Aufbau der Atome ein äußerst dünnes Material. Er benutzte schließlich eine Goldfolie: Dieses Metall lässt sich noch dünner als ein Tausendstel Millimeter auswalzen oder -hämmern. Durch diese Folie kann man hindurchsehen, und sie glänzt immer noch golden! Das erklärt auch die Verwendung als Blattgold. Übrigens, die Versuche von Rutherford erbrachten entscheidende Erkenntnisse. Ich werde in Kapitel 5 darauf zurückkommen.

Gold wird in großen Mengen von Nationalbanken als Währungsgrundlage gehortet, z.B. in Fort Knox (USA). Goldmünzen sind ebenfalls weit verbreitet. Die weiteren Verwendungen beschränken sich aber nicht auf Schmuck-Zwecke. In der Elektronik und in der Zahnheilkunde wird ebenfalls viel Gold verarbeitet. Wegen seiner Weichheit muss Gold für viele Zwecke mit Silber oder Kupfer legiert werden. Der Goldgehalt solcher Legierungen wird in Promille angegeben: 800/1000 bedeutet 80 Prozent Goldgehalt, 1000/1000 bedeutet, dass der Gehalt an Verunreinigungen unter einem Promille liegt.

»Rambo« Chlor begegnet uns ausgerechnet hier wieder: Chlor und sein Verwandter Brom sind tatsächlich in der Lage, Gold anzugreifen und in eine chemische Verbindung zu zwingen. Das gelingt aber auch mit einer Mischung aus drei Teilen Salzsäure und einem Teil Salpetersäure. Diese teuflische Brühe, die sogar den *König der Metalle* besiegt, bekam folgerichtig den Namen *Königswasser*.

So edel ist unser letztes metallisches Elementbeispiel Germanium bei weitem nicht. Aber Germanium hat andere Qualitäten, die eher im Verborgenen blühen ...

Germanium – Doppelgänger mit Charakterunterschieden

Tatsächlich könnte man Germanium fast für einen Doppelgänger von Silizium halten: Wie dieses ist es ein Halbleiter, hat ähnliches Aussehen und ähnliche Verwendungsmöglichkeiten. Allerdings kommt es so selten in der Natur vor, dass man dafür fast immer Silizium vorzieht. Die Charakter-Unterschiede liegen im Detail, und hier schließt sich der Kreis von den Nichtmetall- zu den Metallelementen. In mancher Hinsicht steht Germanium den Metallen eben ein kleines bisschen näher, als es bei seinem bedeutenden Verwandten der Fall ist. Deshalb fällt die Entscheidung leichter als bei Silizium: Germanium ist ein Metall, wenn auch mit immer noch *schwachem Metallcharakter*.

Abb. 3.16: Germanium – ein Halbleiter

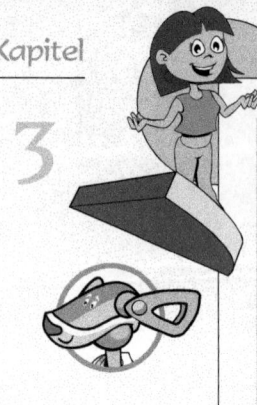

Steckbrief von Germanium:

Symbol Ge (von lat. germania = Deutschland), Ende des 19. Jahrhunderts in Silbererz (Freiberg/Sachsen) entdeckt, sehr seltenes Vorkommen in Erzen als Begleiter anderer Metallverbindungen, Schmelzpunkt 937 °C, Siedepunkt 2830 °C, Dichte 5,3 kg/dm^3 (viel schwerer als Silizium), Halbleitereigenschaft, silbrig metallisch glänzend, in den chemischen Eigenschaften ähnlich Silizium, aber größere Nähe zu Metallen.

Interessanterweise wurde das Element Germanium bereits 14 Jahre vor seiner Entdeckung von dem russischen Naturforscher Mendelejew (1834–1907) vorausgesagt. Mendelejew hatte ein Ordnungssystem der Elemente entwickelt, in dem es noch zahlreiche Lücken gab. In eine davon sollte ein dem Silizium ähnliches Element passen, das »Eka-Silizium«. Sogar die Eigenschaften dieses noch unbekannten Elements konnte Mendelejew recht zutreffend prophezeien.

Das »periodische System der Elemente«, kurz *Periodensystem* oder *PSE* genannt, gilt als Meilenstein in der wissenschaftlichen Chemiegeschichte. Vollständig deuten lässt es sich erst aufgrund des *Feinbaus* der kleinsten Teilchen der Elemente, der *Atome*. Ich werde es deshalb in Kapitel 5 genauer vorstellen.

Da die entsprechenden Erkenntnisse erst einige Jahrzehnte nach Mendelejews PSE-Entwicklung gewonnen wurden, ist seine wissenschaftliche Leistung gar nicht hoch genug einzuschätzen! Das Periodensystem gibt der von uns an einzelnen Beispielen bereits eingeführten Zusammenfassung von Elementen zu *Elementfamilien* die wissenschaftliche Grundlage. Schauen wir uns diese »Clans« also noch genauer an!

Die Clans der Elemente

Häufig erkennt man die Clan-Mitglieder bereits am Aussehen. Elementares Natrium und Kalium zum Beispiel sehen sich zum Verwechseln ähnlich, genau wie Silizium und Germanium. Zuverlässig sind diese äußeren Merkmale aber nicht: Einerseits kommen Sauerstoff und Schwefel sehr verschieden daher, obwohl sie zur selben Familie gehören, andererseits ist die augenscheinliche Ähnlichkeit von Arsen und Selen frappierend, während sie doch zu verschiedenen (aber einander nahe stehenden) Familien

gehören. Nein, die entscheidenden Merkmale liegen unter der Oberfläche, im *Charakter*, ganz wie im wirklichen Leben. Charakter heißt im Reich der Stoffe: physikalische und chemische Eigenschaften.

Die Elemente eines »Clans« haben ähnliche physikalische und chemische Eigenschaften.

Physikalische Eigenschaften sind für den Ablauf aller Vorgänge entscheidend, in denen die Stoffe als solche *unverändert* bleiben und nur ihren Zustand ändern, z.B. gelöst werden oder schmelzen. Chemische Eigenschaften dagegen bestimmen den Ablauf aller Vorgänge, in denen Stoffe als solche *verschwinden* und durch andere Stoffe *ersetzt* werden.

Als chemische Eigenschaft gilt z.B. die *grundsätzliche Reaktionsbereitschaft* eines Elements, sein edler oder unedler Charakter. Sowohl bei Metallen als auch bei Nichtmetallen lautet die Faustregel: je reaktionsfähiger, desto *typischer*. Das typische Metall reagiert besonders heftig mit dem typischen Nichtmetall und mit typischen Nichtmetallverbindungen, z.B. Wasser. Ein weiteres, für uns gegenwärtig sehr hilfreiches Beispiel: Fast alle Elemente (Metalle und Nichtmetalle) bequemen sich mehr oder weniger freiwillig dazu, mit Sauerstoff zu reagieren, wobei Oxide entstehen. Die Frage, wie sich solche *Oxide gegenüber Wasser* verhalten, hat große Bedeutung sowohl für die Einteilung der Elementfamilien als auch für das Erkennen der Unterschiede innerhalb einer solchen Familie.

Abb. 3.17: Unterschiedliches Verhalten von Metall- und Nichtmetalloxiden gegenüber Wasser

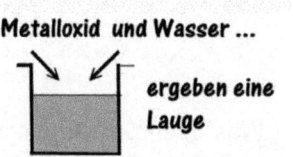

Diese Oxide können mit Wasser entweder Säuren oder Laugen bilden. Der Unterschied zwischen Säuren und Laugen besteht in speziellen Eigenschaften, die als saurer oder basischer Charakter bezeichnet werden. Obwohl ich diese speziellen Eigenschaften hier noch nicht beschreiben will (das mache ich in Kapitel 6), leistet uns die Säuren/Laugen-Unterscheidung bereits jetzt wertvolle Dienste.

Nichtmetalloxide bilden mit Wasser bevorzugt *Säuren*, *Metalloxide* dagegen bevorzugt *Laugen*.

Bereits ohne diese besonderen Merkmale finden wir große Übereinstimmung bei den Edelgasen. Alle sind sie reaktionsträge, Helium, Neon und Argon sogar völlig reaktionsunfähig. Krypton, Xenon und Radon reagieren nur mit dem aggressivsten Element überhaupt, mit Fluor, und auch das nur unter Zwang. Farb-, geruch- und geschmacklos sowie in Wasser nur wenig löslich sind alle Edelgase. Könnte Wasserstoff nicht auch zu dieser Familie passen? Leider nein – physikalisch dem Helium sehr ähnlich, sind die chemischen Unterschiede denn doch zu gewaltig. Das ist schade, denn Wasserstoff ist das einzige Element, für das wir auch anderswo keine Heimat finden. Es bleibt ein Einzelgänger, der nirgendwo richtig dazupasst.

Die Alkalimetalle – vergänglicher Glanz

Lithium, Natrium, Kalium, Rubidium und Cäsium – diese Familie hast du bereits kennen gelernt. Dazu käme noch das hochradioaktive Francium (Fr), das nur in Spuren vorkommt, keinerlei praktische Bedeutung hat und deshalb hier nicht beschrieben wird. Das Wort »Alkali« stammt aus dem Arabischen und bezeichnet kaliumhaltige Bestandteile der Pflanzenasche. Alle Familienmitglieder sind zwar bei Zimmertemperatur sehr weich, aber nicht flüssig; in frischem Zustand silberweiß glänzend, reagieren aber sofort an dieser schönen Oberfläche mit dem Luftsauerstoff und sehen dann gar nicht mehr so vorteilhaft aus.

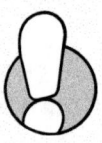

> Die Alkalimetalle sind die reaktionsfähigsten Metalle.

Die Oxide bilden mit Wasser sofort Laugen, am bekanntesten die Natronlauge. Sie wird technisch in großem Maßstab verwendet. Darüber hinaus reagieren auch schon die Elemente mit Wasser, von Lithium bis Cäsium zunehmend heftig. Während Natrium dabei bereits in Brand geraten kann, läuft bei Cäsium diese Reaktion geradezu explosionsartig ab. Wir können also aufgrund der chemischen Eigenschaften eine Zunahme des Metallcharakters vom Lithium zum Cäsium feststellen. Das *typischste aller Metalle*, das Element mit dem stärksten Metallcharakter, ist damit *Cäsium!*

Die Kohlenstoffgruppe – ungleiche Verwandtschaften

Die Zusammengehörigkeit der Familienmitglieder Kohlenstoff (C), Silizium (Si), Germanium (Ge), Zinn (Sn) und Blei (Pb) erschließt sich tatsächlich nicht auf den ersten Blick. Was hat Kohlenstoff mit dem Schwermetall Blei zu tun? Erste Gemeinsamkeit: Alle Mitglieder der Kohlenstoffgruppe sind bei Zimmertemperatur fest. Noch einsichtiger wird die Verwandtschaft erst, wenn wir uns die Eigenschaften der Elemente *in der genannten Reihenfolge* genauer ansehen. Dann stellt man nämlich einen allmählichen Übergang vom Nichtmetall zum Metall fest, genauer gesagt: eine *allmähliche Zunahme des Metallcharakters*. Diese Zunahme konnten wir bereits bei den Alkalimetallen beobachten. Während Kohlenstoff in zwei nichtmetallischen Modifikationen (Diamant und Fullerene) und einer teilweise metallischen Modifikation (Graphit) vorkommt, also insgesamt nur schwachen Metallcharakter hat, gilt Silizium bereits als Halbmetall. Noch stärker ist der metallische Charakter bei Germanium.

> Von Kohlenstoff zu Blei nimmt der Metallcharakter zu.

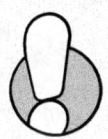

Erkennbar ist dieser Übergang auch mit unserem genannten chemischen Kriterium, der Reaktion der Oxide mit Wasser. Kohlenstoffdioxid (bereits ein alter Bekannter von uns) bildet mit Wasser die Kohlensäure. Das findet beispielsweise in den Geräten zur Sodawasser-Herstellung statt, die in vielen Haushalten verwendet werden. Siliziumdioxid (Quarz) reagiert kaum mit Wasser, schwach wasserhaltiger Quarz gilt als sehr schwache Säure. Die entsprechenden Verbindungen des Germaniums dagegen gelten als »amphoter«, also als Verbindungen, die sowohl sauren als auch basischen Charakter tragen. Bei Zinn und Blei schließlich ist der Metallcharakter in physikalischer und chemischer Hinsicht so deutlich, am deutlichsten beim Schwermetall Blei, dass ohnehin kein Zweifel mehr an ihrer Zugehörigkeit besteht. Diesen allmählichen Übergang vom Nichtmetall zum Metall finden wir auch in anderen Elementfamilien, z.B. in der Sauerstoff-Familie (*Chalkogene*) und in der Chlor-Familie (*Halogene*).

Chalkogene – vom Säurebildner zum leuchtenden Metall

Chalkogene bedeutet so viel wie Erzbildner. Familienmitglieder sind Sauerstoff, Schwefel, Selen, Tellur und Polonium. Auch hier beobachten wir wieder den allmählichen Übergang: Auf Sauerstoff (»Säurebildner«), das reaktionsfähige, typische Nichtmetall, bei Zimmertemperatur gasförmig, als chemische Verbindung in vielen Erzen vertreten, folgt Schwefel, ein bei Zimmertemperatur fester, gelber Stoff, ebenfalls ohne erkennbare metallische Eigenschaften. Schwefeldioxid, auch (leider) als Luftschadstoff vorkommend, bildet mit Wasser »schweflige Säure«, die an der Luft leicht zu Schwefelsäure wird und für den berüchtigten »sauren Regen« sorgt.

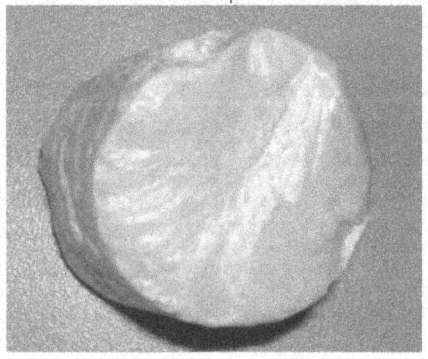

Abb. 3.18: Elementarer Schwefel

Selen dagegen existiert bei Zimmertemperatur in einer festen metallischen (grauen) und in einer festen nichtmetallischen (roten) Modifikation, steht also zwischen den Welten. Die nichtmetallische Modifikation ähnelt chemisch dem Schwefel, die metallische eher Germanium oder Arsen. Bei Tellur (ebenfalls ein fester Stoff) überwiegt insgesamt bereits der metallische Charakter, obwohl das Oxid mit Wasser eine so genannte »tellurige Säure« bilden kann. Diese Säure ist jedoch äußerst schwach. Sowohl Selen (griech. *Mond*) als auch Tellur (lat. *Erde*) treten übrigens als Begleiter von Schwefel in Erzen auf.

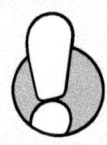

Bei den Chalkogenen nimmt der Metallcharakter von Sauerstoff zu Polonium zu.

Fehlt noch Polonium: Dieses 1898 vom Ehepaar Curie entdeckte und nach ihrem Heimatland Polen benannte radioaktive, blau leuchtende, feste Element ist sowohl in den physikalischen wie auch in den chemischen Eigenschaften ein typisches Metall.

Halogene – der Clan der Nichtmetalle

Halogen bedeutet so viel wie *Salzbildner*. Zumindest die ersten vier Vertreter – Fluor, Chlor, Brom und Iod – tun dies in reichlichem Maße. Es handelt sich durchweg um Nichtmetalle, ab Iod machen sich auch (schwache) metallische Charaktereigenschaften bemerkbar.

Alle Halogene sind Nichtmetalle.

Fluor und Chlor sind bei Zimmertemperatur gasförmig und gelten – zusammen mit Sauerstoff – als die typischsten Nichtmetalle. Auch an Brom, einer bei Zimmertemperatur übel riechenden, hochgiftigen, braun dampfenden Flüssigkeit kann man noch nichts Metallisches entdecken. Iod schließlich ist immer noch ein aggressives Nichtmetall, bildet allerdings bereits bei Zimmertemperatur metallisch glänzende Kristalle. Der in den anderen Elementfamilien beobachtete allmähliche Übergang zu immer stärkerem metallischem Charakter wiederholt sich damit (in stark abgeschwächter Form!) auch bei den Halogenen. Zu diesen vier Vertretern kommt noch Astat (von astaton, »unbeständig«), ein äußerst seltenes, stark radioaktives Element, das in den Eigenschaften zwischen Iod und Polonium steht, bei Zimmertemperatur fest ist, metallisch glänzt und damit noch etwas stärkeren metallischen Charakter hat. Wir wollen dieses Element aufgrund seiner sehr geringen Bedeutung aber nicht näher betrachten.

Übersicht der Elementfamilien

Betrachten wir die beschriebenen und weitere Elementfamilien in einer Übersicht. Die erste Zeile bezeichnet die so genannte Hauptgruppennummer (Spalten der Tabelle, römische Ziffer). Die linke Spalte bezeichnet die Periodennummer (Zeilen der Tabelle, lateinische Ziffer). Beide Zahlen haben Bedeutung im Zusammenhang mit dem Bau der Atome (Kapitel 5). Die erste Hauptgruppe (I) enthält die Alkalimetalle, die zweite die Berylliumgruppe (Beryllium und die so genannten Erdalkalimetalle). Die Hauptgruppen III bis V werden ebenfalls nach ihrem jeweils ersten Vertreter benannt: Bor-, Kohlenstoff- und Stickstoffgruppe. In den Hauptgruppen VI, VII und VIII finden wir die uns bereits bekannten Gruppen der Chalkogene, Halogene und Edelgase.

Gr. P.	I	II	III	IV	V	VI	VII	VIII
1								He
2	Li	Be	B	C	N	O	F	Ne
3	Na	Mg	Al	Si	P	S	Cl	Ar
4	K	Ca	Ga	Ge	As	Se	Br	Kr
5	Rb	Sr	In	Sn	Sb	Te	I	Xe
6	Cs	Ba	Tl	Pb	Bi	Po	At	Rn
7	Fr	Ra						

Tabelle 3.3: Übersicht der Hauptgruppenelemente nach Elementfamilien geordnet (Hauptgruppen im periodischen System der Elemente)

Elementsymbole und Elementnamen (Wasserstoff konnten wir, wie erwähnt, bisher noch keiner Elementfamilie zuordnen):

Tabelle 3.4:
Symbole und
Namen der
Hauptgruppen-
elemente

He	Helium	Al	Aluminium	Se	Selen	Cs	Cäsium
Li	Lithium	Si	Silizium	Br	Brom	Ba	Barium
Be	Beryllium	P	Phosphor	Kr	Krypton	Tl	Thallium
B	Bor	S	Schwefel	Rb	Rubidium	Pb	Blei
C	Kohlenstoff	Cl	Chlor	Sr	Strontium	Bi	Bismut
N	Stickstoff	Ar	Argon	In	Indium	Po	Polonium
O	Sauerstoff	K	Kalium	Sn	Zinn	At	Astat
F	Fluor	Ca	Calcium	Sb	Antimon	Rn	Radon
Ne	Neon	Ga	Gallium	Te	Tellur	Fr	Francium
Na	Natrium	Ge	Germanium	I	Iod	Ra	Radium
Mg	Magnesium	As	Arsen	Xe	Xenon	H	Wasserstoff

Du vermisst Eisen, Kobalt, Nickel, Kupfer, Silber, Gold? Diese Elemente finden wir in so genannten »Nebengruppen«. Einzelne Familien sind auch hier erkennbar.

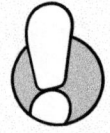

Alle Nebengruppenelemente sind Metalle.

Tabelle 3.5:
Übersicht der
Nebengruppen-
elemente

Sc	Ti	V	Cr	Mn	Fe	Co	Ni	Cu	Zn
Y	Zr	Nb	Mo	Tc	Ru	Rh	Pd	Ag	Cd
Lu	Hf	Ta	W	Re	Os	Ir	Pt	Au	Hg

Auch hier die Zuordnung der Elementsymbole und Elementnamen:

Tabelle 3.6:
Symbole und
Namen der
Nebengruppen-
elemente

Sc	Scandium	Mo	Molybdän	Ir	Iridium
Y	Yttrium	W	Wolfram	Ni	Nickel
Lu	Lutetium	Mn	Mangan	Pd	Palladium
Ti	Titan	Tc	Technetium	Pt	Platin
Zr	Zirconium	Re	Rhenium	Cu	Kupfer
Hf	Hafnium	Fe	Eisen	Ag	Silber

V	Vanadium	Ru	Ruthenium	Au	Gold
Nb	Niob	Os	Osmium	Zn	Zink
Ta	Tantal	Co	Cobalt	Cd	Cadmium
Cr	Chrom	Rh	Rhodium	Hg	Quecksilber

Zum Teil sehr fremdartige Elementnamen finden wir in den Nebengruppen. Asterix-Leser sind zunächst leicht im Vorteil, denn sie erkennen zumindest Lutetium als Hinweis auf die damals Lutetia genannte französische Hauptstadt. Die Elementnamen Cobalt (»Kobold«) und Nickel (»Nickel« als Partner der weiblichen »Nixe«) leiten sich von Berggeistern ab.

Aber das ergibt immer noch nicht die Zahl der 115 bekannten Elemente!

> Die jetzt noch fehlenden Elemente – auch sie samt und sonders Metalle – gehören zu den so genannten *Lanthanoiden* (Lanthan-ähnlichen, auch Seltenerdmetalle genannt) und *Actinoiden* (Actinium-ähnlichen).

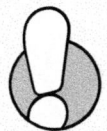

Hier finden wir Elemente mit so interessanten Namen wie Samarium, Europium, Americium, Californium, Berkelium (nach der University of Berkeley bei Los Angeles) und Thulium (nach Thule). Weitere Elemente wurden zu Ehren von Naturforschern benannt wie Curium (nach Madame Curie), Einsteinium, Fermium (nach Enrico Fermi), Mendelevium (nach Mendelejew) und Rutherfordium. Die Letzteren gehören zu den so genannten *Transuranen*, das sind (überwiegend künstlich hergestellte) radioaktive Elemente, deren kleinste Teilchen, die Atome, schwerer sind als die Atome des Urans. Und obwohl ich die Lanthanoiden und Actinoiden hier nicht näher beschreiben will, nutze ich doch den Anlass für eine etwas genauere Betrachtung dieser kleinsten Teilchen.

Die Atomvorstellung von Dalton

Von der daltonschen Atomhypothese (1809) hast du bereits in Kapitel 1 im kurzen Überblick zur Geschichte der Chemie gehört. Beim Thema Wasserstoff war dann erstmals von unterschiedlichen Eigenschaften der Atome die Rede – das Wasserstoff-Atom als leichtestes Atom, aus dem alle anderen entstanden sind. Und jetzt die Transurane – wieder ein Hinweis auf die Verschiedenheit der Atome.

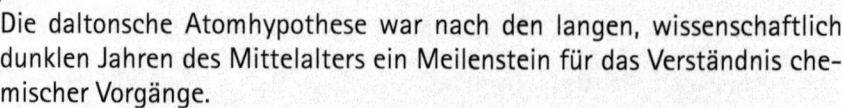

Die daltonsche Atomhypothese war nach den langen, wissenschaftlich dunklen Jahren des Mittelalters ein Meilenstein für das Verständnis chemischer Vorgänge.

Die ersten beiden Aussagen der daltonschen Atomhypothese: Die Atome sind die kleinsten Teilchen der chemischen Elemente, und alle Atome eines Elements sind untereinander gleich.

Wir wissen heute, dass sich auch die Atome ein und desselben Elements in ihrer Masse unterscheiden können (was übrigens nichts mit den Modifikationen der Elemente zu tun hat – diese werden durch unterschiedliche *Verknüpfungen* der Atome erzeugt). Die schwerste Wasserstoff-Atomart ist sogar dreimal so schwer wie die leichteste! Deshalb sind auch die beiden weiteren Aussagen von Dalton die (wohlgemerkt, aus heutiger Sicht!) problematischsten:

Die Atome unterschiedlicher Elemente sind unterschiedlich groß und besitzen unterschiedliche Massen; Atome sind kugelförmig.

Dalton verfügte natürlich noch nicht über die experimentelle Fähigkeit der modernen Naturforscher, einzelne Atome sichtbar zu machen oder gar in das *Atominnere* zu blicken. Für ihn war das Atom ein vollkommen homogenes Teilchen mit Haftstellen zur Verknüpfung mit anderen Atomen. Aus der heute verfügbaren Kenntnis des Atom-Feinbaus wissen wir, dass sich die Atome der einzelnen Elemente nicht zwingend in ihrer Masse und Größe, sondern vielmehr in der Anzahl ganz bestimmter *Bestandteile* der Atome – also *subatomarer Teilchen* – unterscheiden. Und wir wissen auch, dass die Atome im Grunde gar keine feste Form haben.

Kugelmodell, chemische Reaktion und Aggregatzustand

Aber genug herumgemäkelt! Die wissenschaftliche Leistung von John Dalton ist unbestritten und für seine Zeit gar nicht hoch genug einzuschätzen. Sogar heute noch kann seine Atomvorstellung (»Kugelmodell«) gute Dienste leisten, um manche Vorgänge besser zu verstehen. Dies gilt zunächst für die grundlegenden Zusammenhänge bei chemischen Reakti-

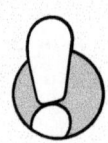

onen, die ich in Kapitel 4 beschreiben werde. Dabei nehme ich vereinfachend – wie Dalton – an, dass die Atome eines Elements untereinander völlig gleich sind.

Elemente bestehen danach nur aus einer einzigen Art kleinster Teilchen, die sich von den Teilchen anderer Elemente unterscheiden. Die Atome eines Elements können sich dabei auch zu Atomgruppen vereinigen (Beispiel: Sauerstoffmodifikationen, Kapitel 3).

Abb. 3.19: Kugelmodell nach Dalton: Sauerstoff bildet Atomgruppen.

 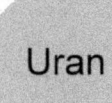

Ausreichend ist die daltonsche Atomhypothese auch für das Verständnis mancher physikalischer Vorgänge. Betrachte beispielsweise den Übergang zwischen den »Aggregatzuständen« fest, flüssig und gasförmig:

Abb. 3.20: Fester, flüssiger und gasförmiger Aggregatzustand

  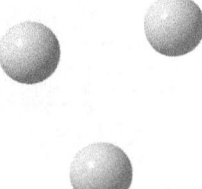

Im festen Zustand sind die kugelförmigen Atome (oder Atomverbände) wohlgeordnet in einem dreidimensionalen »Gitter«. Zwischen ihnen wirken Kräfte, die sie trotz der ständigen Bewegung der einzelnen Teilchen zusammenhalten. Diese ständige Bewegung – hier eine Zitterbewegung um die feste Stelle – ist ein Maß für die Temperatur der Teilchen.

Erst am (unerreichbaren) absoluten Nullpunkt bei –273,15 °C hört sie ganz auf, deshalb ist auch keine tiefere Temperatur möglich. Mit steigender Temperatur wird die Bewegung stärker, so dass sich die Teilchen zwar von ihrem festen Platz lösen können, aber immer noch zusammenbleiben. Der Stoff schmilzt. Bei weiterem Temperaturanstieg schließlich bewegen sich die Teilchen so stark, dass sie die gegenseitigen Anziehungskräfte vollständig überwinden können und sich voneinander entfernen. Der Stoff

geht vom flüssigen in den gasförmigen Zustand über, er siedet. Manche Stoffe können den flüssigen Zustand auch überspringen, sie gehen mit steigender Temperatur direkt vom festen in den gasförmigen Zustand über. Man nennt dies Sublimation. Beispiele dafür sind Kohlenstoffdioxid und Graphit.

Die Nanowelt der Atome

Wie groß ist denn nun so ein Atom? Ein Kupferatom beispielsweise hat einen Durchmesser von 0,0000003 Millimeter (mm) oder $3*10^{-7}$ mm. Das entspricht $0,3*10^{-9}$ m oder 0,3 Nanometer. Das heißt:

> Man müsste drei Millionen Kupferatome in eine Reihe legen, um eine Strecke von nur einem Millimeter zu erhalten!

Kein Wunder, dass man zu Daltons Zeiten so kleine Strukturen noch nicht sichtbar machen konnte.

Die Massen der Atome sind genauso winzig. Ein Wasserstoff-Atom hat etwa die Masse 0,0000000000000000000000016 Gramm, ein Kohlenstoff-Atom etwa 12 Mal so viel. Das sind fast unvorstellbar kleine Massen.

> In einem Gramm Wasserstoffgas, das sind etwa
> elf Liter gasförmiger Wasserstoff, finden wir damit (gerundet)
> 602.200.000.000.000.000.000.000 Wasserstoff-Atome!

Um sie zu zählen, bräuchtest du – wenn du in jeder Sekunde ein Atom schaffst – eine ungeheuer lange Zeit, nämlich 19.025.800.000.000.000 Jahre, also 19 Billiarden Jahre! Bedenke dabei, dass unser Weltall »erst« seit 20 Milliarden Jahren existiert, also seit 20.000.000.000 Jahren.

Mit diesem chemischen Grundlagenwissen können wir im nächsten Kapitel die vielfältigen chemischen Reaktionen genauer untersuchen. Du wirst dabei auch lernen, wie die Chemiker solche Abläufe beschreiben: kurz und knapp mit Formeln und Reaktionsgleichungen. Keine Angst, das ist nicht so schwierig, wie es scheint!

Zusammenfassung

In diesem Kapitel hast du gelernt

◇ dass Elemente in keine einfacheren Stoffe zerlegt werden können

◇ dass Elemente mit Symbolen bezeichnet werden und sehr unterschiedliche Eigenschaften haben

◇ welche Eigenschaften für Metalle und Nichtmetalle typisch sind

◇ dass Elemente in mehreren Erscheinungsformen (Modifikationen) vorkommen können

◇ warum Naturwissenschaftler lieber die Kelvin-Temperaturskala anstelle der Celsius-Skala verwenden

◇ dass die Einordnung der Elemente in Elementfamilien zu einem übersichtlichen System führt (Periodensystem)

◇ dass nach John Dalton Atome die kleinsten, kugelförmigen Teilchen der Elemente sind und sich Atome unterschiedlicher Elemente in ihrer Größe und Masse unterscheiden

◇ dass die Atomvorstellung von Dalton zwar ihre Grenzen hat, wir damit aber die grundlegenden Zusammenhänge bei chemischen Reaktionen und die Aggregatzustände erklären können

◇ welche Größen und Massen Atome tatsächlich besitzen

Aufgaben

1. Überprüfe deine Umgebung (Haushalt, Schule, Straße usw.) auf das Vorkommen metallischer Elemente!

2. Informiere dich in Fachbüchern oder im Internet (z.B. www.seilnacht.com) über die Bedeutung der Elementsymbole Ar (Argon), Kr (Krypton), Ho (Holmium), La (Lanthan), Ru (Ruthenium) und Cs (Cäsium).

3. Es gibt nur zwei Elemente, die bei Zimmertemperatur flüssig sind, und zehn Elemente, die bei Zimmertemperatur gasförmig sind. Ich habe diese insgesamt zwölf Elemente in diesem Kapitel genannt. Um welche Elemente handelt es sich?

4. Wie kommt es, dass viele Metalle an der Luft nur kurze Zeit den typischen metallischen Glanz zeigen, dann aber ein stumpfes Aussehen bekommen?

5. Überlege: Mit welchen Untersuchungen könnte man einen echten Diamanten von einer Fälschung aus Kristallglas unterscheiden?

6. Viele Menschen glauben, dass sich bei einer Erwärmung von 20 °C auf 40 °C die Temperatur verdoppelt. Warum ist das nicht richtig?

7. Warum ist keine tiefere Temperatur als –273,15 °C möglich?

8. Suche in einer Internet-Recherche (z. B. unter www.periodensystem.net) das Element mit der besten Wärmeleitfähigkeit. In welcher Hinsicht ist das Ergebnis überraschend?

9. Nenne die drei »typischsten« Metalle und die drei »typischsten« Nichtmetalle.

4

Reaktionen, Formeln und Gleichungen

Du weißt bereits, dass bei chemischen Reaktionen die Ausgangsstoffe verschwinden und durch andere Stoffe – die Reaktionsprodukte – ersetzt werden. Der Benzintank wird leer, die Abgase verpesten die Luft. Über sechs Millionen unterschiedliche chemische Reaktionen sind mittlerweile bekannt. Zeit also, uns einen Überblick zu verschaffen und chemische Reaktionen nach bestimmten Kriterien einzuordnen.

In diesem Kapitel erfährst du

◎ woran man chemische Reaktionen erkennt

◎ welche Voraussetzungen sie haben

◎ warum manche Reaktionen Wärme liefern und andere Wärme verbrauchen

◎ wie sich die Chemiker den Ablauf chemischer Reaktionen vorstellen

◎ welche Rolle die Energie dabei spielt

◎ wovon die Geschwindigkeit chemischer Reaktionen abhängig ist

◎ in welchen Verhältnissen Stoffe reagieren

◎ wie der Chemiker chemische Reaktionen beschreibt

◎ wie man den Ablauf chemischer Reaktionen beeinflussen kann

4

Woran erkennt man chemische Reaktionen?

Ist dir schon mal passiert, dass du eine Pizza im heißen Backofen verges-sen hast? So etwas merkt man spätestens dann, wenn sich ein scharfer Geruch in der Küche verbreitet. Aus dem Backofen quillt dunkler Qualm (Rauch = heterogenes Gemisch), die Pizza ist nur noch ein schwarzer Klumpen. Das sind die Überreste der leckeren Pilze, Salamischeiben und Käsestücke. Eindeutig eine chemische Reaktion – und deshalb wollen wir sie uns genauer ansehen.

Voraussetzung war eine längere Zeit anhaltende Wärmezufuhr. Erkennbar war die Reaktion am Verschwinden der Ausgangsstoffe (Pilze, Sala-mischeiben, Käsestücke, Teig beziehungsweise der chemischen Verbin-dungen, die diese Stoffe gebildet haben) und am Entstehen von Reakti-onsprodukten, die es vorher in der Küche noch nicht gab (schwarze Masse, Rauchpartikel, Geruchsstoffe beziehungsweise die chemischen Verbin-dungen, die diese Stoffe bilden).

Du wirst einwenden, dass auch beim »normalen« Pizza-Aufwärmen ein neuer Geruch entsteht. Ist das auch eine chemische Reaktion? So überra-schend es klingt – ja, auch hier laufen chemische Reaktionen ab. Sie sind recht kompliziert und werden »Maillard-Reaktionen« genannt. Aus Zuckerarten (Kohlenhydraten) und Eiweißstoffen entstehen neue Verbin-dungen – man riecht sie mit Genuss! In der Mikrowelle entstehen sie übri-gens kaum, weil die Temperatur dort zu niedrig ist. Deshalb machen man-che Feinschmecker und Profi-Köche auch einen großen Bogen um die Mikrowelle.

Daraus hast du schon gelernt:

> Unterschiedliche chemische Reaktionen benötigen unterschiedlich viel Wärme.

Wärmezufuhr oder Wärmeabgabe?

Aber es gibt noch einen wichtigeren Unterschied: Wenn wir die schon leicht dunkel werdende Pizza gerade rechtzeitig aus dem Backofen holen, können wir sie noch essen – die chemischen Zersetzungsreaktionen hören

sofort auf. Sie benötigen zu ihrem Ablauf *ständige Wärmezufuhr.* Auch deine Haut zeigt ganz verschiedene Reaktionen, je nachdem wie lange du unter dem Solarium liegst. Die weiße Hautfarbe verschwindet und wird durch rötliche oder schwärzliche Farbstoffe ersetzt. Nach dem Abschalten der UV-Bestrahlung wird aber keine *zusätzliche* Rötung oder Bräunung verursacht. Diese Hautreaktionen benötigen damit zu ihrem fortschreitenden Ablauf die *ständige »Zufuhr« von UV-Licht.* Wärmezufuhr wird hier durch die Einwirkung *energiereicher Strahlung* ersetzt.

Manche Reaktionen benötigen ständige Energiezufuhr.

Wachs und Sauerstoff **Reaktion** **Energie**

Gase

Abb. 4.1: Chemische Reaktion mit Energieabgabe

Wer andererseits einen Holzofen anheizt, kann nach dem Start der Verbrennungsreaktion die Streichhölzer weglegen – die Reaktion läuft *von selbst und liefert Wärme.* Wir müssen nur hin und wieder Holz nachlegen, den Kaminschieber zum Abzug der Verbrennungsgase offen halten und gelegentlich die Asche entfernen. Einen ähnlichen Vorgang können wir bei so genannten »Leuchtstäben« beobachten. Ein Knick startet eine Reaktion, die *von selbst* läuft und *ständig Licht erzeugt,* also *Strahlungsenergie.* Wärmeabgabe wird hier durch die Abgabe von Strahlung ersetzt. Nach einiger Zeit hört das Leuchten auf, die Ausgangsstoffe sind verbraucht, der Leuchtstab ist dann nicht mehr zu gebrauchen.

Andere Reaktionen setzen Energie frei.

Bei chemischen Reaktionen muss also nicht unbedingt Wärme die Hauptrolle spielen, es können auch andere Energieformen sein. Wir wollen des-

halb ganz allgemein von *Energie* sprechen und unsere bisherigen Erkenntnisse so zusammenfassen:

> Wir erkennen chemische Reaktionen am Stoffumsatz und am Energieumsatz. Ausgangsstoffe verschwinden und werden durch Reaktionsprodukte ersetzt. Energie muss entweder zugeführt werden oder Energie wird frei.

Nach dieser grundsätzlichen Klärung untersuchen wir die nächsten Fragen: Welche Voraussetzungen müssen gegeben sein, damit Stoffe überhaupt miteinander reagieren können? In welchen Fällen beginnen chemische Reaktionen praktisch von selbst, wenn wir nur die Ausgangsstoffe zusammenbringen; in welchen Fällen muss man diesen Reaktionsstart erzwingen?

Zusammenstoß mit Folgen – wann reagiert was?

Welche Voraussetzungen müssen für eine Freundschaft oder gar für eine Liebesbeziehung zwischen zwei Menschen gegeben sein? Dazu müssen sie sich erst mal begegnen. Dann müssen sie miteinander Kontakt aufnehmen – und zwar etwas intensiver als nur mit einer oberflächlichen Begrüßung. Nur so können unsere zwei Menschen beurteilen, ob sie auch zusammenpassen. Manchmal (»Liebe auf den zweiten Blick«) muss dazu der Kontakt schon sehr hartnäckig aufrechterhalten werden. Läuft bei dieser Kontaktaufnahme etwas schief, kommen aber auch die theoretisch »idealen Partner« nicht zusammen! Ist nach der besonderen Anspannung der Phase des Kennenlernens schließlich eine normale Beziehung zustande gekommen, kann sie auch wieder auseinander gehen. Eine feste Beziehung hält größere Belastungen aus als eine labile. Belastend können beispielsweise von außen kommende Schikanen sein (dem Paar wird »die Hölle heiß gemacht«). Belastend kann aber auch der Kontakt mit einem attraktiven Dritten sein: Ist er der einen Hälfte unseres Paares noch sympathischer als der bisherige Partner, wird möglicherweise die Beziehung zerfallen und eine neue begründet.

Atome sind auch nur Menschen

Übertragen wir das auf chemische Reaktionen. Die unterschiedlichen Atome (oder Atomverbände) müssen sich erst mal begegnen, das heißt, die Ausgangsstoffe müssen zusammengebracht werden.

Es sollte dabei zu möglichst häufigen Teilchenbegegnungen kommen.

Dann müssen diese Teilchen intensiveren Kontakt aufnehmen.

Das geht nur durch Zusammenstöße mit einer gewissen Energie. Wie groß diese Mindestenergie sein muss und wie gut die Chancen sind, dass ein Zusammenstoß erfolgreich verläuft, ist äußerst unterschiedlich.

Es kommt dabei – wie im Menschen-Beispiel – nicht nur auf die *Wucht*, sondern auch auf die *Art* des Zusammenstoßes an. Die Teilchen müssen sich sozusagen mit der *richtigen Seite* treffen. Und: Auch bei Atomen gibt es »Sympathie«, »Abneigung« und »Liebe auf den zweiten Blick«. Bei diesen Zusammenstößen entsteht im Erfolgsfall zunächst kurzzeitig ein besonders energiereicher, so genannter *aktivierter Zustand* (»Phase des Kennenlernens«). Die Teilchen werden bildlich gesprochen kurzzeitig »zusammengequetscht«.

Aus diesem aktivierten Zustand bilden die Teilchen anschließend beständige neue Atomverbände; dabei wird unterschiedlich viel Energie frei. Diese frei werdende Energie kann *höher* oder *niedriger* sein als die anfangs zugeführte so genannte Aktivierungsenergie (siehe unten).

Die neu entstandene chemische Verbindung kann bei Belastung auch wieder zerfallen, z.B. durch Erhitzen (»die Hölle heiß machen«) oder durch Reaktion mit anderen Stoffen (»attraktiver Dritter«).

4

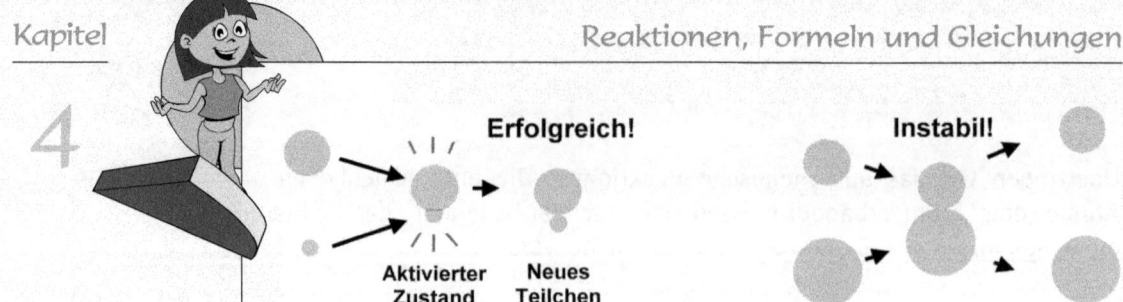

Erfolgreich!

Aktivierter   Neues
Zustand   Teilchen

Instabil!

Abb. 4.2: Teilchenzusammenstöße mit und ohne Folgen

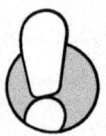

Chemische Reaktionen können nur ablaufen, wenn die Teilchen mit einer bestimmten Energie und mit einer bestimmten räumlichen Orientierung zusammenstoßen. Bei diesen Teilchen kann es sich um Atome oder um Atomverbände handeln. Bei erfolgreichen Zusammenstößen entstehen aus einem aktivierten Zustand stabile neue Atomverbände. Dabei wird Energie frei. Wenn beim Zusammenstoß instabile Teilchen entstehen, zerfallen diese wieder in die Ausgangsteilchen.

Zerkleinerung und Oberfläche

Aber jetzt mal ganz systematisch: Erste Voraussetzung chemischer Reaktionen waren möglichst häufige Teilchenbegegnungen. Was das praktisch bedeutet, zeigt ein kleines (Gedanken-)Experiment: Versuche mit einem Streichholz einen Holzklotz anzuzünden. Zerkleinere dann den Holzklotz zu Sägemehl und wiederhole den Versuch. In welchem Fall wird es wohl eher gelingen? Natürlich mit dem Sägemehl – hier ist die Oberfläche gegenüber dem Sauerstoff der Luft viel größer, die Teilchen des Holzes und des Sauerstoffs können sich viel häufiger begegnen! Ein weiteres Gedankenexperiment zeigt die Oberflächenvergrößerung einleuchtend: Zerlege einen Holzwürfel von zehn Zentimeter Kantenlänge in acht gleichgroße kleinere Würfel (fünf Zentimeter Kantenlänge) und vergleiche die Oberflächen. Großer Würfel: 600 cm^2. Jeder kleine Würfel hat bereits 150 cm^2 Oberfläche, zusammen haben sie 1200 cm^2 – eine Verdoppelung der Oberfläche durch diese Teilung!

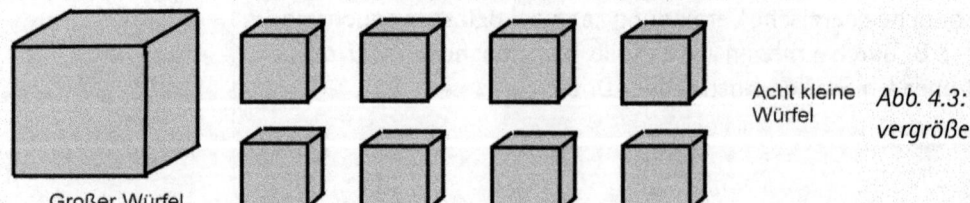

Acht kleine
Würfel

Abb. 4.3: Oberflächenvergrößerung

Großer Würfel

Bleiben wir beim Sägemehl: Die Oberfläche *gegenüber Sauerstoff* kann noch erhöht werden, wenn wir das Sägemehl in die Luft blasen. Die Reaktion beim Anzünden kann dann noch heftiger ablaufen. Du kennst das vielleicht von den Nachrichten über Kohlenstaubexplosionen in Bergwerken. Der fein verteilte Kohlenstaub ist so gut mit dem Luftsauerstoff vermischt, hat damit eine so große Oberfläche gegenüber dem Reaktionspartner, dass die normalerweise eher gemütliche Kohleverbrennung explosionsartig abläuft.

> Es kommt auf die Oberfläche gegenüber dem Reaktionspartner an. Dafür entscheidend sind der Zerteilungsgrad und die Durchmischung.

So, diese Voraussetzung sei gegeben – die Stoffe sind fein zerteilt und gut durchmischt. Fehlt noch was? Aber ja – Kohlenstaubexplosionen zum Beispiel finden glücklicherweise nicht schon beim Auftreten von Kohlenstaub statt, sondern erst nach Zündung durch einen Funken. Du kannst dir nach unserer Stoßtheorie bereits vorstellen, was dieser Funke bewirkt: Er gibt einigen Teilchen die notwendige Energie zu einem »erfolgreichen« Zusammenstoß. Und offenbar setzen diese anfänglichen Zusammenstöße so viel Energie frei, dass auch die übrigen Teilchen reagieren können. Du kennst das: Sogar fein verteiltes Benzin im Automotor braucht den Funken der Zündkerze, um dann explosionsartig zu verbrennen und den Kolben nach unten zu treiben.

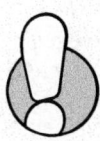

> Anfänglich muss bei *allen* chemischen Reaktionen Energie zugeführt werden, damit es zu ersten erfolgreichen Teilchenzusammenstößen kommt. Man nennt diese Energie Aktivierungsenergie.

Reaktionen ohne Energiezufuhr?

Aber es scheint auch Reaktionen zu geben, bei denen diese anfängliche Energiezufuhr gar nicht nötig ist: Autos rosten auch bei Minusgraden, wenn man die Streusalzreste nicht entfernt. Joghurt verdirbt auch im Kühlschrank, wenn das Haltbarkeitsdatum überschritten wird. Säureflecken (z.B. aus Erbrochenem; es handelt sich um Salzsäure) zerfressen sofort Textilien, ohne dass dafür Energiezufuhr nötig wäre. Sind das Gegenbeweise? Zur Klärung erinnern wir uns an den Zusammenhang zwischen Temperatur und Teilchenbewegung. Die tiefste theoretisch mögli-

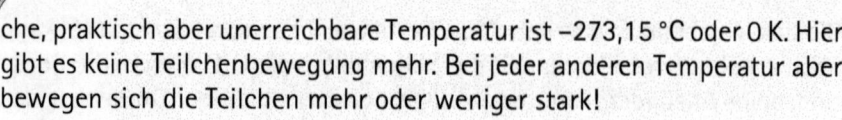

che, praktisch aber unerreichbare Temperatur ist –273,15 °C oder 0 K. Hier gibt es keine Teilchenbewegung mehr. Bei jeder anderen Temperatur aber bewegen sich die Teilchen mehr oder weniger stark!

Je höher die Temperatur steigt, desto stärker wird die Teilchenbewegung. In manchen Fällen ist die Energie dieser Bewegung bereits bei tieferen Temperaturen ausreichend zur Reaktionsauslösung ohne *zusätzliche* Wärmezufuhr. Die Aktivierungsenergie wurde aber auch in diesen Fällen letztlich von außen zugeführt (durch Wärmeaustausch mit der Umgebung erreichte der Stoff seine gegenwärtige Temperatur).

Alles stimmt: Die Teilchen treffen mit der nötigen Energie und in der richtigen räumlichen Orientierung aufeinander. Und trotzdem klappt es nicht immer – die nach dem Zusammenstoß entstehenden Teilchen sind so instabil, dass sie sofort wieder in die Ausgangsteilchen zerfallen. Edelgase sind solche Kandidaten, die einfach nicht reagieren wollen. Auch der Stickstoff der Luft weigert sich trotz ständiger Anwesenheit (fast immer) hartnäckig, an den vielfältigen Reaktionen des Sauerstoffs der Luft teilzunehmen. Das ist nicht selbstverständlich: Vor den ersten Testexplosionen der Atombomben und Wasserstoffbomben gab es ernsthafte Befürchtungen unter den Wissenschaftlern, der Stickstoff könnte bei dieser großen Aktivierungsenergie mit dem Luftsauerstoff reagieren und in einem »Atmosphärenbrand« die Menschheit auslöschen – glücklicherweise ist es nicht dazu gekommen. Woran liegt diese Reaktionsträgheit mancher Stoffe?

Tabelle 4.1:
Beispiele reaktionsfähiger und reaktionsträger Elemente

Sehr reaktionsfähige Elemente	Sehr reaktionsträge Elemente
Alkalimetalle, Calcium, Strontium, Barium (typische Metalle), Halogene, Sauerstoff (typische Nichtmetalle)	Edelgase, Stickstoff, Gold, Silber, Platin

Sympathie ist Stabilitätssache

Offenbar sind die kleinsten Teilchen reaktionsträger Stoffe so stabil, dass sie den Versuchen widerstehen, ihren Zustand zu ändern.

Stabilität aber heißt in der Naturwissenschaft »Zustand mit niedriger Energie«.

Was ist die stabilere Lage, auf einem Hochseil balancieren oder darunter gemütlich auf einer Bank sitzen? Natürlich auf der Bank – aber was hat das mit Energie zu tun? Das wird klar, wenn wir uns vorstellen, wie der Artist auf das Hochseil kam – dafür musste er arbeiten, und damit hat er da oben mehr Energie. Wenn er herunterfällt (was wir uns natürlich nicht wünschen), verliert er diese Energie wieder. Sie wird an die Umgebung abgegeben, was wir an den Wirkungen des Aufpralls erkennen könnten. Außerdem geht das Runterfallen sozusagen von allein, während das Hochsteigen viel Mühe kostete. Es ist jedenfalls noch nie beobachtet worden, dass ein Artist von selbst nach *oben* fällt ... Die stabilere Lage auf der Bank beruht also auf ihrer niedrigeren Energie. Dieser stabilere Zustand niedrigerer Energie wird von selbst erreicht, Abweichungen davon bedürfen der Energiezufuhr. Wir können diese Beobachtungen verallgemeinern und auf die Atome und Atomverbände anwenden.

> Die kleinsten Teilchen reaktionsträger Stoffe befinden sich in einem besonders energiearmen und damit besonders stabilen Zustand. Sie können diesen Zustand nur verlassen, wenn ihnen von außen sehr viel Energie zugeführt wird.

Die besonders reaktions*fähigen* Stoffe müssen sich demnach in einem besonders energie*reichen*, instabilen Zustand befinden. Wir können diese Stabilitätsunterschiede der Teilchen vorerst nur zur Kenntnis nehmen – das daltonsche Atommodell gestattet uns noch keinen Blick in das *Innere* der Atome. Aber nur dort kann die Erklärung liegen. In Kapitel 5 werden wir deshalb ein anderes Atommodell verwenden. Vorerst genügt uns jedoch die daltonsche Atomvorstellung!

Zunehmende Energie →

| Edelgase | | Stickstoff | Nichtmetalle/ | | Alkalimetalle | Sauerstoff | Fluor |

Abb. 4.4: Energie und Stabilität

| Edelgase | | Stickstoff | Nichtmetalle/ | Metalle | Alkalimetalle | Sauerstoff Brom | Fluor Chlor |

← **Zunehmende Stabilität**

Fassen wir noch mal zusammen:

> Voraussetzungen für den Start chemischer Reaktionen:
> ◇ Reaktionsfähigkeit der Ausgangsstoffe
> ◇ Möglichst große Oberfläche durch hohen Zerteilungsgrad
> ◇ Gute Durchmischung, Aktivierungsenergie

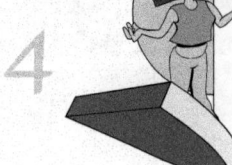
4

Exotherm und endotherm – Wärme kommt, Wärme geht

Erinnere dich an den Unterschied zwischen der Pizza-Verkohlung und der Holzverbrennung im Ofen. Die erste Reaktion braucht ständige Wärmezufuhr, die zweite dagegen liefert Wärme. Der Unterschied besteht offenbar in der Situation nach den erfolgreichen Zusammenstößen der Teilchen aufgrund der zugeführten Aktivierungsenergie. Geben sie *mehr* Energie ab, als vorher zur Aktivierung zugeführt wurde, oder *weniger*? Im Schaubild werden die Energieverhältnisse deutlich:

Abb. 4.5: Endotherme *(Wärme verbrauchende) Reaktion*

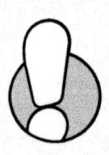

Die hier dargestellte Reaktion benötigt ständige Energiezufuhr. Wir nennen solche Reaktionen *endotherm*. Durch die Energieabgabe nach den erfolgreichen Teilchenzusammenstößen wird nur ein Teil der Aktivierungsenergie zurückgewonnen.

Ganz anders die folgende Reaktion:

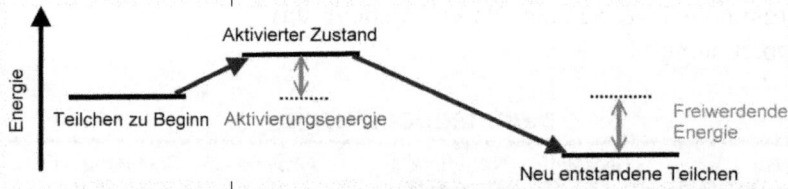

Abb. 4.6: Exotherme *(Wärme liefernde) Reaktion*

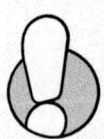

Die hier dargestellte Reaktion setzt Energie frei. Wir nennen solche Reaktionen *exotherm*. Es wird nicht nur die Aktivierungsenergie zurückgewonnen, sondern auch ein darüber hinausgehender Energiebetrag.

Hin und zurück

Ein bedeutendes Beispiel einer endothermen Reaktion hast du bereits kennen gelernt: die Fotosynthese, bei der grüne Pflanzen aus Kohlenstoff-

dioxid und Wasser die wertvollen Stoffe Zucker und Sauerstoff erzeugen. Dazu ist ständige Zufuhr von Sonnenlicht (UV-Strahlung) notwendig. Die Produkte dieser Reaktion besitzen also nach unserem Schaubild einen höheren Energie-Inhalt als die Ausgangsstoffe. Wir können diese Reaktion (nennen wir sie gleich die *Hinreaktion*, siehe unten) auch in der folgenden Form darstellen:

Kohlenstoffdioxid + Wasser + Energie ➜ Zucker + Sauerstoff

Der höhere Energie-Inhalt wird einsichtig, wenn du dir diese Reaktion einmal andersherum – als *Rückreaktion* – vorstellst: Zucker wird angezündet und verbrennt zu Kohlenstoffdioxid und Wasser (es ist nicht ganz einfach, Zucker anzuzünden, aber mit einem »Trick« gelingt es. Du wirst diesen »Trick« gleich kennen lernen!). Der Weg in unserem Diagramm – der »Reaktionspfad«, wie er auch genannt wird – wird in der Gegenrichtung zurückgelegt, es wird Wärme frei. Verbrennungen sind exotherme Reaktionen!

Zucker + Sauerstoff ➜ Kohlenstoffdioxid + Wasser + Energie

Ein anderes, technisches Beispiel einer endothermen Reaktion: Aus Kalkstein wird durch hohe Energiezufuhr »gebrannter Kalk« hergestellt. Auch hier müssen die Reaktionsprodukte einen höheren Energie-Inhalt als der Ausgangsstoff besitzen, auch hier ist (auf dem Umweg über eine Reaktion mit Wasser) die Rückreaktion möglich, und selbstverständlich ist sie exotherm.

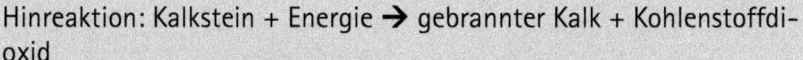

Hinreaktion: Kalkstein + Energie ➜ gebrannter Kalk + Kohlenstoffdioxid

Rückreaktion (in zwei Schritten):
Gebrannter Kalk + Wasser ➜ Gelöschter Kalk + Energie
Gelöschter Kalk + Kohlenstoffdioxid ➜ Kalkstein + Wasser + Energie

Die freigesetzte Energie bei den Rückreaktionen ist insgesamt genauso groß wie der Energiebedarf bei der Hinreaktion; das »Hilfsmittel« Wasser wird zurückgewonnen.

Die Begriffe exotherm und endotherm werden auch auf physikalische Vorgänge wie beispielsweise das Lösen eines Stoffes in Wasser angewendet.

Die Verbindung Natriumchlorid, die wir als Kochsalz kennen, löst sich unter Abkühlung in Wasser – ein endothermer Lösungsvorgang. Die Verbindung Natriumhydroxid, aus den Elementen Natrium, Sauerstoff und Wasserstoff gebildet und wesentlicher Bestandteil von Abflussreinigern, dagegen löst sich unter deutlicher Erwärmung – ein exothermer Lösungsvorgang. Auch hier gelten die Energiebetrachtungen: Die Kochsalz*lösung* hat offenbar einen *höheren* Energie-Inhalt als die getrennten Bestandteile festes Kochsalz/reines Wasser, während die Abflussreiniger-*Lösung* einen *niedrigeren* Energie-Inhalt hat als fester Abflussreiniger/reines Wasser.

Die Maßeinheit der Energie

Energie ist eigentlich die Spezialität der Physiker, aber in Kapitel 1 wurde es schon erwähnt: Jeder gute Chemiker muss auch etwas von Physik verstehen (und umgekehrt). Werden wir also ein bisschen genauer mit der Energie! Sie hat, wie der Weg (ein Meter – 1 m), die Masse (ein Kilogramm – 1 kg) und die Zeit (eine Sekunde – 1 s), eine Einheit: das *Joule*. Benannt ist diese Einheit nach dem englischen Physiker J. P. Joule (1818–1889). Du kannst sie dir leicht vorstellen:

Eine 100-Gramm-Tafel Schokolade wird einen Meter hoch angehoben und bekommt dadurch die Energie 1 Joule (1 J). Wenn die Tafel Schokolade runterfällt, wird diese Energie wieder frei (sie bewirkt dadurch meistens das Zerbrechen der Tafel).

Da dies ein »mechanisches« Beispiel ist und wir gerade mit Wärmemengen umgehen, hier noch ein anderer Vergleich: Um ein Gramm Wasser um ein Grad zu erwärmen, benötigt man die Energiemenge 4,2 J. Diese Energiemenge nannte man früher »eine Kalorie«. Da ein Liter Wasser die Masse

1000 g (1 kg) hat, muss man hier die Energiemenge 4200 J (4,2 kJ – 4,2 Kilojoule) zuführen, das nannte man früher »eine Kilokalorie«.

> Die bei chemischen Reaktionen umgesetzte Energie wird in der Einheit 1 kJ (gleich 1000 J) angegeben.

Um dir eine Vorstellung der mit chemischen Reaktionen üblicherweise verbundenen Energiemengen zu geben: Dein Energieumsatz pro Tag liegt bei etwa 7000 bis 9000 kJ. »Nur« etwa 60% davon werden als Wärme umgesetzt, der Rest von 40% als verrichtete Arbeit (Muskeln, Herz usw.). Diese 40% der Energie werden zuerst weitgehend in den »wiederaufladbaren Körperakkus« gespeichert, von denen in Kapitel 3 (Vorstellung des Elements Wasserstoff) bereits die Rede war. Es handelt sich dabei um eine komplizierte Verbindung namens Adenosintriphosphat (ATP). Weil die Einbeziehung solcher »höheren« Energieformen recht schwierig ist, wollen wir uns hier – wie auch im Chemieunterricht der ersten Schuljahre üblich – auf die Betrachtung der Energieform *Wärme* beschränken.

> Die Energieabgabe oder -zufuhr bewirkt einen unterschiedlichen Energieinhalt der Ausgangsstoffe und der Produkte. Diese Energiebeträge sind natürlich auch von der Zahl der umgesetzten Teilchen abhängig.

Energie und Enthalpie

Bei der Angabe der umgesetzten Energie gilt die folgende Regel:

> Die umgesetzte Energie wird auf eine bestimmte Zahl umgesetzter Teilchen bezogen und als *Energiedifferenz* mit dem vorgesetzten griechischen Zeichen Δ (delta; bedeutet *Differenz*) angegeben nach der Rechenvorschrift
> Energie der *Produkte* minus Energie der *Ausgangsstoffe* = Reaktionsenergie
>
> Bei *endothermen* Reaktionen hat die Reaktionsenergie ein *positives* Vorzeichen
> (Energie der Produkte > Energie der Ausgangsstoffe).

–Fortsetzung

4

Bei *exothermen* Reaktionen hat die Reaktionsenergie ein *negatives* Vorzeichen
(Energie der Produkte < Energie der Ausgangsstoffe).

Wenn wir uns auf die *Energieform Wärme* beschränken, gilt:
Bei der Reaktion umgesetzte *Wärme*mengen werden als *Reaktionsenthalpie* ΔH bezeichnet (H für *Enthalpie = Wärmeinhalt*).

Die erwähnte »bestimmte Zahl umgesetzter Teilchen« ist natürlich riesengroß, weil man bei der Winzigkeit einzelner Teilchen den entsprechenden Einzel-Energieumsatz gar nicht bestimmen könnte. In der Regel misst man die Energie bei der Reaktion von 602 Trilliarden Teilchen – eine gigantische Anzahl! Wie man gerade darauf kommt? In Kapitel 8 (chemisches Rechnen) wird es erklärt. In der folgenden Tabelle mit Beispielen wird jeweils die Masse der Stoffe angegeben, die bei solchen Teilchenzahlen zustande kommt.

Tabelle 4.2:
Beispiele von Reaktionsenthalpien

Reaktion	ΔH	Art
2 g Wasserstoff + 16 g Sauerstoff → 18 g Wasser	– 286 kJ	exotherm
12 g Kohlenstoff + 32 g Sauerstoff → 44 g Kohlenstoffdioxid	– 393,1 kJ	exotherm
24 g Kohlenstoff + 32 g Sauerstoff → 56 g Kohlenstoffmonoxid	+ 222 kJ	endotherm
180 g Zucker + 192 g Sauerstoff → 264 g Kohlenstoffdioxid + 108 g Wasser	– 2870 kJ	exotherm
100 g Kalkstein → 56 g gebrannter Kalk + 44 g Kohlenstoffdioxid	+ 178 kJ	endotherm

Wie erwähnt, die in der Tabelle genannten Massen der reagierenden und entstehenden Stoffe ergeben sich aus der Zahl von 602 Trilliarden Teilchen oder dem ganzzahligen Vielfachen dieser Zahl. Genauere Betrachtung in Kapitel 8!

Geschwindigkeit ist keine Zauberei

Chemische Reaktionen verlaufen mit äußerst unterschiedlichen Geschwindigkeiten: Während eine Knallgasreaktion (Wasserstoff mit Sauerstoff) in Bruchteilen einer Sekunde beendet ist, kann beispielsweise das Entstehen von grünlichen Verbindungen auf Kupferdächern (Kupfer mit sauren Luftverunreinigungen) Jahre dauern. Worauf beruhen derartige Unterschiede? Zunächst natürlich auf der *Art* der reagierenden Stoffe!

Die Voraussetzungen chemischer Reaktionen, die ich in diesem Kapitel beschrieben habe, geben bereits eine zweite Antwort. Im homogenen Knallgasgemisch ist die gegenseitige Oberfläche der Gase sehr viel größer als auf dem Kupferdach. Es können also pro Zeiteinheit sehr viel mehr Teilchen zusammenstoßen. Aber das ist noch nicht die ganze Erklärung. Einen Hinweis gibt uns die Aufschrift auf Joghurtbechern: »Bei +2 °C haltbar bis ... «. Wer den Becher nicht in den Kühlschrank stellt, muss mit einem sehr viel schnelleren Verderb rechnen!

> Hoher Zerteilungsgrad, gute Durchmischung und erhöhte Temperatur beschleunigen im Allgemeinen den Ablauf chemischer Reaktionen. Als Faustregel geht man davon aus, dass sich bei einer Temperaturerhöhung um 10 °C die Geschwindigkeit einer Reaktion verdoppelt (»Reaktionsgeschwindigkeit-Temperatur-Regel«, kurz RGT-Regel).

Woran liegt diese Abhängigkeit der Reaktionsgeschwindigkeit von der Temperatur? Geht es nicht einfach um die Überwindung des Energiebergs durch Zufuhr von Aktivierungsenergie? Man könnte meinen, hier gäbe es nur ein »Entweder-Oder«: Wenn die notwendige Aktivierungsenergie zugeführt wird, geht alles – wenn nicht, geht gar nichts. So einfach ist es allerdings nicht. Die Teilchen eines Stoffes bewegen sich nämlich bei einer gegebenen Temperatur sehr *unterschiedlich* schnell. Es gibt bei *jeder* Temperatur (über dem absoluten Nullpunkt!) langsame *und* schnelle Teilchen. Damit erklärt sich auch das *allmähliche* Verdunsten von Wasser: Wenn du ein Glas voll Wasser einige Tage stehen lässt, wird die Flüssigkeit auch an einem kühlen Ort immer weniger und ist schließlich ganz verdunstet. Die schnelleren Wasserteilchen – die es auch in kühlem Wasser gibt – können die Flüssigkeit verlassen, der Anteil dieser schnelleren Teilchen bildet sich neu und so geht das weiter, bis das gesamte Wasser gasförmig geworden ist.

4

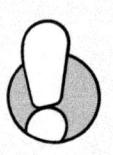

Ein paar sind immer schnell ...

Auf chemische Reaktionen übertragen heißt das:

> Reagieren kann immer nur der *Anteil* der Teilchen mit der notwendigen Bewegungsenergie. Wenn dieser Anteil klein ist (bei niedrigeren Temperaturen), dann verläuft auch die Reaktion langsam. Ist er aber – durch Temperaturerhöhung – größer, dann verläuft auch die Reaktion schneller. Die Anteile der Teilchen mit den verschiedenen Geschwindigkeiten stellen sich – wie beim verdunstenden Wasser – immer wieder neu ein, so dass die Reaktion weitergehen kann.

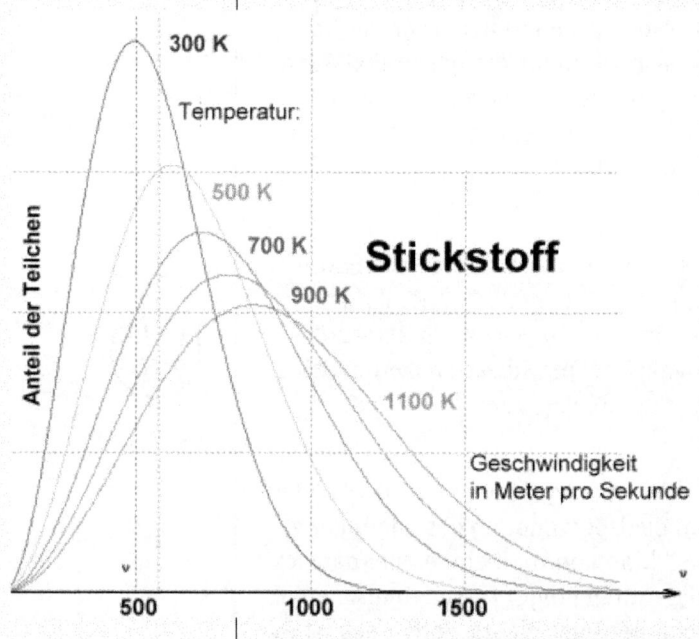

Abb. 4.7: Geschwindigkeitsverteilung bei Stickstoff-Teilchen

Nehmen wir an, für eine bestimmte Reaktion des Stickstoffs müssten die Teilchen eine Geschwindigkeit von mindestens 1500 Meter pro Sekunde haben, um den aktivierten Zustand beim Zusammenstoß mit anderen Teilchen zu erreichen. Bei 300 K (+27 °C) und auch noch bei 500 K (+227 °C) ist dieser Anteil fast null. Erst bei 700 K (+423 °C) hat eine gewisse Zahl von Teilchen die Mindestgeschwindigkeit erreicht, um die Reaktion mit messbarer Geschwindigkeit ablaufen zu lassen. Bei 1100 K aber ist dieser Anteil vielfach höher, die Geschwindigkeit der Reaktion noch bedeutend größer.

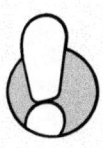

Die hilfreichen Geister: Katalysatoren

Zucker ist brennbar, aber es will einfach nicht gelingen, einen Zuckerwürfel mit dem Streichholz oder Feuerzeug in Brand zu setzen! In unseren Körperzellen dagegen macht die Zuckerverbrennung, noch dazu auf eine sehr raffinierte Art und Weise, offenbar überhaupt keine Probleme. Wie schaffen die Zellen das bloß? Der Biologielehrer weiß die Antwort: Sie setzen Enzyme ein!

Diese Enzyme schaffen etwas, wovon jeder Chemiker träumt: Sie verändern den Reaktionspfad und verringern damit die Aktivierungsenergie. Und noch besser: Sie werden bei der Reaktion nicht verbraucht! Es genügen also kleine Mengen dieser Stoffe, da sie – einmal zugefügt – ständig wirksam sein können. Der Chemiker nennt solche Stoffe *Katalysatoren*. Enzyme haben wir gerade nicht zur Hand, aber ein bisschen Zigarettenasche tut es in unserem Fall auch. Auf den Zuckerwürfel gestreut, gelingt die Entzündung (aber bitte für diesen Versuch nicht das Rauchen anfangen)!

> Katalysatoren beschleunigen (katalysieren) eine Reaktion, indem sie einen anderen Reaktionsverlauf mit einer geringeren Aktivierungsenergie bewirken. Die Katalysatoren nehmen zwar vorübergehend an der Reaktion teil, stehen aber am Ende wieder unverändert zur Verfügung. Die Absenkung der Aktivierungsenergie ermöglicht auch Reaktionen, die ohne sie praktisch undurchführbar wären.

Betrachten wir unser Schaubild:

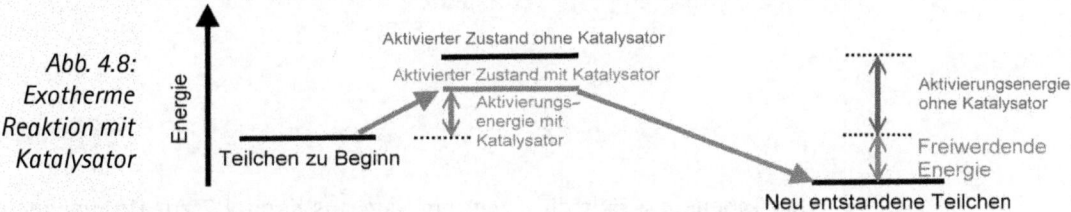

Abb. 4.8: Exotherme Reaktion mit Katalysator

> Man sieht sehr deutlich, dass sich die insgesamt freiwerdende Energie (bei endothermen Reaktionen: die insgesamt notwendige Energiezufuhr) durch den Einsatz der Katalysatoren gar nicht verändert.

Was aber abgetragen wird, ist der hohe »Energieberg«, dessen Überwindung manchmal kaum gelingen will.

4

Ein technisch wichtiges Beispiel verdeutlicht das. Von der Reaktionsträgheit des Stickstoffs war bereits die Rede. Andererseits benötigen Lebewesen (Menschen, Tiere und Pflanzen) Stickstoff zum Eiweißaufbau. Wäre es da nicht am einfachsten, den benötigten Stickstoff einfach aus der Luft zu entnehmen und in geeignete Verbindungen umzuwandeln? Das dachten sich zu Beginn des 20. Jahrhunderts auch die deutschen Chemiker Fritz Haber und Carl Bosch. Die Reaktion

28 g Stickstoff + 6 g Wasserstoff → 34 g Ammoniak $\Delta H = -184$ kJ

ist schließlich deutlich exotherm, also Wärme liefernd! Die Aktivierungsenergie erwies sich aber als so hoch, dass kaum Ammoniak entstand. Die von den beiden Chemikern entwickelte und nach ihnen Haber-Bosch-Verfahren genannte Lösung des Problems lag – neben der Anwendung besonderer Reaktionsbedingungen wie hoher Druck und erhöhte Temperatur – im Einsatz spezieller Katalysatoren aus Metalloxiden. Seit 1916 wurde das Verfahren großtechnisch durchgeführt. Auch heute noch zählt Ammoniak zu den bedeutenden chemischen Grundprodukten (siehe Kapitel 1 und am Ende von Kapitel 4 den Abschnitt *Ammoniak-Synthese*).

Fassen wir die Wirkungsweise der Katalysatoren zusammen:

Durch die Absenkung der Aktivierungsenergie mit Hilfe eines Katalysators wird der Anteil der Teilchen mit der notwendigen Bewegungsenergie größer. Damit kann die Reaktion auch bei niedrigeren Temperaturen schneller ablaufen.

Auch Stoffe haben Verhältnisse

Bei Tabelle 4.2 fällt dir sicher ein Satz aus Kapitel 2 zur Unterscheidung von Gemischen und Verbindungen wieder ein: »Diese (die Verbindungen) enthalten die Grundbausteine (Elemente), aus denen sie zusammengesetzt sind, immer in einem ganz bestimmten Verhältnis, von dem niemals abgewichen wird (sonst wäre es eben eine andere chemische Verbindung).« Genauso ist es: Wasser enthält die Elemente Wasserstoff und Sauerstoff *immer* im Massenverhältnis 1:8 – sonst wäre es eben nicht Wasser. Es gibt nämlich auch eine Verbindung, die Wasserstoff und Sauerstoff im Massenverhältnis 1:16 enthält. Das ist aber nicht Wasser, sondern Wasserstoffperoxid, mit dem gelegentlich Haare blondiert werden!

Kohlenstoffdioxid enthält die Elemente Kohlenstoff und Sauerstoff *immer* im Massenverhältnis 1:2,66, Kohlenstoffmonoxid dagegen diese Elemente *immer* im Massenverhältnis 1:1,33 (siehe Tabelle 4.2). Und so könnte man endlos weitermachen mit den Beispielen. Einsichtig werden diese Verhältnisse, wenn wir mit dem Dalton-Modell die kleinsten Teilchen – die *Atome* – betrachten, die miteinander in *Atomverbänden* verknüpft sind:

Abb. 4.9: Wasser und Wasserstoffperoxid – Kohlenstoffmonoxid und Kohlenstoffdioxid

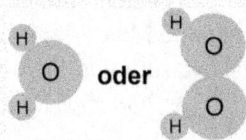

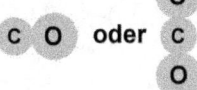

Entweder es sind jeweils zwei Atome Wasserstoff mit einem Atom Sauerstoff verbunden – dann handelt es sich um die Verbindung *Wasser*. Nach Dalton haben diese Atome unterschiedliche Masse; ein Sauerstoff-Atom ist 16 Mal so schwer wie ein Wasserstoff-Atom oder eben achtmal so schwer wie zwei Wasserstoff-Atome. Aus dem Atomzahlverhältnis 2:1 folgt damit das Massenverhältnis 1:8. Oder die Atome sind im Verhältnis 2:2 (das kürzen wir zu 1:1) zu *Wasserstoffperoxid* verbunden. Hier folgt aus dem Atomzahl-Verhältnis 1:1 das Massenverhältnis 1:16.

Bei den Kohlenstoff-Oxiden können wir entsprechende Betrachtungen anstellen: Entweder es ist jeweils ein Atom Kohlenstoff mit einem Atom Sauerstoff verbunden – dann liegt *Kohlenstoffmonoxid* vor. Nach Dalton haben die C- und O-Atome unterschiedliche Masse; ein Sauerstoff-Atom ist 1,33 Mal so schwer wie ein Kohlenstoff-Atom. Aus dem Atomzahlverhältnis 1:1 folgt damit das Massenverhältnis 1:1,33. Oder die Atome sind im Verhältnis 1:2 zu *Kohlenstoffdioxid* verbunden. Hier folgt aus dem Atomzahl-Verhältnis 1:2 das Massenverhältnis 1:2,66.

Die Gesetze der Proportionen

Diese Erkenntnisse sind in zwei Gesetzen festgehalten. Das erste wurde von dem französischen Chemiker J. L. Proust zu Anfang des 19. Jahrhunderts formuliert (in Kapitel 3 habe ich ihn bereits erwähnt).

Gesetz der konstanten Proportionen:

In einer chemischen Verbindung sind die Elemente immer in bestimmten Massenverhältnissen (konstanten Proportionen) enthalten.

4

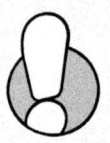

Zur Deutung dieses Gesetzes stellte John Dalton 1807 seine »Atomhypothese« auf. Er leitete daraus auch das zweite Verhältnis-Gesetz ab, das der *mehrfachen* Verhältnisse.

Gesetz der multiplen Proportionen (mehrfachen Massenverhältnisse):

Wenn zwei Elemente mehrere Verbindungen miteinander bilden, dann stehen die Massenanteile von Element I, die jeweils mit dem *gleichen* Massenanteil von Element II verbunden sind, zueinander im *Verhältnis kleiner ganzer Zahlen.*

Das klingt nur auf den ersten Blick etwas kompliziert, ist aber auf den zweiten Blick genau das, was wir eben für die Wasserstoff-Sauerstoff-Verbindung und für die Kohlenstoff-Sauerstoff-Verbindungen festgestellt haben.

◇ Sauerstoff kommt in den *Verbindungen mit Wasserstoff* in den Massenverhältnissen *8:1* und *16:1* vor. In Wasser kommen acht Massenteile Sauerstoff auf einen Massenteil Wasserstoff, in Wasserstoffperoxid kommen sechzehn Massenteile Sauerstoff auf einen Massenteil Wasserstoff. Acht und sechzehn stehen zueinander im *Verhältnis kleiner ganzer Zahlen*, nämlich im *Verhältnis 1:2. Wasserstoff* kommt in diesen Verbindungen in den Massenverhältnissen *1:8* und *0,5:8* vor (der Wasserstoffanteil also immer bezogen auf die gleichen acht Massenanteile Sauerstoff). Eins und 0,5 stehen zueinander im *Verhältnis kleiner ganzer Zahlen*, nämlich im *Verhältnis 2:1.*

◇ Sauerstoff kommt in den *Verbindungen mit Kohlenstoff* in den Massenverhältnissen *1:1,33* und *1:2,66* vor. In Kohlenstoffmonoxid kommen 1,33 Massenteile Sauerstoff auf einen Massenteil Kohlenstoff, in Kohlenstoffdioxid kommen 2,66 Massenteile Sauerstoff auf einen Massenteil Kohlenstoff. 1,33 und 2,66 stehen zueinander wieder im *Verhältnis kleiner ganzer Zahlen*, nämlich im *Verhältnis 1:2. Kohlenstoff* kommt in diesen Verbindungen in den Massenverhältnissen *0,75:1* und *0,375:1* vor (der Kohlenstoffanteil also immer bezogen auf den gleichen Massenanteil Sauerstoff). 0,75 und 0,375 stehen zueinander im *Verhältnis kleiner ganzer Zahlen*, nämlich im *Verhältnis 2:1.*

Dalton und die Proportionen

Die daltonsche Atomvorstellung macht diese Massenverhältnisse einsichtig. Daneben zeigt Tabelle 4.2 aber noch etwas sehr Grundsätzliches, für uns schon allzu Selbstverständliches:

> Bei chemischen Reaktionen bleibt die *Masse* der beteiligten Stoffe erhalten. Die Ausgangsstoffe haben zusammengenommen die gleiche Masse wie nachher zusammengenommen die Produkte (Gesetz von der Erhaltung der Masse).

Die daltonsche Atomvorstellung macht auch das einsichtig. In chemischen Reaktionen suchen sich die Atomteilchen neue Partner, sie »arrangieren« sich neu. Die *Zahl* und die *Art* der Atome ändern sich dabei aber nicht! Es geht ja kein Teilchen verloren und es fällt keines vom Himmel – wie sollte sich da die Masse ändern? *Vor* Dalton war das aber gar nicht so klar. Und deshalb war dieses Gesetz, 1785 von dem französischen Chemiker Lavoisier aufgestellt, für die damalige Zeit eine bedeutende und überraschende Erkenntnis.

Formeln, nichts als Formeln ...

Aber jetzt bitte nicht erschrecken – im Grunde sind Formeln ja nur eine Folge der menschlichen Faulheit. Ist es auf Dauer nicht etwas umständlich, immerzu Sätze der folgenden Art zu schreiben:

> »Eisen und Schwefel reagieren im Atomverhältnis 1:1 zu Eisensulfid.«

Geht so was nicht kürzer und knapper? Aber sicher doch! Erinnern wir uns: Statt *Eisen* können wir das Symbol *Fe* verwenden, statt *Schwefel* das Symbol *S*. Atomzahlverhältnis 1:1 bedeutet, dass in der Verbindung auf jedes Fe-Atom genau *ein* S-Atom entfällt. 1:1 ist als Verhältnisangabe dasselbe wie 3:3 oder wie 10:10 – man benutzt aber die *kleinstmöglichen Zahlen*. Wir können die Verbindung deshalb »Eisen-Schwefel« oder eben Eisensulfid nennen – oder wir hängen einfach die Symbole aneinander:

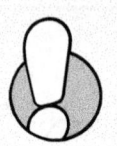

4

FeS. Das nennt man eine *Summenformel*. In unserem Kürzungsbemühen stört jetzt noch der Ausdruck »reagieren (...) zu ...«. Das kriegen wir auch noch weg – wir ersetzen es durch einen Pfeil! Das Endergebnis:

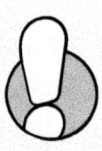

> Fe + S ➔ FeS
>
> Diese Kurzform nennt man Reaktionsgleichung.

Gelesen wird diese Reaktionsgleichung genauso wie der Satz oben, im Unterschied zu ihm ist sie aber international verständlich. Alle Wissenschaftler dieser Erde, die die gleichen Schriftzeichen verwenden, werden den Vorgang genauso formulieren! Es handelt sich – das sei ausdrücklich gesagt – um die Beschreibung eines *Vorgangs*. Der Pfeil bedeutet »reagieren zu«. Also bitte den Pfeil nicht als »ist gleich« lesen – das wäre falsch! Fe + S ist *nicht* gleich FeS! Die Bezeichnung als *Gleichung* hat einen anderen Grund:

> Nach dem Gesetz der Erhaltung der Masse müssen links und rechts gleich viele Symbole jedes Elements stehen, weil wir diese Symbole als Stellvertreter für jeweils *ein Atom* dieses Elements verstehen.

Speziell bei chemischen Berechnungen kann man diese Symbole auch anders deuten, aber davon mehr in Kapitel 8.

Die Knallgasreaktion

Nehmen wir uns gleich ein etwas komplizierteres Beispiel vor: die Reaktion von Wasserstoff und Sauerstoff zu Wasser, die als Knallgasreaktion oder in Körperzellen auch als »stille« Verbrennung ablaufen kann. Wir können sie so formulieren:

> »Wasserstoff und Sauerstoff reagieren im Atomzahlverhältnis 2:1 zu Wasser.«

Das Atomzahlverhältnis drücken wir wieder durch das Aneinanderhängen der Symbole zu einer Summenformel aus – diesmal mit einem Zahlenzu-

satz, der *tiefgestellt* wird: H_2O. Die tiefgestellte Zahl in Summenformeln wird Index genannt (Mehrzahl Indizes) und bezieht sich immer auf das Atom, dessen Symbol *unmittelbar davor* steht. Sie wird nur angegeben, wenn sie größer als 1 ist. Jetzt *könnten* wir eigentlich schreiben

$2 H + O \rightarrow H_2O$ – *aber das gibt Probleme!*

So findet man es zwar noch in einigen älteren Schulbüchern, und rein mathematisch ist es ja auch in Ordnung. Links und rechts stehen gleich viele Atome der Elemente Wasserstoff und Sauerstoff, nur eben anders »arrangiert«. Unglücklicherweise spielt aber die Natur nicht mit, wenn wir auf diese Weise die *reale* chemische Reaktion von Wasserstoff mit Sauerstoff beschreiben wollen. In Kapitel 3 habe ich beim Thema Sauerstoff bereits die beiden Modifikationen erwähnt, Normal-Sauerstoff und Ozon.

> Der Unterschied: Im Normal-Sauerstoff sind zwei Atome *verknüpft*, im Ozon sogar drei. Im Element Sauerstoff kommen die Sauerstoff-Atome also gar nicht *einzeln* vor!

Zwei verknüpfte Sauerstoff-Atome müssen wir aber als O_2 schreiben. Es kommt noch dicker:

> Auch Wasserstoff-Atome kommen (im Element Wasserstoff) in der Natur nur in diesem Doppelpack vor, also als H_2.

Da die Atome im Zahlenverhältnis 2:1 reagieren, müssen demnach *zwei Teilchen H_2 mit einem Teilchen O_2* reagieren. Damit hätten wir die linke Seite der Gleichung: $2 H_2 + O_2$. *Insgesamt* sind das vier H-Atome und zwei O-Atome.

> Beachte, dass sich in Reaktionsgleichungen die *vor*gestellte Zahl (der *Koeffizient*) auf das *ganze folgende Teilchen* bezieht:
>
> $2 H_2$ = zwei H_2-Teilchen
>
> Dagegen bezieht sich in den Summenformeln die *tief*gestellte Zahl (der *Index*, Mehrzahl: die *Indizes*) auf das *unmittelbar davor stehende Atom*:
>
> H_2 = zwei Atome H

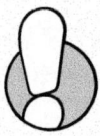

4

Ein Wasserteilchen (wir nennen solche Atomverbände *Moleküle* und ich werde in Kapitel 5 auf diese Teilchenart zurückkommen) enthält aber tatsächlich nur zwei Atome Wasserstoff und ein Atom Sauerstoff, hat also die Summenformel H_2O. Wir dürfen nicht schreiben »H_4O_2«, nur damit die Gleichung »stimmt«! Ein solches Teilchen gibt es nicht! Also was tun? Probieren wir das gleiche Rezept wie auf der linken Seite der Gleichung, der Seite der Ausgangsstoffe. Dort haben wir, um das Zahlenverhältnis 2:1 zu erhalten, die *Zahl der H_2-Moleküle verdoppelt*. Das machen wir nun auch mit dem H_2O-Molekül:

$$2\ H_2 + O_2 \rightarrow 2\ H_2O$$

Das ist in der Tat die einzige Möglichkeit, die Reaktionsgleichung (mit den kleinstmöglichen Zahlen) zutreffend zu formulieren!

$$2\ H_2 + O_2 \longrightarrow 2\ H_2O$$

Abb. 4.10: Wasserstoff und Sauerstoff reagieren zu Wasser.

Für die weiteren Reaktionsgleichungen merke dir die Erscheinungsformen der kleinsten Teilchen:

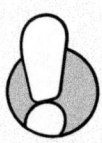

Wasserstoff (H_2), Stickstoff (N_2), Sauerstoff (O_2) und die Halogene (F_2, Cl_2, Br_2, I_2) kommen in der Natur in Form von Molekülen aus zwei Atomen vor.

Die Metalle, Kohlenstoff (C) und Schwefel (S) reagieren in Form einzelner Atome.

Noch mehr Formeln und Gleichungen

Kohlenstoff und Sauerstoff können zu zwei verschiedenen Verbindungen reagieren. Du hast sie kennen gelernt: Kohlenstoffmonoxid und Kohlenstoffdioxid – letztere Verbindung ist dir schon mehrfach begegnet. Nach Abbildung 4.9 machen die Summenformeln keine Probleme mehr. Für Kohlenstoffmonoxid ergibt sich CO, für Kohlenstoffdioxid CO_2.

Inzwischen ist dir bekannt, dass Sauerstoff (in der Normalform) als zwei-atomiges Molekül O_2 auftritt. Das kleinste CO-Teilchen ist ein Molekül aus einem C- und einem O-Atom. Die Verbindung CO enthält C und O im Ver-hältnis 1:1. Da Sauerstoff im Doppelpack auftritt, müssen jeweils *zwei* (einzelne) C-Atome mit den *zwei* (verbundenen) O-Atomen reagieren. Dann entsteht natürlich nicht nur *ein* CO-Molekül, sondern es entstehen deren *zwei*!

Abb. 4.11: Kohlenstoff und Sauerstoff reagieren zu Kohlenstoffmonoxid.

$$2\,C + O_2 \longrightarrow 2\,CO$$

Das kleinste CO_2-Teilchen ist ein Molekül aus einem C- und zwei O-Ato-men. Wenn ein C-Atom mit einem O_2-Molekül reagiert, entsteht genau dieses CO_2-Molekül:

Abb. 4.12: Kohlenstoff und Sauerstoff reagieren zu Kohlenstoffdioxid.

$$C + O_2 \longrightarrow CO_2$$

Die Gleichung der Fotosynthese

Nach so viel Vorübung wagen wir uns jetzt an die Reaktionsgleichung der Fotosynthese. Aus Kohlenstoffdioxid und Wasser entstehen (unter Ener-giezufuhr durch das Sonnenlicht) die Verbindungen Zucker und Sauer-stoff. Du kennst bereits die Summenformeln von Kohlenstoffdioxid (CO_2), Wasser (H_2O) und Sauerstoff (O_2). Dagegen ist das entstehende Zucker-Molekül geradezu riesig: Es setzt sich aus sechs C-Atomen, zwölf H-Ato-men und sechs O-Atomen zusammen. Mit diesen Indizes lautet die Sum-menformel des Zucker-Moleküls also $C_6H_{12}O_6$.

Du erinnerst dich:

> Links und rechts vom Reaktionspfeil müssen für jedes Element gleich viele Atome stehen, da ja kein Atom spurlos verschwindet und auch keines vom Himmel fällt. Dabei steht jedes Symbol für ein Atom; die Symbole multipliziert mit den Koeffizienten und ihren Indizes ergeben die Atom-Anzahlen.

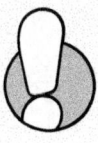

Das Problem kann man zwar auch mathematisch lösen, die meisten Che-miker versuchen es aber erst mal (erfolgreich) mit »probieren«.

4

Dazu betrachtet man *der Reihe nach* die einzelnen Atom-Arten und gleicht jeweils ihre Anzahl links und rechts aus. Wenn sich dadurch rückwirkend – bei bereits schon einmal ausgeglichenen Atom-Arten – neuer Ausgleich-Bedarf ergibt, nimmt man diese Korrektur vor und wiederholt die Schritte so lange, bis für jedes Symbol der Ausgleich hergestellt ist (mit kleinstmöglichen Zahlen). Hat man die Auswahl zwischen mehreren Lösungsmöglichkeiten, wählt man die einfachste.

Der Ausgleich der Atomzahlen in einer Reaktionsgleichung erfolgt immer nur über die *Koeffizienten* (niemals über die Indizes!). Durch Änderungen der *Koeffizienten* passen wir die Zahl der selbstständigen Atome oder der Moleküle, die an einer Reaktion beteiligt sind, an die *tatsächlichen* Verhältnisse an (z.B. *vier* H_2O-Moleküle statt *zwei* H_2O-Moleküle – $4\,H_2O$ statt $2\,H_2O$).

Die Änderung der Indizes zum Zweck des Atom-Ausgleich ist unzulässig! Wir würden dadurch die *Art* der Stoffe verändern und Teilchen »erschaffen«, die in dieser Reaktion gar nicht entstehen (z.B. ist es unzulässig, H_2O zu H_4O zu verändern – ein H_4O-Molekül gibt es gar nicht!).

Ein ganz wichtiger Satz, der leider oft vergessen wird:

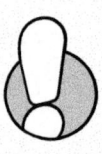

Die Reaktionsgleichung hat sich nach der Realität zu richten – und nicht die Realität nach der Reaktionsgleichung!

Schreiben wir in einem ersten Schritt die Reaktionsgleichung *ohne* Koeffizienten:

$$... CO_2 + ... H_2O \rightarrow ... C_6H_{12}O_6 + ... O_2$$

1. Beginnen wir mit Kohlenstoff (C). Links steht erst *ein* Atom (enthalten im Molekül CO_2), rechts stehen aber *sechs* C-Atome (enthalten im Zucker-Molekül). Der Ausgleich erfolgt, indem wir statt *einem* CO_2-Molekül sechs solche Moleküle, also den *Koeffizienten sechs*, einsetzen:

$$6\,CO_2 + ... H_2O \rightarrow ... C_6H_{12}O_6 + ... O_2$$

2. Als Nächstes wenden wir uns dem O-Atom zu. Links stehen *13 O-Atome*:

   ◇ In den CO_2-Molekülen: Koeffizient 6 mal Index 2 ergibt 12.

   ◇ Im H_2O-Molekül: Koeffizient 1 mal Index 1 ergibt 1.

   Rechts stehen *acht O-Atome*:

   ◇ Im Zucker-Molekül: Koeffizient 1 mal Index 6 ergibt 6.

   ◇ Im O_2-Molekül: Koeffizient 1 mal Index 2 ergibt 2.

   Ein Ausgleich wäre nur möglich durch Änderungen auf *beiden* Seiten der Reaktionsgleichung. So etwas kann schon mal erforderlich sein – aber bevor man es tut, prüft man erst, ob es eine einfachere Möglichkeit gibt. Wir nehmen also zunächst keine Änderung bezüglich der O-Atome vor.

3. Prüfen wir die Verhältnisse beim H-Atom. Links stehen *zwei H-Atome* (im H_2O-Molekül), rechts stehen *12 H-Atome* (im Zucker-Molekül). Der Ausgleich erfolgt, indem wir auf der linken Seite statt *einem* H_2O-Molekül sechs solcher Moleküle, also den *Koeffizienten sechs*, einsetzen:

   $$6\ CO_2 + 6\ H_2O \rightarrow ...\ C_6H_{12}O_6 + ...\ O_2$$

4. Kehren wir jetzt zum O-Atom zurück. Links stehen *18 O-Atome*:

   ◇ In den CO_2-Molekülen: Koeffizient 6 mal Index 2 ergibt 12.

   ◇ In den H_2O-Molekülen: Koeffizient 6 mal Index 1 ergibt 6.

   Rechts stehen *acht O-Atome*:

   ◇ Im Zucker-Molekül: Koeffizient 1 mal Index 6 ergibt 6.

   ◇ Im O_2-Molekül: Koeffizient 1 mal Index 2 ergibt 2.

   Wie kann der Ausgleich erfolgen? Lieber nicht durch Vervielfachung des Zucker-Moleküls, weil sich dann auch die Verhältnisse bei C und H wieder ändern würden. Als ob wir nicht schon genug Probleme hätten! Aber die Zahl der selbstständigen O_2-Moleküle können wir ohne Rückwirkung auf andere Atom-Arten anpassen. Da zehn O-Atome fehlen, fügen wir einfach fünf O_2-Moleküle hinzu, ändern also den Koeffizienten von O_2 auf die Zahl 6.

$$6\ CO_2 + 6\ H_2O \rightarrow C_6H_{12}O_6 + 6\ O_2$$

Eine Überprüfung ergibt, dass alle Atomzahlen der Elemente ausgeglichen sind. Weitere Veränderungen sind also nicht mehr notwendig – es ist geschafft!

Im Aufgabenteil hast du Gelegenheit, deine Fähigkeiten an weiteren Reaktionsgleichungen zu erproben.

Die Jagd nach der Ausbeute

Hier ist Kreativität gefragt. Die Optimierung chemischer Reaktionen, insbesondere die kostengünstige Steigerung der »Ausbeute« bei der Herstellung chemischer Produkte, ist Teamarbeit von Chemikern und Ingenieuren. Aber was bedeutet das eigentlich? Ist es nicht so, dass eine Reaktion entweder vollständig oder gar nicht abläuft – *wenn* sie abläuft, dann eben so lange, bis keine Teilchen der Ausgangsstoffe mehr vorhanden sind? Das würde 100% Ausbeute bedeuten. Tatsächlich, das Wachs in einem Teelicht verbrennt an der Luft zu hundert Prozent. Du wirst das wahrscheinlich für eine pure Selbstverständlichkeit halten: Auch das Holz im Ofen verbrennt ja zu hundert Prozent.

Betrachten wir diese beiden Reaktionen genauer. In beiden Fällen steht der Reaktionspartner Sauerstoff in praktisch unbegrenzter Menge zur Verfügung. In beiden Fällen werden die gasförmigen Reaktionsprodukte ständig vom Ort der Reaktion entfernt. Und in beiden Fällen wird die freigesetzte Wärme beständig an die Umgebung abgeführt. Ganz offenbar sind diese Bedingungen sehr günstig für den vollständigen Ablauf chemischer Reaktionen – in der chemischen Industrie aber nicht so einfach zu erreichen wie in unseren Beispielen.

Was würde passieren, wenn wir an unserem Ofen die Luftzufuhr (also die Sauerstoffzufuhr) zu stark drosseln? Da Kohlenstoff ein Hauptbestandteil der im Holz enthaltenen Verbindungen ist, kennst du bereits eine wichtige Folge: Es würde sich statt CO_2 die Verbindung mit einem geringeren Sauerstoffanteil bilden – also das giftige CO! Neben den Kohlenstoffoxiden entstehen aber noch viele andere Stoffe bei der Verbrennung. Schließlich enthält Holz in seinen Verbindungen ja nicht nur C-Atome, sondern auch H- und O-Atome und viele weitere Atomarten. Sie alle reagieren munter untereinander, mit dem Luftsauerstoff und sogar mit den bereits entstandenen Reaktionsprodukten. Veränderungen der Reaktionsbedingungen (Verfügbarkeit der Reaktionspartner, Temperaturänderung) wirken sich auf all diese Reaktionen aus.

Bei chemisch-technischen Verfahren sind aber nur ganz bestimmte Produkte erwünscht. Diese Produkte sollen in einer »Hauptreaktion« gebildet werden, alle anderen möglichen Abläufe sind »Nebenreaktionen«, die zu unerwünschten Produkten führen.

So könnte es sein, dass die Hauptreaktion nicht die energetisch günstigste, bei Nebenreaktionen der Energieberg der Aktivierung geringer ist.

In solchen Fällen müssen Katalysatoren gefunden werden, die sich nur auf die Hauptreaktion auswirken. Es kann notwendig werden, bestimmte Reaktionsprodukte kontinuierlich aus dem Reaktionsgemisch zu entfernen, um Folgereaktionen zu verhindern.

Exotherm hin – endotherm zurück

Eine solche Folgereaktion kann interessanterweise auch die *Rückreaktion* zu den Ausgangsstoffen sein. Betrachten wir noch einmal eine exotherme Hinreaktion: Sie liefert Wärme.

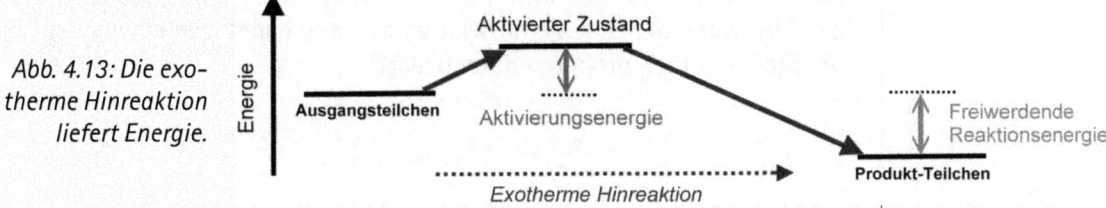

Abb. 4.13: Die exotherme Hinreaktion liefert Energie.

Die endotherme Rückreaktion kann diese Reaktionsenergie nutzen:

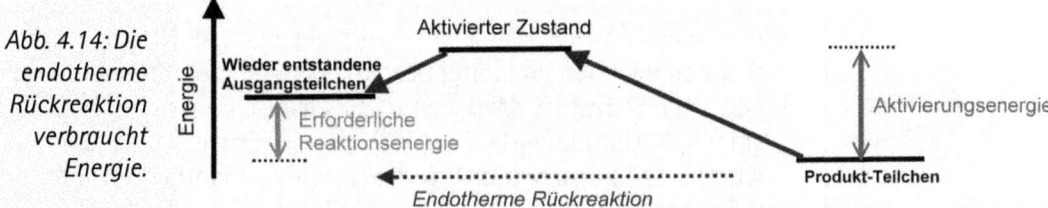

Abb. 4.14: Die endotherme Rückreaktion verbraucht Energie.

Dem Zwang ausweichen

Um diese – unerwünschte – Rückreaktion zu vermeiden, muss sowohl das Reaktionsprodukt als auch die freigesetzte Reaktionswärme (durch Kühlung) kontinuierlich *abgeführt* werden. Im umgekehrten Fall – erwünschte endotherme Hinreaktion, unerwünschte exotherme Rückreaktion – muss das Reaktionsprodukt natürlich ebenfalls fortlaufend entfernt, daneben aber kontinuierlich Reaktionswärme *zugeführt* werden.

Bereits 1885 formulierte der französische Chemiker Le Chatelier solche Gesetzmäßigkeiten, die man auch als »Prinzip des kleinsten Zwangs« bezeichnet. Zusammengefasst besagt es: Ein Reaktionssystem aus Hin- und Rückreaktion verhält sich so, dass *äußere Zwänge ausgeglichen* werden. Äußere Zwänge sind Temperatur- und Druckänderungen sowie Änderungen der Stoffzusammensetzung.

4

Es wird Wärme zugeführt, also die Temperatur erhöht? Folge: Die endotherme Teilreaktion wird gewichtiger und verbraucht diese Wärme wieder. Die Temperatur wird erniedrigt, also Wärme abgeführt? Folge: Die exotherme Teilreaktion wird angekurbelt und liefert diese Wärme wieder nach! Es werden ständig Ausgangsstoffe nachgeliefert? Folge: Die Hinreaktion bemüht sich, diese Stoffe verstärkt zu verbrauchen! Es wird ständig das Produkt entfernt? Kein Problem – auch hier bemüht sich die Hinreaktion, diese Stoffe verstärkt nachzuliefern! Und wenn bei einer chemischen Reaktion die Ausgangsstoffe und Produkte unterschiedliches Volumen haben (das ist besonders dann oft der Fall, wenn an einer Reaktion gasförmige Stoffe beteiligt sind): Was passiert, wenn der Druck erhöht wird? Dann wird verstärkt der Stoff mit dem geringeren Volumen gebildet! Was passiert, wenn der Druck erniedrigt wird? Dann bildet sich eben verstärkt der Stoff mit dem größeren Raumbedarf!

Die Ammoniaksynthese: Theorie und Praxis

Im Abschnitt *Die hilfreichen Geister: Katalysatoren* war bereits von der Ammoniaksynthese und ihren Reaktionsbedingungen die Rede.

Aus Stickstoff und Wasserstoff entsteht das Gas NH_3 in einer exothermen Reaktion und unter beachtlicher Volumenverminderung: Aus 100 Liter Stickstoff-/Wasserstoff-Gasgemisch entstehen – bei vollständiger Umsetzung! – nur 50 Liter Ammoniak-Gas. Die (unerwünschte) Rückreaktion verläuft also endotherm und unter Volumenzunahme.

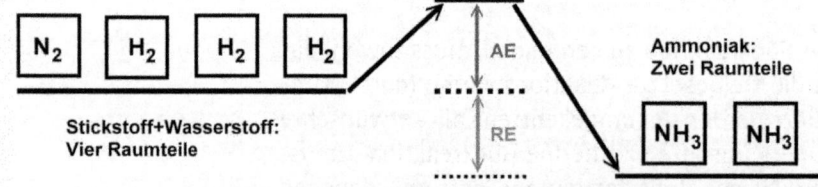

Abb. 4.15: Reaktionsschema der Ammoniak-Synthese.
AE = Aktivierungsenergie,
RE = Reaktionsenergie

Rein theoretisch ist damit alles klar: Die Reaktion sollte bei niedriger Temperatur (Begünstigung der exothermen Hinreaktion!), hohem Druck (Begünstigung der Volumen vermindernden Hinreaktion!), ständiger Zufuhr von frischem Stickstoff-/Wasserstoff-Gemisch und ständiger Entfernung des gebildeten Ammoniaks durchgeführt werden. Praktisch zeigt sich aber schnell, dass die Reaktion bei niedrigen Temperaturen überhaupt nicht abläuft – noch nicht einmal mit Unterstützung von Katalysatoren! Zu hoch ist der Berg der Aktivierungsenergie. Die Aktivierungsenergie wird auch durch Druckerhöhung nicht kleiner. Man kommt also nicht um eine Kombination von erhöhter Temperatur und erhöhtem Druck herum, auch wenn das Erstere »eigentlich« ungünstig ist. Bei 400 °C schließlich lässt sich der Effekt studieren: Bei normalem Luftdruck bestehen erst 0,4 Prozent des Gasgemisches aus Ammoniak, beim tausendfachen Luftdruck aber bereits 80 Prozent. Eine Messung beim 200fachen Luftdruck zeigt dann auch den vorhergesagten Einfluss zunehmender Temperatur: bilden sich bei 300 °C noch 63 Prozent Ammoniak, sind es bei 600 °C nur noch acht Prozent.

Praktisch heißt das alles:

> Durchführung der Ammoniak-Synthese bei ausreichender, aber möglichst niedriger Temperatur und bei so hohen Drücken, wie sie technisch realisierbar sind. Selbstverständlich werden Katalysatoren eingesetzt (ohne sie müsste die Temperatur so hoch sein, dass gar nichts ginge!), und selbstverständlich werden Ausgangsstoffe kontinuierlich zugeführt, Ammoniak kontinuierlich abgeführt. Die technische Durchführung erfolgt heute bei 500 °C, 250fachem Luftdruck und mit Eisen-Aluminium-Katalysatoren.

Zusammenfassung

In diesem Kapitel hast du gelernt

◇ dass chemische Reaktionen am Stoffumsatz und am Energieumsatz erkannt werden

◇ dass Teilchen durch Zusammenstöße energiereiche »aktivierte Zustände« bilden, aus denen dann stabile neue Atomverbände entstehen können

◇ dass ohne Zufuhr von Aktivierungsenergie chemische Reaktionen nicht beginnen können und dass Katalysatoren die Aktivierungsenergie senken

◇ dass Reaktionsfähigkeit der Ausgangsstoffe, hoher Zerteilungsgrad und gute Durchmischung den Ablauf chemischer Reaktionen begünstigen

◇ dass der Ablauf exothermer und endothermer Reaktionen aus Energiediagrammen verständlich wird

4

◇ was man unter Reaktionsenthalpie versteht und dass sie mit dem Zeichen ΔH angegeben wird

◇ dass nach der RGT-Regel die Reaktionsgeschwindigkeit bei einer Temperaturerhöhung um 10 °C verdoppelt wird

◇ welche Aussagen die Gesetze der konstanten und multiplen Proportionen machen

◇ wie Reaktionsgleichungen durch Ausgleichen der Atom-Zahlen aufgestellt werden

◇ dass bei der Optimierung chemisch-technischer Verfahren das »Prinzip des kleinsten Zwangs« angewendet wird

◇ wie bei der Ammoniak-Synthese die optimalen Reaktionsbedingungen ermittelt werden

Aufgaben

1. Nenne je zwei Beispiele besonders reaktionsfähiger und besonders reaktionsträger Elemente.

2. Warum ist die Reaktionswärme bei chemischen Reaktionen unabhängig von der Aktivierungsenergie?

3. Das Haltbarkeitsdatum auf einem Quarkbecher ist noch vier Tage entfernt. Nach welcher Zeit kann der Quark bereits verdorben sein, wenn er im Sommer aus dem Kühlschrank (2 °C) genommen und bei 32 °C in die Sonne gestellt wird?

4. Beim Abbau der Grundnährstoffe werden in deinen Körperzellen unterschiedliche Energiemengen frei: Ein Gramm Fett setzt 39 kJ frei, während sowohl Kohlenhydrate und Eiweiße jeweils 17 kJ pro Gramm freisetzen. Berechne nach den Angaben auf der Verpackung die Energiezufuhr durch eine Tafel Schokolade.

5. Warum erhält die Reaktionsenthalpie bei exothermen Vorgängen ein negatives, bei endothermen Vorgängen ein positives Vorzeichen?

6. Stickstoff und Sauerstoff bilden untereinander die Verbindungen NO, N_2O_3, NO_2 und N_2O_5. In der Verbindung NO sind Stickstoff und Sauerstoff im Massenverhältnis 7:8 enthalten. Berechne die Massenverhältnisse in den übrigen Stickstoffoxiden und zeige die Gültigkeit des Gesetzes der multiplen Proportionen.

7. Formuliere die Reaktionsgleichungen für die Bildung der genannten Stickstoffoxide.

8. Gebe bei den folgenden Angaben jeweils die Art der Teilchen sowie Art und Anzahl der enthaltenen Atome an:

   a) $2 H_2O_2$ b) $3 Ca$ c) C_3H_8 d) $2 C_2H_6$

9. Die Knallgasreaktion zur Bildung von Wasser aus Wasserstoff und Sauerstoff verläuft stark exotherm und unter Volumenverminderung. Nenne für die *Rückreaktion* die Reaktionsgleichung und die günstigsten Reaktionsbedingungen.

5
Reise ins
Innere der Atome

Das Dalton-Modell des Atoms hat uns gute Dienste geleistet – aber wir haben auch seine Grenzen kennen gelernt. Es kann uns nicht sagen, warum Edelgase wie Helium oder Neon überhaupt nicht reagieren, Elemente wie Natrium oder Chlor dagegen sehr heftig. Da wir in Kapitel 4 einen Zusammenhang zwischen der Reaktionsbereitschaft und der Stabilität (dem Energie-Zustand) der Atome hergestellt haben, können wir auch formulieren:

> Das Dalton-Modell macht keine Aussage über die Stabilität der Atome. Das ist nicht verwunderlich, denn zu Zeiten von John Dalton galten Atome als homogene Kugeln ohne jede Feinstruktur.

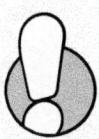

Das hat sich seither dramatisch geändert. Wir sind heute aufgrund unserer Kenntnis über das Innere der Atome in der Lage, ihre unterschiedliche Stabilität zu verstehen und begründete Aussagen über die Reaktionsfähigkeit der Elemente zu machen.

In diesem Kapitel erfährst du

◎ wie die Teilbarkeit der Atome entdeckt wurde

◎ aus welchen Teilchen Atome bestehen

◎ wie diese Teilchen im Atom angeordnet sind – und wie man darauf gekommen ist

◎ wie die Anzahlen der Atom-Teilchen bezeichnet werden und was Isotope sind

◎ was man unter Elektronenschalen versteht

◎ welcher Elektronenzustand bei den Atomen besonders beliebt ist

◎ welcher Zusammenhang zwischen dem Periodensystem und dem Bau der Atome besteht

◎ wie sich Metall- und Nichtmetallcharakter aus dem Atombau herleiten lassen

◎ dass sich Atome grundsätzlich auf drei verschiedene Arten verbinden können

◎ warum Wasser ein Dipol ist

◎ warum man Metalle verformen kann, Salze aber nicht

Atome sind teilbar!

In Kapitel 3 im Abschnitt *Die Atomvorstellung von Dalton* findest du bereits Angaben über die Größen und Massen der Atome: Drei Millionen Kupferatome in eine Reihe gelegt ergibt die Strecke von einem Millimeter; in einem Gramm Wasserstoffgas (elf Liter) sind etwa 602 Trilliarden H-Atome enthalten. Wie kann man da behaupten, Atome seien teilbar, und vor allem: Wie kann man es beweisen? Die Antwort:

Die Atome haben selbst ihre Teilbarkeit bewiesen – indem sie sich ohne äußeren Zwang (»spontan«) geteilt haben!

Der französische Physiker Henri Becquerel (1852–1908) machte im Jahr 1896 an Uranerz eine Beobachtung, die anschließend von dem polnisch-französischen Forscherehepaar Marie (1867–1934) und Pierre (1859–1906) Curie als selbstständiger, von außen nicht beeinflusster Zerfall von Atomen erkannt wurde. Uranerz sandte ständig ohne Anregung von außen eine unsichtbare, sehr energiereiche Strahlung aus, die sogar Metallfolien mühelos durchdringen konnte.

Abb. 5.1: Uranerz (Menzenschwand / Schwarzwald)

Marie und Pierre Curie untersuchten in der Folgezeit diese so genannte »Becquerel-Strahlung« und nannten sie *Radioaktivität*. Bereits 1898 konnten sie aus Uranerz ein noch sehr viel stärker strahlendes Element abtrennen, das sie *Polonium* nannten (zur Elementfamilie der Chalkogene gehörend, zu Ehren von Polen benannt). Im Jahre 1902 schließlich isolierten sie aus einer Tonne Uranerz 0,1 Gramm eines weiteren, ungewöhnlich stark strahlenden Elements, das sie *Radium* (das »Strahlende«) nannten. Es gehört zur Elementfamilie des Berylliums und der Erdalkalimetalle.

Abb. 5.2: Radiumpräparat mit Kennzeichnung

Radium-Präparat

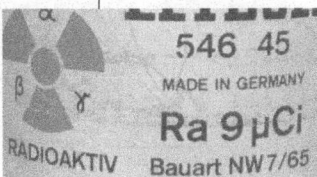

546 45
MADE IN GERMANY
Ra 9 μCi
RADIOAKTIV Bauart NW 7/65

Sie stellten fest, dass sich Radium spontan – unter Abspaltung von Helium – über Zwischenstufen in Blei umwandelt. Wie konnte das geschehen?

5

Sollten sowohl Radium als auch Helium und Blei aus gleichartigen, noch kleineren Teilchen aufgebaut sein?

Radioaktive Elemente wandeln sich unter Aussendung von Strahlung spontan in andere Elemente um.

Tabelle 5.1: Beispiele radioaktiver Element-Umwandlungen (Zerfallsreihen)

Radium → Radon → Blei (radioaktiv) → Bismut → Polonium → Blei (stabil)

Uran → Thorium → Protaktinium → Radium

Strahlung aus Teilchen

Der aus Neuseeland stammende Physiker Ernest Rutherford (1871–1937), der uns gleich im Abschnitt *Das Kern-Hülle-Modell von Rutherford* wieder begegnen wird, fand 1897 in Cambridge in der (noch »Becquerel-Strahlung« genannten) radioaktiven Strahlung zwei Strahlenarten, die nicht »lichtähnlich« – also ohne Masse – waren, sondern tatsächlich aus *Teilchen* bestanden. Er nannte sie α- und β-Strahlen, gesprochen alpha und beta (später wurden noch die »lichtähnlichen«, viel energiereicheren γ-Strahlen – gamma – entdeckt). Woher sollten diese Teilchen stammen? Es konnten doch nur Bruchstücke von Atomen sein! Atome waren also teilbar – sie teilten sich sogar selbst! Die Physiker sprachen vom »radioaktiven Zerfall der Atome«.

Die als Teil der radioaktiven Strahlung auftretenden α- und β-Strahlen bestehen aus Teilchen, die aus dem Zerfall der Atome stammen. Bei diesem Zerfall wandeln sich Atome in andere Atomarten um. Damit ist bewiesen, dass Atome aus noch kleineren, untereinander gleichartigen Teilchen aufgebaut sind. Man nennt sie *Elementarteilchen*.

Bereits 1892 hatte der junge deutsche Physiker Philipp Lenard (1862–1947) an der Universität Bonn Entdeckungen gemacht, die in dieselbe Richtung gingen – und noch viel weiter führten. Er untersuchte so genannte *Kathodenstrahlen*, die bei hohen elektrischen Spannungen vom Minuspol der Ladung ausgehen können, und identifizierte sie als *Teilchenstrahlung*. Es stellte sich später heraus, dass sie in ihrer Art mit den radioaktiven β-Strahlen identisch waren. Diese Teilchen durchdrangen eine Metallfolie völlig problemlos.

Lenard schloss aus seinen Beobachtungen bereits im Jahr 1903 – acht Jahre vor seinem berühmten Kollegen Ernest Rutherford –, dass Atome leeren Raum enthalten müssen.

John Dalton war noch von »homogenen Kugeln« ausgegangen – über die Entdeckung der Teilbarkeit der Atome hinaus wies Philipp Lenard damit den Weg zur Erforschung ihrer Feinstruktur.

Die Elementarteilchen

Im Vorgriff auf die historische Entwicklung will ich bereits an dieser Stelle die wesentlichen Elementarteilchen nennen, aus denen Atome bestehen.

Die winzigen Massen der Atome wurden bereits mehrfach erwähnt; Elementarteilchen – also Teile der Atome – haben natürlich noch kleinere Massen. Es ist äußerst unpraktisch, diese Massen in der Einheit Gramm anzugeben. Zum Vergleich: Wer käme schon auf die Idee, die Masse einer Bettfeder in der Einheit Tonne anzugeben? Eine Bettfeder hätte danach (ungefähr) die Masse 0,0000012 t. In Gramm dagegen lautet die Angabe der Masse 1,2 g. Bei den Atomen und Elementarteilchen haben wir allerdings das Problem, dass selbst eine Angabe in Milligramm (tausendstel Gramm) noch viel zu unhandlich wäre.

»unit« – die Atommasseneinheit

Gelöst wurde dieses Problem durch die Neu-Definition einer passenden, sehr kleinen Masseneinheit: Die Masse aller Atome und Elementarteilchen werden mit dem zwölften Teil der Masse eines Kohlenstoff-Atoms verglichen. Kohlenstoff enthält in seinem Atom zwölf der schwereren Elementarteilchen, die du gleich kennen lernen wirst, und Kohlenstoff ist das Element mit den meisten Verbindungen (»der Herrscher der organischen Chemie«). Diese neue Einheit wird *Atommasseneinheit* oder kurz »u« (für unit = Einheit) genannt; die entsprechende Masse in Gramm ausgedrückt ist natürlich winzig:

Atommasseneinheit $1\ u = 1{,}66054 * 10^{-24}\ g$

1 u ist die Masse des zwölften Teils eines Kohlenstoff-Atoms.

Die Angabe 1,66054 * 10^{-24} g kann leicht in eine Kommazahl umgewandelt werden: 10^{-24} steht für $1/10^{24}$ oder 0,000000000000000000000001. Die hochgestellte Zahl bezeichnet die Stellen hinter dem Komma.

Doch jetzt die Elementarteilchen:

Tabelle 5.2: Elementarteilchen mit Symbol, Ladung und Masse

Name	Symbol	Ladung	Masse
Neutron	n	Ohne Ladung	1,0087 u
Proton	p^+	Positiv	1,0073 u
Elektron	e^-	Negativ	1/1822 u

Neutronen wurden erst im Jahr 1932 entdeckt; sie können in Protonen und Elektronen zerfallen. Die fehlende Ladung erklärt sich aus dieser Zusammensetzung (Ladungsausgleich).

Elektronen sind damit im Vergleich zu den Protonen und Neutronen absolute Winzlinge, haben aber eine gleich große – entgegengesetzte – Ladung wie die Protonen. Sie tragen zur gesamten Masse der Atome nur in äußerst geringem Maße bei. Im Helium-Atom beispielsweise machen sie nur etwa den dreitausendsiebenhundertsten Teil davon aus.

Da Atome *als Ganzes* ungeladen sind (sonst wären alle Stoffe geladen!), müssen sie zum Ladungsausgleich gleich viele Protonen und Elektronen enthalten.

Das ist jedenfalls der Regelfall. In den nächsten Unterkapiteln wirst du erfahren, dass es von dieser Regel Ausnahmen gibt.

Der Vollständigkeit halber sei noch die Zusammensetzung der Teilchen in radioaktiver α- und β-Strahlung angegeben:

◇ α-Teilchen bestehen aus zwei Protonen und zwei Neutronen.

◇ β-Teilchen sind Elektronen.

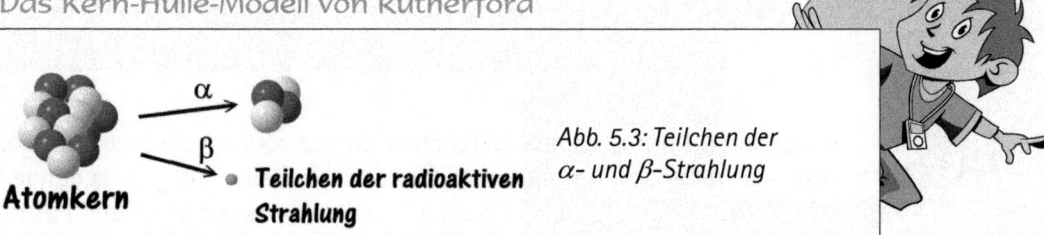

Abb. 5.3: Teilchen der
α- und β-Strahlung

Atomkern → α → **Teilchen der radioaktiven Strahlung**
→ β →

Aus welchem Teil des Atoms stammen diese Teilchen? Anders gefragt: Wie sind die Elementarteilchen dort angeordnet? Mit dieser *Feinstruktur* der Atome werden wir uns jetzt befassen.

Das Kern-Hülle-Modell von Rutherford

Es dürfte wohl das berühmteste Experiment der Chemiegeschichte sein: der 1911 durchgeführte »Streuversuch« von Ernest Rutherford. Nach der damals gängigen Atomvorstellung von Philipp Lenard ging Rutherford von einem weitgehend leeren Atom aus. Zur Überprüfung suchte er ein möglichst dünnes Material, um es mit α-Strahlen (bestehend aus zwei Protonen und zwei Neutronen) zu beschießen. Als Strahlenquelle sollte das Element Radium benutzt werden. Das dünnste Material, das er finden konnte, war Goldfolie. Gold ist das mit Abstand am besten verformbare Element. Die Folie, die er schließlich benutzte, war nur wenige tausend Goldatome dick. Die Erwartung von Rutherford, basierend auf dem Atommodell von Lenard: Eine so dünne Goldfolie müssten die α-Teilchen ungehindert durchdringen. Das taten sie auch – aber eben nur *fast* alle! Einige wenige Teilchen wurden abgelenkt, noch viel weniger Teilchen wurden sogar total reflektiert. Was konnte der Grund sein?

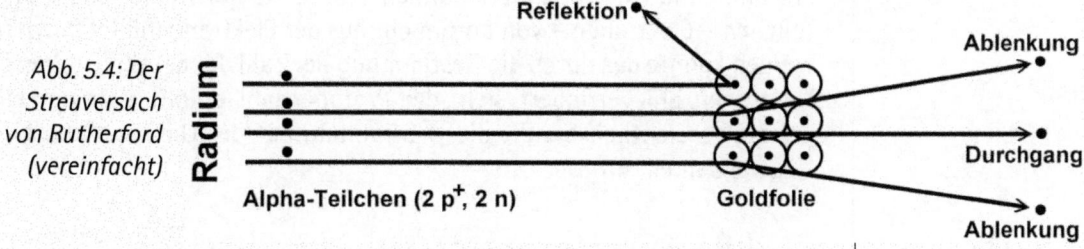

Abb. 5.4: Der
Streuversuch
von Rutherford
(vereinfacht)

Die Abbildung gibt natürlich nur das Prinzip, nicht die tatsächlichen Verhältnisse wieder. Die Goldfolie war zwischen 2000 und 5000 Goldatome dick, es wurde nur etwa jedes zehn- bis zwanzigtausendste α-Teilchen reflektiert.

Winzige Kerne – leerer Raum

Einige wenige positiv geladene Teilchen wurden also abgelenkt oder sogar zurückgeworfen. Aufgrund der Abstoßung gleichnamiger Ladungen schloss Rutherford auf die Existenz winzig kleiner, kompakter und positiv geladener Teilchen im Atom. Diese Teilchen mussten von einem »riesigen«, fast leeren Raum umgeben sein. Elektronen als die mit Abstand kleinsten und negativ geladenen Atombestandteile konnten damit nur in diesem »riesigen« Raum um die kleinen, festen und positiven Teilchen zu finden sein. Das Kern-Hülle-Modell war geboren!

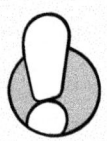

Kern-Hülle-Modell von Ernest Rutherford: Atome bestehen aus einem kleinen, festen und positiv geladenen Kern, der die Protonen und Neutronen (*Kernbausteine*) enthält und *Atomkern* genannt wird. Er enthält fast die gesamte Masse des Atoms.

Die Elektronen halten sich in einer sehr viel größeren und insgesamt fast leeren Hülle um die Atomkerne auf, die *Elektronenhülle* genannt wird.

Das gesamte Atom ist etwa 100.000 Mal so groß wie der Atomkern.

Es gibt viele Vergleiche, um diese Größenverhältnisse anschaulich zu machen. Zum Beispiel diesen: Wenn eine kleine Glasperle von 0,2 cm Durchmesser, in das Zentrum der Dortmunder Westfalenhalle gelegt, den Atomkern darstellen würde, dann müsste das Gesamtatom etwa so groß wie die ganze Halle sein.

Die bei radioaktiver Strahlung abgegebenen α-Teilchen können nach diesem Atommodell nur aus dem Atomkern stammen. Nur dort finden wir Protonen und Neutronen. Erstaunlicherweise stammen aber auch die β-Teilchen – Elektronen – von dort, nicht aus der Elektronenhülle! Bewiesen werden konnte das durch die Bestimmung der Zahl der Kernbausteine: Die Neutronenzahl verringert sich, die Protonenzahl erhöht sich um eins. Ganz offensichtlich beruht die β-Strahlung auf der Umwandlung eines Neutrons in ein Proton.

Sowohl die α-Teilchen als auch die β-Teilchen der radioaktiven Strahlung stammen aus dem Atomkern.

Die Kathodenstrahlen, mit denen Philipp Lenard experimentierte (Abschnitt *Strahlung aus Teilchen*) und mit denen er schon *vor* Rutherford Erkenntnisse über den Atombau gewann, bestanden zwar ebenfalls aus Elektronen, diese stammten aber aus der Elektronenhülle.

Neutronen – der Kitt im Kern

Neutronen als Kernbausteine haben – neben der Erzeugung von β-Strahlen – noch weitere Funktionen:

Da sich gleichnamige Ladungen abstoßen, müsste ein nur aus Protonen bestehender Atomkern sofort auseinander fliegen. Neutronen verhindern dies sehr wirksam wie eine Art »Kitt«. Die Kräfte, die dadurch den Atomkern zusammenhalten, sind so groß, dass er sich bei chemischen Reaktionen nicht verändert.

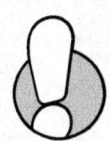

Damit muss die Ursache chemischer Eigenschaften in der *Elektronenhülle* zu finden sein, Veränderungen durch chemische Reaktionen müssen *dort* stattfinden. Auch durch diese Erkenntnis war das Kern-Hülle-Modell von Rutherford bahnbrechend für die weitere wissenschaftliche Entwicklung. Doch erinnern wir uns an dieser Stelle an Jahrtausende alte Sätze, zum Teil bereits in Kapitel 1 zitiert:

»Nach allgemeiner Übereinkunft gibt es Süßes und Bitteres, Heißes und Kaltes, und nach allgemeiner Übereinkunft gibt es Ordnung. In Wahrheit gibt es Atome und eine Leere.« (Demokrit, 460–371 v. Chr.)

Masse ist nicht alles – die Ordnungszahl

In Kapitel 3 habe ich die Atomvorstellung von John Dalton beschrieben und bereits auf einige – aus heutiger Sicht – veränderungsbedürftige Punkte hingewiesen. So sind nach Dalton die Atome eines Elements untereinander gleich und unterscheiden sich von den Atomen anderer Elemente z.B. in ihrer Masse. Das erwies sich aber als unzutreffend, wie du in Kapitel 3 erfahren hast. Wir kennen heute beispielsweise drei verschiedene Atomarten des Wasserstoffs, deren Massen zueinander im Verhältnis 1:2:3 stehen und die exakt die entsprechende Anzahl von Kern-

bausteinen enthalten, nämlich einen, zwei oder drei! Andererseits enthalten die Atome von Bismut (früher Wismut genannt) und Polonium gleich viele – nämlich 209 – Kernbausteine. Sie sind damit annähernd gleich schwer.

Trotzdem haben die Elemente Bismut und Polonium unterschiedliche chemische und physikalische Eigenschaften, sind also tatsächlich verschiedene Elemente. Und die drei Wasserstoff-Arten haben durchaus gleiche chemische Eigenschaften (sie unterscheiden sich durch den großen Massenunterschied ihrer Atome allerdings in physikalischer Hinsicht), gehören also tatsächlich zum gleichen Element.

In Kapitel 2 (*Trennen mit System*) war auch von unterschiedlichen »kleinsten Teilchen« des Urans die Rede. Die leichtere Atomart des Urans, die für Atomreaktoren und Atombomben gleichermaßen benutzt werden kann, besitzt 235 Kernbausteine und damit etwa 98,7% der Masse der schwereren und viel häufigeren Uran-Atomart mit 238 Kernbausteinen.

Atome und Isotope

Wir wissen heute, dass bei chemischen Reaktionen Veränderungen in der Elektronenhülle stattfinden. Die chemischen Eigenschaften der Elemente müssen also auf dem Zustand ihrer Elektronenhülle beruhen. Dieser Zustand wird maßgeblich von der Zahl der Elektronen bestimmt (siehe Abschnitt *Das Kern-Schale-Modell von Niels Bohr*). Prüfen wir also die Wasserstoff-, Bismut-, Polonium- und Uran-Atome daraufhin. Tatsächlich: Alle Wasserstoff-Atomarten haben genau ein Elektron in ihrer Hülle. Alle Uran-Atome haben 92 Elektronen. Aber Bismut-Atome haben 83 Elektronen, Polonium-Atome dagegen 84!

Alle Atome eines Elements haben (im Normalzustand) die gleiche Anzahl von Elektronen und damit auch die gleiche Anzahl von Protonen.

Da – wie erwähnt – die Protonenzahl zum Ladungsausgleich der Elektronenzahl entsprechen muss, können wir den Aufbau der Atomkerne der genannten Atom-Arten angeben:

Element	Andere Bezeichnung	Protonen-zahl	Neutronen-zahl
Wasserstoff (leicht)	Wasserstoff	1	0
Wasserstoff (mittel)	Deuterium	1	1
Wasserstoff (schwer)	Tritium	1	2
Bismut	Bismut	83	126
Polonium	Polonium 209	84	125
Uran (leichter)	Uran 235	92	143
Uran (schwerer)	Uran 238	92	146

Tabelle 5.3: Atomkerne ausgewählter Atom-Arten

Atom-Arten (wissenschaftliche Bezeichnung: *Nuklide*), die zum *gleichen* Element gehören, nennt man *Isotope*. Isotope haben im Atomkern die gleiche Anzahl von Protonen, aber unterschiedlich viele Neutronen.

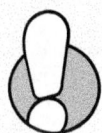

Abb. 5.5: Atomkerne der Wasserstoff-Isotope

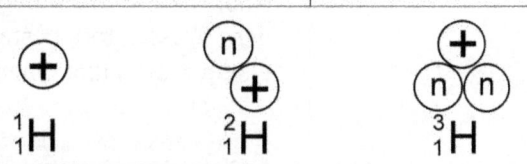

Die Bezeichnung von Isotopen mit unterschiedlichen Namen ist nur bei Wasserstoff üblich, weil hier die Massenunterschiede so groß sind. Üblicherweise werden sie in Kurzform durch Zahlen-Zusätze zum Elementsymbol gekennzeichnet. Bismut gehört übrigens zur Minderheit der Elemente, die in der Natur nur mit einem einzigen (hier angegebenen) Nuklid auftreten. Man nennt solche Elemente, 21 an der Zahl, auch *Reinelemente*, alle anderen *Mischelemente*. Mischelemente können in ihrem natürlichen Vorkommen bis zu zehn Isotope enthalten (Zinn).

Abb. 5.6: Kennzeichnung der Nuklide

Massenzahl
$= p^+ + n$

$^{4}_{2}\mathrm{He}$

Ordnungszahl
$= p^+ (= e^-)$

Massenzahl
$= p^+ + n$

$^{12}_{6}\mathrm{C}$

Ordnungszahl
$= p^+ (= e^-)$

Bei gegenwärtig 115 bekannten Elementen gibt es damit die Ordnungszahlen eins bis 115 – von Wasserstoff (H) bis Ununpentium (Uup). Von Element zu Element kommt jeweils ein Proton und ein Elektron (und eine unterschiedliche Zahl von Neutronen) hinzu. Jede ursprünglich vorhan-

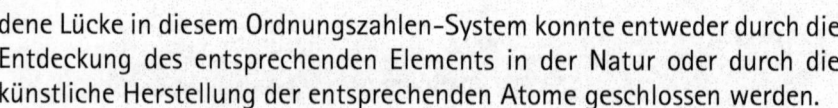

dene Lücke in diesem Ordnungszahlen-System konnte entweder durch die Entdeckung des entsprechenden Elements in der Natur oder durch die künstliche Herstellung der entsprechenden Atome geschlossen werden.

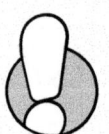

Noch einmal zusammengefasst:

◇ Massenzahl = Protonenzahl + Neutronenzahl

◇ Ordnungszahl = Protonenzahl

◇ Neutronenzahl = Massenzahl – Ordnungszahl

◇ Alle Atome eines Elements haben dieselbe Ordnungszahl.

Kinder des Weltalls

Eine kleine Abschweifung an dieser Stelle: In Kapitel 3 hast du erfahren, dass Wasserstoff und Helium die im Weltall bei weitem häufigsten Elemente sind – nicht jedoch auf der Erde. Und du hast gelernt, dass Wasserstoff das »erste Element« darstellt, aus dem alle anderen entstanden sind. Diese Feststellung ist nach Kenntnis der Atombausteine verständlich: Wasserstoff besteht (in der häufigsten Isotopenart) lediglich aus einem Proton und einem Elektron.

Durch Verschmelzung von Wasserstoff-Atomen (Kernfusion) entstehen schwerere Atom-Arten. Das geschieht ständig in den Sonnen des Weltalls – auch in unserer Sonne! Am Ende des Lebenszyklus der Sonnen steigen die Temperaturen so stark an, dass sogar die sehr schweren Elemente gebildet werden können. In einem letzten Aufbäumen – einer Supernova-Explosion – schleudern die sterbenden Sonnen diesen Elementstaub in das Weltall. Dort können sich daraus Planeten bilden – wir leben auf einem davon. Jedes einzelne Atom in unserem Körper, in unserer Umgebung wurde einst in einem Stern erzeugt. Wir sind tatsächlich »Kinder des Weltalls«, wie einmal der Titel eines Buches lautete.

Protonenzahl = Ordnungszahl

Aber warum heißt jetzt auf einmal die *Protonen*zahl »Ordnungszahl«? Wenn doch die chemischen Eigenschaften der Elemente von ihrer *Elektronen*zahl abhängen, wäre es da nicht gerechter, *dieser* den Ehrentitel »Ordnungszahl« zu verleihen?

Dazu ist erstens zu sagen, dass die Elektronenzahl (normalerweise) sowieso genauso groß ist wie die Protonenzahl. Zweitens nimmt der

Atomkern, wie du gerade gelesen hast, an chemischen Reaktionen nicht teil. Bei diesen Reaktionen kommt es aber zu Veränderungen der Elektronenhülle. Drittens muss man den historischen Hintergrund kennen: Im Jahr 1913 existierte bereits das von Dimitri Mendelejew entwickelte Periodensystem (in Kapitel 3 erstmals vorgestellt). Allerdings lagen diesem Periodensystem noch keine Kenntnisse des Atombaus zugrunde; es enthielt deshalb noch einige Ungereimtheiten in der Reihenfolge der Elemente. Dem Physiker Henry Moseley (1887–1915) gelang es jedoch 1913 und 1914, durch Untersuchungen an Röntgenstrahlen diese Ungereimtheiten zu beseitigen. Die von ihm ermittelten tatsächlichen *»(An)Ordnungs«*zahlen stimmten aber mit den Kernladungszahlen überein, die Ernest Rutherford aus seinen Streuversuchen ermittelt hatte. Und so wurde der Kernladungszahl, also der Protonenzahl, die Ehre zuteil, als Ordnungszahl bezeichnet zu werden ...

Krumme Zahlen: Atommassen und Isotopengemische

Bei allen Mischelementen, also der großen Mehrzahl aller Elemente, finden wir in Tabellen »krumme« (nicht ganzzahlige) Atommassen. Zum Beispiel: Bor 10,8; Chlor 35,45; Magnesium 24,3; Wasserstoff 1,008. Du weißt ja bereits, dass die Atommassen in der Einheit u (unit; 1 u = $1,66054 * 10^{-24}$ g) angegeben werden und dass diese Einheit dem zwölften Teil der Masse eines Kohlenstoff-Atoms entspricht. Abbildung 5.6 zeigt den Aufbau des C-Atoms (da C ein Mischelement ist, können wir inzwischen genauer formulieren: des C-Isotops 12). Es enthält zwölf Kernbausteine. Eine unit entspricht also ziemlich genau der Masse eines Kernbausteins (Mittelwert aus Protonen- und Neutronenmasse). Die Massenzahl gibt die Zahl dieser Kernbausteine an.

Natürlich enthalten die Atome der Mischelemente keine zehntel Protonen oder hundertstel Neutronen:

Die Atommassen in Tabellen sind bei Mischelementen *nach dem Isotopenanteil gewichtete Durchschnittszahlen.*

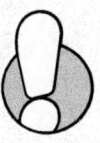

Beispiel Bor: ca. 80% der Bor-Atome haben die Massenzahl 11, ca. 20% die Massenzahl 10. Die *Anteile* betragen also 0,8 und 0,2; damit müssen die jeweiligen Atommassen gewichtet werden.

Berechnung: (0,8 * 11 u) + (0,2 * 10 u) = 8,8 u + 2,0 u = 10,8 u

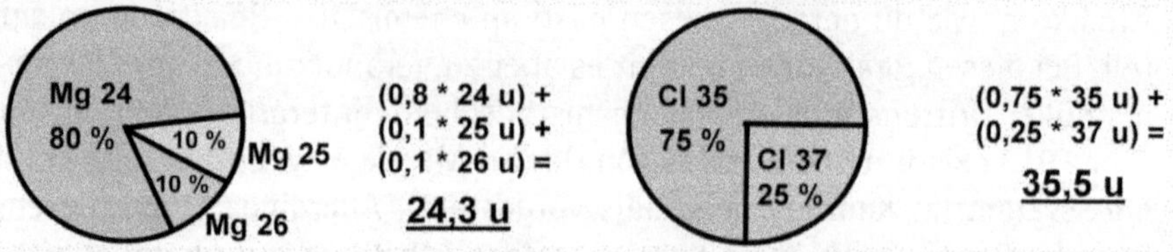

$(0,8 * 24\ u) +$
$(0,1 * 25\ u) +$
$(0,1 * 26\ u) =$

24,3 u

Mg 24
80 % 10 % Mg 25
10 %
Mg 26

Cl 35
75 %
Cl 37
25 %

$(0,75 * 35\ u) +$
$(0,25 * 37\ u) =$

35,5 u

Abb. 5.7: Berechnungsbeispiele gewichteter Atommassen bei Isotopengemischen

Aber du weißt bereits, dass die Ursache chemischer Eigenschaften in der *Elektronenhülle* zu finden sein muss, Veränderungen durch chemische Reaktionen *dort* stattfinden müssen. Verlassen wir also den Atomkern; er ist eher das Arbeitsgebiet der Kernphysiker. Für uns stehen jetzt andere Fragen im Vordergrund: Hat die (verhältnismäßig) riesige Hülle der Atome eine je nach Atomart andere Struktur? Kann sie die chemischen Unterschiede zwischen den Elemente erklären?

Das Kern-Schalen-Modell von Niels Bohr

Ich weiß nicht, ob es in der dänischen Hauptstadt Kopenhagen im Jahr 1913 bereits üblich war, Fußgängerüberwege mit gelb leuchtenden Natriumdampflampen zu kennzeichnen (gab es diese Lampen damals überhaupt schon?). Es wäre jedenfalls eine schöne Geschichte. Denn in diesem Jahr entwickelte in Kopenhagen der Physiker Niels Bohr (1885–1962) sein Atommodell, mit dessen Hilfe viele Rätsel rund um das Atom gelöst werden konnten. Und die Anregung dazu erhielt er durch das Licht, das Atome unter Energiezufuhr ausstrahlen – zum Beispiel das gelbe Licht des Natriums. Auch andere Alkali- und Erdalkalimetalle zeigen z.B. in einer heißen Flamme (»Flammenfärbung«) diese wunderschönen Farben: Lithium ein kräftiges Rot, Kalium eher Violett, Calcium und Strontium unterschiedliche Rot-Töne, Barium eine grünliche Farbe. Rot kommt also mehrfach vor, und das zeigt schon die Notwendigkeit, sich bei der Untersuchung dieser Farb-Abstrahlungen nicht nur auf das Auge zu verlassen. Der Physiker spricht übrigens von »Emission« – die Atome der farbenfrohen Elemente sind selbst die Quelle des Lichts, sie reflektieren oder absorbieren nicht nur die Strahlung anderer Lichtquellen.

»Lichttrennung« und Energiestufen

Licht ist oft nichts anderes als eine Farbmischung. Im Regenbogen wird das weiße Licht der Sonne »getrennt« – und was sehen wir? Ein buntes

Spektrum von Rot über Orange bis Gelb, Grün, Blau und Violett. Zusammen ergeben sie wieder Weiß (additive Farbmischung). Hätten wir anders gebaute Augen, könnten wir neben Rot (»Infrarot«) und neben Violett (»Ultraviolett«) noch weitere Farben sehen; technisch sind solche »Augen« durchaus realisierbar.

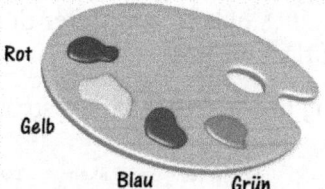

Abb. 5.8: Eine andere Art der Farbmischung!

Auch der Maler mischt Farben - aber nach einem anderen Prinzip: Alle Farben zusammen ergeben bei ihm Schwarz! (Subtraktive Farbmischung)

Glasprismen können Licht noch weitaus besser in Farben zerlegen als die Wassertröpfchen im Regenbogen.

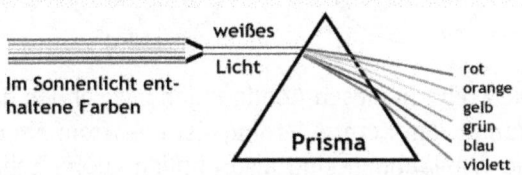

Abb. 5.9: Zerlegung der Farben des weißen Sonnenlichts durch ein Prisma (ergibt das sichtbare Spektrum des Sonnenlichts)

Aufspaltung in die Spektralfarben durch unterschiedlich starke Brechung

Das Interessante an dieser Aufspaltung (Spektralanalyse) ist der Zusammenhang mit der Energie des Lichts: Jedes einzelne farbige Licht, ja jeder Farbton steht für eine andere Energie. Sie nimmt im sichtbaren Bereich von Rot nach Violett zu.

Bei der Untersuchung des farbigen Lichts aus energetisch angeregten Atomen zeigten sich ganz bestimmte »Farblinien«, die entsprechend für ganz bestimmte Energiebeträge standen.

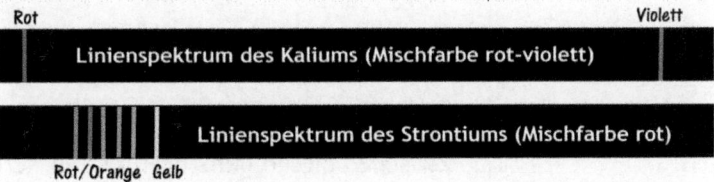

Abb. 5.10: Die Linienspektren des Lichts, das von angeregten Alkali- und Erdalkalimetallen ausgeht, zeigen die Energiestufen.

Energiestufen und Elektronensprünge

Niels Bohr hatte die geniale Idee, diesen Energiestufen des Lichts ganz bestimmte »Sprünge« der Elektronen in der Hülle zuzuordnen. Je mehr Elektronen ein Atom besaß, desto vielfältiger sollten diese »Sprungmöglichkeiten« sein. Kalium mit seinem einfacheren Spektrum besitzt 19 Elektronen, Strontium dagegen mit 38 Elektronen doppelt so viele. Wenn aber

Elektronen in der Hülle »springen« müssen, dann kann das nur heißen, dass sie sich nicht in beliebigen Abständen vom Atomkern aufhalten können, sondern nur in ganz bestimmten. Da sie vom Atomkern angezogen werden (entgegengesetzte Ladungen), bedeutet größere Nähe zum Kern weniger Energie, größere Entfernung mehr Energie. Auf einem Schemel stehend hast auch du, von der Erde angezogen, weniger Energie als auf der Spitze eines hohen Turms! Der Unterschied würde beim Runterfallen schnell deutlich werden!

Die Deutung der Spektren kann also bildlich so dargestellt werden:

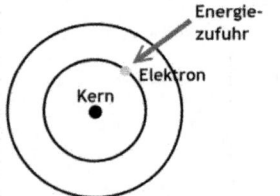
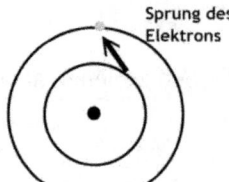
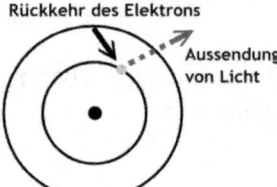

Abb. 5.11: Zustandekommen der Emissionsspektren durch Elektronensprünge

Die Kreise in diesen Abbildungen bezeichnen die erlaubten Elektronenabstände vom Kern. Allerdings ist das Atom ein dreidimensionales Gebilde; die Abbildungen sind also ähnlich zu verstehen wie Schnittbilder einer Zwiebel (und sie sind natürlich nicht maßstabsgetreu – das Gesamt-Atom ist schließlich 100.000fach größer als der Kern).

> Deutung von Niels Bohr: Durch Energiezufuhr von außen springen die Elektronen auf einen größeren Abstand zum Atomkern. Anschließend kehren sie wieder auf den vorherigen geringeren Kernabstand zurück und geben dabei den zugeführten Energiebetrag in Form von Licht ganz bestimmter Farbe (das heißt ganz bestimmter Energie) wieder ab.

Verbotene Zonen

Zwischen diesen ganz bestimmten Kernabständen können sich die Elektronen offensichtlich nicht aufhalten – das sind verbotene Zonen! Aus dieser Überlegung entwickelte Bohr sein Schalenmodell: Die »erlaubten« Kernabstände, auf denen sich die Elektronen aufhalten durften, nannte er *Schalen*, wie bei einer Zwiebel. Klar war auch, dass sich die Elektronen auf ihrer »Schale« sehr schnell bewegen mussten, da sie sonst aufgrund der Anziehung sofort in den Atomkern stürzen würden. Man vergleicht diese schnelle Kreisbewegung der Elektronen oft mit der Bewegung der Plane-

ten in Bahnen um die Sonne (bei Beendigung dieser Bewegung müssten sie aufgrund der Schwerkraft sofort in die Sonne stürzen).

> Kern-Schalen-Modell von Niels Bohr: Die Elektronen können sich nur in ganz bestimmten Kernabständen aufhalten. Diese erlaubten Abstände werden Schalen oder *Elektronenschalen* genannt. Auf diesen Schalen bewegen sich die Elektronen mit hoher Geschwindigkeit um den Atomkern. Bohr erkannte sieben solcher Schalen, die von innen nach außen zunehmende Energie besitzen und in dieser Reihenfolge entweder mit den Zahlen 1 bis 7 oder mit den Großbuchstaben K bis Q bezeichnet werden.

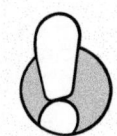

Reservierte Plätze

Aber das war noch nicht alles: Niels Bohr berechnete auch die maximal mögliche Zahl von Elektronen auf den einzelnen Schalen. Auf der innersten und damit kleinsten haben nur zwei Elektronen Platz, auf der äußersten, der Schale Nr. 7 oder der Q-Schale, könnten es sogar 98 Elektronen sein!

> Die Formel zur Berechnung der maximalen Elektronenzahl auf einer Schale ist denkbar einfach: Wenn wir mit dem Buchstaben n die Schalennummer bezeichnen, ergibt sich diese maximale Zahl durch die Formel $2 * n^2$ – das heißt $2 * n * n$.

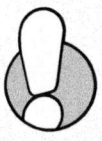

Schalen-Nummer	Buchstabe	Maximale Besetzung: $2 * n^2$
1	K	2
2	L	8
3	M	18
4	N	32
5	O	50
6	P	72
7	Q	98

Tabelle 5.4: Maximale Besetzung der Elektronenschalen nach Bohr

Die Summe all dieser »maximalen Besetzungen« ist 280. Bei insgesamt nur 115 bekannten Elementen, die sich jeweils – beginnend bei einem Elektron – um ein hinzukommendes Elektron unterscheiden, sind aber nur

115 Plätze zu vergeben. Die maximale Besetzung wird nur bis zur vierten Schale wirklich ausgenutzt – und auch das oft (nach komplizierten Regeln!) nur nachträglich, nachdem sich bereits Elektronen auf »höheren« Schalen befanden. So wird die siebte Elektronenschale bereits bei Element 87 (Francium) erreicht und bei Element 88 (Radium) mit einem weiteren Elektron bestückt. Die weitere Auffüllung erfolgt dann aber erst bei den künstlichen Elementen 113 bis 115. Bei den dazwischen liegenden Elementen 89 bis 112 werden die hinzukommenden Elektronen auf die »inneren« Schalen 5 und 6 platziert. Es würde allerdings den Rahmen dieses Buches sprengen, diese Regeln genauer zu betrachten. Jedoch – *eine* Regel wirst du in diesem Zusammenhang gleich kennen lernen, und die musst du dir *unbedingt* merken!

Die ersten 18 Atome

Jedenfalls für diese ersten Atome können wir bereits die Verteilung der Elektronen auf die Schalen – die *Elektronenkonfiguration* – angeben:

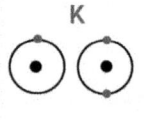 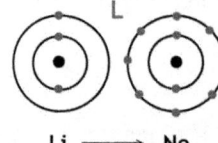 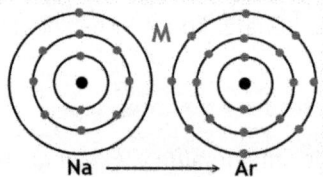

Abb. 5.12: Elektronenkonfiguration von Wasserstoff bis Argon

Auf der M-Schale wäre noch Platz für weitere zehn Elektronen. Aber es geht zunächst ganz anders weiter:

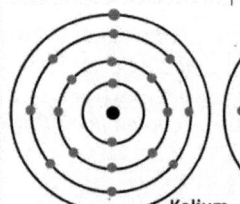 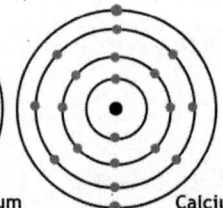 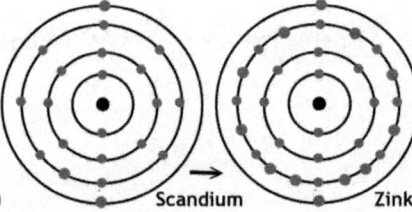

Abb. 5.13: Elektronenkonfiguration von Kalium bis Zink

Obwohl die M-Schale noch nicht gefüllt ist, werden die hinzukommenden Elektronen auf die noch weiter vom Kern entfernte N-Schale platziert. Erst nachdem (bei Calcium-Atomen) diese neue Schale zwei Elektronen enthält, wird die M-Schale bis zum maximalen Fassungsvermögen von 18 Elektronen aufgefüllt.

Die Elektronenkonfigurationen bereits beschriebener und weiterer Atome kann auch übersichtlich in Tabellenform dargestellt werden:

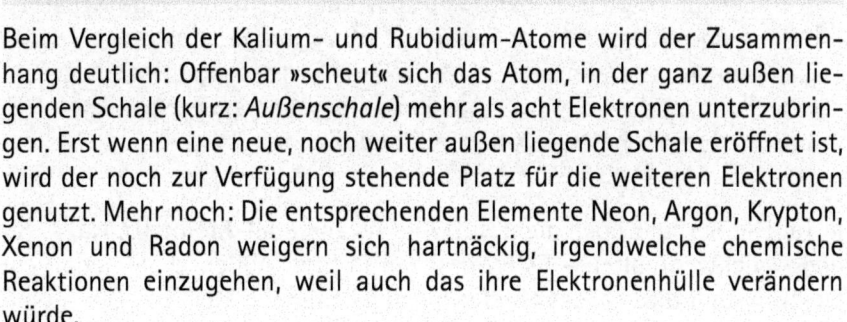

Element	K-Schale	L-Schale	M-Schale	N-Schale	O-Schale
Wasserstoff	1				
Helium	2				
Lithium	2	1			
Beryllium	2	2			
Sauerstoff	2	6			
Fluor	2	7			
Neon	2	8			
Natrium	2	8	1		
Magnesium	2	8	2		
Schwefel	2	8	6		
Chlor	2	8	7		
Argon	2	8	8		
Kalium	2	8	8	1	
Calcium	2	8	8	2	
Scandium	2	8	9	2	
Zink	2	8	18	2	
Gallium	2	8	18	3	
Selen	2	8	18	6	
Brom	2	8	18	7	
Krypton	2	8	18	8	
Rubidium	2	8	18	8	1
Strontium	2	8	18	8	2

Tabelle 5.5: Elektronenkonfigurationen bis Element 37 (mit Kennzeichnung von Edelgasen und Alkalimetallen)

Beim Vergleich der Kalium- und Rubidium-Atome wird der Zusammenhang deutlich: Offenbar »scheut« sich das Atom, in der ganz außen liegenden Schale (kurz: *Außenschale*) mehr als acht Elektronen unterzubringen. Erst wenn eine neue, noch weiter außen liegende Schale eröffnet ist, wird der noch zur Verfügung stehende Platz für die weiteren Elektronen genutzt. Mehr noch: Die entsprechenden Elemente Neon, Argon, Krypton, Xenon und Radon weigern sich hartnäckig, irgendwelche chemische Reaktionen einzugehen, weil auch das ihre Elektronenhülle verändern würde.

Acht ist ideal

Nun sind Atome zwar aus der Sicht der Naturwissenschaftler tatsächlich »scheue Wesen« – dass Atome aber denken können, hat noch keiner behauptet. Die genannte Scheu muss also andere Gründe haben. Richtschnur für ihr Verhalten ist die *Energie*; in Kapitel 4 war ausführlich davon die Rede.

Ein Zustand mit acht Außenelektronen hat offenbar eine so niedrige Energie, dass die Atome daran unbedingt festhalten möchten:

Die *Außenschale* der Atome enthält – unabhängig von ihrem maximalen Fassungsvermögen – höchstens *acht* Elektronen (Oktettregel).

Die ersten beiden *weiteren* Elektronen werden deshalb in jedem Fall auf einer neuen, weiter außen liegenden Schale untergebracht, auch wenn auf der Oktett-Schale (nach der Formel $2 * n^2$) noch Platz für weitere Elektronen wäre.

Krypton, Xenon und Radon konnten erst ab 1962 mit viel Aufwand zu chemischen Reaktionen gezwungen werden (und auch das nur mit dem aggressivsten aller Elemente, mit Fluor). Bei Neon und Argon aber versagten alle Künste – und auch bei Helium ist es niemals gelungen. Die genannten Elemente sind uns bereits als Edelgase bekannt. Und sie haben in ihrem Atombau Gemeinsamkeiten: Entweder sie haben in der K- und L-Schale bereits eine vollständig, das heißt mit zwei oder acht Elektronen gefüllte Außenschale, oder sie halten an einer mit acht Elektronen gefüllten Außenschale fest.

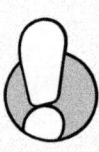

Alle Edelgas-Atome haben eine maximal gefüllte Außenschale: Helium und Neon nach der Formel $2 * n^2$, Argon, Krypton, Xenon und Radon nach der Oktettregel. Aus der Reaktionsträgheit der Edelgase schließt man, dass dieser Zustand einer besonders niedrigen Energie und damit einer besonders hohen Stabilität entspricht.

In Tabelle 5.5 fällt noch mehr auf: Alle Alkalimetall-Atome (Li, Na, K, Rb und – nicht enthalten – Cs/Fr) besitzen in ihrer Außenschale genau *ein* Elektron, und dies ist das zuletzt hinzugekommene Elektron. Die Atome der Beryllium- und Erdalkaligruppe (Be, Mg, Ca, Sr und – nicht enthalten – Ba/Ra) besitzen in ihrer Außenschale genau *zwei* Elektronen, und eines davon ist als letztes hinzugekommen. Die Atome der Chalkogene (O, S, Se und – nicht enthalten – Te/Po) besitzen in ihrer Außenschale genau *sechs* Elektronen, eines davon ist als letztes hinzugekommen. Und schließlich die Halogene (F, Cl, Br und – nicht enthalten – I/At): Ihre Atome besitzen in der Außenschale genau *sieben* Elektronen, eines davon wiederum als letztes hinzugekommen.

Wir haben damit eine Gemeinsamkeit im Atombau bei den Mitgliedern der Elementfamilien erkannt. Und noch eine Auffälligkeit: Alle bisher genannten Atome gehören zu Elementen, die wir in Kapitel 3 in unserer vorläufigen Betrachtung des Periodensystems bei den *Hauptgruppen* eingeordnet haben. Auch Ga (Gallium) gehört dorthin. Und bei all diesen Atomen wird aktuell die *Außenschale* mit Elektronen aufgefüllt! Bei den Atomen von Scandium und Zink dagegen wird aktuell eine *innere* Schale mit Elektronen gefüllt; in Kapitel 3 haben wir sie den *Nebengruppen* zugeordnet. Zeit also, mit unserem erworbenen Wissen über das bohrsche Atommodell einen zweiten, genaueren Blick auf das Periodensystem zu werfen.

Periodensystem, zum Zweiten

Wiederholen wir zunächst, in Kürze: Mitte des 19. Jahrhunderts ordnete der russische Chemiker Dimitri Mendelejew (1834–1907) die damals bekannten Elemente auf der Grundlage der gültigen daltonschen Atomvorstellung (von 1809) – also nach der Atommasse. Er entdeckte in der so entstandenen Reihenfolge der Elemente wiederkehrende Eigenschaften (Periodizitäten) und entwickelte daraus ein Ordnungssystem, das periodische System der Elemente (Periodensystem, PSE). Auf der Grundlage dieses Systems konnte die Entdeckung noch unbekannter Elemente vorausgesagt werden, mit erstaunlicher Genauigkeit sogar die Eigenschaften dieser noch unbekannten Elemente (Beispiel Germanium). Da zu dieser Zeit Kenntnisse über den Atombau noch nicht verfügbar waren, enthielt es aber auch einige Ungereimtheiten. Wir sind jetzt in der Lage, den Zusammenhang mit dem Atombau nach dem bohrschen Modell herzustellen.

In Kapitel 3, Abschnitt *Die Clans der Elemente*, haben wir die Elementfamilien in *Hauptgruppen* angeordnet, mit den römischen Zahlen I bis VIII gekennzeichnet. Jetzt wissen wir, dass diese Hauptgruppennummer gerade der Zahl der Außenelektronen der Element-Atome entspricht. In Tabelle 5.5 können wir auch erkennen, dass die Periodennummer gleich der Anzahl der Elektronenschalen ist.

Gr. P.	I	II	III	IV	V	VI	VII	VIII
1	H							He
2	Li	Be	B	C	N	O	F	Ne
3	Na	Mg	Al	Si	P	S	Cl	Ar
4	K	Ca	Ga	Ge	As	Se	Br	Kr
5	Rb	Sr	In	Sn	Sb	Te	I	Xe
6	Cs	Ba	Tl	Pb	Bi	Po	At	Rn
7	Fr	Ra						

Tabelle 5.6:
Haupt-
gruppen des
Periodensystems

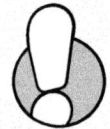

Die ersten wichtigen Regeln zum Periodensystem:

In den *Hauptgruppen* gilt für die Atome der enthaltenen Elemente:

◇ Nummer der Hauptgruppe = Anzahl der Außenelektronen

◇ Nummer der Periode = Anzahl der Elektronenschalen

◇ Es wird jeweils die *äußerste* Elektronenschale aufgefüllt.

Damit können wir jetzt auch das bisher »heimatlose« Element Wasserstoff in das PSE einordnen: Es besitzt ein Elektron in der ersten Schale, und diese wird aktuell aufgefüllt – es gehört also in die erste Hauptgruppe in der ersten Periode (»zufällig« steht es bereits in Tabelle 5.6 an der richtigen Stelle).

Charakteränderungen

Betrachten wir die Eigenschaften der Elemente! In einer Hauptgruppe stehende Elemente gehören zu einer »Familie«, einem »Clan«; sie sind sich also nicht gleich, aber ähnlich. Innerhalb jeder Hauptgruppe nimmt der Metallcharakter von oben nach unten zu, wie du bereits gesehen hast. Wie sieht das aber innerhalb einer *Periode* aus? Betrachten wir zur Klärung die zweite, dritte und vierte Periode. Die Edelgase wollen wir bei dieser Betrachtung ausschließen – sie erfüllen die Oktettregel und nehmen gar nicht oder kaum an chemischen Reaktionen teil.

◇ *Zweite Periode:* Lithium ist ein sehr reaktionsfähiges (typisches) Metall, das sofort mit Luftsauerstoff, noch stärker mit Wasser reagiert. Das folgende Element Beryllium hat ebenfalls stark metallische Eigenschaften. Bor dagegen bildet Kristalle mit geringer, beim Erwärmen steigender elektrischer Leitfähigkeit. Wir können es als Halbmetall

bezeichnen. Kohlenstoff kommt in einer teilweise metallischen (Graphit), aber auch in zwei nichtmetallischen Modifikationen vor (Diamant, Fullerene), ist also bereits überwiegend ein Nichtmetall. Bei Stickstoff, Sauerstoff und Fluor ist der Fall ohnehin klar – eindeutig Nichtmetalle! Halten wir fest: Der wesentliche Übergang vom Metall zum Nichtmetall findet in der dritten Hauptgruppe (bei Bor) statt.

◇ *Dritte Periode*: Natrium – ein hochaggressives, sehr reaktionsfähiges Metall. Kann sich bei Kontakt mit Wasser entzünden. Magnesium: silberglänzendes, reaktionsfähiges Metall, reagiert ebenfalls (schwach) mit Wasser. Aluminium: leichtes Metall, geringere Reaktionsfähigkeit als Magnesium. Silizium: typisches Halbmetall. Phosphor: kommt in vier Modifikationen vor, von denen drei nichtmetallisch und eine (schwarzer Phosphor) schwach metallisch ist. Bei Phosphor überwiegt deshalb deutlich der nichtmetallische Charakter. Schwefel, Chlor: eindeutig Nichtmetalle. Halten wir fest: Der wesentliche Übergang vom Metall zum Nichtmetall findet in der vierten Hauptgruppe (bei Silizium) statt.

◇ *Vierte Periode*: Kalium – noch reaktionsfähiger als Natrium, ein sehr typisches Metall. Calcium: Sehr reaktionsfähiges Metall, reagiert deutlich mit Wasser. Gallium: silberglänzendes Metall. Germanium: Halbleiter mit etwas stärkeren Metalleigenschaften als Silizium. Arsen: tritt in drei Modifikationen auf – einer unbeständigen und einer beständigen nichtmetallischen sowie in einer stabilen metallischen. Es steht in den Eigenschaften zwischen Silizium und Germanium. Selen: tritt in einer metallischen (mit Halbleitereigenschaften) und einer nichtmetallischen Modifikation auf; insgesamt überwiegt der Nichtmetallcharakter. Brom: deutliches Nichtmetall. Halten wir fest: Der wesentliche Übergang vom Metall zum Nichtmetall findet in der fünften Hauptgruppe (bei Arsen) statt.

Diagonale Trennung

Der wesentliche Übergang vom Metall zum Nichtmetall findet also nacheinander in der dritten, vierten und fünften Hauptgruppe statt. In der fünften Periode setzt sich dies fort: Dort erfolgt der Übergang beim Element Tellur (Hauptgruppe VI; Chalkogene), während in der sechsten Periode schließlich nur das Element Astat (Hauptgruppe VII; Halogene) sehr schwache metallische Eigenschaften hat (dieses Element ist äußerst selten). Wenn wir im PSE die entsprechenden Übergangspunkte markieren, zeigt sich eine diagonale Trennungslinie zwischen Metallen und Nichtmetallen. Längs dieser Linie finden sich Halbmetalle.

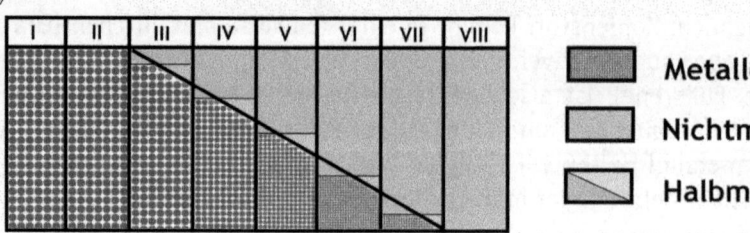

Metalle

Nichtmetalle

Halbmetalle

Abb. 5.14: Übergang von Metallen zu Nichtmetallen im PSE

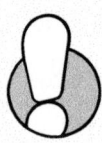

In den Hauptgruppen nimmt der Metallcharakter von oben nach unten zu.

In den Perioden nimmt der Metallcharakter von links nach rechts ab.

Die Trennlinie zwischen Metallen und Nichtmetallen verläuft in einer Diagonalen zwischen den Elementen Bor (B) und Astat (At).

Und was ist mit den in Tabelle 5.5 enthaltenen Elementen von Scandium bis Zink? Bei ihren Atomen wird eine innere Schale – die M-Schale – von 9 auf 18 Elektronen aufgefüllt. In Kapitel 3 wurden sie – wie beispielsweise auch Eisen, Kobalt, Nickel, Kupfer, Silber und Gold – ohne Begründung den so genannten »Nebengruppen« zugeschlagen. Wir können die Begründung jetzt nachliefern, auch für die Lanthanoiden und Actinoiden:

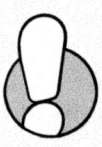

Bei den Atomen der Nebengruppenelemente sowie der Lanthanoiden und Actinoiden werden innen liegende Schalen mit Elektronen aufgefüllt. In der Regel besitzen diese Atome zwei Außenelektronen.

Bei den genannten Elementen – 68 an der Zahl! – handelt es sich durchweg um Metalle. Auch daraus ergibt sich das starke zahlenmäßige Übergewicht der Metalle gegenüber den Nichtmetallen. Daran würde sich auch durch die Erzeugung weiterer künstlicher Elemente nichts ändern.

Im Allgemeinen werden sowohl die Nebengruppen als auch die Lanthanoiden/Actinoiden im Periodensystem zwischen der zweiten und der dritten Hauptgruppe eingeordnet, weil fast alle Atome dieser Elemente zwei Außenelektronen haben. Sie entsprechen damit *in der Außenschale* den Atomen der Elemente in der Hauptgruppe II. Im Anhang des Buches findet sich ein vollständiges Periodensystem.

Größe und Charakter

Es gibt weitere Gesetzmäßigkeiten im Periodensystem, die wir zum Verständnis der Inhalte in den folgenden Kapiteln festhalten müssen:

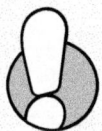

> Innerhalb einer Hauptgruppe nimmt der Durchmesser der Atome von oben nach unten zu.

Das ist verständlich – es kommt ja von Atom zu Atom eine neue Elektronenschale dazu.

> Innerhalb einer Periode nimmt der Durchmesser der Atome von links nach rechts ab.

Das ist zugegebenermaßen nicht auf Anhieb zu verstehen. Aber versetzen wir uns mal gedanklich in das Innere der Atome: Die Zahl der Schalen bleibt gleich, aber sowohl im Kern als auch in der Elektronenhülle steigt durch die hinzukommenden Teilchen (Protonen und Elektronen) die Ladung immer weiter an. Die Anziehungskraft zwischen der »Punktladung« Atomkern und der Hülle wird also immer stärker – Kern und Hülle rücken aufeinander zu. So »schrumpfen« die Atome im Verlauf der Periode immer weiter zusammen, die zulässigen Kernabstände (Schalen) werden kleiner! Hochinteressant, wirst du vielleicht sagen. Aber was hat dieser Schrumpfungsprozess – oder das »Aufblähen« in den Hauptgruppen von oben nach unten – mit Chemie zu tun? Eine ganze Menge! Denn wenn wir uns mal ansehen, *welche* Elemente nun besonders groß oder besonders klein sein müssen, fällt uns ein Zusammenhang mit dem Metall- oder Nichtmetallcharakter auf.

> Typische Metall-Atome sind besonders groß, haben viele Elektronenschalen und wenige Außenelektronen.
>
> Typische Nichtmetall-Atome sind besonders klein, haben wenige Elektronenschalen und viele Außenelektronen.

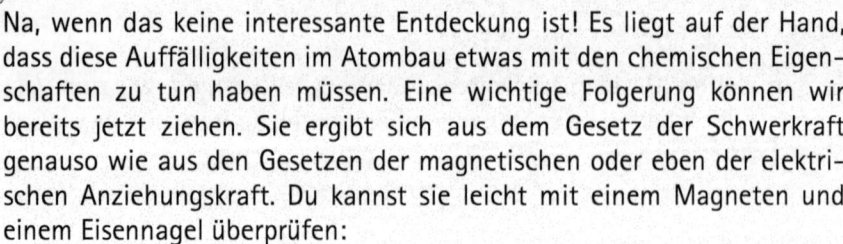

5

Na, wenn das keine interessante Entdeckung ist! Es liegt auf der Hand, dass diese Auffälligkeiten im Atombau etwas mit den chemischen Eigenschaften zu tun haben müssen. Eine wichtige Folgerung können wir bereits jetzt ziehen. Sie ergibt sich aus dem Gesetz der Schwerkraft genauso wie aus den Gesetzen der magnetischen oder eben der elektrischen Anziehungskraft. Du kannst sie leicht mit einem Magneten und einem Eisennagel überprüfen:

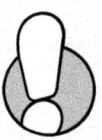

> Die Anziehungskraft zwischen positiven und negativen Ladungen nimmt mit zunehmendem Abstand stark ab. Bei doppelter Entfernung wirkt nur noch der vierte Teil der vorherigen Anziehungskraft.
>
> Folge für die Atome der typischen Metalle: Die Außenelektronen werden nur schwach angezogen. Die Anziehungskraft des Atomkerns wirkt kaum über das Atom hinaus.
>
> Folge für die Atome der typischen Nichtmetalle: Die Außenelektronen werden stark angezogen. Die Anziehungskraft des Atomkerns wirkt weit über das Atom hinaus.

Diese Anziehungskräfte sind besonders dann bedeutsam, wenn die Atome Kontakt mit anderen Atomen aufnehmen – wenn es also durch *chemische Reaktionen zu chemischen Bindungen* kommen soll. Damit befassen wir uns jetzt.

Reich mir die Hand fürs Leben ...

Na ja, fürs ganze Atom-Leben muss es nicht gleich sein, wenn sich diese Teilchen verbinden. Aber allzu wackelig sollte die Beziehung auch nicht sein! Du hast inzwischen so viel über die Atome gelernt, dass es dir nicht mehr schwer fallen wird, die Bedingungen und Folgen dieser »Atom-Hochzeiten« zu verstehen. Fassen wir die Grundlagen noch mal in Kürze zusammen:

> 1. Atome mit gefüllter Außenschale sind besonders stabil.
>
> 2. Typische Metall-Atome haben wenige Außenelektronen, die auch nur schwach vom Atomkern angezogen werden.
>
> *– Fortsetzung*

3. Typische Nichtmetall-Atome haben viele Außenelektronen, die stark vom Atomkern angezogen werden.

Und gleich noch eine vierte Regel, die sich einerseits aus der besonderen Stabilität der gefüllten Außenschale, andererseits aus dem Bestreben aller Atome ergibt, möglichst stabile (energiearme) Zustände einzunehmen:

4. Alle Atome streben eine gefüllte Außenschale an.

Bei den Atom-Begegnungen, die zu einer chemischen Bindung führen, können wir drei *grundlegende* Fälle unterscheiden (in der Realität gibt es auch Übergangsformen):

◇ Typisches Metall trifft typisches Nichtmetall.

◇ Typisches Nichtmetall trifft typisches Nichtmetall.

◇ Typisches Metall trifft typisches Metall.

In den ersten beiden Fällen sind spektakuläre Reaktionen möglich, wie die Explosion von Cäsium in Wasser oder die Knallgasreaktion zwischen Wasserstoff und Sauerstoff oder Chlor. Im dritten Fall geht es gesitteter und doch irgendwie chaotischer zu. Doch gehen wir der Reihe nach vor!

Was der eine zu viel hat, hat der andere zu wenig

Versetzen wir uns ein weiteres Mal in die Lage von Atomen. Das (typische) Metall-Atom: Es hat wenige Außenelektronen, die es nur mit Mühe festhalten kann. Größter Wunsch ist es, eine gefüllte Außenschale zu bekommen (acht Elektronen). Dazu müsste es entweder viele (bis zu sieben) Elektronen dazunehmen oder einige wenige abgeben. Was wird ihm wohl leichter fallen? Natürlich die Abgabe! Aber halt, wirst du sagen: Das geht nicht, weil dann im Atom die Elektronenzahl nicht mehr gleich der Protonenzahl ist! Stimmt – aber diese Regel gilt nur für das *ungebundene* Atom. Der Energiegewinn (der eigentlich ein Verlust an Energie ist!) für das Metall-Atom ist so groß, dass es sich tatsächlich leichten Herzens von seinen nachteiligen Außenelektronen trennen möchte.

Nur ist eben kein »Rausschmeißer« da, der die Elektronen zum Verlassen des Metall-Atoms auffordert. Diese Rolle kann nur ein »zufällig vorbeikommendes« (typisches) Nichtmetall-Atom übernehmen. Hier wirkt die Anziehungskraft des Kerns weit über das Atom hinaus und – oh Wunder! – das Nichtmetall-Atom hat genau die richtige Interessenlage. Es braucht *wenige* Elektronen zusätzlich in der Außenschale zum Erreichen des Oktetts, weil die Abgabe der *vielen* Außenelektronen, die es schon hat, zu mühselig wäre.

Kein Wunder, dass es »klappt«: Die überflüssigen Außenelektronen der Metall-Atome wechseln das Atom und werden zu erwünschten Lückenfüllern bei den Nichtmetall-Atomen. Dadurch entstehen zwei geladene Atome (Ionen): das Metall-Atom positiv (Protonenüberschuss), das Nichtmetall-Atom negativ (Elektronenüberschuss).

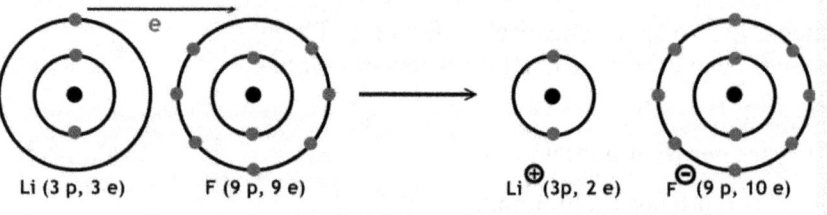

Li (3 p, 3 e)   F (9 p, 9 e)   Li$^{\oplus}$(3p, 2 e)   F$^{\ominus}$(9 p, 10 e)

Abb. 5.15: Elektronenübergang vom Lithium- zum Fluoratom unter Bildung eines positiven Li-Ions und eines negativen F-Ions

Fassen wir zusammen:

Typische Metall-Atome reagieren mit typischen Nichtmetall-Atomen unter vollständigem Elektronenübergang vom Metall- zum Nichtmetall-Atom. Dadurch erhält jedes der Atome eine gefüllte Außenschale.

Weil die Protonenzahl der Atome bei diesem Vorgang unverändert bleibt, entsteht aus dem Metall-Atom ein positiv geladenes Metall-Ion, aus dem Nichtmetall-Atom ein negativ geladenes Nichtmetall-Ion.

Die Zahl der Ladungen entspricht der Zahl der abgegebenen oder aufgenommenen Elektronen.

Diese Art der Bindung wird *Ionenbindung* genannt.

Andere Beispiele:

$$\text{Na} + \text{Cl} \xrightarrow{e} \text{Na}^{\oplus} + \text{Cl}^{\ominus} \qquad \text{Mg} + 2\,\text{Br} \xrightarrow{2e} \text{Mg}^{2\oplus} + 2\,\text{Br}^{\ominus}$$

$$\text{Ca} + \text{S} \xrightarrow{2e} \text{Ca}^{2\oplus} + \text{S}^{2\ominus} \qquad 2\,\text{Na} + \text{O} \xrightarrow{2e} 2\,\text{Na}^{\oplus} + \text{O}^{2\ominus}$$

Abb. 5.16: Beispiele von Elektronenübergängen bei der Ionenbindung

Wie du siehst, können auch mehrere Elektronen – so viele wie nötig – die Plätze wechseln. Dadurch entstehen mehrfach geladene Ionen. Da keine

Elektronen verloren gehen, muss die Summe der Ladungen auf jeder Seite der Gleichung null sein.

> Die Anzahl der aufgenommenen Elektronen muss gleich der Anzahl der abgegebenen Elektronen sein.

Die Bindung der Wanderer

Der Name »Ion« kommt übrigens aus dem Griechischen und bedeutet »Wanderer«. Der Name rührt von der Wanderungsfähigkeit geladener Teilchen bei elektrischen Anziehungs- oder Abstoßungskräften her.

Merke dir noch einige Begriffe:

> Positive Ionen = Kationen
>
> Negative Ionen = Anionen
>
> Metall-Atome und das Wasserstoff-Atom können Kationen bilden (Gemeinsamkeit des Wasserstoffs mit den Alkalimetallen der I. Hauptgruppe).
>
> Nichtmetall-Atome können Anionen bilden.
>
> Aus Ionen aufgebaute Verbindungen nennt man Salze (oder salzartige Stoffe).

Beispiele für Salze/salzartige Stoffe (Summenformeln): NaCl (Kochsalz), Na_2O (Natriumoxid), $BeCl_2$ (Berylliumchlorid), $AlCl_3$ (Aluminiumchlorid).

Vereint im Gitter

Eine Frage ist allerdings noch offen: Was bringt die entstandenen Teilchen dazu, nach vollzogenem Elektronenübergang beieinander zu bleiben? Jedes Teilchen ist doch jetzt im »glücklichen« Zustand des Oktetts und

5

könnte deshalb ein Einzelgänger bleiben. Dagegen steht aber die starke gegenseitige Anziehung der entgegengesetzt geladenen Ionen:

> Die Ionen schließen sich zu großen, meistens sehr regelmäßigen räumlichen Anordnungen, so genannten Gittern, zusammen. Diese Gitter enthalten die Ionen im Verhältnis der Summenformel.
>
> Ein NaCl-Gitter enthält Na- und Cl-Ionen im Verhältnis 1:1.
>
> Ein $MgCl_2$-Gitter enthält Mg- und Cl-Ionen im Verhältnis 1:2.

Anordnung der Ionen

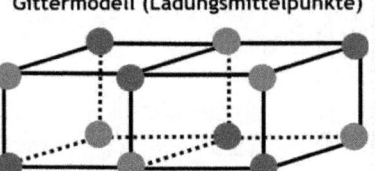

Gittermodell (Ladungsmittelpunkte)

Abb. 5.17: Darstellungen des Ionengitters von NaCl

Es entstehen also *keine* selbstständigen »Ionen-Verbünde« oder Moleküle wie bei O_2 oder H_2O. Formeln wie NaCl oder $MgCl_2$ sind reine *Verhältnisangaben* der (unermesslich vielen) Teilchen im Gitter!

Wasser knackt das Gitter

Ein solches Ionengitter muss man schon stark »schütteln« (durch Erhitzen), um die geladenen Teilchen voneinander zu trennen. Oft gelingt diese Trennung auch durch Wasser: Die Wasser-Moleküle drängen sich zwischen die Ionen und schirmen die Anziehungskräfte ab.

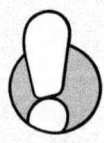

> Ionenverbindungen haben meistens hohe Schmelzpunkte. Er ist erreicht, wenn die Bewegungskräfte der Ionen stärker werden als die Anziehungskräfte.
>
> Beim Auflösen in Wasser werden die einzelnen Ionen von einer abschirmenden Hülle aus Wasser-Molekülen umgeben. Man nennt diesen Vorgang *Hydration*.
>
> In beiden Fällen zerfällt das Gitter in *bewegliche Ionen*.

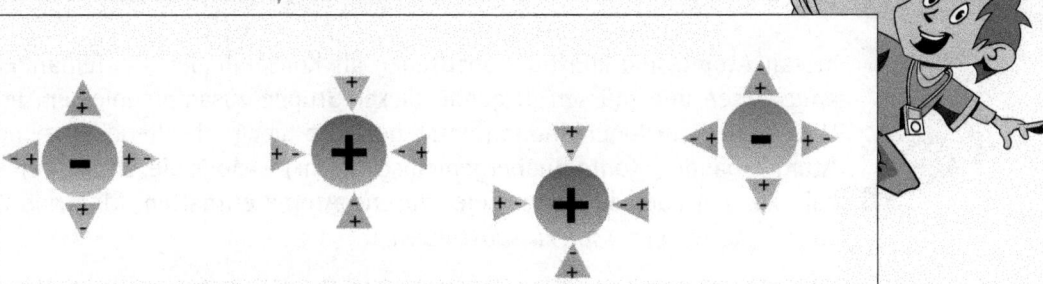

Abb. 5.18: Von Wasser-Molekülen umgebene Ionen

Die Wasser-Moleküle sind als Dreiecke gezeichnet, was ihrer tatsächlichen Form nahe kommt. Auf einer Seite haben sie Teile einer positiven, auf der anderen Seite Teile einer negativen Ladung. Das befähigt sie so besonders gut zur Abschirmung der Ionen. Ich werde gleich auf diese Verhältnisse im Wasser-Molekül zurückkommen.

Beim Auflösen entsteht, wie du schon weißt, ein homogenes Gemisch, eine so genannte »echte Lösung«, in der die Mischungsteilchen – frei bewegliche Ionen und Wasser-Moleküle – ähnlich groß sind. Wegen dieser freien Beweglichkeit der Ionen leiten Salzschmelzen und -lösungen den elektrischen Strom. Mehr darüber in Kapitel 7!

Gemeinsam sind wir stark

So könnte das Motto von Nichtmetall-Atomen lauten, die untereinander eine Bindung eingehen. Diesen Atomen fehlen nur noch wenige Elektronen zum Oktett, und die Anziehungskräfte des Kerns reichen weit über das Atom hinaus. Da dies bei *allen* (typischen) Nichtmetall-Atomen so ist, können sie sich aber nicht gegenseitig die Elektronen »klauen« (jedenfalls nicht ganz und gar), wie sie das gegenüber den Metall-Atomen tun. Die Lösung, die schließlich gefunden wird, ist genial.

Betrachten wir zwei Halogen-Atome. Sie haben bereits sieben Außenelektronen, möchten aber gerne noch ein weiteres, achtes dazubekommen. Die Atome gründen sozusagen ein »gemeinsames Konto«, in das sie jeweils ein Elektron »einzahlen«. Die beiden Elektronen auf dem gemeinsamen Konto gehören den beteiligten Atomen *gleichberechtigt* (wenn sie sich auch nicht immer genau an diese Gleichberechtigung halten, siehe unten!). Und so ist jedes Atom im Besitz von acht Außenelektronen – sechs eigene und zwei gemeinsame! Und wenn – wie im Beispiel der Sauerstoff-Atome – von vornherein nur sechs Außenelektronen vorhanden sind, also zwei dazukommen müssten? Dann bilden sie eben *zwei* gemeinsame Elektronenpaare! Es können sogar drei gemeinsame Paare werden, wenn der Bedarf besteht. Die an diesen »Absprachen« beteiligten Nicht-

metall-Atome sind künftig – sozusagen als Kontoinhaber – aufeinander angewiesen und müssen in genau dieser Gruppe zusammenbleiben. Im Unterschied zur Ionenbindung entstehen also hier in der Regel einzelne Atomverbände (»Kontoinhabergemeinschaften«) – Moleküle. Diese Moleküle können aber durchaus viele tausend Atome enthalten. Man nennt solche Stoffe auch *Molekülsubstanzen*.

> Nichtmetall-Atome untereinander bilden gemeinsame (bindende) Elektronenpaare, um das Oktett zu erreichen. Es entstehen in der Regel abgeschlossene Teilchen (Moleküle). Diese Bindungsart wird Elektronenpaarbindung (manchmal auch Atombindung oder kovalente Bindung) genannt.
>
> Beispiele: H_2, O_2, Cl_2, H_2O, CH_4, $C_6H_{12}O_6$, $C_{57}H_{110}O_6$ (Fett-Molekül).
>
> Diese Summenformeln geben die Art und die Anzahl der in einem Molekül enthaltenen Atome an.

In Abb. 5.19:Abbildung 5.19 sind zur größeren Übersichtlichkeit nur die Außenelektronen der Atome (als Punkte um das Symbol) angegeben, gemeinsame Elektronenpaare als verbindende Striche.

$H \cdot + \cdot H \rightarrow H{-}H$

$\ddot{:}O: + :O: \rightarrow :O{=}O:$

$:\ddot{C}l\cdot + \cdot\ddot{C}l: \rightarrow :\ddot{C}l{-}\ddot{C}l:$

$H\cdot + \cdot\ddot{O}\cdot + \cdot H \rightarrow H{-}\ddot{O}{-}H$

Abb. 5.19: Gemeinsame Elektronenpaare in den Molekülen H_2, O_2, Cl_2 und H_2O

Auch hier Gitter – manchmal

In der *Regel* entstehen also – kleinere oder auch sehr große – abgeschlossene Molekülteilchen. Doch keine Regel ohne Ausnahme! Eine sehr prominente Ausnahme ist Kohlenstoff in Form des Diamanten.

> Im Diamanten ist jedes C-Atom mit vier Nachbar-C-Atomen verbunden, so dass ein außerordentlich stabiles dreidimensionales Gitter entsteht (Diamant ist der härteste Naturstoff). Ähnlich stabile Gitter (im Unterschied zu den Ionengittern *Atomgitter* genannt) kann das Silizium-Atom bilden, auch zusammen mit Kohlenstoff. Die Silizium-Kohlenstoff-Verbindung heißt Siliziumcarbid und hat die Verhältnisformel SiC.

In die Ebene projiziert sieht diese dreidimensionale Verbindung so aus:

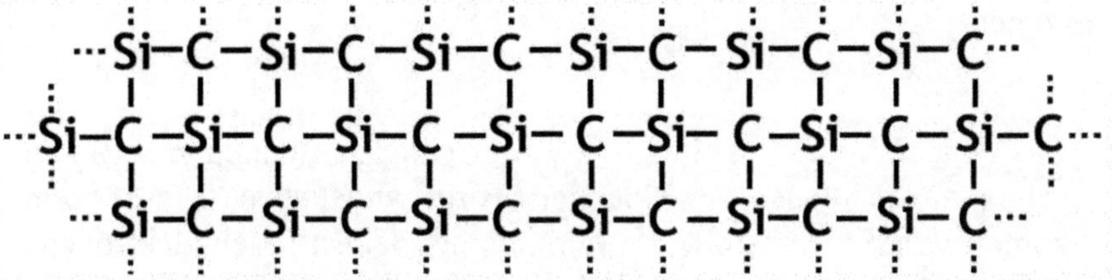

$$\cdots\overset{\vdots}{Si}-\overset{\vdots}{C}-\overset{\vdots}{Si}-\overset{\vdots}{C}-\overset{\vdots}{Si}-\overset{\vdots}{C}-\overset{\vdots}{Si}-\overset{\vdots}{C}-\overset{\vdots}{Si}-\overset{\vdots}{C}-\overset{\vdots}{Si}-\overset{\vdots}{C}\cdots$$

Abb. 5.20: Atomgitter des Siliziumcarbids SiC

Kehren wir zum Regelfall zurück! Die bindenden (gemeinsamen) Elektronenpaare in den Molekülen habe ich als Strich angegeben. Es hat sich als zweckmäßig erwiesen, auch die jeweils *eigenen* (nichtbindenden) Außenelektronen der beteiligten Atome paarweise als Strich zu kennzeichnen, weil auch diese Elektronen bevorzugt paarweise auftreten (*freie Elektronenpaare*). Im bohrschen Atommodell ist das nicht zu erklären. Du hast damit eine Grenze dieses Atommodells kennen gelernt. Du wirst dich damit zufrieden geben müssen; die neueren Atomvorstellungen sind sehr mathematisch geprägt (Orbitalmodell) und können in diesem Buch nicht berücksichtigt werden.

Strukturformeln

Für die Verbindungen O_2, Cl_2 und H_2O ergeben sich damit gegenüber Abbildung 5.19 neue Formelschreibweisen.

> Wir nennen diese Formeln *Strukturformeln*, weil sie (in die Ebene projiziert) den Aufbau – die Struktur – des Moleküls angeben.

Abb. 5.21: Strukturformeln der Moleküle von Sauerstoff, Chlor, Wasser, Kohlenstoffdioxid, Ammoniak und Methan

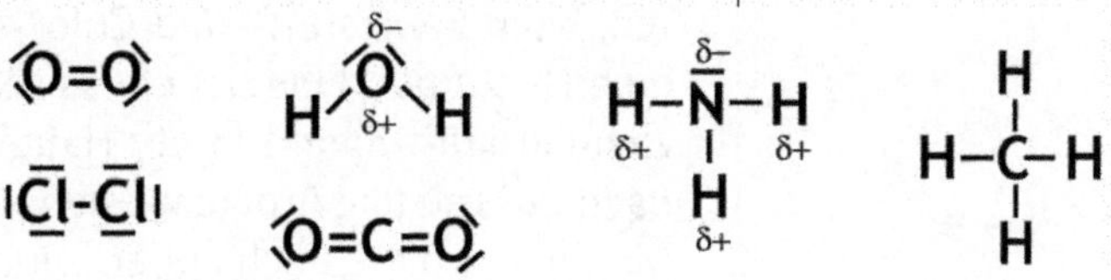

Kohlenstoff-Atome bringen nur vier eigene Außenelektronen mit, die sie komplett in bindende Elektronenpaare einbringen. Stickstoff (fünf Außenelektronen) beteiligt sich mit drei Elektronen an bindenden Elektronen-

paaren und bildet ein freies Elektronenpaar. Und was hat es mit den merk-würdigen Zeichen δ+ und δ– auf sich? Ich werde gleich darauf zurück-kommen!

> Das Wasser-Molekül ist hier – im Unterschied zu Abbildung 5.19 – in seiner tatsächlichen, gewinkelten Form angegeben. Diese Form kommt durch die abstoßende Wirkung der beiden freien Elektronen-paare (Striche am O-Atom) auf die bindenden Elektronenpaare zustande.

Anziehende Atome

Du hast diese gewinkelte Form bereits bei der Hydration der Ionen kennen gelernt. In Abbildung 5.18 war außerdem das Wasser-Molekül mit einem Ladungsübergang positiv-negativ gekennzeichnet. Was hat es damit auf sich?

Da muss ich auf unsere Geschichte mit den »gemeinsamen Kontoinha-bern« zurückkommen. Wie bereits einmal erwähnt, Atome sind auch nur Menschen. Es kommt vor, dass sich eines der beteiligten Atome Vorrechte beim Besitz der gemeinsamen Elektronen herausnimmt, weil es stärker ist als seine Partner. »Stärke« bedeutet stärkere, auf die bindenden Elektro-nen wirkende Anziehungskräfte. Um das zu verstehen, musst du dir noch einmal die im Abschnitt *Periodensystem, zum Zweiten* dieses Kapitels genannten Zusammenhänge ins Gedächtnis rufen.

Der Atomdurchmesser nimmt innerhalb einer Periode nach rechts ab, innerhalb einer Hauptgruppe nach unten zu. Typische Nichtmetalle ste-hen also im PSE in der rechten oberen Ecke: Ihre Atome sind klein, haben wenige Elektronenschalen, aber viele Außenelektronen, und die Anzie-hungskraft des Atomkerns wirkt über das Atom hinaus. Nun sind aber nicht alle Nichtmetall-Atome *gleich* klein und es wirkt nicht bei allen die *gleiche* Kernanziehungskraft nach außen. Diese Kernanziehungskraft ist beim typischsten aller Nichtmetall-Atome, dem Fluor-Atom, am stärks-ten, beim Sauerstoff- und Chlor-Atom (den typischen Nichtmetall-Ato-men Nr. 2 und 3) bereits etwas schwächer. Es gilt die Regel: Die Kernan-ziehungskraft nimmt in der Hauptgruppe nach *unten* und in der Periode nach *links* ab (die Atome werden in den angegebenen Richtungen größer). Man nennt diese nach außen wirkende Anziehungskraft des Atomkerns – und damit des Atoms – auf die gemeinsamen Elektronenpaare *Elektrone-gativität*.

Elektronegativität ist die Anziehungskraft des Atoms auf bindende Elektronenpaare. Sie ist bei Fluor, gefolgt von Sauerstoff und Chlor, am größten. Die Elektronegativität wird mit einem Zahlenwert angegeben.

Beispiele:

Fluor 4,0 (Maximalwert) – Sauerstoff 3,5 – Chlor 3,0 – Stickstoff 3,0 – Kohlenstoff 2,5 – Wasserstoff 2,1 (Angaben nach dem amerikanischen Wissenschaftler L. Pauling).

Dipole – plus und minus in einem

Vergleichen wir nun die Elektronegativität von Sauerstoff und Wasserstoff: Bei einer Differenz der Werte von 1,4 spricht man von einer stark polarisierten (oder polaren) Bindung. Die gemeinsamen Elektronen befinden sich im Durchschnitt nicht mehr genau in der Mitte der beiden Atome, sondern in größerer Nähe zum O-Atom. Dieses erhält damit eine negative, das H-Atom eine positive so genannte *Teilladung*. Es entsteht ein *Dipol* (ein Gebilde mit zwei Polen). Weil die Elektronen nicht *vollständig* zum Sauerstoff – also zum elektronegativeren Atom – überwechseln, ist es auch keine vollständige Elektronenladung, sondern nur ein Teil davon, der mit dem Zeichen δ- (»Delta Minus«) bezeichnet wird. Bei den H-Atomen fehlt die entsprechende δ-Elektronenladung natürlich, deshalb δ+ (»Delta plus«). Dagegen ist bei C-H-Verbindungen wie Methan (Kohlenwasserstoffe) die Polarität so gering, dass man auf die δ-Zeichen dort verzichtet.

Bei unterschiedlicher Elektronegativität der an der Bindung beteiligten Atome sind die gemeinsamen Bindungselektronenpaare in Richtung des elektronegativeren Atoms verschoben. Dadurch entstehen Teilladungen im Molekül, das folglich zum *Dipol* wird. Besonders starken Dipolcharakter haben alle Bindungen des H-Atoms an Sauerstoff (z.B. im Wasser, H_2O) und die Wasserstoffverbindungen von Fluor und Chlor, HF und HCl.

Der Dipolcharakter von Wasser hat dramatische – und für uns lebenswichtige – Folgen für die Lösungseigenschaften und den Siedepunkt. Der Siedepunkt: Bei den auf der Erde überwiegend herrschenden Temperaturen ist Wasser flüssig und kann damit seine positiven Eigenschaften entfalten. Die Lösungseigenschaft: Wasser ist ein sehr gutes Lösungsmittel für Salze und für andere polare Stoffe – es übernimmt auch den Transport wichtiger Substanzen in unserem Blut und ist in dieser Funktion unersetzbar. Es ist immer eine passende Dipol-Seite für die Ionen oder andere Dipole verfügbar – entgegengesetzte Ladungen (auch Teilladungen) ziehen sich an! Darauf beruht auch der hohe Siedepunkt von Wasser (100 °C) – Verbindungen mit gleich schweren, aber weniger polaren Molekülen (C-H-Verbindungen, also Kohlenwasserstoffe) haben einen viel niedrigeren Siedepunkt. Die Wasser-Moleküle »hängen aneinander« mit der jeweils entgegengesetzten Dipol-Seite und sind nur schwer voneinander zu trennen. Man spricht auch von »Wasserstoffbrücken«.

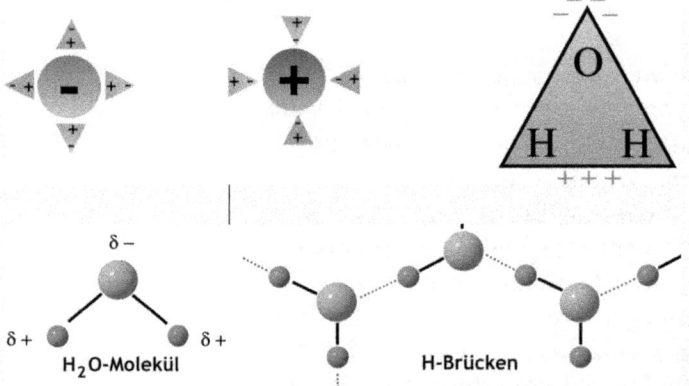

Abb. 5.22: Hydration durch Wasser-Dipole; Darstellung des Dipols

Abb. 5.23: Wasserstoffbrücken (H-Brücken)

Den letzten typischen Bindungsfall haben wir noch nicht betrachtet: Metall-Atome unter ihresgleichen. Dass es hier ruhiger und trotzdem chaotischer zugeht als in den bisher beschriebenen Fällen, wurde schon erwähnt. Was hat es damit auf sich?

Wohin bloß mit den Elektronen?

Für Metall-Atome gibt es nur eins: Weg mit den überflüssigen Außenelektronen! Aber wohin damit? »Das kriegen wir später«, sagen sich unsere Atome und lassen erst mal die störenden Teilchen ziehen. Du weißt inzwischen, was dieser Verlust der Außenelektronen für die Metall-Atome bedeutet: Zwar haben sie dadurch den ersehnten Oktett-Zustand erreicht, andererseits sind sie nun samt und sonders positiv geladen und müssten eigentlich durch die Abstoßungskräfte explosionsartig auseinander fliegen. Wenn da nicht die umherschwirrenden, heimatlosen Elektronen wären! Sie bilden eine Art negativ geladenes *Gas* zwischen den Metall-Ionen, wirken damit wie ein Kitt und halten die Ionen zusammen.

Während die Metall-Ionen schön geordnete Gitter bilden (schließlich sind alle Ionen gleich groß und gleich geladen – im Gegensatz zu den Verhält-

nissen bei der Ionenbindung), ist bei den Elektronen buchstäblich das Chaos ausgebrochen. Sie bewegen sich völlig ungeordnet zwischen den Atomrümpfen, stoßen immer wieder mit diesen zusammen. Dieses Chaos hat aber eine positive Seite: Es ist die Grundlage der guten elektrischen Leitfähigkeit der Metalle. Die Verschlechterung der elektrischen Leitfähigkeit bei zunehmender Temperatur erklärt sich aus dem häufigeren Zusammenstoß der Elektronen mit den Atomrümpfen.

> Metall-Atome untereinander geben ihre Außenelektronen ab und erreichen damit den Oktett-Zustand. Es entstehen *positive Metall-Ionen*. Die abgegebenen Elektronen bewegen sich als *Elektronengas* zwischen den Metall-Ionen (»Atomrümpfen«) und halten sie dadurch zusammen.

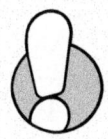

Abb. 5.24: Elektrische Leitfähigkeit der Metalle durch Verschiebung des Elektronengases

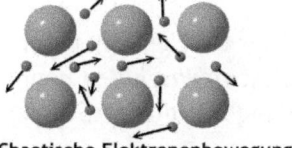

Chaotische Elektronenbewegung

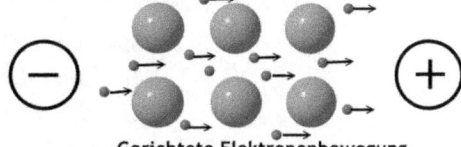

Gerichtete Elektronenbewegung

Metallgitter und Verformbarkeit

Der Aufbau der festen Metalle aus einem Gitter positiver Metall-Ionen, gefüllt mit Elektronengas, erklärt auch die Verformbarkeit der Metalle im Unterschied zur Sprödigkeit der Salze (Ionenverbindungen). Die Umgebung der einzelnen Metall-Ionen ändert sich durch das Verschieben der Gitterschichten nicht; sie sind nach wie vor von anderen positiven Metall-Ionen und von Elektronengas umgeben. Bei Salzen ist das anders.

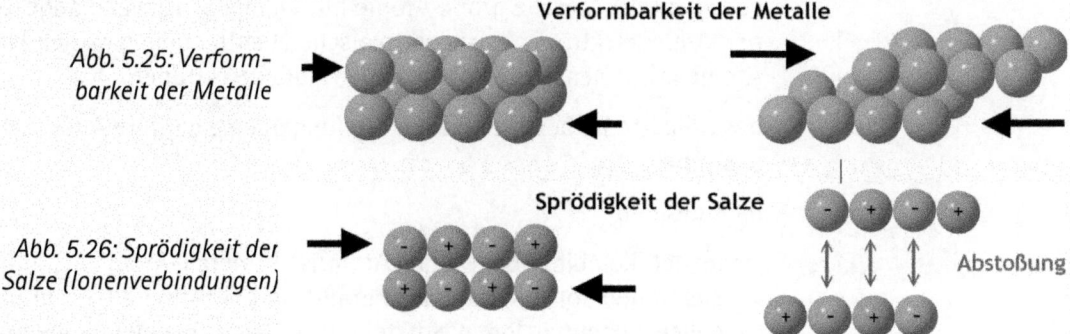

Verformbarkeit der Metalle

Abb. 5.25: Verformbarkeit der Metalle

Sprödigkeit der Salze

Abb. 5.26: Sprödigkeit der Salze (Ionenverbindungen)

Abstoßung

Mit diesen Grundlagenkenntnissen ausgerüstet werden dir die Säuren und Laugen im nächsten Kapitel sicher keine Schwierigkeiten machen!

Zusammenfassung

In diesem Kapitel hast du gelernt

◇ dass Radioaktivität ein Zerfall von Atomkernen in kleinere Teilchen ist

◇ dass die Massen von Atomen, Neutronen, Protonen und Elektronen in der Einheit 1 u (unit) angegeben werden

◇ dass nach Ernest Rutherford das Atom aus einem kleinen, festen und positiv geladenen Kern und einer im Vergleich dazu riesigen, fast leeren und negativ geladenen Elektronenhülle besteht

◇ dass in den Atomen die Zahl der Protonen gleich der Zahl der Elektronen ist, die Atome eines Elements die gleiche Protonenzahl (Ordnungszahl) haben, sich Atome aber in ihrer Neutronenzahl unterscheiden können und man diese zum gleichen Element gehörenden Nuklide *Isotope* nennt

◇ dass sich nach Niels Bohr die Elektronen nur in bestimmten Bereichen der Hülle, die man *Elektronenschalen* nennt, aufhalten können und dass die Aufnahmefähigkeit dieser Schalen nach der Formel $2n^2$ berechnet wird

◇ dass die Außenschale höchstens acht Elektronen aufnehmen kann und diese acht Außenelektronen einen besonders stabilen Zustand darstellen

◇ dass im Periodensystem die Hauptgruppennummer die Anzahl der Außenelektronen und die Periodennummer die Anzahl der Elektronenschalen angibt, wobei jeweils die *Außenschale* mit Elektronen aufgefüllt wird, während in den Nebengruppen innere Schalen mit Elektronen aufgefüllt werden

◇ dass typische Metalle große Atome mit wenigen, schwach angezogenen Außenelektronen besitzen, typische Nichtmetalle dagegen kleine Atome mit vielen, stark angezogenen Außenelektronen

◇ dass alle Atome bei chemischen Bindungen eine gefüllte Außenschale anstreben

◇ dass deshalb

 ◇ in der Kombination Metall-Atom/Nichtmetall-Atom die Außenelektronen vollständig vom Metall- zum Nichtmetall-Atom übergehen, wodurch Ionen entstehen, die sich in einem *Ionengitter* anordnen

◇ in der Kombination Nichtmetall-Atom/Nichtmetall-Atom gemeinsame Elektronenpaare entstehen, wodurch sich *Moleküle* oder *Atomgitter* bilden

◇ in der Kombination Metall-Atom/Metall-Atom positive Metall-Ionen und frei bewegliche Elektronen bilden; dieses Elektronengas hält das entstehende *Metallgitter* zusammen

◇ dass in Elektronenpaarbindungen die beteiligten Atome unterschiedliche Anziehungskräfte auf die gemeinsamen Elektronenpaare ausüben und deshalb positive und negative Teilladungen entstehen können, die einen *Dipol* bilden

◇ dass die Verformbarkeit und die elektrische Leitfähigkeit der Metalle auf den Aufbau des Metallgitters zurückzuführen sind

Aufgaben

1. Wodurch konnte bewiesen werden, dass auch die radioaktive ß-Strahlung aus dem Atomkern stammt?

2. Rutherford folgerte aus seinen Streuversuchen, dass sich die Protonen im Atomkern und die Elektronen in der Hülle des Atoms befinden müssen. Welches Ergebnis hätten die Streuversuche vermutlich bei der umgekehrten Teilchenanordnung erbracht – die Elektronen im Atomkern und die Protonen in der Hülle?

3. Das leichteste Wasserstoff-Isotop ist das einzige Nuklid ohne Neutronen. Begründe diese Sonderstellung.

4. Das Kohlenstoff-Isotop 14 ist ein β-Strahler. In welches Nuklid wandelt es sich dadurch um? Notiere es in der eingeführten Schreibweise mit Massen- und Ordnungszahl am Elementsymbol.

5. Lithium enthält zu 7,5% das Isotop Li-6 und zu 92,5% das Isotop Li-7. Berechne die gewichtete Atommasse.

6. Welche Art von Licht müssten Atome unter Energiezufuhr abstrahlen, wenn für die Elektronen *beliebige* Kernabstände möglich wären?

7. Welche Elektronenkonfiguration besitzen die Atome des Vanadiums (Ordnungszahl 23)? Wo sind sie im Periodensystem zu finden (Begründung)?

8. Ordne die Atome der folgenden Elemente nach zunehmendem Atomdurchmesser und begründe die Reihenfolge: K, S, F, Cs, Cl.

9. Gebe die Reaktionsgleichungen mit der Zahl der ausgetauschten Elektronen für die Reaktionen von Calcium (Ca) mit Iod (I), Magnesium (Mg) mit Sauerstoff (O) und Kalium (K) mit Schwefel (S) an. Auf der Seite der Produkte sollen die entstehenden Teilchen mit Ladung angegeben werden.

10. Gebe die Bedeutung der folgenden Formeln an: CaO, SO_2, SiC.

11. Schreibe die Strukturformeln der Verbindungen Cl_2O und H_2S.

12. Das Gas HCl löst sich sehr gut in Wasser. Begründe diese gute Löslichkeit.

13. In welcher Weise unterscheidet sich die elektrische Leitfähigkeit der Halbleiter von derjenigen der Metalle?

6

Essig und Seifenlauge

Von sauren Heringen, Laugenbrezeln und saurem Regen hat wohl jeder schon mal gehört – aber wie unterscheidet der Chemiker zwischen Säuren und Laugen? Mit dem Geschmack allein kann es nicht zusammenhängen. Mit solchen Eindrücken ist der Chemiker vorsichtig; er käme niemals auf die Idee, zwischen Schwefelsäure und Waschlauge aufgrund einer Geschmacksprobe zu unterscheiden! Außerdem: Nicht alles, was sauer schmeckt, ist (chemisch gesehen) eine Säure – und nicht jede Säure schmeckt sauer.

Von Geschmacksproben bei unbekannten Stoffen ist dringend abzu-raten – so mancher musste sie schon mit schweren Verletzungen büßen!

Abb. 6.1: Gefahrensymbole auf Haushaltschemikalien sollten beachtet werden!

Ätzend

Reizend

Giftig

Also müssen wir der Sache auf den Grund gehen und die chemischen Eigenschaften von Säuren und Laugen erforschen. Sie spielen nicht nur in der Technik, sondern auch im Haushalt, in unserer Ernährung, unserer Verdauung und unserem Stoffwechsel eine bedeutende Rolle.

In diesem Kapitel erfährst du

◎ welche Bedeutung die Begriffe Säure, saure Lösung, Base, Lauge und alkalische Lösung haben

◎ wie man saure und alkalische Lösungen erkennen kann

◎ was der Begriff pH-Wert bedeutet

◎ welche Eigenschaften Säuren und Laugen haben

◎ was der Chemiker unter Säuren und Basen versteht und was die Begriffe Protolyse und Neutralisation bedeuten

◎ was das Besondere an Metallhydroxiden ist

◎ wie Salze entstehen

Säuren und Laugen – überall

Schwefel- und Salzsäure gehören zu den in Kapitel 1 genannten chemischen Grundprodukten. Zitronen- und Essigsäure verfeinern unsere Speisen (und können auch zu Reinigungszwecken verwendet werden). Aus Abflussreinigern entstehen mit Wasser hochwirksame, aggressive Laugen. In unserem Magen spielt Salzsäure eine wichtige Rolle bei der Verdauung, während im Darm eine Lauge die Verdauungsarbeit fortsetzt. In den Körperzellen schließlich gibt es nicht nur die Milchsäuregärung, sondern auch den bei Biochemikern wohlbekannten »Zitronensäure-Zyklus«. Er wandelt die C-Atome in unserer Nahrung in CO_2 um und bereitet die Verbrennung der H-Atome zu H_2O vor.

Essig-Essenz

Rohr-Reiniger

Abb. 6.2: Säuren und Laugen im Haushalt

Doch bevor wir diese Stoffe unter die Lupe nehmen, müssen wir aus chemischer Sicht in unserem Sprachgebrauch etwas exakter werden. Säuren müssen nicht unbedingt flüssig oder in Wasser gelöst sein. In der Drogerie kannst du reine Zitronensäure als Pulver kaufen, und reine, wasserfreie Essigsäure (»Eisessig«) ist nur in geheizten Räumen – oder im Sommer – eine Flüssigkeit. Bei 16,7 °C gefriert (erstarrt) sie zu Kristallen. Reine Salzsäure dagegen gibt es gar nicht – damit meint man immer eine Lösung

des Gases HCl in Wasser. Für den Chemiker ist aber diese Verbindung HCl die eigentliche Säure!

Die Tricks der Säuren und Basen

»Säure« ist im chemischen Sprachgebrauch so etwas wie ein Facharbeiterbrief: Eine Säure kann in einer ganz bestimmten Weise reagieren, die andere Stoffe nicht hinbekommen. Nennen wir es vorläufig den »Säure-Trick«. Deshalb können sogar einzelne Ionen als Säure bezeichnet werden, wenn sie diesen speziellen »Trick« beherrschen.

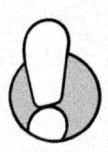

Säuren sind eigenständige Verbindungen, die (bei Zimmertemperatur) fest, flüssig oder gasförmig sein können. In Wasser aufgelöst ergeben sie eine saure Lösung.

Auch einzelne Ionen können als Säure reagieren.

Noch größer ist die Sprachverwirrung bei den Laugen. Damit meint der Chemiker *immer* wässrige Lösungen – er nennt sie auch *basische* oder *alkalische Lösungen*. Die zugrunde liegenden Verbindungen (die damit den *Säuren* bei den *sauren Lösungen* entsprechen) nennt er *Basen* oder *basische Verbindungen*. Auch diese Bezeichnungen sind so ähnlich wie ein Facharbeiterbrief zu verstehen: Eine Base kann in einer ganz bestimmten Weise reagieren. Auch hier können sogar einzelne Ionen als Base bezeichnet werden, wenn sie den »Basen-Trick« beherrschen.

Basen sind eigenständige Verbindungen, die in Wasser aufgelöst eine Lauge ergeben.

Laugen sind alkalische (oder basische) Lösungen.

Auch einzelne Ionen können als Base reagieren.

Mache dir diese Zusammenhänge anhand einer Grafik klar:

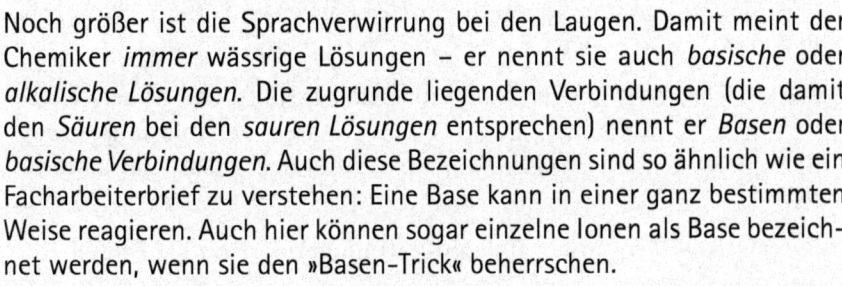

Abb. 6.3: Säure und Base – saure und alkalische Lösungen

Doch was sind das für Tricks, mit denen Säuren und Basen aufwarten können? Schauen wir uns einige charakteristische Verbindungen und ihre Reaktionen an – sie werden uns dieses Geheimnis offenbaren! Dazu musst

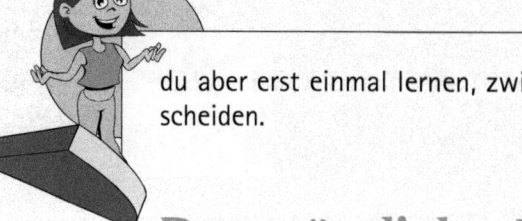

du aber erst einmal lernen, zwischen den beiden Stoffklassen zu unterscheiden.

Der nützliche Rotkohl

Rotkohl – frisch gekauft – ist eigentlich eher blau. Zum »Rot«kohl wird er erst bei der Zubereitung mit Essig. Sollte dieses Gemüse in der Lage sein, uns die Gefahren und Unsicherheiten von Geschmacksproben zu ersparen? Testen wir es!

Versuch 6a:

Besorge dir einen frischen Rotkohl-Kopf, schneide ihn in vier Teile und entferne den Strunk. Zerkleinere diese Viertel (feine Streifen) und gebe sie in einen Kochtopf. Füge etwas Wasser dazu (höchstens so viel, dass die Rotkohl-Streifen gerade bedeckt sind). Koche kurz auf und nimm dann den Topf von der heißen Platte. Filtriere den noch heißen Saft durch einen Kaffee-Filter in eine große Tasse.

Stelle mehrere Gläser bereit und fülle sie zur Hälfte mit Mineralwasser, Essig, Zitronensaft, Cola, Leitungswasser, Seifenlösung sowie Backpulver-Lösung (Wasser mit einem Löffel Backpulver; gut umrühren).

Gebe in jedes Glas etwas Rotkohl-Saft und notiere dir die Farben.

Behalte genug Rotkohl-Saft zurück, wir brauchen ihn noch!

Du wirst mit diesem so genannten *Indikator* (»Anzeiger«) verschiedene rote und blaue Färbungen erhalten, die in dem folgenden Farbverlauf enthalten sind:

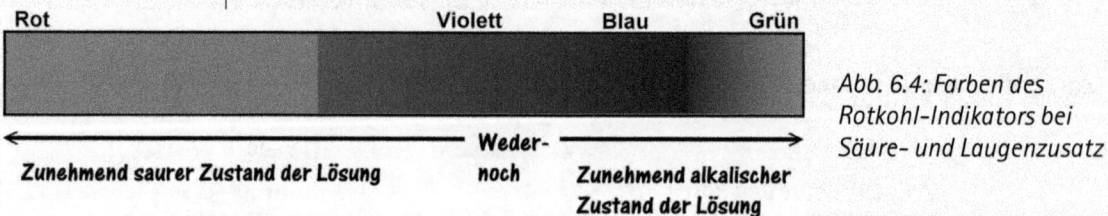

Abb. 6.4: Farben des Rotkohl-Indikators bei Säure- und Laugenzusatz

Schwarzer oder gelber Tee?

Solche Farbänderungen unter dem Einfluss von Säuren und Laugen – wenn auch nicht so spektakulär – kannst du auch mit schwarzem Tee

(oder mit Hagebuttentee – probiere es!) erzielen: Normalerweise bräun-
lich, wird er durch Zugabe von Zitronensaft leicht orangefarben, durch
Zugabe von Backpulver-Lösung eher gelblich. Auch Tee könnte damit als
einfacher Indikator dienen!

Die einzelnen Farben, die sich in Versuch 6a ergeben, hängen auch davon
ab, *welchen* Essig, *welchen* Zitronensaft, *welche* Seifenlösung du benutzt
hast. Du kannst das selbst leicht nachvollziehen: Benutze anstelle des
Speise-Essigs Essigessenz und prüfe noch einmal! Verdünne den Zitronensaft stark und prüfe ein weiteres Mal! Essigessenz wird »röter« sein als
Speise-Essig, stark verdünnter Zitronensaft weniger rot als konzentrierter.
Und das, obwohl doch die wirksamen Säuren (Essigsäure und Zitronensäure) dieselben geblieben sind!

Andererseits:

> Versuch 6b:
>
> Besorge dir aus der Drogerie oder Apotheke reines Vitamin C (Ascor-
> binsäure) und reine Zitronensäure (und bei dieser Gelegenheit auch
> *Soda*, also Natriumcarbonat – wir benötigen es für spätere Versuche!).
> Beide sind feste Stoffe. Wiege gleiche Mengen Ascorbinsäure und
> Zitronensäure ab (sie enthalten *ungefähr* gleich viele Teilchen) und
> löse sie im gleichen Volumen Wasser. Prüfe jeweils einen Teil dieser
> Lösungen mit Rotkohlsaft und bewahre den Rest auf für die Prüfung
> mit Universalindikator (siehe nächster Abschnitt). Bewahre auch das
> übrig gebliebene Zitronensäurepulver für weitere Versuche auf.

Zitronensäure wird (wahrscheinlich) eine etwas stärkere Rotfärbung
ergeben – offenbar ist ihre Säurewirkung stärker als diejenige von Ascor-
binsäure.

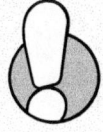

> Die Farbe des Indikators hängt sowohl von der *Art* der gelösten Säure
> oder Base ab als auch vom Verdünnungsgrad, der *Konzentration*. Sie
> zeigt damit den *sauren oder alkalischen Zustand einer gegebenen
> Lösung* an.

Deshalb ist oben in der Farbskala vom sauren bzw. alkalischen Zustand der
Lösung die Rede. Das ist ein sehr wichtiger Punkt: Einen einzigen Tropfen
der sehr gefährlichen, »starken« Salzsäure im Badewasser könntest du
wohl verkraften (bitte trotzdem nicht ausprobieren!), aber ein zugegebe-
ner Zehn-Liter-Kanister der eigentlich viel harmloseren, »schwächeren«

Essigsäure würde dich sofort aus dem Wasser treiben (bitte ebenfalls nicht ausprobieren)!

Der Universal-Indikator

Viel genauer als mit Rotkohl-Saft (oder Schwarztee) allein kannst du den Zustand der Lösungen mit einer Mischung *mehrerer* Indikator-Farbstoffe feststellen. Diese Farbstoffe stammen (wie der Rotkohl-Farbstoff »Cyanidin«) zum großen Teil aus Pflanzen; sehr bekannt ist der Flechtenfarbstoff Lackmus. Die Mischungen sind als so genannter *Universalindikator*, mit einer Farbskala versehen, in Gebrauch – sicher auch an deiner Schule. Bitte eine Chemielehrerin/einen Chemielehrer, dir eine solche Universalindikatorpapier-Rolle auszuleihen! Sie/er wird sich sicher über dein Interesse freuen.

Die Skala dieser Universalindikatoren sieht etwa so aus wie in Abbildung 6.5.

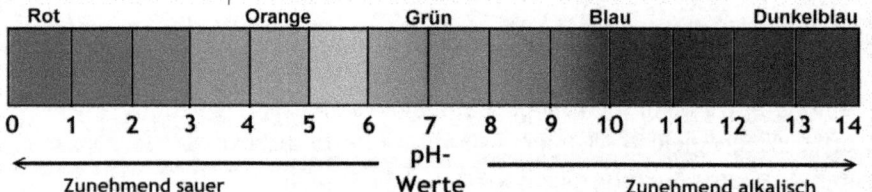

Abb. 6.5: Farben des Universalindikators mit pH-Werten

Eine pH-Skala? Darüber hast du noch nichts gehört – aber ich komme in diesem Kapitel (Abschnitt *pH – das Gewicht des Wasserstoffs*) darauf zurück.

Wenn du mit diesem Universalindikator-Papier noch einmal die Lösungen von Versuch 6a – und weitere Lösungen – prüfst, wirst du wahrscheinlich Werte wie diese erhalten (Abweichungen sind möglich): Essigessenz pH 2–3, Essig pH 3–4, Zitronensaft pH 2–3, Cola pH 3–4, Mineralwasser pH 5–6, Leitungswasser pH 7–9, Seifenlösung und Backpulver-Lösung pH 9–11. Saure Milch übrigens liegt bei pH 5, ebenso wie deine Hautoberfläche (pH 5–6). Prüfe auch nochmals die Lösungen aus Versuch 6b; mit Universalindikator wird der Unterschied deutlicher.

Merken wir uns fürs Erste:

Der pH-Wert gibt den sauren oder alkalischen Zustand einer wässrigen Lösung an. pH 0 steht für eine sehr saure, pH 14 für eine sehr alkalische Lösung. In sehr reinem Wasser ist der pH-Wert 7.

Der Zusatz »einer wässrigen Lösung« ist wichtig: Du wirst in Abschnitt *pH – das Gewicht des Wasserstoffs* lernen, dass die pH-Skala nur in Verbindung mit *Wasser als Reaktionspartner* der Säuren oder Basen gilt. Essigsäure in Alkohol aufgelöst hat keinen pH-Wert!

Fragen über Fragen sind bereits aufgeworfen: Welche chemischen Unterschiede bestehen denn nun eigentlich zwischen Säuren und Basen, zwischen sauren und alkalischen Lösungen? Die unterschiedliche Färbung von Pflanzenfarbstoffen kann ja wohl nicht alles sein! Wie ist das mit der Stärke von Säuren und Basen? Was ist ihr spezieller »Trick«? Wie kommt man zur pH-Skala?

Zur Beantwortung musst du also zunächst die Reaktionen der Säuren und Basen kennen lernen. Wir müssen danach auch ihre Formeln und Bindungszustände untersuchen, um ihnen endgültig auf die Schliche zu kommen. Mit dem Wissen aus Kapitel 5 sollte das zu schaffen sein.

Säure, der Feind des Marmors

Prüfe die Etiketten von Reinigungsmitteln auf Angaben über enthaltene Säuren! Wahrscheinlich wirst du Essig- und Zitronensäure sowie nicht näher aufgeschlüsselte »organische Säuren« finden. In Entkalkungsmitteln ist gelegentlich noch die stark hautschädigende Ameisensäure enthalten. Kohlensäure gibt Getränken den frischen Geschmack. Die technisch wichtigsten Säuren – Salz-, Schwefel-, Salpeter- und Phosphorsäure – spielen dagegen im Haushalt keine Rolle (Salzsäure aber in unserem Magen). Für die folgenden Versuche verwendest du am besten mit etwas Essig-Essenz angereicherten Speise-Essig und eine wässrige Lösung der von Versuch 6b übrig gebliebenen Zitronensäure.

> Versuch 6c:
>
> Zerstoße eine Eierschale in kleine Stücke, gebe sie in ein Glas und übergieße sie mit Essigsäure. Wenn dir Muscheln, Kalksteine oder Marmorstücke zur Verfügung stehen: Wiederhole den Versuch mit diesen Stoffen anstelle der Eierschalen.
>
> Beobachtung: Die Stoffe lösen sich auf, es entwickelt sich ein farbloses Gas.

6

Schon wieder CO_2 ...

Das farblose Gas ist ein alter Bekannter von uns: Kohlenstoffdioxid! Es könnte entweder aus der Essigsäure oder aus den aufgelösten Stoffen stammen – prüfe das mit weiteren Versuchen. Bei dieser Gelegenheit kannst du auch überprüfen, ob sich die Säure dabei ebenfalls verändert.

> Versuch 6d:
>
> Wiederhole die in Versuch 6c durchgeführten Untersuchungen mit Zitronensäurelösung, gebe aber vor der Säurezugabe Rotkohlindikator zu.
>
> Beobachtung: Die Stoffe lösen sich ebenfalls auf, wiederum entwickelt sich ein farbloses Gas. Die Farbe des Indikators ändert sich von Rot nach Blau (falls das zunächst nicht der Fall ist, gib mehr Eierschalen/Kalksteine hinzu).

Das Versuchsergebnis zeigt einerseits, dass die Säuren bei der Reaktion verbraucht werden. Es ist andererseits, da eine *andere* Säure verwendet wurde, ein Indiz für die Herkunft des Kohlenstoffdioxids aus den *aufgelösten Stoffen* und nicht aus der Säure. Untersuchungen mit Salzsäure würden das endgültig bestätigen – wie du in der Einleitung gelesen hast, hat das wirksame Teilchen die Formel HCl und *kann* also nicht die Quelle von CO_2 sein. Diese Versuche mit Salzsäure solltest du aber lieber nicht durchführen.

Die mit Säure behandelten Stoffe in den Versuchen 6c/6d enthalten hauptsächlich Calciumcarbonat mit der Formel $CaCO_3$. Ganz offensichtlich wird diese Verbindung zersetzt und gibt CO_2 ab.

> Säuren reagieren mit Kalkstein (Calciumcarbonat) und setzen daraus CO_2 frei. Die Säure wird dabei verbraucht.

Also: Marmorflächen nicht mit säurehaltigen Reinigungsmitteln putzen!

Säuren, Laugen und elektrischer Strom

Erinnerst du dich an die Beschreibung des Elements Wasserstoff in Kapitel 3? Versuch 3a diente der Herstellung von Wasserstoff; dabei wurde Essig-

Essenz als Hilfsmittel (»zur Verbesserung der Leitfähigkeit«) zugegeben. Eine wässrige Essigsäurelösung leitet also ganz offensichtlich den elektrischen Strom! Ob das auch für eine Zitronensäurelösung gilt – und auch für Laugen? Soda hast du dir ja aus der Apotheke besorgt. Außerdem brauchst du aus dem Elektrofachgeschäft zwei 4,5-Volt-Flachbatterien, eine kleine Glühlampe mit Fassung und vier Kupferkabel mit Isolation (Kunststoff-Ummantelung), die du *an den Enden entfernst*. Die Befestigung der abisolierten Kabelenden an den Polen der Batterien gelingt mit Klebeband am besten.

Versuch 6e:

1. Fülle je ein Glas halb voll mit wässriger Zitronensäurelösung und mit wässriger Sodalösung. Verbinde mit dem ersten Kupferkabel den Minuspol der ersten Batterie (langer Metallstreifen) mit dem Pluspol der zweien Batterie (kurzer Metallstreifen). An der ersten Batterie bleibt damit der Pluspol, an der zweiten der Minuspol frei (Reihenschaltung, ergibt zusammen 9 Volt). Verbinde dann mit dem zweiten Kabel den freien Pluspol (erste Batterie) mit *einer* Schraube der Lampenfassung. Schließe an die *andere* Schraube der Fassung das dritte Kabel an. Das vierte Kabel wird mit dem freien Minuspol der zweiten Batterie verbunden. Tauche dann die beiden Kabelenden Nr. 3 und Nr. 4 (von der Lampenfassung und vom Minuspol der zweiten Batterie wegführend) mit geringem Abstand, aber ohne gegenseitige Berührung zuerst in die Zitronensäurelösung, dann in die Sodalösung.

Ergebnis: In beiden Fällen leuchtet das Glühlämpchen schwach auf.

2. Wiederhole den Versuch mit fester (nicht gelöster) Zitronensäure und mit festem (nicht gelöstem) Soda. Tauche die beiden Kabelenden mit geringem Abstand, aber ohne gegenseitige Berührung in die Pulver.

Ergebnis: Das Glühlämpchen leuchtet *nicht* auf.

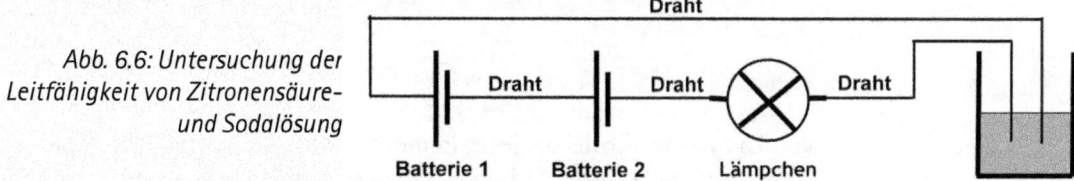

Abb. 6.6: Untersuchung der Leitfähigkeit von Zitronensäure- und Sodalösung

Wässrige Säurelösungen und Laugen leiten also den elektrischen Strom, *reine* Säuren (und Soda) dagegen nicht. Zu festem Soda will ich an dieser Stelle noch keine weiteren Aussagen machen; es diente uns lediglich zur Herstellung einer Lauge. Schlussfolgerung also für Säuren und Laugen:

In *wässrigen Säurelösungen* und in *Laugen* sind bewegliche Ionen vorhanden.

In *reinen* Säuren sind *keine* beweglichen Ionen vorhanden. Die beweglichen Ionen müssen deshalb durch Reaktion der Säure mit dem Wasser entstanden sein.

Ein wichtiges Ergebnis, auf das ich in diesem Kapitel (*Von Spendern und Empfängern*) zurückkommen werde!

Eine weitere Fähigkeit der Säuren: Bringt man sie mit unedlen Metallen zusammen, entsteht gasförmiger Wasserstoff und das Metall löst sich auf. Wenn es dir in der Schule gelingt, ein Stück Magnesiumband oder etwas Magnesiumpulver zu ergattern, kannst du diesen Versuch mit Essigsäure durchführen: Unter leichtem Aufschäumen entsteht Wasserstoff.

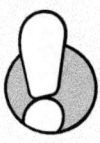

Bei der Reaktion von Säuren mit unedlen Metallen entsteht Wasserstoff. Dieser Wasserstoff kann nur aus der Säure stammen.

Damit sind wir dem Geheimnis der Säuren schon ein Stück weit auf die Spur gekommen:

Säuren sind Verbindungen, in denen H-Atome vorkommen und die in wässriger Lösung Ionen bilden.

Säure trifft Lauge

Von Laugen weißt du bis jetzt immerhin, dass sie bewegliche Ionen enthalten und Indikatoren färben. Was passiert eigentlich, wenn sie mit Säuren zusammentreffen? Bei der Auflösung von Brausepulver in Wasser

geschieht genau das! Lassen wir dieses Zusammentreffen unter Indikator-Aufsicht stattfinden:

> **Versuch 6f:**
>
> Bereite ungefähr gleich konzentrierte wässrige Lösungen von Zitronensäure und Soda (zwei Gläser jeweils zu einem Drittel mit Wasser füllen und je etwa zwei Löffel zugeben). Gebe in die Sodalösung Rotkohlindikator und füge dann unter Umrühren portionsweise (vorsichtig) die Zitronensäurelösung hinzu.
>
> Beobachtung: Die Farbe des Indikators ändert sich von Blau nach Violett/Rot. Es entwickelt sich ein Gas.

Offenbar »vernichten« sich Säure und Lauge gegenseitig; die Farbänderung geht von der alkalischen Seite in Richtung »weder-noch« unserer Rotkohl-Skala. Das entstehende Gas ist wiederum Kohlenstoffdioxid – unser Soda ist chemisch eng mit Kalkstein verwandt. Der Chemiker bezeichnet es als Natriumcarbonat mit der Formel Na_2CO_3. Die Lauge entsteht erst durch Reaktion mit dem Wasser. *Ist* Natriumcarbonat eine Base – oder *enthält* es eine Base?

Halten wir uns mit allgemeinen Aussagen über Basen oder Laugen vorläufig noch zurück. Aus der Wirkung von Abfluss-Reinigern können wir immerhin schließen, dass Laugen organische Stoffe zersetzen. Unsere Haut wird deshalb auch angegriffen (»seifiges« Gefühl). Also besondere Vorsicht beim Umgang mit diesen Reinigern!

Von Spendern und Empfängern

Betrachten wir einige Strukturformeln:

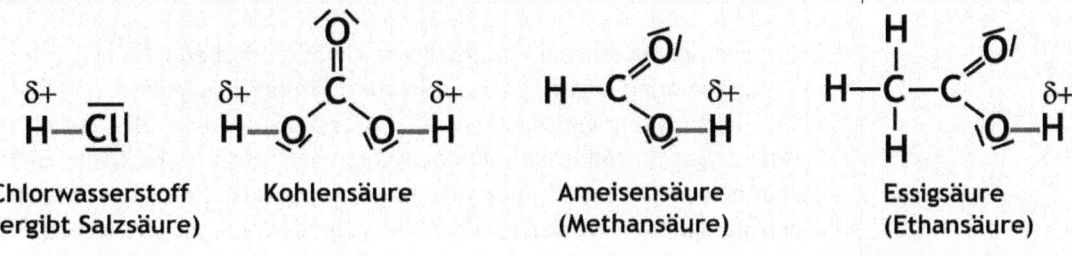

| Chlorwasserstoff (ergibt Salzsäure) | Kohlensäure | Ameisensäure (Methansäure) | Essigsäure (Ethansäure) |

Abb. 6.7: Formeln einiger Säuren

Ameisen- und Essigsäure sind für den Chemiker »Trivialnamen«, nur aus Gewohnheit oder Überlieferung gebraucht. In Klammern sind die chemisch korrekten Bezeichnungen der Verbindungen angegeben.

> In allen Molekülen finden wir eine oder mehrere Bindungen des Wasserstoffs an sehr viel elektronegativere Atome. Diese Bindungen sind polar, die Bindungselektronen zum Partner-Atom verschoben. An den H-Atomen bestehen positive Teilladungen.

Das Besondere daran: Diese von den Bindungselektronen weitgehend entblößten H-Atome sind nur noch Protonen! Das einfachste (und weitaus häufigste) H-Isotop besteht ja nur aus einem Proton und einem Elektron. Das Elektron ist in ein Bindungselektronenpaar eingebracht worden – und dieses Paar wandert in Richtung Partner.

Erinnere dich an die Geschichte von den »Kontoinhaber-Gemeinschaften« in Kapitel 5: Die gemeinsamen Elektronenpaare sind ursprünglich auf Gleichberechtigung ausgelegt. Wenn sich ein Partner nun Sonderrechte anmaßt, fühlt sich der andere nicht mehr so recht wohl in der Beziehung (chemisch gesehen: sein Oktett ist nicht mehr vollkommen; er trägt eine Teilladung). Ein so winziges Teilchen wie ein Proton ist aber hochbeweglich und damit in der Lage, in dieser Situation ganz einfach den Partner zu wechseln!

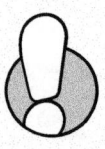

> In Säuren bestehen stark polare Bindungen des H-Atoms an elektronegative Atome, z.B. Sauerstoff oder Halogene. Positiv polarisierte H-Atome sind Protonen mit nur noch geringem Anteil an den gemeinsamen Elektronenpaaren. Diese Protonen können das Molekül verlassen, wenn ein geeigneter Partner zur Verfügung steht.

Basen bieten Asyl

Diese geeigneten Partner – man könnte sie auch »Nebenbuhler« nennen – müssen aber eine wichtige Voraussetzung erfüllen: Sie müssen ein bisher noch nicht als bindendes Paar verwendetes, also »freies« Elektronenpaar besitzen. Das Proton lässt ja bei der Flucht sein einziges Elektron zurück. Es kann nichts mehr zu einem Bindungspaar beisteuern. Das bindende Elektronenpaar muss damit komplett vom Partner gestellt werden! So ausgestattete und zur Aufnahme des Protons fähige Teilchen sind das

Gegenstück zu den Säuren – es sind die schon mehrfach genannten *Basen.*

> Basen sind Moleküle oder Ionen, die über freie Elektronenpaare verfügen und die von den Säuren abgegebenen Protonen aufnehmen können.

Damit kann man Säuren und Basen kurz und treffend so charakterisieren:

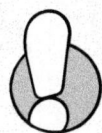

> Säuren sind Protonenspender.
>
> Basen sind Protonenempfänger.
>
> Den Protonenübergang von der Säure zur Base nennt man Protolyse.

Sehen wir uns einige Teilchen an, die als Base reagieren können:

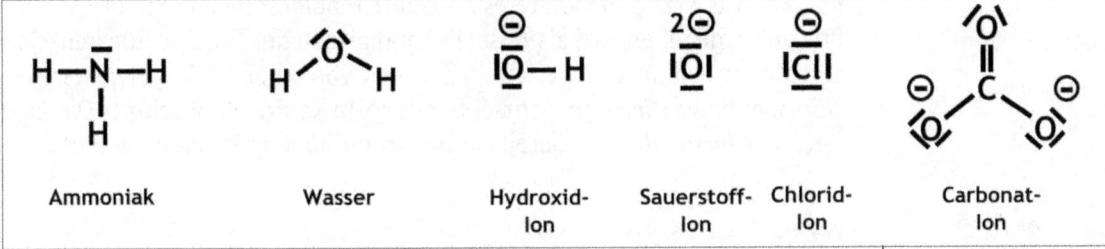

| Ammoniak | Wasser | Hydroxid-Ion | Sauerstoff-Ion | Chlorid-Ion | Carbonat-Ion |

Abb. 6.8:
Formeln
einiger Basen

Die Stärke der Säuren und Basen

Nicht alle Säuren lassen ihre Protonen (H^+-Ionen) widerstandslos ziehen – und nicht alle Basen sind erfreut über das hinzukommende Proton. Immerhin bedeutet der Weg- oder Zugang eines positiv geladenen Teilchens eine Veränderung der Ladungsbilanz. Diese Veränderung kann erwünscht oder unerwünscht sein, also zu höherer oder niedrigerer Stabilität führen. Hier liegt die Ursache für die *Stärke* von Säuren und Basen:

> Eine Säure ist um so stärker, je leichter sie ein Proton *abgeben* kann.
>
> Eine Base ist um so stärker, je leichter sie ein Proton *aufnehmen* kann.

Chlorwasserstoff (HCl; ergibt Salzsäure) und Schwefelsäure (H_2SO_4) sind Beispiele besonders starker Säuren, die Ionen OH^- und O^{2-} Beispiele besonders starker Basen. Beachte, dass auch das Carbonat-Ion CO_3^{2-} bei den Basen verzeichnet ist. Es ist in Kalkstein und Soda enthalten und uns bereits als Reaktionspartner von Säuren begegnet. Damit haben wir die Frage beantwortet, ob Soda eine Base *ist* oder eine Base *enthält* – die eigentliche Base ist das Carbonat-Ion.

Die Reaktion zwischen Säuren und Basen kannst du dir schematisch so vorstellen:

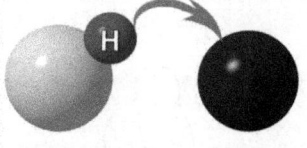

Säure   **Base**   Säurerest   Aus der Base
                             (neue Base!)   entstandene neue
                                             Säure!

Abb. 6.9: Protonen-übergang zwischen Säure und Base (Protolyse)

Interessanterweise finden wir auf der rechten Seite der Gleichung spiegelverkehrte Verhältnisse vor – die Base, die das Proton aufgenommen hat, könnte jetzt ohne weiteres als *Säure* reagieren und die Säure, die ihr Proton hergegeben hat, als *Base*! Es kann also in der Tat eine Rückreaktion stattfinden – man spricht dann insgesamt von einer *Gleichgewichtsreaktion* oder einer *Gleichgewichtseinstellung*. In Kapitel 4, Abschnitt *Die Jagd nach der Ausbeute*, war bereits von solchen Rückreaktionen die Rede.

Manche können alles

Betrachten wir einige konkrete Reaktionen:

  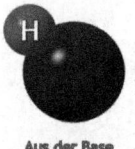

Abb. 6.10: Protolyse-Reaktionen

Tatsächlich – Wasser kann beides sein, Säure oder Base. Es kommt auf den *Partner* an!

> Verbindungen, die sowohl als Säure als auch als Base reagieren können, nennt man *amphoter*. Wichtiges Beispiel ist Wasser:
>
> Durch Protonenaufnahme wird das Ion H_3O^+ gebildet (Hydronium-Ion).
>
> Durch Protonenabgabe wird das Ion OH^- gebildet (Hydroxid-Ion).

Im ersten Fall reagiert Wasser als *Base* mit zugesetzten Säuren. Im zweiten Fall reagiert es als *Säure* mit zugesetzten Basen; die entstehenden Lösungen nennt man Laugen. Die gebildeten Ionen erklären die gute elektrische Leitfähigkeit dieser Lösungen.

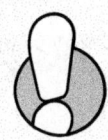

> In wässrigen Säure-Lösungen sind bewegliche Hydronium-Ionen entstanden.
>
> In Laugen sind bewegliche Hydroxid-Ionen entstanden.

Und was passiert, wenn man eine wässrige Säurelösung und eine Lauge zusammengibt (Versuch 6f)? Ganz einfach:

> Die Hydronium-Ionen H_3O^+ reagieren als *Säure* mit den OH^--Ionen als *Base*.
>
> $H_3O^+ + OH^- \rightarrow H_2O + H_2O$ (exotherme Reaktion, also Erwärmung!)
>
> Dabei entsteht Wasser. Man nennt diese Reaktion *Neutralisation*.

Damit wäre die Indikator-Änderung in Versuch 6f erklärt!

Betrachten wir nochmals die Reaktion bei der Auflösung von Soda in Wasser (Versuch 6f):

$$H_2O + CO_3^{2-} \rightarrow OH^- + HCO_3^-$$

Aus dem Carbonat-Ion entsteht durch die Protonenaufnahme das Hydrogencarbonat-Ion HCO_3^-. Durch weitere Protonenaufnahme kann daraus die Verbindung H_2CO_3 entstehen – Kohlensäure. Diese Verbindung zerfällt sehr leicht und setzt dabei CO_2 frei.

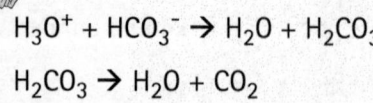

$$H_3O^+ + HCO_3^- \rightarrow H_2O + H_2CO_3$$

$$H_2CO_3 \rightarrow H_2O + CO_2$$

> Du kannst das mit Mineralwasser nachprüfen: Erhitze in einem Topf frisches Mineralwasser, dem etwas Indikator zugegeben wurde. Die Farbe des Indikators wird sich infolge der Zersetzung der Kohlensäure von Rot/Orange nach Grün ändern.

Die beiden Ionen H_3O^+ und OH^- sind die Grundlage der pH-Skala in wässrigen Lösungen. Damit werden wir uns jetzt befassen.

pH – das »Gewicht des Wasserstoffs«

Alle wässrigen Säurelösungen enthalten H_3O^+, alle Laugen enthalten OH^-. Diese Ionen sind aus der Reaktion der zugesetzten Säuren oder Basen mit Wasser hervorgegangen.

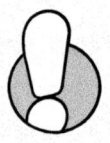

> Je *mehr* Säure- oder Baseteilchen zugesetzt wurden und je *stärker* deren Säure- oder Basencharakter war, desto mehr Hydronium- oder Hydroxid-Ionen sind entstanden.

Wird Chlorwasserstoffgas (HCl) – eine starke Säure – in Wasser eingeleitet, erfolgt praktisch vollständig die Protolyse.

$$HCl + H_2O \rightarrow Cl^- + H_3O^+$$

In der entstandenen Salzsäure ist das Teilchen HCl fast gar nicht mehr vorhanden. Seine Funktion als Säure übernimmt jetzt das Hydronium-Ion. Bei der Auflösung von reiner Essigsäure (Eisessig) – eine schwächere Säure – wird dagegen ein kleinerer Teil der Säure-Moleküle mit Wasser reagieren. Bei gleicher zugesetzter Teilchenzahl HCl/Essigsäure entstehen also im letzten Fall viel weniger H_3O^+-Ionen. Die übrig gebliebenen Essigsäure-Moleküle haben aber einen sehr viel schwächeren Säurecharakter als die H_3O^+-Ionen, so dass die Säurewirkung der Lösung auch hier auf den Hydronium-Ionen beruht.

Betrachten wir andererseits das Ion O^{2-} – eine starke Base. Es ist in Oxiden enthalten, z.B. in CaO (Calciumoxid; gebrannter Kalk). Mit Wasser reagiert dieses Ion praktisch vollständig; danach liegen als Base nur noch OH^--Ionen vor:

$$O^{2-} + H_2O \rightarrow OH^- + OH^-$$

Die schwächere Base NH_3 (Ammoniak) reagiert in geringerem Umfang mit Wasser:

$$NH_3 + H_2O \rightarrow NH_4^+ + OH^-$$

Die entstandenen OH^--Teilchen haben einen ca. 50.000 Mal stärkeren Basencharakter als die verbleibenden NH_3-Teilchen. Der basische (alkalische) Charakter der Lösung beruht damit auch hier nur noch auf den Hydroxid-Ionen OH^-.

Die *eigentlichen* Säuren und Basen in wässrigen Säure- oder Basen-Lösungen sind die entstandenen Hydronium- und Hydroxid-Ionen.

Was liegt also näher, als diese beiden Ionen zur Messlatte für den Zustand wässriger Säure- oder Basen-Lösungen zu machen – unabhängig von der *Art* der gelösten Säuren oder Basen?

Hin und zurück gibt Gleichgewicht

Der amphotere Charakter des Wassers (siehe vorangegangenen Abschnitt *Manche können alles*) erweist sich bei der Konstruktion dieser »Messlatte« als sehr hilfreich. Da das H_2O-Molekül sowohl schwache Säuren- als auch schwache Baseneigenschaft hat, werden die Wasser-Moleküle auch *untereinander* reagieren. Es entstehen dabei *gleich viele* Hydronium- und Hydroxid-Ionen. Diese entstehenden H_3O^+- und OH^--Teilchen – eine starke Säure und eine starke Base! – werden sich allerdings beeilen, in einer Rückreaktion wieder Wasser zu bilden. Das geht so lange, bis sich aus Hin- und Rückreaktion ein *Gleichgewicht* einstellt:

$$H_2O + H_2O \leftrightarrow H_3O^+ + OH^-$$

Autoprotolyse (»Selbst«protolyse) des Wassers

Es entstehen gleich viele Hydronium- und Hydroxid-Ionen.

Da auf der rechten Seite der Gleichung die *stärkeren* Säure- und Basen-teilchen stehen, läuft die *Rück*reaktion – wie gesagt - viel bereitwilliger ab als die Hinreaktion.

> Die aus der Autoprotolyse entstehenden Ionen H_3O^+ und OH^- liegen deshalb letztendlich nur in geringer Konzentration vor. Aber es gibt sie immerhin: Aus diesem Grund hat auch reinstes Wasser eine – wenn auch sehr geringe – elektrische Leitfähigkeit!

Wird reinem Wasser nun eine Säure oder Base zugegeben, entstehen durch die *zusätzlichen* Protolyse-Reaktionen natürlich sehr viele *zusätzliche* Hydronium- oder Hydroxid-Ionen.

> Diese zusätzlichen Ionen haben nach dem »Prinzip des kleinsten Zwangs« (Kapitel 4, *Die Jagd nach der Ausbeute*/Le Chatelier) Auswirkungen auf das Autoprotolyse-Gleichgewicht des Wassers. Das Prinzip besagt, dass äußere Zwänge auf ein Reaktionssystem aus Hin- und Rückreaktion durch entsprechendes Reaktionsverhalten ausgeglichen werden.

In unserem Fall heißt das: Die stark gestiegene Konzentration an Hydronium- oder Hydroxid-Ionen wird ausgeglichen durch verstärkte Rückreaktion zu Wasser. Aus den zugesetzten Säuren oder Basen sind aber – wie erwähnt – in der Regel sehr viel mehr neue Hydronium- oder Hydroxid-Ionen entstanden als aus der Autoprotolyse des Wassers selbst. Auch bei verstärkter Rückreaktion zu Wasser werden die neu entstandenen H_3O^+-Teilchen oder OH^--Teilchen deshalb immer noch in hoher Konzentration vorliegen, während sich die Konzentration der jeweiligen Partner-Teilchen OH^- bzw. H_3O^+ stark verringert.

Das *Produkt* aus beiden Konzentrationen bleibt aber interessanterweise konstant, solange man sich auf *verdünnte* Lösungen beschränkt! Das lässt sich aus dem so genannten Massenwirkungsgesetz herleiten, einer mathematischen Verfeinerung des Prinzips von Le Chatelier. Eine eingehendere Beschreibung dieses Gesetzes würde allerdings den Rahmen dieses Buches sprengen. Übernehmen wir deshalb nur das Ergebnis:

In reinem Wasser und in *verdünnten wässrigen Lösungen* von Säuren und Basen bleibt das Produkt aus H_3O^+- und OH^--Konzentration konstant.

In reinem Wasser sind die Konzentrationen gleich.

In verdünnten Säurelösungen steigt die H_3O^+-Konzentration und verringert sich entsprechend die OH^--Konzentration.

In verdünnten Basenlösungen (Laugen) steigt die OH^--Konzentration und verringert sich entsprechend die H_3O^+-Konzentration.

Eine Zahl genügt

Wir können also den sauren oder alkalischen Zustand einer wässrigen Lösung mit nur *einer* Kennzahl angeben – der Konzentration der H_3O^+-Ionen *oder* der Konzentration der OH^--Ionen. Aus historischen Gründen hat man sich für das Erstere entschieden – pH bedeutet so viel wie »das Gewicht des Wasserstoffs« (lat. *pondus hydrogenii*; manchmal auch *potentia hydrogenii*).

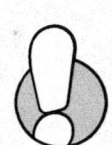

Der pH-Wert ist eine Maßzahl für die Konzentration der H_3O^+-Ionen in einer wässrigen Lösung. Die Konzentration der OH^--Ionen kann aus dem pH-Wert berechnet werden.

Die pH-Skala umfasst die Zahlen 0 bis 14. pH-Wert 0 bedeutet eine sehr hohe Konzentration an H_3O^+-Ionen und eine sehr geringe Konzentration an OH^--Ionen. Reines Wasser hat den pH-Wert 7. Hier ist die Konzentration der H_3O^+- und der OH^--Ionen gleich.

Bei *Erhöhung* des pH-Werts um *eine Zahl* verringert sich die Konzentration der H_3O^+-Ionen und erhöht sich die Konzentration der OH^--Ionen *jeweils um das Zehnfache.*

Eine Lösung mit pH-Wert 1 ist also eintausend Mal so sauer wie eine Lösung mit pH-Wert 4. Eine Lösung mit pH-Wert 14 ist hundertmal so alkalisch wie eine Lösung mit pH-Wert 12.

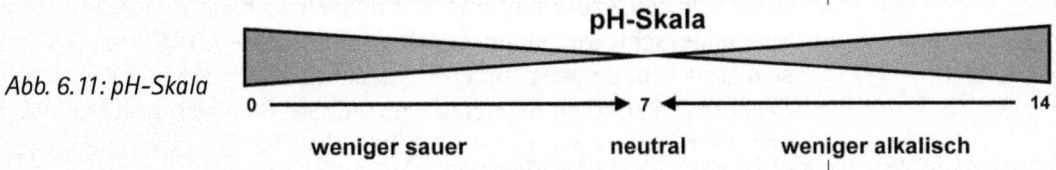

Abb. 6.11: pH-Skala

pH-Skala

0   7   14

weniger sauer   neutral   weniger alkalisch

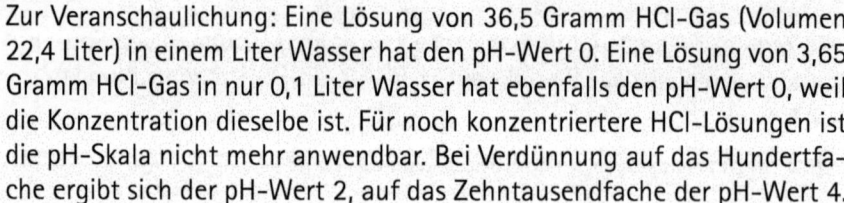

Zur Veranschaulichung: Eine Lösung von 36,5 Gramm HCl-Gas (Volumen 22,4 Liter) in einem Liter Wasser hat den pH-Wert 0. Eine Lösung von 3,65 Gramm HCl-Gas in nur 0,1 Liter Wasser hat ebenfalls den pH-Wert 0, weil die Konzentration dieselbe ist. Für noch konzentriertere HCl-Lösungen ist die pH-Skala nicht mehr anwendbar. Bei Verdünnung auf das Hundertfache ergibt sich der pH-Wert 2, auf das Zehntausendfache der pH-Wert 4.

Bei Auflösung von 4 Gramm Natriumhydroxid (NaOH, in Abflussreinigern enthalten) in 0,1 Liter Wasser ergibt sich der pH-Wert 14. Eine Lösung von 0,4 Gramm Natriumhydroxid in nur 0,01 Liter Wasser hat ebenfalls den pH-Wert 14, weil die Konzentration dieselbe ist. Für noch konzentriertere NaOH-Lösungen ist die pH-Skala nicht mehr anwendbar. Bei Verdünnung auf das Hundertfache ergibt sich der pH-Wert 12, auf das Zehntausendfache der pH-Wert 10.

Diese Beispiele zeigen noch einmal nachdrücklich, dass die pH-Skala keine lineare, sondern eine so genannte *logarithmische* Skala ist, in der sich die zugrunde liegenden Werte jeweils um den Faktor 10 unterscheiden. Ein Glas Cola mit dem pH-Wert 4 verträgst du (hoffentlich) noch ohne Gesundheitsschäden, obwohl dieser pH-Wert bereits drei Einheiten vom Neutralwert 7 entfernt ist. Ein Getränk mit pH-Wert 2 aber könnte bereits fatale Folgen haben – es ist hundertfach saurer als die Cola!

Schwefelsäure, Hydroxide und Salze

Schwefelsäure, Formel H_2SO_4, ist eine der ca. 300 »Unsterblichen«, wie sie unter Industriechemikern genannt werden – eines der 300 Grundprodukte, aus denen die chemische Industrie etwa 100.000 weitere Produkte herstellt (siehe Kapitel 1). Sie wird zur Produktion von Arzneimitteln genauso eingesetzt wie zur Herstellung von Chemiefasern oder Waschmitteln. Grund genug, stellvertretend für andere Säuren einen näheren Blick auf gerade diese Verbindung zu werfen.

Reine Schwefelsäure hat eine fast doppelt so hohe Dichte wie Wasser – eine ölige, schwere Flüssigkeit. Beim Verdünnen mit Wasser erwärmt sie sich stark – und das ist fatal. Sie siedet nämlich erst bei 338 °C, Wasser dagegen bekanntlich bereits bei 100 °C. Sie kann sich also beim Verdünnen ohne zu sieden auf weit über 100 °C aufheizen – weiter zugegebenes

Wasser wird dann sofort nahezu explosionsartig verdampfen und beim Herausspritzen die Säure mitreißen. Vermeiden lässt sich das nur durch Umkehrung des Vorgangs:

Die zu verdünnende Schwefelsäure wird langsam in Wasser gegeben, das dadurch die Wärme aufnehmen kann. Der Spruch »Erst das Wasser, dann die Säure, sonst geschieht das Ungeheure« ist unter Chemikern legendär.

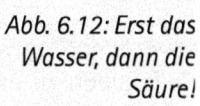

Abb. 6.12: Erst das Wasser, dann die Säure!

Verkohlt durch Schwefelsäure

Konzentrierte Schwefelsäure reagiert so stark mit Wasser, dass sogar H- und O-Atome im Verhältnis 2:1 aus chemischen Verbindungen herausgerissen werden, um daraus Wasser bilden zu können. Holz, Papier oder Zucker »verkohlen« deshalb unter der Wirkung der Schwefelsäure. Von Traubenzucker bleibt bei vollständiger Reaktion nur Kohlenstoff übrig, während sich das entstandene Wasser in Schwefelsäure auflöst:

$$C_6H_{12}O_6 \rightarrow 6\,C + 6\,H_2O \text{ (unter Einwirkung von konzentrierter Schwefelsäure)}$$

Hergestellt wird Schwefelsäure aus einem Oxid des Schwefels, SO_3, und Wasser. Dabei wird Vanadiumoxid als Katalysator eingesetzt (Kontaktverfahren). In Kapitel 3, Abschnitt *Die Clans der Elemente*, hast du die Reaktion der Oxide mit Wasser bereits als Unterscheidungsmerkmal zwischen Metallen und Nichtmetallen kennen gelernt: Aus Nichtmetalloxiden entstehen Säuen, aus Metalloxiden Laugen.

Salze aus Metall und Säure

Mit unedlen Metallen entwickelt Schwefelsäure unter Auflösung des Metalls Wasserstoff – aber nur, wenn sie in Wasser gelöst ist. Sie zeigt damit das gleiche Verhalten wie auch die übrigen Säuren:

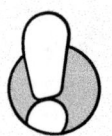

> Die Wasserstoffentwicklung der Säuren mit Metallen hängt offenbar von der Existenz der H_3O^+-Ionen ab, aber nicht im Sinne einer Protolyse-Reaktion!

Protolyse bedeutet ja *Ortsveränderung* von H^+-Ionen. Hier aber geht es um die *Entladung* von H^+-Teilchen zu elementarem Wasserstoff – dazu müssen andere Vorgänge ablaufen. In Kapitel 7 werden wir sie näher betrachten.

Sehen wir uns zwei Reaktionsgleichungen an:

$Mg + H_2SO_4 \rightarrow MgSO_4 + H_2$ (es entsteht Magnesiumsulfat)

$2\,Na + H_2SO_4 \rightarrow Na_2SO_4 + H_2$ (es entsteht Natriumsulfat)

Neben Wasserstoff entsteht also jeweils eine weitere Verbindung, in der die H-Atome der Säure formal durch Metall-Atome ersetzt sind. Da der verbleibende Rest der Säure – man nennt ihn wirklich *Säurerest* – aus Nichtmetall-Atomen besteht, liegt eine Ionenbindung vor. Die Metall-Atome sind an ihr in Form positiver Ionen beteiligt. Der Chemiker nennt solche ionischen Metall-Nichtmetall-Verbindungen *Salze*; diese Stoffklasse ist dir bereits aus Kapitel 5 (Ionenbindung) bekannt.

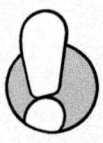

> Unedles Metall + wässrige Säurelösung $\rightarrow$ Salz + Wasserstoff

Wofür wird H_2O gebraucht?

Während du in Kapitel 5 nur einfachere Salze aus zwei verschiedenen Atomarten kennen gelernt hast (NaCl, Na_2O, $AlCl_3$ usw.), eröffnet sich hier die Möglichkeit zur Herstellung auch komplizierterer Salze. Aber auch Natriumchlorid kann auf diese Weise entstehen – nicht nur durch die Reaktion der Elemente Natrium und Chlor, wie in Kapitel 5 beschrieben:

$2\,Na + 2\,HCl \rightarrow 2\,NaCl + H_2$

Du erinnerst dich sicher (Kapitel 4, *Formeln, nichts als Formeln*): Die Verdoppelung von Na und HCl ist notwendig, weil sie zwar im Verhältnis 1:1 reagieren, aber als Produkt keine einzelnen H-Atome entstehen, sondern H_2-Moleküle.

Bei den genannten Reaktionsgleichungen fällt auf, dass Wasser in ihnen nicht vorkommt, obwohl die Reaktionen in *Abwesenheit* von Wasser gar nicht ablaufen können. Eine ähnliche Situation liegt beim Einsatz von Katalysatoren vor: Sie tauchen in den Gleichungen nicht auf, aber ohne sie läuft nichts. In Kapitel 4 haben wir bereits festgehalten, dass sie einen anderen Reaktionsverlauf bewirken, aber aus der Reaktion unverändert hervorgehen. Sollte Wasser bei den hier betrachteten Reaktionen eine ähnliche Rolle spielen? Wir werden dieser Frage in Kapitel 7 nachgehen.

Metallhydroxide bringen OH⁻ mit

Natriumhydroxid – ein Bestandteil von Abflussreinigern – ist neben gelöschtem Kalk ($Ca(OH)_2$) der bekannteste Vertreter der *Metallhydroxide*. Sie bestehen aus positiven Metall- und negativen Hydroxid-Ionen. Diese Verbindungen bringen ihre OH⁻-Ionen also bereits mit; sie müssen nicht erst durch Protolyse mit Wasser entstehen. Beweglich werden die Ionen aber erst in der Schmelze oder eben in Lösung.

Die Reaktion zwischen Metallhydroxiden und Säuren eröffnet eine dritte Möglichkeit der Salzherstellung. Dazu ist kein Wasser als Lösungsmittel erforderlich, weil zwischen Säure-Molekülen und Hydroxid-Ionen unmittelbar eine Protolyse-Reaktion stattfinden kann.

Metallhydroxid + Säure → Salz und Wasser

Beispiel mit Summenformeln:

$NaOH + HCl \rightarrow NaCl + H_2O$

In Form der reagierenden und entstehenden Teilchen:

$Na^+ + OH^- + HCl \rightarrow Na^+ + Cl^- + H_2O$

Die eigentliche Reaktion bei dieser Salzbildung ist also eine Protolyse: Ein Proton wechselt von HCl zu OH⁻. Die verbleibenden Teilchen Na^+ und Cl^- schließen sich erst im festen Zustand in Form eines Ionengitters zusammen. Findet die Reaktion in Lösung oder in der Schmelze statt, bleiben sie zunächst unabhängig voneinander.

6

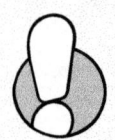

Die Formeln der Salze

Zum Abschluss dieses Kapitels bist du in der Lage, den Begriff *Salz* umfassender als bisher zu definieren:

> Salze sind Verbindungen aus positiven Metall- und negativen Säure-rest-Ionen.

Formal können die Formeln der Salze durch Ersatz der Säure-H-Atome durch positive Metall-Ionen entwickelt werden. Jedes abgegebene Proton lässt ein überschüssiges Elektron beim Säurerest zurück; diese negative Ladung wird durch eine positive Ladung (des Metall-Ions) ausgeglichen. Ionen der ersten Hauptgruppe (einfach positiv geladen) können also *ein* H-Atom ersetzen, Ionen der zweiten Hauptgruppe (doppelt positiv geladen) *zwei* H-Atome, Ionen der dritten Hauptgruppe (dreifach positiv geladen) *drei* H-Atome und so weiter. Zum Ladungsausgleich zwischen Metall- und Säurerest-Ionen muss das kleinste gemeinsame Vielfache ermittelt werden. Beispiele:

◇ Natriumsalz der Phosphorsäure H_3PO_4: Es sind drei H-Atome zu ersetzen. Dazu sind drei Na-Ionen erforderlich. Formel des Salzes Na_3PO_4.

◇ Magnesiumsalz der Phosphorsäure: ein Mg-Ion kann zwei H-Atome ersetzen, drei sind insgesamt zu ersetzen. Kleinstes gemeinsames Vielfaches von 2 und 3 ist 6. Man benötigt also drei Mg-Ionen (3 * 2 = 6) und zweimal den Säurerest der Phosphorsäure (2 * 3 = 6). Formel des Salzes $Mg_3(PO_4)_2$.

◇ Calciumsalz der Salzsäure HCl: ein Ca-Ion kann zwei H-Atome ersetzen. Dazu wird der Säurerest Cl^- zweimal benötigt (2 * 1 = 2). Formel des Salzes $CaCl_2$.

Zusammenfassung

In diesem Kapitel hast du gelernt

◇ dass Säuren und Basen eigenständige Verbindungen sind und sogar einzelne Ionen als Säure oder Base reagieren können

◇ dass man unter Laugen wässrige Lösungen von Basen versteht und dass wässrige Säurelösungen und Laugen bewegliche Ionen enthalten

◇ dass Indikatoren durch Farbänderungen saure und alkalische Lösungen nachweisen können und der pH-Wert den sauren oder alkalischen Zustand einer wässrigen Lösung angibt

◇ dass der pH-Wert ein Maß für die Konzentration an H_3O^+-Ionen ist und sich daraus auch die Konzentration der OH^--Ionen ergibt

◇ dass Säuren Kalkstein auflösen und mit Metallen Wasserstoff bilden

◇ dass die Säureeigenschaft auf der polaren Bindung des H-Atoms an ein elektronegativeres Atom beruht, die Baseneigenschaft auf freien Elektronenpaaren

◇ dass Säuren als Protonenspender, Basen als Protonenempfänger reagieren und Wasser sowohl als Säure wie auch als Base reagieren kann, also *amphoter* ist

◇ dass man unter Neutralisation die Protolyse zwischen H_3O^+- und OH^--Ionen versteht

◇ dass konzentrierte Schwefelsäure stark wasseranziehend ist und Metallhydroxide ihre OH^--Ionen bereits mitbringen

◇ dass Salze (unter anderem) entstehen können

    ◇ durch Reaktion von Metallen mit Säuren

    ◇ durch Reaktion von Metallhydroxiden mit Säuren

    ◇ durch direkte Reaktion von Metall und Nichtmetall

◇ dass die Formeln der Salze durch Ladungsausgleich zwischen Metall- und Säurerest-Ion ermittelt werden

Aufgaben

1. Nenne zwei Gründe, von Geschmacksproben bei unbekannten Säuren und Laugen abzusehen.

2. Nenne zwei Unterschiede zwischen Basen und Laugen.

3. Nenne drei im Haushalt verfügbare Indikatoren.

4. Nenne vier charakteristische Eigenschaften von Säuren.

5. Formuliere die Protolysereaktion.

    zwischen Kohlensäure und Ammoniak

    zwischen Salzsäure und Carbonat-Ion

6. Auch reinstes Wasser besitzt eine – wenn auch sehr geringe – elektrische Leitfähigkeit, obwohl die Wasser-Moleküle nicht geladen sind. Woher rührt diese Leitfähigkeit?

7. Nenne in den folgenden Fällen den pH-Wert, der sich ergibt:

   a. Eine Lösung mit dem pH-Wert 3 wird auf das Tausendfache verdünnt.

   b. Eine Lösung mit dem pH-Wert 9 wird auf das Zehnfache verdünnt.

   c. Eine Lösung mit dem pH-Wert 11 wird auf den zehnten Teil eingedampft. Dabei verdampft ausschließlich das Lösungsmittel Wasser.

8. a. Gramm Natriumhydroxid in einem Liter Wasser aufgelöst ergibt den pH-Wert 13. Welchen pH-Wert ergibt die Auflösung von 0,4 Gramm Natriumhydroxid in 10 Milliliter Wasser (0,01 Liter)?

   b. 3,65 Gramm HCl in 100 Milliliter Wasser (0,1 Liter) aufgelöst ergibt den pH-Wert 0. Welchen pH-Wert ergibt die Auflösung von 0,365 Gramm HCl in zehn Liter Wasser?

   c. 6,3 Gramm reine Salpetersäure (HNO_3) in einem Liter Wasser aufgelöst ergibt den pH-Wert 1. Welchen pH-Wert ergibt die Auflösung dieser 6,3 g HNO_3 in 10 Milliliter Wasser?

9. Nenne drei Möglichkeiten der Herstellung von Salzen.

10. Formuliere die Summenformeln der Salze in den folgenden Fällen:

   a. Calciumsalz der Salpetersäure (HNO_3)

   b. Kaliumsalz der Kohlensäure

   c. Magnesiumsalz der Schwefelsäure

7
Elektrizität und Chemie

In Kapitel 3 hast du aus Wasser mit Hilfe des elektrischen Stroms Wasserstoff gewonnen. In Kapitel 5 haben wir die elektrische Leitfähigkeit der Metalle untersucht und sie auf die Verschiebung von Elektronen zurückgeführt. In Kapitel 6 schließlich konntest du bei Säuren und Laugen elektrische Leitfähigkeit feststellen. Wir haben das mit der Existenz der beweglichen Ionen H_3O^+ und OH^- erklärt. Elektrizität spielt offenbar in der Chemie eine große Rolle! Auch in all den Batterien und Akkus in deiner täglichen Umgebung laufen chemische Reaktionen ab – die einen erzeugen elektrischen Strom, die anderen verbrauchen ihn. Zeit also, uns mit der Rolle von Elektronen und Ladungen bei chemischen Reaktionen zu beschäftigen.

In diesem Kapitel erfährst du

◎ was der Chemiker unter Reduktion und Oxidation versteht

◎ wie man die Metalle nach ihrem edlen Charakter anordnen kann und was das bedeutet

◎ wie galvanische Elemente entstehen

◎ wie sich der Akku(mulator) von der Batterie unterscheidet

◎ warum Brennstoffzellen eine große Zukunft haben

◎ was bei der Elektrolyse passiert

7 Oxidation mit Oxygenium

Reaktionen mit Sauerstoff hast du bereits kennen gelernt. Erinnere dich an Kapitel 5 (Ionenbindung) – Natrium reagiert mit Sauerstoff. Dort war zum Verständnis der Ionenbindung die Reaktion mit einem *einzelnen Sauerstoff-Atom* unter Angabe des Elektronenübergangs formuliert:

$$2\ Na \xrightarrow{2e} + O \longrightarrow 2\ Na^{\oplus} + O^{2\ominus}$$ *Abb. 7.1: Reaktion von Natrium mit Sauerstoff*

Reaktionen mit Sauerstoff werden bereits seit dem 18. Jahrhundert als *Oxidationen* bezeichnet. Unter Angabe des Sauerstoff-Moleküls als Ausgangsteilchen sieht die Reaktionsgleichung übrigens so aus:

$4\ Na + O_2 \rightarrow 2\ Na_2O$

Historische Definitionen:

Nach dem französischen Chemiker Lavoisier (1743–1794), der die Rolle des Sauerstoffs bei der Verbrennung erforschte, wird die Vereinigung eines Elements mit Sauerstoff Oxidation genannt. Dabei entstehen Oxide.

Der Entzug von Sauerstoff aus einem Oxid wird Reduktion genannt.

Die Reduktion ist die Umkehrung der Oxidation.

Beschränken wir uns zunächst auf diese historischen Definitionen. Oxidationen liegen danach auch dann vor, wenn keine Ionenbindung entsteht, also bei der Verbrennung von Nichtmetallen. Entsprechendes gilt für Reduktionen.

Die erstaunliche Magnesiumflamme

Brennendes Magnesium erzeugt ein blendend weißes Licht, in das man zur Vermeidung von Augenschäden lieber nicht direkt blicken sollte. Nach der Gleichung $2\ Mg + O_2 \rightarrow 2\ MgO$ handelt es sich um eine Oxidation des Magnesiums. Das Erstaunliche daran: Eine entzündete Magnesiumfackel brennt sogar unter Wasser weiter! Magnesium holt sich den notwendigen Sauerstoff aus den Molekülen des Wassers:

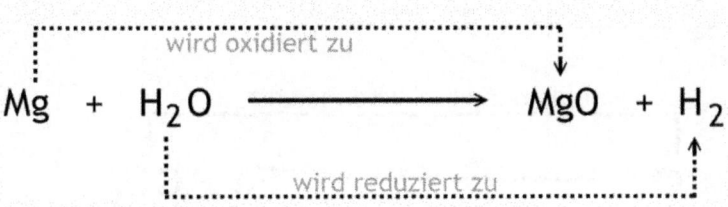

$$Mg + H_2O \longrightarrow MgO + H_2$$

wird oxidiert zu

wird reduziert zu

Abb. 7.2: Magnesiumverbrennung unter Wasser

Reduktion und Oxidation im Hochofen

Bei der Eisenerzeugung aus Oxiden (Erzen) laufen im Hochofen unter anderem folgende Reaktionen ab:

a) Aus Kohlenstoff und Kohlenstoffdioxid entsteht Kohlenstoffmonoxid:

$$C + CO_2 \rightarrow 2\,CO$$

Kohlenstoff wird oxidiert, Kohlenstoffdioxid wird reduziert. Oxidation und Reduktion sind also miteinander verknüpft; ein Stoff, der anderen Verbindungen den Sauerstoff raubt (diese reduziert), wird dabei selbst oxidiert!

Kohlenstoffmonoxid wird gebraucht, um Eisenoxid das Sauerstoff-Atom zu entreißen. Mit Kohlenstoffdioxid ginge das nicht, weil es kein zusätzliches O-Atom aufnehmen könnte.

b) $FeO + CO \rightarrow Fe + CO_2$

FeO wird reduziert, CO wird oxidiert. Auch hier wieder die Verknüpfung von Oxidation und Reduktion!

> Ein Stoff, der anderen Stoffen den Sauerstoff entzieht und sie damit reduziert, wird Reduktionsmittel genannt. Das Reduktionsmittel selbst wird bei diesem Vorgang oxidiert.
>
> Ein Stoff, der an andere Stoffe Sauerstoff abgibt und sie damit oxidiert, wird Oxidationsmittel genannt. Das Oxidationsmittel selbst wird bei diesem Vorgang reduziert.

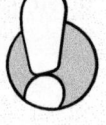

In unserem Beispiel a) war C das Reduktionsmittel – und wurde selbst zu CO oxidiert. CO_2 fungierte als Oxidationsmittel – und wurde selbst zu CO reduziert. In Beispiel b) war CO das Reduktionsmittel – und wurde selbst zu CO_2 oxidiert. FeO war das Oxidationsmittel – und wurde selbst zu Fe reduziert.

Mache dir das am Schaubild klar:

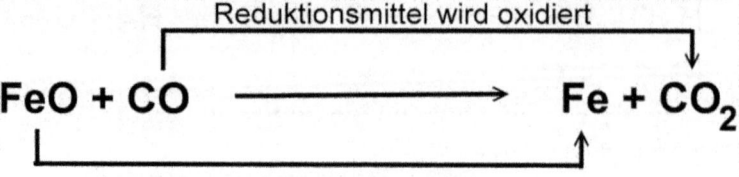

$$\text{FeO + CO} \longrightarrow \text{Fe + CO}_2$$

Reduktionsmittel wird oxidiert

Oxidationsmittel wird reduziert

Abb. 7.3: Oxidations- und Reduktionsmittel und ihre Veränderung

Ein Reduktionsmittel wird nicht immer benötigt – instabile Oxide zerfallen bereits beim Erhitzen. Das gilt beispielsweise für Quecksilberoxid HgO:

$$2\,\text{HgO} \rightarrow 2\,\text{Hg} + \text{O}_2$$

Und was ist, wenn die Stoffe direkt mit Sauerstoff reagieren? Ist dann Sauerstoff das Oxidationsmittel? Und außerdem, was hat das Ganze mit Elektrizität zu tun? Berechtigte Fragen – klären wir den Sachverhalt!

Oxidation auch ohne Oxygenium?

Zur Klärung der Rolle des Sauerstoffs müssen wir uns die Reaktionen auf der Ebene der beteiligten Atome ansehen.

Tabelle 7.1: Elektronenabgabe und -aufnahme bei Reaktionen mit Sauerstoff

Reaktion	Elektronenveränderung der Metall-Atome	Elektronenveränderung der Sauerstoff-Atome
$4\,\text{Na} + \text{O}_2 \rightarrow 2\,\text{Na}_2\text{O}$	Die Na-Atome geben je ein Elektron ab	Die Sauerstoff-Atome nehmen je zwei Elektronen auf
$2\,\text{Mg} + \text{O}_2 \rightarrow 2\,\text{MgO}$	Die Mg-Atome geben je zwei Elektronen ab	Die Sauerstoff-Atome nehmen je zwei Elektronen auf
$2\,\text{Ag}_2\text{O} \rightarrow 4\,\text{Ag} + \text{O}_2$	Die Ag^+-Ionen erhalten je ein Elektron	Die Sauerstoff-Ionen geben je zwei Elektronen ab
$2\,\text{HgO} \rightarrow 2\,\text{Hg} + \text{O}_2$	Die Hg^{2+}-Ionen erhalten je zwei Elektronen	Die Sauerstoff-Ionen geben je zwei Elektronen ab

Sauerstoffaufnahme = Oxidation bedeutet für die Metall-Atome also Elektronenabgabe und Bildung eines Metall-Ions. Und umgekehrt: Sauerstoffabgabe = Reduktion bedeutet für die Metall-Ionen Elektronenauf-

nahme und Bildung eines Metall-Atoms. Empfänger und Spender der Elektronen sind in beiden Fällen die Sauerstoff-Atome bzw. Sauerstoff-Ionen.

Dieser Zusammenhang besteht allerdings auch bei anderen Reaktionen, beispielsweise mit Beteiligung von Halogen-Atomen:

Reaktion	Elektronenveränderung am Partner-Atom I	Elektronenveränderung am Partner-Atom II
$Cu + Cl_2 \rightarrow Cu^{2+} + 2\,Cl^-$	Cu: Elektronenabgabe	Cl: Elektronenaufnahme
$2\,Br^- + Cl_2 \rightarrow 2\,Cl^- + Br_2$	Br^-: Elektronenabgabe	Cl: Elektronenaufnahme
$2\,Al + 3\,Br_2 \rightarrow 2\,Al^{3+} + 6\,Br^-$	Al: Elektronenabgabe	Br: Elektronenaufnahme
$2\,I^- + Br_2 \rightarrow 2\,Br^- + I_2$	I^-: Elektronenabgabe	Br: Elektronenaufnahme

Tabelle 7.2: Elektronenaufnahme und -abgabe bei Reaktionen mit Halogen-Beteiligung

Seit Aufklärung des Atombaus bezieht man sich in der Chemie bei der systematischen Einordnung von Reaktionen vorrangig auf die zugrunde liegenden atomaren Vorgänge, weniger auf die beteiligten Atom-Arten. Das gilt auch für Oxidationen und Reduktionen: Die aktuellen Definitionen haben sich von Sauerstoff als zwingendem Reaktionspartner gelöst und gelten nun ganz allgemein für Reaktionen mit Elektronenübergängen.

Elektronenabgabe = Oxidation

Elektronenaufnahme = Reduktion

Beide Vorgänge können nur *gemeinsam in einer Redox-Reaktion* ablaufen:

*Red*uktion + *Ox*idation = *Redox*-Reaktion

Mit diesem Bezug auf Elektronenwanderungen wird der Zusammenhang mit Elektrizität schon etwas deutlicher! Und auch die Rolle des Sauerstoffs in den genannten Reaktionen können wir jetzt einordnen:

Wenn Sauerstoff-Atome Elektronen aufnehmen, werden sie reduziert. Der Reaktionspartner (der Elektronen abgibt) wird oxidiert.

Wenn Sauerstoff-Ionen Elektronen abgeben, werden sie oxidiert. Der Reaktionspartner (der Elektronen aufnimmt) wird reduziert.

7

Das können wir auch allgemeingültig formulieren:

Oxidationsmittel sind Stoffe, die andere Stoffe oxidieren können. Das Oxidationsmittel nimmt von anderen Stoffen Elektronen auf und wird dadurch selbst reduziert.

Reduktionsmittel sind Stoffe, die andere Stoffe reduzieren können. Das Reduktionsmittel gibt Elektronen an andere Stoffe ab und wird dadurch selbst oxidiert.

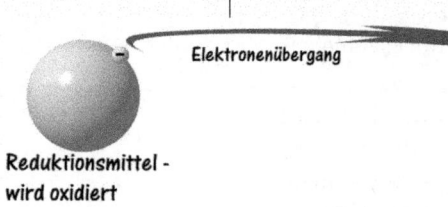

Elektronenübergang

Abb. 7.4: Reduktions- und Oxidationsmittel

Reduktionsmittel - wird oxidiert

Oxidationsmittel - wird reduziert

Oxidationsmittel in Tabelle 7.2 waren Cl_2 und Br_2 – sie wurden zu Cl^- und Br^- reduziert. Reduktionsmittel waren (von oben nach unten) Cu, Br^-, Al und I^- – sie wurden zu Cu^{2+}, Br (in Form von Br_2-Molekülen), Al^{3+} und I (in Form von I_2-Molekülen) oxidiert.

Zur besseren Übersichtlichkeit können Redox-Reaktionen auch getrennt für die Teilvorgänge Elektronenaufnahme und Elektronenabgabe formuliert werden. Man muss sich aber bewusst sein, dass diese Vorgänge tatsächlich *parallel* ablaufen. Zwei Beispiele:

Tabelle 7.3: Teilvorgänge der Oxidation und Reduktion

Vorgang	Reaktion I	Reaktion II
Oxidation	$Cu \rightarrow Cu^{2+} + 2\ e^-$	$2\ I^- \rightarrow I_2 + 2\ e^-$
Reduktion	$Cl_2 + 2\ e^- \rightarrow 2\ Cl^-$	$Br_2 + 2\ e^- \rightarrow 2\ Br^-$
Gesamtreaktion	$Cu + Cl_2 \rightarrow Cu^{2+} + Cl_2$	$2I^- + Br_2 \rightarrow 2\ Br^- + I_2$

Die Reduktion des Broms zu Br^- (in der Reaktion mit Aluminium) kann also durch eine Oxidation zu Br_2 (in der Reaktion mit Chlor) wieder rückgängig gemacht werden. Das gelingt aber nur mit Partnern, die – wie Cl_2 – stärkere Oxidationskraft als Brom selbst besitzen, also noch größeren Elektronenhunger haben. Mit der Reduktions- oder Oxidationskraft verhält es sich damit so ähnlich wie mit der Säuren- und Basenstärke in Kapitel 6. Wir werden das im nächsten Abschnitt in Zusammenhang mit der Oxidations- und Reduktionswirkung von Metallen und Metall-Ionen näher betrachten.

Und wie ist das bei Molekülen?

Bei Redox-Vorgängen mit neutralen Molekülen sind allerdings zunächst keine Elektronenübergänge erkennbar. Die Moleküle sind als Ganzes sowohl vorher als auch nachher ungeladen. Wie ist das also mit Oxidation/Reduktion bei den Reaktionen $C + CO_2 \rightarrow 2\ CO$ und $FeO + CO \rightarrow Fe + CO_2$?

Im ersten Fall haben wir formuliert: C wird oxidiert, CO_2 wird reduziert. Hat denn das C-Atom bei der Umwandlung in CO Elektronen abgegeben, hat CO_2 bei dieser Umwandlung Elektronen aufgenommen? Erinnere dich: In Kapitel 5 (Abschnitt *Reich mir die Hand fürs Leben*) hast du den Begriff der *Elektronegativität* kennen gelernt, als Anziehungskraft auf Bindungselektronenpaare. Sauerstoff hat die zweithöchste Elektronegativität – weitaus höher als Kohlenstoff.

Bei unterschiedlicher Elektronegativität der verbundenen Atome sind die Bindungselektronenpaare mehr oder weniger zum *elektronegativeren* Atom hin verschoben. Am Atom mit der geringeren Elektronegativität herrscht damit ein gewisser Elektronenmangel (positive Teilladung), am Atom mit der höheren Elektronegativität ein gewisser Elektronenüberschuss (negative Teilladung).

Die schwächer elektronegativen Atome *verlieren* damit *zum Teil* die Kontrolle über die Elektronen, die sie zu den Bindungselektronenpaaren beigesteuert haben.

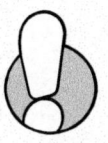

Entsprechend *gewinnen* die stärker elektronegativen Atome damit *zum Teil* die Kontrolle über zusätzliche Elektronen.

Element	Elektronegativität	Element	Elektronegativität
Fluor	4,0	Kohlenstoff	2,5
Sauerstoff	3,5	Stickstoff	3,0
Chlor	3,0	Wasserstoff	2,1

Tabelle 7.4: Elektronegativitätswerte von Nichtmetallen

Wenn sich also Sauerstoff mit Kohlenstoff verbindet, dann verliert das C-Atom tatsächlich zum Teil die *Kontrolle* über seine Elektronen. Das ist zwar keine *vollständige*, aber immerhin eine *teilweise* Elektronenabgabe. Andererseits gewinnt im CO_2-Molekül das C-Atom durch den Weggang eines O-Atoms die Kontrolle über einen Teil seiner Elektronen *zurück*.

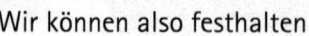

Wir können also festhalten:

> In der Reaktion $C + CO_2 \rightarrow 2\ CO$ wird das Ausgangs-C-Atom oxidiert, weil es wegen der höheren Elektronegativität des hinzukommenden O-Atoms Kontrolle über Elektronen verliert.
>
> Das in CO_2 enthaltene C-Atom wird dagegen reduziert, weil es durch den Abgang eines O-Atoms Kontrolle über Elektronen zurückgewinnt.
>
> In der Reaktion $FeO + CO \rightarrow Fe + CO_2$ wird das in CO enthaltene C-Atom oxidiert, weil es durch das hinzukommende O-Atom weitere Kontrolle über Elektronen verliert. Das Fe^{2+}-Ion wird durch die aufgenommenen Elektronen zu Fe reduziert.

Profi-Chemiker haben sich zur Erkennung der Elektronenübergänge bei Redox-Reaktionen mit Molekülen das System der *Oxidationszahlen* ausgedacht. Dabei werden die Moleküle fiktiv in Ionen zerlegt, wobei die Bindungselektronen dem jeweils elektronegativeren Bindungspartner zugeschlagen werden. Damit können tatsächlich in beliebigen Reaktionen Elektronenübergänge erkannt werden.

Regel für Elektronenpaare

Eine detaillierte Beschreibung dieses Systems der Oxidationszahlen würde zwar den Rahmen dieses Buches sprengen. Deshalb werde ich mich bei der weiteren Erörterung von Redox-Prozessen in diesem Kapitel (vorerst) auf ionische Vorgänge beschränken. Dennoch solltest du dir eine Regel aus diesem System merken – sie wird in der organischen Chemie, der Chemie der Kohlenstoffverbindungen, von *besonderer* Bedeutung sein, aber nicht nur dort:

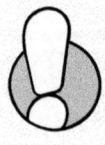

> Bei der Bildung gemeinsamer Elektronenpaare aus ungeladenen Atomen wird
>
> ◇ das Atom mit der niedrigeren Elektronegativität oxidiert
>
> ◇ das Atom mit der höheren Elektronegativität reduziert.
>
> ◇ Speziell bei Kohlenstoffverbindungen gilt:
>
> ◇ Durch die Bildung gemeinsamer Elektronenpaare mit Sauerstoff oder Stickstoff wird das C-Atom oxidiert.
>
> ◇ Durch die Bildung gemeinsamer Elektronenpaare mit Wasserstoff wird das C-Atom reduziert.

Metall-Ranking: die Spannungsreihe

Sehr reines Eisen kann nicht im Hochofen gewonnen werden – das Produkt enthält relativ hohe Kohlenstoffanteile. Im Hochofen-Verfahren wird mit Koks gearbeitet, dadurch vermischt sich das entstehende flüssige Eisen mit Kohlenstoff (»Roheisen«). Man muss deshalb andere Reduktionsmittel verwenden. Beim so genannten Thermit-Verfahren wird dem Eisenoxid mit Hilfe von Aluminium der Sauerstoff entzogen:

$Fe_2O_3 + 2\,Al \rightarrow 2\,Fe + Al_2O_3$ (sehr heftige, exotherme Reaktion!)

> Zur Erinnerung:
>
> Exotherme Reaktion = Reaktion unter Wärmeabgabe
>
> Endotherme Reaktion = Reaktion unter Wärmeverbrauch

Aluminium ist das Reduktionsmittel und wird oxidiert, die Eisen-Ionen werden reduziert. In den Teilreaktionen ist das erkennbar:

Oxidation: $2\,Al \rightarrow 2\,Al^{3+} + 6\,e^-$

Reduktion: $2\,Fe^{3+} + 6\,e^- \rightarrow 2\,Fe$

Die Sauerstoff-Ionen verändern ihren Zustand bei dieser Reaktion nicht. Wie du an dieser Gleichung übrigens erkennst, kann Eisen auch *dreifach* positiv geladene Ionen bilden; die Ladungsstufe 3+ ist sogar etwas stabiler als die Ladungsstufe 2+ (die du oben in der Verbindung FeO kennen gelernt hast).

> Würde man (anstelle von Aluminium) Blei oder Kupfer verwenden, könnte allerdings kein Eisen entstehen. Die Atome dieser Metalle hängen stärker an ihren Elektronen als die Eisen-Atome – sie sind *edler.*

Sie denken also gar nicht daran, »den Eisen-Ionen zuliebe« selbst in den Ionenzustand überzugehen! Man kann auch sagen: Sie haben eine geringere Reduktionskraft.

Umgekehrt sind Kupfer-Ionen durchaus in der Lage, Eisen-*Atomen* Elektronen zu rauben (sie also zu Eisen-Ionen zu oxidieren), um selbst wieder zu ungeladenen Atomen zu werden. Wie erwähnt – Kupfer- oder auch Blei-Atome hängen stärker an ihren Elektronen als die Eisen-Atome!

Viele derartige Versuche führen zu einer Reihenfolge der Metalle, die als Spannungsreihe bezeichnet wird.

Neigung der Atome zur Elektronenabgabe nimmt ab ⟶

$$Cs \quad K \quad Na \quad Mg \quad Al \quad Cr \quad Zn \quad Fe \quad Co \quad Ni \quad Sn \quad Pb \quad Cu \quad Ag \quad Pt \quad Au$$

$$Cs^+ \quad K^+ \quad Na^+ \quad Mg^{2+} \quad Al^{3+} \quad Cr^{2+} \quad Zn^{2+} \quad Fe^{2+} \quad Co^{2+} \quad Ni^{2+} \quad Sn^{2+} \quad Pb^{2+} \quad Cu^{2+} \quad Ag^+ \quad Pt^{2+} \quad Au^{3+}$$

Abb. 7.5: Spannungsreihe der Metalle

Neigung der Ionen zur Elektronenaufnahme nimmt zu ⟶

In der Spannungsreihe sind die Metalle nach abnehmender Reduktionskraft ihrer Atome und zunehmender Oxidationskraft ihrer Ionen angeordnet.

Die Alchimisten des Mittelalters, ständig auf der Suche nach dem Stein der Weisen, glaubten den Beweis für Metallumwandlungen gefunden zu haben: Eiserne Gegenstände, in eine Kupfersulfatlösung getaucht, lösten sich auf und an ihrer Stelle bildete sich elementares Kupfer. Du bist in der Lage, diese Erscheinung als Redox-Vorgang zu deuten:

Eisen steht in der Spannungsreihe links von Kupfer. Fe-Atome haben also eine stärkere Neigung zur Elektronen*abgabe* als Cu-Atome. Kupfer-Ionen haben eine stärkere Neigung zur Elektronen*aufnahme* als Eisen-Ionen.

So kommt es, wie es kommen muss:

Fe → Fe^{2+} + 2 e^- (das Eisen-Atom als Reduktionsmittel wird oxidiert)

$Cu^{2+} + 2\,e^- \rightarrow Cu$ (das Kupfer-Ion als Oxidationsmittel wird reduziert)

Versuch 7a:

Wenn es dir gelingt, Kupfersulfat zu beschaffen, kannst du diesen Versuch selbst durchführen: Lege in einer alten Porzellantasse einen Eisennagel in eine wässrige Kupfersulfatlösung – nach einiger Zeit überzieht er sich mit einer Kupferschicht.

Die in der Spannungsreihe links stehenden – unedleren – Metalle reduzieren also die Ionen der rechts von ihnen stehenden – edleren – Metalle. Und umgekehrt: Die Ionen der edleren Metalle (weiter rechts stehend) oxidieren die Atome der unedleren Metalle (weiter links stehend).

Jedes Metall wirkt gegenüber den Ionen der edleren Metalle als Reduktionsmittel.

Jedes Ion eines Metalls wirkt gegenüber unedleren Metallen als Oxidationsmittel.

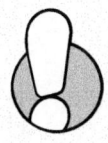

Beispiele *selbstständig* ablaufender Reaktionen (»edleres Ion« mit unedlerem Metall):

$Ag^+ + Na \rightarrow Ag + Na^+$

$2\,Au^{3+} + 3\,Fe \rightarrow 2\,Au + 3\,Fe^{2+}$

Die Atome von Na und Fe wirken gegenüber den Ionen der edleren Metalle Ag und Au als Reduktionsmittel (und werden dadurch oxidiert); die Ionen der Metalle Ag und Au wirken gegenüber den Atomen der unedleren Metalle Na und Fe als Oxidationsmittel (und werden dadurch reduziert).

Während diese Reaktionen nicht erzwungen werden müssen, sondern »von selbst« (spontan) ablaufen, ist im *umgekehrten* Fall (unedleres Ion/ edleres Atom) keine freiwillige Reaktion zu beobachten.

Beispiele von Reaktionen, die *nicht* selbstständig ablaufen (»unedleres Ion« mit edlerem Metall):

$Mg^{2+} + 2\ Ag \rightarrow Mg + 2\ Ag^+$ – keine freiwillige Reaktion!

$3\ Zn^{2+} + 2\ Au \rightarrow 3\ Zn + 2\ Au^{3+}$ – keine freiwillige Reaktion!

Durch Stromzufuhr können solche Reaktionen allerdings *erzwungen* werden.

Unter Ausnutzung der Spannungsreihe wäre es sogar möglich, in unverfänglicher Weise Gold zu schmuggeln. Durch Einwirkung von Chlor entsteht ein Salz, das Au^{3+}-Ionen enthält. In Wasser aufgelöst und in Weinflaschen über die Grenze geschmuggelt, könnte man anschließend durch Eintauchen von Eisenteilen das edle Metall zurückerhalten!

Wasserstoff – ein Metall?

Nein, natürlich ist Wasserstoff nach allen uns bekannten Eigenschaften ein Nichtmetall. In *einer* Hinsicht allerdings ähnelt er den Metallen: Er kann positive Ionen bilden. Bestimmt man die Reduktionskraft des Wasserstoff-Moleküls H_2 und die Oxidationskraft des Protons – an Wasser gebunden, in der Form von H_3O^+ – so müsste Wasserstoff in der Spannungsreihe zwischen Blei und Kupfer eingeordnet werden. Das Interessante daran:

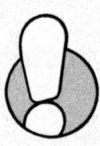

Wenden wir die Regeln zur Spannungsreihe auf Wasserstoff bzw. die Hydronium-Ionen an, erklärt dies sowohl die Auflösung unedler Metalle in Säuren unter Bildung von Wasserstoff als auch die Resistenz edler Metalle gegenüber Säuren.

Zwei Beispiele dazu:

Magnesium löst sich in verdünnter Salzsäure unter Bildung von Magnesiumchlorid und Wasserstoff auf. Erklärung: Magnesium ist unedler als Wasserstoff, das H_3O^+-Ion wirkt also gegenüber Mg als Oxidationsmittel. Folge: Mg wird oxidiert zu Mg^{2+}, zwei Protonen werden reduziert zu H_2.

$Mg + 2\ H_3O^+ \rightarrow Mg^{2+} + H_2 + 2\ H_2O$

Gold wird dagegen von verdünnter Salzsäure nicht angegriffen. Erklärung: Gold ist edler als Wasserstoff, Gold-Atome haben also eine geringere Neigung als Wasserstoff-Atome, Elektronen abzugeben. Gold-Ionen hätten umgekehrt eine stärkere Neigung als Wasserstoff-Ionen, Elektronen aufzunehmen. Ein Elektronenübergang von Gold-Atomen zu Wasserstoff-Ionen kann deshalb nicht stattfinden.

Elektronen auf Umwegen

Aber noch weitere Folgerungen ergeben sich aus der Spannungsreihe: Wenn es gelingt, die Elektronen vom direkten Übergang Metall-Atom → Metall-Ion abzuhalten und zu einem Umweg zu zwingen, fließt auf dieser Umwegstrecke elektrischer Strom! Dazu müssen zunächst die Orte der Oxidation und der Reduktion räumlich getrennt und – als erzwungener Elektronen-Umweg – leitend verbunden werden. Außerdem müssen die an den beiden Orten entstehenden ionischen Ladungsveränderungen ausgeglichen werden. Wie so etwas geht? Eine Beobachtung des italienischen Arztes Galvani (1737–1798) und die darauf aufbauenden Forschungen seines Landsmanns Alessandro Volta (1745–1827) wiesen den Weg.

Vom Froschschenkel zur Batterie

Luigi Galvani verwendete für medizinische Versuche frische Froschschenkel, die er mit Kupferhaken an ein Eisengitter hängte. Jedes Mal, wenn die Froschschenkel das Eisengitter berührten, führten sie Zuckungen aus. Der Physiker Volta konnte zeigen, dass die Ursache dafür die Verbindung von Kupfer und Eisen durch die Froschschenkel war. Ionen, die sich an der Oberfläche des Kupfers gebildet hatten, wurden durch Elektronen des Eisens entladen (das dadurch selbst Ionen bildete); dabei mussten die Ladungen durch den Froschschenkel fließen und verursachten die Zuckungen. Um 1800 entwickelte Volta aus solchen Beobachtungen die erste Spannungsreihe der Metalle – und den Vorläufer der heutigen Batterien, die *Voltasche Säule*.

Du kannst eine ähnliche Säule selbst bauen:

Versuch 7b:

Besorge dir zwanzig 5-Cent-Münzen sowie zwanzig verzinkte Unter-legscheiben und schneide aus Löschpapier ebenfalls zwanzig Kreise gleicher Größe aus. Besorge dir auch zwei an den Enden abisolierte Kupferkabel (siehe Versuch 6e, Kapitel 6) und lege Klebeband bereit. Wenn es dir möglich ist, besorge ein so genanntes Multimeter zur Messung kleiner Spannungen. Stelle eine konzentrierte wässrige Lösung aus Kochsalz her. Tränke die Papierkreise in der Salzlösung. Klebe ein Ende eines Kupferkabels an eine 5-Cent-Münze. Bilde dann – mit dieser Münze als unterster beginnend – einen großen Stapel immer in der Reihenfolge Münze – Papierkreis –Unterlegscheibe. In der Abfolge der Dreiergruppen berühren sich damit jeweils die Unter-legscheibe der vorangehenden Dreiergruppe mit der Münze der nächsten Dreiergruppe (Reihenschaltung; die Spannungen addieren sich). Klebe auf die oberste Unterlegscheibe ein Ende des zweiten Kupferkabels. Zur besseren Stabilität kannst du den ganzen Stapel mit Klebeband fixieren. Wenn du ein Multimeter zur Verfügung hast, kannst du zwischen den beiden freien Kabelenden eine Spannung messen. Falls nicht, verdunkle das Zimmer und führe die beiden Kabelenden zusammen – ein schwacher Funke zeigt die elektrische Spannung.

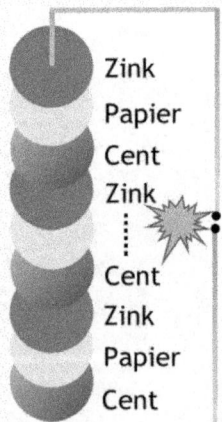

Zink
Papier
Cent
Zink
⋮
Cent
Zink
Papier
Cent

Abb. 7.6: Unsere Voltasche Säule

Wahrscheinlich verstehst du unsere Säule besser, wenn du die übliche Bauform galvanischer Elemente betrachtest:

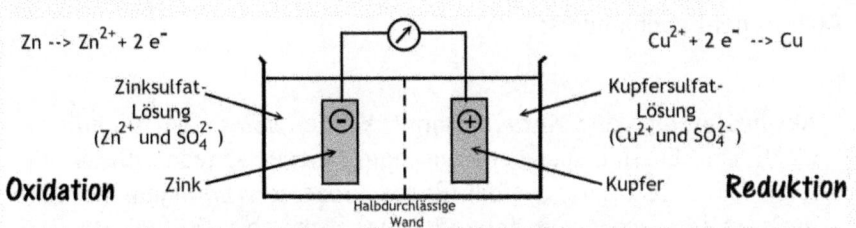

$Zn \dashrightarrow Zn^{2+} + 2\,e^-$

$Cu^{2+} + 2\,e^- \dashrightarrow Cu$

Zinksulfat-
Lösung
(Zn^{2+} und SO_4^{2-})

Kupfersulfat-
Lösung
(Cu^{2+} und SO_4^{2-})

Oxidation   Zink

Kupfer   **Reduktion**

Halbdurchlässige
Wand

*Abb. 7.7:
Galvanisches Element*

Die halbdurchlässige Wand (Diaphragma) verhindert einerseits die unkontrollierte Durchmischung der Zink- und Kupfersulfatlösungen, ermöglicht aber andererseits dennoch den Ausgleich der ionischen Ladungen. Schließlich entstehen in der linken »Halbzelle« immer mehr Zn^{2+}-Ionen (zum Ausgleich werden also auch immer mehr SO_4^{2-}-Ionen gebraucht), während die rechte »Halbzelle« an Cu^{2+}-Ionen verarmt (und folglich SO_4^{2-}-Ionen »übrig« hat). Und selbstverständlich dürfen sich die unterschiedlich edlen Metalle *innerhalb eines Elements* nicht direkt berühren, sonst kann der Elektronenfluss nicht nutzbar gemacht werden. Unsere Säule besteht aus zwanzig solcher Elemente.

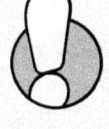

Galvanische Zellen sind die Urformen der heutigen Batterien. In ihnen laufen entsprechend der Spannungsreihe selbständige (freiwillige) Redox-Reaktionen ab, wobei die übergehenden Elektronen als elektrische Energie genutzt werden.

Der Zusatz »freiwillige« ist wichtig – solche Redox-Prozesse können auch umgekehrt durch elektrischen Strom erzwungen werden. Darauf komme ich gleich zurück.

In heute üblichen Batterien wird oft die Kombination von Zink mit vierfach positiv geladenen Mangan-Ionen eingesetzt. Als Elektronen liefernder Prozess (Oxidation) dient der Übergang $Zn \rightarrow Zn^{2+}\, 2\,e^-$, als Elektronen verbrauchender Prozess (Reduktion) der Übergang $Mn^{4+} + 2\,e^- \rightarrow Mn^{2+}$. Das Zinkblech löst sich dabei auf, die Batterie ist danach nicht mehr zu gebrauchen. Daneben gibt es eine bunte und ständig wachsende Vielfalt von Batterie-Bauformen und Redox-Kombinationen.

Galvanische Elemente – wozu die »normalen« Batterien gehören – liefern bereits aufgrund ihres Aufbaus Strom. Sie müssen nicht erst aufgeladen werden. Durch die ablaufenden Redox-Prozesse wird die Batterie jedoch verbraucht und ist nicht mehr verwendbar.

Aber es geht auch anders:

> Akkumulatoren, kurz *Akkus* genannt, können von außen zugeführte elektrische Energie speichern und dann wieder abgeben. Durch die zugeführte Elektrizität werden Redox-Prozesse erzwungen, die normalerweise (nach der Spannungsreihe) nicht ablaufen würden. Die beteiligten Stoffe reagieren danach zum normalen (entladenen) Zustand zurück und geben dabei die elektrische Energie wieder ab. Der Lade-/Entlade-Vorgang kann mehrfach wiederholt werden.

Bekanntester Akkumulator ist die »Starterbatterie« bei Motorfahrzeugen (die also eigentlich keine Batterie ist!). Hier tauchen Platten aus Blei in Schwefelsäure, wobei Bleisulfat, $PbSO_4$, ein Salz aus den Ionen Pb^{2+} und SO_4^{2-}, entsteht (kleine Anmerkung: Nach der Spannungsreihe reagiert Blei »gerade noch« mit Säure). Von außen zugeführter elektrischer Strom – das *Aufladen* – bewirkt am Minuspol die Entstehung von elementarem Blei, am Pluspol aber die Bildung von Pb^{4+}-Ionen. Eine derartige Kombination ist »unnatürlich« – sofort nach dem Ende des Ladevorgangs wird der Vorgang rückgängig gemacht.

Tabelle 7.5:
Lade- und
Entladevorgang
beim Bleiakku

Reaktionsort	Aufladung	Entladung
Minuspol	$Pb^{2+} + 2\,e^- \rightarrow Pb$	$Pb \rightarrow Pb^{2+} + 2\,e^-$
Pluspol	$Pb^{2+} \rightarrow Pb^{4+} + 2\,e^-$	$Pb^{4+} + 2\,e^- \rightarrow Pb^{2+}$

Bleiakkus sind schwer und enthalten giftige Bestandteile (Blei, Schwefelsäure). Geht es nicht umweltfreundlicher? Die Brennstoffzelle macht dieses Versprechen!

Die Brennstoffzelle – »saubere« Energie

Wasserstoff und Sauerstoff reagieren zu Wasser: entweder in einer Knallgasreaktion oder – in unseren Körperzellen – in kontrollierter und nutzbarer Weise. Kann diese Reaktion auch zur Erzeugung von elektrischer Energie ausgenutzt werden?

Erinnere dich an den Abschnitt »Regel für Elektronenpaare«:

Bei der Bildung gemeinsamer Elektronenpaare aus ungeladenen Atomen wird das Atom mit der niedrigeren Elektronegativität oxidiert und das Atom mit der höheren Elektronegativität reduziert. Wasserstoff hat die Elektronegativität 2,1, Sauerstoff die viel höhere Elektronegativität 3,5. Bei der Reaktion zwischen Wasserstoff und Sauerstoff wird also Ersterer oxidiert, Letzterer reduziert.

Wenn es gelingt, die ausgetauschten Elektronen nutzbar zu machen, dann – ja, dann ist man bei der Brennstoffzelle angelangt. In der Raumfahrt wurde sie bereits eingesetzt, für alltägliche Anwendungen ist sie leider (noch) Zukunftsmusik.

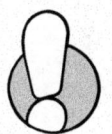

In der Brennstoffzelle werden die bei der Reaktion $2\,H_2 + O_2 \rightarrow 2\,H_2O$ von den Wasserstoff- zu den Sauerstoff-Atomen verschobenen Elektronen zur Erzeugung von elektrischer Energie anstelle von Wärme genutzt.

Das hört sich sehr viel einfacher an, als es tatsächlich ist. Zum einen müssen die beiden Gase strikt getrennt werden, weil es sonst zur unkontrollierten Explosion kommen könnte. Zum anderen müssen – in einer Zwischenstufe – in räumlicher Trennung Ionen gebildet und entladen werden, da sonst kein nutzbarer Elektronenstrom zustande käme. Die erste Anforderung ist ein technisches, die zweite ein chemisches Problem. Gelöst werden kann dieses chemische Problem durch zwischengeschaltete Reaktionen. Die folgenden Darstellungen beziehen sich auf *eine* der vielen möglichen Bauformen.

Im Prinzip besteht eine Brennstoffzelle aus zwei speziellen Elektroden, die ständig von gasförmigem Wasserstoff bzw. Sauerstoff umspült werden. Diese Elektroden tauchen in eine Kaliumhydroxid-Lauge ein. Unter der Wirkung von Katalysatoren (z.B. Nickel) reagieren die Gase mit Teilchen der Lauge:

$2\,H_2 + 4\,OH^- \rightarrow 4\,H_2O + 4\,e^-$

$O_2 + 2\,H_2O + 4\,e^- \rightarrow 4\,OH^-$

Gesamtreaktion:

$2\,H_2 + O_2 \rightarrow 2\,H_2O$

In dieser Bauform entsteht das Wasser an der Wasserstoffelektrode, während die Sauerstoffelektrode die OH^--Ionen nachliefert. Diese müssen der Minus-Elektrode durch Umwälzen der Flüssigkeit umgehend wieder zugeführt werden.

> Die Brennstoffzelle unterscheidet sich prinzipiell sowohl von den Batterien als auch von den Akkumulatoren. Im Unterschied zu den Batterien wird das »Elektrodenmaterial« (also die Gase Wasserstoff und Sauerstoff) ständig erneuert, im Unterschied zu den Akkumulatoren benötigen sie keine Aufladung, um elektrische Energie abzugeben.

Eine tolle Sache also – wenn die technisch zuverlässige Umsetzung nur nicht so kompliziert wäre. Aber eines Tages werden Notebook, Handy und Auto diese Form der Energieerzeugung nutzen, da sind sich die beteiligten Forscher sehr sicher.

Die Elektrolyse – nur unter Zwang!

»Unnatürliche« Redox-Vorgänge hast du bereits beim Aufladen eines Akkumulators kennen gelernt. Niemals würden sich zwei miteinander verbundene Bleiplatten freiwillig in diese unnatürliche Kombination begeben – neutrale und vierfach positiv geladene Bleiatome! Wenn man sie lässt (also beim Entladen = Stromliefern) gleichen sie sich auch wieder an zu Pb^{2+}. Erzwungene Redox-Reaktionen sind allerdings in der chemischen Technik sehr häufig. Viele Metalle werden auf diese Weise hergestellt oder auf andere Metalle aufgebracht (Galvanisieren). Prominentes Beispiel ist die Aluminium-Erzeugung aus Aluminiumoxid, Al_2O_3. In der Schmelze werden die Aluminium- und Sauerstoff-Ionen beweglich. Freiwillig würden die Sauerstoff-Ionen niemals ihre Elektronen an Aluminium zurückgeben – schließlich haben sie durch diese Ionenbildung ihr Oktett erreicht. Freiwillig würden auch die Aluminium-Ionen niemals von Sauerstoff Elektronen zurücknehmen – auch sie haben durch die Ionenbildung das Oktett erhalten. Also muss man sie zwingen: Mit zwei Kohle-Elektroden und Gleichspannung (das heißt Pluspol bleibt Pluspol, Minuspol bleibt Minuspol) werden die Ionen in Bewegung gesetzt und schließlich entladen. Für eine schematische Darstellung sieh dir Abbildung 7.8 an.

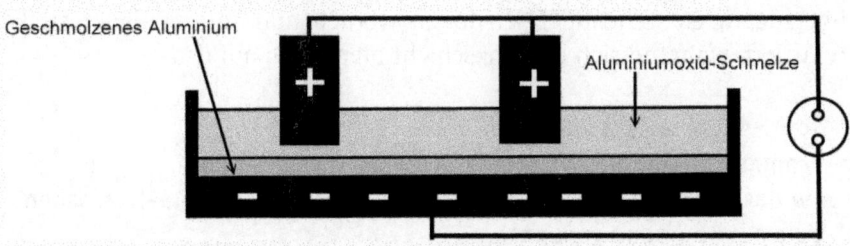

Abb. 7.8: Aluminiumgewinnung durch Elektrolyse

Am Minuspol werden die Al^{3+}-Ionen entladen, am Pluspol die O^{2-}-Ionen:

$2\ Al^{3+} + 6\ e^- \rightarrow 2\ Al$ (Reduktion)

$3\ O^{2-} \rightarrow 3\ O + 6\ e^-$ (Oxidation)

Tatsächlich, es entstehen zunächst einzelne Sauerstoff-Atome. Normalerweise würden sie sich sofort paarweise zu O_2-Molekülen zusammenschließen. Unter den gegebenen Reaktionsbedingungen (fast 1000 °C) reagieren sie aber mit den C-Atomen des Elektrodenmaterials zu CO und CO_2.

Elektrolysen sind mit Hilfe des elektrischen Stroms durchgeführte Zerlegungen von chemischen Verbindungen. Sie stellen die *Umkehrung* von selbstständig ablaufenden Redox-Vorgängen dar.

Wie bei Batterien und Akkumulatoren finden auch hier Oxidation und Reduktion an getrennten Orten statt.

Bringt man Eisen-Ionen und Zink in Kontakt, löst sich normalerweise das letztere Metall auf, weil es unedler ist (in der Spannungsreihe links von Eisen steht). Aus den Eisen-Ionen bildet sich wieder atomares Fe. Das sind – wohlgemerkt – freiwillig ablaufende Redox-Vorgänge, die noch nichts mit Elektrolyse zu tun haben.

$Fe^{2+} + 2\ e^- \rightarrow Fe$ (Reduktion)

$Zn \rightarrow Zn^{2+} + 2e^-$ (Oxidation)

Man kann diesen Vorgang zur Verhinderung der Eisenauflösung durch Rosten einsetzen: Eiserne Gegenstände werden mit einer Schicht aus Zink

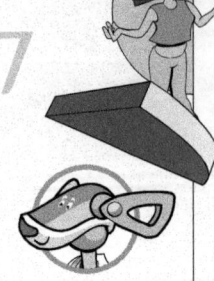
überzogen; entstehende Eisen-Ionen werden nun sofort wieder zu Fe reduziert, während sich die Zinkschicht allmählich auflöst.

Man bezeichnet die Zinkschicht auch als »Opfer-Anode«, weil sie sich für das Eisen »aufopfert« (der Elektronen liefernde Pol in galvanischen Zellen wird Anode genannt).

Aber wie das Zink auf das Eisen bekommen? Eine elegante Methode ist die Elektrolyse: Die eisernen Gegenstände werden als Minuspol geschaltet und tauchen in eine Zinksalz-Lösung ein. Die enthaltenen Zn^{2+}-Ionen wandern zu diesen Gegenständen (du erinnerst dich: »Ion« bedeutet so viel wie »Wanderer«), nehmen dort Elektronen auf und werden zu elementarem Zink entladen. Das würde in Kombination mit Eisen normalerweise nicht passieren – Zink ist ja unedler. Unter »Zwang« (elektrischer Spannung) ist diese Umkehrung eines freiwilligen Redox-Vorgangs aber möglich.

Durch Elektrolyse können aber auch Nichtmetallverbindungen wie Säuren und sogar Wasser in ihre Bestandteile zerlegt werden. Derartige Versuche hast du bereits in Kapitel 3 und Kapitel 6 durchgeführt. Aus Kapitel 6 ist dir bekannt, dass sogar reinstes Wasser eine geringe Leitfähigkeit aufgrund der Autoprotolyse des Wassers besitzt. Diese Ionen können durch elektrischen Strom entladen werden:

Minuspol: $4\ H_3O^+ + 4\ e^- \rightarrow 4\ H_2O + 2\ H_2$

Pluspol: $4\ OH^- \rightarrow O_2 + 2\ H_2O + 4\ e^-$

Die Umkehrung des letzten Vorgangs (OH^--Bildung) – also den freiwilligen, Strom liefernden Ablauf – hast du bei der Brennstoffzelle kennen gelernt. In anderen Bauarten der Brennstoffzelle (»sauren« Brennstoffzellen) wird dagegen der erste Vorgang – die Reaktion von Wasserstoff mit Wasser zur Bildung von H_3O^+ – umgekehrt.

Wir sind damit am Ende des Kapitels angekommen – die Zusammenhänge zwischen Chemie und Elektrizität sind (hoffentlich) deutlicher geworden.

Zusammenfassung

In diesem Kapitel hast du gelernt

◇ dass Oxidation und Reduktion in historischer Sicht Sauerstoffaufnahme und -abgabe, in moderner Sicht Elektronenabgabe und -aufnahme bedeuten

◇ dass Reduktion und Oxidation nur gemeinsam in einer Redox-Reaktion ablaufen können

◇ dass wir bei Redox-Reaktionen mit Molekülen den Elektronenübergang an der unterschiedlichen Elektronegativität der beteiligten Atome erkennen können

◇ dass in der Spannungsreihe die Metalle nach abnehmender Reduktionskraft ihrer Atome und nach zunehmender Oxidationskraft ihrer Ionen angeordnet sind

◇ dass in galvanischen Elementen freiwillige Redox-Vorgänge zwischen unedleren Metallen und den Ionen edlerer Metalle ablaufen

◇ dass in Batterien aufgrund ihrer Bauform unter Stromlieferung selbständige Redox-Prozesse ablaufen und die Batterie dadurch verbraucht wird, während in Akkumulatoren durch Stromzufuhr zunächst ein »unnatürlicher« Ladungszustand erzwungen wird, der sich durch Entladung wieder normalisiert

◇ dass in Brennstoffzellen die Reaktion zwischen Wasserstoff und Sauerstoff zur Erzeugung von Elektrizität genutzt wird, die technische Umsetzung aber kompliziert ist

◇ dass bei der Elektrolyse durch Anlegen einer elektrischen Spannung Vorgänge erzwungen werden, die aufgrund der Spannungsreihe nicht freiwillig ablaufen

Aufgaben

1. Formuliere für die folgenden Reaktionen die Teilvorgänge der Oxidation und Reduktion und benenne die Oxidations- und Reduktionsmittel:

$Zn + S \rightarrow ZnS$

$F_2 + 2 KBr \rightarrow 2 KF + Br_2$

$2 Fe_2O_3 \rightarrow 4 FeO + O_2$

2. Benenne in den folgenden Reaktionen die oxidierten und reduzierten Teilchen:

$CO_2 + H_2 \rightarrow CO + H_2O$

$CH_2O + 2\,H_2 \rightarrow CH_4 + H_2O$ (CH_2O = Formaldehyd, eine giftige organische Verbindung; CH_4 = Methangas)

3. Prüfe, welche der angegebenen Reaktionen aufgrund der Spannungsreihe selbständig ablaufen können. Vervollständige diese selbständig ablaufenden Reaktionen.

$Al + 3\,AgCl \rightarrow$

$Cu + Na_2O \rightarrow$

$Ni + PtCl_2 \rightarrow$

$PbO + Cr \rightarrow$

4. Nenne die Unterschiede zwischen Batterie und Akkumulator und gebe je ein Beispiel (mit den ablaufenden Redox-Prozessen) an.

5. Nenne die Merkmale, in denen sich die Brennstoffzelle von Batterien einerseits und Akkumulatoren andererseits unterscheidet.

6. Gebe die Vorgänge am Minus- und Pluspol bei der Elektrolyse der folgenden gelösten oder geschmolzenen Salze an: $CuCl_2$, MgO.

8

Rechnen in der Chemie

Wie viel Kohlenstoffdioxid bläst die Menschheit eigentlich in die Luft? In welchem Umfang sind daran die Autos beteiligt? Warum reagieren genau 12 Gramm Kohlenstoff mit 32 Gramm Sauerstoff zu Kohlenstoffdioxid (siehe Tabelle 4.2, Kapitel 4)? Und außerdem, Sauerstoff ist doch gasförmig. Was soll also diese Angabe in Gramm? Wäre es nicht einfacher, das *Volumen* des Sauerstoffs anzugeben? Wie rechnet man die Masse 32 Gramm in ein Volumen um? Was hat es mit dieser ominösen Zahl von 602 Trilliarden Teilchen auf sich, die dir in Kapitel 4 mehrfach begegnet ist?

Diese Fragen kannst du beantworten, wenn du dich näher mit den in der Chemie üblichen *Größen* und *Einheiten* beschäftigst und mit ihnen *rechnest*. Davor brauchst du keine Angst zu haben; es handelt sich nicht um höhere Mathematik. Ohne diese Berechnungen ist aber keine planvolle Arbeit mit chemischen Stoffen möglich – und letztlich auch kein Verständnis chemischer Reaktionen.

In diesem Kapitel erfährst du

◎ was die Chemiker unter einer Stoffportion verstehen

◎ welcher Zusammenhang zwischen Stoffmenge und Mol besteht

◎ wie man den Stoffumsatz bei chemischen Reaktionen berechnen kann

◎ dass Gase eine wichtige Gemeinsamkeit haben

Von Portionen und Mengen

Ein Auto rast durch die Nacht – ständig verbrennt Benzin zu gasförmigen Reaktionsprodukten. Wie oft muss der Fahrer nachtanken, wie viel Kohlenstoffdioxid gibt sein Auto in die Luft ab? Das hängt natürlich davon ab, wie viele Moleküle des Benzins pro gefahrenem Kilometer mit Molekülen des Luftsauerstoffs reagieren. Getankt werden aber keine einzelnen Teilchen, sondern *Liter* – während der Chemiker gerade das wissen will: Wie viele Teilchen sind drin, in diesen Litern?

Das ist die Crux bei allen chemischen Reaktionen:

> Zur Erklärung der Vorgänge und Zusammenhänge redet der Chemiker ständig von Molekülen, Ionen oder Atomen, die zusammenstoßen und sich verbinden. Auf dem Tisch liegt aber tatsächlich ein großes Stück Magnesium, das dann mit einem ganzen Glas voll Salzsäure reagiert; oder ein großes Stück Graphit, das anschließend mit vielen Litern Sauerstoff zu einem großen Volumen Kohlenstoffdioxid verbrennt. Es muss also ein Zusammenhang hergestellt werden zwischen der Mikrowelt der kleinsten Teilchen und der tatsächlichen Welt der Reaktionsdurchführung.

Zur Herstellung dieses Zusammenhangs haben sich die Chemiker ein System von Bezeichnungen (Größen und Einheiten) ausgedacht, das vom normalen Sprachgebrauch in mancher Hinsicht abweicht und deshalb einige Umgewöhnung erfordert.

Die Portion liegt auf dem Tisch

Was der Normalmensch als die »Menge eines Stoffes« (in einem Glas oder auf einem Haufen) bezeichnen würde, muss in der Chemie einen anderen Namen tragen. Der Begriff Menge ist hier nämlich – wie du gleich sehen wirst – für den Zusammenhang mit der Mikrowelt reserviert. Also haben die Chemiker für das Stück Magnesium, für das Glas voll Salzsäure, für das Häufchen Graphit einen anderen Namen erfunden: Sie bezeichnen es als *Stoffportion*.

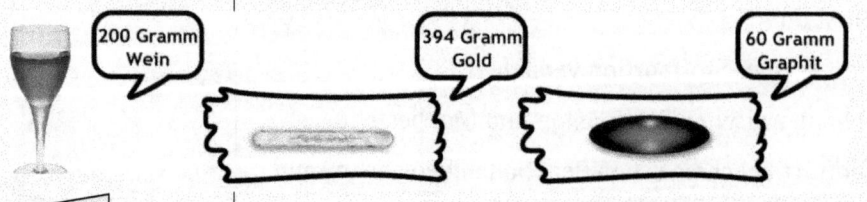

Abb. 8.1: Beispiele für Stoffportionen

Selbstverständlich ist es nicht falsch, anstelle von »Stoffportion« nach wie vor von einem Stück Gold, einer Probe Wein, einem Graphitklotz zu sprechen. Nur im Zusammenhang mit chemischen Berechnungen sollten wir uns eben an die Bezeichnung *Stoffportion* halten. Sonst kommen wir mit der *Menge* durcheinander, die – wie erwähnt – in diesem Zusammenhang mit anderer Bedeutung verwendet wird.

> Als Stoffportion bezeichnet der Chemiker die konkret verwendete *Masse* eines Stoffes. Sie erhält das Zeichen m und wird üblicherweise in der Einheit 1 g (ein Gramm) ausgedrückt.

Die Menge wird berechnet

Diese Stoffmenge wird nämlich in *Mol* angegeben und aus *Stoffportion* und *Molmasse* berechnet. Was ist das nun wieder? Jetzt kommt endlich diese ominöse Zahl von 602 Trilliarden Teilchen ins Spiel.

Abb. 8.2: Stoffportionen und Stoffmengen

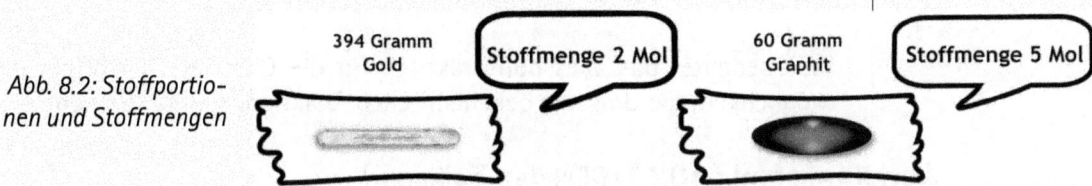

394 Gramm Gold — Stoffmenge 2 Mol

60 Gramm Graphit — Stoffmenge 5 Mol

Die Stoffportionen – 394 Gramm Gold, 60 Gramm Graphit – werden sozusagen »zerlegt« in Pakete von jeweils 602 Trilliarden Teilchen. Im Fall Gold sind das 602 Trilliarden Gold-Atome, im Fall Graphit 602 Trilliarden Kohlenstoff-Atome, im Fall Wasser wären es genauso viele H_2O-Moleküle. Jedes aus 602 Trilliarden Teilchen bestehende »Paket« wird *Mol* genannt. Anders gesagt:

> Die Stoffmenge gibt an, wie viele »Mol-Pakete« in einer bestimmten Stoffportion enthalten sind. Sie erhält das Zeichen n und die Einheit mol (als eigenständige Bezeichnung groß-, als Einheit kleingeschrieben).
>
> Ein Mol besteht aus 602 Trilliarden Teilchen. Das können Moleküle, Atome, Ionen oder auch andere Teilchen (Gruppen von Atomen oder Ionen, Protonen, Elektronen usw.) sein.

Auf die »Gruppen von Atomen oder Ionen« komme ich gleich zurück! Die Zahl 602 Trilliarden (ganz genau: $6{,}022137*10^{23}$) wird übrigens als Avogadrosche Zahl bezeichnet, zu Ehren von Amadeo Avogadro (Professor für Mathematik, 1776–1856). Er wird dir in diesem Kapitel noch einmal begegnen.

In unseren Beispielen gilt für Gold: m = 394 g, n = 2 mol. Für Graphit gilt: m = 60 g, n = 5 mol. Damit können wir jetzt auch angeben, welcher Masse jeweils *ein* Mol – also 602 Trilliarden Gold-Atome bzw. 602 Trilliarden Kohlenstoff-Atome – entspricht: Bei Gold sind das 197 g, bei Kohlenstoff 12 g. Man bezeichnet das als *Molmasse*.

Molmassen – gleich viel drin

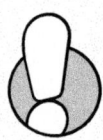

> Die Molmasse (oder molare Masse) einer Verbindung oder eines Elements gibt die Masse pro Mol an, also die Masse pro 602 Trilliarden Teilchen. Sie erhält das Zeichen M und die Einheit g/mol (Gramm pro Mol).

Was bedeutet das alles nun praktisch für die Chemie? Es eröffnet die Möglichkeit, die Umsätze bei chemischen Reaktionen zu berechnen!

Jeweils ein Mol (602 Trilliarden Teilchen)

32 g	23 g	64 g	12 g	108 g	7 g
Schwefel	Natrium	Kupfer	Kohlenstoff	Silber	Lithium

Abb. 8.3: Jede Stoffportion enthält gleich viele Teilchen.

Es fällt auf, dass die Zahlenwerte der Molmassen gleich den Zahlenwerten der Atommassen sind, die wir in Kapitel 5 verwendet und in der Einheit »u« ausgedrückt haben (siehe Kapitel 5, *Atome sind teilbar*). Das gilt auch für Molekülverbindungen. Die Molekülmasse ergibt sich aus der Addition der Atommassen. Diese können dem Periodensystem entnommen werden (im Anhang des Buches).

Tabelle 8.1: Zusammenhang zwischen Teilchenmasse und Molmasse

Formel	Art des Teilchens	Masse eines Teilchens [u]	Masse von 1 mol Teilchen [g/mol]
Ne	Ne-Atome	20,2	20,2
Na	Na-Atome	23	23
Al	Al-Atome	27	27

Formel	Art des Teilchens	Masse eines Teilchens [u]	Masse von 1 mol Teilchen [g/mol]
Si	Si-Atome	28,1	28,1
H_2	H_2-Moleküle	2 (1+1)	2
O_2	O_2-Moleküle	32 (16+16)	32
Cl_2	Cl_2-Moleküle	71 (35,5+35,5)	71
H_2O	H_2O-Moleküle	18 (1+1+16)	18
CO_2	CO_2-Moleküle	44 (12+16+16)	44
C_8H_{18}	C_8H_{18}-Moleküle	114 ((8*12)+(18*1))	114
HCl	HCl-Moleküle	36,5 (1+35,5)	36,5
H_2SO_4	H_2SO_4-Moleküle	98 ((2*1)+32+(4*16))	98
NaCl	$(Na^+ + Cl^-)$-Ionenpaare	58,5 (23+35,5)	58,5
Na^+	Na^+-Ionen	23	23
Cl^-	Cl^--Ionen	35,5	35,5
SiC	(Si+C)-Atompaare	40,1 (28,1+12)	40,1

Ein Dutzend Äpfel, ein Dutzend Birnen ...

Das ist für Äpfel- oder Birnenliebhaber ein gewaltiger Unterschied! Du wirst also sicher beim Einkaufen im Obstgeschäft nicht einfach »ein Dutzend« verlangen, sondern angeben, *welche* Früchte du meinst. In der Chemie sollten wir mindestens genauso exakt sein. Ein Mol ist zunächst mal nur »irgendetwas«, das eine bestimmte (riesige) Zahl von Teilchen enthält. Das können – wie in der Tabelle ersichtlich – auch diejenigen Ionen- oder Atomgruppen sein, die sich aus den *Verhältnisformeln* von *Gitterverbindungen* ergeben (Ionen- oder Atomgitter). Natürlich liegen im Kochsalz-Kristall keine »Ionenpaare« $Na^+ + Cl^-$ vor. Aber diese Ionen sind im Verhältnis 1:1 im Gitter enthalten, woraus sich die Formel ergibt (siehe Kapitel 5). Bei SiC (Siliciumcarbid; ebenfalls in Kapitel 5 vorgestellt) sind die Zahlenverhältnisse ebenso, nur sind hier die Gitterbausteine über Elektronenpaare verbunden. Man spricht deshalb von *Formeleinheiten*.

Bei der Angabe der Molmasse muss die *Art* der Teilchen genau bezeichnet werden. Neben Atomen und Molekülen können das auch Formeleinheiten oder einzelne Ionen sein.

Nach all diesen begrifflichen Klarstellungen bist du jetzt sicher mühelos in der Lage, die Umsätze bei chemischen Reaktionen zu berechnen.

Wie viel Luft verbraucht das Benzin?

Benzin enthält eine Mischung von Kohlenwasserstoffen, also Verbindungen aus C und H. Octan, C_8H_{18} (siehe Tabelle 8.1) ist eine dieser Verbindungen. Da die Formel recht große Zahlen enthält, wollen wir als Vorübung ein leichteres Beispiel wählen. Beliebt im Chemieunterricht ist die Reaktion von Eisen mit Schwefel zu Eisensulfid. Wir haben in Kapitel 4 bereits die Reaktionsgleichung aufgestellt:

Fe + S → FeS

Bisher (siehe Kapitel 4, *Formeln, nichts als Formeln*) haben wir die Symbole in Reaktionsgleichungen als Stellvertreter für jeweils ein *Atom*, die Summenformeln als Stellvertreter für jeweils ein *Molekül* oder für eine *Formeleinheit* (aus Ionen oder Atomen) gesehen. Da chemische Reaktionen in der Realität aber nicht mit *einzelnen*, sondern mit Riesenzahlen von Atomen durchgeführt werden (eben mit *Stoffportionen*), müssen wir für Berechnungszwecke diese Sichtweise ändern. Wir »erweitern« die Gleichung einfach mit der Zahl 602 Trilliarden!

Zur Berechnung der Umsätze bei chemischen Reaktionen werden die Symbole und Formeln in Reaktionsgleichungen als Stellvertreter für jeweils die Stoffmenge 1 mol betrachtet.

Im Eisen-/Schwefel-Fall heißt das:

Ein mol Fe-Atome reagieren mit einem mol S-Atomen zu einem mol Formeleinheiten FeS.

55,8 g Fe reagieren mit 32 g S zu 87,8 g FeS (Molverhältnis 1:1).

Natürlich wird diese Reaktion in der Regel mit anderen Stoffportionen durchgeführt. Wir sind aber dann in der Lage, die konkret verwendeten Stoffmengen in mol anzugeben und damit zu rechnen – das Molverhältnis bleibt ja unverändert. Die verwendeten Stoffportionen oder Molzahlen werden im Dreisatz eingesetzt.

Einfache Rechenbeispiele

a) 11,16 g Fe reagieren mit Schwefel zu FeS. Welche Stoffportion Schwefel wird für die Reaktion gebraucht? Welche Stoffportion FeS entsteht?

> **Stoffportion-Lösung I:**
>
> Für 55,8 g Fe werden 32 g S gebraucht. Für 11,16 g Fe werden x g S gebraucht.
>
> x = (32*11,16)/55,8 = 6,4
>
> Für 11,16 g Fe werden 6,4 g S zur Umsetzung zu FeS gebraucht.

Die entstehende Stoffportion FeS können wir jetzt direkt durch Addition der eingesetzten Stoffportionen Fe und S zu 17,56 g ermitteln. Es gilt ja das Gesetz der Erhaltung der Masse (Kapitel 4, Abschnitt »Auch Stoffe haben Verhältnisse«) – kein Teilchen geht verloren und keines fällt vom Himmel.

Zu Übungszwecken wollen wir aber auch die Stoffportion FeS aus der Angabe der Stoffportion Fe nach dem Dreisatz-Verfahren berechnen:

> **Stoffportion-Lösung II:**
>
> Aus 55,8 g Fe entstehen 87,8 g FeS. Aus 11,16 g Fe entstehen x g FeS.
>
> x = (87,8*11,16)/55,8 = 17,56 (wie sollte es anders sein?)
>
> Aus 11,16 g Fe entstehen in der Reaktion mit Schwefel 17,56 g FeS.

Die gestellte Aufgabe kann auch unter Verwendung von Stoffmengen (Molzahlen) gelöst werden. Dazu werden zunächst mittels der Formel n = m / M (Masse der Stoffportion geteilt durch Molmasse) die Molzahlen ermittelt.

> **Molzahl- (Stoffmengen-)Lösung I:**
>
> n(Fe) = 11,16 g / (55,8 g/mol) = 0,2 mol
>
> 1 mol Fe reagiert mit 1 mol S. 0,2 mol Fe reagieren mit x mol S.
>
> x = 0,2 (das Molverhältnis gilt ja unverändert!)
>
> Für 0,2 mol Fe werden 0,2 mol S zur Umsetzung zu FeS gebraucht.
>
> Masse der Stoffportion S: m = n * M = 0,2 mol * 32 g/mol = 6,4 g

Molzahl-(Stoffmengen-)Lösung II:

1 mol Fe reagiert mit Schwefel zu 1 mol FeS. 0,2 mol Fe reagieren zu x mol FeS.

x = 0,2 (siehe oben)

Aus 0,2 mol Fe entstehen in der Reaktion mit Schwefel 0,2 mol FeS.

Masse der Stoffportion FeS: $m = n * M = 0,2 \, mol * 87,8 \, g/mol = 17,56 \, g$

b) 16 g Sauerstoff reagieren mit Kohlenstoff zu CO_2. Welche Stoffportion Kohlenstoff wird für die Reaktion gebraucht? Welche Stoffportion CO_2 entsteht?

Erster Schritt: Aufstellen der Reaktionsgleichung.

$C + O_2 \rightarrow CO_2$ (Molzahlverhältnis 1:1)

Ein mol C-Atome reagiert mit einem mol O_2-Moleküle zu einem mol CO_2-Moleküle.

Molzahl-(Stoffmengen-)Lösung I:

Ermitteln der Molzahl der gegebenen Sauerstoff-Stoffportion:

$n = m / M = 16 \, g / (32 \, g/mol) = 0,5 \, mol$

1 mol O_2 reagiert mit 1 mol C. 0,5 mol O_2 reagieren mit x mol C.

x = 0,5 (da das Molzahlverhältnis 1:1 ist)

Für 0,5 mol O_2 werden 0,5 mol C zur Umsetzung zu CO_2 gebraucht.

Masse der Stoffportion C: $m = n * M = 0,5 \, mol * 12 \, g/mol = 6 \, g$.

Molzahl-(Stoffmengen-)Lösung II:

1 mol O_2 reagiert mit Kohlenstoff zu 1 mol CO_2. 0,5 mol O_2 reagieren zu x mol CO_2.

x = 0,5 (siehe oben)

Aus 0,5 mol O_2 entstehen in der Reaktion mit Kohlenstoff 0,5 mol CO_2.

Masse der Stoffportion CO_2: $m = n * M = 0,5 \, mol * 44 \, g/mol = 22 \, g$.

Das waren – wie erwähnt – einfache Beispiele. Aber gerade deshalb konnten sie (hoffentlich) die Rechenwege verständlich machen. Jetzt aber Ende der Vorübung, gehen wir das Benzin-Problem an!

Das vergängliche Octan

Das Zahlwort *octa* ist dir bereits vom Elektronenoktett geläufig. Hier bezeichnet es die acht C-Atome in der Kohlenwasserstoff-Verbindung (im nächsten Kapitel werden wir uns näher mit solchen »organischen« Verbindungen befassen). Als (bei Zimmertemperatur) flüssige Verbindung von nichtmetallischen Elementen liegt Octan auf der Teilchenebene in Form von Molekülen vor. Octan, C_8H_{18}, dient uns als Stellvertreter für das Stoffgemisch Benzin – dieses enthält viele ähnliche Verbindungen (vielleicht hast du schon von der *Octan-Zahl* gehört, die eine Verbrennungseigenschaft des Benzins kennzeichnet).

Aus den C-Atomen des Octans entsteht bei der Verbrennung CO_2, aus den H-Atomen entsteht H_2O. Es entstehen also aus einem Mol Octan acht Mol CO_2 und neun Mol H_2O. Weil dies eine ungerade Zahl von O-Atomen pro Octan-Molekül erfordert (nämlich 25), Sauerstoff aber nur in Form zweiatomiger Moleküle in der Luft auftritt, muss die Reaktionsgleichung entsprechend angepasst werden:

$$2\ C_8H_{18} + 25\ O_2 \rightarrow 16\ CO_2 + 18\ H_2O$$

2 mol Octan + 25 mol Sauerstoff reagieren zu 16 mol CO_2 und 18 mol H_2O.

Wie viel CO_2 produziert unser Auto? Nehmen wir einmal an, es verbraucht acht Liter Benzin pro 100 km. Aus Tabellenwerken kann man als Dichte von Benzin 0,78 kg/l entnehmen. Die den acht Litern entsprechende Masse (unsere Stoffportion) erhält man durch Multiplikation der Dichte mit dem Volumen: 0,78 kg/l * 8 l = 6,24 kg oder 6240 Gramm (siehe Kapitel 2, *Dichte – eine Stoffeigenschaft*).

Molmasse von CO_2: $M(CO_2)$ = 44 g/mol

Molmasse von Octan: M(Octan) = 114 g/mol (siehe Tabelle 8.1)

Molzahl der gegebenen Octan-Portion:

n = m / M = 6240 g / 114 g/mol = 55 mol (gerundet)

2 mol Octan reagieren zu 16 mol CO_2.

55 mol Octan reagieren zu (16 * 27,5) mol CO_2 = 440 mol CO_2 (vereinfachter Dreisatz).

Aus acht Litern Benzin entstehen also bei der Verbrennung 440 mol CO_2! Welcher Masse entspricht diese Stoffmenge?

$m = n * M = 440$ mol $* 44$ g/mol $= 19360$ g

Tatsächlich – das ist kein Rechenfehler. Auf hundert Kilometer produziert unser Auto fast zwanzig Kilogramm Kohlenstoffdioxid!

Wenn du mir immer noch nicht glaubst: Besuche ein Autohaus und betrachte die ausliegenden Beschreibungen der Neuwagen. Laut einer EU-Vorschrift müssen sie den CO_2-Ausstoß pro km angeben. Du wirst in der Tat Angaben etwa zwischen 140 g CO_2/km und 200 g CO_2/km finden – unsere Rechnung war korrekt. Da wird man bei den zahlreichen Meldungen über die Erderwärmung und den Treibhauseffekt des Kohlenstoffdioxids doch nachdenklich ...

Die idealen Gase

Nun, ideal sind Gase nicht immer, wie du gleich sehen wirst. Aber wenn sie es sind, dann machen sie uns das Leben leichter. Das verdanken wir einem Gesetz unseres italienischen Rechenkünstlers Amadeo Avogadro, nach dem bereits die Zahl von 602 Trilliarden benannt ist. Aufbauend auf Forschungen des französischen Naturwissenschaftlers Gay-Lussac, Professor für Chemie und Physik (1778–1850), formulierte Avogadro im Jahr 1811:

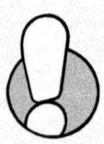

Gleiche Volumina aller Gase enthalten bei gleicher Temperatur und gleichem Druck die gleiche Zahl von Teilchen.

Eine sehr bedeutsame Feststellung – in einem Liter Sauerstoff und einem Liter Wasserstoff sind demnach genau gleich viele Moleküle enthalten! Und in einem Liter Helium finden wir genau die gleiche Zahl von Helium-Atomen!

Genauere Untersuchungen haben ergeben, dass die Avogadro-Feststellung nur in so genannten idealen Gasen gültig ist.

> In idealen Gasen ziehen sich die Teilchen gegenseitig nicht mehr an, weil sie zu weit voneinander entfernt sind, sich zu schnell bewegen und nur noch gelegentlich »elastisch« zusammenstoßen.

Praktisch kommen bei 0 °C (273 K) und normalem Luftdruck die Gase Wasserstoff, Stickstoff, Sauerstoff und Fluor/Chlor sowie die leichteren Edelgase diesem Zustand so nahe, dass die Avogadro-Feststellung für sie recht gut erfüllt ist. In schwereren Gasen jedoch, die erst wenig unter 0 °C zu sieden beginnen, beeinflussen sich die Teilchen gegenseitig noch so stark, dass man von *realen* Gasen spricht und die Avogadro-Feststellung nicht gilt. Prominentes Beispiel ist Ammoniak, NH_3: Der Siedepunkt liegt bei –33 °C; Ammoniak verhält sich erst oberhalb von 500 °C »ideal«.

Das Molvolumen

Aber wo liegt der Zusammenhang mit unserer Stoffmengen-Einheit, dem Mol? Nun, man bemühte sich herauszufinden, in welchen (idealen) Gasvolumina denn eigentlich genau die Stoffmenge 1 mol enthalten sei, und dieses Bemühen war von Erfolg gekrönt:

> 22,4 Liter aller idealen Gase enthalten bei 0 °C und normalem Luftdruck in Meereshöhe genau ein Mol Teilchen (Molvolumen).

Überall 602 Trilliarden Teilchen drin!

Abb. 8.4: Gleiche Volumina idealer Gase – gleiche Teilchenzahl

22,4 Liter	22,4 Liter	22,4 Liter	22,4 Liter	22,4 Liter
Sauerstoff	Helium	Stickstoff	Wasserstoff	Neon

Damit können wir jetzt einige Rechenbeispiele auf die Volumenverhältnisse ausdehnen, z.B. unser Octan-Problem. Es sind auf 100 km Fahrstrecke 440 mol CO_2 entstanden. Das entspricht bei einem Molvolumen von 22,4 l/mol:

◇ dass die Stoffmenge die Anzahl der »Mol-Pakete« in einer Stoffportion angibt

◇ dass ein Mol aus 602 Trilliarden Teilchen besteht

◇ dass die Molmasse die Masse von 602 Trilliarden genau bezeichneter Teilchen einer Verbindung oder eines Elements ist

◇ dass die Molmassen im *Zahlenwert* gleich den Atom- und Molekülmassen aus Kapitel 5 sind

◇ dass sich der Stoffumsatz bei chemischen Reaktionen unter Verwendung von Molzahlen und Molmassen und Anwendung der Dreisatzrechnung ermitteln lässt

◇ dass ideale Gase unter gleichen äußeren Bedingungen die gleiche Zahl von Teilchen enthalten

◇ dass ein Mol idealer Gase bei 0 °C und normalem Luftdruck das Volumen von 22,4 Litern einnimmt

◇ dass manche Gase bei 0 °C nicht ideale, sondern reale Gase sind

Aufgaben

1. Vervollständige in der Tabelle jeweils die fehlenden Einträge.

Stoff	Molmasse M [g/mol]	Stoffmenge n [mol]	Stoffportion m [g]
Li_2O	30		6
Au		0,4	78,8
$C_6H_{12}O_6$	180	1,8	
$CuCl_2$	134,5		33,63

2. Gebe die Art der Teilchen bei Li_2O und $CuCl_2$ an, die in den jeweils in der Tabelle angegebenen Molmassen 602 Trilliarden Mal enthalten sind. Zusätzliche Angaben: $M(Li) = 7$ g/mol; $M(Cu) = 63,5$ g/mol; $M(Cl) = 35,5$ g/mol.

3. Gebe die Molmassen der Verbindungen C_2H_6O (Alkohol) und H_3PO_4 (Phosphorsäure) an. $M(P) = 31$ g/mol.

4. 2,4 kg Holz mit einem durchschnittlichen Kohlenstoffgehalt von 50% werden im Ofen verbrannt. Nehme vereinfachend an, dass nur die C-

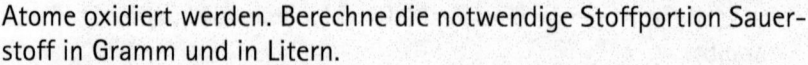

Atome oxidiert werden. Berechne die notwendige Stoffportion Sauerstoff in Gramm und in Litern.

5. Ein Erwachsener gibt täglich etwa 360 Liter CO_2 an die Umwelt ab. Berechne, welcher Menge (Stoffportion) an C-Atomen das entspricht, die in diesem Menschen oxidiert wird.

6. Aus Stickstoff (N_2) kann mit Sauerstoff die Verbindung N_2O_3 erzeugt werden. Stelle die Reaktionsgleichung auf und nenne die Volumina von Stickstoff, Sauerstoff und N_2O_3, wenn 35 g Stickstoff eingesetzt werden. M(N) = 14 g/mol.

9
C gleich organische Chemie

Das Element Kohlenstoff darf für sich in Anspruch nehmen, eine eigene Fachrichtung der Chemie begründet zu haben – und auch noch die vielfältigste von allen. Mehr als zwanzig Millionen chemische Verbindungen sind bekannt, etwa 97 Prozent davon sind Kohlenstoffverbindungen! Wie ist so etwas möglich, woher kommt der Name »organische« Chemie? Wie kann man über eine so riesige Zahl von Verbindungen den Überblick behalten? In welchem Maße sind natürliche Vorgänge an dieser Vielfalt beteiligt, in welchem Maße die chemische Industrie? Diesen Fragen wollen wir auf der Grundlage des bereits erworbenen Wissens nachgehen.

In diesem Kapitel erfährst du

◎ woher die grundsätzliche Unterscheidung zwischen anorganischer und organischer Chemie rührt

◎ warum so wenige Elemente so viele verschiedene Verbindungen bilden können

◎ welche weiteren besonderen Merkmale organische Verbindungen besitzen

◎ woraus die fossilen Rohstoffe bestehen und wie sie verarbeitet werden

◎ in welche Stoffklassen organische Verbindungen eingeteilt werden

◎ welche Produkte die chemische Industrie aus organischen Verbindungen herstellt

Lebenskraft aus dem Reagenzglas

Der deutsche Chemiker Friedrich Wöhler (1800–1882) staunte nicht schlecht: War es wirklich Harnstoff, was er da im Jahr 1828 aus ganz gewöhnlichen Chemikalien hergestellt hatte? Eine Verbindung, die doch nur durch lebende Organismen im Stoffwechsel erschaffen werden konnte? Aufgeregt schrieb er an seinen Freund, den berühmten schwedischen Chemieprofessor Berzelius:

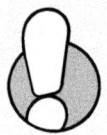

> »Ich muss Ihnen sagen, dass ich Harnstoff machen kann, ohne dazu Nieren oder überhaupt ein Tier, sei es Mensch oder Hund, nötig zu haben.«

Das Pikante daran: Besagter Professor Jöns Jakob Berzelius (1779–1848) hatte die damals gültige Lehrmeinung begründet, dass solche *organischen* Stoffe nur durch eine geheimnisvolle »Lebenskraft« (vis vitalis) entstehen könnten, niemals jedoch auf künstlichem Wege. Auch Justus von Liebig, der Chemielehrer Wöhlers, war bis dahin ein prominenter Vertreter der »Lebenskrafttheorie«. Aber das war nun vorbei! Angeregt durch das Beispiel Wöhlers synthetisierten Chemiker in aller Welt fast am Fließband organische Verbindungen – aus der *vis vitalis* wurde die *organische Chemie*.

> Stoffe wie Fette, Eiweiße, Kohlenhydrate, Fruchtsäuren, Alkohole und viele mehr galten als *organische* Verbindungen, die nur durch eine besondere »Lebenskraft« in lebenden Organismen entstehen konnten. 1828 wurde diese Theorie durch Friedrich Wöhler widerlegt.

Die prinzipielle Schranke zwischen *unbelebten* (anorganischen) und *belebten* (organischen) Verbindungen war damit gefallen. Organische Verbindungen konnten (grundsätzlich) wie alle anderen im Labor hergestellt werden. Dennoch blieb die Unterscheidung zwischen den beiden Verbindungsarten bis in unsere Zeit erhalten, erfolgt die Beschäftigung mit ihnen bis heute in unterschiedlichen Fachrichtungen. Sehen wir uns die Gründe für diese Sonderbehandlung näher an – betreten wir das Reich des C-Atoms, des »Herrschers der organischen Chemie«.

Von Ketten und Ringen

Eigentlich könnte es auch eine »Wasserstoffchemie« geben. Wasserstoff ist höchstwahrscheinlich an noch mehr Verbindungen beteiligt als Kohlenstoff; auch fast alle organischen Verbindungen enthalten das H-Atom. Warum gelten trotzdem die C-Atome als kennzeichnend für die organische Chemie?

Die Sonderstellung des C-Atoms ergibt sich aus seinen Eigenschaften. Mit einer Elektronegativität von 2,5 liegt es im Mittelfeld und kann daher relativ unpolare (stabile, energiearme) Bindungen mit anderen Nichtmetall-Atomen ausbilden. Mit vier Außenelektronen liegt es ebenfalls im Mittelfeld. Es kann sich damit an vier Elektronenpaarbindungen (auch mit unterschiedlichen Partnern) beteiligen.

Darin ähnelt es Silizium, das allerdings bereits stärkere metallische Eigenschaften hat (stärker zur Ionenbildung neigt). Entsprechend gibt es auch von Silizium eine Vielzahl von Verbindungen (Silikone), die aber sowohl nach der absoluten Zahl also auch nach der Bindungsvielfalt meilenweit von Kohlenstoff entfernt sind.

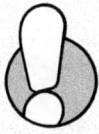

Die organische Chemie ist die Chemie der Kohlenstoffverbindungen.

C-Atome sind in der Lage, in fast jeder denkbaren Kombination und Molekülgröße Ketten und Ringe untereinander und unter Beteiligung einiger anderer Atom-Arten (O, N und S) zu bilden. Darüber hinaus können sie Bindungen vor allem mit Wasserstoff-, Phosphor- und Halogen-Atomen eingehen. Aus der Vielfalt der möglichen Molekülgrößen, Strukturen und Zusammensetzungen ergibt sich die riesige Zahl organischer Verbindungen.

Als Bindungsart liegt in organischen Verbindungen fast ausschließlich die Elektronenpaarbindung vor.

Sehen wir uns Beispiele dieser Vielfalt an:

Abb. 9.1: Beispiele einfacher organischer Verbindungen

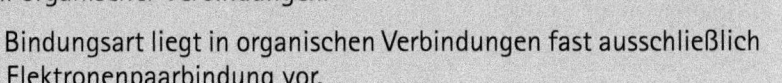

9

An der Verbindung C_2H_6 – Ethan (ein Erdgasbestandteil) – werden unterschiedliche Möglichkeiten der Formelschreibweise sichtbar: die ausführliche Strukturformel, aus der alle gemeinsamen Elektronenpaare ersichtlich sind; die vereinfachte (rationelle) Strukturformel, in der Bindungen zu Gruppen zusammengefasst sind (insbesondere diejenigen mit Wasserstoff) und schließlich die Summenformel.

Sicher ist die Summenformel am einfachsten zu handhaben, aber gerade in der organischen Chemie kommt es sehr auf die Struktur an. So existieren bereits 24.894(!) verschiedene Verbindungen mit der Summenformel $C_{17}H_{36}$ – und es gibt noch weit größere und kompliziertere Moleküle.

Ein guter Kompromiss ist daher die vereinfachte Strukturformel, die in diesem Buch weitgehend verwendet wird.

Naturstoffe, Kunststoffe, künstliche Stoffe

Die Herstellung von Naturstoffen wie z.B. Alkohol – ohne natürliche Gärung – ist heutzutage kein Problem mehr. Aber auch Vitamine, Fette und vieles mehr kann synthetisiert werden. Es gibt, wie erwähnt, keine *prinzipielle* Schranke mehr (das hat nicht nur positive Aspekte). Daneben produziert die organisch-chemische Industrie Lösungsmittel, Medikamente, Farbstoffe, Kunststoffe und Abertausende Wirkstoffe, die in der Natur nicht vorkommen.

Angesichts der ungeheuren Zahl und Vielfalt bereits bekannter und noch möglicher organischer Verbindungen ist eine Ordnung nach *Produktarten* – etwa nach Medikamenten, Kunststoffen etc. – für den Chemiker nicht sinnvoll.

Sehr unterschiedliche Produkte können ganz ähnliche Wirkstoff-Moleküle enthalten. Die Klassifizierung (Einteilung) organischer Verbindungen muss nach Kriterien der *Molekülstruktur* erfolgen.

Aromatisch, cyclisch, carbo, hetero?

Zunächst bietet es sich an, nach Ketten- und Ringformen der Moleküle zu unterscheiden. Insbesondere bei ringförmigen (cyclischen) Molekülen kommt es aber sehr auf die Zusammensetzung an: Sind neben C-Atomen auch Sauerstoff-, Stickstoff- oder Schwefel-Atome beteiligt? Daneben

sind weitere Unterscheidungsmerkmale möglich: So sind z.B. in manchen Ringen die Bindungselektronen zu absonderlichem Verhalten fähig. Der Chemiker nennt diese Verbindungen »Aromaten« (was nichts mit Aroma zu tun hat); du wirst im nächsten Abschnitt den prominentesten Vertreter dieser Sondergruppe kennen lernen. Beschränken wir uns bis dahin auf die einfachstmögliche Systematik:

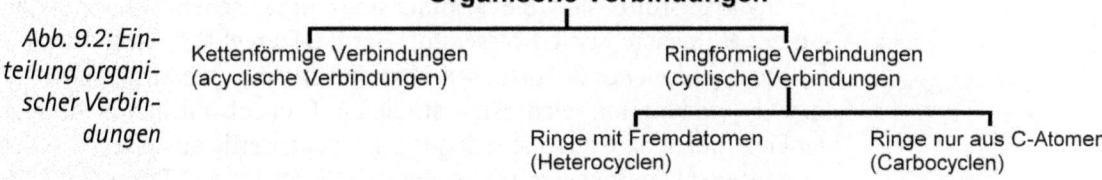

Abb. 9.2: Einteilung organischer Verbindungen

Nicht alle Kohlenstoffverbindungen werden zur organischen Chemie gezählt:

> Kohlensäure, CO, CO_2, Carbonate (Salze der Kohlensäure, z.B. Kalkstein, Marmor) sowie Verbindungen des C-Atoms mit Metall-Atomen (Carbide, z.B. SiC) werden als anorganische Verbindungen bezeichnet.

Angesichts der ungeheuren Vielfalt organischer Verbindungen muss ich mich in diesem Kapitel auf die beispielhafte (exemplarische) Beschreibung ausgewählter Stoffklassen beschränken. Im nächsten Kapitel ergänze ich den Überblick durch die Betrachtung wichtiger Naturstoffe. Du bist mir sicher nicht böse, wenn wir unseren Rundgang bei den einfachsten Vertretern beginnen. Sie bestehen nur aus zwei Atomarten, aber sie haben gewaltige wirtschaftliche Bedeutung.

Kohlenwasserstoffe – verbrannt in alle Ewigkeit?

Der Verbrennungstod ist ihr häufigstes Schicksal: Kohlenwasserstoffe. Das ist sehr schade, denn sie können auch zu Höherem berufen sein. Als Rohstoff für die chemische Industrie sind sie nahezu unersetzlich.

Quelle der Kohlenwasserstoffe sind die so genannten fossilen Rohstoffe Erdöl, Erdgas und Kohle. Die Verbindungen bestehen – wie ihr Name schon sagt – nur aus Kohlenstoff- und Wasserstoff-Atomen. Leider macht sie das nicht völlig unkompliziert. Es gibt zwar nur zwei unterschiedliche Moleküle (*Isomere*) mit der Summenformel C_4H_{10}, aber deren 366.319 mit der Summenformel $C_{20}H_{42}$. Jedes hinzukommende C-Atom erhöht die Zahl möglicher Atomkombinationen.

Die einfachste organische Verbindung

Kohlenwasserstoffe sind die »einfachsten« organischen Verbindungen, und der einfachste Kohlenwasserstoff hat die Formel CH_4 – Methan, der Hauptbestandteil des Erdgases. An Methan kann man die Besonderheiten der C-H-Bindung am leichtesten studieren. C bildet mit den H-Atomen vier Elektronenpaare aus, die sich natürlich gegenseitig abstoßen. Die sich aus diesen Abstoßungskräften ergebende Form ist ein Tetraeder (eine »Dreiecks-Pyramide«), in dessen Zentrum das C-Atom sitzt und dessen Ecken von den H-Atomen gebildet werden. Die Winkel zwischen den Atomen betragen 109,5°.

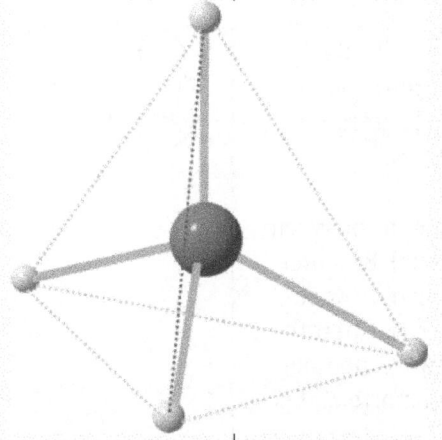

Abb. 9.3: Tetraederform des Methans

Die Kette wächst: Alkane

Methan ist der erste Vertreter der Kohlenwasserstoff-Untergruppe *Alkane*.

Kennzeichen der Alkane: Ketten aus C-Atomen, die durch jeweils *ein* gemeinsames Elektronenpaar verbunden sind (*Einfachbindungen*).

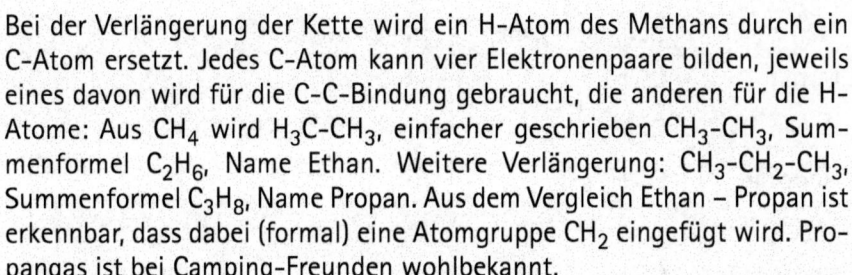

Bei der Verlängerung der Kette wird ein H-Atom des Methans durch ein C-Atom ersetzt. Jedes C-Atom kann vier Elektronenpaare bilden, jeweils eines davon wird für die C-C-Bindung gebraucht, die anderen für die H-Atome: Aus CH_4 wird H_3C-CH_3, einfacher geschrieben CH_3-CH_3, Summenformel C_2H_6, Name Ethan. Weitere Verlängerung: CH_3-CH_2-CH_3, Summenformel C_3H_8, Name Propan. Aus dem Vergleich Ethan – Propan ist erkennbar, dass dabei (formal) eine Atomgruppe CH_2 eingefügt wird. Propangas ist bei Camping-Freunden wohlbekannt.

Wiederholen wir den CH_2-Einfüge-Schritt: CH_3-CH_2-CH_2-CH_3, Summenformel C_4H_{10}, Name Butan. Es wird in Feuerzeugen verwendet (durch Druck verflüssigt, entströmt es dem Ventil wieder gasförmig). Abbildung 9.4 gibt zwei unterschiedlich detaillierte Strukturdarstellungen des Butans wieder, wie sie sich aus dem Tetraederwinkel ergeben.

Darstellungen des Butan-Moleküls C_4H_{10}

Abb. 9.4: Darstellung des Butan-Moleküls mit Kettenformel und räumlicher Formel

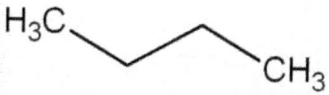

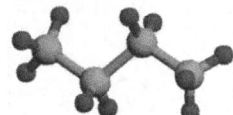

Jede »Ecke« in der Kettendarstellung steht für die Atomgruppe CH_2. Die Fortführung der (formalen) CH_2-Gruppen-Einfügung ergibt schließlich die »homologe Reihe der Alkane«:

Eine homologe Reihe ist eine Reihe von Verbindungen, die sich jeweils um die Atomgruppe CH_2 unterscheiden.

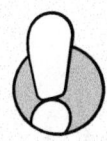

Name	Summenformel	Schmelzpunkt °C	Siedepunkt °C
Methan	CH_4	–183	–162
Ethan	C_2H_6	–183	–89
Propan	C_3H_8	–188	–42
Butan	C_4H_{10}	–138	–1
Pentan	C_5H_{12}	–130	+36
Hexan	C_6H_{14}	–95	+69
Heptan	C_7H_{16}	–91	+98
Octan	C_8H_{18}	–57	+126

Tabelle 9.1: Homologe Reihe der Alkane mit Schmelz- und Siedepunkten

Name	Summenformel	Schmelzpunkt °C	Siedepunkt °C
Nonan	C_9H_{20}	–54	+150
Decan	$C_{10}H_{22}$	–30	+173
Undecan	$C_{11}H_{24}$	–26	+196
...	...	...	...
Hexadecan	$C_{16}H_{34}$	+18	+287
Heptadecan	$C_{17}H_{36}$	+23	+303

Wie bereits aus der Definition der *homologen Reihe* hervorgeht, nimmt in den Summenformeln von Verbindung zu Verbindung die Zahl der C-Atome um eins, die der H-Atome um zwei zu. Am Anfang und am Ende der Kette tritt jeweils ein weiteres H-Atom hinzu: H-[CH_2]$_n$-H. So lässt sich eine allgemeine Formel aufstellen:

Allgemeine Summenformel der Alkane: C_nH_{2n+2}

Weitere Erkenntnisse aus der Tabelle:

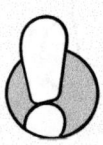

Bis Butan sind die Alkane bei Zimmertemperatur gasförmig, von Pentan bis etwa Hexadecan flüssig, darüber fest.

Das Glasperlenspiel der Isomerie

Ab Butan haben die C-Atome – unter Beibehaltung der Kettenform – mehrere Verknüpfungsmöglichkeiten. Der Chemiker spricht von *Kettenverzweigungen*, wodurch *Isomere* entstehen:

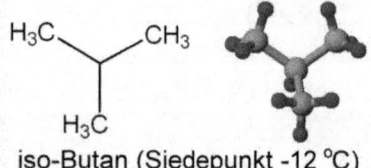

iso-Butan (Siedepunkt -12 °C)

n-Butan (Siedepunkt -1 °C)

Abb. 9.5: Räumliche Darstellungen der Butan-Isomeren

Wie aus den unterschiedlichen Siedepunkten ersichtlich ist, handelt es sich nicht um eine rein theoretische Spitzfindigkeit.

> Unter Isomerie versteht man die Existenz von Molekülen mit gleicher Summenformel, aber verschiedener Struktur (Atomverknüpfung) oder verschiedener räumlicher Atom-Anordnung. Diese Moleküle werden Isomere genannt, sie sind isomer zueinander.

> Isomere sind tatsächlich unterschiedliche Verbindungen mit unterschiedlichen Eigenschaften. Das Phänomen der Isomerie trägt damit wesentlich zur Vielfalt organischer Verbindungen bei.

Die korrekte Bezeichnung der Isomeren ist bis Pentan (drei Isomere) noch auf einfache Weise möglich (die unverzweigte Kette erhält den vorangestellten Buchstaben n, die Isomeren die Vorsilben *iso* und *neo*). Grundsätzlich existiert jedoch für die eindeutige Bezeichnung aller organischen Verbindungen ein komplettes, teilweise recht kompliziertes Benennungsregelwerk, die so genannte *systematische Nomenklatur organischer Verbindungen*. Im Pentan-Beispiel (Abbildung 9.6) wurden die Isomere nach diesen Regeln benannt; darüber hinaus soll es in diesem einführenden Kapitel zur organischen Chemie aber nicht vertieft werden.

Hermann Hesse (1877–1962), bedeutender deutscher Schriftsteller und Literatur-Nobelpreisträger von 1946, nannte einen seiner Romane »Das Glasperlenspiel«. Daran fühlt man sich bei der Befassung mit den möglichen Isomeren organischer Verbindungen gelegentlich erinnert – die »Glasperlen« (C-Atome) werden auf immer neue Weise kombiniert und schließlich sieht man den Wald vor lauter Bäumen nicht mehr. Wir wollen dieses Glasperlenspiel den Profis überlassen und hier nicht zu weit treiben. Abbildung 9.6 mit den drei möglichen Isomeren des Pentans und eine Übersicht der möglichen Isomerenzahlen sollen genügen.

$$C_5H_{12}$$

$CH_3-CH_2-CH_2-CH_2-CH_3$

n-Pentan, Sdp. +36°C

$CH_3-CH_2-CH\begin{smallmatrix}CH_3\\CH_3\end{smallmatrix}$

Methylbutan, Sdp. +28°C

$CH_3-\overset{\overset{\textstyle CH_3}{|}}{\underset{\underset{\textstyle CH_3}{|}}{C}}-CH_3$

Dimethylpropan, Sdp. +9°C

Abb. 9.6: Isomere des Pentans mit Siedepunkten

Name	Summenformel	Isomerenzahl
Methan	CH_4	1
Ethan	C_2H_6	1
Propan	C_3H_8	1
Butan	C_4H_{10}	2
Pentan	C_5H_{12}	3
Hexan	C_6H_{14}	5
Heptan	C_7H_{16}	9
Octan	C_8H_{18}	18
Nonan	C_9H_{20}	35
Decan	$C_{10}H_{22}$	75
...	...	...
Hexadecan	$C_{16}H_{34}$	10.359
...	...	...
Eicosan	$C_{20}H_{42}$	366.319
...	...	...
Triacontan	$C_{30}H_{62}$	4.111.846.763

Van der Waals und der Siedepunkt

Woraus ergibt sich eigentlich der Anstieg der Siedepunkte in der Reihe der Alkane? Und woraus ergeben sich die Siedepunktsunterschiede zwischen den Butan- und Pentan-Isomeren? Allgemeiner gefragt: Wie ergeben sich *überhaupt* die Siedepunktsunterschiede zwischen verschiedenen Verbindungen?

Bereits in Kapitel 3 wurde der Übergang vom festen zum flüssigen und gasförmigen Aggregatzustand mit dem daltonschen Atommodell kugelförmiger Teilchen anschaulich gemacht:

Alle Teilchen eines Stoffes sind bei *jeder* Temperatur über dem absoluten Nullpunkt (-273,15 °C) in ständiger Bewegung. Im festen Zustand ist das eine Zitterbewegung. Mit steigender Temperatur wird die Bewegung stärker, so dass sich die Teilchen zwar von ihrem festen Platz lösen und umherwandern können, aber immer noch zusammenbleiben. Der Stoff schmilzt. Bei weiterem Temperaturanstieg schließlich bewegen sich die Teilchen so stark, dass sie die gegenseitigen Anziehungskräfte vollständig überwinden können und sich voneinander entfernen. Der Stoff geht vom flüssigen in den gasförmigen Zustand über, er siedet.

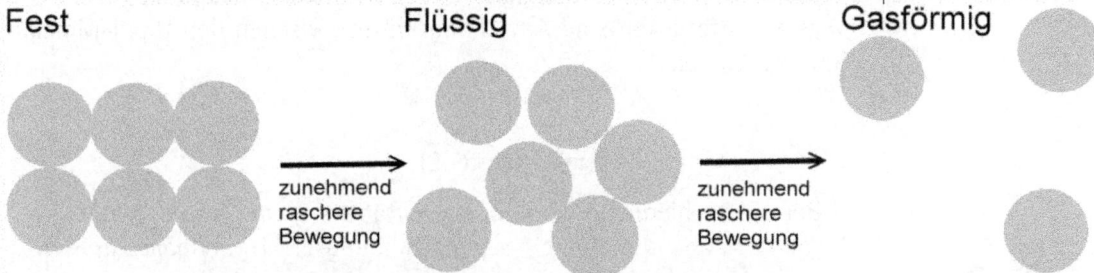

Fest   **Flüssig**   **Gasförmig**

zunehmend raschere Bewegung

zunehmend raschere Bewegung

Abb. 9.7: Aggregatzustände im daltonschen Teilchenmodell

Schwerere Moleküle bewegen sich bei gleicher Temperatur langsamer als leichtere. Das könnte bereits ein Teil der Antwort auf unsere Fragen sein – aber eben nur ein *Teil*. Denn die Butan- und Pentan-Isomeren haben ja gleiche Masse, aber dennoch verschiedene Siedepunkte. Wir müssen uns deshalb die *Art* der Anziehungskräfte zwischen den Teilchen chemischer Verbindungen näher ansehen.

Ionische Anziehungskräfte sind sehr stark. *Salze* haben deshalb im Allgemeinen hohe Schmelz- und Siedepunkte. Beim Schmelzen und Sieden müssen sich die entgegengesetzt geladenen Ionen voneinander entfernen und die starken gegenseitigen Anziehungskräfte überwinden. Dazu muss man sie aber stark »schütteln« (durch hohe Temperatur)!

Bei Molekülverbindungen sieht das anders aus: Zwar ist auch die Elektronenpaarbindung sehr fest, doch beim Schmelzen/Sieden spielt sie über-

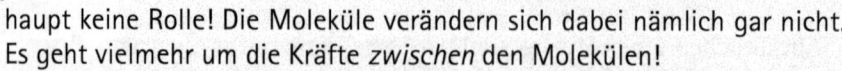
haupt keine Rolle! Die Moleküle verändern sich dabei nämlich gar nicht. Es geht vielmehr um die Kräfte *zwischen* den Molekülen!

Beim Schmelzen und Sieden von Molekülverbindungen müssen *zwischenmolekulare* Kräfte überwunden werden. Diese Kräfte sind viel schwächer als die Bindungskräfte der Ionen-, Metall- und Elektronenpaarbindung. Molekülverbindungen haben deshalb im Allgemeinen *niedrigere* Schmelz- und Siedepunkte als Salze und Metalle.

Zwischenmolekulare Kräfte hast du bereits in Kapitel 5 kennen gelernt: Der Zusammenhalt zwischen Wasser-Molekülen beruht auf so genannten *Wasserstoffbrücken* und erklärt den relativ hohen Siedepunkt von 100 °C. Wasserstoffbrücken sind Anziehungskräfte zwischen den Dipol-Molekülen des Wassers.

Zur Wiederholung (siehe Kapitel 5):

Bei unterschiedlicher Elektronegativität der an der Bindung beteiligten Atome sind die gemeinsamen Bindungselektronenpaare in Richtung des elektronegativeren Atoms verschoben. Dadurch entstehen Teilladungen im Molekül, das folglich zum *Dipol* wird. Besonders starken Dipolcharakter haben alle Bindungen des H-Atoms an Sauerstoff (z.B. im Wasser, H_2O) und die Wasserstoffverbindungen von Fluor und Chlor, HF und HCl.

Diese Dipole bilden sich – wie erwähnt – aufgrund des hohen Elektronegativitätsunterschieds zwischen den Atomen O und H; sie sind deshalb beständig (*permanent*).

Dipolkräfte, wie sie zwischen Wasser-Molekülen wirken, liegen bei Alkanen mit Sicherheit *nicht* vor. Zum einen erkennt man das bereits an den viel niedrigeren Siedepunkten bei vergleichbarer Molekülmasse (Methan, CH_4, Molekülmasse 16 u: Siedepunkt –162 °C; Wasser, H_2O, Molekülmasse 18 u: Siedepunkt +100 °C). Zum anderen ist der Elektronegativitätsunterschied zwischen C und H mit 0,4 viel kleiner als der zwischen O und H (1,4).

Zur Wiederholung (siehe Kapitel 5):

Elektronegativität ist die Anziehungskraft des Atoms auf bindende Elektronenpaare. Sie ist bei Fluor, gefolgt von Sauerstoff und Chlor, am größten. Die Elektronegativität wird mit einem Zahlenwert angegeben.

Was aber hält die Alkan-Moleküle zusammen? Hier kommt der holländische Physik-Professor Johannes van der Waals (1837–1923) ins Spiel. Er erforschte die Kräfte zwischen solchen ungeladenen und unpolaren Teilchen; ihm zu Ehren werden sie *van-der-Waals-Kräfte* genannt. In Kürze zusammengefasst:

> Auch in ungeladenen, unpolaren Molekülen entstehen durch Schwingungen der Atome sowie durch Ladungseinflüsse der Nachbar-Moleküle kurzzeitige, ständig wechselnde Unregelmäßigkeiten in der Elektronenverteilung. Dadurch bilden sich kurzzeitige, schwache und ständig wechselnde Dipole, die im zeitlichen Mittel an der *gesamten Moleküloberfläche* wirksam sind. Diese kurzzeitigen (*temporären*) Dipole bewirken schwache Anziehungskräfte zwischen den Molekülen. Man nennt diese Kräfte van-der-Waals-Kräfte.

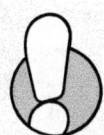

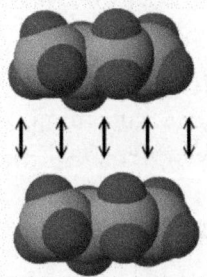

van-der-Waals-Kräfte zwischen n-Butan-Molekülen

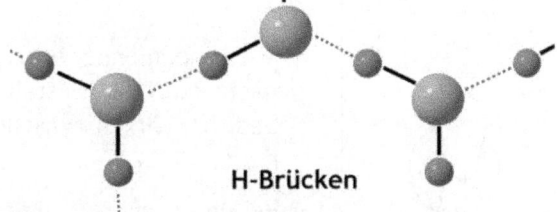

H-Brücken

Abb. 9.8:
Van-der-Waals-Kräfte und H-Brücken im Vergleich

In Abbildung 9.8 sind die Butan-Moleküle in ihrer (annähernd) tatsächlichen Gestalt dargestellt. Es ist deutlich sichtbar, dass die Wirksamkeit der van-der-Waals-Kräfte direkt von der Oberfläche abhängig ist. Zum besseren Verständnis kann man sich die Moleküloberfläche mit einem schwachen »Leim« überzogen vorstellen. Je größer die Oberflächen der benachbarten Moleküle, desto besser hält dieser »Leim«.

> Je größer die Moleküloberfläche, desto stärker die van-der-Waals-Kraft. In der homologen Reihe der Alkane nimmt deshalb mit wachsender Kettenlänge der Siedepunkt zu.

440 mol CO_2 * 22,4 l/mol = 9856 l CO_2 – fast zehn Kubikmeter CO_2 also! Bei einem einzigen Auto, über eine Strecke von 100 km! Es gibt in Deutschland 42 Millionen Autos, weltweit sind es etwa 700 Millionen. Jeder Deutsche ist täglich durchschnittlich 32 km im eigenen Auto unterwegs – das CO_2-Problem wird anschaulich.

Volumenverhältnisse bei Gasreaktionen

Sie lassen sich nach Kenntnis des Molvolumens viel leichter angeben als die Massenverhältnisse. Beispiel Knallgasreaktion:

$$2 H_2 + O_2 \rightarrow 2 H_2O$$

Zwei mol Wasserstoff reagieren mit einem mol Sauerstoff – also (bei 0 °C und normalem Luftdruck) 44,8 l Wasserstoff mit 22,4 l Sauerstoff. Da bei den entstehenden Temperaturen Wasser gasförmig entsteht, könnten wir auch angeben, dass 44,8 l Wasser entstehen – aber das gilt nur umgerechnet auf die Temperatur 0 °C. Die Reaktion verläuft damit nur bei so genannter isothermer Reaktionsführung (also bei Konstanthaltung der Temperatur während der Reaktion) unter Volumenverminderung von 67,2 l Sauerstoff-/Wasserstoffgemisch zu 44,8 l Wasser-Gas. In realen Knallgasreaktionen dehnt sich das Reaktionsprodukt durch die hohe Explosionstemperatur stark aus.

Ein zweites, prominentes Beispiel ist die Ammoniak-Synthese. Reaktionsgleichung:

$$N_2 + 3 H_2 \rightarrow 2 NH_3$$

Hier ist in der chemisch-technischen Praxis eine isotherme Reaktionsführung (bei 500 °C) gegeben. Aus einem Raumteil Stickstoff und drei Raumteilen Wasserstoff entstehen damit zwei Raumteile Ammoniak – eine starke Volumenabnahme, die nach dem Prinzip des kleinsten Zwangs zur Anwendung hohen Drucks bei der Ammoniak-Produktion führt (siehe Kapitel 4, *Die Jagd nach der Ausbeute*).

Zusammenfassung

Wir sind damit am Ende dieses Rechen-Kapitels angekommen. Hoffentlich war es nicht so schlimm! In Kapitel 8 hast du gelernt

◇ dass der Chemiker unter Stoffportion die konkret verwendete Masse eines Stoffes versteht

Damit sind wir jetzt auch in der Lage, die unterschiedlichen Siedepunkte der Butan- und Pentan-Isomeren zu erklären. Sie ergeben sich aus den unterschiedlichen *Oberflächen* der Moleküle.

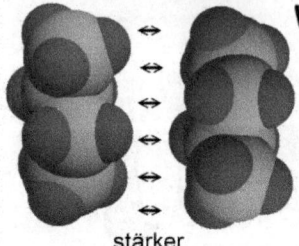

Van-der-Waals-Kräfte

- zwischen
n-Butan-
Molekülen

- zwischen
iso-Butan-
Molekülen

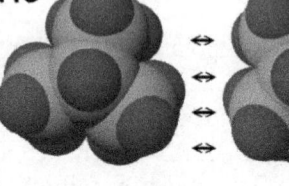

stärker   schwächer

Abb. 9.9: Abhängigkeit der van-der-Waals-Kräfte von der Moleküloberfläche

Mit zunehmender Verzweigung der C-Kette nimmt die Moleküloberfläche ab. Die Gestalt der Isomeren nähert sich der Kugelform. Dadurch wirken zwischen den Molekülen geringere van-der-Waals-Kräfte.

Bei den Isomeren eines Alkans sinkt deshalb mit zunehmender Verzweigung der Siedepunkt.

Van der Waals und die Löslichkeit

Aus dem Vergleich der van-der-Waals-Kräfte mit denjenigen der Wasserstoffbrücken erklären sich auch die unterschiedlichen Löslichkeiten. In »echten« Lösungen (Kapitel 2) vermischen sich die Stoffe auf Teilchenebene. Dazu müssen die zwischenmolekularen Kräfte zwischen *gleichartigen* Teilchen überwunden und durch Kräfte zwischen *ungleichen* Teilchen ersetzt werden. Die Kräfte zwischen permanenten Wasserdipolen sind aber viel stärker, als sie zwischen (unpolaren) Kohlenwasserstoff- und (polaren) Wasser-Molekülen je sein könnten. Deshalb bleiben die Teilchen lieber unter sich.

Emulgatoren (siehe Kapitel 2) können diesen Zustand teilweise aufheben. Man könnte sie als »gespaltene Persönlichkeiten« bezeichnen: an einer Stelle polar, das übrige Molekül unpolar.

Emulgatoren gaukeln sowohl unpolaren als auch polaren Stoffen vor, sie seien »einer von ihnen«. Die unpolare Seite der Emulgator-Moleküle besteht im Allgemeinen aus CH_2-Ketten, wie sie auch in Alkanen vorliegen, die polare Stelle aus einer ionischen Ladung. Der bekannteste Emulgator ist *Seife*. In Kapitel 10 werden die Eigenschaften von Seife beschrieben.

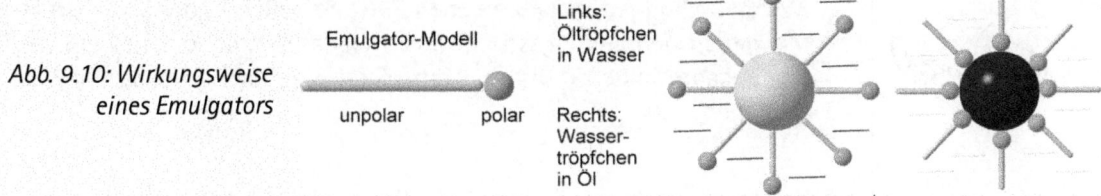

Abb. 9.10: Wirkungsweise eines Emulgators

Emulgator-Modell

unpolar   polar

Links: Öltröpfchen in Wasser

Rechts: Wassertröpfchen in Öl

Ringe, Alkene, Alkine

Da beißt sich die Katze in den Schwanz: Alkane mit mindestens drei C-Atomen können auch Ringe bilden. Stabil sind solche Ringe aber erst ab fünf C-Atomen.

Abb. 9.11: Cyclische Alkane (Cycloalkane)

Cyclopentan   Cyclohexan   Methylcyclohexan

Wie zu sehen ist, können auch in cyclischen Kohlenwasserstoffen Verzweigungen auftreten. In ihrem chemischen Verhalten ähneln die Cycloalkane ihren kettenförmigen Verwandten.

Durch den Ringschluss haben Cycloalkane zwei H-Atome verloren. Ihre allgemeine Summenformel lautet daher C_nH_{2n}.

C-Atome können sich aber auch durch Doppelbindungen, also durch zwei gemeinsame Elektronenpaare, zusammenschließen, und zwar in Ketten und in Ringen. Sogar drei gemeinsame Elektronenpaare (Dreifachbindungen) sind möglich. Für jedes zusätzliche gemeinsame Elektronenpaar werden zwei H-Atome geopfert.

Tabelle 9.3: Alkan, Alken, Alkin

Formel	CH_3-CH_3	$CH_2=CH_2$	$CH\equiv CH$
Name	Ethan	Ethen	Ethin
Bindungsart	Einfachbindung	Doppelbindung	Dreifachbindung
Summenformel	C_2H_6	C_2H_4	C_2H_2

Merksatz: Von jedem gebundenen C-Atom gehen in der Strukturformel *genau vier* Bindungsstriche aus, weil das C-Atom genau vier Elektronenpaare bilden muss, um das Oktett (gefüllte Außenschale) zu erreichen.

Ethen ist ein wichtiger Rohstoff für die Kunststoffherstellung (Polyethen, PE), Ethin auch unter dem Namen Acetylen bekannt. Es findet unter anderem beim Schweißen Verwendung (schon wieder ein Feuertod!).

Kohlenwasserstoffe mit Mehrfachbindungen werden als *ungesättigt* bezeichnet, weil sie (verglichen mit den »gesättigten« Alkanen) weniger H-Atome enthalten.

Kohlenwasserstoffe mit Doppelbindung erhalten die Endung -en, mit Dreifachbindung die Endung -in. Mehrfach vorkommende Doppel- oder Dreifachbindungen werden durch die Vorsilben di-, tri-, tetra- usw. angegeben. Beispiele:

Butadien = kettenförmiger Kohlenwasserstoff mit vier C-Atomen und zwei Doppelbindungen (gesprochen »...di-en«)

Nonatriin = kettenförmiger Kohlenwasserstoff mit neun C-Atomen und drei Dreifachbindungen (gesprochen »...tri-in«)

Cyclopentadien = ringförmiger Kohlenwasserstoff mit fünf C-Atomen und zwei Doppelbindungen

Durch die Mehrfachbindungen sind Alkene und Alkine sehr viel reaktionsfähiger als Alkane. Dies beruht auf der Möglichkeit, die *zusätzlichen* Bindungen wieder für andere Atome zu öffnen.

Bei ringförmigen Verbindungen mit Doppelbindungen kann ein Sonderfall auftreten, der bereits vorgestellte »aromatische Zustand«. Diese Bezeichnung hat historische Ursachen und nichts mit irgendeinem »Aroma« zu tun (die meisten der so genannten *Aromaten* riechen recht widerwärtig und sind hochgiftig).

> Die Besonderheit bei Aromaten liegt im Verhalten der zur Einfachbindung hinzugetretenen Doppelbindungselektronen. Sie können sich vom zugehörigen C-C-Atompaar lösen und in einer Kreisbahn »delokalisieren«. Der so genannte *aromatische Zustand* ist nur in ringförmigen Verbindungen mit einer bestimmten Elektronenzahl möglich.

Dieser Spezialfall ist besonders deutlich sichtbar bei *Benzen* (früher Benzol genannt), dem einfachsten Aromaten, einer hochgiftigen und Krebs erregenden Verbindung. Es handelt sich nur scheinbar um Cyclohexatrien, C_6H_6. Zwar kann die Formel mit drei Doppelbindungen geschrieben werden und ergibt auch die korrekten Atomzahlen, im realen Molekül sind jedoch *keine Doppelbindungen* zu finden.

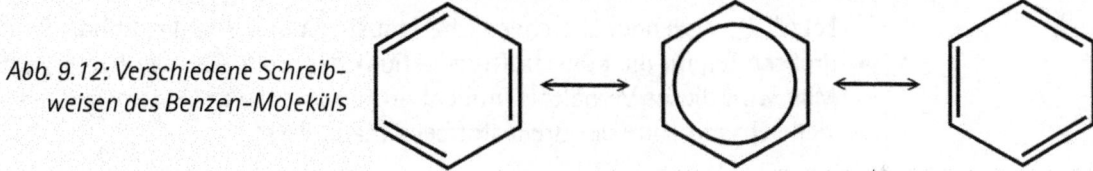

Abb. 9.12: Verschiedene Schreibweisen des Benzen-Moleküls

In Abbildung 9.12 ist die einfachstmögliche Schreibweise des Moleküls gewählt, wie sie von Chemikern üblicherweise verwendet wird. Jede »Ecke« steht für ein C-Atom, die H-Atome sind weggelassen. Die Schreibweisen links und rechts geben nur die theoretisch möglichen Bindungsstrukturen wieder. Die tatsächliche Struktur wird üblicherweise mit einem Ring innerhalb des Moleküls gekennzeichnet.

Der Friedhof der Organismen

Vor Hunderten von Millionen Jahren abgestorbene tierische und pflanzliche Organismen sind die Quelle unseres heutigen Wohlstands. Unter Luftabschluss verwesten sie zu den Substanzen, die wir heute Erdöl, Erdgas und Kohle nennen. Oft wird darüber spekuliert, in welchem Zeitalter wir eigentlich leben: dem Industriezeitalter? Dem Zeitalter der Informatik oder der Mobilität? Ich bin sicher: In ferner Zukunft wird man das 20. und 21. Jahrhundert das *Zeitalter des Erdöls* nennen. In atemberaubender Geschwindigkeit werden die Lagerstätten ausgebeutet – doch noch in

diesem Jahrhundert wird es damit ein Ende haben. Kommt dann das Kohlezeitalter?

> Erdöl und Erdgas sind aus tierischen und pflanzlichen Meeresorganismen entstanden. Kohle ist überwiegend aus Pflanzen entstanden.
>
> Erdöl besteht fast ausschließlich aus Kohlenwasserstoffen und enthält kleine Mengen an Schwefel- und Stickstoffverbindungen (sie stammen aus dem Eiweiß der abgestorbenen Organismen). Erdgas besteht hauptsächlich aus Methan.
>
> Kohle ist wesentlich komplizierter zusammengesetzt und deshalb schwerer zu verarbeiten. Die Kohlevorräte sind allerdings wesentlich größer als die Erdöl- und Erdgasvorräte.

Nach Förderung und Transport wird Erdöl in riesigen Raffinerien durch Destillation (siehe Kapitel 2) in die Verbindungen der einzelnen Siedebereiche zerlegt. Auf diese Weise gewinnt man die »Fraktionen« Leichtbenzin, Schwerbenzin, Kerosin, Gasöl und schwerere Bestandteile (z.B. Schmieröle, Bitumen).

Letztlich verwendet die chemische Industrie nur 7,5% des Rohöls (zum größten Teil für die Kunststoffproduktion), der große Rest wird verbrannt. Man wird dieses Verhältnis in nicht zu ferner Zukunft ändern müssen – vielleicht mit Hilfe der Brennstoffzelle (Kapitel 7)?

Benzin: Verzweigt ist besser

Mit der Destillation ist es noch nicht getan: Durch allerlei chemische Veränderungen muss die so genannte »Benzin-Fraktion« des Rohöls in einen für moderne Motoren verträglichen Zustand umgewandelt werden. Optimal dafür sind cyclische (ringförmige), verzweigte und aromatische Kohlenwasserstoffe mit fünf bis neun C-Atomen. Der größte Teil des im Nahen Osten und in Europa geförderten Erdöls enthält aber überwiegend unverzweigte Alkane. Auch die übrigen, für andere Zwecke genutzten Bestandteile werden chemisch aufbereitet.

Cracken und Reformieren

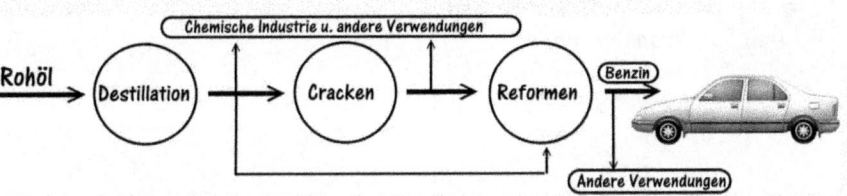

Abb. 9.13: Verarbeitung des Rohöls

> Beim Cracken werden vor allem große Moleküle zerlegt (Steigerung der Ausbeute) sowie Kettenverzweigungen und Ringbildungen angeregt. Dies geschieht durch Temperaturen zwischen 450 °C und 3000 °C, hohem Druck und teilweise unter Einsatz von Aluminiumkatalysatoren.

Beispiel eines Crack-Vorgangs:

$C_{20}H_{42}$ (Eicosan) + 2 H_2 → 2 C_7H_{16} + C_6H_{14}

> Beim Reformieren geht es vorwiegend um die Steigerung der Benzinqualität. Mit Hilfe von Metallkatalysatoren, unter hohem Druck und bei einer Temperatur von ca. 500 °C werden Kettenverzweigungen und Ringbildungen erzwungen.

Beispiel eines Reforming-Prozesses:

Abb. 9.14: Isomerisierung
durch Reforming

CH_3-CH_2-CH_2-CH_2-CH_2-CH_2-CH_2CH_3 ⟶

$$CH_3\text{-}\underset{\underset{CH_3}{|}}{\overset{\overset{CH_3}{|}}{C}}\text{-}CH\text{-}CH_2\text{-}CH_3$$
$$\underset{CH_3}{|}$$

n-Octan
(niedrige Octanzahl)

2,2,3-Trimethylpentan
(hohe Octanzahl)

> Eine Warnung ist noch angebracht: Benzin enthält erhebliche Mengen der hochgiftigen, Krebs erregenden aromatischen Verbindung Benzen (»Benzol«). Unbedingt Hautkontakt und Einatmen von Benzindämpfen vermeiden!

Abb. 9.15: Hände weg von Benzen!

Wenn der Wein sauer wird

Für den (nüchternen) Chemiker ist »Weingeist« nur eine Verbindung aus der *homologen Reihe der Alkanole*, der einfachsten organischen Sauerstoffverbindungen. Für viele Normal-Sterbliche (und auch für trinkfeste Chemiker) hat er größere Bedeutung. Welche Überraschung muss es wohl gewesen sein, als Menschen zum ersten Mal von vergorenen Kohlenhydraten kosteten! Aber sie gewöhnten sich schnell an die Wirkung: Alkohol spielt in der Kulturgeschichte der Menschheit eine bedeutende und nicht immer rühmliche Rolle.

Alkanole – nicht nur Genussmittel

Unser »Weingeist«, der Trink-Alkohol, trägt den korrekten Namen *Ethanol* und besitzt die Formel CH_3-CH_2-OH, üblicherweise abgekürzt zu C_2H_5OH. Im Grunde genommen ist er ein Gift, das Leber- und Nervenzellen zerstört. Auf dieser Giftwirkung beruht auch die Verwendung als Desinfektionsmittel (in etwa 70%iger wässriger Lösung). Formal ist Ethanol aus Ethan mittels Ersatz eines H-Atoms durch die Atomgruppe OH entstanden. Dies gilt auch für die übrigen Glieder der homologen Reihe.

> Alkanole bilden eine homologe Reihe. Sie entstehen formal durch Ersatz eines H-Atoms der entsprechenden Alkane durch die Atomgruppe OH (Hydroxil-Gruppe).
>
> Aus der allgemeinen Summenformel der Alkane – C_nH_{2n+2} – ergibt sich dadurch die allgemeine Summenformel der Alkanole: $C_nH_{2n+1}OH$

Tabelle 9.4: Einige Alkanole und ihre Eigenschaften

Name	Formel	Siedepunkt [°C]	Wasserlöslichkeit
Methanol	CH_3OH	65	Sehr gut
Ethanol	C_2H_5OH	78	Sehr gut
Hexanol	$C_6H_{13}OH$	157	Gering
Dodecanol	$C_{12}H_{25}OH$	259	Unlöslich

Die Veränderungen gegenüber den Alkanen durch die Einführung des elektronegativen O-Atoms sind frappierend:

Alkanole haben wesentlich höhere Siedepunkte als die Alkane, aus denen sie gebildet werden. Durch die OH-Gruppe können sie Wasserstoffbrücken ausbilden. Die niederen Alkanole (bis etwa vier C-Atome) sind gut wasserlöslich, während bei den höheren Alkanolen der Einfluss der unpolaren C-Kette überwiegt.

Abb. 9.16: Wasserstoffbrücken zwischen Alkanol- und Wasser-Molekülen

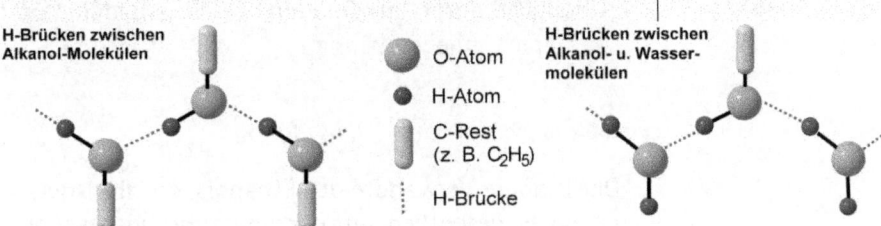

Beachte, dass sich die OH-Gruppe der Alkanole (*Hydroxilgruppe*) prinzipiell vom OH-Ion der Metallhydroxide (*Hydroxid*-Ion) unterscheidet. Die Hydroxil-Gruppe ist durch eine Elektronenpaarbindung mit einem C-Atom verbunden und kann sich nicht als Ion ablösen.

Ethanol – der Weingeist

Ethanol, der bekannteste Vertreter der Alkanole, enthält in seinem Molekül sowohl unpolare (C_2H_5) als auch polare Anteile (OH). Er ist deshalb zwar noch kein Emulgator (dafür ist die C-Kette zu kurz, das heißt zu wenig unpolar, die OH-Gruppe nicht polar genug). Er erhält dadurch aber nützliche Lösungseigenschaften. So ist er als Reinigungsmittel recht gut in der Lage, sowohl polare als auch unpolare Verschmutzungen zu entfernen.

Ethanol kann durch Gärung aus Kohlenhydraten (Zuckern) entstehen:

$$C_6H_{12}O_6 \rightarrow 2\ C_2H_5OH + 2\ CO_2$$

Aus Traubenzucker entsteht mit Hilfe von Hefe-Enzymen Ethanol und Kohlenstoffdioxid.

Alkoholische Getränke ab ca. 40 Volumenprozent Ethanol-Gehalt sind brennbar (»flambieren«). Das bei der Ethanol-Verbrennung entstehende

Wasser zeigt sich durch Kondensation an einem kühlen Glas. Entstehendes Kohlenstoffdioxid erstickt die Flamme, wenn die Verbrennung auf dem Boden eines hohen Glases durchgeführt wird (CO_2 ist schwerer als Luft).

> Verbrennungsgleichung des Ethanols:
>
> $C_2H_5OH + 3\ O_2 \rightarrow 2\ CO_2 + 3\ H_2O$
>
> Von Verbrennungsversuchen mit Ethanol rate ich dir aber dringend ab, weil sich durch Entzündung von Ethanoldämpfen gefährliche Stichflammen ergeben können.

Methanol – der Holzgeist

Der kleinere Verwandte des Ethanols, der »Holzgeist« Methanol (CH_3OH), ist noch wesentlich giftiger und führt insbesondere bereits in kleinen Mengen zur Erblindung. Gelegentliche Berichte aus fernen Ländern über die Folgen entsprechend verunreinigter Getränke zeigen das nachdrücklich. Als Genussmittel spielt Methanol deshalb glücklicherweise keine (beabsichtigte) Rolle. Seinen »geistigen Namen« erhielt Methanol aufgrund seiner Entstehung bei der Erhitzung (trockenen Destillation) von Holz. Bedeutend ist es als Zwischenprodukt der chemischen Industrie. Dort ist Methanol beispielsweise an der Entstehung von Kunststoffen beteiligt.

Glycerol – schmeckt süß

»Es heilt die Kamille, es pflegt Glycerin«, lautete einst ein Werbespruch für eine Handcreme. Die heute Glycerol genannte Substanz pflegt durch ihre stark wasseranziehende (hygroskopische) Wirkung tatsächlich die Haut. Es handelt sich um eine süß schmeckende und fast honigartig zähe (viskose), wasserklare Flüssigkeit. Glycerol kann mit weiteren Verbindungen Fette bilden und ist uns in diesem Zusammenhang bereits in Kapitel 1 begegnet. In Zusammenhang mit der Stoffklasse der Alkanale und in Kapitel 10 werde ich darauf zurückkommen.

Die außerordentlich gute Wasserlöslichkeit des Glycerols und der ungewöhnlich hohe Siedepunkt von 290 °C beruhen auf dem Vorhandensein von gleich drei OH-Gruppen (in einem Molekül von ebenfalls drei C-Atomen). Glycerol stammt also von Propan ab; die korrekte Bezeichnung lautet *Propantriol*. Es ist ein prominenter Vertreter der so genannten *mehr-wertigen Alkohole*.

Alkohole mit mehreren OH-Gruppen im Molekül werden *mehrwertige* Alkohole genannt. Dabei kann jedes C-Atom nur *eine* OH-Gruppe tra-gen.

Ein weiterer bekannter Vertreter ist das in Kaugummis enthaltene Xylit, das sogar fünf OH-Gruppen enthält.

Name	Formel	Siedepunkt [°C]
Ethanol	CH_3-CH_2-OH	+78
Ethandiol	$HO-CH_2-CH_2-OH$	+197
Propanol	$CH_3-CH_2-CH_2-OH$	+97
Propandiol	$HO-CH_2-CH_2-CH_2-OH$	+215
Propantriol	$HO-CH_2-CH(OH)-CH_2-OH$	+290

Tabelle 9.5: Einfluss der OH-Gruppen auf den Siedepunkt

Die Tabelle zeigt sehr eindrücklich den Einfluss von Atomgruppen, die in Alkan-Molekülen einzelne H-Atome ersetzen. Solche eigenschaftsbestim-menden Atomgruppen werden deshalb allgemein *funktionelle Gruppen* genannt.

Abb. 9.17: Beispiele funktioneller Gruppen

-C̶-OH	-C⟨=O, H⟩	-C̶=O-	-C⟨=O, OH⟩	-NH₂
Hydroxyl-Gruppe Alkanole (Alkohole)	Aldehyd-Gruppe Alkanale (Aldehyde)	Carbonyl-Gruppe Ketone	Carboxyl-Gruppe Carbonsäuren	Amino-Gruppe Amine

---

Atomgruppen, die überwiegend die Eigenschaften einer organischen Verbindung bestimmen, werden funktionelle Gruppen genannt.

Carbonyl- und Carboxyl-Gruppen bzw. die Stoffklassen der Alkanale und Carbonsäuren sehen wir uns gleich näher an. Auch die Reaktion zwischen Carbonsäuren und Alkoholen wird uns noch beschäftigen. In Kapitel 10 geht es dann um Naturstoffe wie Fette, Eiweiße und Kohlenhydrate – dort wirst du noch weitere funktionelle Gruppen kennen lernen.

Formaldehyd und Acrolein

Vom giftigen Formaldehyd, das der Chemiker Methanal nennt, hat wohl jeder schon gehört. Es steht in begründetem Verdacht, Krebs auszulösen, und wurde deshalb weitgehend aus Konsumartikeln (z.B. Pressspanplatten) verbannt. Kleiner Hinweis an Aktiv- und Passiv-Raucher: Methanal ist auch in Zigarettenrauch enthalten; der amtliche Grenzwert für Innenräume wird durch Zigarettenrauch in der Regel überschritten.

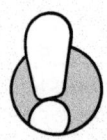

Chemisch ist Methanal der erste Vertreter der homologen Reihe der Alkanale. Sie enthalten die Aldehyd-Gruppe (übliche Schreibweise -CHO) mit einem doppelt gebundenen Sauerstoff-Atom. Diese Gruppe ersetzt ein H-Atom der Alkane (allgemeine Summenformel C_nH_{2n+2}).

Die allgemeine Summenformel der Alkanale lautet also $C_nH_{2n+1}CHO$.

Methanal nimmt bei der Anwendung dieser allgemeinen Summenformel eine Sonderstellung ein: Es enthält nur ein einziges C-Atom; in der *vorangestellten* Gruppe C_nH_{2n+1} ist deshalb $n = 0$ zu setzen. Daraus ergibt sich die Methanal-Formel zu H-CHO.

In dieser Stoffklasse begegnet uns ein Bekannter wieder: Es ist Acrolein, ein giftiger, stechend riechender Stoff, der bei der Überhitzung von Fett frei wird (siehe Kapitel 1). Die chemisch korrekte Bezeichnung lautet Propenal – das Molekül besteht also aus drei C-Atomen (von Propan abgeleitet, daher die Vorsilbe Prop-), enthält eine Doppelbindung (durch die Silbe -en angegeben) und die Atomgruppe -CHO (durch die Endung -al angegeben). Die Formel ist nach diesen Informationen kein Problem mehr:

Propenal, CH_2=CH-CHO, gehört genau genommen zur Stoffklasse der Alkenale. Propenal entsteht durch Wasserabspaltung aus Glycerol:

$$HO-CH_2-CH(OH)-CH_2OH \rightarrow CH_2=CH-CHO + 2\ H_2O$$

Da in Alkanal-Molekülen zwar eine polare Bindung zwischen C und O vorliegt, aber keine zwischen O und H, sind sie nicht in gleichem Maße wie Alkanole zu zwischenmolekularen Dipol-Wechselwirkungen fähig. Sie können sozusagen nur *die Hälfte* einer Wasserstoffbrückenbindung – nämlich das negativ polarisierte O-Atom – beisteuern. Unvermeidliche Folge sind geringere Siedepunkte und schlechtere Wasserlöslichkeit.

Ameisensäure, Essigsäure, Buttersäure

Mit Essigsäure hast du ja bereits in den Kapiteln 3 und 6 experimentiert, aber mit Ameisen- und Buttersäure hattest du hoffentlich noch nichts zu tun. Diese Begegnungen sind unvergesslich – das eine Mal für die Haut, das andere Mal für die Nase.

Ameisensäure, chemisch korrekte Bezeichnung *Methansäure*, löst ähnlich wie ein Alkanal Oxidationsprozesse aus und verursacht dadurch Verätzungen der Haut (auf die Oxidationsprozesse komme ich gleich zurück). Es kommt tatsächlich in Ameisen, aber auch in Brennnesseln vor.

Gelegentlich ist Ameisensäure auch noch in Entkalkungsmitteln für Haushaltsgeräte enthalten.

Wegen der stark hautschädigenden Wirkung rate ich von Ameisensäure enthaltenden Mitteln ab, insbesondere wenn im Haushalt kleine Kinder leben.

Zitronen- oder Essigsäure tut es auch!

Chemisch ist Methansäure der erste Vertreter der homologen Reihe der Alkansäuren (eine der möglichen Carbonsäure-Arten). Sie leiten sich – wie die Alkanole und Alkanale – von den Alkanen ab und enthalten die Carboxyl-Gruppe (übliche Schreibweise -COOH) mit einem doppelt gebundenen Sauerstoff-Atom und einer zusätzlichen Hydroxilgruppe. Allgemeine Summenformel: $C_nH_{2n+1}COOH$.

Durch die Carboxylgruppe erhalten Carbonsäuren vergleichsweise hohe Siedepunkte und – bei nicht zu langer C-Kette – sehr gute Wasserlöslichkeiten. Sie können H-Brücken ausbilden und enthalten sozusagen die Summe der Alkanol- und Alkanal-Polarität.

Auch bei den Carbonsäuren nimmt der erste Vertreter bei der Anwendung der allgemeinen Summenformel eine Sonderstellung ein: Bei nur einem einzigen enthaltenen C-Atom ist in der vorangestellten Gruppe C_nH_{2n+1} wiederum $n = 0$ zu setzen. Die Methansäure-Formel ergibt sich daraus zu HCOOH.

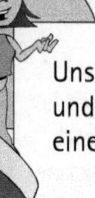

Unsere altbekannte Essigsäure trägt den korrekten Namen *Ethansäure* und besitzt die Formel CH_3-COOH. Auch sie hat – wie Methansäure – einen stechenden Geruch.

Speiseessig enthält zwischen fünf und zehn Prozent Ethansäure. Auch in unserem Stoffwechsel spielen Ethansäureverbindungen eine wichtige Rolle.

Gelegentlich begegnet uns die Ethansäure auch unverhofft: Alter Wein hat sich durch Sauerstoffzutritt unversehens in Essig verwandelt. Derartige Oxidationsprozesse sind völlig natürlich, aber nicht an jeder Stelle erwünscht! Ich werde gleich darauf zurückkommen.

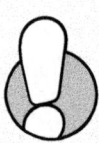

Buttersäure, korrekt *Butansäure*, Formel C_3H_7COOH, dürfte wohl die übelste Vertreterin der Alkansäuren sein. Sie ist sowohl in Schweiß als auch in ranziger Butter enthalten.

Wer sich je gefragt hat, wie wohl die Achselhöhlen eines in schwüler Sommerhitze seit vier Wochen ungewaschenen Menschen riechen, findet hier die Antwort. Kein Wunder, dass diese Substanz auch in Stinkbomben eingesetzt werden kann.

Vom Alkohol zur Säure

Wasser zu Wein gelingt nicht jedem – aber Wein zu Essig ist eine leichtere Übung.

Aus vergorenen Fruchtsäften oder Wein und mit Hilfe von Essigsäurebakterien bildet sich unter Luftzutritt – über Ethanal – Ethansäure.

Reaktion: CH_3-CH_2-OH + O_2 → [CH_3-CHO + 2 H] → CH_3-COOH + H_2O

Während man früher zur Essigherstellung Wein über gut belüftete Buchenzweige rieseln ließ, die mit Essigsäurebakterien belegt waren, wird heute in Stahltanks Sauerstoff durch eine alkoholische, bakterienhaltige Flüssigkeit geblasen. Chemisch liegt eine *Oxidation* vor, wie du nach den

Regeln in Kapitel 7 wahrscheinlich bereits erkannt hast. Weil sie so wichtig sind, sollen sie hier wiederholt werden:

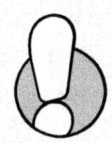

Bei der Bildung gemeinsamer Elektronenpaare aus ungeladenen Atomen wird

◇ das Atom mit der niedrigeren Elektronegativität oxidiert

◇ das Atom mit der höheren Elektronegativität reduziert.

Speziell bei Kohlenstoffverbindungen gilt:

◇ Durch die Bildung gemeinsamer Elektronenpaare mit Sauerstoff oder Stickstoff wird das C-Atom oxidiert.

◇ Durch die Bildung gemeinsamer Elektronenpaare mit Wasserstoff wird das C-Atom reduziert.

Zur Erinnerung: Das H-Atom besitzt die Elektronegativität 2,1, das C-Atom 2,5, das O-Atom 3,5.

In der Reaktion Alkanol → Alkanal verliert das C-Atom der funktionellen Hydroxilgruppe des Alkohols zwei H-Atome (sie werden zwischenzeitlich an ein Enzym gebunden und deshalb als einzelne H-Atome dargestellt). Es wird dadurch oxidiert. Im nächsten Schritt Alkanal + Sauerstoff → Carbonsäure erhält es eine Bindung zu einem zusätzlichen Sauerstoff-Atom. Es wird dadurch ein weiteres Mal oxidiert.

Ist noch eine weitere Oxidation möglich? Sicher – wenn auch die übrig gebliebenen Bindungen zum Nachbar-C-Atom und zu H-Atomen durch Bindungen an Sauerstoff-Atome ersetzt werden. Das gelingt zum Beispiel durch Verbrennung an der Luft; der Chemiker spricht von *Totaloxidation*:

$$2\ H\text{-}COOH + O_2 \rightarrow 2\ CO_2 + 2\ H_2O$$

$$CH_3\text{-}COOH + 2\ O_2 \rightarrow 2\ CO_2 + 2\ H_2O$$

9

Buttersäure + Methanol → riecht gut!

Tatsächlich, die üble Buttersäure lässt sich entschärfen. Mit Methanol chemisch umgesetzt, entsteht ein Stoff mit Ananas-, mit Ethanol ein Stoff mit Pfirsich-Aroma. Wie ist so etwas möglich?

Durch Reaktion der Carbonsäuren mit Alkanolen entstehen Ester. Sie haben andere physikalische und chemische Eigenschaften als die Ausgangsstoffe.

Wenn sich die Eigenschaften so stark ändern, muss das an Veränderungen der funktionellen Gruppen liegen. Tatsächlich reagieren genau diese miteinander: die Carboxylgruppe der Säure mit der Hydroxilgruppe des Alkohols. Neben dem Ester entsteht auch Wasser.

$$CH_3C\underset{\boxed{OH}}{\overset{O}{{<}}} + \boxed{H}\text{-O-CH}_2\text{-CH}_3 \longrightarrow CH_3C\underset{O\text{-CH}_2\text{-CH}_3}{\overset{O}{{<}}} + \boxed{H_2O}$$

Säure + Alkohol → Ester + Wasser

Abb. 9.18: Bildung von Ethansäureethylester aus Ethansäure und Ethanol

Durch die Reaktion hat sowohl der Säure- als auch der Alkoholteil die Fähigkeit zur Wasserstoffbrückenbindung verloren. Folgen sind erheblich geringere Wasserlöslichkeit (dafür bessere Löslichkeit in unpolaren Stoffen) und niedrigere Siedepunkte der entstandenen Ester. Die Duftwirkung der Ester beruht genau auf diesen niedrigen Siedepunkten. Sie verdunsten zum großen Teil schon bei Raumtemperatur.

Der in Abbildung 9.18 entstandene Ethansäureethylester wird als Lösungsmittel in Klebstoffen verwendet (»Uhu«). Weitere Ester haben beispielsweise Apfel-, Bananen-, Erdbeer- und Pfefferminz-Aromen. Auch der frische »Wintergrün«-Geruch von Kaugummis beruht auf dem Zusatz eines synthetisch hergestellten Esters. Ester finden auch als Sprengstoff (Nitroglycerin, ein Ester aus Glycerol und Salpetersäure) und in der Kunststoffproduktion (Polyester) Verwendung.

Kunststoffe – ohne sie geht nichts

In einem bekannten amerikanischen Chemielehrbuch wird in einer Karikatur der moderne Mensch in seinem Drang »Zurück zur Natur« sanft auf die Zusammensetzung seiner Bergsteiger-Utensilien hingewiesen: Nylonseil, Neopren, Polyacrylnitril, Polyethen und so weiter. Diese Karikatur hat einen wahren Kern: Ohne Kunststoffe geht nichts mehr, ob es uns gefällt oder nicht.

Abb. 9.19: Beispiele für Kunststoff-produkte

Allein die deutsche chemische Industrie produzierte im Jahr 2004 Kunststoffe im Wert von 21,8 Milliarden Euro. Das sind ca. 23 Prozent der gesamten Wertschöpfung (Pharmazeutika und Spezialchemikalien sind jeweils mit etwa dem gleichen Anteil an der Wertschöpfung beteiligt).

Die Kunststoffherstellung erfolgt zum größten Teil vollsynthetisch aus einfachen Bausteinen, zum Teil werden natürliche Vorprodukte chemisch umgewandelt (z.B. Naturkautschuk). Aus Gründen der Übersichtlichkeit beschränke ich mich in diesem Kapitel auf vollsynthetische Produkte.

> Grundsätzlich werden bei der Kunststoffherstellung aus vielen kleinen Molekülen (Monomere) wenige große Moleküle (Makro-Moleküle) hergestellt. Diese können bis zu ca. 30.000 C-Atome enthalten.

Polymerisation und Polykondensation

Ein einfaches Beispiel ist die Entstehung von Polyethen (PE) aus Ethen-Molekülen. Dieser Kunststoff wird z.B. unter dem Handelsnamen »Hostalen« vertrieben und sowohl für Plastiktragetaschen als auch für Getränkekisten verwendet.

$n * H_2C=CH_2 \rightarrow ...-CH_2-CH_2-CH_2-CH_2-CH_2-CH_2-...$ (n bis 10000)

Auch Polystyrol, das dir sicher in Form von Styropor (mit Luft aufge-schäumt) ein Begriff ist, kann so hergestellt werden. Es wird hauptsäch-lich als Verpackungs- und Isoliermaterial verwendet. Auch Joghurtbecher bestehen meistens aus Polystyrol.

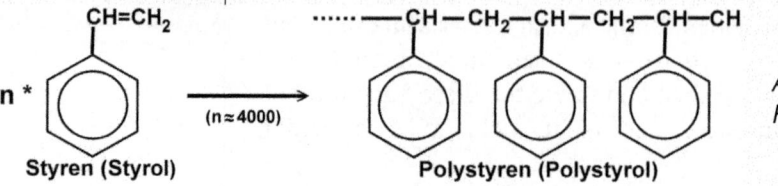

Abb. 9.20: Entstehung von Polystyrol

»Teflon« ist ein Sonderfall. Es wird nicht nur im Haushalt (die berühmte Teflonpfanne), sondern z.B. auch für Dichtungen verwendet. Dieses *Poly-tetrafluorethen* entsteht zwar in gleicher Weise wie Polyethen:

$$n * F_2C=CF_2 \rightarrow ...-CF_2-CF_2-CF_2-CF_2-CF_2-CF_2-...$$

Kohlenstoff ist hier aber bereits mit dem elektronegativsten aller Ele-mente verbunden. Die Fluor-Atome werden deshalb auch beim Erhitzen an der Luft nicht durch Sauerstoff-Atome ersetzt. Folge: Teflon ist unbrennbar.

> Bei der Polymerisation verbinden sich die Monomere durch Einfach-bindungen zwischen C-Atomen. Diese Einfachbindungen werden durch Aufspaltung von Doppelbindungen oder durch die Umwand-lung von C-Ringen in Ketten frei.

Zur Erinnerung: Jedes C-Atom bildet genau vier gemeinsame Elektronen-paare mit anderen Atomen aus. Wenn eine Doppelbindung zwischen zwei C-Atomen aufgelöst wird, kann danach jedes dieser C-Atome eine weitere Bindung eingehen.

Eine weitere Möglichkeit sind *Polykondensationen*. Du erinnerst dich, bei der Esterbildung wurde Wasser frei (es »kondensierte«). Nehmen wir nun eine Säure, die an beiden Enden eine Carboxylgruppe besitzt, und einen Alkohol, der an beiden Enden eine OH-Gruppe besitzt: Unter jeweiliger Wasserabspaltung kann sich eine lange Kette bilden!

> Bei der Polykondensation verbinden sich die Monomere durch Reak-tion zwischen funktionellen Gruppen unter Abspaltung von Wasser (oder anderen kleinen Molekülen).

Beispielsweise wird so Polyethylenterephthalat hergestellt, Handelsnamen (als Chemiefasern) *Trevira*, *Diolen*. In letzter Zeit wird »PET« aber auch zu Getränkeflaschen verarbeitet.

Abb. 9.21:
Polyethylen-
terephthalat
durch Polykon-
densation

$$n^* \; HOOC\text{—}\langle\bigcirc\rangle\text{—}COOH \; + \; n^* \; HO\text{-}CH_2\text{-}CH_2\text{-}OH \; \longrightarrow \; \left[OC\text{—}\langle\bigcirc\rangle\text{—}CO\text{-}O\text{-}CH_2\text{-}CH_2O \right]_n \; + 2 \, n \, H_2O$$

Terephthalsäure
(Benzen-1,4-dicarbonsäure)   Ethandiol

Thermoplaste, Duroplaste und Elastomere

Manche Kunststoffe sind in der Wärme beliebig oft formbar. Zu dieser Gruppe gehören die meisten bekannten Produkte, z.B. Polyethen (PE), Polyvinylchlorid (PVC) und Polystyrol.

In Thermoplasten liegen die Molekülketten unabhängig voneinander vor; sie sind nicht »vernetzt«. Dadurch können die Makro-Moleküle ohne Zerstörung in der Wärme neu geordnet werden. Auch die Löslichkeit in organischen Lösungsmitteln ergibt sich aus der Unabhängigkeit (Trennbarkeit) der Molekülketten.

Häufig werden in Thermoplasten auch so genannte *Weichmacher* verarbeitet, die das Material schmiegsamer machen (z.B. bei Folien). Weichmacher-Moleküle lagern sich zwischen die Makro-Moleküle.

Nachteil, z.B. bei Plastik-Gegenständen in der Hand von Kindern: Manche Weichmacher können aus dem Kunststoff auch wieder austreten und gesundheitliche Schäden verursachen. Die Weichmacher können auch beim Erwärmen austreten; entsprechende Versuche solltest du deshalb nicht durchführen (auch bei der Zersetzung von Kunststoffen – siehe unten – können gesundheitsgefährdende Verbindungen entstehen).

Für viele Zwecke sind mechanische Belastbarkeit und Resistenz gegenüber Lösungsmitteln wichtiger als plastische Verformbarkeit. Das gilt beispielsweise für Treibstofftanks, Bootskörper oder so genannte Massiv-

werkstoffe. Entsprechende Kunststoffe sind z.B. Melaminharze oder vernetzte Polyurethane.

In Duroplasten werden die Molekülketten räumlich stark vernetzt. Diese Kunststoffe sind spröde, unlöslich und zersetzen sich beim Erhitzen ohne vorheriges Erweichen. Voraussetzung der Vernetzung ist, dass mindestens einer der beteiligten Ausgangsstoffe auch nach der Kettenbildung noch freie funktionelle Gruppen besitzt, mit denen er reagieren kann.

Thermoplaste (unvernetzt)

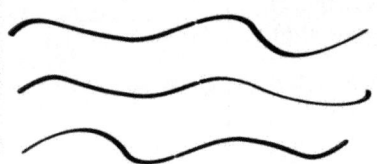

Duroplaste (stark vernetzt)

(räumliche Vernetzung)

Abb. 9.22: Makro-Molekülketten bei Thermoplasten und Duroplasten

Auch eine Zwischenform ist möglich:

Sind die Makro-Molekülketten nur schwach vernetzt, spricht man von Elastomeren. Schwämme und elastische Schaumstoffe bestehen aus solchen Kunststoffen. Die schwache Vernetzung genügt bereits, Elastomere unschmelzbar und unlöslich zu machen.

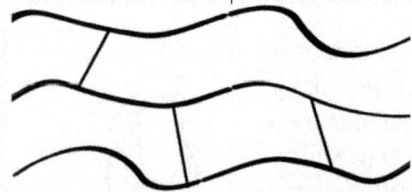

Elastomere:
schwach vernetzt, vorübergehend
verformbar, unschmelzbar, unlöslich

Abb. 9.23: Elastomere

Mit diesen Beispielen wollen wir unseren Rundgang durch die Welt der Kunststoffe beenden. Im nächsten Kapitel lernst du auch größere »natürliche« Moleküle kennen!

Zusammenfassung

In diesem Kapitel hast du gelernt

◇ dass organische Verbindungen im Wesentlichen nur die Elemente C, H, O, S, N, P und Halogene enthalten und auch ohne geheimnisvolle »Lebenskraft« wie alle anderen Stoffe im Labor hergestellt werden können

◇ dass C-Atome wie kein anderes Atom Ketten und Ringe in nahezu allen Größen und Formen ausbilden können

◇ dass in organischen Stoffen fast ausschließlich Elektronenpaarbindungen sowie die Sonderform des »aromatischen Zustands« vorliegen

◇ dass Kohlenwasserstoffe unpolare Verbindungen sind und ihre zwischenmolekularen Wechselwirkungen auf der van-der-Waals-Kraft beruhen

◇ dass sich »homologe Reihen« um die Atomgruppe CH_2 unterscheiden und Moleküle mit gleicher Summenformel, aber verschiedener Struktur möglich sind (Isomerie)

◇ dass Erdöl, Erdgas und Kohle überwiegend aus Kohlenstoffverbindungen bestehen, durch *Cracken* und *Reformen* verarbeitet werden und die Quelle unseres Wohlstands sind

◇ dass die Eigenschaften organischer Verbindungen überwiegend durch ihre funktionellen Gruppen bestimmt werden

◇ dass sauerstoffhaltige organische Verbindungen unter anderem die Stoffklassen der Alkanole, Alkanale und Carbonsäuren bilden, die durch stufenweise Oxidation aus den entsprechenden Alkanen entstehen

◇ dass Carbonsäuren und Alkanole in einer chemischen Reaktion die Stoffklasse der Ester bilden können

◇ dass Kunststoffe eine wichtige Produktklasse der chemischen Industrie darstellen und unter anderem durch Polymerisation und Polykondensation hergestellt werden können

◇ dass Kunststoffe nach ihren Eigenschaften in die Gruppen der Thermoplaste, Duroplaste und Elastomere eingeordnet werden

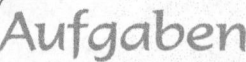

1. Ordne die folgenden Stoffe nach anorganischen und organischen Verbindungen.

   C_2F_4, CaC_2, CS_2, CO_2, $MgCO_3$, H_2CO_2

2. Begründe die Unlöslichkeit von Hexan in Salzsäure (HCl).

3. Gebe die Strukturformeln der möglichen Hexan-Isomeren (Summenformel C_6H_{14}) an.

4. Ordne die folgenden Verbindungen nach zunehmendem Siedepunkt und begründe die Reihenfolge.

   Butanol, n-Butan, Butanal, iso-Butan, Butansäure

5. Gebe die Strukturformeln aller theoretisch möglichen organischen Verbindungen aus drei C-Atomen und einer beliebigen Anzahl von H-Atomen an. Weitere Atomarten sollen nicht beteiligt sein.

6. Stelle die Reaktionsgleichung für die Bildung eines Esters aus Propansäure und Pentanol auf.

7. Stelle die Reaktionsgleichung für die Bildung von Methansäure aus Methanol und Sauerstoff auf.

8. Stelle die Reaktionsgleichung für einen Crackprozess auf, in dem aus Triacontan unter Zufuhr von Wasserstoff zwei Octan- und zwei Heptan-Moleküle entstehen.

9. Nenne zwei grundsätzliche Unterschiede zwischen Polymerisations- und Polykondensationsreaktionen.

10. Erläutere den Vorgang, in dem aus einem thermoplastischen Kunststoff ein Duroplast entsteht.

11. Nenne die Unterschiede in den Eigenschaften von Thermoplasten und Duroplasten.

10

Nahrung, Haushalt und Chemie

Die in unserer Nahrung enthaltenen chemischen Verbindungen gehören zweifellos zu den ursprünglichen »organischen« Verbindungen des Professors Jöns Jakob Berzelius. Sie entstehen in der Tat durch eine »Lebenskraft« (*vis vitalis*, siehe Kapitel 9), nämlich durch den Stoffwechsel der Pflanzen und Tiere. Nach der Harnstoffsynthese von Friedrich Wöhler haben sie allerdings ihre geheimnisvolle Aura ebenso eingebüßt wie alle anderen organischen Verbindungen. *Kohlenhydrate, Fette und Eiweiße* lassen sich prinzipiell ebenso im Labor herstellen wie Kunststoffartikel oder Medikamente. Dennoch bilden sie aufgrund ihrer Bedeutung, Herkunft und Vielfalt eine Sondergruppe innerhalb der organischen Chemie. Mit ihnen beschäftigt sich der speziell ausgebildete Lebensmittelchemiker, sie werden durch spezielle Methoden der Lebensmittelanalytik untersucht. Obwohl sie nicht Nahrungszwecken dienen, beschreibe ich aufgrund des engen chemischen Zusammenhangs mit Fetten in diesem Kapitel zusätzlich die *natürlichen Seifen*.

In diesem Kapitel erfährst du

◎ welche grundlegenden chemischen Merkmale Kohlenhydrate, Eiweiße und Fette auszeichnen

◎ welche Eigenschaften und Strukturen die unterschiedlichen Kohlenhydrat-Arten besitzen

◎ warum es so viele verschiedene Eiweiß-Arten gibt

◎ warum es unter den Fetten zwar viele Gemeinsamkeiten, aber auch für unsere Ernährung wichtige Unterschiede gibt

◎ wie Kohlenhydrate, Eiweiße und Fette in Lebensmitteln, vor allem in Milch, nachgewiesen werden können

◎ wie man aus Fett eine Seife herstellt

◎ wie es beim Waschen mit Seife den Schmutzteilchen ergeht

Kohlenhydrate – nicht immer süß

Sie gehören zu den nachwachsenden Rohstoffen. Im Sinne eines »nachhaltigen Wirtschaftens« haben sie zunehmende Bedeutung auch für die chemische Industrie. Aus pflanzlichen Inhaltsstoffen werden mittlerweile viele Kunststoffe hergestellt, z.B. Werkstoffe für Brillenfassungen sowie Chemiefasern. Dennoch denken wir nach alter Gewohnheit in erster Linie ans Essen, wenn die Rede von Kohlenhydraten ist.

Abb. 10.1: Kohlenhydrate in unserer Nahrung

Einfach- und Mehrfachzucker

Vielfachzucker

Aber woher kommt eigentlich dieser Name »Kohlenhydrate«? Er deutet sowohl auf Kohlenstoff als auch auf Wasser hin (hydro = Wasser):

Fast alle Kohlenhydrate enthalten neben Kohlenstoff-Atomen Wasserstoff- und Sauerstoff-Atome im Verhältnis 2:1, wie es auch im Wassermolekül der Fall ist.

Allgemeine Summenformel der Kohlenhydrate: $C_mH_{2n}O_n$ oder vereinfacht $C_m(H_2O)_n$.

Bereits bei der Beschreibung der Schwefelsäure (Kapitel 6) habe ich auf diesen zahlenmäßigen Zusammenhang der H- und O-Atome in Kohlenhydraten hingewiesen. Konzentrierte Schwefelsäure ist so stark hygroskopisch (Wasser anziehend), dass sie aus Zucker die H- und O-Atome im Verhältnis 2:1 herauslösen und daraus Wasser bilden kann. Übrig bleibt Kohlenstoff.

Glucose und Co. – die Einfachzucker

Die kleinsten für unsere Ernährung wichtigen Kohlenhydrat-Moleküle enthalten sechs C-, zwölf H- und sechs O-Atome. Aufgrund ihrer sechs C-Atome werden sie *Hexosen* (hexa = sechs) genannt; bezüglich ihrer funktionellen Gruppen und ihrer Form begegnen wir alten Bekannten wieder:

Unverbundene Kohlenhydrat-Moleküle (Einfachzucker) können in Ketten- und in Ringform vorliegen, verbundene (Mehrfachzucker) liegen in Ringform vor.

Sie enthalten *immer mehrere* OH-Gruppen und – solange sie *kettenförmig* und *unverbunden* sind – genau *ein* doppelt gebundenes O-Atom in Form einer Aldehyd- oder Keto-Gruppe.

Durch die *Ringbildung* des Kohlenhydrat-Moleküls sowie beim Zusammenschluss mit weiteren Kohlenhydrat-Molekülen kann die Aldehyd- oder Ketogruppe verloren gehen.

Zur Wiederholung: Die Aldehyd-Gruppe wird üblicherweise –CHO geschrieben und enthält ein doppelt gebundenes O-Atom (Carbonyl-Gruppe) und ein zusätzliches H-Atom. Es kann deshalb nur noch *eine* weitere Bindung eingehen und steht daher immer am *Ende* einer Kette von C-Atomen.

Die Keto-Gruppe –CO– (also ebenfalls eine Carbonyl-Gruppe) enthält *kein* H-Atom. Das C-Atom dieser funktionellen Gruppe kann also noch *zwei* weitere Bindungen eingehen und steht deshalb immer *inmitten* einer Kette von C-Atomen.

In Kapitel 9 ist dir bereits eine süß schmeckende Verbindung begegnet – Glycerol (Propantriol). Diese Verbindung ist zwar wegen der fehlenden

Carbonylgruppe kein Kohlenhydrat, zeigt aber mit seinen drei OH-Gruppen ähnliche physikalische Eigenschaften wie die Einfachzucker:

> Einfachzucker sind aufgrund ihrer OH-Gruppen gut wasserlöslich und bilden untereinander mehrfache H-Brücken aus. Sie zersetzen sich deshalb beim Erhitzen, ohne zuvor ihren Siedepunkt erreicht zu haben (Bildung von »Zuckercouleur«).

Betrachten wir ein Hexose-Molekül. Gegeben sind zunächst sechs C-Atome. Zur Erinnerung: Ein C-Atom kann jeweils nur mit *einer* OH-Gruppe verbunden sein. Es gibt dann in der Kettenform zwei Möglichkeiten:

◇ das Molekül enthält eine Aldehyd-Gruppe. Diese kann nur am *Ende* der C-Kette stehen.

◇ das Molekül enthält eine Keto-Gruppe. Diese Gruppe steht im Unterschied zur Aldehyd-Gruppe immer *innerhalb* einer C-Kette. Sie kann also theoretisch – bei Durchnummerierung der Kette – an den C-Atomen Nr. 2 bis 4 zu finden sein (Nr. 5 ist dasselbe wie Nr. 2 – von der anderen Seite gezählt). Tatsächlich befindet sie sich bei den Hexosen immer am *zweiten* C-Atom der Kette.

Nach diesen Angaben ist es dir möglich, die Strukturformeln von zwei Hexosen aufzustellen.

$$HOCH_2\text{-}CHOH\text{-}CHOH\text{-}CHOH\text{-}CHOH\text{-}C{\overset{O}{\underset{H}{}}}$$ $C_6H_{12}O_6$ Glucose (Traubenzucker)

$$HOCH_2\text{-}CHOH\text{-}CHOH\text{-}CHOH\text{-}\overset{O}{C}\text{-}CH_2OH$$ $C_6H_{12}O_6$ Fructose (Fruchtzucker)

Abb. 10.2: Kettenform von Trauben- und Fruchtzucker

Sie sind sich formelmäßig sehr ähnlich, unsere beiden Hexosen. In den Eigenschaften gibt es aber deutliche Unterschiede, wie du gleich sehen wirst. Neben diesen beiden Einfachzuckern gibt es noch einen weiteren namens *Galactose*, der in Form einer Verbindung mit Glucose (als Milchzucker) Bedeutung für unsere Ernährung hat. Dieser dritte Einfachzucker unterscheidet sich aber lediglich in einer räumlichen, sehr speziellen Hinsicht von Glucose; die vereinfachten Strukturformeln sind identisch.

> Beim Ringschluss reagiert das C-Atom der C=O-Gruppe mit dem O-Atom der zweitletzten OH-Gruppe. Es entsteht ein Fünf- oder Sechsring, der ein Sauerstoff-Atom enthält. Aus dem vorher doppelt gebundenen O-Atom wird eine zusätzliche OH-Gruppe.

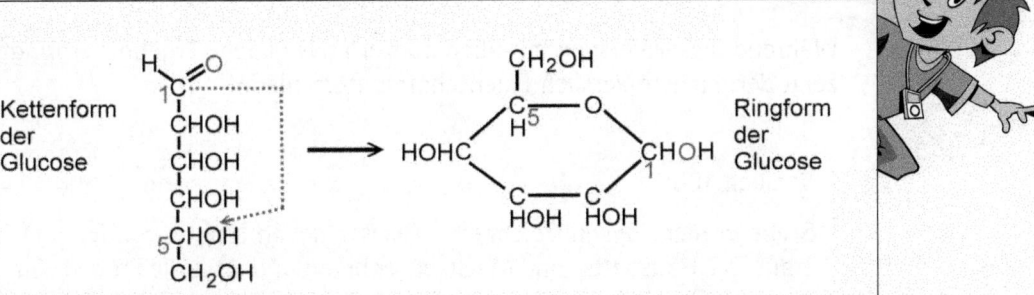

Abb. 10.3: Ringbildung bei Glucose

In kristalliner (fester) Form liegen die Einfachzucker in Ringform vor, in Lösung stehen sie im Gleichgewicht mit der Kettenform.

Rübenzucker ist Doppelzucker

Beim Zusammenschluss zweier Einfachzucker (Monosaccharide; sacchar = Zucker) entstehen Doppelzucker (Disaccharide). Bekannte Doppelzucker sind Haushaltszucker (Saccharose), Malzzucker (Maltose) und Milchzucker (Lactose).

Allgemeine Reaktionsgleichung in Summenformeln:

$2\ C_6H_{12}O_6 \rightarrow C_{12}H_{22}O_{11} + H_2O$

Die Verknüpfung erfolgt durch Reaktion zwischen Hydroxilgruppen:

---C-OH (Monosacch. 1) + HO-C--- (Monosacch. 2) → ---C-O-C--- + H_2O

Im Einzelnen bilden sich

◇ aus Glucose + Glucose: Malzzucker (Maltose)
◇ aus Glucose + Fructose: Haushaltszucker (Saccharose)
◇ aus Galactose + Glucose: Milchzucker (Lactose).

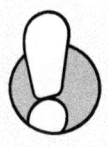

Versuch 10a:

Erhitze in einem alten (!) Topf und bei geöffnetem Fenster/eingeschaltetem Abzug kräftig etwas auf dem Topfboden fein verteilten, trockenen Haushaltszucker. Halte in die aufsteigenden Dämpfe ein kühles Glas.

Der Zucker schmilzt und wird über bräunliche Farbtöne schließlich schwarz. Am Glas kondensiert Wasser. Damit sind Kohlenstoff, Wasserstoff und Sauerstoff als Bestandteil der Zucker-Moleküle nachgewiesen.

427

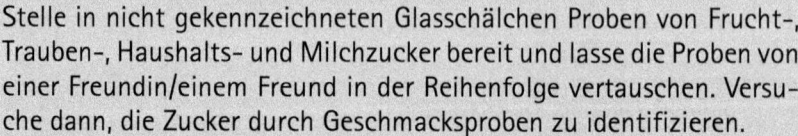

Während dieser Versuch mit allen Zuckern das gleiche Ergebnis erbringt, zeigt der nächste Versuch Eigenschaftsunterschiede.

> **Versuch 10b:**
>
> Stelle in nicht gekennzeichneten Glasschälchen Proben von Frucht-, Trauben-, Haushalts- und Milchzucker bereit und lasse die Proben von einer Freundin/einem Freund in der Reihenfolge vertauschen. Versuche dann, die Zucker durch Geschmacksproben zu identifizieren.
>
> Lebensmittelchemiker haben die Süßkraft der Zucker auf Saccharose (= 100) bezogen; Messungen ergaben die folgende Reihenfolge:
>
> Fructose (Fruchtzucker) 120 – Saccharose (Haushaltszucker) 100 – Glucose (Traubenzucker) 50 – Lactose (Milchzucker) 27
>
> Wie ist dein Ergebnis?

Nach Abtrennung von Eiweiß und Fett kann Milchzucker selbstverständlich auch aus dem Namensgeber Milch isoliert werden. Der entsprechende Versuch findet sich im Abschnitt *Eiweiß*.

Honig selbst gemacht

Bereits vor Tausenden von Jahren wurde Verstorbenen eine Schale Honig als »Seelenspeise« ins Grab gestellt. Auch heute noch ziehen viele Menschen die »natürliche Süßkraft« des Honigs den so genannten »Industriezuckern« vor. Eine Analyse des Honigs ergibt ca. 70–80% Invertzucker (Mischung aus gleichen Teilen Glucose und Fructose), 17% Wasser sowie in sehr geringen Anteilen organische Säuren, Mineralstoffe, Enzyme und Aromastoffe.

> Honig hat damit zwar einen höheren Genuss-, aber gegenüber herkömmlichem Zucker vermutlich keinen höheren Gesundheitswert. Insbesondere hat er nicht weniger »Kalorien«.

Vielmehr verleitet er aufgrund seiner gegenüber Saccharose geringeren Süßkraft leicht zu erhöhter Kohlenhydratzufuhr. Die verringerte Süßkraft ergibt sich aus der lebensmittelchemisch bestimmten Süßkraft-Tabelle: Haushaltszucker – die *Verbindung* aus Fructose und Glucose – erhält den Wert 100, Fructose und Glucose *einzeln* erhalten die Werte 120 und 50. Ein Gemisch aus Fructose und Glucose hat damit den geringeren mittleren

Süßkraft-Wert 85. Dieses Gemisch (Invertzucker, also *Kunsthonig*) kannst du durch chemische Zerlegung von Saccharose selbst herstellen.

Versuch 10c:

Löse 50 g Haushaltszucker (Saccharose) in 0,1 Liter Wasser und füge den Saft einer Zitrone hinzu. Bringe die Lösung zum Sieden und dampfe sie auf die Hälfte ein.

Es entsteht eine zähe, klare Flüssigkeit, von der du kosten kannst: Invertzucker, auch Kunsthonig genannt. Saccharose wurde durch die Säure in Glucose (Traubenzucker) und Fructose (Fruchtzucker) gespalten.

Spüle den Topf gut aus, solange der Invertzucker noch sehr warm und flüssig ist! Nach dem Erkalten ist die Reinigung viel mühsamer!

Bauen, Ernähren, Vorrat halten: Vielfachzucker

Zwischen den Doppel- und den eigentlichen Vielfachzuckern (*Polysaccha- riden*) stehen die so genannten *Oligosaccharide* (Mehrfachzucker) und Dextrine. Letztere sind ein Abbauprodukt der Vielfachzucker und enthalten etwa vier bis 35 Einfachzucker-Bausteine. Sie schmecken schwach süß und finden sich z.B. in der Brotkruste.

Üblicherweise werden die miteinander verbundenen Ringe als Sechsecke dargestellt. Diese Darstellung hast du bereits in Kapitel 9 bei Benzen kennen gelernt.

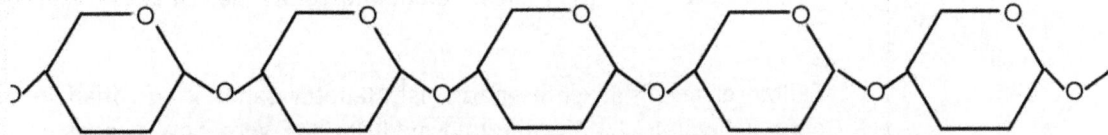

Vereinfachte Darstellung einer Kette verbundener Glucose-Einheiten in einem Mehrfach- oder Vielfachzucker (Oligosaccharid oder Polysaccharid)

Abb. 10.4: Verbundene Glucoseringe in Sechseck-Darstellung

Die für uns wichtigsten Polysaccharide sind Stärke, Cellulose und Glykogen. An diesen Vielfachzuckern zeigt sich die ganze Genialität der Natur. Sie verwendet denselben Grundstoff – das Glucose-Molekül – einmal für Bauzwecke (*Baustoff*) und einmal als Energievorrat (so genannter *Reservestoff*). Aus Cellulose wird das »Pflanzen-Haus« gebaut, Stärke (oder Gly-

kogen bei Menschen/Tieren) ist die Energiereserve – alle drei Verbindungen bestehen aus Glucose-Bausteinen! Sehen wir uns diesen genialen Trick der Natur näher an.

Der geniale Klebstoff

Stelle dir vor: Du hast eine große Menge an identischen Schokoladentafeln. Die Hälfte dieser Schokoladentafeln bestreichst du *von oben* mit Kleber und baust damit – als Ziegelstein-Ersatz – ein stabiles Haus. Die Tafeln sind allerdings durch die spezielle Verklebung (»*von oben*«) ungenießbar geworden. Der Vorteil: Auch der böse Nachbar kann dir nicht heimlich das Haus wegessen.

Die andere Hälfte der Tafeln bestreichst du *von unten* mit demselben (!) Kleber, fügst sie zusammen und legst sie in die Vorratskammer. Zu jeder Mahlzeit kannst du dir künftig ein großes Stück aus dem entstandenen Schokoladentafel-Klotz abschneiden und mit Genuss verzehren.

Eine sehr unglaubwürdige, wirre Geschichte? Genauso macht es die Natur! Sie fügt Glucose-Bausteine einmal *von oben* mit dem »Kleber« Sauerstoff zusammen, das andere Mal *von unten*.

Verknüpfung "nach unten":
Energiestoff
(Stärke, Glykogen)

Verknüpfung "nach oben":
Baustoff
(Cellulose)

Abb. 10.5: Glucoseverknüpfung in Polysacchariden

Stärke und Glykogen sind in der so genannten α-Form, Cellulose in β-Form verknüpft. Der Unterschied besteht in der räumlichen Orientierung des O-Atoms am C-Atom Nr. 1 (siehe Abbildung 10.5) – das ist alles!

Cellulose, der Pflanzenfaserstoff, ist Hauptbestandteil der pflanzlichen Zellwände. Baumwolle und medizinische Verbandwatte bestehen fast nur aus Cellulose. Sie ist für uns nicht als Energiequelle zu verwerten, weil uns das entsprechende Enzym für die Kettenzerlegung fehlt (Kühe können allerdings mit Hilfe von Bakterien Cellulose zu Glucose abbauen und so schließlich doch in menschliche Nahrung umwandeln). Cellulosefasern dienen in der menschlichen Ernährung als *Ballaststoffe*. Als solche regen sie die Darmbewegungen an und beugen Darmerkrankungen vor.

Die für uns als Energiespender wichtigen Polysaccharide Stärke und Glykogen haben aufgrund ihrer Glucose-Verknüpfung auch eine andere Form als Cellulose: Sie bilden keine Fasern, sondern (mehr oder weniger schöne) *Spiralen.*

> Stärke ist der Energiespeicher (Reservestoff) in pflanzlichen Zellen und der Hauptbestandteil von Mehl. Sie wird während der Verdauung in Glucose zerlegt.
>
> Glykogen ist der Kohlenhydrat-Energiespeicher bei Tieren und Menschen. Speicherort sind Leber (ca. 150 Gramm) und Muskulatur (ca. 200 Gramm; Werte beim Erwachsenen). Beim Absinken des Blutglucosespiegels wird Leberglykogen zu Glucose abgebaut und ins Blut abgegeben.

Abb. 10.6: Spaltung der Reservestoffe Stärke und Glykogen durch Enzyme oder Erhitzen

Stärke und Glykogen →(Spaltung)→ Dextrine →(Spaltung)→ Doppelzucker →(Spaltung)→ Glucose

Bei den Polysacchariden handelt es sich um riesige Moleküle: Stärke besteht aus bis zu 6.000, Glykogen aus bis zu 100.000 verbundenen Glucose-Ringen. Cellulose kann aus mehr als 10.000 Glucose-Einheiten aufgebaut sein.

Mehl enthält nicht nur Stärke, sondern auch Eiweiß, den zweiten unverzichtbaren Grundnährstoff. Er bietet neben einer ungeheuren Vielfalt möglicher Verbindungen auch neue funktionelle Gruppen.

Eiweiß – das 20-Buchstaben-Alphabet

Während jedenfalls die für die Ernährung wichtigen Kohlenhydrate aus chemischer Sicht eine überschaubare Gruppe bilden, glänzen die Eiweiße mit Kombinationsmöglichkeiten, die das Herz des Mathematikers höher schlagen lassen. Damit beim Kombinieren nichts schief geht, enthält jeder Mensch in seinen Zellkernen genaue Baupläne. Diese Baupläne sind nur bei eineiigen Zwillingen identisch, ansonsten bilden sie einen »genetischen Fingerabdruck«.

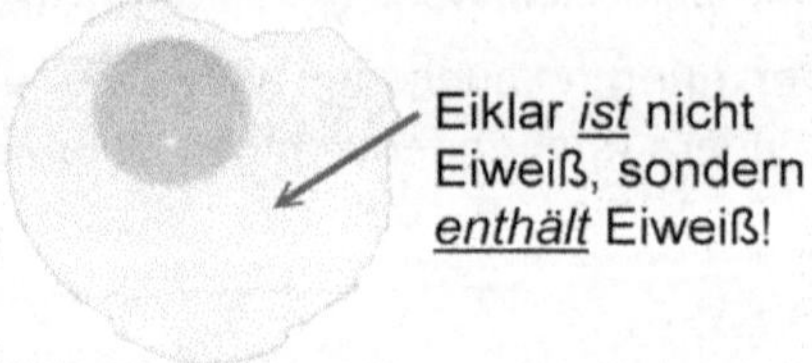

10

Eiklar *ist* nicht Eiweiß, sondern *enthält* Eiweiß!

Abb. 10.7: Eiweiß und Protein

Der Chemiker nennt Eiweißstoffe Proteine. Der menschliche Organismus enthält etwa 400.000 verschiedene Protein-Moleküle.

> Proteine sind zunächst die »Cellulose des Menschen« – vergleichbar den Pflanzenfasern bilden sie die Grundstruktur. Darüber hinaus aber erfüllen sie zahlreiche lebenswichtige Sonderaufgaben, z.B. als Enzym oder in der Immunabwehr.

Bausteine der Proteine sind 20 so genannte *Aminosäuren*. Es gibt zwar noch mehr davon, aber nur diese 20 sind in den Bauplänen unserer Körperproteine enthalten. Der grundsätzliche Aufbau dieser Aminosäuren ist relativ simpel:

Allgemeiner Aufbau:

Die beiden einfachsten Aminosäuren:

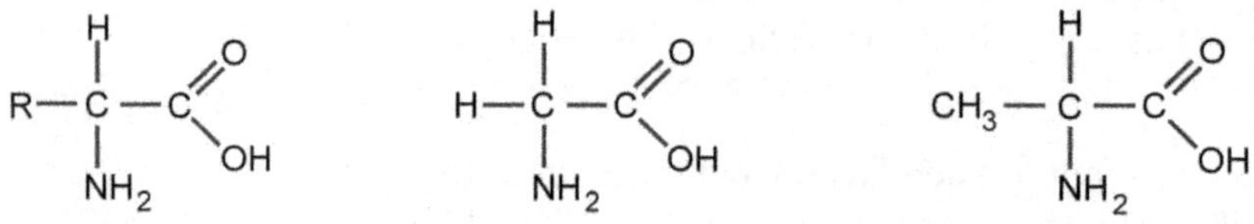

$R = $ Weitere Atome

Glycin

Alanin

Abb. 10.8: Aufbau der Aminosäuren

> Aminosäuren sind Carbonsäuren, die (mindestens) eine Aminogruppe NH_2 enthalten. Bei den 20 proteinbildenden Aminosäuren ist diese Aminogruppe an das Nachbar-C-Atom der Carboxylgruppe gebunden (α-Aminosäure). Zwei der Aminosäuren enthalten außerdem Schwefel.

Üblicherweise werden die Aminosäuren mit drei Buchstaben abgekürzt: Ala für Alanin, Gly für Glycin, Lys für Lysin und so weiter.

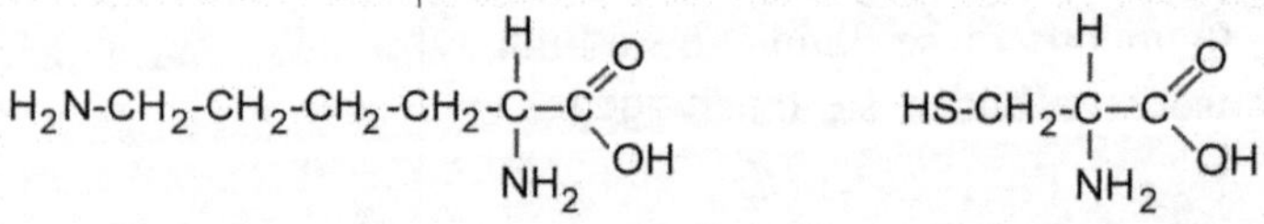

$H_2N-CH_2-CH_2-CH_2-CH_2-$

Lysin (Lys)

$HS-CH_2-$

Cystein (Cys)

Abb. 10.9: Lysin (zwei NH_2-Gruppen) und Cystein (S-haltig)

Bildung von Peptidbindungen

$H_2N\text{-}CH_2\text{-}COOH + H_2N\text{-}CH\text{-}COOH \longrightarrow H_2N\text{-}CH_2\text{-}CO\text{-}NH\text{-}CH\text{-}COOH + H_2O$
$\qquad\qquad\qquad\qquad\qquad\overset{|}{CH_3}\qquad\qquad\qquad\qquad\qquad\qquad\qquad\quad\overset{|}{CH_3}$
$\qquad Gly\qquad\qquad\qquad\qquad Ala\qquad\qquad\qquad\qquad\qquad\qquad\qquad Gly\text{-}Ala$

$H_2N\text{-}CH\text{-}COOH + H_2N\text{-}CH_2\text{-}COOH \longrightarrow H_2N\text{-}CH\text{-}CO\text{-}NH\text{-}CH_2\text{-}COOH + H_2O$
$\qquad\overset{|}{CH_3}\qquad\qquad\qquad\qquad\qquad\qquad\qquad\quad\overset{|}{CH_3}$
$\qquad Ala\qquad\qquad\qquad\qquad Gly\qquad\qquad\qquad\qquad\qquad\qquad Ala\text{-}Gly$

Abb. 10.10: Peptidbindungen zwischen Alanin und Glycin

Wenn sich zwei Aminosäuren zusammenschließen, entsteht ein *Dipeptid*, drei Aminosäuren würden ein *Tripeptid* bilden und so weiter. Die Verknüpfungsstelle wird *Peptidbindung* genannt.

Ala-Gly oder Gly-Ala?

Es macht einen Unterschied, in welcher Reihenfolge sich die Aminosäuren verbinden. In »Ala-Gly« hat die Aminogruppe des Glycins reagiert, in »Gly-Ala« diejenige des Alanins. Die beiden Dipeptide haben dadurch unterschiedliche Eigenschaften.

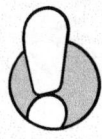

Bei der Bildung einer Aminosäurenkette entstehen schließlich aus bis zu 220.000 Aminosäuren riesige *Protein-Moleküle*. Dabei ist die *Reihenfolge* der Aminosäuren entscheidend für die Eigenschaften:

Die so genannte *Aminosäurensequenz* unserer Proteine ist in der Erbsubstanz festgelegt.

Die Sequenz (Reihenfolge) --- Ala-Gly-Lys --- bewirkt also andere Eigenschaften als die Sequenz --- Gly-Ala-Lys ---. Es ist wie in unserer Sprache. Aus einer begrenzten Anzahl von Buchstaben können fast unendlich viele Wörter, Sätze und Erzählungen gebildet werden. Für jedes Lebewesen hat die Natur mit diesem 20-Buchstaben-Alphabet ein eigenes Buch geschrieben.

Übrigens: Tierische Wolle und Seide bestehen ebenfalls aus solchen Aminosäureketten – und auch unsere Haare bilden eine besondere Eiweiß-Art (Keratin). Bei der Dauerwelle werden die Eiweiße chemisch umgebaut.

10

Die Quelle der Proteine

Menschen und Tiere können Aminosäuren nicht selbst herstellen – sie können sie nur *umbauen*. Selbst das klappt nicht in jedem Fall. So können beispielsweise die Aminosäuren Alanin, Glycin und Cystein in den Körperzellen bei Bedarf problemlos aus anderen Aminosäuren erzeugt werden. Bei Lysin und sieben weiteren Aminosäuren gelingt es jedoch nicht.

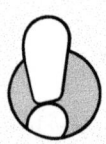

> Acht proteinbildende Aminosäuren (von insgesamt 20) können im menschlichen Organismus *nicht* durch Umbau aus anderen Aminosäuren hergestellt werden. Sie müssen über die Nahrung zugeführt werden, sonst entstehen Mangelerscheinungen.
>
> Man nennt diese Aminosäuren *essenziell*.

Auf diesem Umstand beruhen die Unterschiede in der Qualität der verschiedenen Eiweiß-Arten. Immerhin verliert ein Erwachsener jeden Tag ca. 30 g Eiweiß, das ersetzt werden muss, sonst drohen Gesundheitsschäden. Bei dir ist der Eiweißbedarf durch den Wachstumsprozess noch höher. Beispielsweise gilt Milcheiweiß als hochwertig, Weizen-Eiweiß (Kleber-Eiweiß) als geringwertig. Grund:

> Milcheiweiß enthält die essenziellen Aminosäuren etwa in dem Verhältnis, in dem sie im menschlichen Körper zum Aufbau arteigener (»menschlicher«) Proteine benötigt werden. In Weizen-Eiweiß dagegen mangelt es vor allem an der essenziellen Aminosäure Lysin.

Es ist wie bei einem Kochrezept: Fehlt nur eine einzige wichtige Zutat, nützen auch die anderen, reichlich vorhandenen Zutaten nichts (ohne Würstchen keine Hotdogs – und wenn noch so viele Brötchen da sind!). Während also Milcheiweiß zu ca. 90% in Körper-Eiweiß umgebaut werden kann, gelingt das bei Weizeneiweiß nur zu 44%. Die ausreichenden Anteile anderer essenzieller Aminosäuren im Weizenbrötchen müssen leider ungenutzt bleiben (wohlgemerkt: Ungenutzt zum *Proteinaufbau* – der *Abbau*, also die Verbrennung im Stoffwechsel oder der Umbau zu Fett, ist dagegen immer möglich!). Aber Gott sei Dank ernährt sich der Mensch ja nicht ausschließlich von Brötchen. Durch die Kombination unterschiedlicher Lebensmittel können sich die essenziellen Aminosäuren gegenseitig ausgleichen und ergänzen. So kann auch aus biochemischer Sicht die alte Volksweisheit bestätigt werden: Einseitige Kost ist schädlich, gemischte Kost ist gesund. Aber wo liegt denn nun letztendlich die Quelle der Proteine?

Schon wieder: Fotosynthese

Die Quelle der Proteine sind einige Bakterien und die Pflanzen. Nur sie können Luftstickstoff oder Stickstoffverbindungen des Bodens zum Proteinaufbau nutzbar machen. An diesem Prozess sind die Produkte der Fotosynthese beteiligt. Sie ist also nicht nur durch ihre Kohlenhydrat-, sondern auch durch ihre Proteinproduktion die Grundlage des Lebens.

Abb. 10.11: Fotosynthese ist auch die Quelle der Proteine.

Das grüne Blatt produziert Kohlenhydrate (Fotosynthese) und pflanzliche Proteine ...

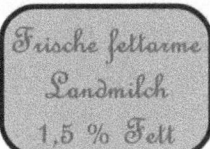
Knackwurst

... die dann zum Teil in tierische Proteine umgewandelt werden.

In der Nahrungskette landen diese Proteine irgendwann beim Menschen – sei es direkt als pflanzliches oder indirekt (nach Umwandlung durch Pflanzen fressende Tiere) als tierisches Eiweiß. Ein solches Pflanzen fressendes Tier ist die Kuh, und sie produziert neben Fleisch das Lebensmittel Milch.

Abb. 10.12: Milch – nicht nur Eiweiß!

Frische fettarme Landmilch 1,5 % Fett

0,1 Liter enthalten durchschnittlich	
Eiweiß	3,3 g
Kohlenhydrate	4,7 g
Fett	1,5 g
Calcium	118 mg

Sehen wir uns dieses Lebensmittel näher an (übrigens: Milch ist das einzige natürliche Lebensmittel, das *zum Zweck des Verzehrs* produziert wird!).

Milch für Muskeln und Knochen

Versuch 10d: Casein-Eiweiß in Milch

Versetze drei Schnapsgläser Milch (ca. 0,06 Liter) in einem Topf mit etwas Essig und erwärme bis ca. 40 °C. Filtriere dann die ausgeflockte Milch durch einen Kaffeefilter in eine Tasse und bewahre das Filtrat (Molke) auf.

Erklärung: Casein, das Protein in der Milch, aus dem Käse gewonnen wird, ist nur durch eine Verbindung mit Calcium löslich. Durch die Säuerung wird unlösliches Casein freigesetzt.

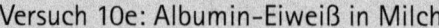

Aber Milch enthält noch eine andere Eiweiß-Art:

> **Versuch 10e: Albumin-Eiweiß in Milch**
>
> Erhitze die Molke aus Versuch 10d vorsichtig bis zum Sieden. Ab etwa 70 °C treten Flocken auf.
>
> Erklärung: Albumin, das lösliche Milcheiweiß, gerinnt ab etwa 70 °C (wird unlöslich).

Die Milchhaut, die beim Kochen von Milch entsteht, besteht übrigens ebenfalls aus Albumin mit eingeschlossenen Fettkügelchen. Jetzt geht es noch um den Nachweis des Milchzuckers, der *Lactose*.

> **Versuch 10f: Lactose in Milch**
>
> Filtriere die Molke aus Versuch 10e und erhitze das Filtrat in einem möglichst kleinen Topf vorsichtig (!) ohne Kochen, bis sie zu einer zähen Flüssigkeit geworden ist. Beim langsamen Abkühlen bilden sich schwach süß schmeckende Kristalle.
>
> Erklärung: Es bilden sich Lactose-Kristalle.

Zum Thema Proteine wäre noch viel zu sagen – aber ich will darüber den dritten Grundnährstoff, das Fett, nicht vergessen.

Fett hat auch gute Seiten

Fett ist uns bereits begegnet – als unerwünschter Nahrungsbestandteil, durch Emulgatoren den Blicken entzogen, aber trotzdem durch einen Fettfleck leicht nachweisbar (Kapitel 2). Wir wollen dieser Stoffgruppe aber nicht unrecht tun: Eine fettfreie Ernährung ist ebenso wenig vorstellbar wie ein fettfreier menschlicher Körper.

> Nach Ratschlägen der Ernährungswissenschaft sollten etwa 30% des täglichen Energiebedarfs durch (überwiegend pflanzliche) Fette gedeckt werden; dies entspräche etwa 70–80 g reinem Fett. Ein Verzicht auf Fett in der Nahrung (der wegen »versteckter Fette« und aus Geschmacksgründen ohnehin praktisch nicht möglich ist) wäre auch ein Verzicht auf fettlösliche Vitamine und essenzielle Fettsäuren.

Weil Fett mehr als doppelt so viel Energie pro Gramm liefert wie Kohlenhydrate und Eiweiße, müsste dieser Verzicht zur Deckung des Energiebedarfs auch eine entsprechende Erhöhung der verzehrten (fettfreien) Nahrungsmittelmengen zur Folge haben.

Aus chemischer Sicht beschränke ich mich in diesem Kapitel auf den Bereich der »eigentlichen« Fette (so genannte *Neutralfette)*. Glycerol als Bestandteil dieser Verbindungen hast du bereits in den Kapiteln 1 und 9 kennen gelernt. Die weiteren Bestandteile sind dir als Stoffklasse ebenfalls vertraut:

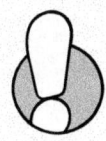

Neutralfette sind Ester des dreiwertigen Alkohols Propantriol (Glycerol) mit drei langkettigen Carbonsäuren, so genannten *Fettsäuren.*

Zur Wiederholung:

Ester entstehen aus Carbonsäuren und Alkoholen.

Carbonsäure + Alkohol ➜ Ester + Wasser

Das Wassermolekül wird aus der OH-Gruppe der Säure und dem H-Atom der Hydroxilgruppe des Alkohols gebildet.

Gesättigt – ungesättigt

Diese Fettsäuren enthalten im häufigsten Fall 16 oder 18 C-Atome. Zur besseren Übersichtlichkeit stelle ich deshalb die Formeln in vereinfachter Schreibweise dar (siehe Abbildung 10.13).

Abb. 10.13:
Vereinfachte
Schreibweise
der C-Ketten

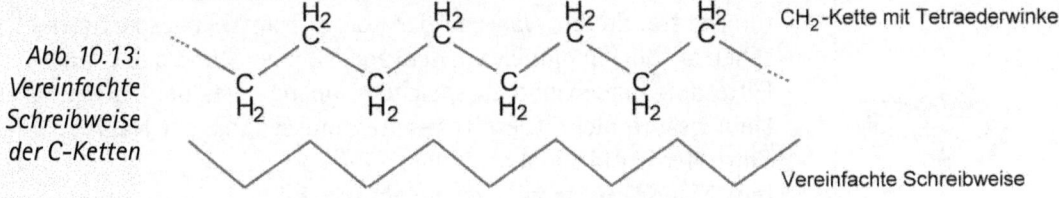

CH$_2$-Kette mit Tetraederwinkel

Vereinfachte Schreibweise

Die Fettsäuren können auch Doppelbindungen enthalten; man nennt sie dann ungesättigt.

Trivialname	Formel	Doppelbin-dungen	Bezeichnung
Palmitinsäure	$C_{15}H_{31}COOH$	keine	gesättigt
Stearinsäure	$C_{17}H_{35}COOH$	keine	gesättigt
Ölsäure	$C_{17}H_{33}COOH$	eine	einfach ungesättigt
Linolsäure	$C_{17}H_{31}COOH$	zwei	doppelt ungesättigt
Linolensäure	$C_{17}H_{29}COOH$	drei	dreifach ungesättigt

Ein typisches Neutralfett könnte also aus folgenden Verbindungen entstehen:

Abb. 10.14: Glycerol reagiert mit drei Fettsäuren.

Bei den drei Fettsäuren in Abbildung 10.14 handelt es sich – von oben nach unten – um Palmitinsäure ($C_{15}H_{31}COOH$), Ölsäure ($C_{17}H_{33}COOH$; eine Doppelbindung) und Stearinsäure ($C_{17}H_{35}COOH$). Bei der Esterbildung werden drei Moleküle Wasser frei. Das entstehende Nahrungsfett-Molekül besitzt in vereinfachter Schreibweise die folgende Formel:

Abb. 10.15: Vereinfachte Strukturformel des Fettmoleküls

Auch bei den Fettsäuren gibt es essenzielle – unverzichtbare – Nahrungsbestandteile: Während der Körper zum Leidwesen vieler Menschen ansonsten mühelos in der Lage ist, eigenständig Fettsäuren und Fette aufzubauen und zu speichern, gelingt dies bei Linolsäure und Linolensäure nicht. Diese Fettsäuren müssen mit der Nahrung zugeführt werden (als eigenständige Säure oder als Bestandteil von Fetten). Mangel an Linol- und Linolensäure führt zu Stoffwechselstörungen. Linol- und Linolensäure finden sich hauptsächlich in Pflanzenölen und in Kaltwasserfischen.

Knick macht flüssig

Warum ist Salatöl flüssig und Speck fest? Beides ist doch Fett! Richtig – aber die Analyse zeigt, dass in (Pflanzen- oder Fisch-)Ölen wesentlich mehr ungesättigte Fettsäuren enthalten sind als in festen Fetten. Wie du aus Tabelle 10.1 entnehmen kannst, unterscheiden sich die Summenformeln gesättigter und ungesättigter Fettsäuren nur geringfügig; jede Doppelbindung ersetzt zwei H-Atome. Der Unterschied in der Molekülmasse ist also sehr klein und damit kaum die Ursache für den Schmelzpunkt-Unterschied. Wir kommen dem Rätsel auf die Spur, wenn wir uns die *räumlichen* Veränderungen durch die Doppelbindungen ansehen. Zur besseren Übersichtlichkeit war in den Abbildungen 10.14 und 10.15 das Ölsäure-Molekül ebenso als »ungeknickte« geradlinige Kette dargestellt wie die Palmitin- und Stearinsäure. In der Realität allerdings führt die Doppelbindung in *natürlichen* Fetten meistens zu einem deutlichen »Knick«:

Abb. 10.16: Ölsäure mit cis- und trans-Orientierung an der Doppelbindung

An Doppelbindungen verändert sich der Winkel zwischen den C-Atomen. Die Fortsetzung der C-Kette kann in zwei verschiedenen räumlichen Orientierungen erfolgen.

Die meisten natürlichen ungesättigten Fettsäuren liegen in der cis-Orientierung vor (cis-Fettsäuren). Sie bilden damit einen deutlichen Knick in der C-Kette.

Künstlich hergestellte ungesättigte Fettsäuren – etwa zur Pommes-frites-Beschichtung – liegen dagegen überwiegend in trans-Orientierung vor (trans-Fettsäuren). Sie bilden damit annähernd eine Kette, ebenso wie die gesättigten Fettsäuren.

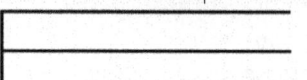

Aber warum in aller Welt macht die Lebensmittelindustrie denn trans-Fettsäuren?

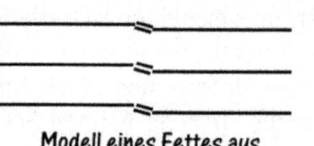

Modell eines Fettes aus gesättigten Fettsäuren (gerade C-Ketten)

Modell eines Fettes aus trans-Fettsäuren

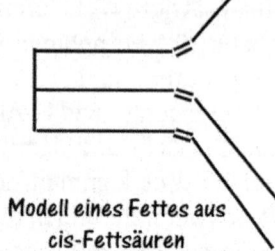

Modell eines Fettes aus cis-Fettsäuren

Abb. 10.17: Vereinfachte Darstellung von gesättigten und ungesättigten Fetten

In dieser stark vereinfachten Darstellung gut zu sehen: Während Fette aus gesättigten und aus trans-Fettsäuren einen einigermaßen »ordentlichen« Eindruck machen, wirkt das Fett aus cis-Fettsäuren reichlich sperrig.

Die Sperrigkeit der natürlichen cis-Fettsäuren verhindert bei Zimmertemperatur das Entstehen des festen Zustands, in dem die Moleküle ja einen möglichst geordneten Zustand einnehmen müssen. Für die leichter aneinander anzuordnenden Fette mit Kettenform ist das dagegen kein Problem – deshalb sind sie bei Zimmertemperatur fest.

Ungesättigte trans-Fettsäuren werden also hergestellt, weil die entstehenden Fette durch die Kettenform bei Zimmertemperatur fest sind. Sie können damit für lebensmitteltechnologische Zwecke besser verwendet werden als flüssige Fette (und auch besser als die gesättigte Variante), z.B. für Fettbeschichtungen (Pommes frites) in der »schnellen Küche«. Allerdings gibt es warnende Stimmen, die den trans-Fettsäuren – im Übermaß genossen – schädliche Wirkungen nachsagen.

Säurenachweis und Emulsionsbildung

Versuch 10g: Nachweis der Buttersäure

Erwärme in einem kleinen Topf etwas ranzige Butter mit Brennspiritus und wenig Wasser. Prüfe danach die Lösung mit Universalindikatorpapier oder mit Rotkohl-Indikator.

Ergebnis: Buttersäure (Butansäure) wird durch die Indikatorfärbung nachgewiesen.

Butansäure ist als Fettbestandteil eine ungewöhnlich kurzkettige Carbonsäure. Vorteil: Sie wird im menschlichen Darm nicht erst in kleinere Bruchstücke gespalten, sondern kann unverändert durch die Darmwand in die Blutbahn aufgenommen werden. Für Menschen mit Fettverdauungsproblemen kann das von Vorteil sein.

Versuch 10h: Emulsion durch Eigelb

In einem kleinen Topf wird etwas warmes Wasser, genauso viel Öl und etwas rohes Eigelb kräftig durchgerührt.

Ergebnis: Das Öl verteilt sich in feinsten Tröpfchen in der Flüssigkeit (Emulsion).

»Schuld« ist das im Eigelb enthaltene Lecithin, ein natürlicher Emulgator. Es ist im größten Teil seines Moleküls den Fetten sehr ähnlich (unpolarer Teil aus Glycerol und Fettsäuren), enthält aber zusätzliche phosphor- und stickstoffhaltige polare Anteile.

Vom Fett zur Seife

Eine Jahrtausende alte sumerische Keilschrift ist die erste überlieferte Anleitung der Menschheitsgeschichte zur Seifenherstellung. Durch Kochen von Fetten mit Pottasche (Kaliumcarbonat, K_2CO_3) sollte das begehrte Reinigungsmittel gewonnen werden. Diese Pottasche bildet im Seifensud OH^--Ionen, also eine *alkalische Lösung*. Einige Zeit später meldeten sich die Römer zu Wort: Galenus, der Leibarzt des Kaisers Marc Aurel, beschrieb die Reinigungswirkung der in Germanien aus Fett und Lauge gewonnenen Seife.

»Verseifung« von Fetten hat also eine lange Tradition. Du kannst diese Reaktion nachvollziehen:

Versuch 10i: Verseifung von Fett

Stelle aus Soda oder Backpulver eine alkalische Lösung her. Gebe wenig Öl in einen kleinen Topf und füge genauso viel alkalische Lösung zu. Erhitze die Mischung zum Sieden.

Ergebnis: Es bildet sich Seifenschaum. Fett wurde in Seife umgewandelt.

Was ist da passiert? Ganz offenbar wird das Fett-Molekül zerlegt. Es entstehen Glycerol und Fettsäuren – nicht ganz: Es entstehen die *Natrium- oder Kaliumsalze* der Fettsäuren. Man nennt diese Reaktion *Verseifung*.

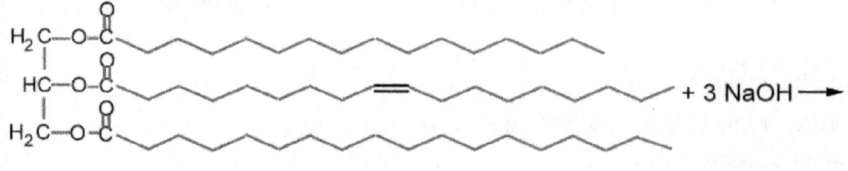

Fett   + 3 NaOH ⟶   Lauge

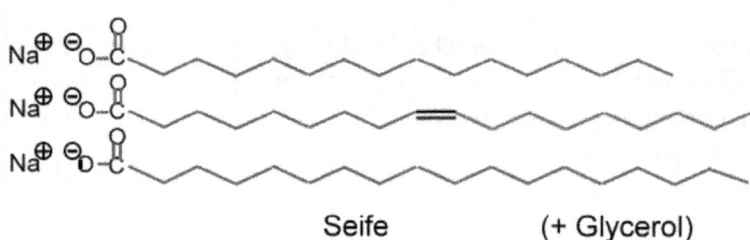

Seife   (+ Glycerol)

Abb. 10.18: Reaktions- gleichung der Verseifung

Seifen sind Natrium- oder Kaliumsalze der Fettsäuren. Sie entstehen durch Kochen von Fetten mit Natron- oder Kalilauge (NaOH oder KOH).

Natriumsalze werden als Kernseifen, Kaliumsalze als Schmierseifen bezeichnet.

Bereits an der Formel der Seifen erkennt man ihre Emulgatoreigenschaft: Sie enthalten den typisch langen, unpolaren Teil (die C-Kette der Fettsäuren) zur Verständigung mit unpolaren Fett-Tröpfchen und einen kleinen, sehr polaren Teil (die negative Ladung am O-Atom) zur Wechselwirkung mit dem polaren Wasser.

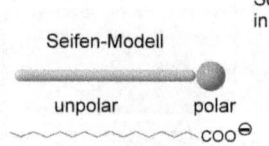

Seifen-Modell

unpolar   polar

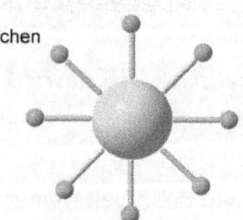

Schmutzteilchen in Wasser

Abb. 10.19: Emulgatormodell und Emulgatorwirkung

Seifen haben neben ihrer positiven Reinigungswirkung auch Nachteile. So können sie mit hartem Wasser unlösliche Verbindungen bilden (Kalkseifen; dadurch erhöhter Seifenverbrauch) und mit sauren Verschmutzungen (z.B. Erbrochenes, das Magensalzsäure enthält) wieder zu den Fettsäuren reagieren.

Ablösen, zerteilen, emulgieren

Beim Waschen von Kleidungsstücken heften sich die Emulgator-Moleküle sowohl an die Oberflächen der Fasern als auch an die Oberflächen der daran festsitzenden Schmutzteilchen. Durch die gegenseitige Abstoßung der negativ geladenen O-Atome wird der Schmutz von der Faser gelöst. Im weiteren Waschvorgang werden die Schmutzteilchen zerteilt (dispergiert) und – eingehüllt von Emulgator-Molekülen – mit der Waschlauge entfernt: Das T-Shirt ist wieder sauber!

Zusammenfassung

In diesem Kapitel hast du gelernt

◇ dass Kohlenhydrate Wasserstoff- und Sauerstoff-Atome im Verhältnis 2:1 enthalten

◇ dass für unsere Ernährung die Einfachzucker Glucose, Fructose und Galactose von Bedeutung sind, die jeweils mehrere OH-Gruppen und ein doppelt gebundenes O-Atom enthalten sowie in Ketten- und Ringform auftreten

◇ dass sich diese Einfachzucker zu den Doppelzuckern Saccharose, Maltose und Lactose sowie zu den Vielfachzuckern Stärke, Glykogen und Cellulose zusammenschließen können

◇ dass sich verdauliche Stärke und Glykogen und unverdauliche Cellulose lediglich in der räumlichen Orientierung der Einfachzucker-Verknüpfung unterscheiden

◇ dass proteinbildende Aminosäuren eine Carboxylgruppe mit zusätzlicher Aminogruppe am Nachbar-C-Atom enthalten

◇ dass aus lediglich 20 Aminosäuren fast unendlich viele verschiedene Proteine gebildet werden können

◇ dass essenzielle Aminosäuren in der Nahrung enthalten sein müssen, weil sie der menschliche Körper nicht durch Umbau aus anderen Aminosäuren bilden kann

◇ dass grüne Pflanzen und einige Bakterien die Quelle der Proteine auf dieser Erde sind und auch bei diesem Vorgang die Fotosynthese eine Schlüsselrolle übernimmt

◇ dass man unter Neutralfetten die Ester des Glycerols mit langkettigen Carbonsäuren (Fettsäuren) versteht

◇ dass Linol- und Linolensäure als essenzielle Fettsäuren bezeichnet werden, die zur Vermeidung von Mangelerscheinungen in der Nahrung enthalten sein müssen

◇ dass an den Doppelbindungen in ungesättigten Fettsäuren zwei unterschiedliche räumliche Orientierungen entstehen können, die man als cis- und trans-Form bezeichnet und die den Aggregatzustand bei Zimmertemperatur beeinflussen

◇ dass Fette durch Reaktion mit Natron- oder Kalilauge zu Seifen umgesetzt werden und diese Seifen hervorragende Emulgatoreigenschaften besitzen

Aufgaben

1. Ordne die folgenden Verbindungen nach Kohlenhydraten und Nicht-Kohlenhydraten. Begründe jeweils deine Entscheidung.

   $CH_2OH-CHOH-COOH$; $CH_2OH-CHOH-CHOH-CHO$; $CH_3-CHOH-CO-CH_3$

2. Formuliere die Reaktionsgleichung zur Spaltung eines Doppelzuckers durch Wasser (die zugesetzte Säure wirkt lediglich als Katalysator).

3. Begründe die verringerte Süßkraft von Honig gegenüber Haushaltszucker.

4. In welcher Hinsicht unterscheiden sich Stärke und Glykogen chemisch von Cellulose?

5. In Abbildung 10.10 findest du die Verbindung aus Alanin und Glycin, das so genannte »Dipeptid« Ala-Gly (Kurzform der Bezeichnung). Formuliere die Gleichung der Reaktion dieses Dipeptids mit einem weiteren Alanin-Molekül zum »Tripeptid« Ala-Gly-Ala.

6. Nenne in Kurzform alle möglichen Tripeptide, die Alanin und Glycin in beliebigen Anteilen enthalten.

7. Nenne den Unterschied zwischen essenziellen und nicht-essenziellen Aminosäuren.

8. Nenne und begründe die Eigenschaftsunterschiede zwischen einem *Gemisch* aus Glycerol und Fettsäuren und dem *Ester* des Glycerols mit Fettsäuren.

9. Formuliere in vereinfachter Schreibweise die Strukturformel eines Fettes, das aus Glycerol, Palmitinsäure, Ölsäure und Linolsäure entstanden ist.

10. Definiere die Begriffe cis- und trans-Orientierung an einer Doppelbindung.

11. Formuliere die Gleichung der Reaktion einer Fettsäure mit Kalilauge zu einer Schmierseife.

12. Begründe, weshalb Fettsäuren nicht als Emulgator wirken können, die Fettsäure-Ionen der Seifen jedoch Emulgatorwirkung besitzen.

A

Lösungen zu allen Kapiteln

Kapitel 1: Was machen die Chemiker eigentlich?

1. Kohlenstoffdioxid – Wasser – Sonnenlicht – Fotosynthese – Kohlenhydrat – Weiderind – Mensch – Kohlenstoffdioxid

2. 20 ppb Blei bedeutet 20 Milliardstel Gramm Blei oder 0,000 000 02 g_{Blei} pro Gramm Kartoffel ($g_{Kartoffel}$). In 500 g Kartoffeln können damit gerade noch 0,000 000 02 $g_{Blei}/g_{Kartoffel}$ * 500 $g_{Kartoffel}$ = 0,00001 g_{Blei} nachgewiesen werden. Es kann also noch eine Bleimenge kleiner als 0,00001 g enthalten sein.

3. Hier kann ich nur eine persönliche Lösung anbieten. *Verzichtbar*: Nagellack, Duftspray, Feuerwerkskörper. *Unverzichtbar*: Arzneimittel, (einige) Kunststoffe, Datenträger. Beim Vergleich zeigen sich oft Widersprüche; die Begründungen führen gelegentlich zu einer veränderten Bewertung.

4. Anorganische, analytische, organische, physikalische und Biochemie.

5. Mögliche Namen: Justus von Liebig, Emil Fischer, Adolf von Baeyer, Wilhelm Ostwald, Fritz Haber, Carl Bosch, Hermann Staudinger, Karl Ziegler …

A Kapitel 2: Kalbsleberwurst und Schmutzwasser

1.

Ereignis	Art des Vorgangs	Begründung
Schnee schmilzt	Physikalisch	Der Stoff Wasser bleibt erhalten, er ändert nur seinen Zustand (fest zu flüssig). Es entstehen keine neuen Stoffe.
Gartenabfälle werden kompostiert	Chemisch	Beim Kompostieren entstehen neue Stoffe, z.B. Gartenerde. Die Abfälle werden umgewandelt.
Kaffee wird aufgebrüht	Physikalisch	Aus dem Kaffeepulver werden die löslichen Teile herausgelöst. Es entstehen keine neuen Stoffe.
Benzinmotor läuft	Chemisch	Benzin wird umgewandelt, gasförmige Stoffe entstehen (z.B. Wasserdampf, Kohlenstoffdioxid).
Elektromotor läuft	Physikalisch	Alle Stoffe bleiben unverändert erhalten, es entstehen keine neuen Stoffe. Es ändert sich nur der Zustand (die Energie) der Leitungen und beweglichen Teile.
Teebeutel wird aufgebrüht	Physikalisch	Aus dem Beutelinhalt werden die löslichen Teile herausgelöst (extrahiert). Es entstehen keine neuen Stoffe.
Brot wird getoastet	Chemisch	An der Farbe und am Geschmack erkennbar entstehen neue Stoffe. Die Stärke wird zum Teil in Zucker zerlegt, zum Teil in komplizierte Verbindungen umgewandelt.
Milch wird sauer	Chemisch	Am Geschmack und an der Veränderung der Beschaffenheit erkennbar entstehen neue Stoffe (vor allem Milchsäure), der Milchzucker wird umgewandelt.

2. Synthetische Emulgatoren: E 472 a--f und E 475 (Fettanteile chemisch verbunden mit anderen Stoffen, z.B. Weinsäure, Milchsäure usw.).

3. Flüssig-gasförmig: Zerstäubtes Parfüm. Gasförmig-flüssig: Milchschaum. Flüssig-flüssig: Fetthaltiges Wasser mit Spülmittel. Flüssig-fest: Nasser Schwamm. Fest-flüssig: Schlamm. Fest-fest: natürliches Eisenerz. Fest-gasförmig: staubige Luft. Gasförmig-fest: Bimsstein.

4. Flüssig-gasförmig: Chlorwasser. Flüssig-flüssig: Öl in Waschbenzin. Fest-flüssig: hartes Wasser (kalkhaltig). Fest-gasförmig: Radon in radioaktiven Metallen (entsteht aus den Metallteilchen). Gasförmig-gasförmig: Knallgas.

5. Abmessung eines Milchvolumens, z.B. 100 ml (100 cm^3 oder 0,1 dm^3). Genaue Wägung dieser Milchportion ergibt z.B. 102 g (oder 0,102 kg). Dichte = 102 g/100 cm^3 = 1,02 g/cm^3. Oder: Dichte = 0,102 kg/0,1 dm^3 = 1,02 kg/dm^3.

6. Dichte = 20 g/1,9 cm^3 = 10,5 g/cm^3. Das ist die Dichte von Silber.

7. Erster Schritt: Sedimentieren des Goldes und Dekantieren (Goldabtrennung, höhere Dichte von Gold). Zweiter Schritt: Destillation des verbleibenden Getränks: erst Alkohol-, dann Wasserabtrennung (Siedepunkt von Alkohol niedriger als Siedepunkt von Wasser/Zucker, Siedepunkt von Wasser niedriger als Siedepunkt von Zucker). Vollständiges Eindampfen trennt Wasser von den gelösten Bestandteilen (Siedepunkt von Wasser niedriger).

8. Eisenabtrennung mit Magnet. Trennung Styropor/Kupfer durch Sedimentation (Styropor schwimmt oben, Kupfer setzt sich ab – unterschiedliche Dichte).

Kapitel 3: Elemente – die »einfachsten« Stoffe

1. Zum Beispiel: Magnesium (als Legierung) in Bleistiftspitzern; Titan in Brillenfassungen; Zinn (als Legierung) in Lötzinn; Chrom und Nickel (als Legierung) in Stahl; Platin in Schmuck; Wolfram in Glühlampen; Quecksilber in Thermometern; Zink als Rost-Schutzschicht auf Eisen; Zink (als Legierung) in Messing usw.

2. Ar und Xe kommen aus dem Griechischen und bedeuten »träge« (Argon) bzw. »fremd« (Xenon). Beides sind Edelgase; die Bedeutung der Elementsymbole weist auf ihre Reaktionsträgheit hin. Ho (Holmium) kommt von Stockholm, La (Lanthan) kommt aus dem Griechischen und bedeutet »verstecken«, da es schwer aufzufinden war. Ru (Ruthenium) ist nach Russland benannt, Cs (Cäsium) bedeutet »himmelblau« (bezieht sich auf physikalische Untersuchungen an Cäsium).

A

3. Flüssig: Quecksilber und Brom. Gasförmig: Sauerstoff, Stickstoff, Fluor, Chlor, Helium, Neon, Argon, Krypton, Xenon, Radon.

4. Sie reagieren an der frischen Oberfläche mit dem Sauerstoff der Luft und bilden eine Oxidschicht. Das gilt ganz besonders für unedle (typische) Metalle.

5. Physikalische Untersuchung: Bestimmung der Dichte und Vergleich mit einem Tabellenwert. Chemische Untersuchung: Anzünden! Wenn das möglich ist, dann *war* es ein Diamant.

6. Bei der Erwärmung von 20 °C auf 40 °C nimmt die Temperatur um 20 °C zu. Eine Verdoppelung wäre das nur, wenn die Temperatur bei 0 °C beginnen würde, es also keine tiefere Temperatur geben würde. Tatsächlich beginnt die Temperaturskala aber bei −273,15 °C, in der Kelvin-Skala also bei 0 K. 20 °C entsprechen 293,15 K, 40 °C entsprechen 313,15 K. Die Temperatur hat also tatsächlich nur um ca. 6,6% zugenommen!

7. Die Temperatur ist nichts anderes als eine Art »Beschreibung« der Teilchenbewegung. Je schneller sich die Teilchen eines Stoffes bewegen, desto höher ist die Temperatur. Wenn sich die Teilchen gar nicht mehr bewegen, hat man die tiefste überhaupt mögliche Temperatur erreicht.

8. Die beste Wärmeleitfähigkeit hat Kohlenstoff in der Form von Diamant. Das ist überraschend, weil der Diamant eine *nichtmetallische* Modifikation ist und gute Wärmeleitfähigkeit allgemein als Kennzeichen der *Metalle* gilt.

9. Kalium, Rubidium, Cäsium (und Francium, das ich nicht näher beschrieben habe) sind die typischsten Metalle. Sauerstoff, Fluor und Chlor sind die typischsten Nichtmetalle.

Kapitel 4: Reaktionen, Formeln und Gleichungen

1. Besonders reaktionsfähig: Natrium, Chlor. Besonders reaktionsträge: Helium, Neon.

2. Die Aktivierungsenergie wird bei der Bildung der stabilen Teilchen wieder zurückgewonnen. Sie taucht also in der Energiebilanz nicht auf.

3. Nach der RGT-Regel verdoppelt sich die Reaktionsgeschwindigkeit jeweils bei Temperaturerhöhung um 10 °C. Bei Erhöhung um 30 °C wird der Verderb folglich acht Mal so schnell stattfinden. Das entspricht einer Haltbarkeit von 4/8 Tagen, also etwa zwölf Stunden.

4. Beispiel einer 100-g-Tafel Vollmilchschokolade: 55 g Kohlenhydrate, 33 g Fett, 9 g Eiweiß. Daraus ergibt sich der Energieinhalt 935 kJ (Kohlenhydrate) plus 1287 kJ (Fett) plus 153 kJ (Eiweiß), insgesamt 2375 kJ. Das entspricht etwa einem Viertel deines täglichen Energiebedarfs.

5. Das beruht auf einer Vereinbarung über die *Art* der Berechnung: Es wird immer die Differenz aus Energieinhalt der Produkte minus Energieinhalt der Ausgangsstoffe gebildet. Bei endothermen Reaktionen ist der Energieinhalt der Produkte, bei exothermen Reaktionen der Energieinhalt der Ausgangsstoffe der größere Wert. Man könnte die Rechenreihenfolge auch umkehren, dann müssten alle Vorzeichen vertauscht werden.

6. NO: Verhältnis N zu O = 7:8. N_2O_3: Verhältnis N zu O = 14:24 (oder 7:12). NO_2: Verhältnis N zu O = 7:16. N_2O_5: Verhältnis N zu O = 14:40 (oder 7:20). Die Sauerstoffmengen, die sich jeweils mit sieben Massenteilen Stickstoff verbinden, stehen untereinander im Verhältnis 8:12:16:20 oder – mit den kleinsten ganzen Zahlen – im Verhältnis 2:3:4:5.

7.

$N_2 + O_2 \rightarrow 2\,NO$	$N_2 + 2\,O_2 \rightarrow 2\,NO_2$
$2\,N_2 + 3\,O_2 \rightarrow 2\,N_2O_3$	$2\,N_2 + 5\,O_2 \rightarrow 2\,N_2O_5$

8.

$2\,H_2O_2$: Zwei Moleküle aus jeweils zwei H-Atomen und zwei O-Atomen. Insgesamt vier H-Atome und vier O-Atome.	3 Ca: Drei einzelne Atome Calcium.
C_3H_8: Molekül, das drei C-Atome und acht H-Atome enthält.	$2\,C_2H_6$: Zwei Moleküle aus jeweils zwei C-Atomen und sechs H-Atomen. Insgesamt vier C-Atome und zwölf H-Atome.

9. $2\,H_2O \rightarrow 2\,H_2 + O_2$ – Endotherme Reaktion mit Volumenvergrößerung. Günstig: Möglichst hohe Temperatur, möglichst geringer Druck.

A Kapitel 5: Reise ins Innere der Atome

1. Durch die Zunahme der Kernladungszahl (Ordnungszahl) bei gleich bleibender Zahl der Kernbausteine. Das kann nur durch die Umwandlung eines Neutrons in ein Proton und ein Elektron erklärt werden.

2. Es würden möglicherweise sehr viel mehr α-Teilchen von ihrer Bahn abgelenkt, aber keine α-Teilchen reflektiert. Ein Goldatom enthält 79 Protonen; stellt man sich diese verteilt in der Hülle vor, kann man vermuten, dass es hin und wieder (häufiger als bei der tatsächlichen Anordnung der Protonen kompakt im Kern) zu Begegnungen mit den α-Teilchen kommen würde. Da die α-Teilchen gegenüber den Protonen eine vierfach höhere Masse (und die doppelte Ladung) besitzen, würden sie bei eventuellen Zusammenstößen aber nicht reflektiert, sondern nur abgelenkt. α-Teilchen, die direkt auf einen negativen Kern treffen, würden dort aufgrund der Anziehungskräfte stark abgelenkt (oder sogar festgehalten?), aber jedenfalls nicht reflektiert.

3. Dieses Nuklid enthält nur ein einziges Proton und benötigt deshalb keine Neutronen zum Zusammenhalt des Kerns.

4. Die Ordnungszahl (6) erhöht sich um eins, die Massenzahl bleibt. Es entsteht das Stickstoff-Isotop 14 (Ordnungszahl 7).

5. (0,925 * 7) u + (0,075 * 6) u = 6,925 u

6. Weißes Mischlicht, wie die Sonne. Die Elektronen könnten Licht jeder möglichen Farbe abstrahlen (wie ein weißglühender Körper), was zu diesem Ergebnis führen würde.

7. Vanadium: K 2, L 8, M 11, N 2. Vanadium steht in den Nebengruppen, weil in seinen Atomen eine innere Elektronenschale aufgefüllt wird.

8. F < Cl < S < K < Cs. Fluor steht in der Periode ganz rechts und in der Hauptgruppe ganz oben, besitzt also sehr kleine Atome. Cl-Atome sind kleiner als S-Atome, weil sie in der Periode rechts neben S stehen; sie sind größer als F-Atome, weil sie unter diesem in der Hauptgruppe stehen. K steht weit links (1. Hauptgruppe) in der nächsten Periode (4). Cs steht noch unter K in der ersten Hauptgruppe.

9. Ca + 2 I → Ca^{2+} + 2 I^- (2 Elektronen vom Ca-Atom zu den beiden I-Atomen).

   Mg + O → Mg^{2+} + O^{2-} (2 Elektronen von Mg zu O)

   2 K + S → 2 K^+ + S^{2-} (2 Elektronen von den beiden K-Atomen zum S-Atom)

10. CaO: Zahlenmäßiges Verhältnis der Ca-Ionen zu den O-Ionen im Gitter ist 1:1.

11. SO_2: Molekül aus einem S- und zwei O-Atomen.

12. SiC: Zahlenmäßiges Verhältnis der Si- zu den C-Atomen im Gitter ist 1:1.

13. Cl-O-Cl und H-S-H. An den Cl-Atomen befinden sich noch drei freie Elektronenpaare, am O- und am S-Atom jeweils zwei freie Elektronenpaare. Das H-Atom besitzt keine freien Elektronenpaare.

14. HCl ist aufgrund der großen Elektronegativitätsdifferenz der beteiligten Atome eine sehr polare Verbindung. Am Cl-Atom besteht eine negative, am H-Atom eine positive Teilladung. Da das Wasser-Molekül ebenfalls einen Dipol bildet, ziehen sich die entgegengesetzten Teilladungen an.

15. Bei Halbleitern nimmt die Leitfähigkeit beim Erwärmen zu, bei Metallen nimmt sie ab. Erklärung: Bei Halbleitern werden durch die Erwärmung zusätzliche Elektronen beweglich, bei Metallen kommt es infolge der Erwärmung zur Behinderung der Elektronenwanderung durch mehr Zusammenstöße mit den Atomrümpfen.

Kapitel 6: Essig und Seifenlauge

1. Geschmacksproben sind unzuverlässig: nicht alle Säuren schmecken sauer; nicht alles, was sauer schmeckt, ist eine Säure.

2. Basen sind eigenständige Verbindungen, Laugen sind wässrige Lösungen von Basen. Laugen enthalten immer das Ion OH^-, Basen nicht.

3. Rotkohlsaft, schwarzer Tee, Hagebuttentee.

4. Säuren reagieren mit Kalkstein unter Kohlenstoffdioxid-Bildung, wässrige Säurelösungen leiten den elektrischen Strom und färben Indikatoren in charakteristischer Weise, Säuren bilden mit Metallhydroxiden Salze.

5. a) $H_2CO_3 + NH_3 \rightarrow HCO_3^- + NH_4^+$

   b) $HCl + CO_3^{2-} \rightarrow Cl^- + HCO_3^-$

6. Bei der Autoprotolyse des Wassers entstehen Hydronium- und Hydroxid-Ionen.

7. a) Neuer pH-Wert 6. Jeweils zehnfache Verdünnung steigert bei Säuren den pH-Wert um eine Einheit.

b) Neuer pH-Wert 8. Durch die Verdünnung sinkt die Konzentration der Hydroxid-Ionen um den Faktor 10. Der pH-Wert bezieht sich aber auf die Konzentration der Hydronium-Ionen, und diese nimmt entsprechend zu. Bei Laugen *sinkt* deshalb bei Verdünnung der pH-Wert.

c) Neuer pH-Wert 12. Die Lauge wird um den Faktor 10 stärker konzentriert.

8. a. pH-Wert 14. Die Menge NaOH wird um das Zehnfache verringert, die Lösungsmittelmenge aber um das Hundertfache. Damit ist die zweite Lösung zehnmal konzentrierter als die erste.

   b. pH-Wert 3. Die Menge HCl wird auf den zehnten Teil reduziert, die Lösungsmittelmenge aber auf das Hundertfache erhöht. Die neue Lösung hat deshalb nur den tausendsten Teil der Konzentration der ersten Lösung.

   c. Es ist kein pH-Wert definiert. Die Lösungsmittelmenge wird auf den hundertsten Teil reduziert, die neue Lösung ist damit hundertfach konzentrierter als die erste. Sie müsste also den pH-Wert –1 erreichen; für diese Konzentrationen ist die pH-Skala aber nicht geeignet.

9. Metall + Nichtmetall → Salz

   Metall + Säure → Salz + Wasserstoff

   Metallhydroxid + Säure → Salz + Wasser

10. a. $Ca(NO_3)_2$

    b. K_2CO_3

    c. $MgSO_4$

Kapitel 7: Elektrizität und Chemie

1. Reaktion 1:

   $Zn → Zn^{2+} + 2\ e^-$ – Zn ist Reduktionsmittel und wird oxidiert.

   $S + 2\ e^- → S^{2-}$ – S ist Oxidationsmittel und wird reduziert.

   Reaktion 2:

   $2\ Br^- → Br_2 + 2\ e^-$ – Br^--Ionen sind Reduktionsmittel und werden oxidiert.

   $F_2 + 2\ e^- → 2\ F^-$ – F_2 ist Oxidationsmittel und wird reduziert.

(K^+ verändert sich bei dieser Reaktion nicht.)

Reaktion 3:

$2 O^{2-} \rightarrow O_2 + 4 e^-$ – zwei O^{2-}-Ionen sind Reduktionsmittel und werden oxidiert.

$4 Fe^{3+} + 4 e^- \rightarrow 4 Fe^{2+}$ – die Fe^{3+}-Ionen sind Oxidationsmittel und werden reduziert. (Ein Sauerstoff-Ion bleibt unverändert.)

2. Reaktion 1:

   Die H_2-Atome werden oxidiert (jede Bindung an ein O-Atom bedeutet aufgrund der höheren Elektronegativität des Sauerstoffs eine Oxidation).

   Das C-Atom in CO_2 wird reduziert (eine Bindung weniger an Sauerstoff bedeutet entsprechend eine Reduktion).

   Reaktion 2:

   Die H-Atome des Wasserstoff-Moleküls werden oxidiert (siehe oben).

   Das C-Atom in CH_2O wird reduziert. (Bindungen an ein Sauerstoff-Atom werden durch Bindungen an zwei H-Atome ersetzt.)

3. Reaktion 1: $Al + 3 AgCl \rightarrow AlCl_3 + 3 Ag$

   Die Ag^+-Ionen werden durch das unedlere Metall Al reduziert.

   Reaktion 2: $Cu + Na_2O$ – keine freiwillige Reaktion!

   Kupfer ist edler als Natrium.

   Reaktion 3: $Ni + PtCl_2 \rightarrow NiCl_2 + Pt$

   Die Pt^{2+}-Ionen werden durch das unedlere Metall Ni reduziert.

   Reaktion 4: $PbO + Cr \rightarrow Pb + CrO$

   Die Pb^{2+}-Ionen werden durch das unedlere Metall Cr reduziert.

4. Batterie: liefert bereits aufgrund ihrer Zusammensetzung elektrischen Strom, verbraucht dabei das Elektrodenmaterial, Aufladen nicht möglich.

   Akkumulator: muss erst elektrische Energie aufnehmen und gibt diese Energie beim Entladen wieder ab, Aufladen ist möglich, das Elektrodenmaterial wird dadurch regeneriert.

5. Bei der Brennstoffzelle wird das Elektrodenmaterial (Gase Wasserstoff und Sauerstoff) ständig erneuert (Unterschied zur Batterie). Sie benötigt keinen Aufladevorgang (Unterschied zum Akkumulator). Sie enthält weniger giftige Inhaltsstoffe (Unterschied zu Batterie und Akkumulator).

6. Elektrolyse von $CuCl_2$:

Minuspol: $Cu^{2+} + 2\,e^- \rightarrow Cu$

Pluspol: $2\,Cl^- \rightarrow Cl_2 + 2\,e^-$

Elektrolyse von MgO:

Minuspol: $2\,Mg^{2+} + 4\,e^- \rightarrow 2\,Mg$

Pluspol: $2\,O^{2-} \rightarrow O_2 + 4\,e^-$

Kapitel 8: Rechnen in der Chemie

1. Vervollständigte Tabelle:

Stoff	Molmasse M [g/mol]	Stoffmenge n [mol]	Stoffportion m [g]
Li_2O	30	0,2	6
Au	197	0,4	78,8
$C_6H_{12}O_6$	180	1,8	324
$CuCl_2$	134,5	0,25	33,63

2. Aus den Molmassen ergibt sich, dass die Ionen-Gruppen ($2\,Li^+ + O^{2-}$) bzw. ($Cu^{2+} + 2\,Cl^-$) gemeint sind.

3. Alkohol: M = 46 g/mol. Phosphorsäure: M = 98 g/mol.

4. Es werden m = 1200 g C-Atome verbrannt.

   Verbrennungsgleichung: $C + O_2 \rightarrow CO_2$

   Molverhältnis Kohlenstoff:Sauerstoff = 1:1

   n(C) = 1200g / (12 g/mol) = 100 mol

   Es werden 100 mol Sauerstoff für die Verbrennung von 100 mol C-Atomen verbraucht. Das entspricht 2240 Liter Sauerstoff.

   $m(O_2)$ = n * M = 100 mol * 32 g/mol = 3200 g. Es werden 3,2 kg Sauerstoff verbraucht.

5. 360 Liter CO_2 entsprechen etwa der Stoffmenge 16 mol CO_2. Nach den Angaben in Aufgabe 4 entspricht das ebenfalls 16 mol verbrannten C-Atomen. Das entspricht der Stoffportion m(C) = 16 mol * 12 g/mol = 192 g. Es werden also 192 g C-Atome oxidiert.

6. Reaktionsgleichung:

   $2\,N_2 + 3\,O_2 \rightarrow 2\,N_2O_3$

2 mol Stickstoff reagieren mit 3 mol Sauerstoff zu 2 mol N_2O_3.

$n(N_2)$ = 35 g / (28 g/mol) = 1,25 mol (beachte, dass in der Aufgabe die angegebene Molmasse 14 g/mol auf ein einzelnes N-Atom bezogen war, während in der Reaktion tatsächlich N_2-Moleküle auftreten!)

2 mol Stickstoff reagieren mit 3 mol Sauerstoff. 1,25 mol Stickstoff reagieren mit x mol Sauerstoff.

x = 1,875 – es reagieren 1,875 mol Sauerstoff.

2 mol Stickstoff ergeben 2 mol N_2O_3. 1,25 mol Stickstoff ergeben dann ebenfalls 1,25 mol N_2O_3.

1,25 mol Stickstoff entsprechen (1,25 * 22,4) l = 28 l Stickstoff.

1,875 mol Sauerstoff entsprechen (1,875 * 22,4) l = 42 l Sauerstoff.

1,25 mol N_2O_3 entsprechen – wie bei Stickstoff – dem Volumen 28 l.

Kapitel 9: C gleich organische Chemie

1. Organische Verbindungen: C_2F_4, CS_2, H_2CO_2 (es handelt sich im letzten Fall um die Summenformel von Methansäure, HCOOH.)

   Anorganische Verbindungen: CaC_2 (Carbid), CO_2, $MgCO_3$ (Salz der Kohlensäure)

2. Hexan ist unpolar; Hexan-Moleküle sind über van-der-Waals-Kräfte miteinander verbunden. HCl bildet in Wasser H_3O^+- und Cl^--Ionen; in Wasser sind H_2O-Moleküle vorhanden. Ionische Wechselwirkungen und die H-Brücken zwischen Wasser-Molekülen sind viel stärker als van-der-Waals-Kräfte. Diese ionischen Wechselwirkungen und H-Brücken bleiben deshalb erhalten, es erfolgt keine Durchmischung der Phasen.

3. Strukturformeln der möglichen Hexan-Isomeren (Summenformel C_6H_{14}):

Hexan-Isomere (unter Weglassung der H-Atome)

Abb. A.1:
Hexan-
Isomere

C-C-C-C-C-C

C-C-C-C-C
|
C

C-C-C-C-C
|
C

C
|
C-C-C-C
|
C

C
|
C-C-C-C
|
C

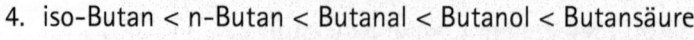

A

4. iso-Butan < n-Butan < Butanal < Butanol < Butansäure

   iso-Butan: durch Verzweigung kleinere Moleküloberfläche → geringere van-der-Waals-Kraft. n-Butan: höhere van-der-Waals-Kraft durch größere Moleküloberfläche. Butanal: Polarität durch Sauerstoff-Atom führt zur Dipol-Wechselwirkung, aber noch nicht zu H-Brücken. Butanol: H-Brücken sind möglich. Butansäure: H-Brücken plus Polarität durch O-Atom.

5. Theoretisch mögliche Strukturformeln mit drei C-Atomen:

C-3-Verbindungen:

C-C-C   C-C=C   C=C=C   C≡C-C

(Die letzten drei Verbindungen sind nur theoretisch möglich)

Abb. A.2: Theoretisch mögliche C-3-Strukturformeln

6. $C_2H_5COOH + C_5H_{11}OH \rightarrow C_2H_5CO\text{-}OC_5H_{11} + H_2O$

7. $CH_3OH + O_2 \rightarrow HCOOH + H_2O$

8. $C_{30}H_{62} + 3\,H_2 \rightarrow 2\,C_8H_{18} + 2\,C_7H_{16}$

9. Polymerisation: Bindungen entstehen durch Aufspaltung von Mehrfachbindungen. Es entstehen keine weiteren Produkte. Polykondensation: Bindungen entstehen durch Reaktion zwischen funktionellen Gruppen. Dabei entstehen neben dem Makro-Molekül als weitere Produkte kleinere Moleküle.

10. Durch zwei- und dreidimensionale Vernetzung der Makro-Molekülketten wird eine gegenseitige Beweglichkeit und Neuausrichtung verhindert. Dazu müssen die Monomer-Bausteine noch freie funktionelle Gruppen besitzen, die die Verknüpfungsreaktionen zwischen den Ketten bewirken.

11. Thermoplasten: in der Wärme formbar; in organischen Lösungsmitteln löslich. Duroplasten: zersetzen sich beim Erhitzen ohne vorheriges Erweichen; unlöslich in Lösungsmitteln.

Kapitel 10: Nahrung, Haushalt und Chemie

1. $CH_2OH-CHOH-COOH$: kein Kohlenhydrat; enthält keine Carbonyl-gruppe

   $CH_2OH-CHOH-CHOH-CHO$: Kohlenhydrat; enthält mehrere OH–Grup-pen und eine Aldehydgruppe

   $CH_3-CHOH-CO-CH_3$: kein Kohlenhydrat; enthält nur eine OH-Gruppe

2. $C_{12}H_{22}O_{11} + H_2O \rightarrow 2\ C_6H_{12}O_6$

3. Honig besteht im Wesentlichen aus einem Gemisch gleicher Anteile Fructose und Glucose. Dieses Gemisch besitzt lediglich die Süßkraft 85 ((120+50)/2), während Haushaltszucker die Süßkraft 100 besitzt.

4. In Stärke und Glykogen sind die Glucoseringe in α-Form miteinander verknüpft, in Cellulose in β-Form. Stärke und Cellulose bilden mehr oder weniger ausgeprägte Spiralen, Cellulose bildet gestreckte Ket-ten.

5. Tripeptid Ala-Gly-Ala:

$$H_2N-\underset{\underset{CH_3}{|}}{CH}-CO-NH-CH_2-COOH \ + \ H_2N-\underset{\underset{CH_3}{|}}{CH}-COOH \longrightarrow H_2N-\underset{\underset{CH_3}{|}}{CH}-CO-NH-CH_2-CO-\underset{\underset{H}{|}}{N}-\underset{\underset{CH_3}{|}}{CH}-COOH$$

Ala

$+ H_2O$

Abb. A.3: Bildung des Tripeptids

6. Ala-Ala-Ala, Gly-Gly-Gly, Ala-Gly-Gly, Gly-Gly-Ala, Gly-Ala-Gly, Gly-Ala-Ala, Ala-Ala-Gly, Ala-Gly-Ala.

7. Essenzielle Aminosäuren können im Körper nicht aus anderen (nicht-essenziellen) Aminosäuren aufgebaut werden. Nicht-essenzielle Ami-nosäuren können im Körper aus anderen Aminosäuren gebildet wer-den.

8. Glycerol + Fettsäuren: Im Gemisch ist das sehr gut wasserlösliche und hochsiedende Glycerol enthalten. Die Fettsäuren haben Säureeigen-schaft und ebenfalls – durch van-der-Waals-Kräfte und H-Brücken – hohe Siedepunkte.

   Die Verbindung (Ester) enthält keine polaren H-Atome mehr. Die Ver-bindung kann keine H-Brücken mehr aufbauen. Sie ist schlecht was-serlöslich, hat einen niedrigeren Siedepunkt (nur noch van-der-

Waals-Kräfte zwischen den C-Ketten) und keine sauren Eigenschaften mehr.

9. Formel des Fett-Moleküls:

Abb. A.4: Fett-Molekül aus Palmi-tin-, Öl- und Linol-säure

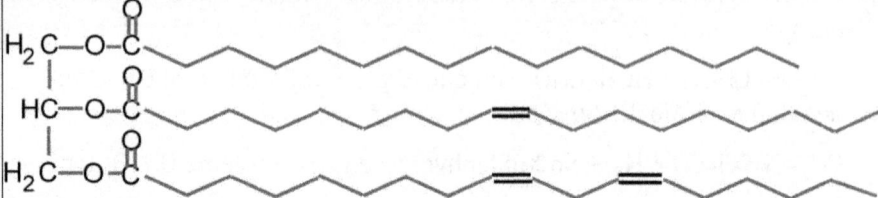

10. cis-Orientierung: Die C-Kette setzt sich auf der gleichen Seite der Doppelbindung fort.

trans-Orientierung: Die C-Kette setzt sich auf gegenüberliegenden Seiten der Doppelbindung fort.

11. Zum Beispiel: $C_{15}H_{31}COOH + KOH \rightarrow C_{15}H_{31}COO^- + K^+ + H_2O$

12. Fettsäuren enthalten zwar einen großen unpolaren Anteil (die C-Kette), aber die COOH-Gruppe ist nicht polar genug. Fettsäure-Ionen enthalten dagegen die geladene Gruppe COO^-. Dies genügt auch angesichts des sehr großen unpolaren Teils zur Wechselwirkung mit Wasser.

B

Verzeichnis der Elemente

Symbol	Name	Symbol	Name	Symbol	Name
Ac	Actinium	Ag	Silber	Al	Aluminium
Am	Americium	Ar	Argon	As	Arsen
At	Astat	Au	Gold	B	Bor
Ba	Barium	Be	Beryllium	Bh	Bohrium
Bi	Bismut	Bk	Berkelium	Br	Brom
C	Kohlenstoff	Ca	Calcium	Cd	Cadmium
Ce	Cer	Cf	Californium	Cl	Chlor
Cm	Curium	Co	Cobalt	Cr	Chrom
Cs	Cäsium	Cu	Kupfer	Db	Dubnium
Ds	Darmstadtium	Dy	Dysprosium	Er	Erbium
Es	Einsteinium	Eu	Europium	F	Fluor
Fe	Eisen	Fm	Fermium	Fr	Francium
Ga	Gallium	Gd	Gadolinium	Ge	Germanium
H	Wasserstoff	He	Helium	Hf	Hafnium
Hg	Quecksilber	Ho	Holmium	Hs	Hassium

Symbol	Name	Symbol	Name	Symbol	Name
I	Iod	In	Indium	Ir	Iridium
K	Kalium	Kr	Krypton	La	Lanthan
Li	Lithium	Lr	Lawrencium	Lu	Lutetium
Md	Mendelevium	Mg	Magnesium	Mn	Mangan
Mo	Molybdän	Mt	Meitnerium	N	Stickstoff
Na	Natrium	Nb	Niob	Nd	Neodym
Ne	Neon	Ni	Nickel	No	Nobelium
Np	Neptunium	O	Sauerstoff	Os	Osmium
P	Phosphor	Pa	Protactinium	Pb	Blei
Pd	Palladium	Pm	Promethium	Po	Polonium
Pr	Praseodym	Pt	Platin	Pu	Plutonium
Ra	Radium	Rb	Rubidium	Re	Rhenium
Rf	Rutherfordium	Rg	Roentgenium	Rh	Rhodium
Rn	Radon	Ru	Ruthenium	S	Schwefel
Sb	Antimon	Sc	Scandium	Se	Selen
Sg	Seaborgium	Si	Silizium	Sm	Samarium
Sn	Zinn	Sr	Strontium	Ta	Tantal
Tb	Terbium	Tc	Technetium	Te	Tellur
Th	Thorium	Ti	Titan	Tl	Thallium
Tm	Thulium	U	Uran	Uub	Ununbiium
Uup	Ununpentium	Uuq	Ununquadium	Uut	Ununtrium
V	Vanadium	W	Wolfram	Xe	Xenon
Y	Yttrium	Yb	Ytterbium	Zn	Zink
Zr	Zirconium				

Angaben im PSE

Relative Atom-
masse in u

Symbol

Ordnungszahl

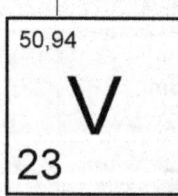

50,94

V

23

Massenzahl des
stabilsten Isotops

[268]

Mt

109

*Abb. B.1: Abbildung
zum PSE: Angaben zu
den Elementen*

Periodensystem der Elemente

Hauptgruppen / Nebengruppen

Periode	I	II	III	IV	V	VI	VII	VIII (Nebengruppen)										III	IV	V	VI	VII	VIII
1	1,01 H 1																						4,00 He 2
2	6,94 Li 3	9,01 Be 4																10,81 B 5	12,01 C 6	14,01 N 7	16,00 O 8	19,00 F 9	20,18 Ne 10
3	23,00 Na 11	24,31 Mg 12																26,98 Al 13	28,09 Si 14	30,97 P 15	32,07 S 16	35,45 Cl 17	39,95 Ar 18
4	39,10 K 19	40,08 Ca 20	44,96 Sc 21	47,88 Ti 22	50,94 V 23	52,00 Cr 24	54,94 Mn 25	55,85 Fe 26	58,93 Co 27	58,69 Ni 28	63,55 Cu 29	65,39 Zn 30						69,72 Ga 31	72,64 Ge 32	74,92 As 33	78,96 Se 34	79,90 Br 35	83,80 Kr 36
5	85,47 Rb 37	87,62 Sr 38	88,91 Y 39	91,22 Zr 40	92,91 Nb 41	95,94 Mo 42	[98] Tc 43	101,07 Ru 44	102,91 Rh 45	106,42 Pd 46	107,87 Ag 47	112,41 Cd 48						114,82 In 49	118,71 Sn 50	121,76 Sb 51	127,60 Te 52	126,90 I 53	131,30 Xe 54
6	132,91 Cs 55	137,33 Ba 56	174,97 Lu 71	178,49 Hf 72	180,95 Ta 73	183,84 W 74	186,21 Re 75	190,23 Os 76	192,22 Ir 77	195,08 Pt 78	196,97 Au 79	200,59 Hg 80						204,38 Tl 81	207,20 Pb 82	208,98 Bi 83	[208] Po 84	[210] At 85	[222] Rn 86
7	[223] Fr 87	[226] Ra 88	[262] Lr 103	[261] Rf 104	[262] Db 105	[266] Sg 106	[264] Bh 107	[277] Hs 108	[268] Mt 109	[281] Ds 110	[272] Rg 111	[285] Uub 112	[284] Uut 113	[289] Uuq 114	[288] Uup 115								

Lanthanoide

138,91 La 57	140,12 Ce 58	140,91 Pr 59	144,24 Nd 60	[145] Pm 61	150,36 Sm 62	151,96 Eu 63	157,25 Gd 64	158,93 Tb 65	162,50 Dy 66	164,93 Ho 67	167,26 Er 68	168,93 Tm 69	173,04 Yb 70

Actinoide

[227] Ac 89	232,04 Th 90	231,04 Pa 91	238,03 U 92	[237] Np 93	[244] Pu 94	[243] Am 95	[247] Cm 96	[247] Bk 97	[251] Cf 98	[252] Es 99	[257] Fm 100	[258] Md 101	[259] No 102

463

MATHE
ganz leicht

Inhalt

3

4

5

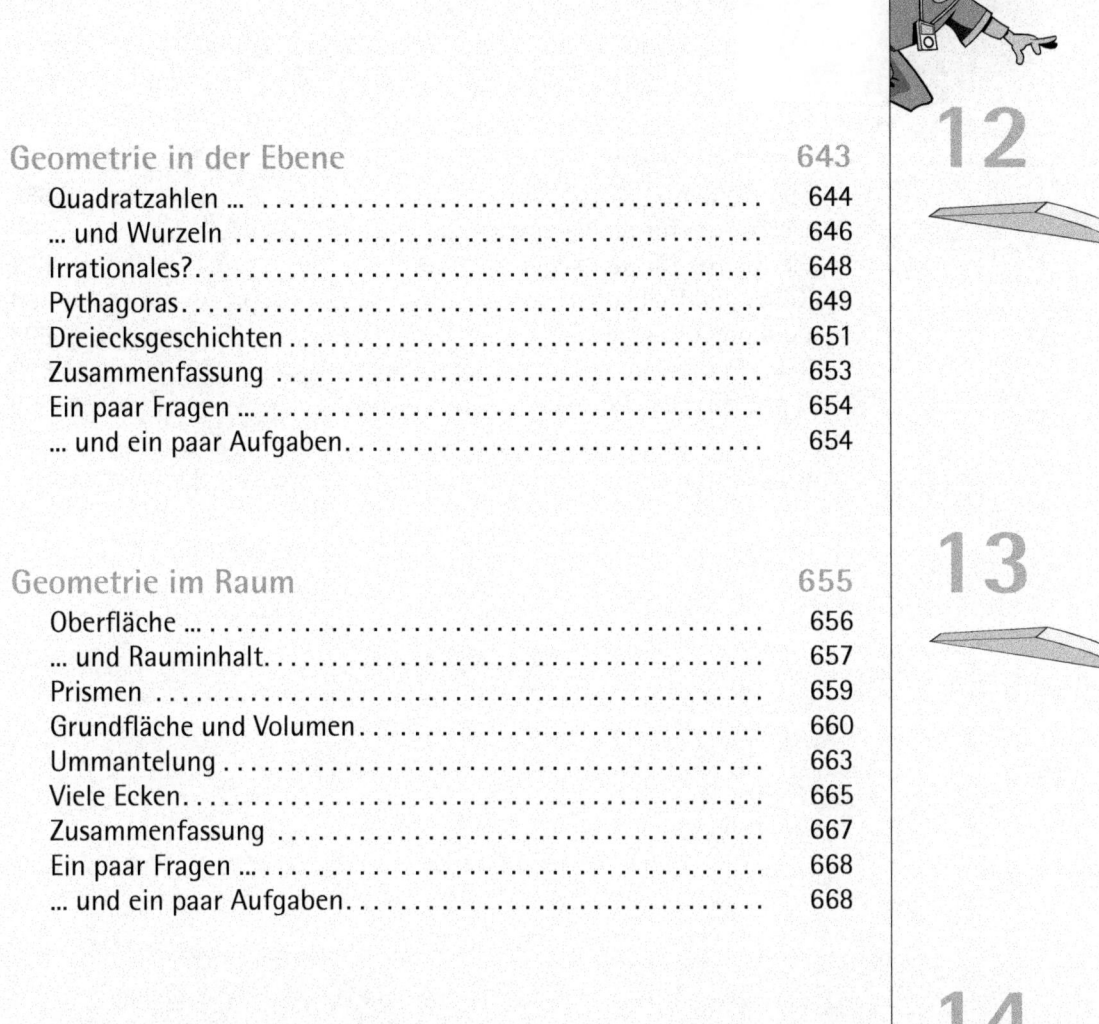

12

13

14

15

Für
Julia, Daniel, Katrin und Janne

Vorwort

Mathe ist eigentlich nicht »dein Ding«? Aber nun hast
du dieses Buch aufgeschlagen und bist beim Vorwort gelandet. Vielleicht willst du nur mal sehen, was da »wieder so ein Mathe-
typ« geschrieben hat?

Sollte man Mathe nicht besser abschaffen – zumindest in der Schule?
Obwohl einiges von diesem »Zeugs« nützlich sein könnte. Immerhin will
man ja Geld verdienen und Geld ausgeben. Da hat man es zwangsläufig
mit Zahlen zu tun. Und auch im Alltag kommt einem so manches Problem
in die Quere, das man mit mathematischen Kenntnissen aus dem Weg
räumen könnte.

Natürlich lässt sich darüber streiten, welches Wissen überflüssig und welches wirklich brauchbar ist. Ob und wie viel Unnützes in der Schule
gelehrt wird, weiß man meist erst, nachdem man diese Zeit schon ein paar
Jahre hinter sich hat.

Aber du wirst mir sicher zustimmen, dass es nicht schaden kann, wenn
man etwas gelernt hat und über möglichst viele Kenntnisse und Fähigkeiten verfügt (auf Englisch »Know-how«). Das erhöht die Chancen auf einen
guten Arbeitsplatz immens.

Was hat das alles mit Mathe zu tun? Nun, zahlreiche gut bezahlte Jobs
liegen im wissenschaftlichen Bereich, und dort spielt mathematisches
Denken durchaus eine Rolle. Sich in Mathe auszukennen, kann also
zumindest nicht schädlich sein.

Was heißt eigentlich Mathe bzw. Mathematik?

In einer sehr alten Sprache, im früheren Griechischen bedeutet »mathema« (μαθεμα) ursprünglich »die Kenntnis, das Gelernte«. Und »mathematikos« (μαθεματικοξ) heißt sogar so viel wie »lernbegierig, wissenschaftlich«.

Als Mathematik bezeichnet man die Wissenschaft von Zahlen, Figuren und Mengen und ihren Beziehungen. Dies sind die wichtigsten Teilbereiche:

◇ Die **Arithmetik** befasst sich allgemein mit Zahlen. Dazu gehören z.B. die Grundrechenarten und das Bruchrechnen.

◇ Die **Algebra** beschäftigt sich mit Gleichungen und Beziehungen zwischen mathematischen Größen. Dazu gehören auch grafische Darstellungen im Koordinatensystem.

◇ Die **Geometrie** kümmert sich um Figuren in der Ebene und im Raum. Dabei geht es sowohl ums Zeichnen als auch ums Rechnen.

Du kannst mit dieser Aufteilung nichts anfangen? Das wird sich mit dem Lesen dieses Buches ändern.

Und wozu das Ganze?

Mein Ziel ist es nicht, dir die alltagstauglichsten Gebiete der Mathematik vorzuführen und sie mit zahlreichen praxisbezogenen Aufgaben zu spicken.

Ich habe mir mathematische Bereiche herausgesucht, die meiner Meinung nach zum Grundwissen gehören (sollten). Dazu kommt einiges, was man als »Aufbaukost« ansehen kann. Alles zusammen dürfte genügen, um sich bei mathematischen Problemen zurechtzufinden – nicht nur im Alltag. So ganz nebenbei wird durch die Mathematik das so genannte »Logische Denken« gefördert. Das bedeutet so viel wie »etwas durchschauen, die richtigen Schlüsse ziehen und Zusammenhänge erkennen können«. Vielleicht würdest du dazu auch sagen: cleverer sein (als andere).

Und was bietet dieses Buch?

Über eine ganze Reihe von Kapiteln verteilt lernst du

◇ die wichtigsten Rechenarten und das Bruchrechnen kennen

◇ etwas über Prozent- und Zinsrechnung

◇ etwas über Gleichungen und Funktionen

◇ Koordinaten und Graphen kennen

◇ etwas über die wichtigsten Flächen und Körper

Im **Anhang** gibt es dann noch einige Informationen für deine Eltern und Lehrer. Und natürlich findest du hier sämtliche **Lösungen** zu den Fragen und Aufgaben der einzelnen Kapitel.

Danke!

Ein Dankeschön geht an eine ganze Reihe von Schülerinnen und Schülern, die mir bei der Durchsicht dieses Buches geholfen und nützliche Anregungen gegeben haben. Mein besonderer Dank gilt Felix Kopatz (16), Sven Goldkühler (16), Touria El Makhloufi (16), Tabea Nordmann (13) und nicht zuletzt Julia Schumann (12).

Einleitung

Wie arbeitest du
mit diesem Buch?

Grundsätzlich besteht dieses Buch aus einer Menge Text mit vielen Zahlen und auch einiges an Abbildungen dazwischen. Natürlich habe ich mich bemüht, alles so zuzubereiten, dass daraus lauter gut verdauliche Happen werden. Damit das Ganze noch genießbarer wird, gibt es zusätzlich noch einige Symbole, die ich dir hier gern erklären möchte:

Übungen im Text

Immer mal wieder triffst du auf eine Übung. Damit kannst du erstmal experimentieren (wenn du nicht auf den nachfolgenden Lösungsweg schielst) und neu Gelerntes vertiefen.

Falls es um eine ausführlichere Erläuterung geht, steht mir Buffi auch als elektronischer Spür- und Rettungshund zur Seite.

Wichtige Stellen im Buch

Ab und zu siehst du ein solches Ausrufezeichen. Dann ist das eine Stelle, an der etwas besonders Wichtiges steht. Manchmal muss ich hier auch etwas loswerden, um mich zu rechtfertigen – z.B. weil es nicht immer ganz expertengerecht zugeht.

Hier stehen auch die blanken Rechenregeln zum Thema – möglichst einfach formuliert. Zum Immerwiedernachschauen oder zum Auswendiglernen.

Ab und zu gibt es einen Hinweis auf den Taschenrechner. Du brauchst ihn zwar nicht überall, aber wenn du ihn einsetzen willst, fehlt dir vielleicht ein kleiner Hinweis, z.B. auf die richtige Taste.

Fragen und Aufgaben

Am Ende eines Kapitels findest du jeweils eine Reihe von Fragen und Aufgaben. Sie sind nicht immer ganz einfach, aber sie helfen dir, das aktuelle Thema noch besser zu verstehen. Lösungen dazu findest du gleich hinter dem Anhang.

Was brauchst du für dieses Buch?

Ein dicker **Block** mit karierten Blättern ist auf jeden Fall sehr nützlich. Außerdem solltest du einen **Taschenrechner** zur Verfügung haben, der nicht nur Ergebnisse, sondern auch deine Rechenwege anzeigen kann.

In einigen Fällen werden Kuli oder Bleistift nicht genügen, dann benötigst du zur Unterstützung ein **Lineal** oder besser noch ein **Geodreieck**. Ab und zu könnte auch ein **Zirkel** hilfreich sein.

Wenn du überhaupt nichts verstehst, bitte auch mal deine Eltern oder Lehrer um Hilfe. Die einen können so ihre verschütteten Mathematikkenntnisse auffrischen, für die anderen ist es schließlich ihr Job.

Bist du bereit? Dann auf ins Reich der Zahlen und Figuren!

1

Einfach Rechnen

»Alles ist Zahl«, soll einmal vor langer langer Zeit ein Typ namens Pythagoras behauptet haben. So weit wollen wir hier nicht gehen, denn es gibt sicher viel wichtigere Dinge als die Mathematik. Dass aber Zahlen und der Umgang mit ihnen sehr nützlich sein können, wird wohl niemand bestreiten. Und weil dies ein Buch über Mathematik ist, müssen wir uns diese »Dinger« schon ein bisschen näher anschauen.

In diesem Kapitel lernst du

◎ etwas über Zahlensysteme

◎ einiges über die Grundrechenarten

◎ was Natürliche Zahlen sind

◎ ein paar Rechenregeln kennen

1

Am Anfang war das Zählen

Eigentlich ist Zählen mit Erzählen und Zahlen sind mit Bezahlen verwandt. Schon in grauer Vorzeit hatten sich die Menschen einiges zu erzählen. Das genügte ihnen aber nicht: Sie begannen ihre Geschichten und Mitteilungen aufzuzeichnen – in der Regel an den Wänden der Höhlen, in denen sie wohnten. So entstanden Symbole, die jeder verstehen sollte.

Schon damals tauschten die Menschen gerne. Wollte der eine etwas, was der andere hatte, bot er ihm etwas zum Tausch an. Aber nicht immer gefiel dem anderen das Angebot. So brauchte man einen Gegenstand, der von allen als Tauschmittel anerkannt wurde. Heute würde man sagen: ein Zahlungsmittel, mit dem man alles kaufen kann – das Geld.

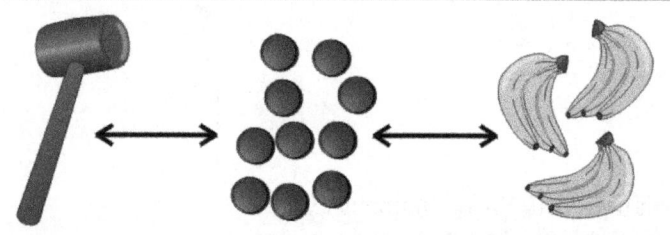

Bananen oder Werkzeug – oder besser gleich Bargeld?

Nicht jedes Ding war gleich viel wert, und auch die Anzahl der gekauften Waren konnte bei jedem Kauf verschieden sein. So blieb den Menschen nichts anderes übrig als auszurechnen, was wie viel kosten sollte.

Beim Zählen wurden zuerst einfache Striche verwendet, man führte also eine so genannte Strichliste. Aber bei großen Zahlen kam es hierbei zu unüberschaubar vielen Strichen. Die Römer versuchten, das System zu vereinfachen. Sie behielten den Strich bzw. das »I« für den Finger bei, eine Hand wurde durch ein »V« symbolisiert und beide Hände durch zwei »V«, die so angeordnet waren, dass es wie ein »X« aussah.

Rechnen mit Fingern und Händen

Beim Rechnen allerdings erwies sich dies als immer noch ziemlich umständlich, auch weil für größere Zahlen immer neue Zeichen nötig

waren. So konnte das Alter eines fünfzehnjährigen Jugendlichen noch mit XV angegeben werden. Aber schon bei einem 38-Jährigen plusterte sich das Ganze zu dieser Zeichenfolge auf: XXXVIII. Und das Jahr 1666 sieht auf Römisch so aus: MDCLXVI.

Immerhin wurde das römische Zahlensystem in Europa bis ins 15. Jahrhundert genutzt. Doch mit der Zeit setzte sich ein neues System durch, das ursprünglich aus Indien stammte: Weil vor allem die Finger zum Zählen benutzt wurden, war dort irgendwann jemand auf die Idee gekommen, insgesamt ebenso viele Symbole zu verwenden. Genau genommen waren es zuerst nur die Ziffern von 1 bis 9, die 0 kam erst später dazu: Wenn eine Berechnung an einer Stelle »nichts« ergab, stand da auch erst mal nichts. Dann hatte wieder einmal jemand den genialen Einfall, an diesen »leeren Stellen« als Symbol eine Art Kreis einzusetzen: So entstand die Null.

Durch geschicktes Kombinieren dieser zehn Symbole ließen und lassen sich nun alle zählbaren Zahlen darstellen. Dazu werden 10 zu einem Zehnerpack zusammengefasst, davon wieder 10 zu einem Hunderterpack. Und so weiter – wie zum Beispiel hier:

Tausender (T)	Hunderter (H)	Zehner (Z)	Einer (E)
1	3	5	7
2	0	6	4

Dargestellt sind die Zahlen Eintausenddreihundertsiebenundfünfzig bzw. Zweitausendvierundsechzig. (Wobei wir im Deutschen eine seltsame Sprechweise haben, denn eigentlich wäre es so einleuchtender: Eintausend-dreihundert-fünfzig-sieben und Zweitausend-sechzig-vier.)

Dieses bis heute moderne und auf der ganzen Welt genutzte **Stellenwertsystem** hat auch mit Zehnersystem bzw. **Dezimalsystem** den passenden Namen. (»Dezi« kommt aus dem Lateinischen und heißt so viel wie »Zehner«.) Und dass es funktioniert, lässt sich leicht an der Tastatur eines Telefons oder Taschenrechners überprüfen: Dort kannst du jede denkbare Zahl eintippen.

Nimmst du alle »Zählzahlen« zusammen, dann hast du die so genannte Menge der Natürlichen Zahlen (Abkürzung $\mathbb{N}$). Bis heute streiten sich Experten, ob die Null nun noch dazugehört oder die ganze Zählung erst ab eins beginnen darf. Ein Ausweg ist die Kennzeichnung $\mathbb{N}_0$, womit eindeutig klargestellt ist, dass hier die Null mit zur Familie gehört.

Die Natürlichen Zahlen beginnen bei 0 oder 1 und gehen immer weiter.

0 1 2 3 4 5 6 7 8 9

In diesem Zahlenbereich lässt sich natürlich auch rechnen. Dazu braucht man bloß außer den Ziffern noch die Symbole für die Rechenoperationen (z.B. + und –) sowie das Gleichheitszeichen (=) für das Ergebnis.

Besonders wichtig ist das Symbol »=« für die Gleichsetzung. Eine Rechnung wie 1 + 1 = 2 nennt man auch Gleichung. Dort steht in der Mitte immer das Gleichheitszeichen (=).

Alles, was sich auf der linken Seite davon befindet, ergibt ganz **genau denselben** Wert wie das, was auf der rechten Seite steht.

So ist z.B. 1 + 1 = 1 **keine** Gleichung, weil links und rechts **verschiedene** Werte stehen (sonst wäre ja **2 = 1**).

Weil man zu Rechnungen auch Operationen sagen kann, werden Rechenzeichen als Operatoren bezeichnet.

Plus und Minus

Die einfachste Rechenart ist in der Fachsprache der Mathematiker die Addition, allgemein auch als Zusammenzählen bekannt.

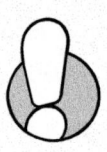

In Wahrheit ist jede Zahl, die im Dezimalsystem dargestellt wird, bereits eine Additionsaufgabe, wie diese hier:

1357 = 1 Tausender + 3 Hunderter + 5 Zehner + 7 Einer

2064 = 2 Tausender + 0 Hunderter + 6 Zehner + 4 Einer

Und hier ist gleich die erste Möglichkeit, deine Rechenfertigkeit zu testen:

Übung 01.01:

Zähle möglichst geschickt die Natürlichen Zahlen von 1 bis 10 zusammen. Zu leicht? Dann versuch es mal mit allen Zahlen von 1 bis 100.

Auf den ersten Blick scheint es nur diesen einen Weg zu geben. Du rechnest stur drauflos – erst mal bis 10:

| 1 | + | 2 | + | 3 | + | 4 | + | 5 | + | 6 | + | 7 | + | 8 | + | 9 | + | 1 0 | = | 5 5 |

Nun liegt immer noch ein ganzes Stückchen Weg vor dir, bis du bei der 100 angelangt bist. Da lohnt sich eine kurze Überlegung, die übrigens nicht von mir stammt, sondern von einem berühmten Mathematiker namens Gauß, der vor etwa 150 Jahren gelebt hat:

Bildet man aus der 1 und der 100 ein Paar, so erhält man 101 als Summe. Dasselbe lässt sich nun mit 2 und 99, 3 und 98 immerfort wiederholen, bis du in der Mitte angelangt bist:

1	+		1 0 0	=	1 0 1			u s w .					
2	+		9 9	=	1 0 1			4 8	+	5 3	=	1 0 1
3	+		9 8	=	1 0 1			4 9	+	5 2	=	1 0 1
u s w .								5 0	+	5 1	=	1 0 1

Du musst gar nicht jedes einzelne Paar selbst bilden, um zu wissen, dass es insgesamt genau 50 solcher Zahlenpaare mit dem Ergebnis 101 gibt. Und nun ist eine neue Rechenart nötig, auf die wir eigentlich erst später kommen, die uns aber jetzt aushelfen muss. Wir rechnen einfach 50 mal 101, und schon haben wir das Ergebnis:

$$50 \cdot 101 = 5050$$

Kommen wir noch einmal auf die kleine Variante der ersten Aufgabe zurück, in der wir die Zahlen von 1 bis 10 zusammengezählt haben. Es ist nicht unbedingt nötig, eine bestimmte Reihenfolge einzuhalten – wie du an diesen Beispielen sehen kannst:

$$10 + 9 + 8 + 7 + 6 + 5 + 4 + 3 + 2 + 1 = 55$$
$$1 + 10 + 2 + 9 + 3 + 8 + 4 + 7 + 5 + 6 = 55$$

Damit landen wir direkt in unserer ersten Rechenregel:

Zahlen, die addiert werden sollen, lassen sich beliebig **vertauschen**. Ein ganz einfaches Beispiel: **2+3 = 3+2**.

Natürlich lässt sich eine Addition auch »rückgängig« machen: Wenn man etwas zusammenzählt, kann man auch wieder etwas abziehen. Der Fachbegriff dafür ist Subtraktion.

Möglicherweise diente die Umkehrung der Addition zuerst nur zur Fehlerkorrektur: Hin und wieder kam es vor, dass irgendwo etwas zu viel dazugezählt wurde. Blieb dies nicht unbemerkt, dann musste der erstandene Fehler korrigiert, der falsche Wert also wieder abgezogen werden. Mit der Zeit stellte man fest, dass die Subtraktion nicht nur zum Ausbessern von

Additionsfehlern taugte. Das Abziehen war eine eigene Rechenart, und wenn dort mal ein Fehler passierte, ließ der sich wiederum mit Hilfe der Addition rückgängig machen.

Und damit bekommst du die nächste Chance, deine Fähigkeiten in beiden Rechenarten einzusetzen:

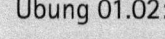

Übung 01.02:

Der Schnellzug Immernureilig startet in Hamburg. Dort steigen 654 Passagiere ein. Die nächste Station ist Münster. Hier verlassen 248 Menschen den Zug, 139 Passagiere kommen neu hinzu. In Frankfurt steigen 506 Personen aus und 579 ein. Der nächste Halt ist in Stuttgart, wo 421 Passagiere den Zug verlassen und 202 Personen zusteigen. Zielbahnhof ist München. Wie viele Menschen steigen dort aus?

Dreh das Buch nun um und versuche die Lösung zuerst allein. Dann vergleiche deine Ergebnisse mit der folgenden Tabelle:

	Es steigen ein	Es steigen aus	Es sind im Zug
Hamburg	654	0	654
Münster	139	248	545
Frankfurt	579	506	618
Stuttgart	202	421	399
München	0	399	0
Summen	1574	1574	0

Um diese Aufgabe zu lösen, gibt es einige Wege. Hier zwei davon:

Du zählst alle Personen zusammen (+), die auf den Stationen einsteigen; dann zählst du alle Personen zusammen (+), die aussteigen. Ziehst du abschließend die eine von der anderen Zahl ab (–), hast du die Anzahl der Passagiere, die am Schluss übrig bleiben.

Du rechnest von Station zu Station: Die Anzahl der Einsteiger bekommt ein Plus (+), die der Aussteiger ein Minus (–) vorangestellt.

Wahrscheinlich stimmen deine Rechenwege mit denen überein, die bei mir zur Lösung geführt haben:

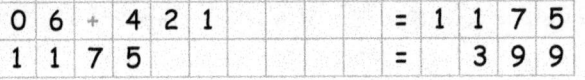

1. Weg: (erst Additionen, dann Subtraktion)

6	5	4	+	1	3	9	+	5	7	9	+	2	0	2	=	1	5	7	4
2	4	8	+	5	0	6	+	4	2	1					=	1	1	7	5
1	5	7	4	–	1	1	7	5							=		3	9	9

2. Weg: (Plus und Minus gemischt – aus Platzgründen in zwei Zeilen)

6	5	4	–	2	4	8	+	1	3	9	–	5	0	6	+	5	7	9		
											–	4	2	1	+	2	0	2	=	3	9	9

In beiden Fällen weißt du nun, dass am Zielbahnhof 399 Personen aussteigen.

Vermutlich hast du den Taschenrechner benutzt, um diese Aufgabe zu lösen. Dagegen ist auch grundsätzlich nichts einzuwenden, denn heutzutage sind solche »Rechenmaschinen« überall in Gebrauch.

Trotzdem kann es nicht schaden, ab und zu mal das »gute alte« Kopfrechnen oder das handschriftliche Rechnen zu trainieren.

Deshalb sei so gut und probiere die Aufgabe noch einmal ohne »elektronische Hilfe« durch. Wie wäre es mit anderen Zahlen? Und zum Schluss kontrollierst du dein Ergebnis mit dem Taschenrechner oder PC.

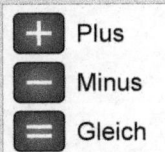

Beim Taschenrechner benötigst du erst einmal diese drei Tasten:

+ Plus

– Minus

= Gleich

Damit kannst du addieren, subtrahieren und das Gesamtergebnis anzeigen lassen. Bei manchen Rechnermodellen kann sogar die ganze Rechnung angezeigt werden. Ein Beispiel:

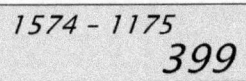

1574 – 1175
399

1

Sollte dir ein Fehler unterlaufen, musst du nicht alles neu eintippen, sondern kannst über die **Löschtaste** einzelne Werte löschen. Das, was auf dieser Taste steht, ist nicht überall einheitlich:

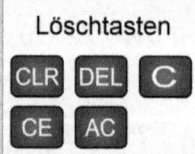

Löschtasten

CLR DEL C

CE AC

Die Abkürzungen stammen von den englischen Begriffen »Clear« und »Delete«. (Wenn es mehrere Löschtasten gibt, hilft dir das Handbuch zum Taschenrechner weiter.)

Mal ...

Im Prinzip käme man mit Addition (+) und Subtraktion (–) allein aus, wenn es ums Rechnen geht.

Aber weil die Menschen (und nicht nur die Mathematiker) gern nach bequemen Wegen suchen, haben sie für einen Spezialfall der Addition eine neue Rechenoperation eingeführt.

Nicht selten gab es Fälle, in denen einfach immerzu derselbe Wert zu addieren war – z.B. das Taschengeld oder Gehalt für ein Jahr:

Januar	25 €	1.750 €
Februar	25 €	1.750 €
März	25 €	1.750 €
April	25 €	1.750 €
Mai	25 €	1.750 €
Juni	25 €	1.750 €
Juli	25 €	1.750 €
August	25 €	1.750 €
September	25 €	1.750 €
Oktober	25 €	1.750 €
November	25 €	1.750 €
Dezember	25 €	1.750 €
Summe	**300 €**	**21.000 €**

Na ja, das hätte man auch leichter haben können, denkst du. Und so dachten auch ein paar andere Menschen, nur etliche Jahrhunderte vor dir.

»Das ist ja immer dieselbe Zahl«, meinte der eine, »und das zwölf Mal«, der andere. Warum also nicht gleich 12 mal 25 oder 12 mal 1750?

Ganz so einfach ging es deshalb nicht, weil man erst eine Technik entwickeln musste, um größere Zahlen miteinander malnehmen zu können. Außerdem gab es eine Voraussetzung, ohne die auch mit der passenden Rechentechnik gar nichts ging: Man musste das kleine **Einmaleins** auswendig können!

Statt **4+4+4** sagte man **3·4** und wusste das Ergebnis **12**, weil man es mit der Zeit auswendig gelernt hatte. Es wurde also nicht mehr gerechnet, sondern einfach nur ein bereits bekannter Wert als Ergebnis eingesetzt.

Ein Taschenrechner beherrscht natürlich außer Addieren und Subtrahieren auch die übrigen Rechenarten. Wichtig ist nur, dass man die passenden Tasten dazu findet:

 Mal
 Durch
 Gleich

Während das für Plus (+) und Minus (–) leicht zu erkennen ist, sehen die anderen Tasten fremd aus: Bei der Multiplikation haben wir hier ein X, die andere Taste mit dem Gemisch aus Doppelpunkt und Minus benötigen wir schon im nächsten Abschnitt.

Geht es um mehrstellige Zahlen, können wir auch beim Malnehmen nicht auf die Addition verzichten, denn oft entstehen dabei Teilergebnisse, die anschließend zusammengezählt werden müssen.

Alle, die mit dem kleinen Einmaleins »im Kopf« ausgerüstet waren, konnten die neue Rechenart mit dem Fachnamen Multiplikation anwenden.

Und auch bei dieser Rechenart gilt die schon von der Addition bekannte Regel:

Zahlen, die multipliziert werden sollen, lassen sich beliebig **vertauschen**. Auch dazu ein einfaches Beispiel: **2·3 = 3·2**.

1

Und nun bekommst du wieder etwas Arbeit:

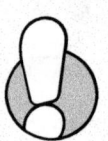

Übung 01.03:

Wie viele Sekunden hat ein Jahr? Wenn du das weißt, bekommst du auch heraus, wie viele Sekunden du bei deinem nächsten Geburtstag bereits lebst.

Eigentlich muss man dazu nur Jahre in Tage, Stunden, Minuten und Sekunden umrechnen können, um für ein Jahr dieses Ergebnis zu bekommen:

Tage		Stunden		Minuten		Sekunden		Gesamtwert
365	$\cdot$	24	$\cdot$	60	$\cdot$	60	=	31.536.000

Wenn du das nun noch mit dem Alter malnimmst, das du bei deinem nächsten Geburtstag feiern willst, dann hast du für eine Sekunde lang dein bisheriges Leben in Sekunden.

In Wahrheit ist jede Zahl, die im Dezimalsystem dargestellt wird, nicht nur eine Additionsaufgabe, sondern auch eine Multiplikationsaufgabe, so wie die hier:

$1357 = 1 \cdot 1000 + 3 \cdot 100 + 5 \cdot 10 + 7 \cdot 1$

$2064 = 2 \cdot 1000 + 0 \cdot 100 + 6 \cdot 10 + 4 \cdot 1$

... und Durch

Auch bei der Multiplikation von Zahlen kam jemand auf die Idee, dass es ähnlich wie für die Addition hier ebenfalls eine Umkehrung geben müsste:

Wenn man etwas malnimmt, kann man das Ergebnis auch wieder durch etwas teilen. Hier lautet der Fachbegriff Division.

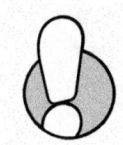

So ist also Malnehmen (Multiplizieren) fortgesetztes Zusammenzählen (Addieren) derselben Zahl, z.B.:

3 mal 4 → 4 + 4 + 4 = 12

Und Teilen (Dividieren) bedeutet fortgesetztes Abziehen (Subtrahieren) derselben Zahl – wobei mitgezählt wird, wie oft das geht, z.B.:

12 durch 4 → 12 - 4 - 4 - 4 = 0 → passt 3 mal

Nachdem du dich bei den letzten beiden Aufgaben aufwärmen konntest, gibt es jetzt was für mehrere Rechenarten:

Übung 01.04:

Benno und Beppo sind Sumoringer. Um ihr Kampfgewicht von 202 bzw. 222 kg zu halten, verputzen sie täglich als Hauptmahlzeit einen ganzen Pott Chanko-nabe (ein japanisches Eintopfgericht). Außerdem trinken sie viel Mineralwasser.

Und so kaufen Benno und Beppo einmal wöchentlich ein: 14 kg Fleisch, 21 kg Fisch, 28 kg Gemüse, 7 kg Reis und 56 Liter Wasser. Wie viele Kilokalorien (kcal) stecken in einem täglichen Sumotopf?

Die (ungefähren) Kalorienwerte pro kg sind: Fleisch 2740; Fisch 1430; Gemüse 560; Reis 3270; Wasser 0.

Dreh wieder das Buch um und probiere erst allein einen Lösungsweg aus. Dann kannst du deine Ergebnisse mit der Tabelle vergleichen:

	Gewicht (kg)	kcal/kg	Kalorien/Gesamt
Fleisch	14	2740	38.360
Fisch	21	1430	30.030
Gemüse	28	560	15.680
Reis	7	3270	22.890
Wasser	56	0	0
pro Woche			106.960
pro Tag			15.280

Hier ist mein Rechenweg:

Du nimmst für jede »Zutat« das Gewicht mit dem Kalorienwert mal ($\cdot$); dann zählst du alle Wert zusammen (+), schließlich teilst du das Ergebnis durch die Anzahl der Tage einer Woche (:). Vermutlich hast auch du so oder ähnlich gerechnet:

a) Kalorienwerte für jede »Wochenzutat« berechnen:

1	4	$\cdot$	2	7	4	0	=	3	8.	3	6	0		F	l	e	i	s	c	h	
2	1	$\cdot$	1	4	3	0	=	3	0.	0	3	0		F	i	s	c	h			
2	8	$\cdot$		5	6	0	=	1	5.	6	8	0		G	e	m	ü	s	e		
	7	$\cdot$	3	2	7	0	=	2	2.	8	9	0		R	e	i	s				

b) Alles addieren:

	3	8.	3	6	0		F	l	e	i	s	c	h
	3	0.	0	3	0		F	i	s	c	h
	1	5.	6	8	0		G	e	m	ü	s	e
	2	2.	8	9	0		R	e	i	s
1	0	6.	9	6	0		(	W	o	c	h	e	)

c) Wert durch 7 teilen:

1	0	6.	9	6	0	:	7	=	1	5.	2	8	0		(| T | a | g |)

Diese Aufgabe zeigt, dass nicht alle Zahlinformationen für die Lösung von Bedeutung sind – wie die über die Wassermenge (oder das Körpergewicht der beiden Ringer).

Ein Tagestopf liefert also 15.280 Kilokalorien. Weil es ja zwei Sumoringer sind, die sich am Chanko-nabe laben, könnte man das noch einmal durch 2 teilen – wobei Beppo wegen des höheren Gewichts etwas mehr abbekommt als Benno. (Übrigens sollen auch die meisten der berühmt-berüch-

tigten römischen Gladiatoren nicht schlank und drahtig, sondern eher fett wie Sumoringer gewesen sein.)

> Die meisten Taschenrechner merken sich das Ergebnis der letzten Berechnung. Dann gibt es auch eine Taste, mit der man dieses in die Anzeige holen und damit weiterrechnen kann:
>
> 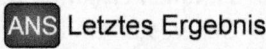 **Letztes Ergebnis**
>
> Das ist die Abkürzung für »Answer« (weil der Ort, in dem der Taschenrechner das letzte Ergebnis speichert, als **Antwortspeicher** bezeichnet wird).

Zusammenfassung

Damit wären wir schon am Ende des Kapitels. Das Wichtigste waren wohl die vier Grundrechenarten (+ − · :). Da die Mathematiker sich die Mühe gemacht haben, für möglichst alles Fremdwörter zu finden, will ich dir diese nicht vorenthalten:

Addition	Summand	plus	Summand	gleich	Summe
Subtraktion	Minuend	minus	Subtrahend	gleich	Differenz
Multiplikation	Faktor	mal	Faktor	gleich	Produkt
Division	Dividend	durch	Divisor	gleich	Quotient

Du hast mit den Natürlichen Zahlen ($\mathbb{N}$) bzw. ($\mathbb{N}_0$) deinen ersten Zahlenbereich kennen gelernt. Und du weißt bereits, was eine Gleichung ist: »Linke Seite = Rechte Seite«.

Ein paar Fragen ...

1. Du hast festgestellt, dass sich Zahlen, die addiert (+) und multipliziert (·) werden sollen, beliebig vertauschen lassen. Gilt das auch für die Subtraktion (−) und die Division (:)?

2. Was passiert eigentlich, wenn du zu einer beliebigen Zahl mehrmals eine 0 dazuzählst? Und was geschieht, wenn du eine beliebige Zahl mehrmals mit 1 malnimmst?

3. Rudi Pfiffig glaubt, die größte Natürliche Zahl gefunden zu haben: »Sie vorzulesen würde mehrere Tage dauern«, meint er und wedelt mit einem mehrseitig voll beschriebenen Heft. Was glaubst du?

... und ein paar Aufgaben

1. Was war Petra froh, als sie ihre Schulaufgaben endlich erledigt hatte! Doch der kleine Peter wollte das Werk seiner Schwester ein bisschen verschönern. Dabei wurden ein paar Stellen unkenntlich. Wie hießen die kompletten Rechnungen ursprünglich?

	5	7	#	2	3			4	6	0	#	5		3	5	7	·	4	6	#
+		3	4	5	#		-		6	#	4	3				3	2	#	3	
+			1	#	8		-			9	0	#			2	#	4	2		
+		9	#	8	6		-		2	2	#	5		1	4	2	#			
	6	9	6	9	3			3	6	3	6	9		1	6	7	4	3	3	

2. Die Zahlen von 1 bis 10 hast du ja schon zusammengezählt (+). Versuch mal, die Zahlen von 1 bis 10 malzunehmen (·). Gibt es da auch einen »Trick«?

3. Benjamin hatte Ende des letzten Jahres in seinem dicken Sparschwein 85 Euro angesammelt. Von Januar des kommenden Jahres an will er regelmäßig 15 Euro pro Monat sparen. So hofft er, in fünf Jahren 1.000 Euro in sein Schwein gefüllt zu haben. Klappt das?

4. Herr Smoke kauft seit seinem 22. Geburtstag jeden Monat 9 Packungen Zigaretten zu je 4 Euro. Als er stirbt, ist er 66 Jahre alt. Wie viel Geld hat er für Zigaretten ausgegeben?

5. Dein Herz schlägt ungefähr 65 Mal pro Minute, und du atmest jede Minute etwa 25 Mal. Wie oft ist das jeweils in einem Jahr? Wie oft in deinem bisherigen Leben?

6. Als ein Lichtjahr bezeichnet man die Strecke, die Licht in einem Jahr zurücklegen kann. In einer Sekunde kommt Licht etwa 300.000 km weit. Wie groß ist ein Lichtjahr?

(Die Lösungen zu allen Fragen und Aufgaben stehen hinten im Buch.)

2

Ganze Zahlen

Solange man mit Natürlichen Zahlen rechnen kann, ist die Sache meist ziemlich einfach – mal abgesehen vom Umgang mit sehr großen Zahlen. Aber oft hilft da der Taschenrechner als »Gehirnzusatz« weiter. Es gibt aber auch Aufgaben, in denen sich eine Menge zusätzlicher Rechensymbole tummeln oder gar Klammern ihr Unwesen treiben. Mit diesen »Geschöpfen« bekommen wir es hier zu tun.

In diesem Kapitel lernst du

◎ was Ganze Zahlen sind

◎ den Unterschied zwischen Rechenzeichen und Vorzeichen kennen

◎ etwas über positive und negative Zahlen

◎ mit einfachen Klammern umzugehen

◎ noch mehr Rechenregeln kennen

Kapitel

2

Ganze Zahlen

Positiv und negativ

Wie es scheint, funktionieren alle vier Grundrechenarten im Bereich der Natürlichen Zahlen (**IN**). Vielleicht habe ich die bisherigen Aufgabenbeispiele so gewählt, dass immer alles glatt ging?

Eigentlich kann doch nichts schief laufen: Ich kann mir beliebige Natürliche Zahlen aussuchen und ich werde keinen Fall finden, in dem diese sich nicht addieren (+) lassen. Aber wie ist es mit der Umkehrung, der Subtraktion (–)?

Wenn man eine Aufgabe »rückwärts« rechnete, so klappte es bis jetzt immer, z.B.:

| 5 | + | 3 | = | 8 | | o | d | e | r | | 3 | + | 5 | = | 8 |
| 8 | – | 3 | = | 5 | | o | d | e | r | | 8 | – | 5 | = | 3 |

Aber dann muss wohl irgendjemand auf die Idee gekommen sein, das Ganze mal so zu verdrehen:

| 3 | – | 8 | = | ? | | o | d | e | r | | 5 | – | 8 | = | ? |

Hierbei handelte es sich zwar nicht um die direkte Umkehrung der Addition **3+5 = 8** oder **5+3 = 8**. Aber interessant für Mathematiker waren diese neuen Aufgaben schon. Zumal man sie im Bereich der Natürlichen Zahlen **nicht** lösen konnte. Also musste dieser Zahlenbereich erweitert werden.

Bisher haben wir – ob von der 0 oder der 1 angefangen – immerzu aufwärts gezählt, also

1, 2, 3, 4, 5, 6, 7, 8, 9 und so weiter

Alle Zahlen, die größer als 0 sind, werden auch als **positive Zahlen** bezeichnet.

Nun aber geht es abwärts:

–1, –2, –3, –4, –5, –6, –7, –8, –9 und so fort

+1 +2 +3 +4 +5 +6 +7 +8 +9

Positive Zahlen

-9 -8 -7 -6 -5 -4 -3 -2 -1

Negative Zahlen

Damit man die neuen Zahlen von den bisherigen unterscheiden kann, versieht man sie mit einem Symbol, das Vorzeichen genannt wird. Diese Zahlen, die kleiner als 0 sind, gehören zu den **negativen Zahlen.**

Wie du siehst, könnte man auch den positiven Zahlen ein Vorzeichen verpassen. Während hier das Plus weggelassen werden kann, sind negative Zahlen dagegen fest an ihr Minus gekettet.

Nimmst du nun beide Zahlenbereiche zusammen und die 0 in der Mitte dazu, dann ergibt sich daraus die so genannte Menge der Ganzen Zahlen (Abkürzung $\mathbb{Z}$).

Die Ganzen Zahlen haben keinen Anfang und kein Ende.

-5 -4 -3 -2 -1 0 1 2 3 4 5

Das Minus (−) direkt vor einer negativen Zahl ist **kein** Rechenzeichen. Es muss also zwischen zwei Arten unterschieden werden, auch wenn sie völlig gleich aussehen:

Ein Plus (+) oder Minus (−) als **Vorzeichen** kennzeichnet eine Zahl als positiv oder negativ. (Hat eine Zahl **kein** Vorzeichen, gilt sie als positiv.)

Werden zwei (oder mehr) Zahlen durch ein Plus oder Minus verknüpft, dann handelt es sich um ein **Operationszeichen** bzw. einen **Operator** für die Rechenarten Addition oder Subtraktion – deshalb kann man dazu auch **Rechenzeichen** sagen.

Nun lassen sich auch diese Aufgaben lösen:

3 - 8 = - 5   o d e r   5 - 8 = - 3

Wobei auch die Umkehrungen funktionieren sollten:

- 5 + 8 = 3   o d e r   - 3 + 8 = 5

Sieht auf den ersten Blick nicht einleuchtend aus? Scheint jedoch zu stimmen.

Der Taschenrechner kann natürlich nicht wissen, welches Minus du beim Eingeben einer Rechenaufgabe gerade meinst. Deshalb gibt es hier zwei verschiedene Tasten, wobei die **Vorzeichentaste** nicht bei allen Taschenrechnern gleich aussieht:

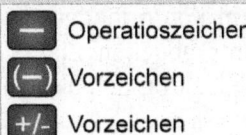

Operatioszeichen

(−) Vorzeichen

+/- Vorzeichen

Guthaben oder Schulden?

Vielleicht wird am Ende einiges klarer, wenn wir uns jetzt einer neuen Aufgabe widmen. So kommt jetzt wieder etwas Rechenarbeit auf dich zu:

> Übung 02.01:
>
> Jeden Monat bekommt Olga ein Gehalt von 1.248 Euro auf ihr Konto überwiesen. Davon gehen aber gleich wieder 421 Euro für Miete und weitere 159 Euro Vorauszahlung für Strom, Wasser und Heizung weg. Außerdem wird die Rate für einen Sparvertrag über 125 Euro abgebucht. Für Essen und Trinken hebt Olga 200 Euro ab.
>
> Diesen Monat will sie sich endlich eine Waschmaschine kaufen. Die kostet 399 Euro. Außerdem braucht sie dringend ein Paar neue Schuhe, Kostenpunkt 49 Euro. Sie zahlt jeweils mit ihrer Euroscheckkarte. Kurz vor Monatsende bekommt sie eine Gutschrift von einem Versandhaus über 57 Euro. Wie viel Geld hat sie auf dem Konto?

Dreh dieses Buch um und müh dich erst mal allein ab. Anschließend kannst du vergleichen:

	Eingänge	Ausgänge	Kontostand
Gehalt	1.248		1.248
Miete		421	827
Nebenkosten		159	668
Sparen		125	543
Lebenshaltung		200	343
Waschmaschine		399	-56
Schuhe		49	-105
Gutschrift	57		-48
Summen	1.305	1.353	-48

Hier bieten sich – wie schon bei der Aufgabe mit dem Zug aus dem ersten Kapitel – diese zwei Lösungswege an:

Du zählst alle Beträge zusammen (+), die auf dem Konto landen; dann zählst du alle Beträge zusammen (+), die vom Konto abgehen. Ziehst du abschließend die eine von der anderen Zahl ab (–), hast du den aktuellen Kontostand.

◇ Du rechnest jede »Geldbewegung«, wie sie gerade kommt: Ein Kontoeingang bekommt ein Plus (+), ein Kontoausgang ein Minus (–) vorangestellt.

Und so geht's zur Lösung:

1. Weg: (erst Additionen, dann Subtraktion)

1	2	4	8	+	5	7	=	1	3	0	5							
4	2	1	+	1	5	9	+	1	2	5	+	2	0	0	+	3	9	9
														+	4	9	=	1	3	5	3
1	3	0	5	-	1	3	5	3	=	-	4	8						

2. Weg: (Plus und Minus gemischt – aus Platzgründen wieder zweizeilig)

1	2	4	8	-	4	2	1	-	1	5	9	-	1	2	5	-	2	0	0
										-	3	9	9	-	4	9	+	5	7	=	-	4	8

Doch halt! Irgendetwas stimmt da nicht – oder? Hat da Olga etwa mehr ausgegeben als eingenommen? Na ja, Schulden machen gilt heute als nichts Außergewöhnliches. Und dank der Mathematik lässt sich offenbar auch mit Geld rechnen, das man gar nicht hat.

> Man kann also sagen: Geldbeträge, die du hast – ob in der Tasche oder auf dem Konto – sind Guthaben. Sie lassen sich durch **positive** Zahlen ausdrücken. Und Schulden – also was dir nicht gehört und du irgendwann zurückgeben musst – werden mit Hilfe **negativer** Zahlen dargestellt.
>
> 1.000 Euro Schulden bringen dich also ins Minus, als Zahl **-1000**; 1.000 Euro Guthaben setzen dich ins Plus, als Zahl **+1000**.

Und weil wir ja jetzt mit den Ganzen Zahlen einen neuen Zahlenbereich zur Verfügung haben, lassen sich auch Berechnungen wie 1305-1353 durchführen. Hier wird ja von einer kleineren Zahl eine größere abgezogen. Das Ergebnis muss demnach kleiner als 0 sein und damit negativ.

Im Grunde genommen ist es, als würde ich rechnen:

1	3	5	3	-	1	3	0	5	=	4	8

und dann dem Ergebnis ein Minuszeichen verpassen, weil es ja Schulden sind, die dabei herauskommen. Das entspricht dann diesem Rechenweg:

1	3	0	5	-	1	3	5	3	=	-	4	8

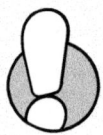

Ein anderer Bereich, in dem negative Zahlen genutzt werden, sind die Temperaturen: In südlichen Ländern ist es in der Regel warm bis heiß, dort kann es auch mal auf Temperaturen bis zu 40 Grad oder mehr steigen. Vom »hohen Norden« dagegen hören wir, dass dort oft »Minusgrade« herrschen: Hier ist es meistens »unter null« und die Temperaturen können durchaus mal auf –20 oder noch weniger Grad fallen.

Es gilt also: Je wärmer es ist, desto größer werden die (Temperatur-)Zahlen, je kälter es ist, desto kleiner werden sie. Ein Beispiel: Dass **+25 größer** ist als **+10**, weißt du: Als Temperatur gesehen ist der erste Wert **wärmer**. Aber nicht jedem ist klar, dass **–25 kleiner** ist als **–10**. Betrachtet als Temperatur ist der erste Wert **kälter** als der zweite.

Es gilt die Regel: Man zieht **immer** den kleineren Zahlwert vom größeren ab und setzt dann vor das Ergebnis ein Minus (–) als Vorzeichen. Ein Beispiel: Bei der Aufgabe **2–5** rechnet man **5–2 = 3**, und bekommt dann als Ergebnis **–3**.

Klammern

Was ist, wenn ich genau so viel Guthaben (+) wie Schulden (–) habe? Eigentlich habe ich dann nichts (0), weil sich die Beträge aufheben – oder?

Zählen wir doch mal beides zusammen:

Guthaben		Schulden		Kontostand
+1000	+	–1000	=	0
+1000	+	–700	=	+300
+700	+	–1000	=	–300

In der ersten Zeile der Tabelle sind Guthaben und Schulden gleich groß. Und weil das eine sozusagen das genaue Gegenteil des anderen ist, heben sich beide tatsächlich auf. In der zweiten Zeile ist das Guthaben größer als die Schulden, also muss »unterm Strich« noch ein Restguthaben bleiben (hier 300 Euro). Umgekehrt ist es in der dritten Zeile: Dort sind die Schulden größer als das Guthaben, weshalb »am Schluss« auch Restschulden bleiben (hier 300 Euro).

Was in der Tabelle – hoffentlich – einleuchtend aussieht, könnte direkt hintereinander geschrieben Verwirrung stiften. Nehmen wir die erste Aufgabe:

+	1	0	0	0	+	-	1	0	0	0	= 0

Man sieht den einzelnen Symbolen nicht sofort an, ob es sich um ein Rechenzeichen oder ein Vorzeichen handelt. Deshalb kommen jetzt einige Klammern ins Spiel:

(	+	1	0	0	0	)	+	(	-	1	0	0	0	)	= 0

Befindet sich hier ein Zeichen innerhalb der Klammern, so ist es offensichtlich ein Vorzeichen, ist es »draußen«, so handelt es sich um ein Rechenzeichen. Damit werden auch die anderen beiden Gleichungen aus der Tabelle überschaubar:

(	+	1	0	0	0	)	+	(	-	7	0	0	)	=	(	+	3	0	0	)
(	+	7	0	0	)	+	(	-	1	0	0	0	)	=	(	-	3	0	0	)

Viele Mathematiker haben die Eigenheit, möglichst alles zu verkürzen oder zu vereinfachen – auch wenn die Schönheit mal dabei verloren geht. Sie würden also dafür sorgen, dass möglichst viele oder gar alle Klammern wieder verschwinden, wenn dadurch die Eindeutigkeit der Rechnung nicht verloren geht. Dann bleibt von den drei Gleichungen aus der Tabelle noch dieses übrig:

1	0	0	0	-	1	0	0	0	=			0
1	0	0	0	-		7	0	0	=		3	0	0
	7	0	0	-	1	0	0	0	=	-	3	0	0

So richtig falsch kann das wohl nicht sein, denn die Ergebnisse sind einleuchtend: Wenn ich von 1000 wieder 1000 abziehe, muss 0 übrig bleiben. Wenn ich von 1000 700 abziehe, bleiben 300. Und in der letzten Zeile ziehe ich von einer kleineren Zahl (700) eine größere (1000) ab, weshalb das Ergebnis also unter 0 liegen und damit negativ sein muss: –300.

Wenn wir uns noch mal die erste Gleichung weiter oben anschauen, wo sie noch keine Klammern hatte, dann standen dort zwei Zeichen direkt nebeneinander. Sie wurden in der untersten Rechenzeile einfach »zusammengezogen«:

	+	1	0	0	0		+		-	1	0	0	0		=	0
(	+	1	0	0	0	)	+	(	-	1	0	0	0	)	=	0
		1	0	0	0		-			1	0	0	0		=	0

Man kann also zwei benachbarte Zeichen zu einem einzigen machen. Das musst du jetzt nicht in allen möglichen Variationen ausprobieren, es genügt, wenn du dir dazu die folgende Tabelle anschaust:

Rechenvorgang	zwei Zeichen	werden zu	Operation
plus Guthaben	+ +1000	+1000	Addition
minus Guthaben	– +1000	–1000	Subtraktion
plus Schulden	+ –1000	–1000	Subtraktion
minus Schulden	– –1000	+1000	Addition

Die ersten beiden Zeilen leuchten unmittelbar ein: Guthaben dazuzählen oder abziehen ist normale Addition und Subtraktion von Geld. In der dritten Zeile sollen Schulden dazugezählt werden. Ist das nicht so, als würde ein Guthaben abgezogen? Werden mir 1000 Euro Schulden aufgebrummt oder bekomme ich 1000 Euro Guthaben weggenommen – das Ergebnis ist dasselbe: Ich habe 1000 Euro weniger als vorher. Schulden dazuzählen (+–) heißt also Subtraktion von Geld (–).

Operation gelungen?

Was ist mit der letzten Zeile: Schulden abziehen? Dass zwei Minuszeichen zu einem Plus werden sollen, ist für viele verwirrend. Aber wäre es logischer, daraus ein Minus zu machen?

Schulden abziehen bedeutet doch etwas Gutes, also Positives: Anschließend bin ich meine Schulden los. Hatte ich vorher z.B. 1.000 Euro Schulden auf dem Konto (als Zahl –1000), so ist es nun leer (= 0):

(	–	1	0	0	0	)	–	(	–	1	0	0	0	)	=	0
	–	1	0	0	0			+		1	0	0	0		=	0

Waren auf meinem Konto bereits 1.000 Euro, vermehrt es sich um weitere 1.000:

(	+	1	0	0	0	)	–	(	–	1	0	0	0	)	=	(	+	2	0	0	0	)
		1	0	0	0			+		1	0	0	0		=			2	0	0	0	

Hier greift die so genannte »doppelte Verneinung«. Wenn ich z.B. sage: »Mir geht es nicht schlecht« (also nicht negativ) dann meine ich doch eigentlich so etwas wie »Mir geht es gut« (also positiv).

Probiere zum Vergleich einmal durch, was wäre, wenn aus zwei Minuszeichen eines würde:

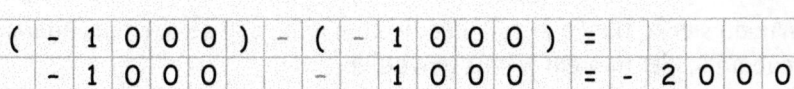

(	-	1	0	0	0	)	-	(	-	1	0	0	0	)	=
	-	1	0	0	0		-			1	0	0	0	=	- 2 0 0 0

Das würde bedeuten: Auf einem Konto mit minus 1.000 Euro sollen Schulden von 1.000 Euro abgezogen werden. Würde man das zu einer Subtraktion machen, wären anschließend auf dem Konto 2.000 Euro Schulden. Würde ich jedoch auf das Konto mit minus 1.000 Euro nochmals 1.000 Euro Schulden draufpacken, so wären es ebenfalls 2.000 Euro Schulden. Ob das logisch ist?

Demnach gilt diese Rechenregel:

Gleiche Zeichen (+ + oder – –) werden zu Plus (+), **verschiedene** Zeichen (+ – oder – +) werden zu Minus (–).

Bleiben wir bei den Klammern und kommen wir noch einmal auf die Aufgabe 02.01 zurück (wo es um Olgas Geld ging). Hier lässt sich der 1. Rechenweg mit Hilfe von Klammern auch so darstellen:

	(	2	4	8	+	5	7	)																
-	(	2	1	+	1	5	9	+	1	2	5	+	2	0	0	+	3	9	9	+	4	9	)	

Im ersten Klammernpaar stehen Olgas Einnahmen, darunter werden mit einem zweiten Klammernpaar alle Ausgaben erfasst.

Hier dienen Klammern offenbar dazu, Werte zusammenzufassen. Grundsätzlich muss immer zuerst das berechnet werden, was **innerhalb** der Klammern steht.

Nach dem Ausrechnen können die Klammern wegfallen und wir haben zwei Teilergebnisse, die dann subtrahiert werden müssen:

1	2	8	4	-	1 3 5 3	=	-	4 8

Dieselbe Rechnung würde ohne Klammern so aussehen (man kann hier auch von »Klammern auflösen« sprechen):

	2	4	8	+	5	7				
-	2	1	-	1	5	9	-	1 2 5	- 2 0 0	- 3 9 9	- 4 9
									=	- 4 8

2

Wie du siehst, haben sich in der zweiten Zeile alle Zeichen geändert: Aus jedem Plus ist nun ein Minus geworden.

Will man Klammern loswerden bzw. auflösen, gibt es diese Regeln:

Steht vor den Klammern ein Plus oder gar nichts, dann kann man sie tatsächlich einfach weglassen, und alles bleibt, wie es ist, z.B.:

+(2+3-5) = +2+3-5

Steht jedoch vor den Klammern ein **Minus**, dann kann man die Klammern nur entfernen, wenn **sämtliche** Zeichen innerhalb der Klammern **geändert** worden sind. Damit wird jedes Plus zum Minus und umgekehrt, z.B.:

-(2+3-5) = -2-3+5

»Punkt vor Strich«

Dass Klammern durchaus hilfreich sein können, siehst du an der folgenden Aufgabe, bei der du jemandem aus der Patsche helfen kannst.

Übung 02.02:

Die Schatzjägerin Sara Kropf ist in eine Falle geraten. Es gibt zwar einen Ausweg, aber der lässt sich nur öffnen, wenn sie von zehn Tasten die beiden richtigen drückt. Alle anderen Kombinationen verriegeln den Ausgang für immer. In die Wand ist fast unleserlich ein Text eingeritzt, der besagt:

»Bilde aus den Symbolen 2, 3, 5 mit + und X alle Rechenaufgaben, die möglich sind. Benutze die fünf Symbole in jeder Aufgabe nur einmal und bleibe bei der Reihenfolge 2, 3, 5. Zähle dann alle Ergebnisse zusammen.«

Wie erhält Sara die Nummern der Tasten, die sie in die Freiheit führen?

Auch hier ist es am besten, du drehst das Buch um und versuchst es zuerst wieder ganz allein, ehe du dir die Lösung anschaust.

Zunächst scheint es nur zwei Möglichkeiten zu geben. Und das sieht doch ganz einfach aus – oder? Machen wir uns ans Ausrechnen (Das x steht für ein Malzeichen):

2	·	3	+	5	=	6	+	5	=	1	1
2	+	3	·	5	=	5	·	5	=	2	5

Ich höre schon die Mathematiker schreien: »Halt! Was ist mit Punkt vor Strich?« Verstehst du das?

Eigentlich rechnet man eine Aufgabe von links nach rechts, sozusagen wie es gerade kommt. Das haben wir im ersten Fall auch getan. Nur klappt genau das im zweiten Fall nicht mehr. Denn die mathematische Regel lautet:

◇ Vorfahrt haben immer die »Punktrechnungen«, also Multiplikation (·) und Division (:). Erst dann kommen die »Strichrechnungen«, also Addition (+) und Subtraktion (–). Also kurz »Punkt **vor** Strich«.

Um diese Begriffe zu verstehen, musst du dir nur die Rechenzeichen näher anschauen: Die Symbole für Plus und Minus werden aus Strichen gebildet, die für Mal und Geteilt aus Punkten.

Die zweite Aufgabe müsste demnach so gerechnet werden:

2	+	3	·	5	=	2	+	1	5	=	1	7

Was du mit dem Taschenrechner überprüfen kannst und auch solltest. Hätten wir gleich Klammern benutzt, wäre jeder Rechenweg eindeutig. Klammern haben immer Vorrang, die »Punkt vor Strich«-Regel wird gar nicht benötigt. Mit Klammern erhalten wir gleich vier verschiedene Gleichungen und Ergebnisse:

(	2	·	3	)	+	5	=	6	+	5		=	1	1
2	·	(	3	+	5	)	=	2	·	8		=	1	6
(	2	+	3	)	·	5	=	5	·	5		=	2	5
2	+	(	3	·	5	)	=	2	+	1	5	=	1	7

Daraus müssen wir nur noch die Summe bilden:

1	1	+	1	6	+	2	5	+	1	7		=	6	9

Damit wäre das Rätsel gelöst: Drückt Sara Kropf nun nacheinander die Tastenfelder 6 und 9, dann öffnet sich für sie der Ausgang und der Weg zu neuen Abenteuern ist frei.

2

Minus mal Minus?

Nachdem wir erlebt haben, dass es sich im Bereich der Natürlichen Zahlen (**IN**) nicht uneingeschränkt subtrahieren lässt, sind wir im Bereich der Ganzen Zahlen (**Z**) gelandet. Und damit erwartet uns gleich ein neues Problem:

Wie steht es denn mit der Multiplikation, wenn negative Zahlen ins Spiel kommen? In der folgenden Tabelle sind die Möglichkeiten zusammengefasst, die es im Bereich der Ganzen Zahlen gibt:

Plus mal Plus	Plus mal Minus	Minus mal Plus	Minus mal Minus

Die Frage ist nun: Welches Vorzeichen hat das jeweilige Ergebnis? Probieren wir's mit ein paar Beispielzahlen durch:

(	+	2	)	·	(	+	3	)	=	+	(	2	·	3	)	=	+	6
(	+	2	)	·	(	–	3	)	=	–	(	2	·	3	)	=	–	6
(	–	2	)	·	(	+	3	)	=	–	(	2	·	3	)	=	–	6
(	–	2	)	·	(	–	3	)	=	+	(	2	·	3	)	=	+	6

Sind die Klammern denn unbedingt nötig? Nach wie vor sind Klammern dazu da, um einen Rechenweg eindeutig zu machen. Obwohl wir wissen, dass ein Malzeichen (·) niemals ein Vorzeichen sein kann, ist doch die Klammerschreibweise meist übersichtlicher.

Wenn du dir die Ergebnisse anschaust, siehst du, dass je zweimal eine positive und eine negative Zahl herauskommt. Dass beim Malnehmen zweier positiver Zahlen das Ergebnis wieder positiv ist, leuchtet wohl ein. Und dass eine negative und eine positive Zahl miteinander multipliziert eine Zahl mit einem Minus ergeben, lässt sich auch noch nachvollziehen. Aber »Minus mal Minus gleich Plus«? Das verstehe, wer will!

Erinnerst du dich an die Regel, wo wir aus zwei Minuszeichen ein Pluszeichen gemacht haben? Wäre es hier nicht sinnvoll, etwas Ähnliches zu vereinbaren?

Und tatsächlich gibt es auch hier eine passende Rechenregel:

Gleiche Vorzeichen (+ · + oder – · –) werden zu Plus (+), **verschiedene** Vorzeichen (+ · – oder – · +) werden zu Minus (–).

Natürlich gibt es auch für die Berechnung selbst eine Regel: Erst multipliziert man alle Zahlwerte ohne Vorzeichen, dann setzt man vor das Ergebnis ein Plus (+) oder ein Minus (–) als Vorzeichen. So rechnet man z.B. bei der Aufgabe (–2)·(+3) einfach 2·3 = 6, und bekommt dann als Ergebnis –6.

Als aufmerksamem Leser ist dir natürlich noch etwas auf- oder eingefallen: Außer den positiven und negativen Zahlen gibt es da ja noch die Null und damit diese Möglichkeiten:

Positiv mal 0   Negativ mal 0   0 mal 0

Weil die Null im Prinzip ein »mathematisches Nichts« ist, gilt die Rechenregel: **Alles mal Null ist Null.**

Also zum Beispiel: $2·0 = –2·0 = 0·0 = 0$

Zusammenfassung

Das war's mal wieder. Nach all der »Minus-Plus-Klammerei« solltest du dir jetzt eine kleine Pause gönnen. Doch zuvor noch ein kleiner Überblick:

Du kennst jetzt zwei Zahlenbereiche:

◇ die Natürlichen Zahlen ($\mathbb{N}_0$), die aus der 0 und den positiven Ganzen Zahlen ($\mathbb{Z}^+$) bestehen: Dort sind Addition und Multiplikation ohne Einschränkung möglich.

◇ die Ganzen Zahlen ($\mathbb{Z}$), die aus der 0, den positiven ($\mathbb{Z}^+$) und den negativen ($\mathbb{Z}^-$) Ganzen Zahlen bestehen: Dort sind Addition, Subtraktion und Multiplikation ohne Einschränkung möglich.

Und dir sind einige Regeln bekannt, die dir das Rechnen erleichtern sollen:

Für Zahlen mit Vorzeichen gilt:
Gleiche Zeichen werden zu Plus (+), verschiedene Zeichen zu Minus (–)
Für die Subtraktion (–) gilt:
Größerer minus kleinerer Zahlwert, passendes Vorzeichen vor das Ergebnis setzen
Für die Multiplikation (·) gilt:
Zahlwerte ohne ihre Vorzeichen malnehmen, passendes Vorzeichen vor das Ergebnis setzen

> Für Klammern gilt:
> Was in den Klammern steht, muss zuerst berechnet werden
> Außer Klammern gilt:
> Punkrechnung vor Strichrechnung
> Nicht zuletzt gilt:
> Alles mal 0 ist 0

Ein paar Fragen ...

1. Rudi Pfiffig behauptet: »Wenn 3 größer als 2 ist, dann muss auch –3 größer als –2 sein«. Was hältst du von dieser Aussage?

2. Lassen sich die Rechenregeln von »Plus mal Plus« bis »Minus mal Minus« auch auf die Division übertragen?

3. Rudi Pfiffig ist davon überzeugt, dass jede Zahl eine Gegenzahl hat: »Wenn ich zum Beispiel +2 und –2 zusammenzähle, dann bleibt mir nichts.« Bist du auch dieser Ansicht?

... und ein paar Aufgaben

1. Berechne möglichst geschickt:

2	9	9	–	(	8	3	+	1	6	–	4	1	+	2	7	–	6	9	+	5	4	)		
8	2	–	(	1	2	–	2	4	)	+	(	3	6	–	6	3	)	–	7	7				
4	6	–	(	–	8	5	+	5	8	–	1	0	4	+	9	2	)	+	2	5				

2. Ergänze die Kästchen so, dass eine Addition (+) für jede Zeile und Spalte die gleiche Summe ergibt:

a) Summe = 1

b) Summe = –1

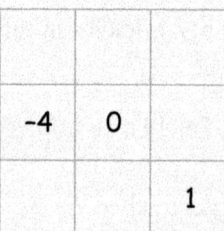

3. Versuch mal diese Klammernketten zu knacken:

(	−	5	)	·	(	+	1	2	)	·	(	+	3	)				
(	−	4	)	·	(	−	9	)	·	(	−	7	)	·	(	−	2	)
(	−	2	1	)	·	(	−	4	)	:	(	+	7	)				
(	+	4	8	)	:	(	+	3	)	:	(	−	8	)				

4. Lucky Freddy gewinnt in einem Spielcasino 9.876 Euro, dann verliert er 1.234 Euro, beim nächsten Spiel verliert er gleich noch mal, diesmal sind es 8.998 Euro. Er versucht es noch einmal und gewinnt 3.009 Euro, allerdings gehen ihm gleich darauf wieder 2.664 Euro verloren. Nun reicht es ihm. Mit wie viel Geld geht er nach Hause?

(Die Lösungen zu allen Fragen und Aufgaben stehen hinten im Buch.)

3

Zahlen mit Komma

Auch hier werden wir die Grundrechenarten nicht los. Nachdem wir im letzten Kapitel unseren Zahlenbereich erweitert haben, funktionieren Addition und Subtraktion nun offenbar ohne Probleme. Bei der Multiplikation und Division jedoch scheint Argwohn angebracht. Aber – wie fast immer – hilft uns auch hier die Mathematik, unsere Zweifel zu zerstreuen.

In diesem Kapitel lernst du

◎ etwas über Teilen mit Rest

◎ die Bedeutung des Kommas kennen

◎ etwas über das Schätzen und Runden

◎ was Rationale Zahlen sind

Aufteilung

Ganz so schlimm ist es nicht, denn was für Addition (+) und Subtraktion (−) gilt, klappt auch beim Malnehmen: Ich kann mir beliebige Ganze Zahlen aussuchen und ich werde keinen Fall finden, in dem sich diese nicht multiplizieren (·) lassen. Bei der Umkehrung jedoch, der Division (:), bin ich mir nicht so sicher.

Eigentlich sollte es doch immer funktionieren, wenn man eine Aufgabe »rückwärts« rechnet, z.B.:

| 2 | · | 3 | = | 6 | | o | d | e | r | | 3 | · | 2 | = | 6 |
| 6 | : | 3 | = | 2 | | o | d | e | r | | 6 | : | 2 | = | 3 |

Aber da war wohl wieder jemand, der auf die Idee kam, das Ganze mal so zu verdrehen:

| 3 | : | 6 | = | ? | | o | d | e | r | | 2 | : | 6 | = | ? |

Auch hierbei handelte es sich nicht um die direkte Umkehrung der Multiplikation 2 · 3 = 6. Aber für Mathematiker ist ein neuer Fall natürlich schon interessant. Zumal das Ergebnis offenbar nicht zu den bisher bekannten Zahlen gehört.

Aber ganz so einfach soll es diesmal nicht werden: In welche Richtung soll man denn den aktuellen Zahlenbereich (die Ganzen Zahlen) erweitern?

Starten wir also mit einer kleinen Rechenaufgabe für dich:

Übung 03.01:

Die Mitglieder der Firma Packesan machen einen Betriebsausflug. Für die 234 Personen, die mitfahren wollen, sollen Busse gemietet werden, von denen jeder 36 Sitzplätze (plus 2 Notsitze) zu bieten hat. Wie viele Busse sind nötig, um alle unterzubringen?

Auch hier solltest du zuerst wieder das Buch umdrehen und allein rechnen bzw. probieren. Dann schau dir den folgenden Lösungsweg an:

$$2\ 3\ 4 : 3\ 6 = 6 \quad R\ e\ s\ t \quad 1\ 8$$

In der Praxis könnte das so aussehen: Man zieht so lange 36 von der Anzahl der Mitfahrer ab, bis dies nicht mehr geht. Dann weiß man, dass 6 Busse benötigt werden. Für diejenigen, die übrig bleiben, ist dann ein weiterer 7. Bus nötig. Bei bis zu 12 Personen hätte man noch auf die Notsitze zurückgreifen können, nun aber lassen sich dafür die Businsassen großzügiger verteilen.

Wenn wir vom Ergebnis der Division mal »rückwärts« rechnen, ohne den Rest zu berücksichtigen, dann kommen wir auf diese Zahl:

$$6 \cdot 3\ 6 = 2\ 1\ 6 \quad o\ d\ e\ r \quad 3\ 6 \cdot 6 = 2\ 1\ 6$$

Zählen wir den Rest jetzt dazu, so landen wir wieder bei unserer Ausgangszahl:

$$2\ 1\ 6 + 1\ 8 = 2\ 3\ 4$$

Eine richtige Division (:) ist das nicht, meinst du? Immerhin konnten wir bei dieser Aufgabe ja nicht **restlos** teilen: 18 Personen sind übrig geblieben. In diesem Fall stört das nicht weiter, denn der zusätzliche Bus löst hier das Problem.

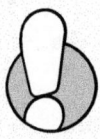

Für das Teilen mit Rest kann man auch **Ganzzahldivision** sagen, weil das Ergebnis immer auch eine Ganze Zahl ist. Eine solche Division kann einen Rest haben, der dann ebenfalls ganzzahlig ist.

Da sind wir ja noch mal davongekommen. Ob das bei der nächsten Aufgabe auch so glatt geht?

Übung 03.02:

Vier Kinder haben in Opa Krauses Garten den Rasen gemäht und den Grasschnitt weggeräumt. Dafür gibt er ihnen 10 Euro. Jedes Kind soll davon denselben Anteil erhalten. Wie viel ist das jeweils?

Nachdem du zuerst wieder allein gerechnet hast, kannst du dir den Lösungsweg anschauen:

| 1 | 0 | : | 4 | = | 2 | | R | e | s | t | | 2 |

Na ja, obwohl die Rechnung wirklich einfach ist, zufrieden stellt dieses Ergebnis nicht. Wenn jedes Kind 2 Euro bekommt, was ist dann mit den restlichen 2?

Du hast natürlich schon einen Ausweg gefunden: Rechnet man in Cent statt in Euro, gibt es keine Probleme:

| 1 | 0 | 0 | 0 | : | 4 | = | 2 | 5 | 0 |

Klingt schon besser: Jedes Kind bekommt 250 Cent, also 2 Euro 50. Das stimmt – und stimmt nicht. Im Bereich der Ganzen Zahlen (**Z**) können wir mit Cent, nicht aber mit Euro rechnen – jedenfalls nicht ohne Rest.

Von Cent zu Euro

Weil wir wissen, dass 1 Euro denselben Wert hat wie 100 Cent, können wir unsere Berechnung auch so umformen:

| 1 | 0 | 0 | 0 | : | 4 | = | 2 | 5 | 0 | | (| C | e | n | t |) |
| 1 | 0, | 0 | 0 | : | 4 | = | 2, | 5 | 0 | | (| E | u | r | o |) |

Hier haben wir ein kleines Hilfsmittel benutzt, das **Komma**. So kennst du es von zahlreichen Preisschildern – wobei dort statt eines Kommas (,) auch mal ein Punkt (.) stehen kann.

Beim Taschenrechner ist häufig nur der **Punkt** anzutreffen.

 Trennzeichen für "Kommazahlen"

Dafür gibt es einen Grund: International hat sich die englische Sprache als »Weltsprache« durchgesetzt. Das gilt zwar nicht für die englischen Maße, denn in den meisten Ländern wird lieber in Zentimetern als in Zoll gemessen, trotzdem wird weitaus häufiger – z.B. bei Geldwerten – der Punkt statt des Kommas benutzt, um Euro oder Dollar von Cent zu trennen.

In Deutschland bleibt es beim Komma. Und dort spricht man bei Zahlen wie 2,50 auch von einer »**Kommazahl**«.

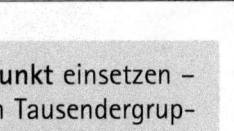

Bei besonders großen Zahlen kann man auch den **Punkt** einsetzen – muss man aber nicht. Der Punkt trennt eine Zahl in Tausendergruppen, damit man sie besser lesen kann. Ein Beispiel:

1,2345 Milliarden kann man so schreiben: **1234500000** oder auch so: **1.234.500.000**. Taucht also dieser Punkt irgendwo auf, dient er der besseren Lesbarkeit.

Formen wir mal einige Cent in Euro um:

3	4	5		C	e	n	t		=		3,	4	5		E	u	r	o
1	2	3		C	e	n	t		=		1,	2	3		E	u	r	o

Alles was vor dem Komma steht, bedeutet Euro, und hinter dem Komma stehen die übrig gebliebenen Cent. Eigentlich doch nichts Besonderes, meinst du. Denn du kannst natürlich mit Geld umgehen, sowohl mit Euro als auch mit Cent.

Das Besondere aber ist, dass wir in einen neuen Zahlenbereich gerutscht sind: Weder 3,45 noch 1,23 (und übrigens auch nicht der Lösungswert zu Aufgabe 03.02) sind ganze oder Natürliche Zahlen! Aber als »kaputte« Zahlen können wir sie auch nicht bezeichnen.

Auf jeden Fall passen würde der Begriff **Dezimalzahlen**. Aber das sind die Natürlichen und die Ganzen Zahlen auch. Der Name für unseren neuen erweiterten Zahlenbereich ist Rationale Zahlen (Abkürzung **Q**).

Dieser Name bedarf einer Erklärung. Während die Bezeichnungen »Natürlich« und »Ganz« wohl einsichtig sind, stiftet der Begriff »Rational« einige Verwirrung. Ursprünglich hat er etwas mit Vernunft und Verstand zu tun, aber das hilft uns hier nicht weiter. Besser wäre der Begriff »Ration«, was so viel wie Anteil oder Bruchteil heißt.

Und um das Teilen ging und geht es ja in diesem Kapitel. Vor allem um die Division von Zahlen, die offenbar kein eindeutiges ganzes Ergebnis haben. So gibt es z.B. für die Darstellung der Division in Aufgabe 03.02 eine Reihe verschiedener Möglichkeiten:

$$10 : 4 = 10 \div 4 = 10 / 4 = {}^{10}\!/_4 = \frac{10}{4}.$$

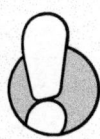

3

Neben dem Doppelpunkt ist auch der Schrägstrich als Symbol (bzw. Operator) für die Division durchaus üblich, u.a. beim Rechnen mit dem PC. Und auch der Taschenrechner hat sein eigenes Symbol – wenn er überhaupt Bruchrechnen kann. Die letzte Darstellung wird als Bruch bezeichnet. Diese Form ist der Mathematik so wichtig, dass ich dem Thema später gleich zwei Kapitel widmen werde.

Die Rationalen Zahlen sind **alle** Zahlen, die sich in einer der oben gezeigten Formen darstellen lassen – z.B. als Bruch.

2,50 könnte man demnach auch so schreiben:

$$250 : 100 = \frac{250}{100}.$$

Damit sind natürlich alle Ganzen Zahlen in diesen neuen Zahlenbereich eingeschlossen. Ein Beispiel: Die Zahl **2** lässt sich auch so darstellen:

$$2 : 1 = \frac{2}{1}.$$

Bliebe noch die Abkürzung **Q** zu klären: Vielleicht erinnerst du dich daran, dass das Ergebnis einer Division Quotient heißt.

Noch mehr Stellen

Bleiben wir noch beim Geld und setzen die Umformung mit zwei Beispielen fort:

9	9	9	C	e	n	t	=	9	,	9	9	E	u	r	o
	9	9	C	e	n	t	=	0	,	9	9	E	u	r	o

Während die erste Berechnung wohl klar ist, sollten wir uns die zweite mal näher anschauen: Eindeutig ist, dass 99 Cent weniger sind als 1 Euro (= 100 Cent). Man könnte auch sagen: 0 Euro und 99 Cent – so wie es beim ersten Beispiel auch heißen kann: 9 Euro und 99 Cent.

Wie es auf den ersten Blick aussieht, werden hier einfach von hinten zwei Stellen abgezählt und dann ein Komma gesetzt. Und wenn einmal vor den zwei Stellen **nichts** steht, setzt man dort eine 0 ein.

> Bei Preisangaben siehst du auch immer wieder mal eine Darstellung wie diese:
>
> –,99 € statt 0,99 € ebenso wie 9,– € statt 9,00 €.
>
> Hier werden Nullen durch einen Strich ersetzt. Bei negativen Zahlen darf man diese Darstellung allerdings nicht verwenden, um Verwechslungen mit dem Vorzeichen für Minus oder dem Rechenzeichen für die Subtraktion auszuschließen.

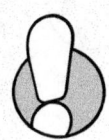

Um von Cent auf Euro zu kommen, verwenden wir zur Umrechnung die 100. Wir teilen den Centwert durch 100, um den Eurowert zu erhalten. Mit unseren bisherigen Mitteln aber sieht das so aus:

9	9	9	:	1	0	0	=	9		R	e	s	t		9	9
	9	9	:	1	0	0	=	0		R	e	s	t		9	9

Damit die beiden Centwerte durch 100 teilbar sind, müssten sie eigentlich um das Hundertfache größer sein. Da könnte uns der »Kommatrick« aus der Klemme helfen:

9	9	9,	0	0	:	1	0	0	=	9,	9	9
	9	9,	0	0	:	1	0	0	=	0,	9	9

Wir hängen einfach ein Komma mit zwei Nullen an unsere Zahlen an. Dann dividieren wir diese neuen »Gebilde«, **ohne** das Komma zu beachten. Anschließend setzen wir das Komma wieder an seine Stelle (2 Stellen von hinten). Und wir erhalten ein »echtes« Ergebnis ohne Rest.

Damit wird es Zeit, auch das **Stellenwertsystem** zu erweitern. So wie wir es aus dem ersten Kapitel kennen, gab es dort für den kleinsten Stellenwert die Einer. Anstatt nun wie bisher jeweils alles zu Bündeln von Zehnern oder Hundertern zusammenzufassen, zerteilen wir einen Einer in 10 gleichgroße Stücke – genannt Zehntel. Und davon lässt sich wiederum jedes in 10 Hundertstel aufspalten. Und so weiter – wie zum Beispiel hier:

Hunderter (H)	Zehner (Z)	Einer (E)		Zehntel (z)	Hundertstel (h)
1	2	3	,	4	5
		0	,	9	9

Dargestellt sind die Zahlen Hundertdreiundzwanzig-Komma-Vier-Fünf bzw. Null-Komma-Neun-Neun.

In Wahrheit ist auch jede Kommazahl eine Additions-, Multiplikations- und Divisionsaufgabe, so wie diese beiden:

$123{,}45 = 1 \cdot 100 + 2 \cdot 10 + 3 \cdot 1 + 4/10 + 5/100$

$0{,}99 = 0 \cdot 1 + 9/10 + 9/100$

Sinnvoll ist eine solche Erweiterung des Stellenwertsystems erst, wenn es sich auch für Berechnungen nutzen lässt, bei denen nicht nur durch 100 geteilt wird. Probieren wir das gleich aus! Ganz zu Anfang dieses Kapitels gab es zwei ungelöste Rechnungen:

$$3 : 6 = ? \quad und \quad 2 : 6 = ?$$

Rücken wir denen jetzt mit unserem »Kommatrick« auf den Leib:

$$3{,}00 : 6 = 0{,}50$$
$$2{,}00 : 6 = 0{,}33 \; ?$$

Im ersten Fall ist die Lösung klar: Weil 300:6 = 50 ist, ergibt 3,00:6 = 0,50. Wir könnten uns sogar die eine 0 am Ende sparen, denn diese Rechnung geht ebenfalls auf:

$$3{,}0 : 6 = 0{,}5$$

0,50 und 0,5 bedeuten dasselbe: Alle »hinterher kommenden« Nullen können auch weggelassen werden: 0,5000 = 0,500 = 0,50 = 0,5.

Wie ist es mit dem zweiten Fall? Allzu weit kommen wir hier nicht, denn trotz unseres »Kommatricks« bleibt ein Rest – und der scheint nicht mal eine Ganze Zahl zu sein. Und wenn du dir jetzt die Mühe machst, noch ein paar Nullen dazuzugeben, lässt sich das Problem wohl nur »verschieben«:

$$2{,}0000 : 6 = 0{,}3333 \ldots$$

Offenbar müssen wir uns jetzt damit abfinden, denn diese Rechnung scheint endlos so weiter zu gehen. Immerhin können wir sagen: 2 durch 6 ist **ungefähr** 0,33.

Kommazahlen

Probieren wir aus, ob es auch einen »Kommatrick« für Zahlen gibt, die schon ein Komma haben:

Übung 03.03:

Olga kauft 3 CDs und zahlt insgesamt 29,61 Euro. Wie viel kostet eine CD?

Hier ist es sinnvoll, erst einmal zu schätzen, wie viel eine CD ungefähr kosten könnte. Weil 29,61 € rund 30 € sind, können wir also rechnen:

$$3 \ 0 \ : \ 3 \ = \ 1 \ 0$$

Der Preis einer CD dürfte also etwas unter 10 Euro liegen. Nun folgt die genaue Berechnung:

$$2 \ 9, \ 6 \ 1 \ : \ 3 \ = \ 9, \ 8 \ 7$$

Stört das Komma? Würden wir das einfach weglassen, sähe die Rechnung so aus:

$$2 \ 9 \ 6 \ 1 \ : \ 3 \ = \ 9 \ 8 \ 7$$

Dann müssen wir nur beim Ergebnis das Komma wieder an die richtige Stelle setzen. Damit wissen wir, dass eine CD 9,87 Euro kostet.

Und nun lass uns das Ganze mal zurückrechnen:

Übung 03.04:

Olga kauft CDs, das Stück zu 9,87 Euro. Insgesamt zahlt sie 29,61 Euro. Wie viele CDs kauft Olga?

Tun wir so, als hätten wir keine Ahnung und schätzen wir erst einmal wieder: Olga zahlt ungefähr 30 Euro und jede CD kostet rund 10 Euro. Also gilt:

$$3 \ 0 \ : \ 1 \ 0 \ = \ 3$$

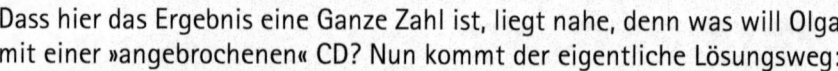

Dass hier das Ergebnis eine Ganze Zahl ist, liegt nahe, denn was will Olga mit einer »angebrochenen« CD? Nun kommt der eigentliche Lösungsweg:

| 2 | 9, | 6 | 1 | : | 9, | 8 | 7 | = | 3 |

Auch hier könnten wir das störende Komma weglassen. Dann sähe die Gleichung so aus:

| 2 | 9 | 6 | 1 | : | 9 | 8 | 7 | = | 3 |

Beide Rechnungen sind völlig gleichwertig, ein neues Komma ist also in diesem Falle überflüssig.

Mit dem Taschenrechner sind solche Aufgaben kein Problem. Dann musst du nur daran denken, dass meistens für das **Komma** beim Taschenrechner ein **Punkt** nötig ist.

Willst du die Aufgabe aber handschriftlich lösen, dann darf der Teiler kein Komma haben. Das Komma »wegnehmen« heißt aber hier nichts anderes, als es um 2 Stellen nach rechts zu verschieben (so wird aus **9,87** die Zahl **987**). Nun muss auch die andere betroffene Zahl (der Dividend) angepasst werden. Auch hier wird das Komma um 2 Stellen nach rechts verschoben (womit aus **29,61** die Zahl **2961** wird).

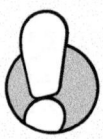

Wichtig ist, dass bei einer solchen Division (**:**) »per Hand« das Komma bei **beiden** betroffenen Zahlen (dem Dividenden **und** dem Divisor) immer um die gleiche Anzahl von Stellen verschoben wird!

Schätzen und Runden

Es gibt genügend Fälle, in denen es gar nicht wichtig ist, einen Wert ganz genau zu kennen, z.B. die genaue Bevölkerungszahl der Erde, die metergenaue Entfernung zwischen zwei Orten, die sekundengenaue Uhrzeit. Viele Zahlen und Größen sind auch nicht fest und dauerhaft: So ändert sich die Bevölkerungszahl ständig und auch die Uhr läuft immer weiter. Wie viel Wasser und wie viel Luft es wirklich gibt, welche Lottozahlen diesmal die richtigen sind, das lässt sich nur vermuten bzw. schätzen.

Wenn dir ein dickes Lexikon auf den Fuß fällt, das genau 2,137 kg wiegt, wird dir das völlig egal sein. »Mir ist ein Buch auf den Fuß gefallen, das beinahe 5 Kilogramm schwer war«, wirst du später sagen (wobei man hier eher von »Überrunden« als vom Aufrunden sprechen könnte).

Die meisten Aufgaben, in denen so genannte »Kommazahlen« vorkommen, werden in der Regel mit Hilfe des Taschenrechners gelöst. Das erspart uns aber nicht die Mühe, das ungefähre Ergebnis erst einmal abzuschätzen.

Übung 03.05:

In einem kleinen verträumten Ort leben 1.313 Menschen. Alle zusammen haben ein monatliches Gesamteinkommen von 2.345.678 Euro. Wie viel bekommt jeder Einwohner durchschnittlich?

Das monatliche Gesamteinkommen setzen wir auf rund 2 Millionen. Die Einwohnerzahl beträgt ungefähr 1.000. Das geschätzte Ergebnis ist einfach:

$$2.000.000 : 1.000 = 2.000$$

Will man es ein bisschen genauer haben, kann man z.B. das Gesamteinkommen auf 2.300.000 runden:

$$2.300.000 : 1.000 = 2.300$$

Damit könnte sich das geschätzte aber auch weiter vom echten Durchschnittseinkommen entfernen. Besser ist es also, zusätzlich auch den zweiten Wert (hier die Einwohnerzahl) z.B. auf 1.300 zu runden, womit wir dann diese Rechung hätten:

$$2.300.000 : 1.300 = 1.769 \dots$$

Bei dieser Division bleibt ein kleiner Rest (von 300 Euro). Das ungefähre Ergebnis sieht aber schon ziemlich realistisch aus, fast schon zu genau: Die Angabe »etwa 1.770 Euro« würde auch reichen. Jetzt wollen wir aber doch wissen, was wirklich herauskommt:

$$2.345.678 : 1.313 = 1.786,50 \dots$$

Ganz genau lässt sich das durchschnittliche Monatseinkommen hier nicht berechnen, das Ergebnis hätte deutlich mehr als zwei Stellen hinter dem Komma (1.786,50266565118).

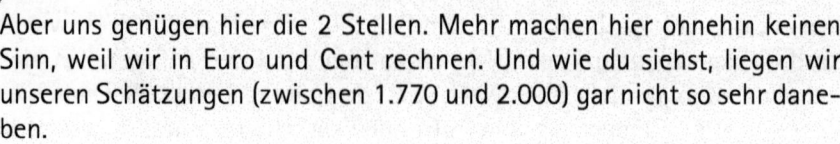

Aber uns genügen hier die 2 Stellen. Mehr machen hier ohnehin keinen Sinn, weil wir in Euro und Cent rechnen. Und wie du siehst, liegen wir unseren Schätzungen (zwischen 1.770 und 2.000) gar nicht so sehr daneben.

Oft genügen 2 bis 4 Stellen hinter dem Komma, um ein brauchbares Ergebnis zu erhalten. Bei vielen Taschenrechnern lässt sich zwar die Anzahl der angezeigten Nachkommastellen einstellen, in der Regel aber ist es praktischer zu wissen, wie man selbst auf die gewünschte Anzahl von Stellen rundet.

Für das **Runden** an einer Stelle schaut man sich die nachfolgende Ziffer an. Deren Wert entscheidet. Die Ziffern

1, 2, 3, 4   bedeuten **Abrunden**,

5, 6, 7, 8, 9 bedeuten **Aufrunden**.

Alle Ziffern hinter der gerundeten Stelle fallen weg. (Bei 0 muss nichts gerundet werden.)

Ein Beispiel: **1,34**82 soll auf 2 Stellen gerundet werden. Die dritte Stelle hat die Ziffer 8. Demnach muss die zweite Stelle aufgerundet werden. Wir erhalten **1,3**5.

Spielen wir zur Übung mit zwei Kommazahlen ein Rundungsspiel: Gerundet wird so lange, bis eine Ganze Zahl dabei herauskommt:

1,	2	3	4	5	6	7	8	9		1,	9	8	7	6	5	4	3	2
1,	2	3	4	5	6	7	9			1,	9	8	7	6	5	4	3	
1,	2	3	4	5	6	8				1,	9	8	7	6	5	4		
1,	2	3	4	5	7					1,	9	8	7	6	5			
1,	2	3	4	6						1,	9	8	7	7				
1,	2	3	5							1,	9	8	8					
1,	2	3								1,	9	9						
1,	2									2,	0							
1										2								

Auch für Ganze Zahlen gelten die Rundungsregeln, wenn ich z.B. auf volle Hunderter, Tausender oder noch weiter runden will. Ein Beispiel dafür sind unsere Schätzrechnungen zu Aufgabe 03.05.

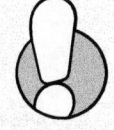

Dass ein Taschenrechner nicht beliebig viele Stellen hinter dem Komma (oder Dezimalpunkt) darstellen kann, leuchtet sicher ein. Wenn es für besonders große Zahlwerte nicht mehr auf allzu große Genauigkeit ankommt, gibt es einen Ausweg. Ein Beispiel:

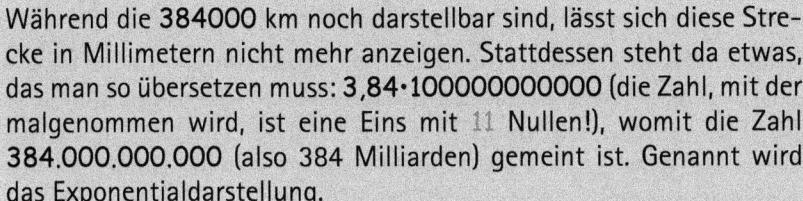

$$3.84^{11}$$

Während die **384000** km noch darstellbar sind, lässt sich diese Strecke in Millimetern nicht mehr anzeigen. Stattdessen steht da etwas, das man so übersetzen muss: **3,84·100000000000** (die Zahl, mit der malgenommen wird, ist eine Eins mit 11 Nullen!), womit die Zahl **384.000.000.000** (also 384 Milliarden) gemeint ist. Genannt wird das Exponentialdarstellung.

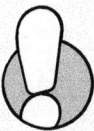

Bei riesigen Zahlen ist allzu große Genauigkeit oft eher störend. So genügt es z.B. zu wissen, dass die Entfernung von der Erde zum Mond etwa 384.000 km beträgt.

Und wieder negativ

Längst sind wir bei den Zahlen unseres Alltags angelangt. Vor allem Händler machen davon reichlich Gebrauch – wegen der Psychologie, sagt man. Die meisten Preise sind keine ganzen Eurobeträge, z.B. 20 € oder 200 €, sondern eher beispielsweise 19,99 oder 197,98.

Der Trick dabei ist oder soll sein: Auf den ersten Blick sieht man die **1** ganz am Anfang. Und erst wenn man den gesamten Preis richtig rundet, merkt man, dass es in Wirklichkeit nicht »um die 10« oder »um die 100« Euro sind, sondern deutlich mehr. (Ein weiterer Grund, das Runden nicht zu verlernen.)

Bisher sind in diesem Kapitel nur positive Zahlen vorgekommen. Das heißt natürlich nicht, dass es keine negativen Kommazahlen gibt. Denn wenn schon die Ganzen Zahlen (**ℤ**) aus positiven und negativen Zahlen bestehen (außer der 0), gilt dies auch für die Rationalen Zahlen (**ℚ**). Es wird

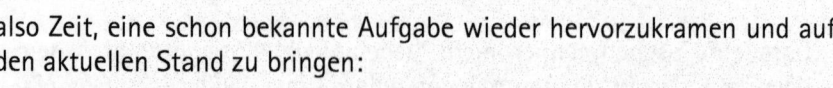

also Zeit, eine schon bekannte Aufgabe wieder hervorzukramen und auf den aktuellen Stand zu bringen:

Übung 03.06:

Jeden Monat bekommt Olga ein Gehalt von 1.247,50 Euro auf ihr Konto überwiesen. Davon gehen aber gleich wieder 421,25 Euro für Miete und weitere 158,75 Euro Vorauszahlung für Strom, Wasser und Heizung weg. Außerdem wird die Rate für einen Sparvertrag über 125 Euro abgebucht. Für Essen und Trinken hebt Olga 200 Euro ab.

Diesen Monat will sie sich endlich eine Waschmaschine kaufen. Die kostet 398,89 Euro. Außerdem braucht sie dringend ein Paar neue Schuhe, Kostenpunkt 48,98 Euro. Sie zahlt jeweils mit ihrer Euro-scheckkarte. Kurz vor Monatsende bekommt sie eine Gutschrift von einem Versandhaus über 57,03 Euro. Wie viel Geld hat sie auf dem Konto?

Verschaffen wir uns zuerst einen Überblick in dieser Tabelle:

	Eingänge	Ausgänge	Kontostand
Gehalt	1.247,50		1.247,50
Miete		421,25	826,25
Nebenkosten		158,75	667,50
Sparen		125,00	542,50
Lebenshaltung		200,00	342,50
Waschmaschine		398,89	-56,39
Schuhe		48,98	-105,37
Gutschrift	57,03		-48,34
Summen	1.304,53	1.352,87	-48,34

Und nun kommt der Lösungsweg. Bei Kommazahlen ist es oft übersichtlicher, alle Zahlen so untereinander aufzuführen, dass jeweils das Komma in **derselben** Spalte ist:

	1	2	4	8,	5	0
+			5	7,	0	3
	1	3	0	4,	5	3

		4	2	1,	2	5
+	1	5	8,	7	5	
+	1	2	5,	0	0	
+	2	0	0,	0	0	
+	3	9	8,	8	9	
+		4	8,	9	8	
	1	3	5	2,	8	7

Am Schluss folgt die Berechnung Kontoeingänge minus Kontoausgänge. Dazu muss der kleinere Wert vom größeren subtrahiert werden:

	1	3	5	2,	8	7							
-	1	3	0	4,	5	3							
				4	8,	3	4						

Dann bekommt das Ergebnis noch das passende Vorzeichen, womit dieser Vorgang diesem Rechenweg entspricht:

| 1 | 3 | 0 | 4, | 5 | 3 | - | 1 | 3 | 5 | 2, | 8 | 7 | = | - | 4 | 8, | 3 | 4 |

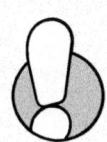

> Nochmals zum **Punkt** beim Taschenrechner: Einige Geräte bieten eine Umschaltmöglichkeit zum Komma, andere zeigen bei Tausendersstellen ein Komma an. Das kann zur Verwirrung führen. Probier das bei deinem Taschenrechner genau aus und mach dich über das zugehörige Handbuch schlau!

Zusammenfassung

Machen wir hier eine Verschnaufpause. Schon wieder hast du mit den Rationalen Zahlen (**Q**) einen neuen Zahlenbereich kennen gelernt, der wegen der Einschränkungen bei der Division nötig wurde. Nun gesellen sich zu den Ganzen Zahlen noch die Kommazahlen. (Genau besehen sind es nicht alle Kommazahlen, sondern nur die, die sich z.B. als Bruch darstellen lassen. Dass es noch andere Zahlen mit Komma gibt, erfährst du später. Und auch um die Brüche kommst du nicht herum.)

Weil der Umgang mit Kommazahlen durchaus mal tückisch sein kann, weißt du das Schätzen zu schätzen und kennst die Rundungsregeln:

Abrunden an einer Stelle   wenn nachfolgende Ziffer 1, 2, 3 oder 4
Aufrunden an einer Stelle   wenn nachfolgende Ziffer 5, 6, 7, 8 oder 9

Ein paar Fragen ...

1. Klappt die Division wirklich immer? Was ist, wenn ich durch 0 teilen will?

2. Gelten die Rechenregeln für die Multiplikation Ganzer Zahlen (von »Plus mal Plus« bis »Minus mal Minus«) auch für die Multiplikation Rationaler Zahlen?

3. Rudi Pfiffig behauptet: »Null-Komma-Hundert (0,100) ist größer als Null-Komma-Zwanzig (0,20) und erst recht als Null-Komma-Neun (0,9).« Was hältst du davon?

4. Zwischen 0 und 10 liegen 9 Ganze Zahlen. Wie viele Rationale Zahlen gibt es zwischen 0 und 10 (wie viele zwischen 0 und 1)?

5. Was könnte bei Temperaturen die Angabe –0 bedeuten?

... und ein paar Aufgaben

1. Opa Krauses Rasen muss mal wieder gemäht werden. Diesmal erledigen das nur 3 Kinder. Dennoch gibt es dafür 10 Euro. Wie viel bekommt jedes Kind (ungefähr)? Welcher Rest bleibt?

2. Wenn Olga 6 CDs auf einmal kauft, zahlt sie insgesamt genau 50 Euro. Wie viel kostet eine CD ungefähr?

3. Petras Bruder kann es nicht lassen: Schon wieder hat er ihre Schulaufgaben verziert, sodass ein paar Stellen nicht mehr zu erkennen sind. Wie hießen die kompletten Rechnungen ursprünglich?

		2	3,	#	5	7			4	6,	0	#	5
+		1	#,	9	8	7	6	–		6,	#	4	3
+			0,	#	8			–		9,	6	#	
+			#,	0	6	4	2	–	2	9,	7	#	5	4
		4	4,	1	8	8	8			0,	0	6	6	6

4. Eigentlich kennt Serkan sich mit dem Runden von Zahlen aus. Aber da sind zwei »Dinger«, bei denen er nicht sicher ist, wie er sie auf 2 Stellen kriegen soll:

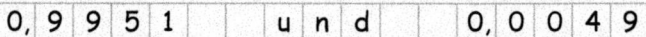

0,	9	9	5	1		u	n	d		0,	0	0	4	9

5. Seine Freundin Martina behauptet: »Ist doch klar: 1 und 0 kommen heraus.«

6. Serkan dagegen ist der Meinung, die Lösungen heißen 0,99 und 0,01.

(Die Lösungen zu allen Fragen und Aufgaben stehen hinten im Buch.)

4

Bruchrechnen

Es kann schon mal passieren, dass etwas »zu Bruch« geht: Ein Teller, eine Tasse oder ein Handy – kurz: etwas, das heruntergefallen ist oder »wurde«. Das Ergebnis ist meist kein hübscher Anblick – im Gegensatz dazu gibt es in der Mathematik durchaus »schöne Brüche«. Schauen wir uns die Scherben näher an.

In diesem Kapitel lernst du

◎ was Zähler und Nenner sind

◎ das Erweitern und Kürzen kennen

◎ etwas über das Addieren und Subtrahieren von Brüchen

◎ die Begriffe »gleichnamig« und »Hauptnenner« kennen

4

Tortenstücke

Eine ganze Reihe von Divisionsaufgaben sind nicht lösbar, ohne einen Rest zu hinterlassen. Die Kommazahlen können uns da aus der Klemme helfen, aber auch nicht immer.

So hat zum Beispiel vor über 2000 Jahren ein Mann namens Archimedes herausgefunden, dass sich jeder Umfang eines Kreises mit Hilfe derselben Zahl berechnen lässt. Die erhält man ungefähr, indem man 22 durch 7 teilt.

Ehe wir versuchen, diese Division mit Hilfe von Kommzahlen zu lösen, lassen wir sie doch erst einmal so stehen, wobei wir ja verschiedene Möglichkeiten haben wie :

$$22 : 7 = 22 / 7 = \frac{22}{7}$$

Gelesen wird hier also nicht nur von links nach rechts, sondern auch von oben nach unten. Dabei wird das Symbol für die Division (**:**) durch einen Strich ersetzt. Im letzten Fall ist das der Bruchstrich. Und damit weißt du auch, welchen Namen man diesem »Gebilde« gegeben hat: Bruch.

Vielleicht war der Erfinder jemand, der es verstand, einen Teller so auf den Boden zu werfen, dass daraus gleiche Bruchstücke entstanden; auf jeden Fall hat sich dieser Begriff bis in die heutige Zeit gehalten. Bleiben also auch wir dabei.

> Die Schreibweise mit dem Schrägstrich (**/**) ist beliebt, wenn man einen Bruch auf eine Zeile kriegen will: **22/7** passt da gut, $\frac{22}{7}$ spreizt Zeilen auseinander. Deshalb werde ich immer mal wieder gern auf die »schräge« Schreibweise zurückgreifen.

Ein Bruch konnte und kann also eine Division darstellen, die sich nicht eindeutig lösen lässt. (Du kannst ja mal mit dem Taschenrechner ausprobieren, was 22/7 in etwa als Kommazahl ergibt.) Brüche kommen auch im

Tortenstücke

täglichen Sprachgebrauch vor: »Gibst du mir die Hälfte ab?« »Es ist Viertel vor Acht« usw.

Nicht alle Taschenrechner haben eine **Bruchtaste**. Wenn doch, dann sieht die in der Regel so aus:

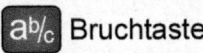 Bruchtaste

Sollte dein Rechner über keine solche (oder vergleichbare) Taste verfügen, dann musst du »im Kopf« mitrechnen.

Einfache Brüche lassen sich mit Kreisen und Kreisteilen, aber auch mit Rechteckbalken veranschaulichen. Dazu gibt es für dich gleich wieder eine Aufgabe:

Übung 04.01:

Welche Teile bzw. Brüche sind hier wohl dargestellt?

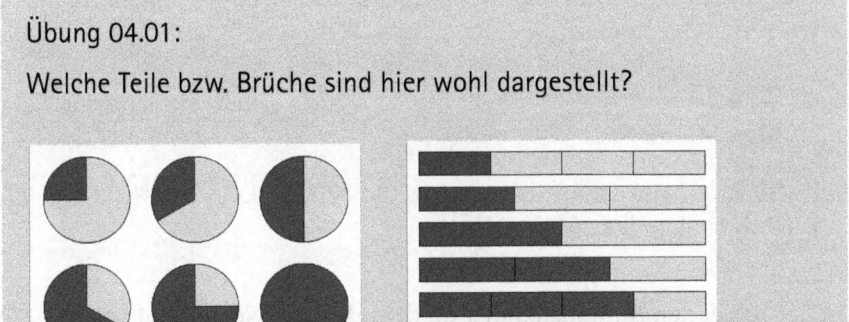

Wahrscheinlich hast du es schnell herausgefunden. Hier die Lösung:

ein Viertel	ein Drittel	ein Halbes	zwei Drittel	drei Viertel	ein Ganzes
$\frac{1}{4}$	$\frac{1}{3}$	$\frac{1}{2}$	$\frac{2}{3}$	$\frac{3}{4}$	$\frac{1}{1}$

Man könnte statt »ein Halbes« auch »ein Zweitel« sagen, aber der Begriff »Halb« hat sich auch hier durchgesetzt. (Und ein Ganzes wäre demnach »ein Eintel«.)

4

Für manche Mathematiker war das gleich ein Grund für einen neuen Zahlenbereichsnamen: die **Bruchzahlen** (Abkürzung ℙ). Hier wurden dann alle erdenklichen Brüche gesammelt. Und nicht nur das: Auch die Natürlichen Zahlen ließen sich dort unterbringen, denn jede dieser Zahlen lässt sich auch so schreiben:

$\frac{1}{1}$	$\frac{2}{1}$	$\frac{3}{1}$	$\frac{4}{1}$	$\frac{5}{1}$	$\frac{6}{1}$	$\frac{7}{1}$	$\frac{8}{1}$	$\frac{9}{1}$

Ein in der Schule beliebtes Beispiel ist die Torte, die angeblich jeder gerne isst. Jedes Tortenstück ist dann sozusagen ein »Bruchstück« – vorausgesetzt, die Torte wurde in jeweils genau gleiche Stücke aufgeteilt. (Wenn du lieber Pizza magst, dann ersetze hier im Buch jede Torte einfach durch deine Lieblingspizza.)

Die Anzahl aller vorhandenen Tortenstücke bezeichnet man als Nenner, den Anteil daran, den ein Einzelner verputzt, als Zähler.

Grundsätzlich ist ein Bruch so aufgebaut: Oben steht immer der Zähler, unten der Nenner:

$$\frac{Z\ddot{a}hler}{Nenner}$$

(Vielleicht kann man sich das so besser merken: »NeNNer« und »uNteN« haben jede Menge Ns.)

In der folgenden Aufgabe kannst du dein Bruchwissen erneut testen:

Übung 04.02:

Bei einem Kaffeekränzchen wird eine Sahnetorte in 8 gleiche Teile aufgeschnitten. Tante Martha genehmigt sich ein Stück, Tante Erna schafft 2, die dicke Berta verputzt den ganzen Rest. Wie viel ist das jeweils in der »Bruchsprache«?

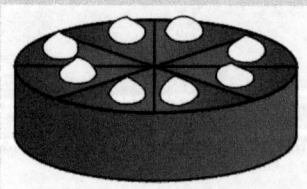

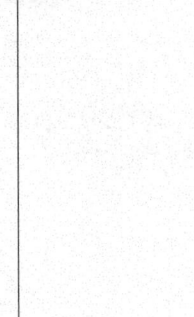

Insgesamt besteht die Torte aus 8 Achteln, davon nimmt sich Martha 1 Achtel, Erna 2 Achtel. Bleiben für Berta 5 Achtel, denn:

1	+	2	=	3		u	n	d		8	-	3	=	5

Das führt uns zu dieser Tabelle:

Martha	Erna	Berta	insgesamt
$\dfrac{1}{8}$	$\dfrac{1}{8}$	$\dfrac{5}{8}$	$\dfrac{8}{8}$

Bruchrechnen: plus und minus

Da haben wir soeben noch die Tortenstücke zusammengezählt (+) bzw. abgezogen (–), bei genauem Hinschauen aber war das nichts anderes als eine Addition oder Subtraktion der Zähler.

Und schon landen wir bei der ersten Regel für das Rechnen mit Brüchen – auch **Bruchrechnen** genannt:

Brüche werden **addiert** (+), indem man die Zähler zusammenzählt. Ein Beispiel ist die Aufgabe $\dfrac{2}{6}+\dfrac{3}{6}$. Die Zähler addiert ergeben: 2+3=5, also lautet das Ergebnis $\dfrac{5}{6}$.

Brüche werden **subtrahiert** (–), indem man die Zähler voneinander abzieht. Ein Beispiel ist die Aufgabe $\dfrac{5}{6}-\dfrac{3}{6}$. Die Zähler addiert ergeben: **5-3=2**, also lautet das Ergebnis $\dfrac{2}{6}$.

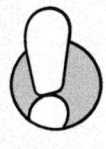

Allerdings hat die ganze Sache einen Haken: Die Nenner müssen gleich sein! Das ist so ähnlich wie mit den Äpfeln und Birnen:

2	Ä	p	f	e	l		+	3	Ä	p	f	e	l		=	5	Ä	p	f	e	l	
2	B	i	r	n	e	n	+	3	B	i	r	n	e	n	=	5	B	i	r	n	e	n

Aber 2 Äpfel plus 3 Birnen? Das könnten dann 5 Stück Obst sein, aber wenn wir das Ergebnis allein betrachten, wissen wir nicht mehr, welches Obst – es hätten ja auch Bananen und Apfelsinen sein können.

4

Einem Mathematiker ist diese Lösung zu unklar. Auf das Bruchrechnen bezogen heißt das: Alle Brüche, die addiert oder subtrahiert werden sollen, müssen den **gleichen** Nenner haben.

Zeit für eine neue Rechenaufgabe:

Übung 04.03:

Als Scheich Ibrahim stirbt, hinterlässt er dieses Testament: »Von meinem Vermögen soll mein ältester Sohn fünf Achtel, mein jüngster Sohn ein Viertel erhalten.« Bleibt etwas übrig?

Sammeln wir erst einmal die Brüche und versuchen, sie zu addieren, damit wir wissen, welchen Anteil des Vermögens die beiden Söhne insgesamt bekommen:

$$\frac{5}{8} + \frac{1}{4}$$

Aber wie lässt sich das addieren, wenn wir zwei **verschiedene** Nenner haben? Was wir hier brauchen, ist ein **gemeinsamer** Nenner.

Vielleicht helfen uns ein paar Kreise weiter? Wenn du magst, kannst du dir darunter auch Torten vorstellen:

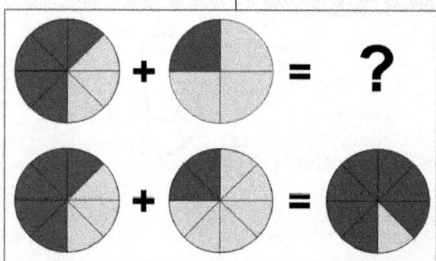

Wie du in der Abbildung sehen kannst, haben wir zunächst zwei »Torten«, die eine in 8 schmalere, die andere in 4 breitere Stücke aufgeteilt. Von der »Achteltorte« sollen nun 5 herausgenommen werden. Dazu kommt ein Stück von der »Vierteltorte«, das aber für unsere Zwecke zu groß ist.

Schneidet man nun auch bei der zweiten Torte weiter, bis ebenfalls insgesamt 8 Stücke entstehen, so werden aus 1 Viertel nunmehr 2 Achtel. Und damit haben wir mit der 8 einen gemeinsamen Nenner, es gilt also:

$$\frac{1}{4} = \frac{2}{8}$$

Nun können wir auch die Erbschaftsangelegenheiten von Ibrahim regeln, denn ich kann die Rechnung ja so umformen:

$$\frac{5}{8} + \frac{1}{4} = \frac{5}{8} + \frac{2}{8}$$

Dann addiere ich die Zähler und erhalte als Ergebnis:

$$\frac{5 + 2}{8} = \frac{7}{8}$$

Unterteile ich die ganze Erbschaft in Achtel, ergibt sich dafür diese Formel:

$$1 = \frac{8}{8} \quad (\; 8 : 8 = 1 \;)$$

Nachdem ich wieder zwei Brüche mit gleichem Nenner habe, kann ich die 7 Achtel subtrahieren, um den Rest zu erhalten:

$$\frac{8}{8} - \frac{7}{8} = \frac{8 - 7}{8} = \frac{1}{8}$$

Insgesamt werden von der Erbschaft demnach 7/8 an die Söhne verteilt, 1/8 bleibt übrig. (Für wen?)

Erweitern ...

Um herauszufinden, wie man rechnerisch einen gemeinsamen Nenner für zwei oder mehr Brüche ermittelt, nehmen wir uns noch einmal diesen Bruch vor:

$$\frac{1}{4} = \frac{2}{8}$$

Ganz offensichtlich lässt sich ein und derselbe Zahlwert auf verschiedene Art als Bruch darstellen. Lass uns gleich überprüfen, ob an dieser »Kette« alles richtig ist:

$$\frac{1}{4} = \frac{2}{8} = \frac{3}{12} = \frac{4}{16} = \frac{5}{20}$$

Dazu schauen wir auf die Nenner: 8, 12, 16, 20 sind jeweils Vielfache von 4. Das heißt: Multipliziere ich den ursprünglichen Nenner 4 nacheinander mit 2, 3, 4 und 5, so erhalte ich als neue Nenner die Werte 8, 12, 16 und 20. Und was geschieht mit dem Zähler? Eigentlich genau dasselbe: Auch

4

hier multipliziere ich 1 nacheinander mit 2, 3, 4 und 5, um die erweiterten Zähler zu erhalten.

Man nennt diesen Vorgang Erweitern: Ein Bruch wird erweitert, indem man den Nenner **und** den Zähler mit genau **derselben** Zahl malnimmt

(·). Ein Beispiel: $\frac{3}{4}$ erweitert mit 5 ergibt $\frac{3 \cdot 5}{4 \cdot 5} = \frac{15}{20}$.

Dabei bleibt der Wert des Bruches erhalten. Im Beispiel: 3:4 = 15:20 = 0,75.

Ob du das verstanden hast, kannst du gleich selbst überprüfen:

Übung 04.04:

Erweitere die Brüche $\frac{4}{7}$ und $\frac{8}{11}$ jeweils mit 2 und 7.

Und hier die Lösungen, die natürlich mit deinen übereinstimmen:

$$\frac{4}{7} = \frac{4 \cdot 2}{7 \cdot 2} = \frac{8}{14} \qquad \frac{8}{11} = \frac{8 \cdot 2}{11 \cdot 2} = \frac{16}{22}$$

$$\frac{4}{7} = \frac{4 \cdot 7}{7 \cdot 7} = \frac{28}{49} \qquad \frac{8}{11} = \frac{8 \cdot 7}{11 \cdot 7} = \frac{56}{77}$$

Weil wir nun wissen, dass man jeden Bruch fast beliebig erweitern kann, schauen wir uns ein weiteres Pärchen mit verschiedenen Nennern an, das addiert werden soll:

$$\frac{2}{5} + \frac{3}{7}$$

Damit das funktioniert, suchen wir für beide Brüche einen neuen gemeinsamen Nenner. Eine Zahl also, in die sowohl die 5 als auch die 7 hineinpassen.

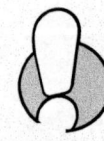

Man findet immer einen gemeinsamen Nenner, wenn man **alle** vorhandenen Nenner miteinander **multipliziert**.

Für die oben genannten Nenner rechnen wir also:

$$5 \cdot 7 = 7 \cdot 5 = 35$$

Das war der leichtere Teil. Nachdem wir jetzt einen Nenner haben, den alle Brüche gemeinsam nutzen können, müssen wir jeden Bruch entsprechend erweitern:

$$\frac{2}{5} + \frac{3}{7} = \frac{2 \cdot 7}{5 \cdot 7} + \frac{3 \cdot 5}{7 \cdot 5} = \frac{14}{35} + \frac{15}{35}$$

Nun haben wir auch die Zähler auf den aktuellen Stand gebracht. Was hindert uns also daran, beide Brüche zu addieren?

$$\frac{14}{35} + \frac{15}{35} = \frac{29}{35}$$

Als aufmerksamer Leser wirst du dich an Ibrahims Testament erinnern. Dort galt es die Brüche **5/8** und **1/4** zu addieren. Nach unseren neuesten Erkenntnissen hätte das eigentlich so geschehen müssen:

$$\frac{5}{8} + \frac{1}{4} = \frac{5 \cdot 4}{8 \cdot 4} + \frac{1 \cdot 8}{4 \cdot 8} = \frac{20}{32} + \frac{8}{32} = \frac{28}{32}$$

Es kann aber doch nicht sein, dass nun etwas ganz anderes herauskommt! Um dem Rätsel auf die Spur zu kommen, schauen wir uns die beiden Ergebnisse mal näher an:

$$\frac{7}{8} \quad \text{und} \quad \frac{28}{32}$$

Wenn wir das Ganze nun unter die »Lupe der mathematischen Weisheit« nehmen, erkennen wir, dass sich da schon »etwas machen« lässt:

$$\frac{7}{8} = \frac{7 \cdot 4}{8 \cdot 4} = \frac{28}{32}$$

Wenn wir den Bruch **7/8** mit **4 erweitern** (·), erhalten wir **28/32**. Und du kannst selbst überprüfen, dass beide Male dieselbe Kommazahl herauskommt: 7:8 = 28:32 = 0,875.

4

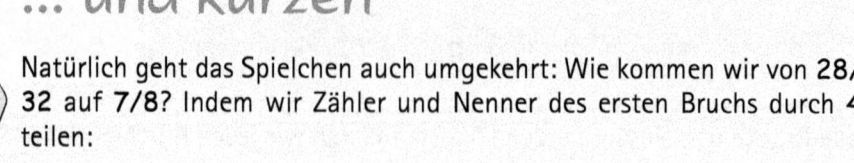

... und kürzen

Natürlich geht das Spielchen auch umgekehrt: Wie kommen wir von **28/32** auf **7/8**? Indem wir Zähler und Nenner des ersten Bruchs durch **4** teilen:

$$\frac{28}{32} = \frac{28:4}{32:4} = \frac{7}{8}$$

Dieser Vorgang wird Kürzen genannt: Ein Bruch wird gekürzt, indem man den Nenner und den Zähler durch genau **dieselbe** Zahl teilt (:).

Ein Beispiel: $\frac{15}{20}$ gekürzt mit **5** ergibt $\frac{15:5}{20:5} = \frac{3}{4}$. Die **5** ist also gemeinsamer **Teiler** von **15** und von **20**.

Ob du auch das verstanden hast, kannst du sogleich wieder nachprüfen:

Übung 04.05:

Kürze die Brüche $\frac{24}{42}$ und $\frac{30}{66}$ jeweils mit 2 und 3.

Natürlich hast du auch wieder dieselben Lösungen wie ich:

$$\frac{24}{42} = \frac{24:2}{42:2} = \frac{12}{21} \qquad \frac{30}{66} = \frac{30:2}{66:2} = \frac{15}{33}$$

$$\frac{24}{42} = \frac{24:3}{42:3} = \frac{8}{14} \qquad \frac{30}{66} = \frac{30:3}{66:3} = \frac{10}{22}$$

Und wenn wir mal genau hinschauen – die »mathematische Lupe« haben wir ja noch –, sehen wir, dass man sogar noch ein bisschen weiter kürzen kann:

$$\frac{12}{21} = \frac{12:3}{21:3} = \frac{4}{7} \qquad \frac{15}{33} = \frac{15:3}{33:3} = \frac{5}{11}$$

$$\frac{8}{14} = \frac{8:2}{14:2} = \frac{4}{7} \qquad \frac{10}{22} = \frac{10:2}{22:2} = \frac{5}{11}$$

Anstatt unsere Brüche jeweils mit **2** und mit **3** zu kürzen, hätten wir sie auch gleich mit **6 (=2·3)** kürzen können, um die Brüche **4/7** und **5/11** zu erhalten:

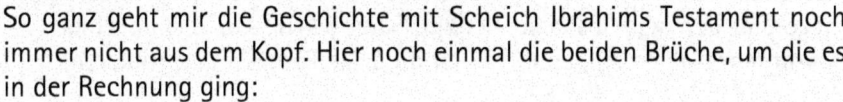

$$\frac{24}{42} = \frac{24:6}{42:6} = \frac{4}{7} \qquad \frac{30}{66} = \frac{30:6}{66:6} = \frac{5}{11}$$

Erweitern und Kürzen sind also Umkehrungen. Während aber das Erweitern mit jeder Natürlichen Zahl möglich ist, gilt das nicht für das Kürzen.

Nur wenn es eine Zahl gibt, die **gleichzeitig** in Zähler **und** Nenner passt, kann überhaupt gekürzt werden. Ein Beispiel:

$\frac{15}{20}$ lässt sich nur mit **5** kürzen, weil **15:5 = 3 und 20:5 = 4** Ganze Zahlen als Ergebnisse haben (und beim Teilen **kein** Rest entsteht). Derselbe Bruch lässt sich nicht mit **3** kürzen, denn die Division durch **3** klappt zwar beim Zähler: **15:3 = 5**, aber nicht beim Nenner: **20:3 = 6 Rest 2**.

So ganz geht mir die Geschichte mit Scheich Ibrahims Testament noch immer nicht aus dem Kopf. Hier noch einmal die beiden Brüche, um die es in der Rechnung ging:

$$\frac{5}{8} \quad u \, n \, d \quad \frac{1}{4}$$

Ohne »mathematische Lupe«, also mit bloßem Auge, sehen wir, dass der Nenner **4** zweimal in den Nenner **8** passt. Das zeigt uns, dass man nicht einfach drauflos multiplizieren sollte, um einen gemeinsamen Nenner zu erhalten. Hier wird nur der Bruch **1/4** mit **2** erweitert, schon sind beide Brüche gleichnamig:

$$\frac{1}{4} = \frac{1 \cdot 2}{4 \cdot 2} = \frac{2}{8}$$

Brüche heißen **gleichnamig**, wenn sie den gleichen Nenner haben. Der kleinste gemeinsame Nenner wird **Hauptnenner** genannt.

4

Es kann durchaus von Vorteil sein, erst mal ein bisschen genauer hinzu-schauen, ehe man alle Nenner miteinander multipliziert. Vielleicht findet man doch eine kleinere Zahl, in die alle Nenner hineinpassen.

Zusammenfassung

Nun ist erst mal wieder Schluss. Da schwirrt einem ja einiges im Kopf herum: Zähler, Nenner, Erweitern, Kürzen – und das Thema ist längst nicht am Ende.

Auf jeden Fall hast du jetzt einiges über den neuen Zahlenbereich der Bruchzahlen (𝔹) gelernt, der wegen der Einschränkungen bei der Division nötig wurde.

Und dir sind einige Regeln bekannt, die dir den Umgang mit Brüchen erleichtern sollen:

Für Addition und Subtraktion von Brüchen gilt:

Jeder Bruch muss den **gleichen** Nenner haben! Du musst also einen **gemeinsamen** Nenner finden.

Alle Zähler werden addiert (+) oder subtrahiert (–), der Ergebnisbruch bekommt den gemeinsamen Nenner. Setzt du für a, b, c, d beliebige Natürliche Zahlen ein, dann kannst du diese Formeln ausprobieren:

$$\frac{a}{b} + \frac{c}{d} = \frac{a \cdot d}{b \cdot d} + \frac{a \cdot b}{d \cdot b} = \frac{a \cdot d + c \cdot b}{b \cdot d}$$

und

$$\frac{a}{b} - \frac{c}{d} = \frac{a \cdot d}{b \cdot d} - \frac{c \cdot b}{d \cdot b} = \frac{a \cdot d - c \cdot b}{b \cdot d}.$$

Für Erweitern und Kürzen gilt:

Ein Bruch wird erweitert, indem man Zähler und Nenner jeweils mit **derselben** Zahl malnimmt (·). Setzt du für a, b, c beliebige Natürliche

Zahlen ein, dann kannst du diese Formel ausprobieren: $\frac{a}{b} = \frac{a \cdot c}{b \cdot c}$

Ein Bruch wird gekürzt, indem man Zähler und Nenner jeweils durch **dieselbe** Zahl teilt (:). Setzt du für a, b, c beliebige Natürliche Zahlen

ein, dann kannst du diese Formel ausprobieren: $\frac{a}{b} = \frac{a : c}{b : c}$.

Ein paar Fragen ...

1. Sind Bruchzahlen und Rationale Zahlen nicht eigentlich dasselbe?

2. Für das Erweitern und das Kürzen kommen doch alle Natürlichen Zahlen in Frage. Und was ist mit der 0?

3. Petras kleiner Bruder Peter wollte es seiner großen Schwester gleichtun. So hat er versucht, 1/2 + 1/2 auszurechnen. Was meinst du zu seinem Ergebnis?

$$\frac{1}{2} + \frac{1}{2} = \frac{1+1}{2+2} = \frac{2}{4} = \frac{2:2}{4:2} = \frac{1}{2}$$

4. Bei Fernsehgeräten können die Bildschirme ein Seitenverhältnis von 4:3 oder von 16:9 haben. Rudi Pfiffig behauptet: »Ist doch beides dasselbe. Man muss bloß 16/9 richtig kürzen: 16:4 = 4 und 9:3 = 3. Macht 4/3.« Was hältst du davon?

... und ein paar Aufgaben

1. Kürze $\frac{60}{84}$ und $\frac{144}{216}$ so weit wie möglich.

2. Berechne die Summe (+) bzw. die Differenz (–). Kürze das Ergebnis, wenn möglich.

a. $\frac{9}{23} + \frac{8}{46} + \frac{7}{69}$ b. $\frac{13}{18} - \frac{7}{72} - \frac{3}{24}$

3. Ergänze die Kästchen so, dass eine Addition (+) für jede Zeile und Spalte die gleiche Summe 1 ergibt:

		$\frac{1}{2}$
$\frac{4}{9}$	$\frac{1}{3}$	

4

4. Von den 30 Schülern einer Klasse gehen 8 zu Fuß zur Schule, 9 fahren mit dem Fahrrad, 12 mit dem Bus und der Rest mit der Bahn. Welcher Bruchteil ist das jeweils?

5. Drei Einbrecher wollen ihre Beute teilen. Ihr Anführer Max bestimmt: »Ich bekomme die Hälfte, Ede ein Drittel und Igor ein Viertel.« Geht das?

6. Traust du dir zu, die Brüche von $\frac{1}{1}$, $\frac{1}{2}$ bis $\frac{1}{10}$ zu addieren (+)?

(Die Lösungen zu allen Fragen und Aufgaben stehen hinten im Buch.)

5

Noch mehr Brüche

Wie du im letzten Kapitel erlebt hast, ist das mit den Brüchen so eine Sache. Nicht wenige Menschen hassen »diese Dinger«. Vielleicht auch deshalb, weil man mit »Zerbrochenem« so wenig anfangen kann (und es lieber wegwirft, als es wieder zu kitten)? Dennoch oder gerade deshalb mache ich hier unverdrossen mit dem Thema Bruchrechnen weiter.

In diesem Kapitel lernst du

◎ etwas über das Multiplizieren und Dividieren von Brüchen

◎ was ein Kehrwert ist

◎ etwas über echte und unechte Brüche

◎ was Primzahlen sind

5

Bruch mal Bruch

Nachdem du dich mit der Addition (+) und Subtraktion (–) von Brüchen abgemüht hast, erwarten dich nun die Multiplikation (•) und die Division (:). Im Gegensatz zu ihren »Geschwistern« sind diese Operationen jedoch deutlich leichter zu handhaben – wie du gleich an den folgenden Aufgaben sehen wirst:

> **Übung 05.01:**
>
> Benno hat eine Ratte als Haustier, Beppo einen Goldhamster. Beide Tiere sind wohl genährt – wie es sich in einer Familie von Sumoringern gehört. Die Ratte wiegt ein halbes Kilogramm, der Goldhamster ein halbes Mal so viel.

Um herauszufinden, wie viel der Goldhamster wiegt, wirst du wahrscheinlich das Gewicht der Ratte halbieren. Dann weißt du auch, dass Beppos Haustier 1/4 Kilogramm auf die Waage bringt – oder nicht? Schauen wir uns die zugehörige Bruchrechnung einmal näher an:

$$\frac{1}{2} \cdot \frac{1}{2} = \frac{1}{4}$$

Aber wie kommen wir auf dieses Ergebnis, wo findet die eigentliche Berechnung statt? Um der Sache auf die Spur zu kommen, probier doch gleich noch eine Aufgabe aus:

> **Übung 05.02:**
>
> Scheich Ibrahim II. (der älteste Sohn des schon bekannten Ibrahim I.) hat drei Töchter. Nach seinem Tod will er seinen Besitz anders als sein Vater verteilen. Und so lautet sein Testament: »Von meinem Vermögen soll meine älteste Tochter ein Drittel, meine mittlere Tochter die Hälfte vom Rest erhalten. Und was dann übrig bleibt, bekommt meine jüngste Tochter.« Wie viel bekommt jede?

Wenn die älteste Tochter ihren Anteil von **1/3** erhalten hat, bleiben **2/3** des Vermögens von Ibrahim II. übrig. Das lässt sich leicht mit den Kenntnissen aus dem letzten Kapitel berechnen:

$$\frac{1}{1} - \frac{1}{3} = \frac{3}{3} - \frac{1}{3} = \frac{2}{3}$$

Von diesen **2/3** bekommt die mittlere Tochter nun die Hälfte. Klingt doch irgendwie einleuchtend, dass 1 Drittel die Hälfte von 2 Dritteln ist – oder?

$$\frac{1}{2} \cdot \frac{2}{3} = \frac{1}{3}$$

Aber auch hier fehlt ganz offensichtlich der Rechenweg. Zeit, das Geheimnis endlich zu lüften:

$$\frac{1}{2} \cdot \frac{2}{3} = \frac{1 \cdot 2}{2 \cdot 3} = \frac{2}{6} = \frac{1}{3}$$

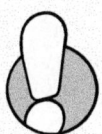

> Und schon landen wir bei der nächsten Regel für das Rechnen mit Brüchen:
>
> Brüche werden **multipliziert** (·), indem man jeweils Zähler mit Zähler **und** Nenner mit Nenner malnimmt. Zum Beispiel bei der letzten Aufgabe: **1·2 = 2** (Zähler) und **2·3 = 6** (Nenner).

Das Ergebnis **2/6** lässt sich mit **2** kürzen, womit wir für die jüngste Tochter den Bruch 1/3 erhalten. (Du hast natürlich sofort erkannt, dass hier alle drei Töchter den gleichen Anteil am Erbe bekommen sollen. Ibrahim II. scheint also eine modernere Meinung über die Rechte seiner Kinder zu haben als sein Vater.)

Der Vollständigkeit halber möchte ich hier noch den kompletten Rechenweg für Aufgabe 05.01 nachreichen:

$$\frac{1}{2} \cdot \frac{1}{2} = \frac{1 \cdot 1}{2 \cdot 2} = \frac{1}{4}$$

Ist doch recht einfach, oder? Vor allem mal nichts mit »gemeinsamer Nenner« und so.

Bruch durch Bruch

Und wie sieht es mit der Umkehrung aus? Probieren wir das gleich mit den Brüchen aus Aufgabe 05.01:

$$\frac{1}{2} : \frac{1}{2} = \frac{1}{2} \cdot \frac{2}{1} = \frac{1 \cdot 2}{2 \cdot 1} = \frac{2}{2} = \frac{1}{1} = 1$$

Moment mal, wie geht denn das? Da wird ja gar nicht wirklich geteilt, sondern getrickst! Du meinst, ich will mich ums Dividieren drücken?

Fangen wir mal anders an. Nehmen wir dazu den Bruch **1/3** und mit **2** eine Ganze Zahl. Was ist, wenn ich **1/3** mit **2** malnehme? Hier meine Rechnung:

$$\frac{1}{3} \cdot 2 = \frac{1 \cdot 2}{3} = \frac{2}{3}$$

Aus 1 Drittel werden 2 Drittel, das leuchtet ein. Wie sieht es aber aus, wenn ich **1/3** durch **2** teile? Hier mein erster Versuch:

$$\frac{1}{3} : 2 = \frac{1}{3 \cdot 2} = \frac{1}{6}$$

Hier wandert die 2 in den Nenner. Aber das sieht doch so aus, als würde ich **1/3** mit **1/2** malnehmen? Ist ja auch so: Wenn ich etwas durch 2 teile, bekomme ich die Hälfte. Damit folgt mein zweiter Versuch:

$$\frac{1}{3} : 2 = \frac{1}{3} \cdot \frac{1}{2} = \frac{1}{6}$$

Wenn ich die Ganze Zahl »umdrehe«, kann ich malnehmen? Ja, und dieses »Umdrehen« hat auch einen Namen: **1/2** ist der **Kehrwert** von **2**, genauer von **2/1**.

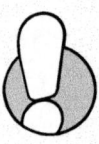

Man **vertauscht** also einfach den Zähler und den Nenner, schon hat man den Kehrwert einer Zahl bzw. eines Bruches. Aus Ganzen Zahlen muss man vorher eben »Eintel« machen, also z.B. **2** wird zu **2/1**, **3** zu **3/1** usw. Daraus entstehen dann die Kehrwerte **1/2** und **1/3**.

Noch ein Beispiel: $\frac{4}{3}$ ist Kehrwert von $\frac{3}{4}$ und $\frac{3}{4}$ ist Kehrwert von $\frac{4}{3}$.

Und damit sind wir endlich bei der nächsten Regel für das Rechnen mit Brüchen angelangt:

Brüche werden **dividiert** (:), indem man den ersten Bruch mit dem **Kehrwert** des nächsten malnimmt (·). Zum Beispiel

$$\frac{3}{4} : \frac{2}{3} = \frac{3}{4} \cdot \frac{3}{2} = \frac{9}{8}.$$

Wenn du so willst, benötigen wir nur drei Rechenarten für die Brüche, denn die vierte (= die Division) lässt sich mit Hilfe der Multiplikation lösen.

Zurück zu unserer Einstiegsaufgabe für das Teilen von Brüchen:

$$\frac{1}{2} : \frac{1}{2} = \frac{1}{2} \cdot \frac{2}{1} = \frac{1 \cdot 2}{2 \cdot 1} = \frac{2}{2} = \frac{1}{1} = 1$$

Anstatt durch **1/2** zu teilen, nehme ich mit dem Kehrwert **2/1** mal. Das ist alles. (Der Rest folgt den Regeln für die Multiplikation.)

Echt, unecht oder negativ?

Ist dir bei der Bildung des Kehrwertes etwas aufgefallen? Nein? Dann sollten wir uns noch mal ein paar Brüche und ihre Kehrwerte vornehmen:

Bruch	$\frac{1}{4}$	$\frac{2}{3}$	$\frac{4}{3}$	$1 = \frac{1}{1}$
Kehrwert	$\frac{4}{1} = 4$	$\frac{3}{2}$	$\frac{4}{3}$	$\frac{1}{1} = 1$

Mal abgesehen davon, dass der Kehrwert von 1 (bzw. 1/1) wiederum **1** ist, sind bei allen anderen Brüchen nun die Zähler **größer** als die Nenner. Im ersten Fall sind aus einem Viertel sogar vier Ganze geworden. Schauen wir uns die mittleren beiden mal in »Tortenform« an:

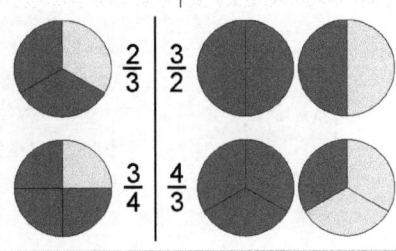

Während es vorher immerzu um weniger als eine ganze Torte ging, bringt uns der Kehrwert eine Art »wundersame Tortenvermehrung«.

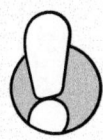

Die Mathematiker halten hier auch gleich wieder ein paar Namen bereit:

Ist der Zähler **kleiner** als der Nenner, dann ist der Bruch ein **echter** Bruch.

Ist der Zähler **größer** als der Nenner, dann heißt der Bruch **unechter** Bruch.

Beispiele: $\frac{3}{4}$ ist ein echter, $\frac{4}{3}$ ein unechter Bruch.

Aus dem Bild mit den Kreisen bzw. Torten lässt sich noch eine andere Möglichkeit der Formulierung unechter Brüche ablesen:

$$\frac{3}{2} = \frac{2}{2} + \frac{1}{2} = 1 + \frac{1}{2} = 1\frac{1}{2}$$

$$\frac{4}{3} = \frac{3}{3} + \frac{1}{3} = 1 + \frac{1}{3} = 1\frac{1}{3}$$

Man kombiniert eine Ganze Zahl mit einem echten Bruch (und lässt das Pluszeichen dazwischen einfach weg). Dann haben wir eine **Gemischte Zahl**.

Mit dieser Darstellungsform lässt sich die Größe eines Bruches deutlicher erkennen. Hier zum Vergleich die jeweilige Kommazahl, die durch Division von Zähler und Nenner entsteht (und übrigens auch **Dezimalbruch** genannt wird):

$$3 : 2 = 1,5$$
$$4 : 3 = 1,33 \dots$$

An dieser Stelle möchte ich noch einen Namen loswerden, den man den Brüchen gegeben hat, die im Zähler eine 1 stehen haben: **Stammbruch**. Demnach sind z.B. $\frac{1}{2}$ und $\frac{1}{3}$ Stammbrüche.

Du hast es dir wahrscheinlich schon gedacht und es stimmt wirklich: Natürlich gibt es auch negative Brüche. Nehmen wir an, du sollst z.B. die Aufgabe 1/3 − 1/2 lösen:

$$\frac{1}{3} - \frac{1}{2} = \frac{2}{6} - \frac{3}{6} = \frac{2-3}{6} = -\frac{1}{6}$$

Offensichtlich gilt also das Gleiche wie schon bei den Ganzen Zahlen (in Kapitel 2) und den Kommazahlen bzw. Rationalen Zahlen (in Kapitel 3). Erlaubt sind diese Darstellungen für einen negativen Bruch:

$$-\frac{1}{6} = \frac{-1}{6} = \frac{1}{-6}$$

Außer positiven Bruchzahlen haben wir damit nun auch negative Bruchzahlen. Nimmst du die Mitglieder aller bisherigen Zahlbereiche zusammen (Natürliche Zahlen, Ganze Zahlen, Bruchzahlen ohne und mit Minus),

dann gehören sie ausnahmslos auch zur großen Familie der **Rationalen Zahlen** (Abkürzung **ℚ**).

> Damit ist endlich die genauere Definition für diesen Zahlenbereich fällig:
>
> Alle Zahlen, die sich als Bruch exakt darstellen lassen, sind Rationale Zahlen. Dabei hat der Bruch diese Form: $\frac{Zähler}{Nenner}$. Der Zähler ist eine beliebige Ganze Zahl (**ℤ**), der Nenner eine Natürliche Zahl außer der 0 (**ℕ**).
>
> Jeder Bruch lässt sich auch als Kommazahl darstellen, allerdings nicht immer mit endlich vielen Stellen. Zum Beispiel ist **1/3 = 0,333 ...** , wobei sich die 3 endlos wiederholt. Man nennt das **periodische** Kommazahl oder periodischen Dezimalbruch.
>
> ```
>        -0,75  -0,25   +0,25  +0,75
>    -1      -0,5     0     +0,5     +1
>  <───────────────────────────────────>
>          -1/2           +1/2
>       -3/4   -1/4    +1/4   +3/4
> ```

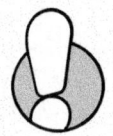

So schön wie die Ganzen Zahlen lässt sich dieser Zahlenbereich diesmal nicht darstellen – zumal ja mehrere Ausdrucksformen erlaubt sind und man immer wieder neue Zahlen (bzw. Brüche) findet, die irgendwo dazwischen passen.

Primzahlen

Beim Multiplizieren und Dividieren von Brüchen wird man zwar davon verschont, nach gemeinsamen Nennern zu suchen. Aber auf das Kürzen kann und sollte man nicht verzichten. Aber muss man eigentlich immer erst am Schluss der Rechnung, also beim Ergebnis schauen, ob sich da etwas kürzen lässt? Ein Beispiel:

$$\frac{5}{12} \cdot \frac{3}{5} = \frac{5 \cdot 3}{12 \cdot 5} = \frac{15}{60} = \frac{1}{4}$$

Wenn du nach den Rechenregeln malnimmst und anschließend das Ergebnis mit **15** kürzt, kommst du auf **1/4**. Schau dir mal diese Möglichkeit an:

$$\frac{5}{12} \cdot \frac{3}{5} = \frac{5 \cdot 3}{12 \cdot 5} = \frac{1 \cdot 1}{4 \cdot 1} = \frac{1}{4}$$

Hier wurde bereits »mittendrin« gekürzt: Die **5** oben gegen die **5** unten (gemeinsamer Teiler = **5**), die **3** oben gegen die **12** unten (gemeinsamer Teiler = **3**). Wie du siehst, spielt es **keine** Rolle, ob die betreffenden Zähler direkt übereinander stehen – die Zahlen lassen sich ja in ihrer Reihenfolge vertauschen.

Bei großen und komplizierteren Aufgaben ist es oft sinnvoll, möglichst früh zu kürzen, damit die Werte beim Rechnen nicht unnötig riesig werden. Dabei ist es gar nicht schlimm, wenn man nicht sofort den größten gemeinsamen Teiler findet. Man kürzt eben so lange, bis es nichts mehr zu kürzen gibt.

Trotzdem stellt es die »echten Mathematiker« nicht zufrieden, wenn sie Brüche nicht gleich komplett kürzen können. In ihrem ständigen Forschungsdrang haben sie eine besondere Art von Teilern aufgespürt, die du jetzt kennen lernen sollst:

Dir ist klar, dass **jede** Natürliche Zahl die **1** und **sich selbst** als Teiler hat, denn dadurch lässt sich immer ohne Rest teilen. Ein Beispiel: **10:1 = 10** und **10:10 = 1**.

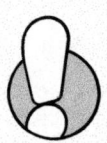

Interessant sind die Zahlen, die sich **nur** durch 1 und sich selbst **ohne** Rest teilen lassen, für sie gibt es auch einen eigenen Namen:

Primzahlen sind Natürliche Zahlen, die **genau zwei** Teiler haben.

Hier sind die Primzahlen zwischen 1 und 20:

2	3	5	7	11	13	17	19

Alle anderen Natürlichen Zahlen lassen sich in Primzahlen zerlegen. Probieren wir das gleich an einigen Beispielen aus:

4 = 2 · 2		6 = 2 · 3
8 = 2 · 2 · 2		9 = 3 · 3
10 = 2 · 5		12 = 2 · 2 · 3
14 = 2 · 7		15 = 3 · 5

(Wenn du willst, kannst du das bis 20 oder noch weiter fortsetzen.)

Interessant sind Primzahlen vor allem für diejenigen, die sich nicht damit begnügen, einfach nur nach irgendeinem Teiler oder Vielfachen zu suchen. Einem »echten Mathematiker« ist es eben nicht elegant genug, einen Bruch in mehreren Schritten zu kürzen, z.B. so:

$$\frac{54}{60} = \frac{54 : 2}{60 : 2} = \frac{27 : 3}{30 : 3} = \frac{9}{10}$$

Aber vor allem bei Brüchen mit größeren Zahlen fällt es bisweilen schwer, sofort den »besten« Teiler zu finden. Deshalb kann man auch den Zähler und den Nenner in Primzahlen **zerlegen**:

$$54 = 2 \cdot 3 \cdot 3 \cdot 3$$
$$60 = 2 \cdot 2 \cdot 3 \cdot 5$$

Dann stellt man fest, dass beide Zahlen $2 \cdot 3 = 6$ als **größten gemeinsamen** Teiler haben. Damit lässt sich ein Bruch »auf einen Schlag« kürzen:

$$\frac{54}{60} = \frac{54 : 6}{60 : 6} = \frac{9}{10}$$

Es gibt für zwei Natürliche Zahlen immer einen gemeinsamen Teiler, der auch der größte ist: Mathematiker kürzen diesen Begriff gern mit **»ggT«** ab: »größter gemeinsamer Teiler«. Ein Beispiel: **12** und **18** haben die Zahlen **2**, **3** und **6** als gemeinsame Teiler. ggT ist **6**. Für **5** und **7** wäre der ggT die **1**.

Ebenso gibt es für zwei Natürliche Zahlen auch ein gemeinsames Vielfaches, das auch das kleinste ist. Auch dieser Begriff lässt sich abkürzen, und zwar mit **»kgV«** ab: »kleinstes gemeinsames Vielfaches«. Ein Beispiel: Für **12** und **18** ist **36** das kgV. Für **5** und **7** wäre das kgV $5 \cdot 7 = 35$.

Sind Zähler und Nenner eines gekürzten Bruchs keine Primzahlen, dann kann man sie zerlegen und erhält damit ein »Röntgenbild« – wie hier:

$$\frac{9}{10} = \frac{3 \cdot 3}{2 \cdot 5}$$

So schön und interessant die Primzahlen für Mathematiker sein mögen: Mit Brüchen umgehen kann man auch ohne sie. Und nur selten sind sie die letzte Rettung – wie in dieser Aufgabe:

5

> Übung 05.03:
>
> Sara Kropf erhält einen Brief von ihrer Freundin Klara, mit dem sie zunächst nichts anzufangen weiß:
>
> »Sara Ich bin schon im Wein Keller und genieße viele Flaschen am Weg liegt erstes und letztes ein Haus neben dem anderen brauche nichts muss nüchtern werden und dringend Erste Hilfe Kurs machen Deine Klara«
>
> Dann fällt ihr ein, dass sie und Klara früher in der Schule eine Art »Primzahlengeheimschrift« benutzt haben, um sich Briefe zu schreiben, die nur sie beide verstehen konnten. Kannst auch du den Inhalt des Briefes enträtseln?

Das Erste, was du wahrscheinlich tun wirst, ist, die einzelnen Wörter durchzunummerieren. Anschließend pickst du dir die Zahlen heraus, die **Primzahlen** sind. Die Wörter, die zu diesen Zahlen gehören, bilden die für Sara wichtige Botschaft. So entstand bei mir diese Tabelle:

1	2	3	4	5	6	7
Sara	Ich	bin	schon	im	Wein	Keller
8	9	10	11	12	13	14
und	genieße	viele	Flaschen	am	Weg	liegt
15	16	17	18	19	20	21
erstes	und	letztes	ein	Haus	neben	dem
22	23	24	25	26	27	28
anderen	brauche	nichts	muss	nüchtern	werden	und
29	30	31	32	33	34	35
dringend	Erste	Hilfe	Kurs	machen	Deine	Klara

Sobald Sara den Hilferuf ihrer Freundin entschlüsselt hat, macht sie sich auf in den Flaschenweg, um Klara dort aus dem Keller im letzten Haus zu befreien.

Zusammenfassung

Nun ist es aber wirklich so weit: Nach diesem Kapitel verlassen wir das Thema Brüche. (Allerdings nicht für ewig, denn diese Geschöpfe werden uns immer mal wieder über den Weg laufen.)

Jedenfalls weißt du genauer, was die Rationalen Zahlen (**Q**) sind. Und du kennst jetzt auch ein paar weitere Regeln für den Umgang mit Brüchen:

Für die Multiplikation von Brüchen gilt:

Zähler mal (·) Zähler und Nenner mal (·) Nenner. Ergebnisbruch muss eventuell noch gekürzt werden. Setzt du für a, b, c, d beliebige Natürliche Zahlen ein, dann kannst du diese Formel ausprobieren:

$$\frac{a}{b} \cdot \frac{c}{d} = \frac{a \cdot c}{b \cdot d}.$$

Für die Division von Brüchen gilt:

Ersten Bruch mit Kehrwert vom zweiten malnehmen (·). Ergebnisbruch muss eventuell noch gekürzt werden. Setzt du für a, b, c, d beliebige Natürliche Zahlen ein, dann kannst du diese Formel ausprobieren:

$$\frac{a}{b} : \frac{c}{d} = \frac{a \cdot d}{b \cdot c}.$$

Für den Kehrwert gilt:

Zähler und Nenner vertauschen. Setzt du für a und b beliebige

Natürliche Zahlen ein, dann gilt diese Formel: $\frac{a}{b} \updownarrow \frac{c}{d}$.

Zuletzt hast du noch von den Primzahlen gehört, die man nicht unbedingt braucht, die aber durchaus nützlich sind.

Ein paar Fragen ...

1. Hat die 0 einen oder mehrere Teiler? Kann die 0 Teiler einer anderen Ganzen Zahl sein?

2. Was kommt dabei heraus, wenn ich einen Bruch mit seinem eigenen Kehrwert malnehme?

3. Rudi Pfiffig meint, eine andere Regel für das Dividieren (:) von Brüchen gefunden zu haben: »Man nimmt jeweils Zähler mit Nenner und Nenner mit Zähler mal.«

4. Ist die 1 etwa keine Primzahl?

5. Rudi Pfiffig behauptet: »Es gibt nur eine einzige Primzahl, die eine gerade Zahl ist.«

5

... und ein paar Aufgaben

1. Berechne und kürze, so weit möglich:

   a. $\dfrac{3}{8} \cdot \dfrac{4}{7} \cdot \dfrac{5}{6}$ b. $\dfrac{3}{4} \cdot \dfrac{5}{6} : \dfrac{7}{8}$

2. Addiere die Brüche $\dfrac{1}{2}$ und $\dfrac{2}{3}$. Dann teile das Ergebnis durch $\dfrac{3}{4}$.

3. Multipliziere die Brüche $\dfrac{1}{2}$ und $\dfrac{2}{3}$. Dann ziehe vom Ergebnis $\dfrac{3}{4}$ ab.

4. Der kleine Peter hat sich zwei Zahlen ausgedacht, von denen er meint, dass sie sich nicht in Primzahlen zerlegen lassen: 44.100 und 9.699.690. Versuch es trotzdem!

5. Probier mal, die Brüche von $\dfrac{1}{2}$, $\dfrac{2}{3}$ bis $\dfrac{9}{10}$ möglichst geschickt miteinander malzunehmen (·)!

(Die Lösungen zu allen Fragen und Aufgaben stehen hinten im Buch.)

6

Verhältnisse

Verglichen wird überall: Was ist besser, was ist schlechter? Wer ist schöner, wer hässlicher? Was ist größer, was ist kleiner? Wo ist es billiger, wo teurer? In einigen Fällen kann dir die Mathematik leider nicht weiterhelfen, aber wenn es z.B. um messbare Größen geht, dann bist du hier richtig.

In diesem Kapitel lernst du

◎ etwas über »Kilo« und »Milli«

◎ wie du Unterschiede und Verhältnisse berechnest

◎ etwas über Maßstäbe

◎ proportionale und umgekehrt proportionale Zuordnungen kennen

Gleich oder verschieden?

Ehe man überhaupt etwas vergleichen kann, muss man Größen und Maß-einheiten haben, die von allen als gleichwertig akzeptiert werden. Wenn du etwas verkaufen willst und dafür »einen Zehner« verlangst, dann meinst du damit wohl Euro und nicht z.B. Kieselsteine (die sollen auch mal Zahlungsmittel gewesen sein).

Und gibt jemand als Körpergewicht »75 Kilo« an, dann müsste klar sein, dass er Kilogramm meint und nicht etwa Kilometer. Glücklicherweise ver-steht man (fast) überall auf der Welt unter Gramm und Meter dasselbe Maß. Was uns direkt zur ersten Aufgabe führt:

> Übung 06.01:
>
> Wie viel Meter (m) ein Kilometer (km) ist und wie viel Gramm (g) ein Kilogramm (kg), weißt du bestimmt – oder?
>
> Aber wie ist es damit: Wie viel Meter (m) ist ein Millimeter (mm), wie viel Gramm (g) ist ein Milligramm (mg)?

Klar ist: Um auf »Kilo« zu kommen, wird mit **1000** malgenommen:

$$1 \, km = 1000 \, m \qquad 1 \, kg = 1000 \, g$$

Aber wie sieht es mit »Milli« aus? Hier ist es umgekehrt: Hier wird durch **1000** geteilt:

$$1 \, mm = \frac{1}{1000} \, m = 0,001 \, m$$

$$1 \, mg = \frac{1}{1000} \, g = 0,001 \, g$$

Dabei kannst du das Ergebnis natürlich als Bruch oder als Kommazahl schreiben.

> Die Vorsilben Kilo- und Milli- kommen aus dem Griechischen bzw. Lateinischen und haben beide etwas mit der Zahl **1000** zu tun: Des-halb kann man sagen: Wo »Kilo« draufsteht, sind **Tausender** drin, wo »Milli« draufsteht, sind **Tausendstel** drin.

Um Gewicht und Größe soll es auch in der folgenden Aufgabe gehen:

Übung 06.02:

Bei ihrer Geburt hatten Beppo und Benno mit 50 cm beide die gleiche Größe. Während Beppo aber 4,5 kg wog, hatte Benno ein Gewicht von 3,6 kg. Vergleiche die Unterschiede und die Verhältnisse.

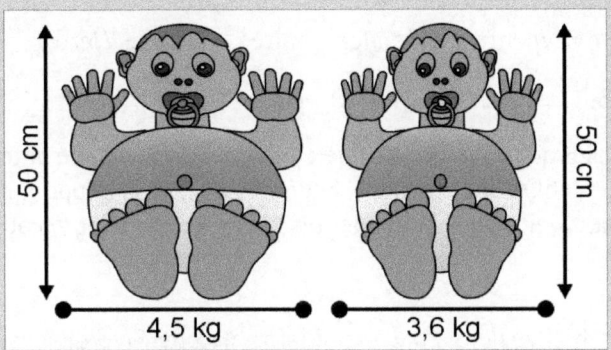

Man kann sagen: Beppo und Benno waren als Babys gleich groß, doch verschieden schwer. Was aber ist denn hier mit Unterschied und mit Verhältnis gemeint?

Der Unterschied zwischen zwei Zahlwerten ist die **Differenz**. Es muss also abgezogen (–) werden.

Das Verhältnis zwischen zwei Zahlwerten ist der **Quotient**. Es muss also geteilt (:) werden.

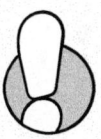

Was die Größe der beiden Babys angeht, gibt es keinen Unterschied. Mathematisch ausgedrückt: Der Größenunterschied zwischen Benno und Beppo beträgt 0:

$$5\ 0\ -\ 5\ 0\ =\ 0$$

Beim Verhältnis der Größen könnte man von »ausgewogen« oder »gleich« sprechen. Die Mathematiker sagen dazu: Das Größenverhältnis zwischen Benno und Beppo beträgt 1:

$$5\ 0\ :\ 5\ 0\ =\ 1$$

Ganz anders sieht es beim Geburtsgewicht aus (wobei wir hier bei kg bleiben – du kannst aber auch in Gramm rechnen):

$$4,5 - 3,6 = +0,9 \qquad 3,6 - 4,5 = -0,9$$

Je nachdem, welche Zahl wir von welcher abziehen, kommt für den Unterschied +0,9 kg oder –0,9 kg heraus. Das **Plus** bedeutet hier, dass Beppo **mehr** wiegt als Benno, das **Minus** heißt: Benno wiegt **weniger** als Beppo. Stimmt ja auch beides.

Beim Verhältnis der Gewichte zueinander erhalten wir diese Werte:

$$4,5 : 3,6 = 1,25 \qquad 3,6 : 4,5 = 0,8$$

Auch hier hängt das Ergebnis davon ab, welche Zahl durch welche geteilt wird. Dass die erste Zahl **größer** ist als 1, bedeutet hier, dass Beppo **mehr** wiegt als Benno. Die zweite Zahl ist **kleiner** als 1, und Benno wiegt ja auch **weniger** als Beppo.

Offenbar gibt es hier jeweils eine Art »Maßzahl« oder »Vergleichszahl«. Was die besagt, siehst du in dieser Tabelle:

Wert	Unterschied
= 0	Alles gleich, kein Unterschied
> 0	Das erste »Objekt« ist größer, schwerer, dicker, schneller usw.
< 0	Das erste »Objekt« ist kleiner, leichter, dünner, langsamer usw.

Wert	Verhältnis
= 1	Alles gleich, alles »im Lot«
> 1	Das erste »Objekt« ist größer, schwerer, dicker, schneller usw.
< 1	Das erste »Objekt« ist kleiner, leichter, dünner, langsamer usw.

Als Antwort auf unsere Aufgabe könnte man sagen: Beppo war als Baby 0,9 kg bzw. 900 g schwerer als Benno (Unterschied). Oder: Beppo war als Baby etwa 1,25 mal so schwer wie Benno (Verhältnis).

Maßstab

Weil viele Dinge in Wirklichkeit groß bis riesig sind, müssen sie in ihrer Darstellung verkleinert werden. So passt zum Beispiel dein ganzes Hei-

matland auf eine Landkarte – wenn es nicht zu groß oder der Maßstab nicht zu klein ist.

> Übung 06.03:
>
> Tina und Kuno machen eine Fahrradtour. Weil die Beschilderung gut ist, kommen sie zuerst problemlos voran. Doch plötzlich fehlt jeder Hinweis, wie es weitergeht. »Lass uns auf die Karte schauen«, meint Tina. Nach kurzem Suchen hat sie dort die Stelle gefunden, an der sie gerade sind.
>
> »Ist der nächste Ort weit entfernt?«, fragt Kuno. »Etwa 7 Zentimeter«, meint Tina, »und der Maßstab ist mit 1:50.000 angegeben.« Wie weit müssen die beiden noch fahren, bis sie den nächsten Ort erreichen?

Auch beim Maßstab geht es um ein Verhältnis zwischen zwei Werten: Hier ist die erste Zahl die Länge einer Strecke auf der Karte, die zweite Zahl bezeichnet die tatsächliche Streckenlänge.

Hier beträgt die Strecke auf der Karte $\frac{1}{50000}$ des wirklichen Weges. Oder andersherum: Die wirkliche Strecke ist 50.000 mal so lang wie die auf der Karte (1 cm entspricht 50.000 cm = 500 m).

Ausgesprochen wird das übrigens »1 zu 50.000«. Der auf der Karte gemessene Streckenwert muss nun mit der zweiten Zahl malgenommen werden:

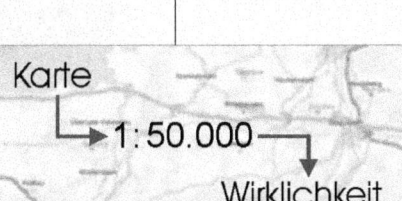

$$7 \cdot 50.000 = 350.000$$

Eine Riesenzahl kommt da heraus. Das ist die Strecke, die in Wirklichkeit noch zu fahren ist. In Kilometern gemessen wäre das schon fast eine Fahrt zum Mond. Aber die Maßeinheit hat sich beim Malnehmen ja **nicht** geändert: Wir haben immer noch Zentimeter (cm). Und die müssen wir jetzt schrittweise in Meter (m) und dann in Kilometer (km) umrechnen:

$$350.000 : 100 = 3.500 \text{ m}$$
$$3.500 : 1000 = 3,5 \text{ km}$$

Tina und Kuno haben also bis zum nächsten Ort noch 3,5 km Fahrt vor sich.

Meistens misst man Strecken auf einer Land- oder Wanderkarte in Zentimetern (cm). Hier gilt als Faustregel:

1. Karte (cm) **mal** Maßstabszahl → Wirkliche Strecke (cm)

2. Wirkliche Strecke (cm) **durch** 100 → Wirkliche Strecke (m)

3. Wirkliche Strecke (m) **durch** 1000 → Wirkliche Strecke (km)

Man kann auch kürzer sagen:

1. Karte (cm) **mal** Maßstabszahl → Wirkliche Strecke (cm)

2. Wirkliche Strecke (cm) **durch** 100.000 → Wirkliche Strecke (km)

Dass ein Maßstab nicht immer nur mit »Eins zu« beginnen muss, zeigt die folgende Aufgabe:

Übung 06.04:

Kuno ist Autofan und hat einen roten Ferrari – als Modell im Maßstab 1:24. Tina will ihre panische Angst vor Spinnen loswerden und hat sich dazu ein Plastikmodell der giftigen »Schwarzen Witwe« im Maßstab 4:1 besorgt.

Ein Ferrari ist im Original ca. 4,20 m lang, die »Schwarze Witwe« etwa 4 cm. Wie groß sind die beiden Modelle?

Um die Länge des Ferrarimodells zu berechnen, wandeln wir erst einmal die Meter des Originals in Zentimeter um: **4,20 m = 420 cm**. Hier rechnen wir **nicht** wie bei der letzten Aufgabe. Dort war die Strecke auf der Rad-wanderkarte das »Modell« und die wirkliche Strecke das »Original«. Hier ist es **umgekehrt**, also benötigen wir diesmal auch die umgekehrte Reche-noperation, es muss also nicht multipliziert, sondern dividiert (**:**) werden:

$$4\ 2\ 0\ :\ 2\ 4\ =\ 1\ 7,5$$

Beim Maßstab steht vor dem Doppelpunkt die »Messzahl« für das **Modell**, dahinter die für das **Original**. Maßstab heißt also: »Modell zu Original«.

Ein Maßstab von 1:1 (»Eins zu Eins«) bedeutet, dass Modell und Original gleich groß (oder gleichartig) sind. Übrigens gibt es auch Maßstäbe, bei denen gar keine 1 vorkommt, wie z.B. 2:5 oder 5:2. (Das entspricht den Maßstäben 1:2,5 und 2,5:1.)

Würden wir die Länge von Kunos Automodell wieder auf das Original umrechnen, so geht das – wie oben bei der Radwanderkarte – mit Hilfe der Multiplikation:

$$1\ 7,5 \cdot 2\ 4 = 4\ 2\ 0$$

Aber was ist mit Tinas Spinne? Hier führt offenbar der gleiche Rechenweg wie bei Kuno nicht zum Ziel, denn das Modell ist ja hier **größer** als das Original!

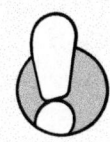

> Vereinfacht lässt sich sagen: Vom »Kleinen« zum »Großen« wird multipliziert, vom »Großen« zum »Kleinen« wird dividiert.

Dann müssen wir hier wohl wieder malnehmen (·) – wobei wir bei den Zentimetern bleiben können:

$$4 \cdot 4 = 1\ 6$$

Kunos Automodell ist demnach 17,5 cm und Tinas Spinnenmodell 16 cm lang.

Zuordnungen

Es müssen nicht immer die gleichen Größen sein, die einander zugeordnet sind. Viele Dinge aus dem täglichen Leben lassen sich z.B. über den Preis vergleichen: So könnten 2 Liter Milch etwa so viel kosten wie 3 Äpfel oder 5 Bleistifte. Oder 7 km Busfahrt so viel wie 5 Minuten Karussellfahrt.

Auch bei der folgenden Aufgabe geht es um den Preis:

Übung 06.05:

Die beiden Sumos Benno und Beppo kaufen wieder mal ein – diesmal nur ein paar Happen für »Zwischendurch«. Für 4 Kraftpakete bezahlt Beppo 30 Euro. Benno begnügt sich mit 3 Packungen. Was muss er zahlen?

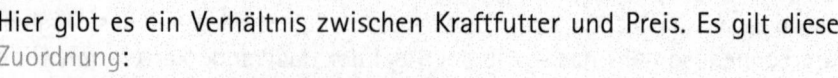

Hier gibt es ein Verhältnis zwischen Kraftfutter und Preis. Es gilt diese Zuordnung:

| 4 | P. | ↔ | 3 | 0, | 0 | 0 | € |

Um nun herauszufinden, wie viel Euro 3 Pakete kosten, sollten wir erst einmal den Preis für ein **einzelnes** Paket ausrechnen. Dazu müssen wir teilen:

| 3 | 0, | 0 | 0 | : | 4 | = | 7, | 5 | 0 |

Nun lassen sich diese beiden Werte zuordnen:

| 1 | P. | ↔ | 7, | 5 | 0 | € |

Der nächste und letzte Schritt führt uns zum Preis von 3 Paketen, wenn wir den neu erhaltenen Wert malnehmen:

| 7, | 5 | 0 | · | 3 | = | 2 | 2, | 5 | 0 |

Womit wir unsere dritte Zuordnung und auch die Lösung der Aufgabe haben:

| 3 | P. | ↔ | 2 | 2, | 5 | 0 | € |

22,50 € muss Benno also für seine »Zwischenmahlzeit« zahlen.

Das ganze Rechenspiel wird Dreisatz genannt:

Dabei geht man von einer Startzuordnung aus, z.B. 4 → 30,00.

Daraus errechnet man die Einheitszuordnung (bei der immer eine 1 im Spiel ist), z.B. 1 → 7,50.

Abschließend kommt man auf die Zielzuordnung, z.B. 3 → 22,50.

Auch die nächste Aufgabe lässt sich mit dem Dreisatz lösen, wenn auch ein bisschen anders. Und die beiden Sumobrüder sind auch hier wieder dabei:

Übung 06.06:

Benno und Beppo machen Trainingsurlaub auf einer kleinen Insel. Sie haben Vorrat für 6 Tage dabei. Ganz unverhofft taucht Hippo auf. Er konnte sich als einziger Überlebender eines Schiffsunglücks auf die Insel retten. Nun muss der Vorrat für drei reichen (zumal Hippo beileibe kein Leichtgewicht ist). Nach wie vielen Tagen ist alles aufgebraucht?

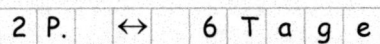

Und wieder gibt es ein Verhältnis zwischen zwei Größen. Diesmal lassen sich Personen und Tage zuordnen. Dabei gehen wir zunächst davon aus, dass der Vorrat nur für Beppo und Benno reichen muss (und jeder gleich viel abbekommt):

$$2 \text{ P.} \quad \leftrightarrow \quad 6 \text{ Tage}$$

Auch hier sollten wir erst einmal ausrechnen, wie lange eine **einzelne** Person mit dem ganzen Vorrat auskommen würde. Dazu müssen wir malnehmen:

$$6 \cdot 2 = 12$$

Wenn der Vorrat für nur eine Person reichen muss, reicht er länger, nämlich doppelt so lang. Das führt uns zu dieser Zuordnung:

$$1 \text{ P.} \quad \leftrightarrow \quad 12 \text{ Tage}$$

Im nächsten und letzten Schritt erfahren wir, wie lange der Vorrat für 3 Personen reicht, wenn wir den neu erhaltenen Wert aufteilen:

$$12 : 3 = 4$$

Womit wir bei unserer dritten Zuordnung und auch bei der Lösung der Aufgabe angekommen sind:

$$3 \text{ P.} \quad \leftrightarrow \quad 4 \text{ Tage}$$

Der Vorrat, den die beiden Sumobrüder auf die Insel mitgenommen haben, ist also schon nach 4 Tagen aufgebraucht.

Proportional und umgekehrt

Vom Rechenweg her gesehen sind sich die beiden letzten Aufgaben ähnlich. Aber irgendetwas ist dennoch anders. Bei Aufgabe 06.05. sah das Rechenschema so aus:

Auf **beiden** Seiten der Zuordnung Pakete ↔ Preis fanden jeweils die gleichen Rechenschritte statt: Zuerst wurde geteilt, anschließend wurde malgenommen. Verallgemeinert gilt für diese Zuordnung: Je **mehr** Pakete gekauft werden, desto **mehr** muss dafür bezahlt werden.

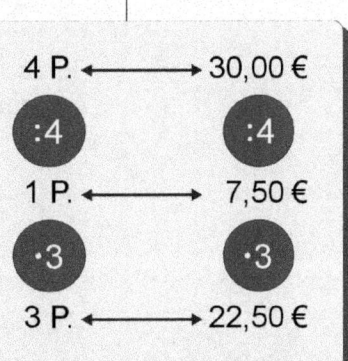

Ganz anders bei Aufgabe 06.06. Dort ergab sich dieses Rechenschema:

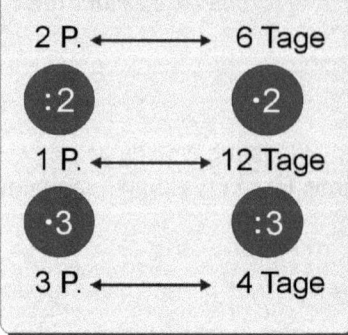

Hier gab es auf jeder Seite der Zuordnung **Personen ↔ Tage** einen **anderen** Rechenschritt. Offenbar gilt für diese Zuordnung: Je **mehr** Personen da sind, desto **weniger** Tage reicht der Vorrat.

Eine Zuordnung, bei der gilt »Je mehr, desto **mehr**«, heißt proportional oder auch **direkt proportional**:

Beide Größen werden im **gleichen** Verhältnis größer oder kleiner. Ein Beispiel: 4 Äpfel kosten 2 Euro. Dann kosten 2 Äpfel die Hälfte, 8 Äpfel das Doppelte.

Eine Zuordnung, bei der gilt »Je mehr, desto **weniger**«, heißt umgekehrt proportional oder auch **indirekt proportional**:

Beide Größen werden im **umgekehrten** Verhältnis größer oder kleiner. Ein Beispiel: 4 Arbeiter erledigen einen Auftrag in 2 Tagen. Dann würden 2 Arbeiter doppelt so lange und 8 Arbeiter halb so lange brauchen.

Ob du das wirklich verstanden hast, kannst du gleich in der folgenden Aufgabe überprüfen:

Übung 06.07:

Freddy Brauser nimmt an einer Autorallye teil. Im ersten Durchgang sind insgesamt 154 km zu fahren. Nach fast genau 2 Stunden ist Freddy am Ziel. Wie schnell ist er etwa gefahren?

Im zweiten Teil muss Freddy versuchen, in 2,5 Stunden so weit wie möglich zu kommen. Hier fährt er mit einer Durchschnittsgeschwindigkeit von 66 km/h. Wie viele Kilometer schafft Freddy?

Machen wir uns an den ersten Teil der Aufgabe. Die Strecke, die Freddy fahren muss, ist auf 154 km festgelegt. Veränderlich sind also nur die Fahrzeit und die Geschwindigkeit. Und hier gilt: Je **schneller** Freddy fährt, desto **kürzer** ist seine Fahrzeit.

Wir haben es also mit einer **umgekehrt proportionalen** Zuordnung zu tun. Allzu viel rechnen müssen wir hier nicht, denn gefragt ist die Strecke, die Freddy in **einer** Stunde zurücklegt: Die Geschwindigkeit wird ja in Kilometern **pro** Stunde gemessen. Also genügt diese Rechnung:

$$154 : 2 = 77$$

oder ausführlicher mit Größenangaben:

$$154\ km : 2\ h = 77\ km/h$$

Freddy ist also im ersten Durchgang rund 77 km/h gefahren. (Das ist ein Mittelwert, denn man fährt ja nicht immerzu gleich schnell.)

Nun zur zweiten Rallyerunde: Festgelegt ist hier die Zeit. Deshalb gilt: Je **schneller** Freddy fährt, desto **länger** ist die erreichte Fahrstrecke.

Jetzt haben wir eine (direkt) **proportionale** Zuordnung vor uns. Auch hier genügt nur eine Rechnung:

$$2{,}5 \cdot 66 = 165$$

Und auch hier die ausführlichere Version mit allen Maßangaben:

$$2{,}5\ h \cdot 66\ km/h = 165\ km$$

Im zweiten Durchgang schafft Freddy eine Strecke von 165 km.

Gibt es eigentlich Zuordnungen, die weder direkt noch indirekt proportional sind? Na klar.

Nehmen wir als Beispiel das Wetter: Ich kann täglich jeder Uhrzeit eine bestimmte Temperatur zuordnen, etwa 0.00 Uhr ↔ 8 Grad und 6.00 Uhr ↔ 16 Grad. Wie viel Grad sind es um 12.00 Uhr? 24 Grad? Oder vielleicht immer noch 16 Grad? Oder gar nur 12 Grad? Ich weiß es nicht.

Hier kann man nur raten oder versuchen, mit möglichst vielen Hinweisen zu schätzen, wann welches Wetter zu erwarten ist.

Und so gibt es zahlreiche weitere Zuordnungen, bei denen wir mit unseren einfachen mathematischen Mitteln »machtlos« sind.

6 Zusammenfassung

Nun sind wir wieder ein ganzes Stückchen weiter gekommen. Zeit für eine Pause. Immerhin kennst du dich verhältnismäßig gut mit Maßstäben, Proportionen und Ähnlichem aus. Zumindest dies ist bestimmt hängen geblieben:

Für Maßstäbe gilt:

Das Verhältnis zwischen Modell und Original ist ein Quotient:

$$Modell : Original = \frac{Modell}{Original} \text{ (gesprochen »zu«).}$$

Für Zuordnungen gilt:

Proportionale Zuordnung → je mehr, desto mehr

Umgekehrt proportionale Zuordnung → je mehr, desto weniger

Für den Dreisatz gilt:

Aufstellen der Startzuordnung

Ermitteln der Einheitszuordnung (Division oder Multiplikation)

Ermitteln der Zielzuordnung (Multiplikation oder Division)

Ein paar Fragen ...

1. Außer Metern und Kilometern gibt es ja auch Zentimeter und Dezimeter. Wie lang bzw. groß sind die? Und was bedeutet eine Tonne?

2. Rudi Pfiffig meint: »Setzt man bei Verhältnissen Brüche ein, kann man auch sagen: Wenn der Bruch echt ist, dann ist das erste Objekt kleiner, ist der Bruch unecht, so ist das erste Objekt größer als das zweite.« Was meinst du?

3. Könnte man bei Tinas Spinnenmodell auch einen Maßstab mit »1 zu« angeben?

4. Was ist mit den Zuordnungen »Je weniger, desto weniger« und »Je weniger, desto mehr«?

... und ein paar Aufgaben

1. Opa Krause hat einige Landkarten in den Maßstäben 1:150.000, 1:250.000 und 1:1000.000. Wie lang ist ein dort gemessener Zentimeter in Wirklichkeit?

2. Herr Maier aus dem Norden will Frau Müller im Süden besuchen. Herr Maier misst 12 cm auf der Karte im Maßstab 1:300.000. Wie schnell ist er da, wenn er durchschnittlich 75 km/h fährt?

3. Bruno kauft 3 CDs, die zusammen 34,50 Euro kosten. Tina zahlt für ihre CDs 57,50 Euro. Kuno will 4 CDs kaufen.

4. Hier ist eine Variante der Aufgabe 06.06:
Die Sumos Benno und Beppo haben für ihren Inselurlaub Vorrat für 6 Tage eingepackt. Kaum sind sie 3 Tage da, taucht unverhofft Hippo als einziger Überlebender eines Schiffsunglücks auf. Ab jetzt muss der Vorrat für drei Schwergewichte reichen. Wie viele Tage reicht der Vorrat insgesamt?

5. 2 Meerschweinchen fressen 4 kg Heu in 20 Tagen. Wie lange würde diese Menge für 5 Meerschweinchen reichen? Und wie viele Meerschweinchen würden 10 Tage lang mit 3 kg Heu auskommen?

(Die Lösungen zu allen Fragen und Aufgaben stehen hinten im Buch.)

7

Prozente

Überall begegnet man ihnen: Ob beim Monatsgehalt mit oder ohne Abga-
ben und Steuern, ob beim Einkauf mit oder ohne Mehrwertsteuer, wenn
Preise fallen oder steigen. Und nicht zuletzt bei den Wahlen: Keine Partei
kann genug davon kriegen. Die Rede ist von Prozenten. Vor allem um die
soll es in diesem Kapitel gehen.

In diesem Kapitel lernst du

◎ den Prozentbegriff kennen

◎ was Prozentwert und Grundwert bedeuten

◎ was mit Prozentsatz und Grundsatz gemeint ist

◎ das Prozentquadrat kennen

7

Vergleichbarkeit

Wie man zwei Werte vergleicht, weißt du noch aus dem letzten Kapitel. Deshalb dürfte dir diese Aufgabe wohl wenig Probleme bereiten:

> **Übung 07.01:**
>
> Wer hat denn nun mehr bekommen: Olga, deren Gehalt von 1.000 auf 1.050 Euro erhöht wurde, oder Erik, dessen Einkommen von 2.000 auf 2.080 Euro gestiegen ist?

Das Erste, was uns einfällt, wäre die Berechnung der Unterschiede:

$$1\,050 - 1\,000 = 50$$
$$2\,080 - 2\,000 = 80$$

So bekommt Olga 50 Euro mehr und Erik kann sich sogar über eine Zuzahlung von 80 Euro freuen. Aber ist damit eindeutig geklärt, wo der Zuwachs größer ist? Na gut, wir wissen ja auch noch, wie man die Verhältnisse errechnet:

$$1\,050 : 1\,000 = 1{,}05$$
$$2\,080 : 2\,000 = 1{,}04$$

Danach bekommt Olga nun das 1,05fache ihres vorigen Gehaltes, Erik dagegen nur das 1,04fache.

Irgendwie haben wir jetzt eine Art Unentschieden: Im ersten Fall kriegt Erik mehr, im zweiten Olga. Genau betrachtet ist das, was Olga und Erik zusätzlich bekommen, recht mickrig – verglichen mit dem, was sie üblicherweise im Monat verdienen. Eigentlich könnte man das Verhältnis doch auch so ausrechnen, indem man nur die Erhöhung mit dem alten Gehalt vergleicht:

$$50 : 1\,000 = 0{,}05$$
$$80 : 2\,000 = 0{,}04$$

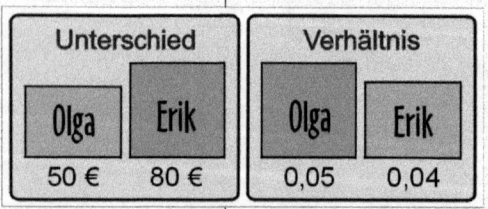

Unterschied		Verhältnis	
Olga	Erik	Olga	Erik
50 €	80 €	0,05	0,04

Dann wäre die Gehaltserhöhung bei Olga immer noch relativ höher als bei Erik, aber die Zahlen zeigen doch deutlicher, wie niedrig sie insgesamt ausgefallen ist.

Besonders schön finde ich hier die beiden Kommazahlen nicht. Wie wäre es, wenn wir sie mal in Brüche umwandeln, um ihre Optik etwas aufzupeppen?

$$50 : 1000 = \frac{50}{1000} = \frac{1}{20}$$

$$80 : 2000 = \frac{80}{2000} = \frac{1}{25}$$

Olga bekommt also $\frac{1}{20}$ mehr Gehalt, Erik $\frac{1}{25}$.

Aber was hat uns das jetzt gebracht? Ich sehe schon: Wir sind ein wenig über das Ziel hinausgeschossen. Um die beiden Brüche **vergleichbar** zu machen, müssen sie den **gleichen Nenner** haben. Versuchen wir's mal mit 100:

$$\frac{1}{20} = \frac{5}{100} \qquad \frac{1}{25} = \frac{4}{100}$$

Hundertstel haben in der Mathematik eine besondere Bedeutung: Oft lassen sich Verhältnisse mit Brüchen genauer darstellen als mit Kommazahlen. Um diese miteinander vergleichen zu können, benötigt man einen gemeinsamen Nenner. Der sollte aber nicht beliebig sein, sondern möglichst praktisch.

Da wir im Dezimalsystem arbeiten, würde sich zunächst die 10 anbieten. Zehntel wären aber in vielen Bereichen zu ungenau. Deshalb kam man auf die 100 – und natürlich auch auf einen neuen Namen:

Ein Hundertstel einer Zahl wird als 1 **Prozent** bezeichnet. Das Symbol dafür ist %. (Du findest dort die 2 Nullen von der 100 wieder.)

»Pro-Zent« (englisch: »per cent«) hat ebenso etwas mit 100 zu tun, wie z.B. Zentimeter oder Cent (1m = 100 cm; 1 Euro = 100 Cent).

Für die Fälle, in denen Prozente zu ungenau werden, weil die Messwerte sehr klein sind, gibt es noch **Promille**. Gemeint sind damit Tausendstel und das Symbol dafür ist ‰. Es gilt 1% = 10 ‰ bzw. 1 ‰ = 0,1%.

Unsere Brüche lassen sich nunmehr auch so darstellen:

$$\frac{5}{100} = 5\,\% \qquad \frac{4}{100} = 4\,\%$$

7

Damit sind wir so weit, dass wir sagen können: Olga bekam eine Gehalts-erhöhung von 5 Prozent, Erik eine von 4 Prozent.

Grundig und Prozentig

Wenn es um das Berechnen von Prozenten geht, müssen – so die Mathe-matiker – gleich eine ganze Hand voll neuer Begriffe her: Da ist zum einen der Grundwert, dann kommt der Prozentwert und schließlich der Prozent-satz. Bloß: Was ist denn nun was? Klären wir das mit Hilfe der nächsten Aufgabe:

Übung 07.02:

So langsam wird es mal wieder Zeit für ein Kaffeekränzchen mit Martha, Erna und Berta. Diesmal gilt es, eine Torte mit Kirschen und Eierlikör zu vertilgen, die bereits geschickt in 10 gleiche Teile aufge-schnitten wurde.

Tante Martha genehmigt sich 2 Stückchen, Tante Erna gestattet sich 3, der Rest bleibt wieder für Tante Berta. Wie viel Prozent dieser Torte sind in jeder Tante verschwunden?

Wenn wir das Ganze erst mal wieder als Brüche aufschreiben, kommen wir auch schnell auf unsere Prozente:

$$\frac{2}{10} = \frac{20}{100} = 20\ \% \quad (\text{M a r t h a})$$

$$\frac{3}{10} = \frac{30}{100} = 30\ \% \quad (\text{E r n a})$$

$$\frac{5}{10} = \frac{50}{100} = 50\ \% \quad (\text{B e r t a})$$

Zählt man alles zusammen, kommt man für die ganze Torte dann auf 100%. (Aber das hast du dir längst gedacht, dass ein Ganzes 100 Prozent entspricht.)

Nachdem die Torte verputzt ist, interessiert uns noch, was denn eigentlich was war – aus der Sicht der Prozentrechnung gesehen. Dass die ganze in 10 Stücke aufgeteilte Torte der **Grundwert** ist, dürfte wohl niemand bezweifeln. (Man hätte hier auch »Grundnahrung« sagen können.)

Die Stückchen, die jede Tante zu sich nimmt, bilden jeweils den **Prozentwert**. Bleibt für die Zahlen mit dem Symbol % noch **Prozentsatz** als Bezeichnung.

So ganz klar ist diese Rollenverteilung noch nicht? Dann schauen wir uns mal diese Tabelle an (in der sich Menschen begegnen, die sich wahrscheinlich noch nie gesehen haben):

	Grundwert	Prozentwert	Prozentsatz
Olga	1.000 Euro	50 Euro	5%
Erik	2.000 Euro	80 Euro	4%
Martha	10 Stück	2 Stück	20%
Erna	10 Stück	3 Stück	30%
Berta	10 Stück	5 Stück	50%

Findest du dich in der Tabelle zurecht? (Notfalls solltest du noch mal einen Blick in die Aufgaben 07.02 **und** 07.01 werfen.)

Wert oder Satz?

Damit du aber sicher bist, alles verstanden zu haben, darfst du dich gleich wieder an einer weiteren Aufgabe stählen:

Übung 07.03:

Bis jetzt erhielt Tina monatlich 20 Euro Taschengeld. Nun soll es um 10% erhöht werden. Wie viel Geld kommt jetzt dazu?

Auch Kuno hat eine Taschengelderhöhung um 10% zu erwarten, das sind 3 Euro. Wie viel Taschengeld hat Kuno bisher erhalten?

Auch hier bietet sich wieder eine Tabelle an, die zuerst natürlich noch ein paar Lücken hat:

	Grundwert	Prozentwert	Prozentsatz
Tina	20 Euro	?? Euro	10%
Kuno	?? Euro	3 Euro	10%

Gesucht ist also bei Tina der Prozentwert und bei Kuno der Grundwert. Aber wie sollen wir die Lösungen herausfinden?

Setzen wir doch die Werte einmal zueinander in Beziehung. Damit alles passt, darf natürlich eine vierte Größe nicht fehlen, die ich **Grundsatz** nennen möchte. Dieser hat immer den **festen** Wert 100%.

So lassen sich zuerst Grund**wert** und Grund**satz** zuordnen:

2	0	€	↔	1	0	0	%	(	T	i	n	a	)
?	?	€	↔	1	0	0	%	(	K	u	n	o	)

Die zweite Zuordnung gilt für Prozent**wert** und Prozent**satz**:

?	?	€	↔	1	0	%	(	T	i	n	a	)
	3	€	↔	1	0	%	(	K	u	n	o	)

Wenn wir nun mal genau hinschauen, wie sich die »Sätze« verändern, dann können wir daraus auch unsere Schlüsse für die »Werte« ziehen.

Beginnen wir mit Tina, wo ja der **Prozent**wert gesucht ist. Um von 100% auf 10% zu kommen, müssen wir dividieren:

1	0	0	:	1	0	=	1	0

Und genau so machen wir es mit dem Grundwert, um auf den Prozentwert zu kommen:

2	0	:	1	0	=	2

Womit die zweite Zuweisung nun komplett wäre:

2	€	↔	1	0	%

Tina bekommt also 2 Euro mehr Taschengeld.

Weiter geht es mit Kuno, bei dem der **Grund**wert gesucht ist. Hier gilt es, von 10% auf 100% zu kommen, demnach müssen wir multiplizieren:

1	0	·	1	0	=	1	0	0

Mit dem Prozentwert machen wir es ebenso, um auf den Grundwert zu kommen:

| 3 | · | 1 | 0 | = | 3 | 0 |

Womit wir auch diese Zuweisung vervollständigt hätten:

| 3 | 0 | € | ↔ | | 1 | 0 | 0 | % |

Kuno hat also bisher 30 Euro Taschengeld bekommen.

> Zusammenfassend können wir sagen: 10% von 20 Euro sind 2 Euro (für Tina) bzw. 10% von 30 Euro sind 3 Euro (für Kuno). Dies mündet in die allgemeine Formel: »Prozentsatz von Grundwert ist Prozentwert«.
>
> Verwirrend ist nur manches Mal herauszufinden, welcher von den drei Werten denn nun jeweils gemeint ist. Da helfen vielleicht diese kleinen »Rechenkrücken«:
>
> Den **Prozentsatz** findest du recht schnell: Es ist die Zahl, bei der das Prozentzeichen (%) steht. Bleiben noch zwei. Und da kann es manchmal knifflig werden. Der **Grundwert** ist der Wert, der 100% entspricht. In der Regel ist er Ausgangs- oder Basiswert. Und das andere wäre dann der **Prozentwert**.
>
> Ein Beispiel: Bei Tina und Kuno entspricht jeweils das alte, ursprüngliche Taschengeld 100%. Damit haben wir den Grundwert. Und die Veränderung, also das, was hier beide mehr bekommen, ist dann der Prozentwert.

Das Prozentquadrat

Beim genaueren Hinschauen fallen uns ein paar weitere mögliche Zuordnungen auf, sodass wir insgesamt auf vier Paare kommen, die man miteinander vergleichen kann:

Grundwert	↔	Grundsatz
Prozentwert	↔	Prozentsatz
Prozentwert	↔	Grundwert
Prozentsatz	↔	Grundsatz

Alle vier Beziehungen führen uns zu diesem »Prozentquadrat«:

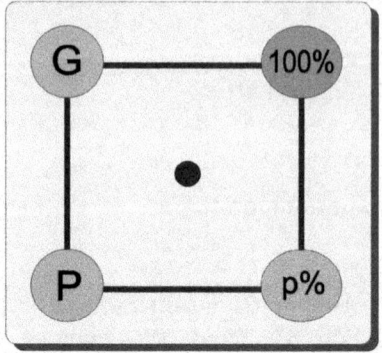

Hier sind die vier beteiligten Größen abgekürzt: 100% ist der feste Grundsatz, p% der Prozentsatz, **G** kürzt den Grundwert und **P** den Prozentwert ab. Links stehen die »Werte«, rechts die »Sätze«. Wenn du dir nun die verbindenden Linien als Bruchstriche bzw. als Symbole für die Division (/) denkst, bleibt der dicke Punkt in der Mitte als Symbol für die Multiplikation (·).

Damit haben wir die Möglichkeit, aus diesem Prozentquadrat direkt die nötigen Formeln für unsere Berechnungen abzuleiten. Gesucht ist ja immer **eine** Größe: Der Prozentsatz (p%), der Prozentwert (P) oder der Grundwert (G).

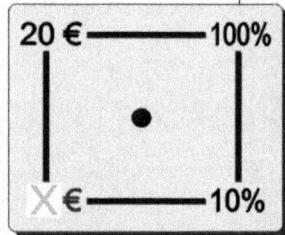

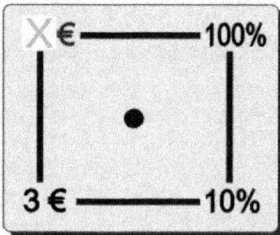

Wenn wir nun die Taschengeldaufgabe noch einmal am Prozentquadrat wiederholen, so ergibt sich dieses Bild – links für Tina, rechts für Kuno:

Für die Rechnung verpassen wir der unbekannten Größe als Symbol ein x. Das gefällt mir besser als ein Fragezeichen und ist in der Mathematik als Zeichen für etwas Unbekanntes durchaus üblich.

Für die Formeln beginnen wir im Prozentquadrat **immer** diagonal – also mit der Multiplikation. Bei Tina stehen sich da die Größen 20 € und 10% gegenüber, bei Kuno 3 € und 100%. Der Punkt in der Mitte heißt: Jetzt wird malgenommen. In welcher Ecke du anfängst, ist dabei egal. Hauptsache, du benutzt die Diagonale, in der zwei **bekannte** Größen stehen.

Anschließend fährst du weiter zur dritten Größe. Der Strich dazwischen bedeutet: Nun wird geteilt. Wenn wir die Maßangaben weglassen, bekommen wir diese Rechnungen:

| x | = | 2 0 | · | 1 0 | : | 1 0 0 | = | 2 | | (| T | i | n | a |) |
| x | = | 3 | · | 1 0 0 | : | 1 0 | = | 3 0 | | (| K | u | n | o |) |

Würde man die Formeln als Brüche darstellen, sähe das so aus:

$$x = \frac{20 \cdot 10}{100} = \frac{200}{100} = \frac{2}{1}$$

$$x = \frac{3 \cdot 100}{10} = \frac{300}{10} = \frac{30}{1}$$

Und weil **2/1** und **30/1** jeweils die Ganzen Zahlen **2** und **30** ergeben, haben wir auch hier dieselben Lösungen wie oben.

In der Schule ist es oft üblich, drei Formeln auswendig zu lernen. Sie alle lassen sich aus dem Prozentquadrat ableiten (womit du also nur dieses kennen musst). Hier sind die drei im Überblick:

Prozentwert = Grundwert mal Prozentsatz durch 100

Grundwert = Prozentwert mal 100 durch Prozentsatz

Prozentsatz = Prozentwert mal 100 durch Grundwert

Über 100?

Mit den Informationen über die Taschengelderhöhungen bei Tina und Kuno dürfte es ein Leichtes sein herauszufinden, wie viel Taschengeld sie denn nun ab jetzt bekommen: Man zählt einfach den alten Betrag und die Erhöhung zusammen und schon hat man das neue Taschengeld:

| 2 0 | + | 2 | = | 2 2 | | (| T | i | n | a |) |
| 3 0 | + | 3 | = | 3 3 | | (| K | u | n | o |) |

Das ist ja lächerlich einfach, meinst du. Da hast du zwar Recht, aber es geht ja noch ein bisschen weiter. Nun könnte man doch das alte mit dem neuen Taschengeld vergleichen und ausrechnen, wie viel Prozent da im Spiel sind. Gesucht ist also der **Prozentsatz** und mit Hilfe unseres Prozentquadrats kommen wir zu diesen Rechnungen:

| x | = | 2 2 | · | 1 0 0 | : | 2 0 | = | 1 1 0 | | (| T | i | n | a |) |
| x | = | 3 3 | · | 1 0 0 | : | 3 0 | = | 1 1 0 | | (| K | u | n | o |) |

Das wären ja 110%. Geht das denn? Ist nicht 100% das Höchste, was möglich ist? Tatsache ist: Das alte Taschengeld ist unser Grundwert, das neue unser Prozentwert. Und weil der nun mal höher ist als der Grundwert, muss auch der Prozentsatz über 100% liegen.

Ein gutes Beispiel ist die Mehrwertsteuer. Sie wird üblicherweise bei allem, was man so zu bezahlen hat, erhoben. Du merkst davon nichts, es sei denn, du bekommst mal eine Rechnung, in der etwas Ähnliches wie in der nächsten Aufgabe steht:

Übung 07.04:

Olga bekommt eine Rechung. »Für unsere Dienste erlauben wir uns, Ihnen 87,00 € inklusive 16% Mehrwertsteuer zu berechnen«, liest sie. Olga rätselt: Was hätte das Ganze eigentlich ohne diese Steuer gekostet? Weißt du es?

Es muss Olga nicht unbedingt interessieren, denn sie hat ohnehin die kompletten 87 Euro zu bezahlen. Aber es ist erkennbar, dass die Gesamtrechnung 116% entspricht, nämlich die 100% der eigentlichen Kosten **plus** die 16% für die Mehrwertsteuer.

Grundwert ist der Ausgangspreis ohne Mehrwertsteuer, und der ist gesucht. Bekannt ist also der Prozentwert. Und dieser Weg führt uns zur Lösung (das x können wir hier wieder weglassen):

$$8\,7{,}0\,0 \cdot 1\,0\,0 : 1\,1\,6 = 7\,5{,}0\,0$$

Die Kosten ohne Steuern betragen also 75 Euro.

Alles verstanden? Dann schaffst du auch die nächste Aufgabe:

Übung 07.05:

In Olaf Wirrwarrs Krämerladen gibt es nichts zu kaufen, was es nicht gibt. Und die Preise gehen ständig auf und ab. Gerade gestern hat Olaf den Preis eines Taschenrechners von bisher 15 Euro um 10% erhöht, aber heute kostet er bereits wieder 10% weniger. Wie ist der Preis heute?

Du hast gar nicht gerechnet und behauptest: Natürlich 15 Euro. Unrecht hast du! Gehen wir das Problem streng mathematisch an und ermitteln zuerst, was der Taschenrechner gestern gekostet hat:

$$1\,5{,}0\,0 \cdot 1\,1\,0 : 1\,0\,0 = 1\,6{,}5\,0$$

Der Grundwert betrug vorgestern 15,00 Euro, der Prozentsatz für die Erhöhung ist **100% + 10% = 110%**, denn die Frage ist ja nicht, um wie viel der Taschenrechner sich verteuert hat, sondern die nach dem **neuen** Preis. Und der ergibt sich als Prozentwert in Höhe von 16,50 Euro.

Das war gestern. Heute nun müssen von diesen 16,50 Euro wieder 10% abgezogen werden, womit der heutige Preis noch **100% − 10% = 90%** vom gestrigen beträgt. Und den ermitteln wir mit dieser Rechnung:

$$1 \ 6 , 5 \ 0 \ \cdot \ 9 \ 0 \ : \ 1 \ 0 \ 0 \ = \ 1 \ 4 , 8 \ 5$$

Bei Olaf einkaufen kann sich also lohnen – wenn man den richtigen Zeitpunkt erwischt.

Ein anderer Weg zum Ziel wäre dieser gewesen: Man berechnet jeweils, um wie viel der Preis gestiegen oder gefallen ist. (Die Frage zur Aufgabe hätte ja auch lauten können: »Um wie viel ist der Taschenrechner teurer bzw. billiger geworden?«)

Im ersten Schritt berechnen wir 10% von 15 Euro:

$$1 \ 5 , 0 \ 0 \ \cdot \ 1 \ 0 \ : \ 1 \ 0 \ 0 \ = \ 1 , 5 \ 0$$

Die Preiserhöhung (+) beträgt also 1,50 Euro. Damit kostete der Taschenrechner bei Olaf gestern:

$$1 \ 5 , 0 \ 0 \ + \ 1 , 5 \ 0 \ = \ 1 \ 6 , 5 \ 0$$

Im nächsten Schritt kümmern wir uns um die Preissenkung, das sind 10% von 16,50 Euro:

$$1 \ 6 , 5 \ 0 \ \cdot \ 1 \ 0 \ : \ 1 \ 0 \ 0 \ = \ 1 , 6 \ 5$$

Weil der Preis gefallen ist (−), kostet der Taschenrechner bei Olaf heute:

$$1 \ 6 , 5 \ 0 \ - \ 1 , 6 \ 5 \ = \ 1 \ 4 , 8 \ 5$$

Und hier zur besseren Übersicht noch mal alles kurz und knapp in einer Tabelle verpackt:

	Ausgangs-preis	Änderung in Euro	Änderung in Prozent	Endpreis	Verhältnis zum Startpreis
gestern	15,00 €	+ 1,50 €	+ 10%	16,50 €	110%
heute	16,50 €	− 1,65 €	− 10%	14,85 €	90%

7

Die Antwort auf die Frage ganz zu Anfang, ob nun Olga oder Erik mehr Gehaltserhöhung bekommen, kann nur lauten: Es kommt darauf an. Wenn jemand im Monat z.B. 1.000 Euro verdient und ein anderer 10.000 Euro, so bekommen beide mit 5% **relativ** gesehen die **gleiche** Erhöhung ihres Einkommens (mathematisch = Verhältnis).

Während aber der eine mit 10.000 Euro eigentlich gar nicht auf eine Erhöhung seines ohnehin schon üppigen Gehalts angewiesen ist, hat der andere möglicherweise ein Mehr an Geld bitter nötig. Immerhin bekommt der, der es nicht unbedingt braucht, 500 Euro mehr, der andere nur 50. Damit ist die Erhöhung **absolut** gesehen **verschieden** (mathematisch = Unterschied).

Zusammenfassung

Wie viel Prozent dieses Buches du nun hinter dir hast, vermag ich nicht genau zu sagen, aber du kannst ja versuchen, es mit den Kenntnissen dieses Kapitels selbst zu berechnen.

Auf jeden Fall weißt du, dass Prozente dasselbe sind wie Hundertstel:

$$1\% = \frac{1}{100}.$$

Außerdem sind dir die Begriffe Prozentwert, Grundwert und Prozentsatz bekannt und du weißt, wie man sie berechnet:

	Bedeutung	Formel
Prozentwert	End- oder Zielwert als Anteil oder bei einer Erhöhung/Senkung bzw. Vermehrung/Verminderung	$P = G \cdot p/100$
Grundwert	Basis- oder Startwert für einen Anteil, eine Erhöhung/Senkung bzw. Vermehrung/Verminderung	$G = P \cdot 100/p$
Prozentsatz	Verhältniswert in Hundertsteln (%)	$p = P \cdot 100/G$

Ein paar Fragen ...

1. Der alte Leopold erzählt über seine Arbeit: »Ich sammle Metallschrott und zahle fürs Kilo 1 Euro. Den verkaufe ich und kassiere pro Kilo 3 Euro. Und von den 2% Unterschied muss ich leben.« Was meinst du dazu?

2. Um wie viel Prozent unterscheidet sich eigentlich bei Olga und Erik das neue vom alten Gehalt?

3. Rudi Pfiffig verwendet diesen Weg, um mit der Mehrwertsteuer zu rechnen: »Will ich den Prozentwert, nehme ich mit 1,16 mal, will ich den Grundwert, teile ich durch 1,16.« Was hältst du davon?

4. Die Mehrwertsteuer soll von 16% auf 19% erhöht werden. »Das sind 3 Prozent«, behauptet Kuno. »Nein, es sind 3 Prozentpunkte«, widerspricht Tina. Was könnte Tina damit meinen?

... und ein paar Aufgaben

1. Schreibe die folgenden Brüche als Prozent: $\frac{1}{10}, \frac{1}{2}, \frac{1}{4}, \frac{3}{4}, \frac{1}{5}$.

2. Eine Variante von Aufgabe 07.03:
   Tinas Taschengeld soll von 20 Euro um 25% und Kunos Taschengeld um 20% erhöht werden. Bis jetzt bekam Tina 20 Euro und Kuno 25% mehr als sie. Wie fällt die Erhöhung bei Tina und Kuno in Euro aus, wie viel Taschengeld erhalten sie künftig?

3. Olaf und Detlef bieten am Montag einen DVD-Player für 123,45 Euro an. Am Dienstag erhöht Olaf seinen Preis um 3%, Detlef reagiert mit einer Preissenkung um 7%. Am Mittwoch senkt Olaf den Preis des DVD-Players ebenfalls um 7%, worauf Detlef mit einer Preiserhöhung um 3% reagiert. Wo liegen die jeweiligen Preise jetzt?

4. Bruno will ein Fahrrad kaufen, auf das es 22% Rabatt gibt. Wenn er bar bezahlt, bietet der Händler ihm zusätzlich 3% Skonto. (Während Rabatt ein allgemeiner Preisnachlass ist, wird Skonto meist nur bei vorzeitigen Zahlungen gewährt.) Ursprünglich kostete das Fahrrad 1.298 Euro, was muss Bruno zahlen?

(Die Lösungen zu allen Fragen und Aufgaben stehen hinten im Buch.)

8

Zins und Zinseszins

Immer mehr Menschen machen Schulden, heißt es. Immerhin lässt sich mit geliehenem Geld eine Menge anfangen. Aber ausgeben kann man es nur einmal. Und zurückzahlen muss man das Geld irgendwann auch. Und nicht nur das. Besonders schmerzhaft ist es festzustellen, dass die Schulden im Laufe der Jahre mächtig gewachsen sind. Aber es geht ja auch umgekehrt: Wenn man Geld lange genug spart, hat es ebenfalls die Eigenschaft, sich zu vermehren.

In diesem Kapitel lernst du

◎ etwas über Schulden und übers Sparen

◎ die Bedeutung von Kapital und Zinsen kennen

◎ etwas über das Potenzieren

◎ was ein Zinsfaktor ist

◎ welche Rolle die Zeit spielt

◎ was Zinseszinsen sind

Leihgebühren

Borgst du dir von deinem besten Freund Geld, dann dürfte das in der Regel kein großes Problem sein – wenn der Betrag nicht zu groß ist, du das Geld baldmöglichst wieder zurückzahlst und das Ganze sich nicht allzu oft wiederholt.

Ganz anders als Freunde verlangen Geldinstitute wie Banken oder Sparkassen eine Gebühr dafür. So auch in der folgenden Aufgabe:

Übung 08.01:

Erik will sich ein fabrikneues Auto kaufen. Etwas Geld hat er dafür bereits angespart. Doch es fehlen ihm noch 10.000 Euro. Eine Bank kann ihm diesen Betrag leihen, will ihn aber nach einem Jahr zurück und verlangt dafür 11% Zinsen. Wie viel Geld muss Erik der Bank dann insgesamt zahlen?

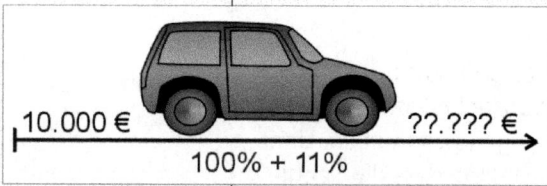

10.000 €   ??.??? €

100% + 11%

Damit es nicht so schrecklich klingt, haben die Banken und Sparkassen ein paar elegante Begriffe eingeführt: So gaben sie dem geliehenen Geld statt Schulden den Namen **Kredit** und nannten die Leihgebühr **Zinsen**.

Für den Kredit samt Zinsen ermitteln wir mit Hilfe der Prozentrechnung, dass dies einem Prozentsatz von **100% + 11% = 111%** entspricht. Und auch die Berechnung der Gesamtschulden ist nichts Neues:

$$10.000 \cdot 111 : 100 = 11.100$$

Was ist an dieser Aufgabe Besonderes? Es geht um Geld, aber hatten wir nicht auch im letzten Kapitel genug mit Geld zu tun?

Das Neue an diesem Beispiel ist die **Zeit** – in diesem Fall geht es um ein Jahr. Denn Zinsen bzw. Leihgebühren sind nahezu immer an Zeit gebunden. Schauen wir uns die Fortsetzung der Aufgabe an:

Übung 08.02:

Nach einem Jahr kommt Erik zur Bank und bittet um einen Aufschub der Rückzahlung, weil er das nötige Geld bisher nicht zusammenbekommen hat. Die Bank leiht ihm das Geld, was er ihr bis jetzt schuldet, für ein weiteres Jahr. Der Zinssatz bleibt derselbe von 11%. Wie viele Schulden hat Erik dann zu tilgen?

Die Rechnung ist wieder die gleiche. Der Prozentsatz beträgt 111%, allerdings ist der Grundwert nun um einiges höher:

$$11.100 \cdot 111 : 100 = 12.321$$

Während Eriks Schulden anfangs 10.000 Euro betrugen, sind sie jetzt schon auf 11.100 Euro gewachsen, denn die Zinsen für ein Jahr schuldet Erik der Bank ja nun auch. Und ein weiteres Jahr später will die Bank von Erik sogar 12.321 Euro. Und wenn er die dann auch nicht tilgen kann?

Um zu sehen, wie es mit den Schulden weitergehen könnte, gehen wir von dem Geldbetrag aus, den Erik sich ganz zu Anfang geliehen hat, dem so genannten **Startkapital**.

Damit man besser erkennen kann, was da rechnerisch passiert, habe ich die jeweiligen Formeln als Brüche aufgeschrieben:

$$\frac{10.000 \cdot 111}{100} = 11.100$$

$$\frac{10.000 \cdot 111 \cdot 111}{100 \cdot 100} = 12.321$$

Für das 1. Jahr wird das Startkapital also mit 111 malgenommen und durch 100 geteilt. Für das 2. Jahr wiederholt sich dieser Prozess. Für das 3. und alle folgenden Jahre muss man also immer weiter mit 111 malnehmen und durch 100 teilen.

Nichts Besonderes, hättest du sowieso gewusst? Aber lässt sich dieses ewige »mal Prozentsatz durch 100« nicht einfacher gestalten? Als erster Schritt bietet sich die Möglichkeit an, den Bruch mit den Hundertsteln als Kommazahl zu schreiben:

$$\frac{111}{100} = 1{,}11$$

Zinsfaktor wird das hier genannt. Wenn wir jetzt unsere Berechnungen noch einmal mit Hilfe dieses Zinsfaktors wiederholen, ergibt sich folgendes Bild:

$$10.000 \cdot 1{,}11 = 11.100$$
$$10.000 \cdot 1{,}11 \cdot 1{,}11 = 12.321$$

Und für das 3. Jahr könnte man die Rechnung so fortsetzen (hier aus Platzgründen in zwei Zeilen):

$$10.000 \cdot 1{,}11 \cdot 1{,}11 \cdot 1{,}11$$
$$= 13.676{,}31$$

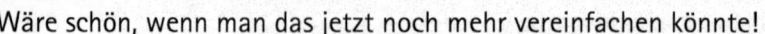

Wäre schön, wenn man das jetzt noch mehr vereinfachen könnte!

Du hast übrigens Recht, wenn du meinst, dass da eigentlich jedes Mal ein Minus (–) vor den Zahlen stehen müsste, mit denen Schulden bezeichnet werden, um sie von Guthaben abzugrenzen. Aber da wir im Falle von Erik ausschließlich mit Schulden gerechnet haben, gibt es hier keine Missverständnisse.

Solange Guthaben und Schulden nicht gemischt werden, kann man also getrost das negative Vorzeichen weglassen. Auf dem Konto dagegen werden Schulden natürlich mit einem Minus markiert.

Geldvermehrung

In der Hoffnung, dass Erik irgendwann seine Schulden komplett tilgen kann, verlassen wir ihn jetzt und kommen zu einer neuen Aufgabe, in der es um das Gegenteil von Schulden geht:

Übung 08.03:

Vor 10 Jahren haben Tinas Eltern für ihre Tochter ein Sparbuch mit 1.000 Euro zu einem jährlichen Zinssatz von 3% angelegt. Nun könnte Tina das Geld gut für den Kauf eines neuen gefederten Fahrrads gebrauchen. Sie rechnet mit 1.300 Euro. Wie viel Geld kann Tina abheben?

Wie du weißt, ist ein Sparbuch eine Art Vertrag mit einer Bank oder Sparkasse, ihr Geld zu leihen. Dafür gibt es eine jährliche Gebühr, die diesmal die Bank bezahlt (und nicht bekommt). Denn wenn du sparst, leihst du der Bank Geld. Deshalb kann man hier statt von Schuldzinsen auch von Sparzinsen reden (wobei es um die Schulden der Bank geht).

So hat Tina, der das Sparbuch gehört, ein Recht auf Zinsen. Aber wieso rechnet sie mit 1.300 Euro?

Sie hat einfach die 3% Jahreszinsen mal 10 (Jahre) genommen. Dann würde sie 30% Zinsen bekommen. Zusammen mit ihrem Startkapital macht das einen Prozentsatz von 130%. Und das wäre dann ihre Rechnung:

$$1000 \cdot 130 : 100 = 1300$$

Oder mit 1,30 als Zinsfaktor:

$$1\ 0\ 0\ 0\ \cdot\ 1,3\ 0\ =\ 1\ 3\ 0\ 0$$

Klingt schön einfach – zu einfach?

> Bevor wir weiterrechnen, sammeln wir erst einmal einige Begriffe:
>
> Die Sonderform der Prozentrechnung, mit der wir es hier zu tun haben, bezeichnet man als Zinsrechnung. Der Grundwert heißt hier Kapital und der Prozentsatz wird Zinssatz genannt. Der Prozentwert heißt oft Zinsen. Er kann aber auch die Summe aus Kapital **und** Zinsen sein. Dann kann man den Grundwert auch **Startkapital** und den Prozentwert **Zielkapital** nennen.
>
> Nicht nur in der Schule bekommt man oft die bisherigen Formeln für die Prozentrechnung noch mal neu serviert, nur diesmal mit einigen anderen Buchstaben (z.B. K statt G und Z statt P). So lange es nur um die Zinsen für 1 Jahr geht, können wir getrost beim Prozentquadrat aus dem letzten Kapitel bleiben. Handelt es sich jedoch um andere Zeiten, wird es schon ein bisschen komplizierter.

Wenn wir uns an Eriks Schulden erinnern, mussten wir dort jedes Jahr einzeln berücksichtigen. Denn für die Zinsen (also die Leihgebühren) wurden ebenfalls wieder Zinsen erhoben, wenn sie nicht bezahlt worden waren (denn damit erhöhten sich ja auch die Schulden).

Und genau so ist es bei Tina: Nach einem Jahr hat sie nicht nur die 1.000 Euro, die ihre Eltern für sie angelegt hatten, sondern auch die Zinsen. Macht ein neues Guthaben von **1000 + 30 = 1030** Euro. Im zweiten Jahr muss die Bank also für diesen Betrag Zinsen zahlen – und so fort. Genannt wird das Zinseszins. In der folgenden Tabelle kannst du sehen, wie sich Tinas Sparguthaben von Jahr zu Jahr weiterentwickelt:

Jahr	Startkapital	ohne Zinseszins	mit Zinseszins
1	1.000,00	1.030,00	1.030,00
2	1.000,00	1.060,00	1.060,90
3	1.000,00	1.090,00	1.092,73
4	1.000,00	1.120,00	1.125,51
5	1.000,00	1.150,00	1.159,27
6	1.000,00	1.180,00	1.194,05
7	1.000,00	1.210,00	1.229,87
8	1.000,00	1.240,00	1.266,77
9	1.000,00	1.270,00	1.304,77
10	1.000,00	1.300,00	1.343,92

Zusätzlich steht hier auch der Zuwachs von Tinas Guthaben ohne Zinseszins. (Das wäre so, als würde Tina die Zinsen jedes Jahr abheben, dann bliebe der Sparbetrag ja bei 1.000 Euro stehen.)

Eine neue Rechenart

Was fehlt, ist der Rechenweg. Den findest du, wenn du noch mal genau bei Erik nachschaust. Wir beschränken uns jetzt bei Tinas Sparbuch auf die ersten drei Jahre, dann wird es Zeit, nach einer Vereinfachung zu suchen:

1	0	0	0	·	1,	0	3									=	1	0	3	0,	0	0
1	0	0	0	·	1,	0	3	·	1,	0	3					=	1	0	6	0,	9	0
1	0	0	0	·	1,	0	3	·	1,	0	3	·	1,	0	3	=	1	0	9	2,	7	3

Schon vor vielen Jahrhunderten kam es vor, dass man mehrmals hintereinander ein und dieselbe Zahl zu multiplizieren hatte, z.B. 2·2·2 oder 3·3·3·3. Das schrie ja geradezu nach einer neuen Rechenart. Und so wurde das Potenzieren erfunden. Zwei Beispiele:

| 2 | · | 2 | · | 2 | | | | | = | 2 | ^{3} | = | 8 | |
| 3 | · | 3 | · | 3 | · | 3 | = | 3 | ^{4} | = | 8 | 1 |

Anstatt also lange Reihen von immer denselben Faktoren aufzuschreiben, benutzt man eine kleine Zahl, genannt Hochzahl oder Exponent, die man rechts oben an den Faktor »dranklebt«. Kommt z.B. die 2 dreimal vor, dann heißt der Exponent 3, kommt eine Zahl zehnmal vor, dann heißt der Exponent 10.

Auch hier haben die Mathematiker wieder ein paar Namen vergeben: Das ganze Gebilde heißt **Potenz**, die Zahl, die mit sich selbst malgenommen werden soll, trägt den Namen **Basis**, und der **Exponent** gibt die Anzahl der Faktoren an.

Ein paar Beispiele: Bei den Potenzen 2^3, 3^4, 5^2 heißen die Basen (= Mehrzahl von Basis) 2, 3, und 5; die Exponenten 3, 4 und 2.

Früher musste man schön brav jede vorkommende Zahl malnehmen, heute ist das kein Problem, weil der Taschenrechner das Potenzieren übernimmt. Das klappt natürlich auch mit Kommazahlen – wie wir gleich sehen werden.

Die meisten Taschenrechner haben heutzutage auch eine **Potenz-taste**. Die ist allerdings nicht bei allen Geräten einheitlich:

  Potenztasten

Gerechnet wird dann so: Basis – Potenztaste – Exponent, z.B. 2^3 = 8.

Wir wenden unsere neuen Kenntnisse nämlich sofort auf Tinas Sparbuch an, indem wir die Berechnung für die ersten drei Jahre so schreiben:

$$1\ 000 \cdot 1{,}03^{1} = 1\ 030{,}00$$
$$1\ 000 \cdot 1{,}03^{2} = 1\ 060{,}90$$
$$1\ 000 \cdot 1{,}03^{3} = 1\ 092{,}73$$

In der ersten Zeile hätte man die 1 als Exponenten auch weglassen kön-nen. (Aber so weißt du nun schon mal, dass eine Zahl hoch 1 ihren Wert nicht ändert – so ähnlich wie du es schon vom Malnehmen mit 1 kennst.)

Interessant dürften die nächsten beiden Zeilen sein. Würde man diese Rechnungen fortsetzen – was wir nicht tun –, dann hätte man alle Zwi-schenergebnisse der folgenden Jahre. Uns genügt es, Tinas Kontostand nach 10 Jahren zu ermitteln:

$$1\ 000 \cdot 1{,}03^{10} = 1\ 343{,}92$$

Erinnerst du dich an die Regelung »Punkt vor Strich«? Danach hatten die Multiplikation ($\cdot$) und Division (:) Vorfahrt vor Addition (+) und Subtraktion (–). Das gilt natürlich immer noch, nur kommt jetzt eine Rechenart hinzu, die Vorfahrt **vor allen** Grundrechenarten hat: das Potenzieren. Sonst müssten wir die letzte Gleichung eigentlich so schreiben:

$$1\ 000 \cdot (1{,}03^{10}) = 1\ 343{,}92$$

Da du die Aufgabe wahrscheinlich mit dem Taschenrechner nach-prüfst, wirst du ebenfalls dieses Ergebnis bekommen, denn der Taschenrechner sollte die mathematischen »Vorfahrtsregeln« kennen. (Rechne auch noch mal die Aufgabe mit den Klammern nach!)

Allzu mächtig ist Tinas Guthaben zwar nicht gewachsen, aber immerhin. Warum sollten wir nicht einmal – mit unserer neuen Rechenart gewappnet – ausrechnen, wie es in ein paar Jahrzehnten aussehen würde, z.B. in 25 oder 50 Jahren?

1	0	0	0	·	1,	0	3	25	=	2	0	9	3,	7	8
1	0	0	0	·	1,	0	3	50	=	4	3	8	3,	9	1

Da hätte sich Tinas Geldanlage nach 25 Jahren wohl verdoppelt und nach 50 Jahren sogar mehr als vervierfacht. (Ob das etwas mit dem Spruch »Zeit ist Geld« zu tun hat?)

Startkapital oder Zielkapital?

Noch reicher wäre jemand anderer, wenn die Geschichte in der folgenden Aufgabe wirklich passiert wäre:

Übung 08.04:

Der alte Abraham behauptet, dass vor genau 2000 Jahren der Vater eines kleinen Jungen mit dem Namen Jesus ein Geldstück zur Bank in seinem Wohnort brachte. Der Inhaber der Bank erbot sich, ihm dafür jedes Jahr 1 Prozent Zinsen zu zahlen, solange das Geld dort verwahrt bliebe.

Die Bank, meint der alte Abraham, gibt es immer noch. Bisher hat dort keiner etwas von dem damaligen Konto abgehoben. Wie viel Guthaben könnte das heute sein, wenn das Geldstück von damals ein Cent wert war?

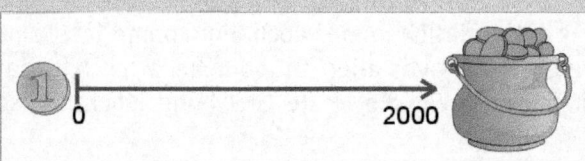

Wir lösen das Problem in weitaus weniger als 2000 Sekunden. Zuvor rechnen wir das Startkapital in Euro um (1 **Cent** = 0,01 Euro) und ermitteln den Zinsfaktor (100% + 1% = 1,01). Und schon ergibt sich diese Rechnung:

0,	0	1	·	1,	0	1	2000	=	4.	3	9	2.	8	6	2,	0	5

Lass dir das mal in den Augen und auf der Zunge zergehen: Mehr als 4 Millionen Euro gibt es von diesem Konto abzuheben.

Kehren wir zu alltäglicheren Geldbeträgen zurück. Nicht nur Tinas Eltern wollten für die Zukunft ihrer Tochter etwas Gutes tun:

Übung 08.05:

Die Eltern von Kuno haben ebenfalls vor genau 10 Jahren für ihren Sohn Geld angelegt. Ihr Ziel war, dass Kuno heute 2.000 Euro abheben kann. Wie viel Startkapital mussten Kunos Eltern bei einem jährlichen Zinssatz von 3% einsetzen?

Während bei Aufgabe 08.03 das Zielkapital gefragt war (»Wie viel ist jetzt auf dem Sparkonto?«), wird nun das Startkapital gesucht (»Wie viel wurde damals angelegt?«).

Klingt im ersten Moment schwierig, ist es aber gar nicht, wenn wir zunächst einmal die bisherige Formel benutzen. Dabei setzen wir für das uns unbekannte Startkapital mal wieder den Buchstaben x ein:

$$x \cdot 1,03^{10} = 2\,000$$

Wie du erkennen kannst, müssen wir hier wohl von hinten anfangen. Drehen wir die Rechnung also um, indem wir nicht malnehmen, sondern teilen:

$$x = 2\,000 : 1,03^{10} = 1\,488,19$$

Umgekehrt kommst du mit der bisherigen Formel auch tatsächlich von 1.488,19 Euro Startkapital zum Zielkapital von 2.000 Euro:

$$1\,488,19 \cdot 1,03^{10} = 2\,000$$

Nun sind zwei Formeln fällig, um zu berechnen, was aus einem Startkapital nach einigen oder vielen Jahren wird – bzw. umgekehrt:

Zielkapital = Startkapital mal Zinsfaktor hoch Jahre

Startkapital = Zielkapital durch Zinsfaktor hoch Jahre

Oder, wer's lieber kürzer mag, kann auch mit diesen Formeln rechnen:

$K_n = K_0 \cdot q^n$ fürs Zielkapital und $K_0 = K_n / q^n$ fürs Startkapital

(K = Kapital; n = Anzahl der Jahre).

Weitaus schwieriger als bei der Berechnung von Start- oder Zielkapital wird es, wenn der Zinssatz oder die Laufzeit (so nennt man die Anzahl der Jahre, die Kapital auf dem Konto ist) gesucht sind. Deshalb drücke ich mich auch hier und jetzt um die entsprechenden Formeln – zumal du dazu einige Rechenmethoden brauchst, die du noch gar nicht kennst.

8

Zinszeit

Was Erik angeht, so können wir sein finanzielles Problem zwar nicht lösen, aber wir sind in der Lage, ihm vorauszusagen, wie sein Schuldenberg im Laufe der Jahre wachsen könnte, wenn er ihn nicht baldmöglichst abträgt. Hier sind die ersten drei Jahre mit Zinsfaktor und Exponenten:

1 0. 0 0 0 · 1, 1 1	= 1 1. 1 0 0, 0 0
1 0. 0 0 0 · 1, 1 1 ^{2}	= 1 2. 3 2 1, 0 0
1 0. 0 0 0 · 1, 1 1 ^{3}	= 1 3. 6 7 6, 3 1

Würde Erik sein Problem 5 oder gar 10 Jahre vor sich her schieben, so sähe sein Schuldenkonto so aus:

| 1 0. 0 0 0 · 1, 1 1 ^{5} | = 1 6. 8 5 0, 5 8 |
| 1 0. 0 0 0 · 1, 1 1 ^{10} | = 2 8. 3 9 4, 2 1 |

Während diese Schulden wirklich unübersehbar sind, gibt es auch verdeckte Schulden, die oft gar nicht als solche wahrgenommen werden. Denn man muss keinen Kredit aufnehmen, um auf seinem Konto ins Minus zu rutschen. Weil es heutzutage ein Leichtes ist, bargeldlos mit einer Scheckkarte zu zahlen (indem man zusätzlich seine Geheimnummer eintippt oder einen Beleg unterschreibt), kann es schnell mal passieren, dass man mehr Geld ausgegeben hat, als auf dem Konto ist.

Die Bank oder Sparkasse hat seltsamerweise in der Regel nichts dagegen. Warum auch? Sie lässt sich eine solche Überziehung des Kontos – wie es auch genannt wird – gut bezahlen. Wie du richtig vermutest oder bereits weißt: Es ist wieder mal eine Leihgebühr fällig, zu einem deftigen Zinssatz, der durchaus 15% betragen kann:

Übung 08.05:

Olgas alter Motorroller ist kaputt, eine Reparatur lohnt sich nicht mehr. Deshalb kauft sie sich einen anderen gebrauchten Motorroller, muss dazu allerdings ihr Konto überziehen. Nach einem Monat empfiehlt ihr die Bank, für einige Monate einen Kleinkredit aufzunehmen, für den der Zinssatz statt 15% nur 9% betragen sollte. Olga leiht sich 500 Euro. Wie viel Geld zahlt sie nach 6 Monaten zurück?

Wenn wir hier von Zinssatz sprechen, meinen wir immer den **jährlichen** Zinssatz. Nun hat Olga aber nicht ein Jahr mit dem Zurückzahlen ihrer Schulden gewartet, sondern das bereits nach 6 Monaten, also einem halben Jahr, erledigt. Demnach müssten die Zinsen doch niedriger ausgefallen sein – oder?

Berechnen wir erst einmal alles für ein Jahr und sehen dann weiter:

| 5 | 0 | 0 | , | 0 | 0 | · | 1 | , | 0 | 9 | = | 5 | 4 | 5 | , | 0 | 0 |

Mit dem Zielkapital allein können wir hier nicht allzu viel anfangen. Wie bringen wir hier die Tatsache unter, dass es sich nicht um ein ganzes, sondern nur ein halbes Jahr handelt?

Wenn wir die Zinsen halbieren und dann wieder zum Startkapital dazuzählen würden, könnte es passen:

5	4	5	,	0	0	-	5	0	0	,	0	0			=		4	5	,	0	0
							4	5	,	0	0	:	2	=		2	2	,	5	0
5	0	0	,	0	0	+		2	2	,	5	0			=	5	2	2	,	5	0

Jeder Monat hat 30 Tage

Aber so ganz sicher bist du dir nicht? Probieren wir's doch noch einmal für die Zinsen **allein**. Hierfür lautet der Zinsfaktor **0,09** (= 9%):

| 5 | 0 | 0 | , | 0 | 0 | · | 0 | , | 0 | 9 | = | 4 | 5 | , | 0 | 0 |

Und weil statt einem ganzen nur ein halbes Jahr verzinst wird, können wir auch schreiben:

| 5 | 0 | 0 | , | 0 | 0 | · | 0 | , | 0 | 9 | : | 2 | = | 2 | 2 | , | 5 | 0 |

Wäre das nicht so, als ob der Zinssatz nur 4,5% betragen hätte? Denn die Hälfte von 9% ist 4,5%. Wenn also Zinsen für **weniger** als ein Jahr anfallen, muss der Zinssatz entsprechend umgerechnet werden. Weil die Banken es aber nicht immer mit so glatten Zeiträumen wie einem Halbjahr oder Vierteljahr zu tun haben, rechnen sie in Tagen.

Dabei gilt als feste Regel: 1 Jahr hat 12 Monate mit je 30 Tagen = 360 Tage. (Und es ist egal, ob es z.B. um den Februar oder den Dezember geht: **Jeder** Monat wird mit 30 Tagen berechnet!)

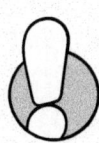

Und damit müssen wir den »kleinen« Zinsfaktor mit der Formel »mal Anzahl der Tage durch 360« erst einmal umrechnen:

Zinsen = Kapital mal Zinsfaktor mal Anzahl der Tage durch 360.

Auf Tage bezogen, zahlt Olga ihre Schulden nach 6·30 = 180 Tagen zurück. Das führt uns zu dieser Rechnung:

| 5 | 0 | 0 | , | 0 | 0 | · | 0 | , | 0 | 9 | · | 1 | 8 | 0 | : | 3 | 6 | 0 | = | 2 | 2 | , | 5 | 0 |

Und damit hätten wir das gleiche Ergebnis wie oben. Allerdings umständlicher, meinst du? Dann nehmen wir doch mal an, Olga begleicht ihre Schulden schon nach 5 Monaten und 12 Tagen. Das müssen wir zuerst umrechnen:

| 5 | · | 3 | 0 | + | 1 | 2 | = | 1 | 6 | 2 |

Statt 180 sind es jetzt 162 Tage. Und dafür muss Olga so viel Zinsen zahlen:

| 5 | 0 | 0 | , | 0 | 0 | · | 0 | , | 0 | 9 | · | 1 | 6 | 2 | : | 3 | 6 | 0 | = | 2 | 0 | , | 2 | 5 |

Man muss also in den Fällen, wo es nicht um ein ganzes Jahr geht, erst mal die Zinsen allein ausrechnen und sie dann zum vorhandenen Startkapital (Guthaben oder Schulden) addieren. Denn mit einem Versuch, gleich das ganze Kapital einzubeziehen, landen wir im Abseits:

| 5 | 0 | 0 | , | 0 | 0 | · | 1 | , | 0 | 9 | · | 1 | 6 | 2 | : | 3 | 6 | 0 | = | 2 | 4 | 5 | , | 2 | 5 |

Zur Freude der Schuldner und zum Ärger der Banken müsste nach dieser **falschen** Rechnung **weniger** zurückgezahlt werden, als man sich geliehen hat! (Und für Zinsen allein wäre es der glatte Wucher.)

Wir bleiben also bei der obigen Formel, die wir aber auch direkt durch die Addition des Startkapitals erweitern können, womit wir gleich das gesuchte Zielkapital hätten (aus Platzgründen mal wieder zweizeilig):

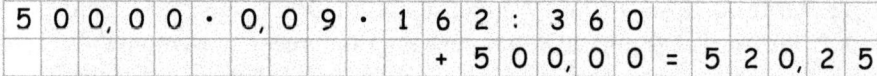

| 5 | 0 | 0 | , | 0 | 0 | · | 0 | , | 0 | 9 | · | 1 | 6 | 2 | : | 3 | 6 | 0 | | | | | | |
| | | | | | | | | | | | | | | + | 5 | 0 | 0 | , | 0 | 0 | = | 5 | 2 | 0 | , | 2 | 5 |

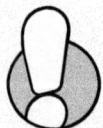

> Die erweiterte Formel sähe demnach so aus:
>
> **Zielkapital =**
> **Startkapital mal Zinsfaktor mal Tage durch 360 plus Startkapital.**
>
> Wichtig ist, dass der Zinsfaktor hier nur den Zinssatz der **Zinsen** enthalten darf!

Zusammenfassung

Na ja, zum Finanzfachgenie bist du nach diesem Kapitel noch nicht geworden. (Bei einer Bewerbung für einen Ausbildungsplatz als Bankkauffrau oder Bankkaufmann aber hättest du keine schlechten Karten.)

Auf jeden Fall weißt du, dass Zinsrechnung Prozentrechnung mit Geld und Zeit ist. Und du kennst ein paar wichtige Begriffe:

	Bedeutung	Formel
Kapital oder Startkapital	Basis- oder Startwert für einen Anteil oder eine Vermehrung (Verminderung)	$K = Z \cdot 100/p$
Zinssatz	Verhältniswert in Hundertsteln (%)	$p = Z \cdot 100/K$
Zinsen	End- oder Zielwert als Anteil von Kapital	$Z = K \cdot p/100$

Den Zinsfaktor hast du dabei doppelt kennen gelernt: einmal für die Zinsen und einmal für das Zielkapital. Damit lassen sich auch die Zinseszinsen ausrechen:

	Bedeutung	Formel
Zinsfaktor	Faktor für Vermehrung (Verminderung) von Kapital	$q = p/100$ $q = 1 + p/100$
Zinsen	End- oder Zielwert als Anteil von Kapital	$Z = K_o \cdot q^n$
Zielkapital	End- oder Zielwert bei einer Vermehrung (Verminderung) von Kapital	$K_n = K_o \cdot q^n$
Startkapital	Basis- oder Startwert bei einer Vermehrung (Verminderung) von Kapital	$K_o = K_n/q^n$

Du weißt, dass es beim Sparen oder Schuldenmachen nicht immer nur um Jahre (n) geht, sondern auch um Tage (t):

	Bedeutung	Formel
Zinsen	End- oder Zielwert als Anteil von Kapital	$Z = K_o \cdot q \cdot t/360$
Zielkapital	End- oder Zielwert bei einer Vermehrung (Verminderung) von Kapital	$K = K_o \cdot q \cdot t/360 + K_o$

Nicht zuletzt kennst du eine neue Rechenart und die dazugehörigen Fremdwörter:

Potenzieren	Basis	hoch	Exponent	gleich	Potenz

Ein paar Fragen ...

1. Gibt es beim Potenzieren auch eine Vertauschungsregel wie beim Addieren und Subtrahieren? Es gilt ja z.B. **2+3 = 3+2** und **2·3 = 3·2**.

2. »Ich kenne eine Zahl x, für die gilt $x+x = x \cdot x = x^x$«, meint Rudi Pfiffig. Gibt es die wirklich?

3. Was hat das Dezimalsystem mit Zehnerpotenzen zu tun (also mit 10^1, 10^2, 10^3 usw., wobei gilt $10^0 = 1^1$)?

4. Rudi Pfiffig behauptet: »Es gibt zwei verschiedene Arten von Zinsfaktoren: Die mit den 100% und die ohne die 100%.« Was soll das bedeuten?

... und ein paar Aufgaben

1. Wie heißen die Potenzen von 2^2 bis 10^2? Und wie heißen die Potenzen von 2^2 bis 2^{10}?

2. Bruno will eine Digitalkamera kaufen. Der Händler bietet zwei Möglichkeiten der Bezahlung: Komplette Zahlung von 189 Euro sofort oder eine Anzahlung von 25 Euro, den Rest in 12 Monatsraten zu jeweils 15 Euro. Wie viel Prozent mehr als der Barpreis kostet es Bruno, wenn er das Teilzahlungsangebot wählt?

3. Felix hat 28.000 Euro gewonnen. Er will davon jetzt so viel Geld anlegen, dass er in 20 Jahren 50.000 Euro hat. Die Sparkasse bietet einen Zinssatz von 4,5%.

4. Schon des Öfteren hat Olga ihr Konto überzogen. Meistens war sie so um die 50 Euro im Minus. Wie viel Zinsen muss sie dafür bei 15% zahlen, wenn sie ihr Konto für 1 Monat oder 11 Tage oder 3 Tage oder 1 Tag überzieht?

5. Eine Abwandlung der Aufgabe 08.04:
Berechne das Vermögen, das für einen gewissen Jesus vor 2000 Jahren angelegt wurde, ohne Zinseszinsen, also wenn es jedes Jahr nur auf den einen Cent Startkapital 1% Zinsen gegeben hätte.

6. Erik hat vor, seine Schulden von 10.000 Euro so zu tilgen: Jedes Jahr zahlt er 5.000 Euro zurück. Wann ist er seine Schulden los? Und wie groß ist der Restbetrag, den er zuletzt zu begleichen hat?

(Die Lösungen zu allen Fragen und Aufgaben stehen hinten im Buch.)

9

Gleichungen

Es gibt einen Spruch, der so oder ähnlich lautet: »Alle Menschen sind gleich, nur manche sind gleicher«. Da hat es die Mathematik einfacher: Hier gibt es nur Gleichheit oder Ungleichheit. Doch die Mathematik liebt die Genauigkeit: Auch wenn etwas ungefähr gleich ist, ist es ungleich. Du verstehst kein Wort? Dann wird es höchste Zeit für das Thema Gleichungen.

In diesem Kapitel lernst du

◎ was eine Gleichung ist

◎ etwas über Terme

◎ was eine Variable ist

◎ wie man x isolieren kann

◎ was eine Probe ist

9

Die Sache mit der Waage

Du hast den Begriff schon im ersten Kapitel mal gehört (lang lang ist's her). Genau genommen besteht eine Gleichung aus drei Teilen: Links ist etwas, rechts ist etwas, dazwischen steht immer das Zeichen »=«.

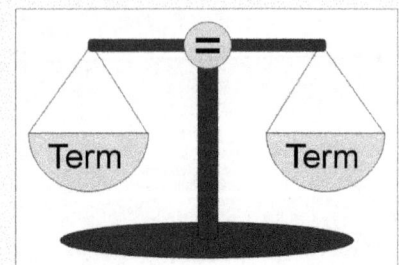

Es ist wie bei einer Waage. Da sind die Schalen immer dann waagerecht (oder ausgewogen), wenn in beiden Schalen etwas **völlig Gleichwertiges** liegt. Beginnen wir mit einfachen Beispielen:

$$2 + 3 = 5 \qquad 2 \cdot 3 = 6$$

Der Rechenausdruck **2+3** ist genau das Gleiche wie **5**, und **2·3** entspricht exakt der Zahl **6**. Statt »Ausdruck« benutzen Mathematiker auch gern den Begriff Term. Jede Seite einer Gleichung ist ein Term – also das, was in den Waagschalen liegt (links z.B. **2+3** oder **2·3**, rechts z.B. **5** oder **6**).

Wenn du mal die letzten Kapitel zurückblätterst, dann findest du jede Menge Gleichungen: Ist irgendwo ein Gleichheitszeichen (=) mit im Spiel, ist es eine Gleichung. Demnach haben wir diese Dinger die ganze Zeit benutzt. Warum also noch mal ein Extrakapitel?

Jetzt kommt der Auftritt der großen Unbekannten:

$$2 \cdot x + 5 = 1 \, 1$$

Was hältst du von einer solchen Gleichung? Als Frage formuliert: »2 mal x plus 5 oder 2 mal wie viel plus 5 ergibt 11?«

> Das kleine x steht für irgendeine Zahl, die man noch nicht genauer kennt. Weil ihr Wert also nicht feststeht, nennt man diese Unbekannte Variable – in Schulen ist auch der Begriff Platzhalter üblich.

Vielleicht hast du schon durch Raten oder Probieren herausgefunden, welche Zahl x ist:

$$2 \cdot 1 + 5 = 7$$
$$2 \cdot 2 + 5 = 9$$
$$2 \cdot 3 + 5 = 1 \, 1$$

Mathematiker bevorzugen einen möglichst eindeutigen Rechenweg. Aber wie soll der aussehen? Kommen wir wieder zu unserer Waage. Dort liegt in der linken Schale der Ausdruck bzw. Term **2·x+5** und in der rechten Schale der Term **11**.

Um diese Gleichung zu lösen, müssen wir ein klares Ziel formulieren. Zum Schluss soll herauskommen, was x ist, also:

| x | = | ? | ? |

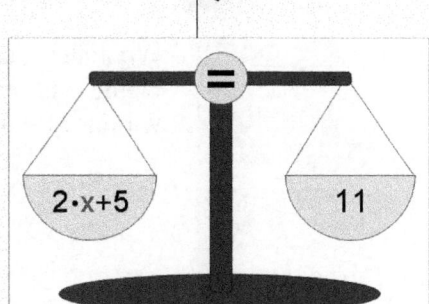

Wo du jetzt noch die beiden Fragezeichen siehst, soll später eine Zahl stehen.

Nun liegt da in der linken Waagschale außer dem x einiges »herum«, was uns eigentlich lästig ist, denn wir wollen ja das x **allein** in der linken Schale haben. Manche reden hier vom »Isolieren«: Alles außer dem x muss aus der linken Schale heraus.

Beginnen wir mit der 5: Weg damit! Aber halt, natürlich nur mathematisch korrekt: eine **+5** lässt sich nur durch **–5** entfernen: **+5–5 = 0** (also Nichts).

Sobald wir aber aus der **linken** Schale etwas herausnehmen, droht die rechte zu kippen: Die Waagschalen hängen schief:

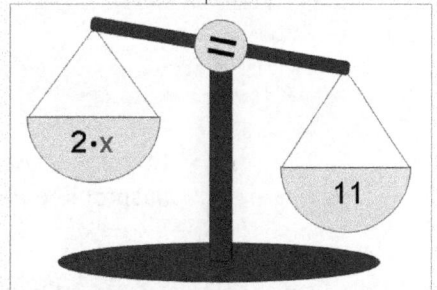

Deshalb müssen wir auch **rechts** das »Gewicht« um den Wert **5** vermindern. Das sieht rechnerisch dann so aus:

2	·	x	+	5	=	1	1			–	5
2	·	x			=		6				

Der senkrechte Strich (|) bedeutet: Hier muss auf **beiden** Seiten der Gleichung **dasselbe** gemacht werden! Wird eine **5** abgezogen, so steht links **2·x** allein und rechts wird **11–5** zu **6**. Man kann diese Rechnung auch ausführlich so darstellen:

2	·	x	+	5	–	5	=	1	1	–	5
2	·	x					=		6		

Und damit ist alles wieder im Lot:

Nun sind wir die 5 auf der linken Seite los, jetzt muss die 2 dran glauben. Aber auch hier muss der trennende

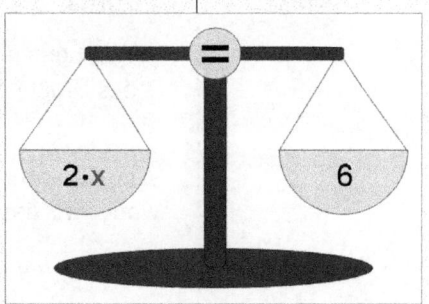

9

Schnitt wieder mathematisch sauber geführt sein: Die 2 wird ja mit dem x multipliziert, das Gegenteil davon ist die Division:

2	·	x	=	6			:	2
		x	=	3				

Wir teilen auf **beiden** Seiten durch 2, womit links nur noch **1·x** übrig bleibt, und rechts 6:2 zu **3** wird. Und weil **1·x** dasselbe wie x ist, können wir das »1 mal« ruhig weglassen. Auch hier die ausführlichere Version:

2	·	x	:	2	=	6	:	2
		x			=	3		

Damit sind wir am Ziel und haben die Lösung x = 3.

Und wie du siehst: Die Waagschalen sind weiterhin im **Gleichgewicht**.

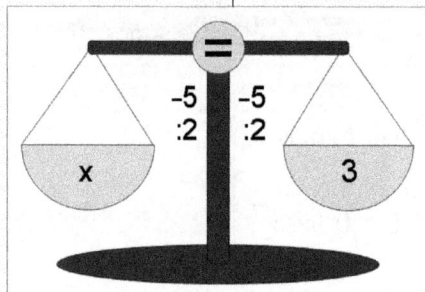

Das isolierte X

Ob du das auch allein hinbekommst, kannst du sofort an dieser Aufgabe ausprobieren:

> **Übung 09.01:**
>
> Die Schatzjägerin Sara Kropf sitzt mal wieder in der Klemme. Sie muss das Alter eines siebenköpfigen Drachen erraten, ehe der sie entkommen lässt. Eine kleine Hilfe allerdings hat ihr das Ungeheuer gegeben: »Ziehst du vom Siebenfachen meines Alters 77 ab, so bekommst du 7070.«
>
> Wie berechnet Sara die Zahl, die sie davor bewahrt, zur Grillmahlzeit des Drachen zu werden?

Wie du natürlich richtig vermutest, benötigen wir hier eine Gleichung, wobei wir das (noch unbekannte) Alter des Drachen mit x bezeichnen:

7	·	x	-	7	7	=	7	0	7	0

Da Siebenfache heißt, dass die Variable x mit 7 malgenommen werden muss. Davon wird dann 77 subtrahiert, damit 7070 herauskommt. Und nun rechnen wir mit der nötigen Umsicht, damit dem Drachen nicht eine der Waagschalen auf den Schwanz fällt:

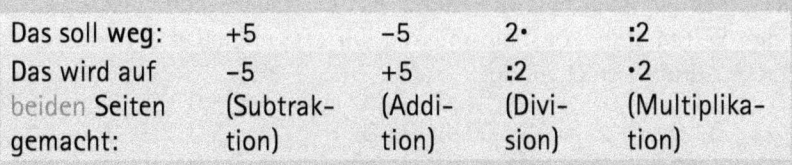

7	·	x	−	7	7	=	7	0	7	0				+	7	7
7	·	x				=	7	1	4	7				:	7	
		x				=	1	0	2	1						

Als Sara dem Drachen sein wahres Alter von 1021 Jahren nennt, lässt er sie mit knirschenden Zähnen und qualmenden Nüstern gehen.

Beim Lösen einer Gleichung kann man in folgenden Schritten vorgehen, um die Variable x zu **isolieren**:

Erst die Werte entfernen, die ein Plus (+) oder Minus (−) mit sich führen, dann kommen die Werte mit einem Mal (·) oder Geteilt (:).

Dabei muss immer die **Umkehroperation** benutzt werden! Also Plus verschwindet mit Minus, Mal verschwindet mit Geteilt – und umgekehrt.

Ein paar Beispiele:

Das soll weg:	+5	−5	2·	:2
Das wird auf beiden Seiten gemacht:	−5 (Subtraktion)	+5 (Addition)	:2 (Division)	·2 (Multiplikation)

Das Ereignis mit dem Drachen hat Sara nicht abschrecken können, nach neuen Herausforderungen zu suchen. Deshalb ist sie auch schon wieder unterwegs:

Übung 09.02:

Vor einer Stunde ist Sara Kropf zum nächsten Abenteuer aufgebrochen. Da bemerkt ihr Freund Bodo Zapf, dass sie einen wichtigen Schlüssel vergessen hat. So schwingt er sich schnell auf sein Motorrad und rast hinterher.

Weil Sara keine Eile hat, ist sie mit einer Geschwindigkeit von 90 km/h unterwegs, Bodo folgt ihr mit 150 km/h. Wann holt er Sara ein?

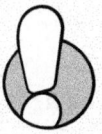

9

Dass wir auch hier den unbekannten Wert mit x bezeichnen, ist klar. Wenn Bodo und Sara sich treffen, sind sie die **gleiche** Strecke gefahren. Sara fährt pro Stunde 90 km weit, Bodo 150 km, das könnte man schon mal in einem ersten Versuch gegenüberstellen:

$$1\ 5\ 0\ \cdot\ x \qquad\qquad 9\ 0\ \cdot\ x$$

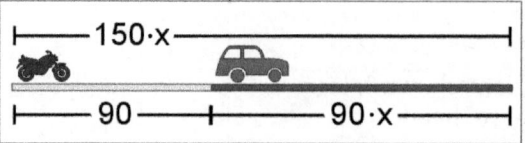

$150 \cdot x$ ist die Strecke, die Bodo in einer bestimmten Zeit x fährt, $90 \cdot x$ ist der Weg, den Sara zurücklegt. (Das wären in 1 Stunde 150 bzw. 90 km, in 2 Stunden $150 \cdot 2 = 300$ bzw. $90 \cdot 2 = 180$ km usw.)

Aber eine Gleichung haben wir damit noch nicht. Ehe wir das Gleichheitszeichen setzen, müssen wir noch eine wichtige Information hinzufügen: Sara ist bereits 1 Stunde unterwegs und damit schon 90 km gefahren:

$$1\ 5\ 0\ \cdot\ x\ =\ 9\ 0\ +\ 9\ 0\ \cdot\ x$$

Die Variable x bezeichnet ja die **Fahrzeit** (in Stunden) und das, was auf beiden Seiten des Gleichheitszeichens (=) als Term steht, ist die **Fahrstrecke** (in km) – links die von Bodo, rechts die von Sara. Und wenn sich beide treffen, sind sie ja die **gleiche** Strecke gefahren.

Nun haben wir zwar eine Gleichung, das Vertrackte jedoch ist, dass x auf beiden Seiten steht. Deshalb müssen wir erst einmal dafür sorgen, dass ein x-Ausdruck verschwindet:

$$1\ 5\ 0\ \cdot\ x\ =\ 9\ 0\ +\ 9\ 0\ \cdot\ x \qquad |\ -\ 9\ 0\ \cdot\ x$$
$$6\ 0\ \cdot\ x\ =\ 9\ 0$$

Wir müssen den **kompletten** Ausdruck $90 \cdot x$ abziehen, natürlich auf **beiden** Seiten! Damit verschwindet der Ausdruck rechts und übrig bleibt 90. Links verringert sich das Ganze entsprechend zu $150 \cdot x - 90 \cdot x = 60 \cdot x$.

Zeitoptimierung

Der Rest dürfte für dich jetzt ein Kinderspiel sein:

$$6\ 0\ \cdot\ x\ =\ 9\ 0 \qquad |\ :\ 6\ 0$$
$$x\ =\ 1,5$$

Bodo holt Sara also nach 1,5 Stunden ein.

Für mich ist damit die Aufgabe noch nicht zu Ende. Ich möchte schon noch wissen, wie weit beide zum gemeinsamen Treffpunkt gefahren sind:

$$150 \cdot 1{,}5 = 225$$
$$90 + 90 \cdot 1{,}5 = 225$$

Mit dieser Rechnung haben wir außerdem gleich überprüft, ob wir für x den richtigen Wert ermittelt haben. Käme nämlich nicht **beide** Male dasselbe Ergebnis heraus, dann wäre etwas falsch.

Man nennt das Nachprüfen einer Gleichung auch Probe. Hat man einen Wert für x ermittelt, kann man ihn überall dort einsetzen, wo x vorkommt, z.B.:

$$150 \cdot x = 150 \cdot 1{,}5 \text{ oder } 90 + 90 \cdot x = 90 + 90 \cdot 1{,}5.$$

Ergibt sich beim Überprüfen beider Seiten einer Gleichung derselbe Wert, ist die Lösung für x richtig.

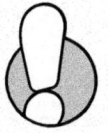

Eigentlich wäre doch diese lange Raserei gar nicht nötig gewesen, oder?

Übung 09.03:

Bodo ruft Sara nach einer Stunde an – sie hat doch im Auto Telefon? – und vereinbart mit ihr, sie solle da warten, wo sie gerade ist. Wann ist Bodo bei ihr, wenn er wieder mit 150 km/h losdüst?

Bis zum vereinbarten Treffpunkt sind es die 90 km, die Sara bereits in 1 Stunde zurückgelegt hat. Diesen Weg muss Bodo nun fahren, was uns zu dieser Gleichung führt:

$$150 \cdot x = 90$$

Verglichen mit der letzten Aufgabe ist diese Rechnung nun wirklich einfach. Deshalb kommen wir auch sehr schnell zum Ziel:

$$150 \cdot x = 90 \qquad | : 150$$
$$x = 0{,}6$$

Na ja, die 0,6 Stunden könnten wir schon noch in Minuten umrechnen:

$$0{,}6 \cdot 60 = 36$$

Aus 1,5 Stunden sind jetzt 36 Minuten geworden. Und Bodo muss statt 225 nur 90 km fahren.

9

Aber es geht noch kürzer:

> **Übung 09.04:**
>
> Sara schlägt – per Telefon – vor, kehrtzumachen und Bodo entgegen-
> zukommen. Wann würde sie sich mit ihm treffen, wenn wir dieselben
> Geschwindigkeiten (150 km/h für Bodo und 90 km/h für Sara) voraus-
> setzen?

Greifen wir die beiden Terme auf, die wir bei Aufgabe 09.02 aufgestellt
haben, denn die brauchen wir hier wieder:

$$150 \cdot x \qquad 90 \cdot x$$

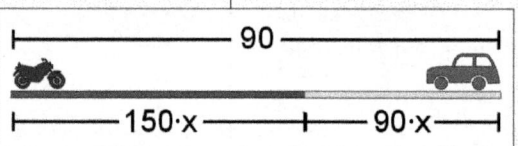

Mit dem linken Term berechnen wir die Strecke,
die Bodo zu fahren hat, mit dem rechten Term
ermitteln wir die Fahrstrecke von Sara.

Der gesamte Weg, um den es geht, beträgt wieder
90 km. Das ist auch die Summe der beiden Strecken, die Sara und Bodo zurücklegen:

$$150 \cdot x + 90 \cdot x = 90$$

Dass x auf der linken Seite gleich zweimal vorkommt, dürfte für uns kein
Problem sein: Wir addieren einfach beide Ausdrücke ($150 \cdot x + 90 \cdot x = 240 \cdot x$) und kommen dann auf diese Gleichung:

$$240 \cdot x = 90$$

Und nun geht es munter weiter – wie schon bei der letzten Aufgabe:

$$240 \cdot x = 90 \qquad | : 240$$
$$x = 0{,}375$$

Auch hier ist eine Umrechnung in Minuten sinnvoll:

$$0{,}375 \cdot 60 = 22{,}5$$

Sara und Bodo treffen sich nun schon nach 22,5 Minuten – Zeit, um
anschließend gemütlich einen Espresso zu trinken, ehe Sara ihre Fahrt
fortsetzt.

Interessant für mich ist noch die Probe: Wie viel km sind Sara und Bodo
jeweils gefahren? Und ist die Gesamtstrecke wirklich 90 km? Setzen wir
für x überall 0,375 ein:

$$150 \cdot 0{,}375 = 56{,}25$$
$$90 \cdot 0{,}375 = 33{,}75$$

Bodo hat eine Strecke von 56,25 km zurückgelegt, Saras Weg zurück war 33,75 km lang. Macht zusammen **56,25+33,75 = 90** km.

Ein paar Fehler gefällig?

Gerade bei Gleichungen kommen immer wieder Fehler vor, die natürlich zu einem falschen Ergebnis führen. Nehmen wir uns noch mal unser allererstes Beispiel vor:

2	·	x	+	5	=	1	1

In ihrem Bestreben nach Abkürzungen haben Mathematiker festgelegt, dass man diese Aufgabe auch so schreiben kann:

2	x	+	5	=	1	1

2·x und **2x** bedeuten also beide 2 mal x, weil bei dieser Mischung aus Zahlen und Buchstaben keine Missverständnisse auftreten können. Etwas anderes wäre z.B. **2·3** und **23** oder auch **x·2** und **x2**.

So bequem die verkürzte Schreibweise ist, sie scheint manchmal leider auch zu Fehlern zu verführen. Rechnen wir die Aufgabe mal weiter:

2	x	+	5	=	1	1			-	5
2	x			=	6					
2	x			=	6			-	2	
	x			=	4					

Hier hat sich jemand der Zwei entledigt, indem sie einfach subtrahiert wurde: **2x-2 = x**. Sehr elegant, aber **falsch**, weil **2x = 2·x** gilt. Also muss dividiert werden:

2	x		=	6			:	2
	x		=	3				

Einen anderen (beliebten) Fehler siehst du hier:

2	x	+	5	=	1	1	-	5	=	6	:	2	=	3

Sieht doch nicht schlecht aus, alles in einem Rutsch gerechnet, und am Schluss ja auch das richtige Ergebnis (**x=3**). Der Haken bei der Sache: Mehr als ein Gleichheitszeichen zu verwenden, ist zwar zulässig, aber dann müssen auch alle Terme wirklich **gleich** sein! So gilt natürlich **11-5 = 6**, aber **nicht 11-5 = 6:2**! Und **2x+5** ist hier selbstverständlich auch **nicht =3**!

Damit keine Missverständnisse entstehen können, muss eben mehrzeilig gerechnet werden, denn Gleichheitszeichen dürfen nur **gleichwertige** Terme verbinden. Es muss also z.B. statt:

3	·	4	=	1	2	:	2	=	6

so heißen:

3	·	4	=	1	2		1	2	:	2	=	6

Keinen Fehler hat die folgende Aufgabe – oder doch?

Übung 09.05:

Bruno ist mit seinem Moped unterwegs, seine Geschwindigkeit beträgt 40 km/h. Nach einer halben Stunde folgen ihm Kuno mit seinem Moped und Tina mit ihrem Fahrrad. Kuno ist so schnell wie Bruno, Tina fährt mit 20 km/h. Wann holt wer Bruno ein?

Eigentlich lässt sich diese Aufgabe durch bloßes Nachdenken lösen: Wenn Kuno ebenso schnell ist wie Bruno, wie soll er ihn dann einholen? Bruno wird Kuno stets eine halbe Stunde voraus sein. Und weil Tina langsamer ist als Bruno, vergrößert sich der Abstand zwischen beiden sogar.

Aber wie sieht das mathematisch aus? Stellen wir dazu erst einmal die Gleichung für Bruno und Kuno auf:

4	0	x	=	2	0	+	4	0	x

Links steht die Strecke, die Kuno in der Zeit x (Stunden) schafft, rechts die 20 km, die Bruno in einer halben Stunde bereits zurückgelegt hat, plus die Strecke, die er in x Stunden noch fährt. Und so geht die Rechnung weiter:

4	0	x	=	2	0	+	4	0	x			−	4	0	x
		0	=	2	0										

Die Variable x ist verschwunden, und die Gleichung ist zur **Un**gleichung geworden, die da lautet 0 ≠ 20. Aus mathematischer Sicht heißt das: Es gibt **keine** Lösung für x (was ja auch zu erwarten war).?

Mal sehen, wie es bei Tina aussieht. Hier ist die Gleichung:

2	0	x	=	2	0	+	4	0	x

Auch hier links der Term für Tina, rechts der für Bruno. Sorgen wir jetzt wieder dafür, dass der x-Ausdruck rechts verschwindet:

	2	0	x	=	2	0	+	4	0	x			−	4	0	x
−	2	0	x	=	2	0										

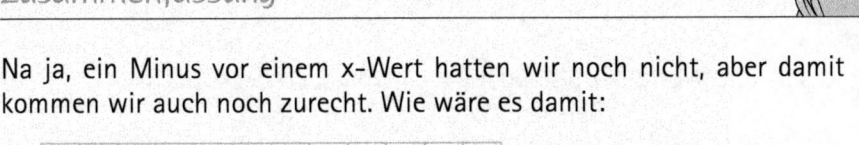

Na ja, ein Minus vor einem x-Wert hatten wir noch nicht, aber damit kommen wir auch noch zurecht. Wie wäre es damit:

-	2	0	x	=	2	0			+	2	0	
			x	=	4	0						

Das würde bedeuten, dass Tina Bruno nach 40 Stunden einholt. Wäre im ersten Moment vielleicht denkbar, denn 40 Stunden sind eine lange Zeit und Tina ist ja langsam. Weil sie aber **langsamer** ist als Bruno, kann sie diesen **niemals** einholen!

In der Aufgabe steckt also ein Rechenfehler. Wir dürfen uns nicht durch das Minus vor dem x-Ausdruck täuschen lassen: Es heißt nicht »minus 20 plus x« oder »x minus 20«, sondern »minus 20 **mal** x« (**-20·x**)! Die Umkehroperation ist also die Division. Geteilt werden muss aber nicht durch 20, sondern durch –20! Damit sähe die (richtige) Rechnung jetzt so aus:

-	2	0	x	=	2	0			:	(	-	2	0	)
			x	=	-	1								

Die Klammern um die **–20** sind dazu da, keine Unklarheiten entstehen zu lassen: Sonst hieße es :-20, die Experten trennen also zwei Rechensymbole mit Hilfe von Klammern.

Nun haben wir eine Lösung, und die hat durchaus ihren Sinn: Tina ist 20 km von Bruno entfernt, benötigt also 1 Stunde, um ihn einzuholen, wenn er auf sie warten würde. Ihr **fehlt** also 1 Stunde, deshalb –1 als Lösung.

Da wir jedoch weder bei Kuno noch bei Tina eine positive Lösung erhalten haben, heißt das – nun auch mathematisch besiegelt –, dass beide Bruno niemals einholen werden, wenn ihm nicht der Treibstoff ausgeht oder er ohnehin irgendwann anhält.

Zusammenfassung

Jetzt wird es aber Zeit für eine Erholungspause. Nun weißt du einiges über Gleichungen und ein bisschen über Fehler – die man ja überall in der Mathematik machen kann.

Du kennst die wichtigsten Schritte, wie man die Variable x isoliert, um eine Gleichung zu lösen:

Alle x-Ausdrücke auf **eine** Seite bringen.
Beispiel: 7x-11 = 2x-6 | -2x → 5x-11 = -6
    Alle Werte mit Plus oder Minus von der x-Seite entfernen.
        Beispiel: 5x-11 = -6 | +11 → 5x = 5

Alle Werte mit Mal oder Geteilt von der x-Seite entfernen.
Beispiel: **5x = 5 | :5** → **x = 1**
Zur Probe x-Wert einsetzen.
Beispiel: **7·1-11 = -4** und **2·1-6 = -4** → stimmt!

Keine Fragen ...

... aber ein paar Aufgaben

1. Der Opa sagt zu seinem Enkel: »Wenn du mein Alter halbierst und davon 44 abziehst, kommt 0 heraus.« Der Enkel rechnet einen Moment nach, dann antwortet er dem Opa: »Wenn du mein Alter mal 9 nimmst, dann hast du dein Alter plus mein Alter.« Wie alt sind Opa und Enkel jeweils?

2. Zur letzten Aufgabe 09.05:
   Wenn Bruno, Tina und Kuno gleichzeitig starten, wann treffen sie sich dann – mathematisch gesehen? Stelle dazu zwei Gleichungen auf, eine für Bruno und Kuno, eine für Bruno und Tina.

3. Bauer Knolle hat 33 Tiere im Stall. Alle zusammen haben 88 Beine. Wie viele Schweine und wie viele Hühner sind es?

(Die Lösungen zu allen Fragen und Aufgaben stehen hinten im Buch.)

10

Funktionen und Graphen

Es gibt viele Alltagssituationen, in denen man sich zwischen verschiedenen Möglichkeiten entscheiden muss: Wann man wo wie viel wovon kauft, welchen Tarif man wählt – oft lässt sich ein solches Problem mathematisch angehen, um eine passende Lösung zu finden. Aber warum soll man dabei immerzu nur rechnen? Man könnte es doch auch einmal mit Zeichnen versuchen.

In diesem Kapitel lernst du

◎ was ein Koordinatensystem ist

◎ was Funktionen sind

◎ etwas über Graphen

◎ Wertetabellen kennen

◎ was ein Schnittpunkt ist

◎ was Steigung und Verschiebung bedeuten

10

Zuordnungen?

Auch wenn man etwas zeichnerisch darstellen oder lösen will, werden meistens dennoch Zahlen gebraucht. So auch in unserer ersten Aufgabe:

> Übung 10.01:
>
> Berta kann einfach nicht auf ihre süßen »Häppchen« verzichten. So schleppt sie sich immer wieder zu Gusto Appetitos Konditorei, um sich dort für 2 Euro den »Kuchen des Tages« zu holen.
>
> Eines Tages macht Gusto ihr einen Vorschlag: »Sie zahlen jeden Monat 20 Euro extra und bekommen dafür Ihren Kuchen zu jeweils nur 1 Euro.« Berta gerät ins Grübeln: Lohnt sich dieses Angebot überhaupt, und wenn ja, wann?

Einige Kapitel zuvor – im sechsten – hatten wir das Thema Verhältnisse. Und auch hier gibt es ein Verhältnis zwischen Kuchen und Preis, wobei im Normalfall diese Zuordnung gilt:

1	K	u	c	h	e	n	↔		2	€
2	K	u	c	h	e	n	↔		4	€
				u	s	w.				

Nimmt Berta jedoch das Angebot Gusto Appetitos an, so haben wir eine weitere Zuordnung:

1	K	u	c	h	e	n	↔	2	1	€
2	K	u	c	h	e	n	↔	2	2	€
				u	s	w.				

Anzahl	Normal	Angebot
0	0 €	20 €
5	10 €	25 €
10	20 €	30 €
15	30 €	35 €
20	40 €	40 €
25	50 €	45 €
30	60 €	50 €

Das sieht deshalb so teuer aus (und ist es anfangs auch), weil hier die 20 Euro »Grundgebühr« anfallen.

Wahrscheinlich hat Berta Kugelschreiber und Papier genommen und versucht, eine Liste aufzustellen, die vielleicht so aussehen könnte:

Berta denkt in größeren Mengen und so hat sie die Tabelle in 5er-Schritte unterteilt, also nur die Kosten für 0, 5, 10, 15 usw. Törtchen aufgeschrieben. Für den Fall, dass sie mal im Urlaub ist und keine von Gustos Törtchen verspeisen kann, hätte sie immerhin 20 Euro Unkosten, wenn sie das Angebot annehmen würde. (Denn die 20 Euro extra wären ja wohl jeden Monat zu zahlen.)

Eine Stelle hat Berta besonders interessiert, deshalb hat sie diese auch rot eingekringelt: Dort kosten beide Möglichkeiten gleich viel. Und genau an dieser Stelle reift bei ihr die folgende Erkenntnis:

◇ »Verputze ich **weniger** als 20 Törtchen, dann lohnt sich Gustos Angebot **nicht**.«

◇ »Aber schaffe ich es, **mehr** als 20 Törtchen zu verarbeiten, dann hat Gustos Angebot durchaus seinen Reiz.«

Da hat sich Berta einige Mühe gemacht und die Lösung durch Probieren gefunden. Nicht auszudenken, wenn sie mal an ein Angebot gerät, das sich erst bei einer Anzahl über 100 oder 1000 lohnt – wie beispielsweise bei Telefontarifen, wo es um Gesprächseinheiten geht.

Die richtigen Koordinaten

Wie würde ein Mathematiker das Ganze angehen? Er würde sich erst einmal ein Blatt Papier nehmen – möglichst kariert – und darauf eine solche oder ähnliche Zeichnung anfertigen:

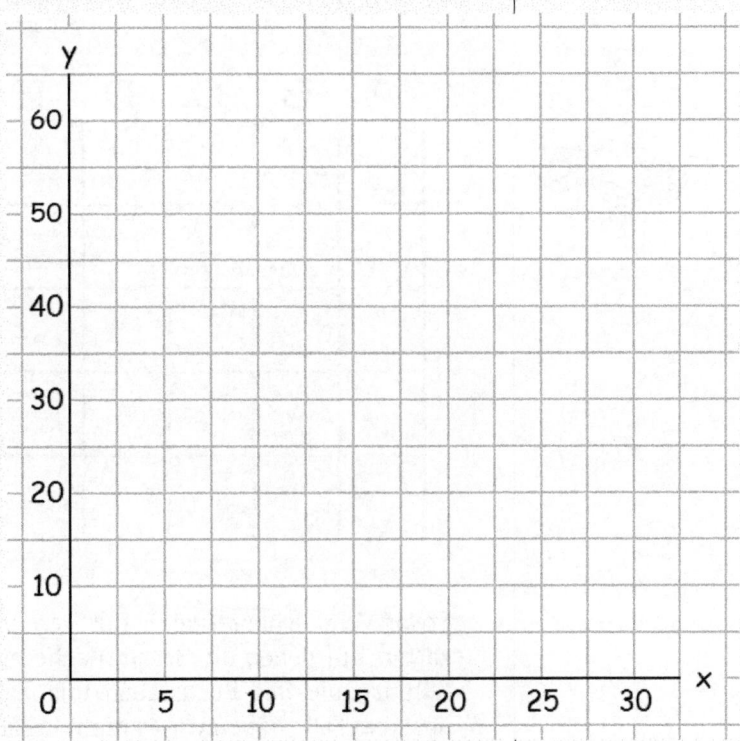

10

Er hat auch gleich einen Namen dafür: Koordinatensystem. Was ist das? Zunächst sehen wir ein Feld mit lauter Kästchen. Links und unten am Rand gibt es jeweils eine Strecke, die mit Zahlen beschriftet ist. Die waagerechte Strecke heißt **x-Achse**, die senkrechte Strecke wird **y-Achse** genannt.

Schön und gut, aber welchen Sinn hat dieses Gebilde, das man nicht gerade als Kunstwerk bezeichnen kann?

Was sind Koordinaten? Das sind Werte, die der Positionsangabe dienen. Damit ist ein Koordinatensystem kein Zahlensystem, aber zur Orientierung werden hier Zahlen benötigt.

Wahrscheinlich kennst du die Kennzeichnung an der Autobahn, wo man bei einer Panne oder einem Unfall angeben kann: »Wir sind an Kilometer 54,8«. Dabei geht es um eine Strecke, deshalb genügt hier eine Zahl zur Positionsangabe.

Bei einem Koordinatensystem geht es um eine Fläche bzw. Ebene, hier werden zwei Strecken (Achsen genannt) senkrecht aufeinander gesetzt und durchnummeriert, damit man genau ermitteln kann, an welcher Stelle sich ein Punkt befindet.

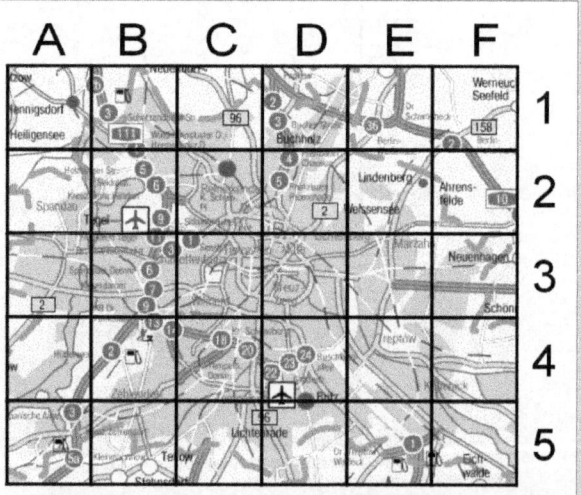

Etwas Vergleichbares kennst du vermutlich von Land- oder Straßenkarten, auf denen die Gesamtfläche meist in kleine Quadrate unterteilt ist, die mit Buchstaben und Zahlen gekennzeichnet sind. In unserem Falle haben wir es nur mit Zahlen zu tun.

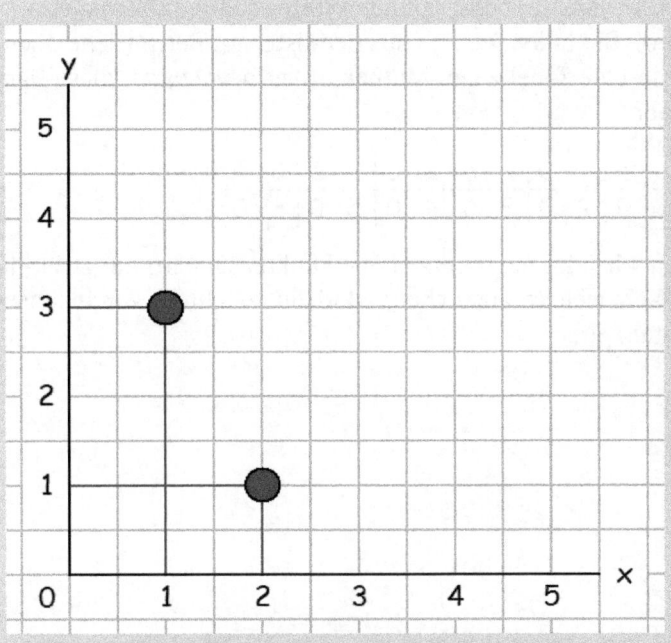

Bei Koordinaten gibt es immer einen x-Wert und einen y-Wert – so haben es die Mathematiker irgendwann festgelegt. Wie im Alphabet kommt immer zuerst der x-Wert, dann der y-Wert.

Nehmen wir an, du befindest dich mit einer anderen Person auf einer Fläche mit kariertem Muster – so wie die zwei Punkte im Bild. Ich habe hier die beiden Achsen von 0 bis 5 nummeriert. Dann hat der eine Punkt die Koordinaten (1|3) und der andere die Koordinaten (2|1). Also gilt x=1 und y=3 bzw. x=2 und y=1. Wer von den Punkten welcher ist? Das findest du selbst heraus.

Fährt man von der x-Koordinate aus nach **oben** und von der y-Koordinate aus nach **rechts**, so begegnen sich die beiden »Fahrstrecken« im betreffenden Punkt. (So dicke »Punkte« wie in dem obigen Beispiel verwenden Mathematiker natürlich nicht.)

Der Abstand der Nummerierung muss natürlich **nicht** für beide Achsen gleich sein – wie in dem obigen Beispiel –, sondern ist abhängig von der Aufgabe, um die es gerade geht.

Wenn sich so ein Punkt durch zwei Werte kennzeichnen lässt, könnte man ihn dann nicht auch für die Tabelle von Berta verwenden? Denn auch hier gibt es für jeden Punkt eine Zuordnung von x-Wert und y-Wert: Dabei steht x für die Anzahl der Kuchen und y für die Kosten.

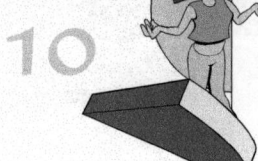

Dabei begnügen wir uns zunächst mit den Werten für den »Normalfall« (1 Kuchen = 2 Euro). Die holen wir uns aus der Liste von Berta (siehe oben) und tragen sie in eine Tabelle ein. Mathematiker bevorzugen diese Darstellung – genannt Wertetabelle:

x	0	5	1 0	1 5	2 0	2 5	3 0
y	0	1 0	2 0	3 0	4 0	5 0	6 0

Davon brauchen wir jetzt nicht einmal alle Punkte, sondern nur zwei (du kannst dir einfach welche aussuchen). Und die zeichnen wir in unser Koordinatensystem ein:

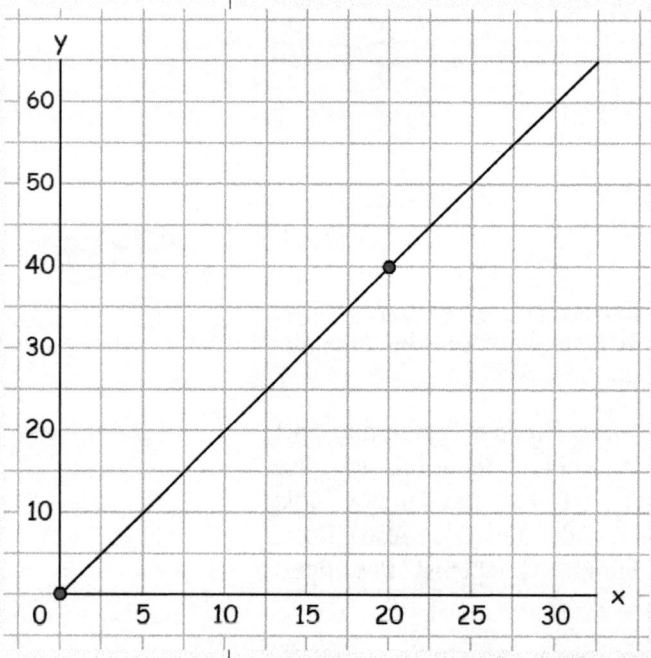

Anschließend verbinden wir beide Punkte und verlängern die Strecke noch ein bisschen – so weit das Koordinatensystem reicht.

Und nun dasselbe noch mal – für das Angebot von Gusto Appetito. Dazu zuerst wieder die passende Wertetabelle (mit den Zahlen aus Bertas Liste):

x	0	5	1 0	1 5	2 0	2 5	3 0
y	2 0	2 5	3 0	3 5	4 0	4 5	5 0

Pick dir zwei Punkte heraus – dieselben wie ich oder andere. Wir zeichnen sie in dasselbe Koordinatensystem wie eben ein, verbinden sie und heraus kommt so etwas:

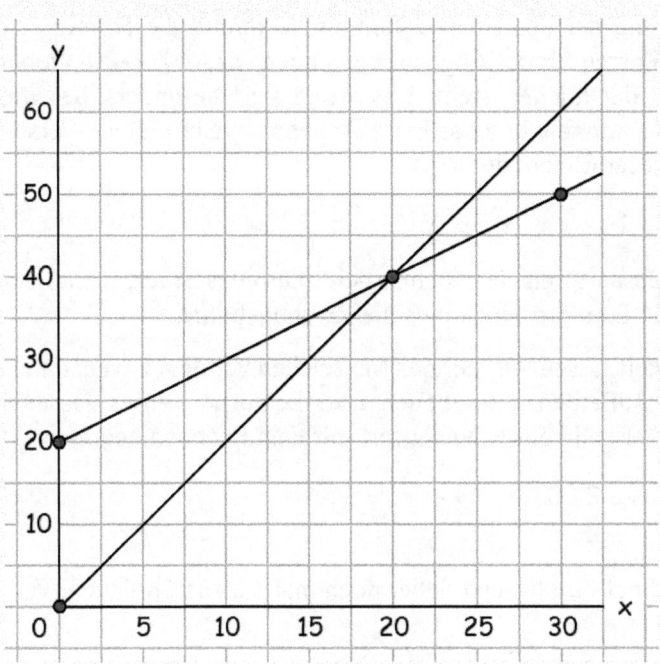

Nun haben wir zwei »schräge« Linien in unserem Koordinatensystem – von denen jede ein so genannter Graph ist. Und die kommen sich dann noch in die Quere und überschneiden sich in einem Punkt, der auch **Schnittpunkt** heißt. Und genau den sollten wir uns genauer anschauen: Er hat die Koordinaten **(20|40)** und bezeichnet damit eine wichtige Stelle für Bertas Kuchenkauf:

20 Kuchen kosten 40 Euro – sowohl im Normalfall (bei 2 Euro pro Stück) als auch bei Gustos Angebot (bei 1 Euro pro Stück, aber 20 Euro »Grundgebühr«).

Wenn wir nun Berta ein solches »Gemälde« zum Aufhängen in ihrer Küche schenken, könnte sie sich immer ein Bild machen, welche Möglichkeit in welcher Saison für sie die beste wäre.

Funktionsgleichungen

Wie gut, dass wir für unsere Graphen Bertas Liste zur Verfügung hatten. Was aber, wenn wir diese Daten selber ermitteln müssten?

Dann brauchen wir zuallererst eine Methode, mit der wir die entsprechenden Werte ausrechnen (wenn die gute Berta nicht alles nur durch bloßes Herumprobieren gelöst hat, kannte sie offenbar eine Rechenmethode).

Für die Berechnung der Kosten im »Normalfall« könnte die Formel **2·x** passen. Und die Kosten für das Angebot berechnen wir so: **1·x+20**. Wobei x für die Anzahl der Kuchen steht. Uns interessiert besonders, bei wie vielen Kuchen das normale und das Extra-Angebot »gleichziehen«. Versuchen wir's mit dieser Gleichung:

2	·	x	=	1	·	x	+	2	0

Links steht der Gesamtpreis der Kuchen bei 2 Euro das Stück, rechts der Gesamtpreis bei 1 Euro pro Stück plus die »Grundgebühr«.

Aus Bequemlichkeit lassen wir hier das Malzeichen vor dem x weg, damit wird **2·x** zu **2x**. Außerdem schreibe ich statt **1x** nur **x**, weil es dasselbe bedeutet. Anschließend können wir sofort mit dem Rechnen beginnen:

2	x	=	x	+	2	0			−	x
	x	=			2	0				

Das ging aber schnell! Du hättest lieber noch mal die ausführlichere Version? Bitte sehr:

2	·	x	=	x	+	2	0			−	1	·	x
1	·	x	=			2	0						

Und schon sind wir ebenso schlau wie nach diesem aufwändigen Gekritzel mit Koordinatensystem und Graphen.

Na ja, eigentlich wissen wir bloß, dass für Berta beim Kauf von 20 Kuchen beide Angebote gleichwertig sind. Punkt. Die Grafik dagegen zeigt uns sehr viel mehr, z.B. dass 20 Kuchen 40 Euro kosten (was wir hier natürlich bei der Probe auch herausbekommen würden: 2·20 = 20+20 = 40).

Auch haben wir damit noch immer keine Tabelle – wie die von Berta. Widmen wir uns doch mal dem linken und dem rechten Term der Gleichung jeweils einzeln:

y	=	2	x		
y	=	x	+	2	0

Was soll jetzt das y hier? Noch eine Variable? Du vermutest richtig: x steht wieder für die Anzahl der Kuchen, y wieder für die Kosten. So sind wir flexibler und können für jeden Fall beliebig viele Kombinationen ermitteln – natürlich auch mehr als Berta in ihrer Tabelle.

Probieren wir das durch und erstellen wir zwei Wertetabellen. Weil der Graph eine Gerade ist und wir dafür nur zwei Punkte brauchen, haben wir gar nicht mal viel Arbeit. Ich habe mich hier dafür entschieden, alles für **x=0** und für **x=30** durchzurechnen. Hier das erste Angebot:

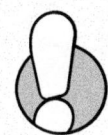

y = 2 · 0 = 0		x	0	30
y = 2 · 30 = 60		y	0	60

Für x=0 bekommen wir y=0, und für x=30 erhalten wir y=60. Alle Wertepaare tragen wir in eine (kleine) Tabelle ein. Nun das Gleiche noch mal für das andere Angebot:

y = 0 + 20 = 20		x	0	30
y = 30 + 20 = 50		y	20	50

Hier liefert uns die Rechnung für x=0 den y-Wert 20, und für x=30 ergibt sich y=50. Rechts steht wieder die Tabelle.

> Man spricht hier auch von Wertepaaren: Je ein x-Wert und ein y-Wert, die die Koordinaten für einen Punkt beschreiben, bilden ein **Wertepaar**. Wir hätten also hier diese vier Wertepaare: (0|0) ; (20|60) und (0|20) ; (20|50).

Nachdem wir nun zwei Graphen **und** zwei Gleichungen haben, können wir auch hier eine Zuordnung vornehmen: Zu jedem Graphen gehört eine Gleichung, die auch als Zuordnungsvorschrift oder **Funktionsgleichung** bezeichnet wird.

Zuordnungsvorschrift klingt nach Beamtendeutsch, ist aber dennoch verständlich: Eine Vorschrift, nach der eine Zuordnung ermittelt oder berechnet wird – Formel kann man auch sagen. Auch Gleichung ist klar, aber was ist eine Funktion?

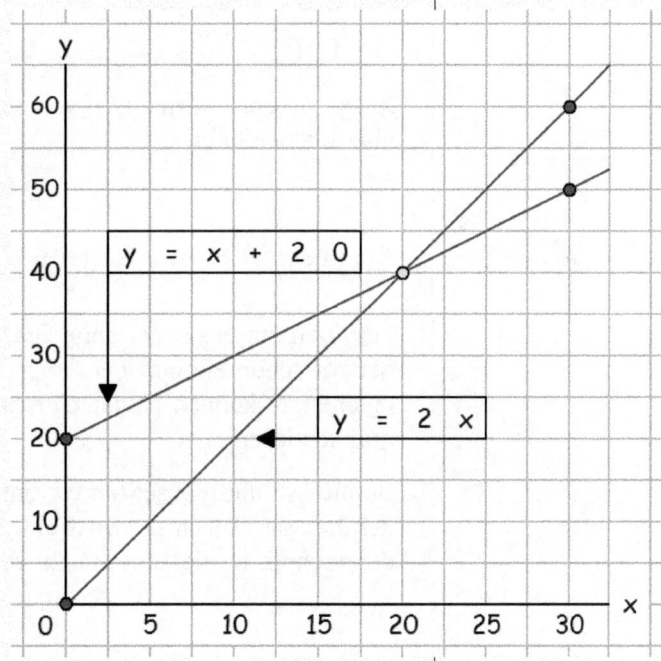

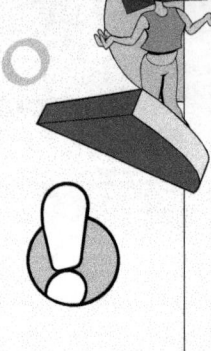

10

Eine Funktion ist eine Zuordnung von x-Werten und y-Werten. Dabei gilt: Für jedes x muss es **genau ein** y geben. Klingt ziemlich abstrakt? Dabei hatten wir in diesem Kapitel bis jetzt konkret damit zu tun – siehe weiter oben.

Trotzdem ein Beispiel: Jemand fährt mit einer bestimmten gleichbleibenden Geschwindigkeit, sagen wir 50 km/h. Dann gehört zu jeder gefahrenen Zeit (x) **genau eine** zurückgelegte Strecke (y), z.B. gehören zu 2 Stunden 100 km. Damit haben wir eine Funktion.

Eine Gegenbeispiel: Man kann **nicht** jedem Namen genau einen Menschen zuordnen, also haben wir hier **keine** Funktion.

Funktionsgleichungen sind Gleichungen, die zu einer Funktion gehören. Mit Hilfe einer Funktionsgleichung kann man alle Wertepaare einer Funktion berechnen bzw. zu jedem x ein passendes y ermitteln.

Experten schreiben Funktionsgleichungen übrigens auch so:

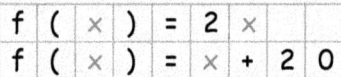

f	(	x	)	=	2	x	
f	(	x	)	=	x	+	2	0

Ausgesprochen wird das »f von x« und gemeint ist »Funktion von x«. Wir aber bleiben beim y.

Schnittpunkte

Ein Koordinatensystem ohne Graphen ist eigentlich recht witzlos. Dabei genügt schon ein einziger Graph, um sich ein Bild von einer Zuordnung machen zu können. Sogar eine ganz normale Gleichung lässt sich auch grafisch lösen:

Du meinst, diesmal sollten wir Sara ihrem Schicksal überlassen? Schließlich hat sie es sich ja selbst eingebrockt. Aber vielleicht reizt es dich ja dennoch, es wenigstens mal zu versuchen?

Übung 10.02:

Wie nicht anders zu erwarten, steckt Sara Kropf schon wieder in Schwierigkeiten. Aus einem Tempel führt nur die Lösung eines Rätsels heraus. Es gibt zwar jeweils drei Türen rechts und links von Sara. Die einen sind mit **+1** bis **+3** beschriftet, die anderen mit **−1** bis **−3**.

Dazu kann Sara in einer Inschrift lesen: »Ziehst du von eins das Doppelte vom Unbekannten ab, so hast du drei. Nur mit den Figuren findest du das Unbekannte, und es führt dich durch die richtige Tür. Alle anderen Türen bringen dir den Tod.«

Im Tempel befinden sich zwei verschiebbare Figuren, durch eine elastische Schnur verbunden. Der Boden ist wie ein Koordinatensystem gemustert, auch dort befinden sich Zahlen von **−3** bis **+3**.

Die Gleichung nach der Übersetzung der Inschrift »Ziehst du von 1 das 2fache vom Unbekannten ab, so hast du 3« sieht so aus (wobei das Unbekannte erst mal nur x heißt):

1	−	2	x	=	3

Rechnerisch ist diese Aufgabe wohl schnell gelöst:

1	−	2	x	=	3			−	1	
	−	2	x	=	2			:	(| − | 2 |)
			x	=	−	1				

Aber Sara muss ja die zwei Figuren so aufstellen, dass die elastische Schnur den passenden Graphen bildet! Es bleibt uns also nichts weiter übrig, als dafür eine geeignete Funktionsgleichung zu finden.

Hier hilft uns die Allgemeinform unserer Gleichung weiter. Bei der muss auf einer Seite **immer** eine 0 allein stehen, auf der anderen befindet sich der komplette Rest. Nachdem wir die Reihenfolge der Werte auf der linken Seite vertauscht haben, können wir uns auf den Weg zur Allgemeinform machen:

	1	−	2	x	=	3		
−	2	x	+	1	=	3		−	3
−	2	x	−	2	=	0		

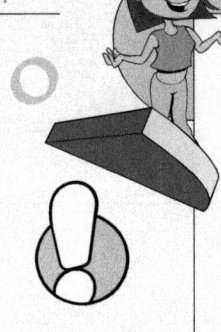

10

So sieht die Allgemeinform einer Gleichung aus: $ax+b = 0$, wobei du für a und b beliebige Zahlen einsetzen kannst – natürlich auch die 0 selbst. Die Allgemeinform fasst Gleichungen mit derselben Lösung zu einer Familie zusammen.

Ein Beispiel: Auf die Allgemeinform $2x-2 = 0$ lassen sich unzählige Gleichungen wie z.B. $2x+2 = 4$ oder $2x = 2$ oder $2x-4 = -2$ zurückführen. Sie alle haben dieselbe Lösung $x=1$.

Wenn wir nun die 0 durch y ersetzen, ist es nur ein kleiner Sprung bis zur zugehörigen Funktionsgleichung:

0	=	-	2	x	-	2
y	=	-	2	x	-	2

Außerdem brauchen wir zwei Wertepaare. Aber weil es um Saras Leben geht, habe ich vorsichtshalber gleich eine etwas weiter gefasste Tabelle erstellt:

x	- 3	- 2	- 1	0	+ 1	+ 2	+ 3
y	+ 4	+ 2	0	- 2	- 4	- 6	- 8

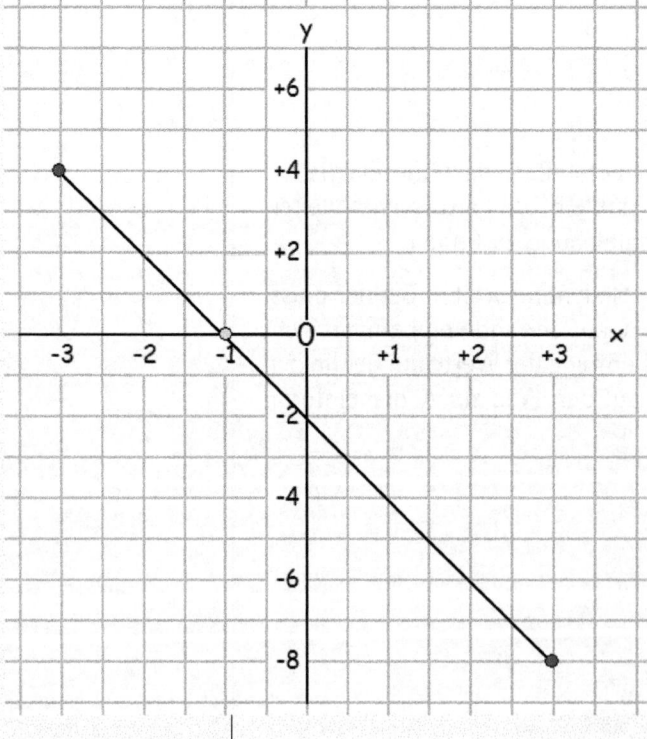

Da sind ja nun Werte, die in alle Richtungen weisen: Plus und Minus bunt gemischt. Also brauchen wir ein Koordinatensystem, in dem sich sowohl die x-Achse als auch die y-Achse in die negativen und positiven Zahlenbereiche erstrecken:

Ich habe mir zwei beliebige Punkte aus der Tabelle herausgegriffen, eingezeichnet und miteinander verbunden. Und dort, wo der Graph nun die x-Achse schneidet, hat x den Wert –1. Wieso ist das die Lösung?

Wenn du dich erinnerst: Wir haben aus der Gleichung **-2x-2 = 0** die Funktionsgleichung **y = -2x-2** gemacht. So wurde die 0 zum y. Daraus folgt: Das x, für das y=0 gilt, ist auch die Lösung unserer Ausgangsgleichung. Wenn du in der Wertetabelle für y die 0 suchst, findest du darüber den passenden x-Wert.

In diesem Koordinatensystem bilden die beiden Achsen ein Kreuz, weshalb man auch von **Koordinatenkreuz** spricht. Im Gegensatz dazu hatten wir vorher eine Art »Koordinaten-L«. Die x-Achse und y-Achse lassen sich jeweils beliebig weit in jede Richtung verlängern – zumindest theoretisch. Ab und zu kann es nötig werden, eine oder beide Achsen zu »stauchen«, also die Abschnitte gröber zu unterteilen: z.B. in 10, 20, 30 oder gar 100, 200, 300 usw.

Immer den Wert 0 hat y dort, wo der Graph die **x-Achse** schneidet. Also muss am Schnittpunkt die Lösung liegen.

Sara Kropf sollte die Figuren demnach so verschieben, dass die elastische Schnur über den Koordinaten **(-1|0)** schwebt. Dann öffnet ein Mechanismus die richtige Tür.

Des Tempelrätsels Lösung

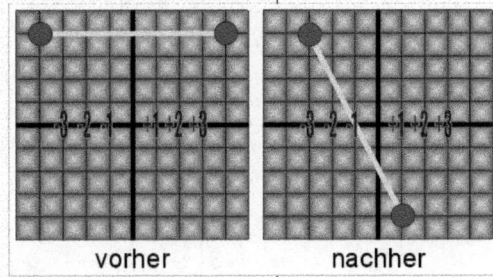

vorher   nachher

Steigung ...

Es gibt noch einen weiteren Schnittpunkt: Der liegt dort, wo der Graph die **y-Achse** schneidet. Auch diese Stelle hat ihre Bedeutung, und die finden wir jetzt heraus.

Dabei bleiben wir von nun an beim kompletten Koordinatenkreuz. Dessen beide Achsen verlaufen waagerecht und senkrecht, während der Graph offenbar immer als »Schräge« auftritt. Und der Unterschied zwischen einzelnen Graphen scheint wohl nur in der Art der »Schräge« zu bestehen – genannt Steigung.

Kann man die Steigung an einer Funktions**gleichung** erkennen? Basteln wir uns doch gleich mal ein paar Beispiele und zeichnen die zugehörigen Graphen in ein Koordinatensystem. Zuerst die Funktionsgleichungen als Quartett:

(1)	y	=		2	x	+	1	(2)	y	=	x + 1
(3)	y	=	-	2	x	+	1	(4)	y	=	- x + 1

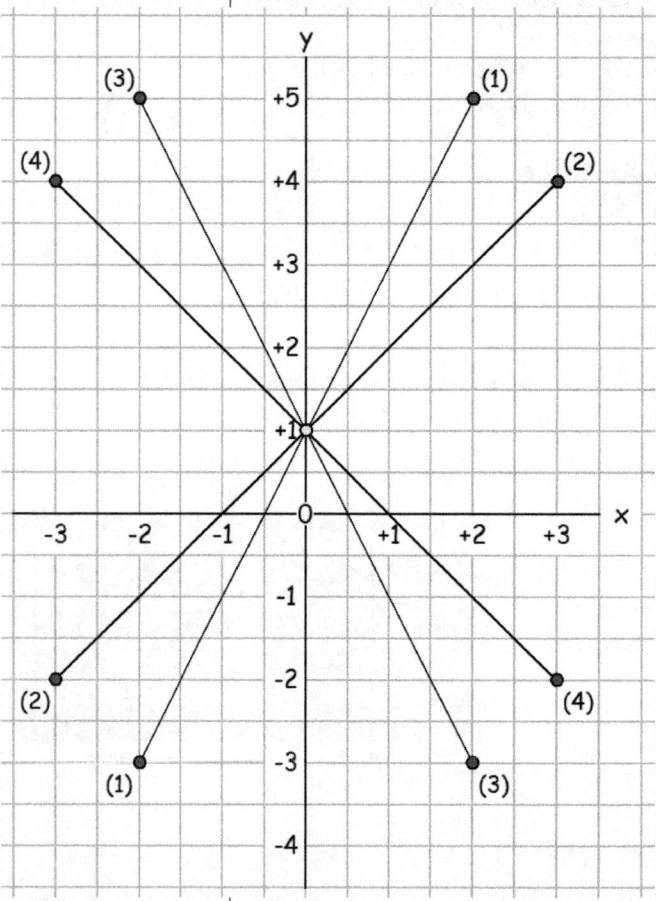

Alle vier sehen sich irgendwie ähnlich, aber völlig gleich sind sie dennoch nicht – wie du auch im folgenden Schaubild deutlich sehen kannst:

Und hier ist die zugehörige Wertetabelle. Sie fällt diesmal recht groß aus, weil wir gleich vier Funktionen zu versorgen haben:

	x	- 3	- 2	- 1	0	+ 1	+ 2	+ 3
(1)	y	- 5	- 3	- 1	+ 1	+ 3	+ 5	+ 7
(2)	y	- 2	- 1	0	+ 1	+ 2	+ 3	+ 4
(3)	y	+ 7	+ 5	+ 3	+ 1	- 1	- 3	- 5
(4)	y	+ 4	+ 3	+ 2	+ 1	0	- 1	- 2

Interessant ist, dass sich alle Graphen in ein und demselben Punkt schneiden. Ob das wichtig ist? Wir müssen später darauf zurückkommen.

Erst wollten wir uns um die Steigung kümmern, die ja für jede Funktion eine andere ist. Die **+1** am Ende spielt offenbar **keine** Rolle für die Steigung. Aber der Wert **vor** dem x, also der jeweilige Faktor, mit dem x malgenommen wird, scheint entscheidend für die Steigung zu sein.

Aber das x hat doch nicht überall einen Faktor – oder doch? Wir erinnern uns, dass x gleich 1 mal x gilt, also es dort eigentlich jeweils **1·x** oder **1x** heißen müsste.

Man erkennt das auch in der Wertetabelle, wo jeder y-Wert gleichmäßig zu- oder abnimmt, und zwar bei (1) und (3) in Zweier-Schritten, bei (2) und (4) in Einer-Schritten.

Schauen wir uns den Graphen zu jedem Faktor genauer an und fassen wir unsere dabei gewonnenen Erkenntnisse in einer Tabelle zusammen (wobei wir hier für **x** wieder **1x** einsetzen):

2x	Graph **steigt** steiler an	**1x**	Graph **steigt** flacher an
-2x	Graph **fällt** steiler ab	**-1x**	Graph **fällt** flacher ab

Also kann man sagen:

◇ Je **größer** die Zahl vor dem x ist bzw. der Faktor, mit dem x malgenommen wird, desto **steiler** geht es bergauf. Dabei muss die Zahl **positiv** sein!

Und auch umgekehrt passt es:

◇ Je **kleiner** die Zahl vor dem x ist bzw. der Faktor, mit dem x malgenommen wird, desto **steiler** geht es bergab. Dabei muss die Zahl **negativ** sein!

Du kannst dir denken, dass eine Funktion mit der Gleichung y = 100x+2 einen Graphen hat, bei dem es furchtbar steil bergauf geht. Aber wenn der Faktor z.B. 0,5 oder 0,01 beträgt? Dann wird der Graph immer flacher.

Und was ist, wenn dieser Faktor auf 0 »heruntergekommen« ist? Dann hieße ja eine Funktionsgleichung z.B. y = 0x+2. Und daraus würde y = 2, weil 0 mal x gleich 0 ist. Der Graph dazu wäre eine **waagerechte Strecke**. Probiere es doch mal aus: Für **jedes** x gilt hier y=2.

10 ... und Verschiebung

◇ Nachdem wir das geklärt hätten, bleibt noch die +1 bzw. der gemeinsame Schnittpunkt. Denn irgendwie hängt das doch zusammen. Was würde passieren, wenn ich statt der 1 eine 2 nehmen würde? Oder für jede Funktionsgleichung eine andere Zahl?

◇ Am besten, wir stellen gleich eine neue Formation zusammen, wobei uns diesmal drei Funktionen genügen:

(1)	y	=	x	+	2	(2)		y	=	x
(3)	y	=	x	-	2					

◇ Nehmen wir die Wertetabelle vorweg:

	x	- 3	- 2	- 1	0	+ 1	+ 2	+ 3
(1)	y	- 1	0	+ 1	+ 2	+ 3	+ 4	+ 5
(2)	y	- 3	- 2	- 1	0	+ 1	+ 2	+ 3
(3)	y	- 5	- 4	- 3	- 2	- 1	0	+ 1

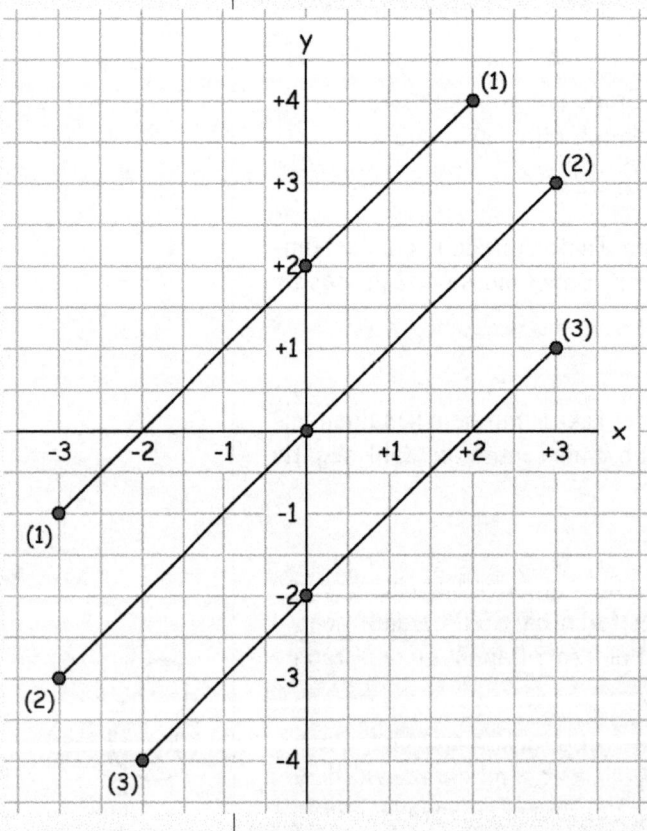

◇ Hier nimmt bei allen drei Funktionen jeder y-Wert gleichmäßig um 1 zu. Offenbar gibt es aber keinen gemeinsamen Schnittpunkt. Und so präsentiert sich das Trio dann als Graphenschar:

Wie du siehst, verlaufen alle Strecken parallel zueinander – wie Schienenstränge. Voraussetzung aber ist, dass die Faktoren vor dem x allesamt **gleich** sind. Würde man alle drei Gleichungen ganz ausführlich schreiben, so sähe das so aus:

(1)	y	=	1	·	x	+	2
(2)	y	=	1	·	x	+	0
(3)	y	=	1	·	x	-	2

Auch hier lassen sich unsere gewonnenen Erkenntnisse in einer Tabelle zusammenfassen:

x+2	Graph verläuft weiter **oben**
x+0	Graph verläuft durch **Ursprung**
x−2	Graph verläuft weiter **unten**

Mit dem Ursprung ist der Punkt gemeint, in dem sich x-Achse und y-Achse schneiden. Dieser Punkt hat die Koordinaten (0|0). Der Wert, der als »Zusatzzahl« addiert oder subtrahiert wird, gibt also die Verschiebung des Graphen auf der y-Achse nach oben oder unten an.

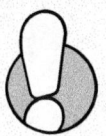

Diese Zusatzzahl gibt also an, an welcher Stelle der Graph die y-Achse schneidet. Damit wäre endlich auch das »Rätsel« mit dem gemeinsamen Schnittpunkt der ersten vier Graphen geklärt: Für **alle** steht am Ende der Funktionsgleichung +1. Damit müssen sich alle in ein und demselben Punkt schneiden – dem Schnittpunkt der y-Achse.

Weil bei den anderen drei Graphen die Zusatzzahl verschieden ist, haben sie auch keinen gemeinsamen Schnittpunkt.

Allgemein haben die Funktionen, die du in diesem Kapitel kennen gelernt hast, diese Form:

$$y = a \cdot x + b \qquad y = -a \cdot x - b$$

Wobei **a** die Steigung und **b** die Verschiebung des zugehörigen Graphen angibt. (In der Schule wird statt **a** oft auch der Buchstabe **m** benutzt.)

Weil **a** und **b** natürlich auch 0 oder negativ sein können, ist die zweite Formel eigentlich überflüssig. In der folgenden Abbildung kannst du sehen, wie **a** und **b** die Lage eines Graphen bestimmen:

10

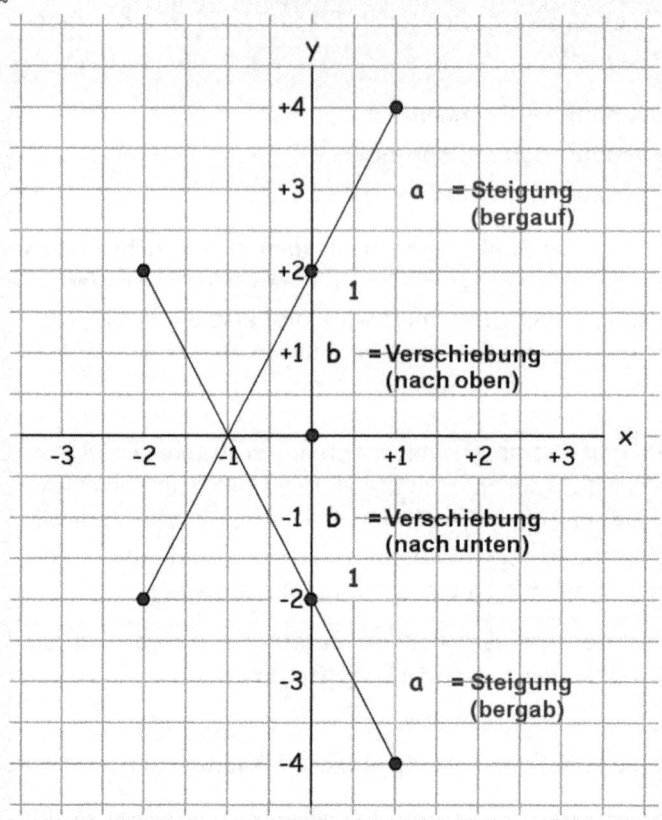

Der **Abschnitt** auf der y-Achse zwischen Ursprung und Schnittpunkt entspricht dem Wert von **b**: Ist der positiv, geht es nach oben; ist er negativ, geht es nach unten. Ist zum Beispiel **b=+3**, schneidet der Graph die y-Achse bei **+3**, ist **b=-11**, dann liegt der Schnittpunkt bei **y=-11**.

Verlässt man den Graphen und geht von einem Punkt aus **einen** Schritt nach rechts, dann ist es zum Graphen nach oben oder unten **a** Schritte weit – je nachdem, ob **a** positiv oder negativ ist. Ist zum Beispiel **a=2**, dann geht es einen Schritt nach rechts und 2 Schritte nach **oben**, ist **a=-5**, dann geht es einen Schritt nach rechts und 5 Schritte nach **unten**.

Das »Gebilde« aus dem Graphenabschnitt und dem kleinen »Umweg« wird **Steigungsdreieck** genannt. Woher der Name kommt, kann man sehen.

Und weil ein Graph so gerade ist wie bei einem Lineal, heißt die zugehörige Funktion auch Lineare Funktion.

Zusammenfassung

Puh! Ein etwas längerer Weg durch den Graphendschungel liegt nun hinter uns. Und du hast eine ganze Reihe neuer Begriffe kennen gelernt:

Koordinaten	Werte, die die Position eines Punktes angeben
Koordinatensystem	System aus zwei Achsen und einer Ebene, die in Quadrate unterteilt ist
Schnittpunkt	Punkt, in dem sich zwei Geraden (Graphen oder Achsen) schneiden
Ursprung	Schnittpunkt der x-Achse mit der y-Achse; Koordinaten = (0|0)
Funktion	Zuordnung von zwei Werten x und y, bei der es für jedes x genau ein passendes y gibt
Funktionsgleichung	Gleichung, mit deren Hilfe sich zu einem x-Wert der passende y-Wert ermitteln lässt
Graph	Zeichnerische Darstellung einer Funktion in einem Koordinatensystem
Steigung	Der Wert für die »Schräge« eines Graphen, ob er steigt oder fällt (= »negative Steigung«)
Verschiebung	Der Abschnitt, um den ein Graph auf der y-Achse vom Ursprung aus nach oben oder unten verschoben wird
Lineare Funktion	Funktion, deren Graph eine Gerade ist

Ein paar Fragen ...

1. Dürfen die Werte für die Steigung a und die Verschiebung b auch Kommazahlen oder Brüche sein?

2. Wie heißt die Gleichung für eine Funktion, deren Graph genau auf der x-Achse verläuft?

3. Rudi Pfiffig behauptet: »Es gibt keine Funktion mit einem Graphen, der senkrecht verläuft. Sonst wäre die Steigung ja unendlich.«

... und ein paar Aufgaben

1. Löse die Aufgaben 09.02 bis 09.04 aus dem letzten Kapitel mit Hilfe von Graphen:
Sara fährt mit 90 km/h, Bodo mit 150 km/h. Skaliere die y-Achse in

20er-Schritten. Jedes Mal ist Sara 90 km von Bodo entfernt. (a) Sara fährt weiter; (b) Sara wartet auf Bodo; (c) Sara fährt Bodo entgegen.

2. Versuche auch die Aufgabe 09.05 aus dem letzten Kapitel mit Hilfe von Graphen zu lösen:
Bruno fährt mit 40 km/h los. Nach einer halben Stunde folgen ihm Kuno mit seinem Moped und Tina mit ihrem Fahrrad. Kuno ist so schnell wie Bruno, Tina fährt mit 20 km/h. Wann holt wer Bruno ein?

3. Olga hat die Wahl zwischen zwei Handy-Verträgen: Entweder sie zahlt pro Gesprächseinheit 30 Cent, aber keine Grundgebühren. Oder sie zahlt pro Monat 9 Euro extra, dafür kostet sie jede Einheit nur 20 Cent. Löse die Aufgabe grafisch. (Ermittle vorher Steigung und Verschiebung der Graphen.)

(Die Lösungen zu allen Fragen und Aufgaben stehen hinten im Buch.)

11

Punkte, Linien, Flächen

Sie sind unter uns. Wohin wir auch schauen, wohin wir auch gehen: Überall um uns herum gibt es sie. Auch die Mathematik befasst sich mit ihnen – und nennt das dann **Geometrie**. Was ich meine, sind keine außerirdischen Wesen, sondern nur Linien, Flächen, Körper. Wir fangen hier ganz klein an und strecken uns dann allmählich in alle möglichen Richtungen.

In diesem Kapitel lernst du

◎ was Punkte sind

◎ etwas über Linien

◎ etwas über Quadrate und Rechtecke

◎ wie man Flächeninhalt und Umfang berechnet

◎ weitere Vierecke und auch Dreiecke kennen

11 Am Anfang war der Punkt

Was ein Punkt ist, weiß doch jeder – oder? Die Dinger tauchen doch in diesem Buch am Ende jedes Satzes auf. Aber die Mathematiker müssen unbedingt mal wieder genauer hinschauen: »Das ist ja gar kein Punkt«, sagen sie und wedeln mit ihrer Lupe. »Das ist eine Fläche.«

Wenn wir mal durch dieselbe Lupe schauen, sehen wir tatsächlich so etwas wie einen schwarzen runden Fleck. Aber warum ist dieses Ding kein Punkt? Was ist denn ein Punkt?

Man könnte es so formulieren: Ein Punkt ist das kleinste mathematische »Ding«, das es geben kann. Eigentlich ist er gar nicht zu sehen, denn er ist unendlich klein, hat keine Länge, keine Breite, ist also nicht messbar.

»Dann ist er also nichts?«, könntest du fragen. Die Antwort ist »Jein«. In der Mathematik gibt es Dinge, die es in Wirklichkeit nicht geben muss. Man denkt sie sich einfach. Und so ist auch ein Punkt ein »gedachtes unendlich kleines Etwas«.

Damit wir uns trotzdem etwas darunter vorstellen können, macht man eben einen winzig kleinen Klecks irgendwohin und sagt vorsichtig: »So ungefähr sieht ein Punkt aus.« Und die Mutigeren drücken es so aus: »Das ist ein Punkt!«

Ein Punkt ist also nichts, weil er nicht greifbar und kleiner ist als jede Bakterie oder als ein Atom. Er existiert nur in unseren Köpfen. Doch er ist so wichtig wie die 0 bei den Zahlen. Auf die kann man auch nicht verzichten.

In der Wirklichkeit wird der Name Punkt für viele Zwecke benutzt – nicht zuletzt als Satzzeichen.

Wenn man einen Punkt in Bewegung setzt, bekommt man eine Linie. Auch hier geht es nur um eine gedachte und eigentlich nicht sichtbare Linie. Denn es gibt zwar eine Länge, aber keine Breite oder sonstige Ausdehnung. Eine Sonderform der Linie ist die Gerade:

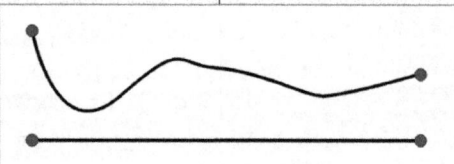

Während es bei einer Linie »irgendwohin« gehen kann, geht es bei einer Geraden immerzu nur in **eine** Richtung. Man könnte aber auch von **zwei** Richtungen sprechen: vorwärts und rückwärts.

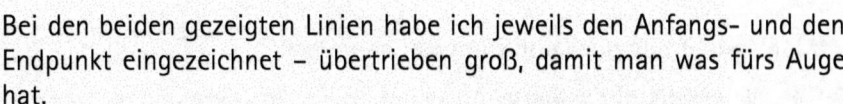

Bei den beiden gezeigten Linien habe ich jeweils den Anfangs- und den Endpunkt eingezeichnet – übertrieben groß, damit man was fürs Auge hat.

Bei geraden Linien unterscheidet die Mathematik drei verschiedene Arten:

◇ Bei **Strecken** gibt es einen eindeutigen Anfangs- und Endpunkt, sie haben daher auch eine feste **messbare** Länge.

◇ Auch **Strahlen** haben einen eindeutigen Anfang, aber ihr Ende liegt irgendwo im Unendlichen.

◇ **Geraden** fangen irgendwo im Unendlichen an und hören irgendwo im Unendlichen auf.

Hier ist unser Typentrio: Die Pfeilspitzen weisen darauf hin, dass es immer weiter geht. Die Kreise markieren Anfangs- bzw. Endpunkte.

Soll sich ein Punkt nicht nur nach vorn oder hinten, sondern auch noch beliebig nach rechts oder links bewegen können, genügt eine Linie nicht mehr: Wir brauchen eine Ebene. Wenn Punkte sich hier verbinden, wird daraus eine Strecke oder eine Fläche.

Und will sich unser Punkt noch nach oben oder unten räkeln, so wird die Ebene zum Raum. Verbinden sich genügend Punkte, so kann daraus nicht nur eine Strecke oder eine Fläche, sondern auch ein Körper werden.

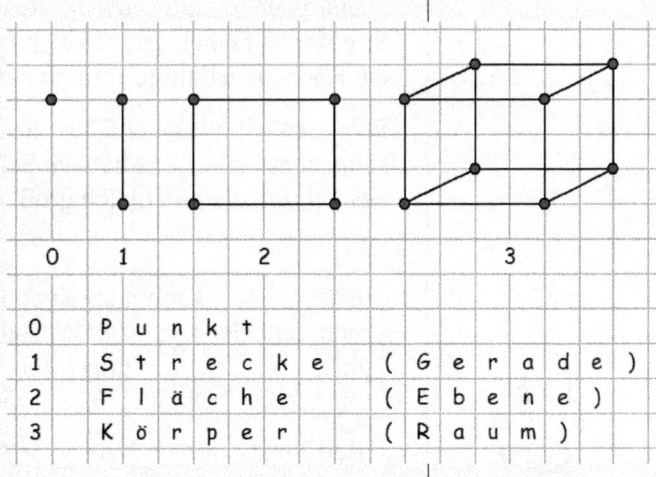

0	P	u	n	k	t					
1	S	t	r	e	c	k	e		(G | e | r | a | d | e |)
2	F	l	ä	c	h	e		(E | b | e | n | e |)
3	K	ö	r	p	e	r		(R	a	u	m	)

Man spricht hier auch von **Dimensionen**:

1. Weil ein **Punkt** keinerlei Ausdehnung hat, nennt man das Dimension 0.

2. Eine **Gerade** verläuft zwar in zwei entgegengesetzte Richtungen, die aber zu einer Ausdehnung zusammengefasst werden: Daher Dimension 1 – messbar als Länge. Auf einer Geraden haben unendlich viele **Strecken** Platz.

3. Bei einer **Ebene** gibt es vier Richtungen, wovon je zwei zusammengehören: Hier heißt die Dimension 2 – messbar als Länge und Breite. Auf einer Ebene können sich unendlich viele **Flächen** tummeln.

4. Im **Raum** schließlich gibt es eine dritte Ausdehnung (mit sechs Richtungen) und daher die Dimension 3 – messbar als Länge und Breite und Höhe (oder Tiefe). In einem Raum ist Platz für unendlich viele **Körper**.

Geraden, Ebenen und Räume sind mathematisch gesehen unendlich lang, breit, hoch (tief).

Seiten und Winkel

Allzu viel gibt eine Gerade nicht her: Wer sich dort bewegt, kann nicht mal überholen, es können nur alle gleichzeitig vorwärts oder rückwärts. In der Ebene dagegen gibt es viele Ausweichmöglichkeiten. Und während alle Strecken auf einer Geraden sich nur in ihrer Länge unterscheiden, können die Flächen vielfältige Formen haben.

Beginnen wir mit einer Figur, die auch als Basisfläche bezeichnet werden kann, dem Quadrat. Es hat vier Seiten, die **alle gleich** lang sind. Und es hat vier Winkel, die **alle gleich** groß sind.

Einen Winkel kann man eigentlich nicht sehen. Wenn zwei Strecken sich schneiden, ist der Winkel das, was dazwischen liegt. Er wird meistens mit einem griechischen Buchstaben wie α, β, γ (gesprochen Alpha, Beta, Gamma) bezeichnet.

Der Punkt, an dem sich beide Strecken treffen, heißt **Scheitelpunkt** des Winkels. Und die beiden Strecken, die den Winkel einschließen, werden **Schenkel** genannt.

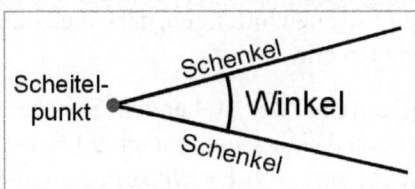

Gemessen werden Winkel in Grad (°), z.B. 30°, 45°, 90°, 180°, 360°. Wenn du dich einmal komplett um deine eigene Achse drehst, hast du einen Winkel von 360 Grad. Wiederholst du dies mehrere Male, kann es allerdings zu Schwindelanfällen kommen.

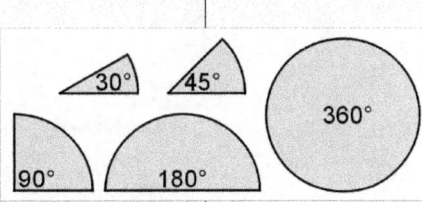

Zurück zu unserem Quadrat. Wenn wir das in die Länge ziehen, ist es nur noch ein Rechteck. Das war es vorher auch, nur sind jetzt nicht mehr alle Seiten gleich lang. Was ist das Besondere an einem Rechteck? Jeweils zwei Seiten, die sich **gegenüber** liegen, sind gleich lang. Und weiterhin sind alle vier Winkel gleich groß. (Ein Quadrat ist also auch ein Rechteck.)

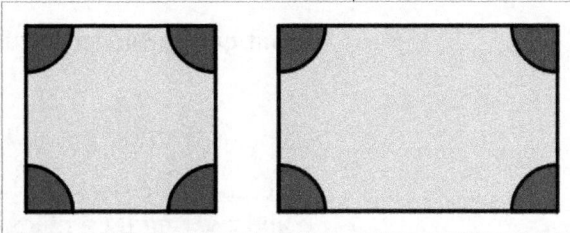

Diese beiden Figuren bieten zwei Besonderheiten, denen wir nicht nur im Bereich der Geometrie immer wieder begegnen:

◇ Die gegenüberliegenden Seiten sind parallel zueinander

◇ Die nebeneinander liegenden Seiten stehen senkrecht aufeinander

Fragt sich nur, was mit »parallel« und »senkrecht« genau gemeint ist. Klären wir das an zwei Beispielen:

◇ Damit eine Bahnfahrt möglichst sicher verlaufen kann, müssen die beiden Schienenstränge immer im gleichen Abstand voneinander sein. Das nennt man **parallel**.

◇ Wenn du dieses Buch aus großer Höhe herunterfallen lässt, dann ist seine Richtung **senkrecht** zum Boden.

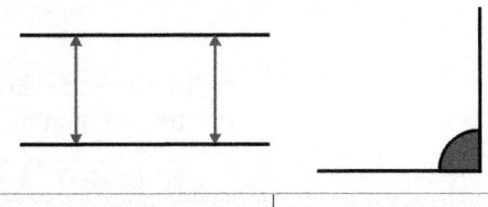

Ein anderes Beispiel findest du in deinem Zimmer: Jede Wand steht senkrecht auf dem Boden. Dagegen ist die Zimmerdecke parallel zum Fußboden ausgerichtet – es sei denn, du wohnst direkt unter dem Dach. So sollte es jedenfalls sein – aber es gibt ja auch schiefe

11

Wände. Und damit deine Möbel nicht zu rutschen anfangen, darf auch der Boden nicht schief sein: Er verläuft waagerecht.

Der Winkel zwischen zwei senkrecht aufeinander stehenden Strecken wird **rechter Winkel** genannt. Ein rechter Winkel hat immer 90 Grad. (»Senkrecht zueinander« heißt also auch: »Im rechten Winkel zueinander«.)

Quadrat und Rechteck

Was ist sonst noch interessant oder wichtig an Gebilden wie Quadraten oder Rechtecken? Da ist einmal das »Innere« – genannt Flächeninhalt oder auch kurz: Fläche. Und dann das »Äußere« – genannt Umfang.

Damit gibt es endlich wieder etwas zu berechnen:

> Übung 11.01:
>
> Ab und zu leisten sich Benno und Beppo mal ein Stück Schokolade, und zwar im Riesenformat. Während Benno am liebsten die »Ringer Sport« mit ganzen Haselnüssen vernascht, bevorzugt Beppo die »Rosa Pause« mit Erdbeerstückchen.
>
> Bennos Schokolade sieht von oben aus wie ein Quadrat, dessen Seiten alle jeweils 4 dm lang sind. Das Naschwerk von Beppo ist von oben betrachtet ein 8 dm langes und 2 dm schlankes Rechteck. Wie groß sind Fläche und Umfang jeweils?

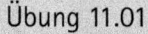

Am besten ist es, erst einmal von beiden Schokoladen eine Skizze anzufertigen. Natürlich nicht in Originalgröße, sondern in einem kleineren Maßstab.

Wie wir sehen, lassen sich beide Flächen in kleine Quadrate einteilen. Offenbar muss man einfach die Länge mit der Breite malnehmen, um den Flächeninhalt zu berechnen. Das tun wir jetzt mit beiden Schokoladenformaten:

$$A(Q) = 4 \cdot 4 = 16 \, dm^2$$
$$A(R) = 2 \cdot 8 = 16 \, dm^2$$

Damit hätten wir das Innere, also die Fläche von Bennos Quadrat bzw. Beppos Rechteck. Für den Umfang zählen wir alle Seiten (außen herum) zusammen:

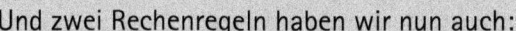

| u | (| Q |) | = | 4 | + | 4 | + | 4 | + | 4 | = | 1 | 6 | d | m |
| u | (| R |) | = | 2 | + | 8 | + | 2 | + | 8 | = | 2 | 0 | d | m |

Du hast Recht: Das hätte man hier auch einfacher haben können. Mir ist es aber wichtig klar zu machen, dass man für den Umfang **immer** alle Seiten addiert! (Und wenn es etwas zu vereinfachen gibt, kann man das ja nach Belieben tun.)

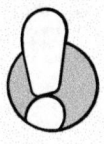

Nun sind gleich ein paar Erklärungen nötig: **A** und **u** und **Q** und **R** – was bedeutet das? Nun: **Q** und **R** habe ich einfach aus Bequemlichkeit als Abkürzungen für Quadrat und Rechteck benutzt.

A (für das englische Wort »Area« = Fläche) und **u** dagegen werden in der Mathematik offiziell als Symbole für Flächeninhalt und Umfang eingesetzt. Dabei ist Groß- und Kleinschreibung wichtig! Es gilt nämlich: Punkte und Flächen werden mit **Groß**buchstaben, Linien mit **Klein**buchstaben gekennzeichnet.

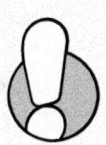

Und zwei Rechenregeln haben wir nun auch:

Flächeninhalt (A)   = Länge mal Breite

Flächenumfang (u)   = Summe aller Seiten

Weil man das Quadrat als die Grundform aller Flächen ansehen kann, hat es auch den Flächenmaßen seinen Namen gegeben:

Während man bei Strecken z.B. in **Metern** (m) misst, geschieht das bei Flächen in **Quadratmetern**. Dabei benutzt man als Abkürzung ebenfalls das »m«, hängt aber oben hinten dran noch eine kleine 2. In der folgenden Tabelle siehst du die wichtigsten Maße und ihre Umrechnungen auf einen Blick (Ausgangswert ist 1 Meter bzw. 1 Quadratmeter):

Länge	Flächeninhalt
1 m	$1\,m \cdot 1\,m = 1\,m^2$
10 dm	$10\,dm \cdot 10\,dm = 100\,dm^2$
100 cm	$100\,cm \cdot 100\,cm = 10.000\,cm^2$
1.000 mm	$1.000\,mm \cdot 1.000\,mm = 1.000.000\,mm^2$

11

Weil eine Fläche immer das Produkt aus 2 Dimensionen ist, rechnet man Länge mal Breite und erhält so z.B. Quadratmeter.

Du weißt, dass **m²** = **m·m** bedeutet und dass es sich hier um eine Potenz handelt. Hat eine Potenz als Exponent eine 2, so spricht man auch von einer **Quadratzahl**.

Beispiele sind: 2^2 = 4 ; 3^2 = 9 ; 5^2 = 25 ; 10^2 = 100 usw.

Bequem beim Taschenrechner ist die **Quadrattaste**, die so aussieht:

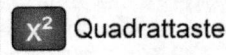

x^2 Quadrattaste

Sie wird nach Eingabe der Zahl gedrückt, die quadriert werden soll.

Schiefe Ecken?

Wenn nur alles so einfach wäre! Aber es gibt eben auch Flächen, die gar nicht so schön eckig wie Schokoladentafeln aussehen.

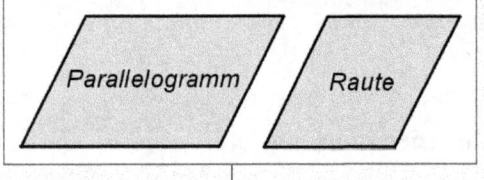

Parallelogramm   Raute

Wird ein Quadrat oder Rechteck gekippt, dass es schief steht wie der Turm von Pisa, so bleiben die jeweils gegenüberliegenden Seiten gleich lang, aber die Winkel verändern sich. Man nennt das Parallelogramm oder Raute, wenn alle vier Seiten gleich lang sind.

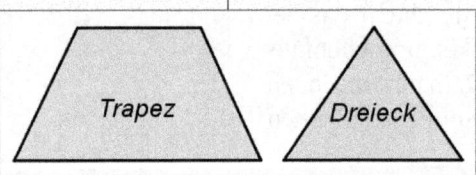

Trapez   Dreieck

Kippt man zwei gegenüberliegende Seiten nach innen, erhält man ein Trapez. Und werden die beiden Seiten immer weiter aufeinander zu gekippt, verschwindet die obere Seite und heraus kommt dabei ein Dreieck.

Ebenfalls zum Dreieck kommst du, wenn du durch ein Viereck eine **Diagonale** zeichnest. Das ist eine »schräge Linie«, die z.B. die Ecke links oben mit der rechts unten verbindet. Bei einem Rechteck entstehen dabei zwei gleich große Dreiecke.

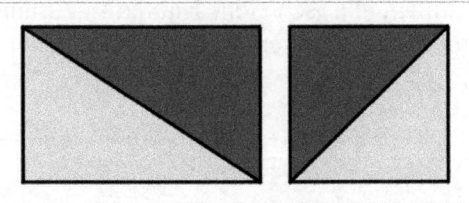

In der folgenden Tabelle sind alle Eigenheiten der oben genannten Figuren zusammengefasst:

Quadrat	**alle** Seiten gleich lang; **alle** Winkel gleich groß (90°)
Rechteck	gegenüberliegende Seiten parallel und gleich lang; **alle** Winkel gleich groß (90°)
Raute	**alle** Seiten gleich lang
Parallelogramm	gegenüberliegende Seiten parallel und gleich lang
Trapez	**zwei** gegenüberliegende Seiten parallel, andere Seiten beliebig
Dreieck	drei beliebig lange Seiten

Natürlich gibt es auch Vielecke mit mehr als 4 Ecken, aber die lassen wir hier mal beiseite. Es wird nämlich wieder Zeit für eine Aufgabe:

Übung 11.02:

Es geht um den Flächeninhalt von insgesamt sechs bebauten Grundstücken: Die beiden linken Grundstücke werden von Mitgliedern der Familie Aufrecht bewohnt. Auf den vier Grundstücken rechts hat sich der Clan der Großfamilie Schiefer angesiedelt.

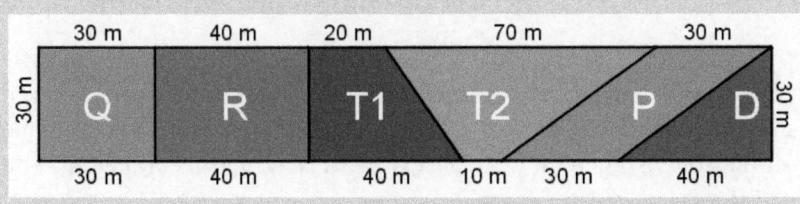

Die beiden Grundstücksflächen der Familien Aufrecht lassen sich recht schnell berechnen. Schwieriger wird es bei den »schiefen« Grundstücken. Wie bekommen wir da die einzelnen Flächeninhalte? Nicht mit dem Rasenmäher, aber mit der Schere müssen wir einigen der Flächen zu Leibe rücken:

11

Wir schnippeln und kleben uns einfach alle »schiefen« Figuren so zusammen, dass daraus Rechtecke werden. Dann können wir auch ihre Flächeninhalte berechnen.

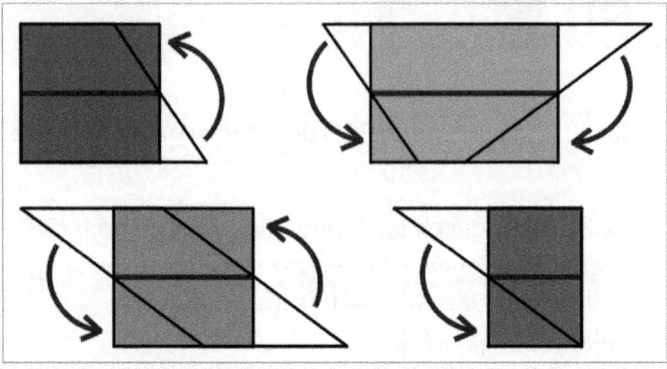

Nach dieser Bastelanweisung sind einige Ecken abgeschnitten und so wieder angesetzt worden, dass tatsächlich aus Trapez, Parallelogramm und Dreieck jeweils ein Rechteck geworden ist. Und so würde dann die Grundstücksreihe nach einer »Begradigung« aller Flächen aussehen (was dem Schieferclan wohl nicht recht wäre):

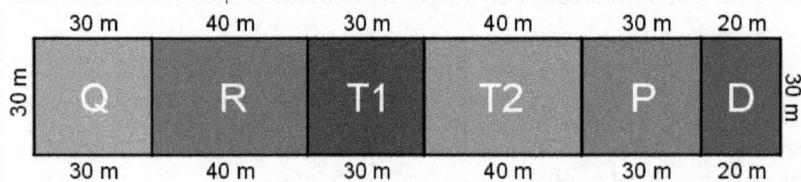

Damit kennen wir aber noch nicht die Maße der neuen Flächen.

Welche Flächenformen die Buchstaben Q, R, T, P, D symbolisieren sollen, kannst du dir selbst zusammenreimen. (Wenn nicht: Es sind die Anfangsbuchstaben für Quadrat, Rechteck, Trapez, Parallelogramm und Dreieck.)

Damit du vergleichen kannst, habe ich die Buchstaben in der letzten Abbildung beibehalten, obwohl wir dort lauter Rechtecke haben.

Mittel und Hoch

Wenn du dir unsere Bastelanweisung noch mal genauer anschaust, siehst du dort für jede Bastelfigur eine (dicke) **Mittellinie**. Die geht genau waagerecht durch die Mitte einer Figur.

Eine Mittellinie wird genau so berechnet wie ein Mittelwert. Ein anderer Name für Mittelwert ist **Durchschnitt**.

Willst du den Mittelwert oder Durchschnitt deiner Mathematikzensuren wissen, so zählst du sie erst einmal **alle** zusammen. Ein Beispiel: **3+4+2+4 = 13.**

Dann teilst du diese Summe durch die **Anzahl** deiner Zensuren, in unserem Beispiel: **13:4 = 3,25.**

Für eine Mittellinie brauchst du nur **zwei** Werte. In unserem Falle ist das jeweils die Länge der oberen und der unteren Seite. Die zählst du zusammen und teilst sie dann durch **2.**

Rechnen wir also Stück für Stück die Mittellinien aller Grundstücke des Familienclans derer von Schiefer aus:

$$m(T1) = \frac{20 + 40}{2} = \frac{60}{2} = 30\ m$$

$$m(T2) = \frac{70 + 10}{2} = \frac{80}{2} = 40\ m$$

$$m(P) = \frac{30 + 30}{2} = \frac{30}{2} = 30\ m$$

$$m(D) = \frac{0 + 40}{2} = \frac{40}{2} = 20\ m$$

Addiert wird also jeweils die obere und untere Seite aller Figuren. Dass das Dreieck keine obere (vierte) Seite hat, macht gar nichts – die setzen wir einfach auf 0. Man kann das alles natürlich auch ohne Brüche lösen, aber ich finde es so schöner und übersichtlicher.

Die Kürzel bedürfen wieder einer Erklärung: **m** kürzt »Mittellinie« ab, und die Buchstaben T, P und D sind wieder aus meiner Bequemlichkeit entstanden. Sie stehen für Trapez, Parallelogramm und Dreieck. (T1 und T2 deshalb, weil wir es hier mit zwei Trapezen zu tun haben.)

Hier sind Brüche schon deshalb sinnvoller, weil wir sonst Klammern einsetzen müssten, z.B. **(20+40):2 = 30.**

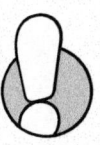

11

Wenn wir uns die Grundstücksreihe anschauen, sehen wir, dass allesamt 30 m breit sind. Bei den »schiefen« Flächen passt der Ausdruck Breite nicht so gut, denn es handelt sich ja bei einigen von ihnen nicht um eine Seite, sondern 30 m ist der **Abstand** zwischen der oberen und der unteren Seite.

Auch hier haben die Mathematiker wieder einen Namen zur Hand: Der Abstand zwischen zwei parallelen Seiten wird Höhe genannt. Beim Dreieck ist das der Abstand zwischen einer Seite und dem gegenüberliegenden Punkt.

Wichtig ist: Die Höhenlinie muss **immer senkrecht** auf jeder betroffenen Seite stehen!

Wer es ganz genau nimmt, sagt statt Höhe auch **Flächenhöhe** (um sie von einer weiteren Höhe zu unterscheiden, die du später kennen lernst).

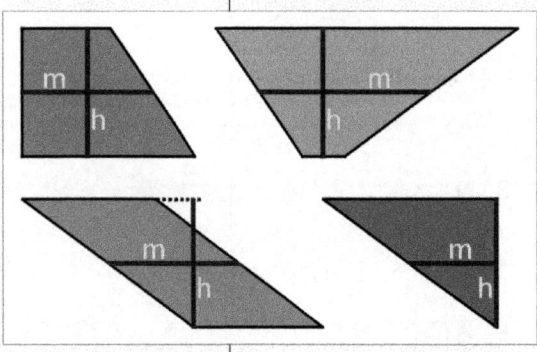

In der folgenden Abbildung haben wir alle Höhen und Mittellinien zusammen. Weil in einem Fall (beim Parallelogramm) die gegenüberliegende Seite zu kurz war, musste ich sie mal eben etwas verlängern, um den Abstand zu bestimmen. (Das siehst du an der gestrichelten Linie.)

Und wo bleibt der Lohn für all die Mühe? Nun, wir haben jetzt für alle Vierecke und Dreiecke, die du hier kennen gelernt hast, eine einzige gemeinsame Formel zur Berechnung des Flächeninhalts:

$$A = m \cdot h$$

Im Klartext heißt das: **Fläche gleich Mittellinie mal Höhe.**

Und weil in Quadraten, Rechtecken, Rauten und Parallelogrammen auch Mittellinien und Höhen zu finden sind, gelten die Formeln für alle diese Figuren.

Beim Rechteck wird dadurch die alte Formel nicht außer Kraft gesetzt: Denn hier sind die Breitseite und die Höhe immer **gleich lang,** dasselbe gilt für die Längsseite und die Mittellinie. Also gilt:

Fläche = Länge mal Breite = Mittellinie mal Höhe

Für das Dreieck hast du wahrscheinlich in der Schule gelernt:

Fläche = Grundseite mal Höhe durch 2

Da wegen der fehlenden »vierten Seite« die Mittellinie immer die **Hälfte** der Grundseite ist, lässt sich unsere Formel auch für **sämtliche** Dreiecke anwenden:

Fläche = Grundseite durch 2 mal Höhe = Mittellinie mal Höhe

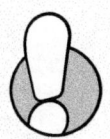

Nun wird es aber endlich Zeit, die Flächeninhalte der einzelnen Grundstücke zu Aufgabe 11.02 auszurechnen:

A	(	Q	)	=	3	0	·	3	0	=			9	0	0	m	^{2}
A	(	R	)	=	4	0	·	3	0	=	1		2	0	0	m	^{2}
A	(	T1	)	=	3	0	·	3	0	=			9	0	0	m	^{2}
A	(	T2	)	=	4	0	·	3	0	=	1		2	0	0	m	^{2}
A	(	P	)	=	3	0	·	3	0	=			9	0	0	m	^{2}
A	(	D	)	=	2	0	·	3	0	=			6	0	0	m	^{2}

Also liegen die Flächen zwischen 600 und 1.200 Quadratmetern. (Davon gehören der Familie Aufrecht nur 2.100 m² und der Familie Schiefer 3.600 m².)

Hausanstrich

Kaum ist die eine Aufgabe gelöst, folgt schon die nächste, bei der du jetzt überprüfen kannst, ob du die Formel zur Flächenberechnung richtig einsetzt:

Übung 11.03:

Benno und Beppo wohnen als Nachbarn in jeweils einem kleinen Häuschen mit einer Doppeltür. Direkt neben ihnen lebt die schräge Simba. Jedes der drei Häuser ist insgesamt 6,60 m breit und 5,50 m hoch.

Alle drei wollen die kompletten Hausfassaden vorn neu streichen. Bei Benno und Beppo haben Tür und Fenster zusammen eine Fläche von 6 m², bei Simba sind es nur 4 m². Wie viel Fläche muss jeweils gestrichen werden?

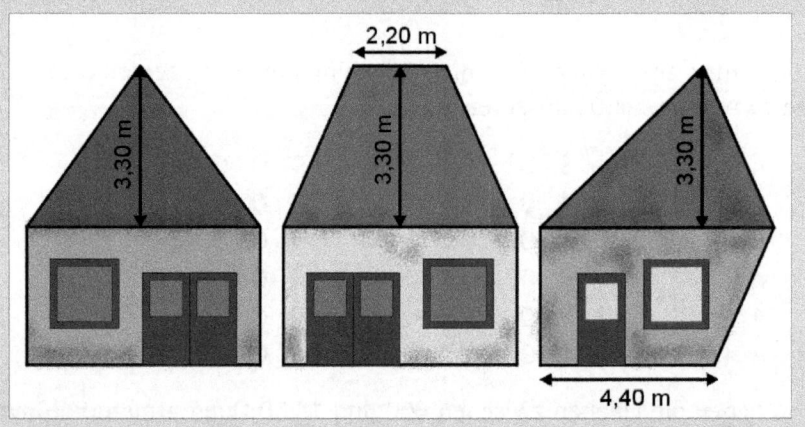

Lassen wir erst einmal Fenster und Türen weg, dann haben wir es mit sechs Flächen zu tun.

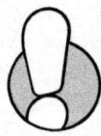

Hier noch mal die neue Rechenregel – in zwei Schritten:

Mittellinie (m)   = Obere plus untere Seite, die Summe durch 2

Flächeninhalt (A) = Mittellinie (m) mal Höhe (h)

Und das sind die Maße, die sich aus dem Aufgabentext und der Abbildung sammeln und berechnen lassen:

	Benno (D1|R1)		Beppo (T1|R2)		Simba (D2|T2)	
	Dreieck1	Rechteck1	Trapez1	Rechteck2	Dreieck2	Trapez2
Oben	0,00 m	6,60 m	2,20 m	6,60 m	0,00 m	6,60 m
Unten	6,60 m	6,60 m	6,60 m	6,60 m	6,60 m	4,40 m
Mittel	3,30 m	6,60 m	4,40 m	6,60 m	3,30 m	5,50 m
Höhe	3,30 m	2,20 m	3,30 m	2,20 m	3,30 m	2,20 m

Mit »Oben« und »Unten« sind die jeweiligen Seiten gemeint (bei den Dreiecken gibt es für »Oben« jeweils 0 Meter). Darunter stehen die beiden Werte, die wir für die Berechnung der Flächeninhalte brauchen. Also ran ans Werk:

$$A(D1) = 3,30 \cdot 3,30 = 10,89 \ m^2$$
$$A(R1) = 6,60 \cdot 2,20 = 14,52 \ m^2$$
$$A(T1) = 4,40 \cdot 3,30 = 14,52 \ m^2$$
$$A(R2) = 6,60 \cdot 2,20 = 14,52 \ m^2$$
$$A(D2) = 3,30 \cdot 3,30 = 10,89 \ m^2$$
$$A(T2) = 5,50 \cdot 2,20 = 12,10 \ m^2$$

Nun fehlen nur noch die Summen – nicht zu vergessen abzüglich der Flächen für Fenster und Türen:

Benno:
$$A = 10,89 + 14,52 - 6,00 = 19,41 \ m^2$$
Beppo:
$$A = 14,52 + 14,52 - 6,00 = 23,04 \ m^2$$
Simba:
$$A = 10,89 + 12,10 - 4,00 = 18,99 \ m^2$$

Vielleicht kommst du jetzt mit der Frage: »Und was ist mit den gegenüberliegenden Fassaden und den Seiten der Häuser?« Die haben wir hier vernachlässigt. (Von der Straße aus sieht man die Häuser sowieso nur von vorn. Und den Rest kann man ja auch noch später mal streichen.)

Zusammenfassung

Nun kennst du einige Arten aus der Welt der Vierecke. Und auch ein paar Dreiecke haben sich mal sehen lassen. Hier ging es hauptsächlich um die Berechnung von Flächeninhalten. Der Umfang einer Fläche lässt sich nur berechnen, wenn alle Seiten bekannt sind. Und beim Flächeninhalt sind wir meist hilflos, wenn wir Mittellinie und Höhe nicht ermitteln können. (Es steht uns also zu diesem Thema noch einiges bevor.)

Immerhin kennst du die beiden Formeln für Inhalt und Umfang von dreieckigen und der meisten viereckigen Flächen:

$A = m \cdot h$ Flächeninhalt = Mittellinie mal Höhe
$u = a+b+...$ Flächenumfang = Summe aller Seiten

Und du weißt, dass es zwei verschiedene Maße gibt, die zwar ähnliche Namen haben, aber niemals gleichgesetzt werden dürfen:

Kilometer, Meter, Millimeter	km, m, mm	Längenmaße
Quadratkilometer, Quadratmeter, Quadratmillimeter	km^2, m^2, mm^2	Flächenmaße

Nach Expertenmeinung muss man eigentlich bei allen Berechnungen die Maße mit dazuschreiben, also z.B. $3m \cdot 4m = 12m^2$ statt $3 \cdot 4 = 12m^2$. Da aber die Verständlichkeit **nicht** darunter leidet, wenn man an einigen Stellen die Maßangaben weglässt, werde ich das in diesem Buch auch künftig tun.

Ein paar Fragen ...

1. Wenn man eine Strecke aus Punkten zusammensetzt, wie viele Punkte benötigt man dann für jeden Millimeter?

2. Wie viele Millimeter sind ein Quadratmeter?

3. Rudi Pfiffig meint: »Quadrate und Rauten, Rechtecke und Parallelogramme, das sind doch alles Trapeze. Und Dreiecke auch, da ist eben eine gegenüberliegende Seite unendlich klein.« Wie denkst du darüber?

4. Bei einem Quadrat gilt ja immer Länge gleich Breite. Folgt daraus auch $m = h$ sowie $A = m^2$ und $A = h^2$?

... und ein paar Aufgaben

1. Ein Quadrat hat eine Seitenlänge von 12 cm, ein Rechteck ist 18 cm lang und 8 cm breit. Aus beiden sollen jeweils zwei Dreiecke werden. Berechne die Flächeninhalte aller Vierecke und Dreiecke.

2. In allen Zimmern einer Wohnung sollen Böden aus Laminat verlegt und Fußleisten aus Holz angebracht werden. Jedes Zimmer hat zwei Türen, die jeweils 1 m breit sind. Wie viel Material wird mindestens gebraucht, wenn mit 5% Verschnitt zu rechnen ist?

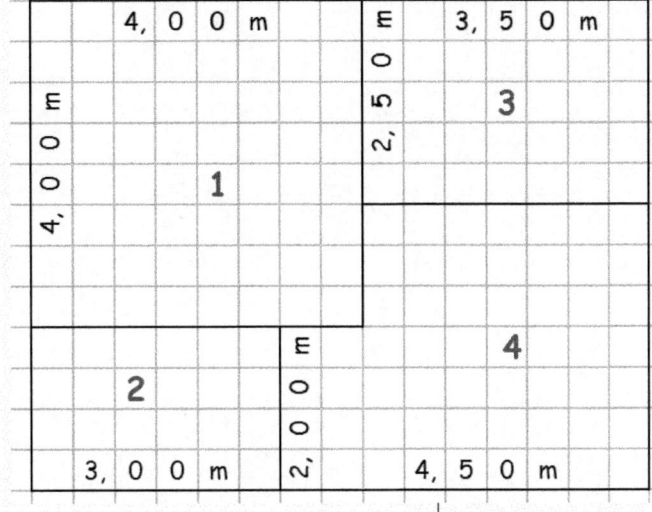

3. Eine Erweiterung der Aufgabe 11.03: Stell dir vor, Benno, Beppo und Simba hätten sich entschlossen, alle anderen Hausseiten auch noch zu streichen. Die Häuser sind 8,80 m lang und haben rechts und links jeweils 4 m² Fensterfläche. Die hintere Fassade sieht ebenso aus wie die vordere. Wie viel Fläche wäre dann pro Haus insgesamt zu streichen?

4. Es gibt ein altes chinesisches Spiel namens Tangram, bei dem man aus Teilstücken eines Quadrates die verschiedensten Figuren legen kann. Das große Quadrat hat eine Seitenlänge von 10 cm. Welche Inhalte haben seine Teilflächen?

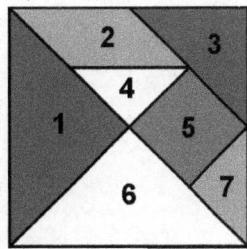

(Die Lösungen zu allen Fragen und Aufgaben stehen hinten im Buch.)

12

Geometrie in der Ebene

In der weiten Ebene der Geometrie kommt man in Situationen, aus denen nur das Ziehen einiger Wurzeln heraushilft, dabei gerät man jedoch schnell mal ins Irrationale. Immerhin kann da ein alter Grieche helfen, nicht im Rechenfluss unterzugehen. Alles unklar? Dann sollten wir uns jetzt auf den Weg zur Erkenntnis machen.

In diesem Kapitel lernst du

◎ dass es außer x auch x^2 gibt

◎ wie man Seiten berechnen kann

◎ etwas über Wurzeln

◎ was Irrationale und Reelle Zahlen sind

◎ den Satz des Pythagoras kennen

12

Quadratzahlen ...

Um den Umfang eines Vierecks oder Dreiecks auszurechnen, benötigt man zwar nur eine Formel, dazu aber die Werte **aller** Seiten. Die stehen leider nicht immer zur Verfügung – vor allem, wenn die Figur kein Rechteck oder Quadrat ist. Aber auch da kann es manchmal beim Ermitteln der Länge und Breite zu Problemen kommen:

> **Übung 12.01:**
>
> Zwei nebeneinander liegende Räume sind jeweils gleich breit. Der eine hat ein Quadrat mit 36m² als Grundfläche, der andere ein Rechteck mit 54 m². Wie lang und wie breit ist jeder Raum?

Wie soll man da etwas berechnen? Vielleicht hilft ja nur ausprobieren? Na gut, ich spendiere eine Zusatzinformation: Die Räume sind 6 m breit. Erleichtert kannst du nun losrechnen, indem du die Flächenformeln als Ausgangsbasis nimmst. Fangen wir mit dem Rechteck an:

$$A(R) = 6 \cdot x = 54 \text{ m}^2$$

Weil die Länge der Fläche unbekannt ist, habe ich sie auf x gesetzt – womit wir eine Gleichung hätten, die sich so berechnen lässt:

$$6 \cdot x = 54 \quad | : 6$$
$$x = 9$$

Ebenso funktioniert es für das Quadrat:

$$A(Q) = 6 \cdot x = 36 \text{ m}^2$$

Auch hier setzen wir x für die unbekannte Seite und erhalten »im Nu« das Ergebnis:

$$6 \cdot x = 36 \quad | : 6$$
$$x = 6$$

War doch einfach! Und deswegen ärgere ich mich, dir das mit den 6 Metern Breite verraten zu haben. Denn wir hätten die Aufgabe auch ohne diese Information lösen können! Aber wie?

Tun wir doch mal so, als würden wir nur die Flächeninhalte beider Figuren kennen. Dann erhalten wir für das Quadrat diese Formel (weil ja alle Seiten gleich lang sind):

$$A(Q) = x \cdot x = 36 \text{ m}^2$$

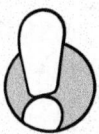

Aber lässt sich eine solche Aufgabe überhaupt rechnerisch lösen? Im 8. Kapitel hast du das Potenzieren kennen gelernt, im letzten und in diesem Kapitel haben wir Quadratmeter als Maßeinheit benutzt. Mit diesem Wissen können wir unsere Gleichung auch so schreiben:

$$A(Q) = x^2 = 36\ m^2$$

Bevor ich weitere Erklärungen abgebe, stelle ich dir nun erst die komplette Rechnung vor, die uns zur Lösung bringt:

$$x^2 = 36 \quad | \sqrt{\ }$$
$$x = 6$$

Sieht ganz gut aus – aber leuchtet überhaupt nicht ein. (Du meinst, ich habe geschummelt, weil ich das Ergebnis **x = 6** ja kenne?)

Auf das seltsam anmutende Zeichen ($\sqrt{\ }$) komme ich später, jetzt reden wir zuerst einmal über **Quadratzahlen**.

Wenn ich eine Zahl mit sich selbst malnehme, habe ich eine Potenz. Das weißt du aus dem 8. Kapitel. Der Exponent der Potenz, der die Anzahl der Faktoren bestimmt, ist hier 2. Dann wäre dies so etwas wie das »Kleine 1 hoch 2«:

$1 \cdot 1 = 1^2 =$	1		$6 \cdot 6 = 6^2 =$	3 6
$2 \cdot 2 = 2^2 =$	4		$7 \cdot 7 = 7^2 =$	4 9
$3 \cdot 3 = 3^2 =$	9		$8 \cdot 8 = 8^2 =$	6 4
$4 \cdot 4 = 4^2 =$	1 6		$9 \cdot 9 = 9^2 =$	8 1
$5 \cdot 5 = 5^2 =$	2 5		$10 \cdot 10 = 10^2 =$	1 0 0

Wenn du dir nun vorstellst, die Zahlen von 1 bis 10 wären die Seitenlängen eines Quadrats, dann verstehst du auch, warum wir hier von Quadratzahlen sprechen dürfen.

Dann hätten wir also bei jedem Flächeninhalt eines Quadrates auch eine Quadratzahl? Nicht ganz: Betroffen sind nur Ganze Zahlen, genauer nicht-negative Ganze Zahlen, wobei $0 \cdot 0 = 0^2 = 0$ ist. Natürlich dürfen diese Zahlen durchaus auch mal riesig sein, z.B. $12.345^2 = 152.399.025$.

Quadratzahlen sind demnach nicht an die Fläche eines Quadrates »gebunden«, sondern nur namensverwandt.

Werden beliebige Zahlen (einmal) mit sich selbst malgenommen, so heißt das auch **Quadrieren**. Und für das Ergebnis benutzt man dann ebenso den Ausdruck Quadrat wie für die gleichnamige Fläche. Ein Beispiel: Das Quadrat von **1,5** ist $1,5^2 = 2,25$. (Womit aber **2,25** keine Quadratzahl ist.)

... und Wurzeln

Und nun schalten wir den Rückwärtsgang ein: Ebenso wie zur Addition die Subtraktion, zur Multiplikation die Division gehört, lässt sich auch das Potenzieren umkehren. Und dafür gibt es wieder einen Namen: Das Radizieren oder **Wurzelziehen**.

Wer denkt da nicht an den Zahnarzt? Ganz ohne Schmerzen funktioniert es, wenn wir den Taschenrechner benutzen.

Glücklicherweise gibt es beim Taschenrechner die **Wurzeltaste**. Und die sieht so aus:

$\sqrt{}$ Wurzeltaste

In der Regel wird sie **vor** Eingabe der Zahl gedrückt, aus der die Wurzel gezogen werden soll. (Bei manchen Taschenrechnern aber muss erst die Zahl, dann die Wurzeltaste gedrückt werden.)

$\sqrt{1} = 1$

$\sqrt{4} = 2$

$\sqrt{9} = 3$

$\sqrt{16} = 4$

$\sqrt{25} = 5$

$\sqrt{36} = 6$

$\sqrt{49} = 7$

$\sqrt{64} = 8$

$\sqrt{81} = 9$

$\sqrt{100} = 10$

Früher war das Wurzelziehen nicht so leicht wie eine Subtraktion oder Division. Wurzeln ließen sich nur mit aufwändigen Methoden ziehen. Die Wurzel aus einer Quadratzahl dagegen – vor allem einer unter 100 – war recht leicht zu ermitteln.

Das Zeichen vor den Zahlen ähnelt einer Wurzel und hat auch etwas von einem großen »V«. Wichtig ist, dass der obere waagerechte Strich **alle** Stellen der Zahl umfasst, aus der die Wurzel gezogen werden soll!

Genauer gesagt handelt es sich hier um Quadratwurzeln. Das bedeutet, dass es zu **jeder** Potenz auch eine Wurzel geben kann: Der Exponent muss also keine 2 sein und man spricht dann z.B. von »dritter Wurzel« oder »vierter Wurzel«.

Weil aber die Quadratwurzeln am meisten verbreitet sind, spricht man oft kurz von Wurzeln, wenn man eigentlich Quadratwurzeln (oder »zweite Wurzel«) meint.

Mit dem neuen Wissen können wir uns jetzt erneut an die obige Aufgabe wagen:

$\times$	^{2}	$=$	3	6		$\mid$	$\sqrt{}$
$\times$		$=$	6				

Ziehen wir auf beiden Seiten die Wurzel, so wird auf der linken Seite aus dem x^2 ($= x \cdot x$) ein x und auf der rechten Seite aus 36 ($= 6 \cdot 6$) eine 6.

Und weil wir damit sowohl die Länge als auch die Breite des quadratischen Zimmers kennen, haben wir auch die Breite des benachbarten Raumes. Und nun dürfte es ein Leichtes sein, auch dessen Länge zu berechnen:

6	$\cdot$	$\times$	$=$	5	4		$\mid$	$:$	6
		$\times$	$=$	9					

Schwieriger wird es, wenn wir uns an »krummen« Zahlen versuchen:

Übung 12.02:

Simba isst für ihr Leben gern die Supersportriegel von Caramba Dope, besonders die mit einem Geschmack nach Cola und Chips. Weil diese 10 cm mal 10 cm großen Quadratriegel so erfolgreich sind, will der Hersteller sie nun in einem zusätzlichen Format mit doppelter Fläche herausbringen. Wie lang und wie breit ist dieses Quadrat?

Bringen wir erst einmal in Erfahrung, wie groß die beiden quadratischen Flächen eigentlich sind:

A	$($	$Q1$	$)$	$=$	1	0	$\cdot$	1	0	$=$	1	0	0	c	m	^{2}
A	$($	$Q2$	$)$	$=$	2	$\cdot$	1	0	0	$=$	2	0	0	c	m	^{2}

Das erste Quadrat hat also 100 cm² Fläche, und das zweite ist mit 200 cm² doppelt so groß (daher die 2 mal 100). Setzen wir nun die unbekannte Seite auf x, so können wir mit dieser Gleichung weiterrechnen:

$\times$	^{2}	$=$	2	0	0		$\mid$	$\sqrt{}$
$\times$		$=$	1	$4,$	1	4		

Damit müsste der neue Sportriegel etwa 14 cm lang und breit sein. So ganz genau wird man das also mit den 200 cm² nicht hinkriegen. Aber obwohl wir doch mit den Quadratzahlen so schöne ganze Werte haben, scheinen die Quadratwurzeln zumindest teilweise ganz schön krumm zu sein.

12

Irrationales?

Ob das nur eine Vermutung ist, lässt sich ja an einigen Wurzeln überprüfen. Damit die Quadratzahlen nicht so allein sind, bekommen sie etwas Gesellschaft. Und alles zusammen findest du in dieser Tabelle:

	Quadratzahl	Quadratwurzel	
1	1	1,0000	1
2	4	1,4142	2
3	9	1,7321	3
4	16	2,0000	4
5	25	2,2361	5
6	36	2,4495	6
7	49	2,6458	7
8	64	2,8284	8
9	81	3,0000	9
10	100	3,1623	10

Ein paar Wurzelwerte sehen recht »vernünftig« aus, denn es sind Ganze Zahlen. Die anderen haben offenbar viele Stellen hinter dem Komma. Genau genommen sogar **unendlich** viele. (Und von diesen Zahlen gibt es auch unendlich viele.)

Aber – so wendest du ein – dann lässt sich eine solche Zahl ja nicht als Bruch darstellen? Stimmt. Aber – so meinst du weiter – dann ist das ja gar keine Rationale Zahl? Stimmt auch. Aber – so fragst du schließlich – was ist es dann?

Frischen wir erst einmal unsere Erinnerung auf: Rationale Zahlen (**Q**) waren doch alle Zahlen, die sich irgendwie auch als Brüche darstellen lassen. Sie müssen also endlich viele Stellen hinter dem Komma haben oder die Stellen müssen periodisch sein.

Mit **periodisch** sind Zahlen gemeint, bei denen sich hinter dem Komma etwas ständig wiederholt: So ist z.B. **1/3** als Kommazahl geschrieben 0,333..., wobei sich die 3 endlos wiederholt. Oder nehmen wir den Bruch **1/7**. Der sieht als Kommazahl so aus: **0,142857...**, wobei sich die Ziffernfolge **142857** ständig wiederholt.

Wo packen wir jetzt die Zahlen hin, die offenbar bei den Rationalen Zahlen keine Heimat finden? Ganz einfach: Wir machen daraus eine neue Menge von Zahlen und nennen sie Irrationale Zahlen (**J**).

Und das ist noch nicht alles: Die Rationalen und die Irrationalen Zahlen zusammen bilden eine noch größere Menge, nämlich die der Reellen Zahlen (**IR**).

Natürlich kann man auch aus »Kommazahlen« Wurzeln ziehen. Und demnach das Ergebnis einer Wurzel wiederum radizieren (wie dieser Rechenvorgang ja auch heißt). Gib doch einmal deinem Taschenrechner eine beliebige positive Zahl als Futter. Dann ziehe daraus die Wurzel. Und dann noch einmal, und immer wieder. Irgendwann wird das ganze Spiel irgendwo bei 1 enden – aber nur, weil die Rechengenauigkeit des Taschenrechners nicht mehr weiter reicht.

Mit den Reellen Zahlen sind nun erst einmal alle Zahlen erfasst, die wir uns denken können. (Was nicht heißt, dass es alle sind, die es gibt oder geben könnte.)

Wir werden immer wieder mal mit Zahlen zu tun haben, die nicht rational sind. In der Wirklichkeit aber müssen sie stets gerundet werden, weil sie sonst nicht praktisch verwendbar sind.

Pythagoras

Kommen wir zurück zu den Flächen. Während sich die Seiten eines Rechtecks oder Quadrates oft recht einfach berechnen lassen, scheint das bei »schrägen« Linien nicht zu klappen. Das führt uns direkt zur nächsten Aufgabe:

Übung 12.03:

Sara Kropf hat es wieder mal eilig. Der normale Weg zum Ziel ist für sie ein Unweg. Aber wenn sie diagonal über die unwegsame Wiese läuft, ist sie zwar etwas langsamer, dürfte aber einiges an Weg sparen. Wie lang ist die Abkürzung, wie viele Meter spart Sara?

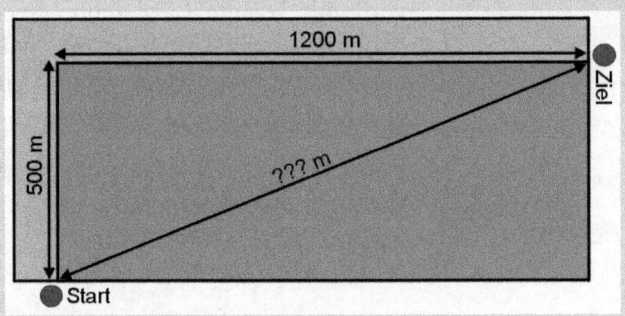

Die Gesamtlänge des normalen Wegs lässt sich leicht berechnen:

$$5\ 0\ 0\ +\ 1\ 2\ 0\ 0\ =\ 1\ 7\ 0\ 0$$

Die Abkürzung muss kürzer als 1700 m, aber auch länger als 1200 m sein. Aber wie viele Meter sind es genau?

Aus unserer mathematischen Ratlosigkeit hilft uns jetzt nur ein weiter Rückblick in die Geschichte vor über 2000 Jahren. Damals kam jemand auf die Idee, Diagonalen mit Hilfe von Quadrieren und Wurzelziehen zu berechnen. Wie dieser Jemand hieß, weiß man nicht. Ein Grieche namens Pythagoras aber hat die Formel wiederentdeckt und unter seinem Namen ist sie auch berühmt geworden – als Satz des Pythagoras.

Wie wird diese Formel (bzw. dieser Satz) benutzt?

◇ Wir ermitteln die beiden Quadratzahlen von 500 und 1200:

$$5\ 0\ 0^2\ =\ 2\ 5\ 0.0\ 0\ 0$$
$$1\ 2\ 0\ 0^2\ =\ 1.4\ 4\ 0.0\ 0\ 0$$

◇ Dann zählen wir sie zusammen:

$$2\ 5\ 0.0\ 0\ 0\ +\ 1.4\ 4\ 0.0\ 0\ 0\ =\ 1.6\ 9\ 0.0\ 0\ 0$$

◇ Schließlich ziehen wir aus dieser Summe die Wurzel:

$$\sqrt{1.6\ 9\ 0.0\ 0\ 0}\ =\ 1\ 3\ 0\ 0$$

Vergleichen wir nun die Abkürzung von 1300 m mit dem normalen Weg zum Ziel, dann stellt sich heraus, dass Sara einiges an Metern sparen kann:

$$1\ 7\ 0\ 0\ -\ 1\ 3\ 0\ 0\ =\ 4\ 0\ 0$$

Ganz beachtlich, genau 400 m. So gewinnt sie möglicherweise genau die Sekunden, die sie braucht, um pünktlich zu sein.

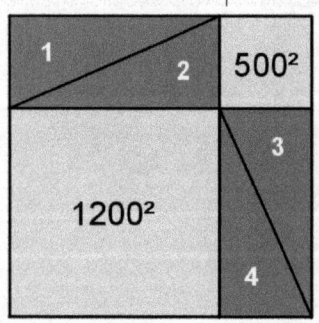

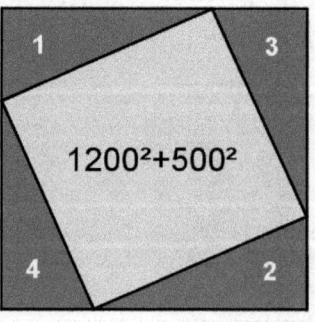

Auch wenn wir jetzt gönnerhaft sagen könnten: »Dieser Pythagoras wird mit seinem Satz schon Recht haben«, so wollen die Experten immer erst mal Beweise sehen, ehe sie eine Formel oder einen Satz anwenden.

Beweise für diesen Satz gibt es viele. Greifen wir einen heraus, den man wie ein Puzzle spielen kann.

Als »Spielfeld« denken wir uns ein riesiges Quadrat. Auf dem legen wir unser Rechteck mit der Diagonalen zweimal aus – wie in der Abbildung links. Die Flächen, die übrig bleiben, sind ein kleines und ein großes Quadrat.

Zerschnippeln wir jetzt unsere Rechtecke entlang ihrer Diagonalen zu insgesamt vier gleich großen Dreiecken. Dann verschieben wir diese wie in der Abbildung rechts. Nun bleibt in der Mitte eine Fläche, die ein bisschen schief liegt, aber eindeutig ein Quadrat ist.

Da wir an der Fläche unseres »Spielfeldes« nichts geändert haben, muss dieses (schiefe) Quadrat rechts **denselben** Flächeninhalt haben wie die **zwei** Quadrate in der Abbildung links! Womit der Satz des Pythagoras bewiesen wäre. Denn egal, welche Werte wir verwenden, das Puzzlespiel bliebe stets das gleiche.

Damit der Satz des Pythagoras allgemein gültig sein kann, muss er auch allgemein formuliert werden – also ohne konkrete Zahlen. Deshalb kann man die betroffenen Seiten einfach mit den Buchstaben a, b und c bezeichnen. Dann gilt: $a^2+b^2 = c^2$.

Setzt man die Werte aus unserem Beispiel ein, dann sieht diese Formel so aus: $500^2+1200^2 = 1300^2$.

Dreiecksgeschichten

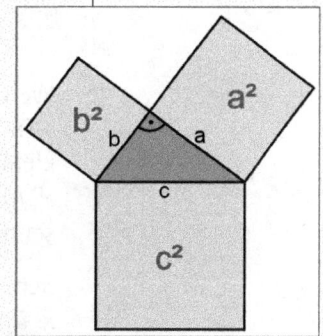

Offenbar hat der Satz des Pythagoras nicht nur mit Diagonalen von Rechtecken zu tun, sondern auch mit Dreiecken. Genauer hingeschaut erkennen wir, dass es sich dabei um so genannte **rechtwinklige** Dreiecke handelt. Dreiecke also, in denen ein Winkel 90° beträgt. (Das Symbol dafür ist ein Viertelkreis mit einem Punkt darin.)

Für das rechtwinklige Dreieck haben die Experten natürlich auch ein paar – griechisch klingende – Namen bereit:

Die längste Seite wird **Hypotenuse** genannt, und die beiden kürzeren Seiten heißen **Katheten**. Diese beiden Seiten sind auch die Schenkel des rechten Winkels.

Nach Meinung der Experten gehören diese Namen auch in die Formel des Pythagoras, die statt $a^2+b^2 = c^2$ nun so klingt: **Summe der Quadrate der Katheten gleich Quadrat der Hypotenuse.** (Damit kann man Nichtmathematiker beeindrucken – oder abschrecken.)

Widmen wir uns noch einmal der letzten Aufgabe. Setzen wir die Pythagorasformel ein und versuchen, sie wie eine Gleichung mit x zu lösen:

x^2	=	5	0	0	^{2}	+	1.	2	0	0	^{2}		
x^2	=	1.	6	9	0.	0	0	0					$\sqrt{}$
x	=	1.	3	0	0								

Berechnet wurde hier die »Schräge« bzw. die längste Seite des Dreiecks. Aber es kann ja auch mal sein, dass eine der anderen Seiten gefragt ist.

Übung 12.04:

Crazy Daisy will sich ein Häusle bauen. Es soll in der Mitte 4 m hoch sein, die Dachschrägen sollen bis zum Boden reichen und eine Länge von 5 m bzw. 8,50 m haben. Wie breit wird das ganze Haus?

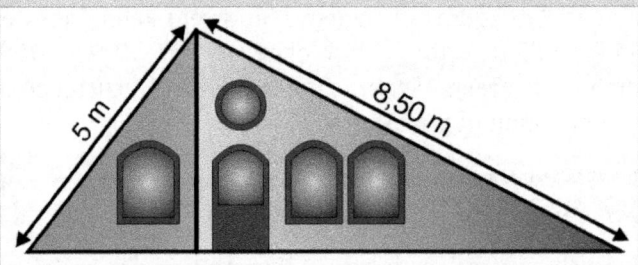

Weil die ganze Hausfront nicht automatisch ein rechtwinkliges Dreieck sein muss, benutzen wir hier die **Höhe**, um das große Dreieck in zwei kleine aufzuteilen, die garantiert rechtwinklig sind. Nur dann kann der »Pythagoras« funktionieren. Nun müssen wir die fehlenden Seitenabschnitte getrennt berechnen und dann die Ergebnisse addieren.

Schauen wir zuerst nach **links** und nennen wir dort den unteren Abschnitt x. Dann bekommen wir diese Rechnung:

x^2	+	4,	0	0	^{2}	=	5,	0	0	^{2}					
x^2	+	1	6,	0	0	=	2	5,	0	0		-	1	6,	0	0
			x^2	=		9,	0	0			$\sqrt{}$				
			x	=		3,	0	0							

Das linke Stück ist also 3 m lang. Damit ist das x frei für den **rechten** Seitenabschnitt. Die Rechenweg verläuft hier ebenso wie für die linke Seite:

	$\times$	2	+	4,	0	0	2	=	8,	5	0	2					
	$\times$	2	+	1	6,	0	0	=	7	2,	2	5			$-$	1	6,	0	0
					$\times$	2		=	5	6,	2	5			$\sqrt{}$	
					$\times$			=		7,	5	0				

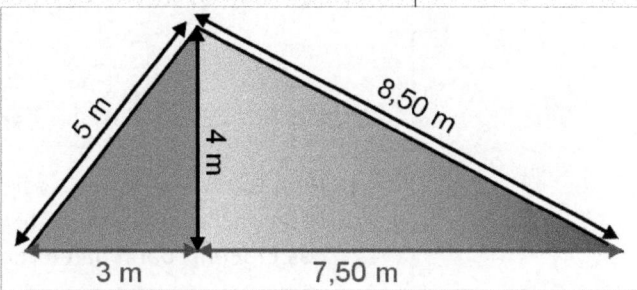

Nun müssen wir nur noch beide Werte zusammenzählen:

$$3,00 + 7,50 = 10,50$$

Dann wissen wir, dass Crazy Daisys Häusle 10,50 m breit werden wird.

Zusammenfassung

Nun kennst du dich schon recht gut mit Vierecken und mit Dreiecken aus. Du weißt, wie man aus einem beliebigen zwei rechtwinklige Dreiecke macht, um diesen mit dem »Pythagoras« zu Leibe zu rücken.

Und weil sich jedes Vieleck in Dreiecke zerlegen lässt – egal wie viele Ecken die Figur hat –, könntest du künftig auch mit Vielecken zurecht-kommen.

Fast nebenbei haben wir es über die Wurzeln noch einmal geschafft, den Zahlenbereich zu erweitern. Dabei gilt:

Für Quadrate und Quadratwurzeln gilt:

Wenn man eine beliebige Zahl mit sich selbst malnimmt, erhält man ihr Quadrat. Zieht man daraus die Wurzel, so bekommt man wieder die ursprüngliche Zahl.

Allgemein sehen die Formeln dafür so aus (wobei a und b beliebige positive Zahlen sind):

$$a^2 = a \cdot a = b \text{ und } \sqrt{b} = \sqrt{a \cdot a} = a$$

Für rechtwinklige Dreiecke gilt:

»Die kurzen Seiten zum Quadrat ergeben zusammen dasselbe wie die längste Seite zum Quadrat.«

Allgemein sieht die Formel dafür so aus (wobei a, b und c beliebige positive Zahlen sind und c für die **längste** Seite steht): $a^2 + b^2 = c^2$

Ein paar Fragen ...

1. Rudi Pfiffig behauptet: »Die Fläche eines Quadrates kann man auch berechnen, indem man die Diagonalen miteinander malnimmt und das Ergebnis dann halbiert.« Was hältst du davon?

2. Wie kann man in einem gleichseitigen Dreieck (das heißt, alle drei Seiten sind gleich lang) die Höhe berechnen?

... und ein paar Aufgaben

1. Ein Süßwarenhersteller hat bisher Schokolade im Rechteckformat mit 14,5 cm Länge und 8,5 cm Breite hergestellt. Nun erwägt er, seine Schokolade auch in einem quadratischen Format mit gleicher Fläche herauszubringen. Wie lang und breit wäre die neue Süßigkeit?

2. Es wird bald Nacht und Sara Kropf muss irgendwo ihr Dreieckszelt aufstellen. Geschützt zwischen zwei Bäumen findet sie einen etwa 1,50 m breiten Platz. Wie hoch ist das Zelt in der Mitte, wenn die »schrägen« Dachplanen jeweils 1,50 m breit sind?

3. Eine Nachfrage zu Aufgabe 12.04:
Wie breit wäre Crazy Daisys Haus, wenn der Winkel oben »im Dach« ein rechter Winkel wäre?

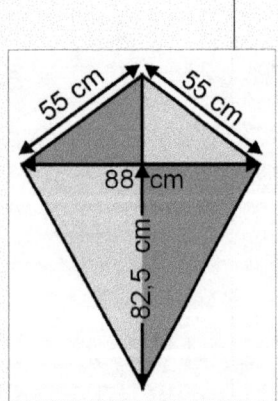

4. Toni möchte nachts heimlich seine Freundin Resi besuchen. Die wohnt unterm Dach und der Fenstersims zu ihrem Zimmer liegt in einigen Metern Höhe. Tonis Leiter ist 3,30 m lang. Zum Anstellen an die Hauswand hat er unten am Boden etwa 1,10 m Platz. Wie weit reicht die Leiter?

5. Kuno und Tina wollen einen Drachen bauen. Sie machen eine Zeichnung und tragen einige Maße ein. Die anderen wollen sie berechnen. Hilfst du ihnen dabei?

(Die Lösungen zu allen Fragen und Aufgaben stehen hinten im Buch.)

13

Geometrie im Raum

Nachdem wir uns jetzt lange genug in der Ebene aufgehalten haben, geht es in die Weiten des Raums. In der Natur hieße das Klettern nach oben oder Tauchen nach unten. Nach einigen Flächen lernen wir jetzt eine Familie von Körpern kennen – und berechnen.

In diesem Kapitel lernst du

◎ etwas über Quader und Prismen

◎ was Körperhöhe und Grundfläche bedeuten

◎ was ein Mantel ist und wie man ihn berechnet

◎ wie man Rauminhalt und Oberfläche berechnet

13

Oberfläche ...

Wenn man eine Anzahl von Papierblättern aufeinander stapelt, so bekommt man einen Packen. Mathematisch gesehen handelt es sich hierbei um einen Quader. Auch das Zimmer, in dem du gerade bist, ist ein solcher Quader, allerdings ein ziemlich großer. Und schon landen wir bei unserer nächsten Aufgabe:

> **Übung 13.01:**
>
> Langsam wird es Zeit für Kuno, sein Zimmer zu renovieren. Der Boden soll mit Laminat ausgelegt werden, die Wände und die Zimmerdecke will Kuno neu tapezieren. Das Zimmer ist 4,40 m lang, halb so hoch und 3,30 m breit. Die Tür und das Fenster haben zusammen eine Fläche von 5 m². Wie viel Laminat und wie viel Tapete braucht Kuno mindestens?

Na, das sind doch lauter Rechtecke, wirst du sagen. Um die Aufgabe zu lösen, müssen wir die alle einzeln berechnen und Tapete und Bodenbelag die passenden Flächen zuordnen. Von der Zimmermitte aus betrachtet könnten die Rechenwege so aussehen:

$4{,}40 \cdot 3{,}30 = 14{,}52$	(o b e n)
$4{,}40 \cdot 3{,}30 = 14{,}52$	(u n t e n)
$4{,}40 \cdot 2{,}20 = 9{,}68$	(l i n k s)
$4{,}40 \cdot 2{,}20 = 9{,}68$	(r e c h t s)
$3{,}30 \cdot 2{,}20 = 7{,}26$	(v o r n)
$3{,}30 \cdot 2{,}20 = 7{,}26$	(h i n t e n)

Eigentlich hätten wir uns einige Rechnungen sparen können, denn die jeweils gegenüber liegenden Flächen sind offenbar genau **gleich** groß.

Von den sechs Flächen wird nur eine – die untere – mit Laminat belegt (14,52 m²), der Rest wird tapeziert, wobei wir nicht vergessen dürfen, von der Summe dieser Flächen die 5 m² für Tür und Fenster abzurechnen:

$$14{,}52 + 2 \cdot 9{,}68 + 2 \cdot 7{,}26 = 48{,}40$$
$$48{,}40 - 5{,}00 = 43{,}40$$

Weil es beim Renovieren immer »Verschnitt« gibt, ist Kuno gut beraten, mehr als 14,5 m² Laminat und 43,4 m² Tapete einzukaufen. Weil diese Materialien ohnehin nur in »runden« Mengen angeboten werden, müssen wir also kräftig aufrunden, z.B. auf 15 bis 16 m² für den Boden und 44 bis 45 m² für den Rest.

Auch ein Quader hat etwas »Äußeres«, genannt Oberfläche, und etwas »Inneres«, das man Rauminhalt oder Volumen nennt.

Die Oberfläche lässt sich mit unseren bisherigen Mitteln leicht berechnen: Es ist die Summe aller Flächen, die du auf dem Quader finden kannst.

Erinnert dich das an die Summe aller Seiten beim Umfang eines Dreiecks oder Vierecks? Ebenso wie die Formel für den Umfang bei **allen** Vielecken passt, gilt die Oberflächenformel für **alle** »eckigen« Figuren im Raum.

Während die Flächen zwei Dimensionen haben, kommt beim Quader eine dritte hinzu. Wenn man also in der Ebene ein Rechteck oder ein Quadrat in eine neue Richtung ausdehnt, dann bekommt man einen Quader oder Würfel und landet im Raum. Aus einer (zweidimensionalen) Fläche wird ein (dreidimensionaler) Körper.

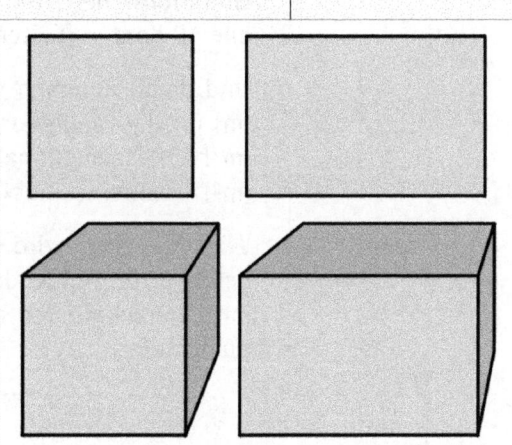

... und Rauminhalt

Wie bekommt man nun heraus, wie viel da jeweils »drinnen« ist? Bei Rechteck oder Quadrat haben wir gerechnet: Länge **mal** Breite. Und hier erweitern wir die Formel einfach um die dritte Größe. Damit landen wir bei: Länge **mal** Breite **mal** Höhe.

Nebenbei bemerkt sagt man für Länge, Breite und Höhe hier statt Seiten auch gern mal **Kanten**.

Es muss ja nicht gleich eine neue Aufgabe sein, wir könnten ja auch mal das Volumen von Kunos Zimmer berechnen:

$$V = 4,40 \cdot 3,30 \cdot 2,20 = 31,944 \, m^3$$

Auf die neue Maßeinheit (m³ statt der bisher bekannten m²) kommen wir gleich.

Jetzt haben wir zwei neue Rechenregeln:

Rauminhalt (V) = Länge mal Breite mal Höhe

Oberfläche (O) = Summe aller Flächen

Wie das Quadrat bei den Flächen, gibt es auch bei den Körpern eine Grundform: den Würfel. Der ist eigentlich ein Quader, aber einer, bei dem **alle 12 Kanten (Seiten) gleich** lang bzw. **alle 6 Flächen gleich** groß sind.

Und damit kommen wir zu den Raummaßen oder Körpermaßen. **Meter** (m) für die Länge von Strecken, Seiten und Kanten sowie **Quadratmeter** (m²) für Flächeninhalte kennst du bereits. Hinzu kommen **Kubikmeter** (m³) – wobei »Kubus« das Fremdwort für »Würfel« ist.

Wie du siehst, wird hier an das »m« oben hinten noch eine kleine 3 gehängt. Die folgende Tabelle zeigt dir die wichtigsten Raummaße und ihre Umrechnungen auf einen Blick (Ausgangswert ist 1 Meter bzw. 1 Kubikmeter):

Länge	Rauminhalt
1 m	$1 \, m \cdot 1 \, m \cdot 1 \, m = 1 \, m^3$
10 dm	$10 \, dm \cdot 10 \, dm \cdot 10 \, dm = 1.000 \, dm^3$
100 cm	$100 \, cm \cdot 100 \, cm \cdot 100 \, cm = 1.000.000 \, cm^3$
1.000 mm	$1.000 \, mm \cdot 1.000 \, mm \cdot 1.000 \, mm = 1.000.000.000 \, mm^3$

Weil ein Volumen immer das Produkt aus 3 Dimensionen ist, rechnet man Länge mal Breite mal Höhe und erhält so z.B. Kubikmeter.

Dass $m^3 = m \cdot m \cdot m$ bedeutet und es sich hier ebenfalls um eine Potenz handelt, kannst du dir denken. Hat eine Potenz als Exponent eine 3, so spricht man auch von einer **Kubikzahl**.

Beispiele sind: $2^3 = 2 \cdot 2 \cdot 2 = 8$; $3^3 = 27$; $5^3 = 125$; $10^3 = 1000$ usw.

Prismen

Man kann sagen, dass die Oberfläche eines Quaders aus lauter Recht-ecken, die eines Würfels aus lauter Quadraten besteht. Und was ist mit den anderen Figuren, die du im letzten Kapitel kennen gelernt hast? Mit Dreieck und Trapez zum Beispiel?

Nehmen wir einen Quader noch einmal genauer unter die Lupe. Dazu fal-ten wir die »Verpackung« auseinander wie bei einer Schachtel.

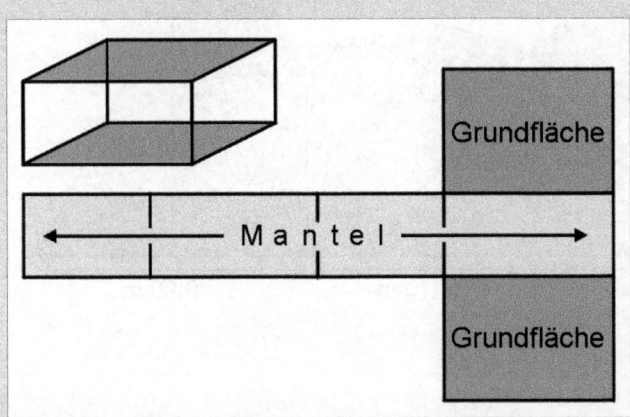

Die Mathematiker nennen das eine **Schrägbild**, das andere **Netz** eines Quaders. Verglichen mit einer Schachtel gibt es dort einen Boden, einen Deckel und die Seitenteile. Beim Zimmer waren das Boden, Decke und Wände. Weil der Boden und sein Gegenüber immer gleich groß sind, bezeichnen wir beides als Grundfläche.

Das »Drumrum«, das übrig bleibt (also z.B. Seitenteile einer Schachtel bzw. Wände eines Zimmers), nennt sich Mantel – wohl weil es den Kör-per wie ein Mantel umhüllt. »Aufgerollt« hat ein Mantel immer die Form eines Rechtecks. (Er besteht ja auch aus lauter Rechtecken.)

Der ganze Körper schließlich trägt den Namen Prisma, wobei die Grund-flächen nicht nur Rechtecke, sondern beliebige Vielecke sein können.

Ein Quader ist also auch ein Prisma. Vielleicht hast du diesen Ausdruck bisher nur im Zusammenhang mit Dreiecken gehört? Dann schau dir mal die nächste Aufgabe an:

Übung 13.02:

In der längst versunkenen Stadt Atlantis gab es drei Getreidespeicher in der Form liegender Prismen. Alle waren 22 m lang, die verschiedenen Grundflächen gaben den Speichern auch ihre Namen:

Im Trapezspeicher wurde Weizen, im Quadratspeicher Hafer und im Dreieckspeicher Roggen aufbewahrt. Von welchem Getreide hatten die Bewohner am meisten gelagert?

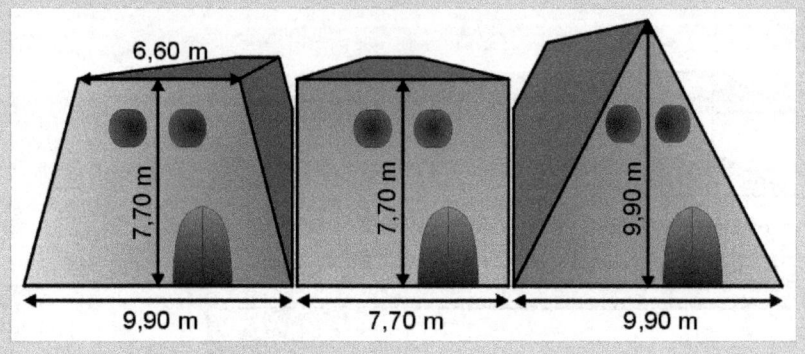

Grundfläche und Volumen

Das Erste, was wir tun können, lässt sich mit Methoden erledigen, die du schon kennst: Wir ermitteln den Inhalt der drei Grundflächen. Denn darin unterscheiden sich die drei Körper ja offenbar. Am einfachsten ist der in der Mitte zu berechnen, weil die Fläche ein Quadrat ist. Also fangen wir dort an:

$$G(Q) = 7,70 \cdot 7,70 = 59,29 \text{ m}^2$$

Weil wir die **Grundfläche** eines Körpers von einer Fläche in der Ebene unterscheiden wollen, benutzen wir jetzt nicht den Buchstaben **A**, sondern **G** als Abkürzung – womit die Flächenformel hier **G = m·h** heißt.

Eine weitere Besonderheit betrifft die Abkürzung der Höhe: Bisher hatten wir es nur mit der Höhe in Flächen – der so genannten **Flächenhöhe** zu tun. Dafür haben wir als Abkürzung den Buchstaben **h** benutzt. Im Folgenden lernst du auch die Höhe eines Körpers kennen – die so genannte **Körperhöhe**. Weil **h** schon vergeben ist, verwenden wir dafür den Buchstaben **k**.

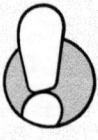

Links haben wir ein Trapez, dessen Flächenhalt sich über die Mittellinie berechnen lässt:

$$m(T) = \frac{6,60 + 9,90}{2} = 8,25 \text{ m}$$
$$G(T) = 8,25 \cdot 7,70 = 63,53 \text{ m}^2$$

Und auch beim Dreieck rechts bleibt der Flächenhalt nicht lange ein Geheimnis:

$$m(D) = \frac{9,90}{2} = 4,95 \text{ m}$$
$$G(D) = 4,95 \cdot 9,90 = 49,01 \text{ m}^2$$

Weil du zu den ganz Schlauen gehörst, weißt du bereits jetzt, welcher Speicher den größten Platz bietet. Aber lass uns trotzdem das Volumen der drei Körper berechnen. Dazu benötigen wir eine neue Formel.

Erst einmal alle Grundflächen zu berechnen, hat sich ausgezahlt. Denn nun werden wir mit einer einzigen gemeinsamen Formel belohnt:

$$V = G \cdot k$$

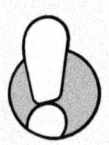

Und so heißt diese Rechenregel im Klartext:

Rauminhalt (V) = Grundfläche (G) mal Körperhöhe (k).

Dabei ist es ganz gleich, ob die Grundfläche eines Prismas Quadrat oder Rechteck, Raute oder Parallelogramm, Trapez oder Dreieck – oder ein sonstiges Vieleck ist.

Dass wir für die Höhe des Prismas ein **k** benutzen, um sie von der Höhe einer Fläche (h) zu unterscheiden, dürfte klar sein.

Die Volumenformel passt natürlich auch für Quader und Würfel, denn dort gibt es ja ebenfalls Grundflächen (und Körperhöhen).

Weil alle Getreidespeicher 22 m lang sind, haben wir damit auch die Körperhöhe **k = 22 m**. Und so erhalten wir die Rauminhalte – diesmal schön der Reihe nach von links nach rechts:

$$V(T) = 63,53 \cdot 22,00 = 1397,55 \text{ m}^3$$
$$V(Q) = 59,29 \cdot 22,00 = 1304,38 \text{ m}^3$$
$$V(D) = 49,01 \cdot 22,00 = 1078,11 \text{ m}^3$$

Womit klar ist, dass die Bewohner von Atlantis hauptsächlich Weizen gehortet haben. (Ganz genau genommen hätten wir als Abkürzung für die drei Prismen schreiben sollen: TP, QP und DP – aber ich denke, du verstehst auch so, was gemeint ist.)

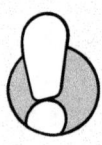

Bei der Darstellung von Rechenwegen muss ich immer wieder Zahlen runden – z.B. bei den Grundflächen auf 2 Stellen. Dadurch wird der jeweilige Wert ein bisschen ungenau.

Nun gibt es zwei Möglichkeiten:

1. Ich lasse den echten Wert (mit allen verfügbaren Stellen) im Taschenrechner stehen und rechne damit weiter – z.B. für das Volumen.

2. Oder ich tippe den gerundeten Wert neu ein, womit das Ergebnis dann ein anderes sein kann (und möglicherweise noch etwas ungenauer wird).

Ich habe mich für den **ersten** Weg entschieden, daher kann z.B. Folgendes passieren:

Mein Ergebnis für das erste Volumen ist **1397,55**, wobei ich mit dem Ursprungswert von **63,525** weitergerechnet habe. Und dieses Ergebnis steht dann auch im Buch. Wenn die gezeigte Gleichung stimmen soll, müsste aber eigentlich **63,53·22 = 1397,66** dort stehen.

Alle angezeigten Werte sind also **möglichst genaue** Ergebnisse des **kompletten** Rechenwegs, Zwischenwerte werden nur für die Anzeige im Buch gerundet.

Ummantelung

Übung 13.03:

Es ist ja nicht ausgeschlossen, dass unsere Schatzjägerin Sara Kropf die drei Speicher eines Tages wiederentdeckt. Dann würden natürlich einige Restaurationsarbeiten anstehen. Um zu ermessen, wie viele Quadratmeter Arbeit auf die Handwerker anfallen, müssten alle Oberflächen berechnet werden.

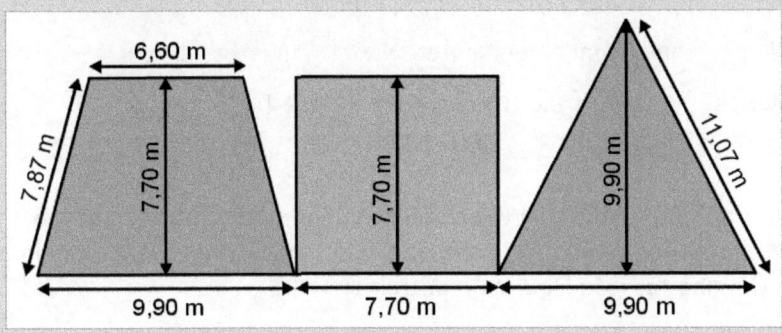

Wir sind natürlich gern bereit, die mathematischen Vorarbeiten zu übernehmen. Dabei kommt uns zugute, dass die zur Berechnung nötigen Seiten bereits früher einmal ausgemessen wurden. In der Mitte haben wir ja ein Quadrat und beim Trapez und beim Dreieck können wir hier davon ausgehen, dass die »schrägen« Seiten jeweils gleich lang sind.

Wie wir wissen, besteht bei einem Prisma die Oberfläche aus den Grundflächen und dem Mantel. Um die Grundflächen brauchen wir uns nicht mehr zu kümmern, deren Inhalte kennen wir schon von der letzten Aufgabe.

Aber wie berechnen wir einen Mantel? Da er ein Rechteck ist, dürfte das doch nicht allzu schwer sein – oder?

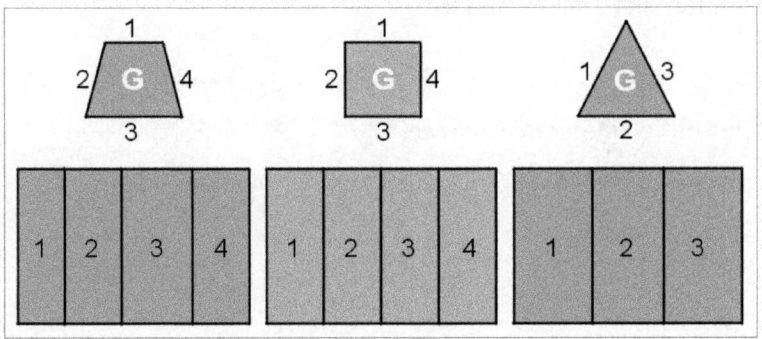

Hier ist jeder der drei Grundflächen ein entsprechender Mantel zugeordnet. Die Zahlen bezeichnen die einzelnen Seiten. Für Vierecke besteht ein Mantel aus 4, für Dreiecke aus 3 Teilflächen.

Offensichtlich muss jeder Mantel um die Grundfläche »herum passen«. Mit anderen Worten: Die »Weite« eines Mantels muss der **Umfang** der zugehörigen Grundfläche sein. Und seine Höhe entspricht der **Körperhöhe** des Prismas.

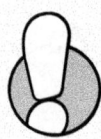

Die passende Rechenregel lautet:

Mantel (M) = Umfang (u) mal Körperhöhe (k)

Da wir alle Seiten der drei Grundflächen kennen bzw. aus den gegebenen Werten ableiten können, dürfte es nun nicht allzu schwer sein, erst einmal den Umfang für jede Figur zu ermitteln:

u	(	T	)	=	6,60	+	7,87	+	7,87	+	9,90
				=	32,25 m						
u	(	Q	)	=	7,70	+	7,70	+	7,70	+	7,70
				=	30,80 m						
u	(	D	)	=	11,07	+	9,90	+	11,07		
				=	32,04 m						

Im nächsten Schritt nehmen wir die Werte für den Umfang mit der Körperhöhe mal:

M	(	T	)	=	32,25	·	22,00	=	709,49	m^2
M	(	Q	)	=	30,80	·	22,00	=	677,60	m^2
M	(	D	)	=	32,04	·	22,00	=	704,82	m^2

Zur Oberfläche fehlen uns jetzt nur die zwei »Deckel«, deren Werte wir zu der des Mantels dazuzählen müssen.

Das führt uns zu dieser Rechenregel:

Oberfläche (O) = Mantel (M) plus 2 Mal Grundfläche (G)

Und dies sind die Rechenwege, die uns endlich zur Lösung unserer Aufgabe führen:

O	(	T	)	=	7	0	9,	4	9	+	2	·		6	3,	5	3
				=	8	3	6,	5	4	m	^{2}						
O	(	Q	)	=	6	7	7,	6	0	+	2	·		5	9,	2	9
				=	7	9	6,	1	8	m	^{2}						
O	(	D	)	=	7	0	4,	8	2	+	2	·		4	9,	0	1
				=	8	0	2,	8	3	m	^{2}						

Wenn du willst, kannst du noch die Summe aller Oberflächen ermitteln.

Viele Ecken

Wir ruhen uns nicht aus, sondern wenden unser gesamtes »Raumwissen« auf zwei weitere Prismen an:

Übung 13.04:

Olga hat zwei hübsche Schachteln, in denen sie ihre »Schätze« aufbewahrt. Beide sind 12 cm hoch. Die eine Schachtel hat die Form eines regelmäßigen Fünfecks, die andere die eines regelmäßigen Sechsecks. Wie groß sind ihre Rauminhalte und ihre Oberflächen?

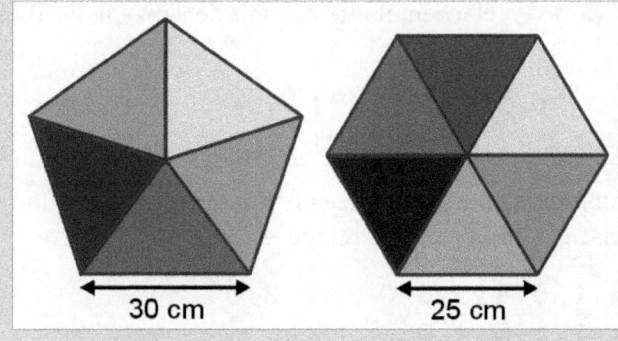

Am einfachsten erscheint die Berechnung des Umfangs. Dazu müssen ja alle Seiten zusammengezählt werden. Weil diese jeweils gleich sind, können wir auch so rechnen:

u	(	5	)	=	5	·	3	0,	0	=	1	5	0,	0	c	m
u	(	6	)	=	6	·	2	5,	0	=	1	5	0,	0	c	m

(Dass die Zahlen **5** und **6** als Abkürzung für **Fünf**eck und **Sechs**eck herhalten müssen, hast du dir sicher schon gedacht.)

Schwieriger wird es bei der Grundfläche. Dazu zerpflücken wir jedes Vieleck in 5 bzw. 6 Dreiecke. Die Maße der Höhen dieser Figuren finden sich in der nächsten Abbildung.

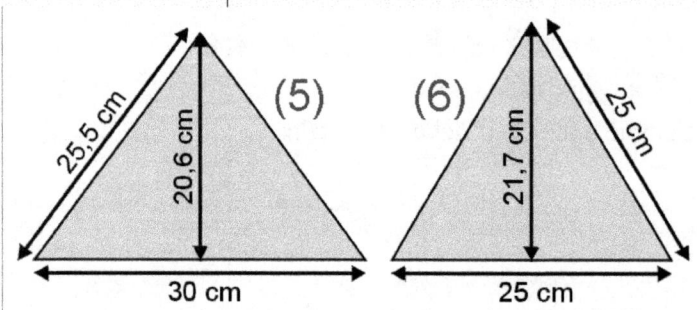

Nun dürfte es nicht mehr schwierig sein, auch den Inhalt der jeweiligen Dreiecksflächen zu ermitteln:

$$A\left(D_5\right) = \frac{30{,}0}{2} \cdot 20{,}6 = 309{,}00 \ cm^2$$

$$A\left(D_6\right) = \frac{25{,}0}{2} \cdot 21{,}7 = 271{,}25 \ cm^2$$

Weil die Grundflächen der Prismen aus fünf bzw. sechs solcher Dreiecke bestehen, müssen wir deren Flächeninhalte nur mit der Anzahl der Dreiecke malnehmen:

$$G(5) = 5 \cdot 309{,}00 = 1545{,}00 \ cm^2$$

$$G(6) = 6 \cdot 271{,}25 = 1627{,}50 \ cm^2$$

Und jetzt darfst du dir aussuchen, ob du zuerst Volumen oder Oberfläche berechnen willst. Erst mal schauen, was reinpasst? Also gut:

$$V(5) = 1545{,}00 \cdot 12{,}0$$
$$\quad\quad\ = 18.540{,}00 \ cm^3$$

$$V(6) = 1627{,}50 \cdot 12{,}0$$
$$\quad\quad\ = 19.530{,}00 \ cm^3$$

Um nun die Oberfläche zu ermitteln, brauchen wir zuerst den Mantel:

$$M(5) = 1500{,}0 \cdot 12{,}0 = 18000{,}00 \ cm^2$$

$$M(6) = 1500{,}0 \cdot 12{,}0 = 18000{,}00 \ cm^2$$

Der ist – wie der Umfang – bei beiden Schachteln gleich. Für die Oberfläche kommen nun noch die beiden Grundflächen (für Boden und Deckel) hinzu:

$$O(5) = 180,00 + 2 \cdot 1545,00$$
$$= 4890,00 \text{ cm}^2$$
$$O(6) = 180,00 + 2 \cdot 1627,50$$
$$= 5055,00 \text{ cm}^2$$

Damit wissen wir, dass Olgas sechseckiges Schatzkästchen mehr Platz und Oberfläche hat als das fünfeckige. Was sie darin aufbewahrt, bleibt uns jedoch verborgen und lässt sich mit mathematischen Mitteln nicht herausfinden.

Zusammenfassung

Nun hast du einiges zum Thema Flächen und Körper kennen gelernt, darunter eine ganze Menge Formeln. Immerhin gelten viele davon für alle Prismen gemeinsam:

$G = m \cdot h$	Grundfläche = Mittellinie mal Flächenhöhe
$u = a+b+...$	Umfang = Summe aller Seiten
$M = u \cdot k$	Mantel = Umfang mal Körperhöhe
$O = M+2 \cdot G$	Oberfläche = Mantel plus 2 mal Grundfläche
$V = G \cdot k$	Rauminhalt = Grundfläche mal Körperhöhe

Außerdem kennst du noch mehr Maße, deren Namen zwar ähnlich sind, die jedoch niemals gleichgesetzt werden dürfen:

Kilometer, Meter, Millimeter	km, m, mm	Längenmaße
Quadratkilometer, Quadratmeter, Quadratmillimeter	km^2, m^2, mm^2	Flächenmaße
Kubikkilometer, Kubikmeter, Kubikmillimeter	km^3, m^3, mm^3	Raum-/ Körpermaße

Auch hier habe ich beim Berechnen die – nach Expertenmeinung – unsaubere Methode gewählt, nämlich die Maße nur beim Ergebnis dazugesetzt. So wurde z.B. aus $3m^2 \cdot 5m = 15m^3$ die vereinfachte Form $3 \cdot 5 = 15m^3$.

13 Ein paar Fragen ...

1. Was ist eigentlich ein Liter? Irgendetwas mit m³?

2. Ein Prisma kann aufrecht stehen oder liegen. Bestimmt diese Lage, was seine Grundflächen sind? Denn die sind doch immer oben und unten – oder?

3. Rudi Pfiffig meint: »Bei einem Quader ist es egal, welche Fläche man als Grundfläche nimmt. Es kommt immer dasselbe Volumen und dieselbe Oberfläche heraus.« Was denkst du?

4. Rudi Pfiffig behauptet: »Wenn ich das Volumen eines Würfels kenne, weiß ich bald auch seine Kantenlänge.«

... und ein paar Aufgaben

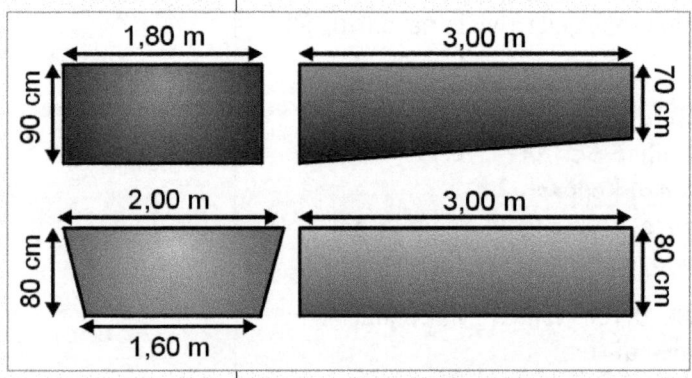

1. Die Badewannen von Benno und Beppo haben die Formen von Trapezprismen. Wie viele Liter Wasser passen in jede Wanne, wenn oben ein Rand von mindestens 30 cm bleiben soll? (Die Abbildung zeigt die Wannenmaße jeweils von vorn und von der Seite.)

2. Ein Würfel hat einen Kantenlänge von 9,9 cm. Ein Quader hat dasselbe Volumen. Seine Grundfläche ist ein Quadrat mit 3,3 cm Seitenlänge. Wie groß ist die Körperhöhe des Quaders?

3. Opa Grill will verreisen. Sein Koffer ist 77 cm breit, 55 cm hoch und 22 cm tief. Auf seinen 99 cm langen Wanderstab will Opa Grill keinesfalls verzichten. Passt er in den Koffer?

4. Ein Quader, ein Trapezprisma und ein Dreieckprisma haben alle ein Volumen von 1 Liter und die gleiche Körperhöhe von 10 cm. Für die Seiten der Grundflächen gelten bestimmte Verhältnisse. Erstelle dazu Gleichungen und berechne x und die Länge der angezeigten Strecken.

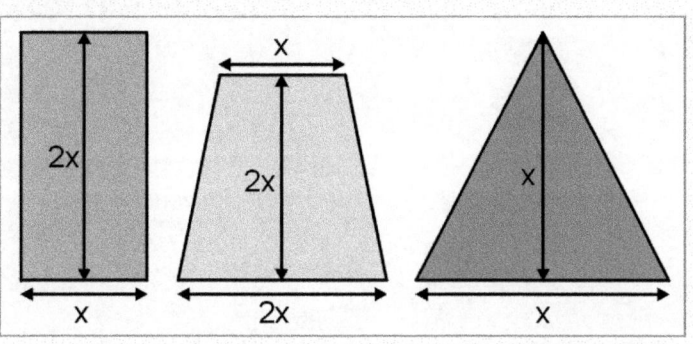

(Die Lösungen zu allen Fragen und Aufgaben stehen hinten im Buch.)

14

Krumme Linien und Flächen

Ein heißes Thema unter Mathematikexperten ist die »Quadratur des Kreises«: Wie macht man aus einem Kreis ein Quadrat mit exakt demselben Flächeninhalt? Die Frage könnte man auch umgekehrt stellen. Klingt beides gar nicht so schwer, vor allem für uns, die wir doch jetzt einiges über Flächen wissen. Allerdings waren es bisher immer nur gerade Linien, mit denen wir es zu tun hatten. Jetzt sind die »krummen Sachen« dran.

In diesem Kapitel lernst du

◎ etwas über Kreise

◎ wie man Flächeninhalt und Umfang berechnet

◎ etwas über Zylinder

◎ wie man Rauminhalt und Oberfläche berechnet

◎ was Sektoren und Bögen sind

14

Rundungen

Ein Kreis ist eine Figur, die keine Ecken hat. Diese Beschreibung ist den Mathematikern zu unklar. Denn es gibt viele Flächen, die von krummen Linien oder Rundungen umgeben sind, die man aber dennoch nicht als Kreise bezeichnen kann.

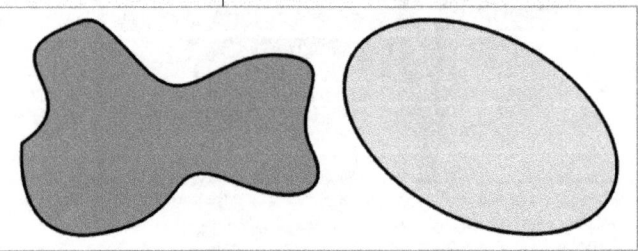

Was ist denn nun ein Kreis? Hier sind zwei Antwortversuche:

1. Wenn man einen Punkt gleich weit in **jede** (!) Richtung ausdehnt, bekommt man einen Kreis.

2. Ein Kreis ist ein regelmäßiges Vieleck mit unendlich vielen Ecken.

Auf jeden Fall hat ein Kreis einen **Mittelpunkt**. Der Abstand vom Mittelpunkt zum Rand wird Radius genannt. Und die Strecke, die von einem Rand zum anderen reicht und dabei **immer** durch den Mittelpunkt läuft, ist der **Durchmesser**.

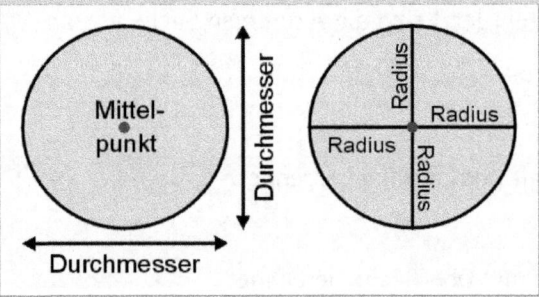

Es gilt also die Formel:

Durchmesser = Radius mal 2

oder

Radius = Durchmesser durch 2

Hat ein Kreis etwas mit einem Quadrat gemeinsam? Setzen wir doch mal einen möglichst großen Kreis mitten in ein Quadrat hinein. Dann machen wir es umgekehrt, indem wir ein möglichst großes Quadrat in einen Kreis zeichnen.

Offenbar liegt der Flächeninhalt des Kreises irgendwo zwischen dem des äußeren und dem des inneren Quadrats. Wie aber ermittelt man den Inhalt des Kreises? Und wie lang ist diese geschlossene »krumme Linie«, die den Kreis umgibt und die man deshalb auch als Umfang bezeichnet?

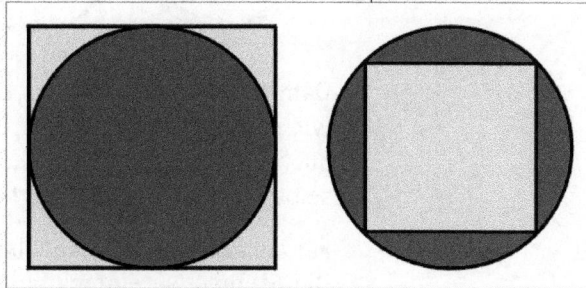

Ob uns die Rechenwege für die Vielecke hier weiterhelfen? Die Formel **m·h** lässt sich hier wohl nicht anwenden. Für den Umfang gilt zwar die Summe aller Seiten. Und weil ein Kreis nur eine Seite hat, scheint das auch hier zu stimmen. Nur kennen wir die Länge dieser einen Seite nicht.

Da müssen uns die alten Mathematiker aus der Klemme helfen, die schon vor über 2000 Jahren herausgefunden haben, dass der Umfang und der Durchmesser jedes Kreises **dasselbe** Verhältnis zueinander haben. Das heißt: Wenn wir den Umfang durch den Durchmesser teilen, bekommen wir für jeden beliebigen Kreis immer dieselbe feste Zahl heraus.

Eine Zahl namens Pi

Ein Grieche namens Archimedes fand mit **22/7** eine recht brauchbare Näherung für diese »Kreiszahl«, die heute allgemein als Pi (geschrieben π) bekannt ist. Genau gesagt ist es eine Irrationale Zahl (die sich durch einen Bruch nur ungefähr ausdrücken lässt) mit etwa diesem Wert:

= 3,	1	4	1	5	9	3

Oft genügt es schon, mit **3,14** zu rechnen. In der Regel hat aber jeder Taschenrechner eine Taste, mit der man den Wert von Pi mit vielen Stellen auf die Anzeige zaubern kann.

Wie hat es Archimedes angestellt, die Zahl π zu ermitteln? Wie es heißt, hat er mit einem Sechseck begonnen, das er in einen Kreis eingepasst hat. Dann hat er die Anzahl der Ecken verdoppelt und es mit einem Zwölfeck versucht. Je mehr Ecken dieses regelmäßige Vieleck hat – so dachte er –, desto runder wird das Ganze und desto näher komme ich damit dem Kreis.

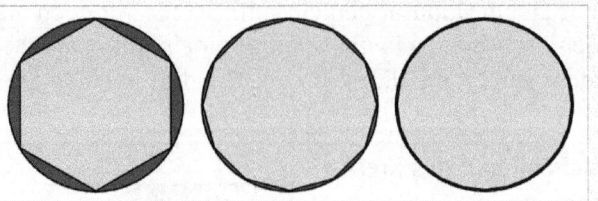

Kreise mit 6, 12, 24 Ecken

Damit die Berechnung des Umfangs möglichst einfach wird, verwenden wir einen Kreis mit einem Durchmesser von 1 m. (Du kannst natürlich auch eine andere Maßeinheit nehmen – vor allem, wenn du den Kreis selbst zeichnen willst, z.B. 1 dm.)

Für den Umfang eines regelmäßigen Vielecks brauchen wir nur eine Seite. Die nehmen wir einfach mit der Anzahl der Ecken mal. (Denn ein solches Vieleck hat ja ebenso viel Seiten wie Ecken.)

In der folgenden Tabelle steht, was dabei für einige Vielecke herausgekommen ist – wobei wir das Prinzip des Archimedes benutzen, der die Anzahl der Ecken von Mal zu Mal verdoppelt hat:

Anzahl der Ecken	Durchmesser des Kreises	Seite des Vielecks	Umfang des Vielecks
6	1,00 m	0,5000 m	3,0000 m
12	1,00 m	0,2588 m	3,1058 m
24	1,00 m	0,1305 m	3,1326 m
48	1,00 m	0,0654 m	3,1394 m
96	1,00 m	0,0327 m	3,1410 m
192	1,00 m	0,0164 m	3,1415 m
384	1,00 m	0,0082 m	3,1416 m

Bei mehr als 100 Ecken sieht ein Vieleck längst wie ein Kreis aus. Wenn wir die Zahl π nun auf vier Stellen hinter dem Komma runden, so haben wir mit **3,1416** genau den Umfang unseres Einheitskreises mit dem Durchmesser 1. (Archimedes kam damals auf 96 Ecken und war damit auch sehr dicht dran.)

Kreisumfang und Kreisfläche

Mit dieser »Zauberzahl« ausgestattet, können wir uns jetzt an die Berechnung des Umfangs beliebiger Kreise machen:

Übung 14.01:

Graf Zirkula ist mit einem Hochrad Marke Eigenbau unterwegs. Das vordere Rad hat einen Radius von 55 cm, das hintere denselben Wert als Durchmesser. Wie weit kommt Zirkula mit einer Radumdrehung – jeweils vorn und hinten?

Die Formel zur Berechnung des Umfangs lässt sich nun leicht herleiten: Wird der Umfang durch den Durchmesser geteilt, entsteht die Zahl π. Das kehren wir nun einfach um.

Damit gilt diese Rechenregel:

Kreisumfang = Pi mal Durchmesser

Und das ist der Umfang der beiden Räder von Zirkulas Gefährt:

u	(	v	o	r	n	)		=	π	·	1,	1	0	=	3,	4	6	m
u	(	h	i	n	t	e	n	)	=	π	·	0,	5	5	=	1,	7	3	m

Weil das vordere Rad mit 1,10 m Durchmesser (= 2 Mal Radius) doppelt so »dick« ist wie das hintere, ist auch sein Umfang doppelt so groß.

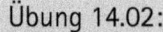

Kommen wir vom Kreisumfang zur Kreisfläche und damit gleich zur nächsten Aufgabe:

Übung 14.02:

Die schräge Simba hat ihre Nachbarn Benno und Beppo zum Essen eingeladen. Weil sie deren Appetit kennt, beschließt sie, eine Riesenpizza zu backen. Ausgerollt hat der Teig eine Kreisform mit einem Durchmesser von 1,24 m. Wie viel Fläche muss Simba nun mit Käse, Salami, Tunfisch, Pilzen und Peperoni belegen?

Ganz so einfach lösbar scheint diese Aufgabe nicht zu sein – woher sollen wir so schnell die Formel für den Flächeninhalt eines Kreises kriegen?

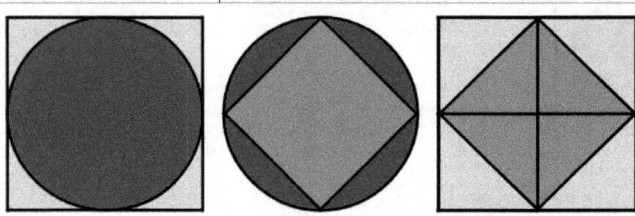

Was wir schon wissen oder uns denken können: Es muss die Zahl π vorkommen. Weil ein Kreis etwas von der Regelmäßigkeit eines Quadrates hat, orientieren wir uns zuerst an dieser Figur:

Nehmen wir an, das große Quadrat hat eine Seitenlänge von 1 m. Dann beträgt sein Flächeninhalt $1 \cdot 1 = 1\,m^2$. Wie sieht es mit dem kleinen Quadrat im Kreis aus? Das habe ich ein bisschen verdreht und dann auch mal rechts in das große Quadrat gepackt. Zusätzlich habe ich die letzte Kombination noch in lauter gleich große Dreiecke aufgeteilt.

Wenn wir die mal durchzählen, kommen wir zu diesem Ergebnis: Das große Quadrat besteht aus insgesamt 8 Dreiecken, während für das kleine Quadrat 4 Dreiecke ausreichen. Wie du wohl schon vermutet hast, ist also die Fläche des kleinen Quadrats **halb** so groß wie die des großen Quadrats, nämlich **1:2 = 0,5 m²**.

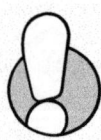

Und irgendwo dazwischen liegt die Kreisfläche. Bei deren Berechnung muss der Durchmesser bzw. der Radius eine Rolle spielen – und außerdem natürlich . So käme also eine dieser beiden Formeln infrage:

$A = \pi \cdot d^2$ oder $A = \pi \cdot r^2$

Dabei habe ich die Abkürzungen für Durchmesser (d) und Radius (r) benutzt.

Probieren wir einfach beides aus. Zuerst nehmen wir den Durchmesser:

$$A = \pi \cdot 1,00^2 = 3,14 \text{ m}^2$$

Also, das kann überhaupt nicht stimmen, denn damit müsste der Kreisinhalt deutlich größer als der des äußeren Quadrats sein! Versuchen wir die andere Formel:

$$A = \pi \cdot 0,50^2 = 0,79 \text{ m}^2$$

Das sieht schon viel besser aus, denn es liegt recht günstig zwischen den beiden anderen Flächenwerten 0,5 m² und 1 m². Tatsächlich haben wir damit auch die richtige Formel gefunden – allerdings sind wir nicht die ersten, andere waren schneller. (Und das ist schon gut 2000 Jahre her.)

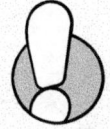

Und schon haben wir eine weitere Rechenregel:

Kreisfläche = Pi mal Radius hoch 2

Nun können wir uns wieder Simbas Riesenpizza widmen – obwohl die Aussicht, dass wir etwas davon abbekommen, verschwindend gering ist. Zuerst berechnen wir aus dem Durchmesser den Radius:

$$r = 1,24 : 2 = 0,62 \text{ m}$$

Dann wenden wir unsere Flächenformel für den Kreis an:

$$A = \pi \cdot 0,62^2 = 1,21 \text{ m}^2$$

Simba hat also mehr als einen Quadratmeter Fläche zu belegen, und das schön dick, damit die beiden Sumos gut zu futtern haben (und auch für sie noch ein paar Bissen bleiben).

Zylinder

Schon die Pizza von Simba ist kein Kreis mehr, das ist nur die obere Fläche, auf die die schmackhaften Zutaten kommen.

Wie im letzten Kapitel aus einem Viereck, Dreieck oder anderem Vieleck ein Prisma wurde, müssen wir den Kreis bloß ein bisschen »erhöhen«, und schon haben wir einen Körper.

14

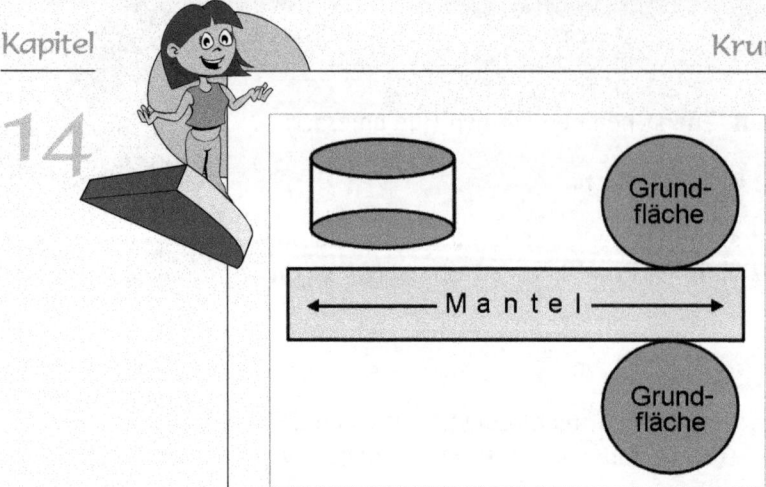

Der trägt allerdings einen anderen Namen, weil es ja hier schließlich nicht um eine eckige, sondern um eine runde Grundfläche geht: Zylinder. Das, was den Zylinder umgibt, heißt auch hier Mantel und ist ebenfalls ein Rechteck.

Und das ist nicht alles: Sämtliche Formeln zur Berechnung von Mantel, Oberfläche und Volumen gelten sowohl für Prismen als auch für Zylinder. Die einzigen Unterschiede gibt es bei Grundfläche und Umfang.

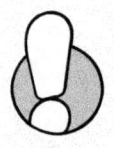

Hier noch mal alle Rechenregeln auch für Zylinder:

Volumen (V)   = Grundfläche (G) mal Körperhöhe (k)

Mantel (M)   = Umfang (u) mal Körperhöhe (k)

Oberfläche (O) = Mantel (M) plus 2 Mal Grundfläche (G)

Setzen wir unsere neuen Erkenntnisse gleich in einer Aufgabe um:

Übung 14.03:

Sara Kropf entdeckt in einem alten Tempel drei zylinderförmige Gefäße aus Gold, randvoll mit Edelsteinen gefüllt. Alle kann sie nicht mitnehmen, denn sobald sie nur ein Gefäß anhebt, beginnt sich die Tempelpforte langsam zu schließen – für immer.

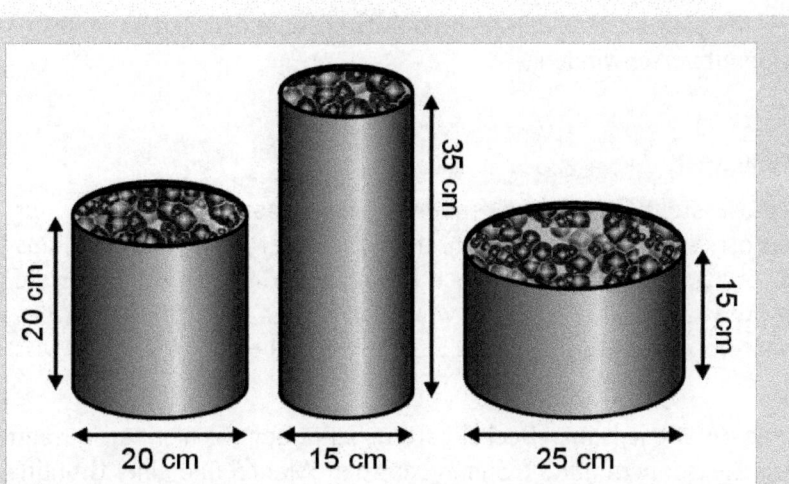

Wäre Sara nicht so gierig, sondern würde den Tempel einfach wieder verlassen, dann müssten wir ihr jetzt nicht beim Berechnen der Rauminhalte helfen. Also sei's drum! Beginnen wir mit den Grundflächen:

| G | $($ | L | $)$ | = | π | $\cdot$ | 1 | 0, | 0 | ^{2} | = | 3 | 1 | 4, | 1 | 6 | c | m | ^{2} |

| G | $($ | M | $)$ | = | π | $\cdot$ | | 7, | 5 | ^{2} | = | 1 | 7 | 6, | 7 | 1 | c | m | ^{2} |

| G | $($ | R | $)$ | = | π | $\cdot$ | 1 | 2, | 5 | ^{2} | = | 4 | 9 | 0, | 8 | 7 | c | m | ^{2} |

$$G(L) = \pi \cdot 10{,}0^2 = 314{,}16 \text{ cm}^2$$
$$G(M) = \pi \cdot 7{,}5^2 = 176{,}71 \text{ cm}^2$$
$$G(R) = \pi \cdot 12{,}5^2 = 490{,}87 \text{ cm}^2$$

(Die Abkürzungen **L**, **M** und **R** stehen für Links, Mitte, Rechts.)

Für die Rauminhalte (= Volumina) müssen wir jetzt nur noch alle Werte mit den Körperhöhen malnehmen (**V** = **G**·k):

$$V(L) = 314{,}16 \cdot 20 = 6283{,}19 \text{ cm}^3$$
$$V(M) = 176{,}71 \cdot 35 = 6185{,}01 \text{ cm}^3$$
$$V(R) = 490{,}87 \cdot 15 = 7363{,}11 \text{ cm}^3$$

Für die Volumenberechnung wurden die Originalwerte der Grundflächen (mit mehr als zwei Stellen hinter dem Komma) verwendet. So führt die Rechnung mit gerundeten Zwischenwerten wie 176,71·35 = 6184,85 zu einem ungenaueren Ergebnis.

Auch die folgenden Berechnungen werden immer **möglichst genau** durchgeführt und die Zwischenergebnisse und Endergebnisse nur für die Anzeige im Buch gerundet. (Deshalb kann es zu scheinbaren Rechenfehlern kommen, wenn man Aufgaben mit den gerundeten Werten im Buch nachrechnet.)

Sara sollte sich also für den rechten Pott entscheiden und dann schleunigst damit verschwinden.

> **Übung 14.04:**
>
> Zuhause stellt Sara Kropf ernüchtert fest, dass die Edelsteine nur wertlose Schmucksteine waren. Immerhin aber bleibt das Gold, aus dem ihr Gefäß bestand. Dennoch kommt Sara ins Grübeln: Wenn sie das gewusst hätte, wäre es vielleicht besser gewesen, nicht das »Innere«, sondern das »Äußere« der Gefäße zu berechnen?

Weil die Gefäße ja keinen Deckel hatten, benötigen wir nicht die gesamte Oberfläche, sondern nur die Summe aus dem Mantel und einer Grundfläche. Ohne Umfang kein Mantel, deshalb hier die Rechenwege:

$$u(L) = \pi \cdot 20 = 62,83\ cm$$
$$u(M) = \pi \cdot 15 = 47,12\ cm$$
$$u(R) = \pi \cdot 25 = 78,54\ cm$$

Diese Werte nehmen wir jetzt mit den Zylinderhöhen mal ($M = u \cdot k$):

$$M(L) = 62,83 \cdot 20 = 1256,64\ cm^2$$
$$M(M) = 47,12 \cdot 35 = 1649,34\ cm^2$$
$$M(R) = 78,54 \cdot 15 = 1178,10\ cm^2$$

Dazu kommt nun noch der Boden, also die Grundfläche der Zylinder:

$$\text{Links} = 1256,64 + 314,16$$
$$= 1570,80\ cm^2$$
$$\text{Mitte} = 1649,34 + 176,71$$
$$= 1826,05\ cm^2$$
$$\text{Rechts} = 1178,10 + 490,87$$
$$= 1668,97\ cm^2$$

Ginge es nur um den Goldanteil der Gefäße, wäre für Sara das mittlere die richtige Wahl gewesen.

Sektor und Bogen

Es kommt durchaus vor, dass Kreise nicht nur als Ganzes gefragt sind. So ist es z.B. bei einer Pizza oder einer Torte üblich, das gute Stück in handliche Portionen zu unterteilen. Von oben besehen haben wir damit einen **Kreisausschnitt** – auch **Sektor** genannt.

Übung 14.05:

Den Untergang eines Piratenschiffes haben drei Seeräuber überlebt, die sich auf eine kleine Insel retten konnten. Nach einem Erkundungsgang stellen sie fest, dass sie die Form eines Kreises hat. »Jetzt gehört die Insel uns«, stellt der Einbeinige fest.

»Nicht ganz«, meint der Einäugige, der schon auf dem Schiff der Anführer war. »Ich bekomme die Hälfte, und vom Rest kriegen du und der Einarmige jeweils die Hälfte.« Wie viele Quadratmeter Land bekommt jeder Pirat? Und wie groß ist die jeweilige »Landesgrenze«?

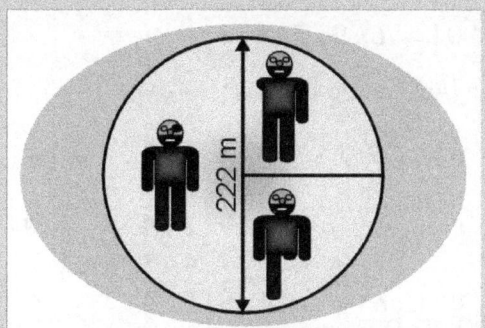

Machen wir uns zuerst an die Berechnung der Gesamtfläche:

| r | = | 2 | 2 | 2, | 0 | 0 | : | 2 | = | 1 | 1 | 1, | 0 | 0 | m | | | |
| A | = | π | · | 1 | 1 | 1, | 0 | 0 | ^{2} | = | 3 | 8 | 7 | 0 | 7, | 5 | 6 | m ^{2} |

Der Rest ist noch einfacher, wenn man weiß, dass es hier um eine Hälfte und zweimal ein Viertel geht:

A	(	E	i	n	a	u	g	e	)	=	3	8	7	0	7,	5	6	:	2
										=	1	9	3	5	3,	7	8	m ^{2}	
A	(	E	i	n	a	r	m	)		=	3	8	7	0	7,	5	6	:	4
										=		9	6	7	6,	8	9	m ^{2}	
A	(	E	i	n	b	e	i	n	)	=	3	8	7	0	7,	5	6	:	4
										=		9	6	7	6,	8	9	m ^{2}	

Aber wie ist es mit den Grenzen? Dabei handelt es sich zwar um den Umfang eines Halbkreises oder eines Viertelkreises. Hier kann man aber nicht einfach nur den gesamten Kreisumfang durch 2 oder durch 4 teilen. Damit hätten wir nur eine – und zwar die krumme – Seite der jeweiligen Grenze. Dazu kommt beim Halbkreis noch der Durchmesser, und bei den

14

Viertelkreisen je zweimal der Radius – was zusammen ebenfalls den Durchmesser ergibt.

Offenbar besteht der Umfang eines Kreissektors immer aus dem Kreisdurchmesser und dem so genannten **Kreisbogen** – wie ein Abschnitt des Kreisumfangs auch genannt wird.

Die Bögen der einzelnen Kreissektoren können wir auf vergleichbarem Wege berechnen wie die Flächen. Zuerst kommt der gesamte Umfang:

$$u = \pi \cdot 2\,2\,2{,}0\,0 = 6\,9\,7{,}4\,3 \text{ m}$$

Dann kommen die Bogenwerte (Abkürzung b):

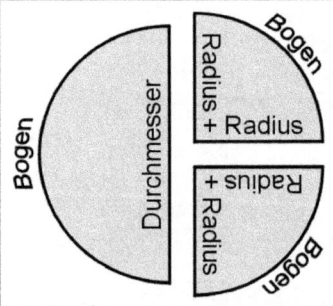

b (E i n a u g e)	= 6 9 7, 4 3 : 2
	= 3 4 8, 7 2 m
b (E i n a r m)	= 6 9 7, 4 3 : 4
	= 1 7 4, 3 6 m
b (E i n b e i n)	= 6 9 7, 4 3 : 4
	= 1 7 4, 3 6 m

Für den Umfang bzw. jede »Landesgrenze« muss nun jeweils 2 Mal der Radius bzw. 1 Mal der Durchmesser dazugezählt werden:

u (E i n a u g e)	= 3 4 8, 7 2 + 2 2 2, 0 0
	= 5 7 0, 7 2 m
u (E i n a r m)	= 1 7 4, 3 6 + 2 2 2, 0 0
	= 3 9 6, 3 6 m
u (E i n b e i n)	= 1 7 4, 3 6 + 2 2 2, 0 0
	= 3 9 6, 3 6 m

Die Berechnung von Kreisausschnitten und Bögen ist also gar nicht schwer. Man kann sogar jedem Sektor und Bogen einen Winkel zuordnen – z.B.:

	Winkel	Berechnung
Vollkreis	360 Grad	
Halbkreis	180 Grad	360:2
Drittelkreis	120 Grad	360:3
Viertelkreis	90 Grad	360:4
Fünftelkreis	72 Grad	360:5
Sechstelkreis	60 Grad	360:6

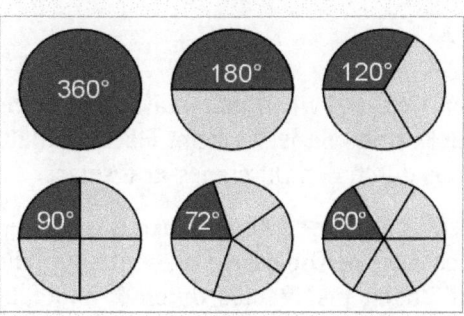

Dass bei einem Viertelkreis der Winkel für die beiden geraden Seiten 90 Grad ist, kann man direkt erkennen. Und weil ein Vollkreis aus 4 solcher Kreisteile besteht, beträgt der so genannte Vollwinkel 360 Grad.

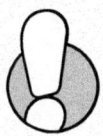

Flächeninhalt, Bogen und Winkel eines Kreisausschnittes lassen sich also berechnen, indem man einfach den **vollen** Wert durch eine Zahl teilt, die den **Anteil** am gesamten Kreis angibt.

Zusammenfassung

Nun hattest du es mal nicht nur mit geraden, sondern auch mit »krummen« Linien zu tun. Dabei konntest du wieder ein paar neue Formeln kennen lernen – hier für den Kreis:

$A = \pi \cdot r^2$	Kreisfläche = Pi mal Radius hoch 2
$u = \pi \cdot d$	Umfang = Pi mal Durchmesser
$A(s) = A/n$	Kreissektor = Fläche durch Anteilwert
$b = u/n$	Kreisbogen = Umfang durch Anteilwert
$u(s) = b+d$	Sektorumfang = Bogen plus Durchmesser

Hinzu kommen einige alte Bekannte, die auch für den Zylinder gelten:

$M = u \cdot k$	Mantel = Umfang mal Körperhöhe
$O = M+2 \cdot G$	Oberfläche = Mantel plus 2 mal Grundfläche
$V = G \cdot k$	Rauminhalt = Grundfläche mal Körperhöhe

Ein paar Fragen ...

1. Wie lautet die Formel für den Umfang, wenn man statt des Durchmessers den Radius verwendet? Und wie ist es beim Flächeninhalt, wenn du dort den Radius durch den Durchmesser ersetzt?

2. Rudi Pfiffig meint: »Wenn's weniger als ein Halbkreis ist, sehen Kreisausschnitte ähnlich aus wie Dreiecke. Da könnte man die Fläche doch auch mit Bogen mal Radius durch 2 ungefähr berechnen.« Macht das Sinn?

3. Wie berechnet man einen Kreisring?

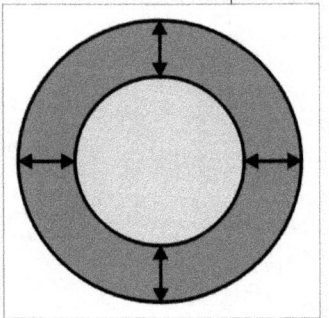

... und ein paar Aufgaben

1. Aus einem Kreis soll ein Quadrat mit möglichst genau demselben Flächeninhalt werden. Der Kreis hat 1 m Durchmesser.

2. Ein Kreis hat einen Radius von 1 Meter. Wie groß sind Umfang und Flächeninhalt eines regelmäßigen Sechsecks, das gerade in diesen Kreis hineinpasst? Wie viel Prozent von Umfang und Fläche des Kreises sind das jeweils?

3. Graf Zirkula will ein Hochradrennen veranstalten. Dazu lässt er rund um seinen kreisförmigen Park mit einem Durchmesser von 121 Metern einen 11 m breiten Streifen pflastern. Welche Fläche hat dieser Kreisring? Und wie lang ist die Rennstrecke ungefähr?

4. Ein 11 cm hohes Prisma hat eine quadratische Grundfläche von 81 cm². Daraus soll ein möglichst großer Zylinder gefräst werden. Wie viel Prozent vom Volumen des Prismas bleibt übrig?

5. Der korrupte König eines Zwergstaates hat sich mit den meisten Schätzen des Landes aus dem Staub gemacht. Die hübsche kleine Villa, die er hinterließ, wollen die Einwohner nun in ein Lagerhaus für Lebensmittel umbauen. Welches Volumen hat das 11 m tiefe Gebäude?

(Die Lösungen zu allen Fragen und Aufgaben stehen hinten im Buch.)

2,20 m

6,60 m   2,20 m

15

Spitze und runde Körper

Nun erwarten uns einige Körperformen, die man sich nicht im Fitness-Studio antrainieren kann. Sie sehen aus wie angespitzte Prismen und Zylinder oder sie sind rundum rund. Und wenn sie einen Mantel tragen, hat der nicht mehr die Form eines Rechtecks.

In diesem Kapitel lernst du

◎ etwas über Pyramiden und Kegel

◎ etwas über Kugeln und Halbkugeln

◎ wie man Rauminhalt und Oberfläche berechnet

15

Spitzkörper

Einen Bleistift gespitzt hat wohl jeder schon einmal. Dasselbe lässt sich auch mit einem Prisma oder einem Zylinder machen.

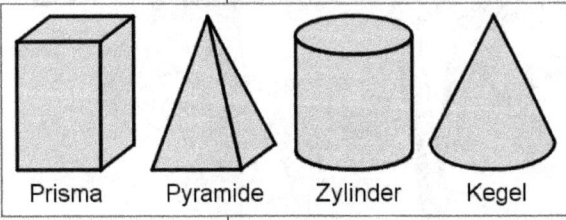

| Prisma | Pyramide | Zylinder | Kegel |

Die neuen Körper haben auch einen Namen: Aus dem Prisma wird die Pyramide und aus dem Zylinder der Kegel. Während es bei diesen Körpern weiterhin einen Boden gibt, ist der Deckel auf Punktgröße geschrumpft. So läuft alles von **einer** Grundfläche aus in einem einzigen Punkt zusammen.

Dass wir hier unsere alte Volumenformel überdenken müssen, zeigt die folgende Aufgabe:

> **Übung 15.01:**
>
> Bruno will Bildhauer werden. Sein erstes großes Kunstwerk soll eine Pyramide sein, die er aus einem quaderförmigen Steinblock hauen will. Der Block hat eine quadratische Grundfläche mit 3 dm Seitenlänge und ist 5 dm hoch. Welches Volumen hat die Pyramide, wenn er fertig ist?

Am zweckmäßigsten ist es hier, zuerst das Volumen des Quaders bzw. Prismas zu berechnen:

$$G = 3 \cdot 3 = 9 \ dm^2$$
$$V = 9 \cdot 5 = 45 \ dm^3$$

Wir gehen einmal davon aus, dass Bruno versucht, aus dem Block die größtmögliche Pyramide zu erschaffen. Damit hätte sie die gleiche Grundfläche wie das Prisma (bzw. der Quader) und auch die gleiche Höhe.

Man sagt ja: Wo gehobelt wird, da fallen Späne. Genau so ist es auch beim Bildhauen: Nicht selten ist der Abfall deutlich größer als das Kunstwerk, das am Schluss dabei herauskommt.

Dass das Volumen der Pyramide kleiner sein muss als das des Quaders, wissen wir also. Aber um wie viel kleiner?

Erinnern wir uns noch mal an die Fläche eines Dreiecks. Aus einem Rechteck konnten wir uns ein Dreieck zurechtschneiden, das halb so groß war wie das Rechteck. Dabei hatte das Dreieck die gleiche Flächenhöhe und die gleiche Grundseite.

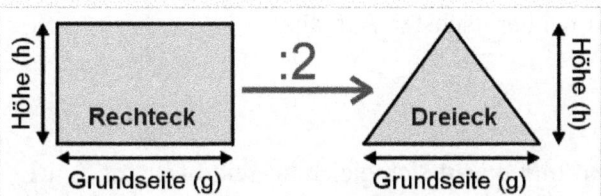

Wenn wir nun von der zweiten zur dritten Dimension wandern, dürfte hier eine Division durch 2 nicht mehr reichen. Wenn in der Ebene durch 2 geteilt wird, müssen wir im Raum wahrscheinlich durch 3 teilen – was ja auch der jeweiligen Dimension entspricht. Was wir nur vermuten, haben findige Mathematiker schon vor vielen Jahrhunderten herausgefunden.

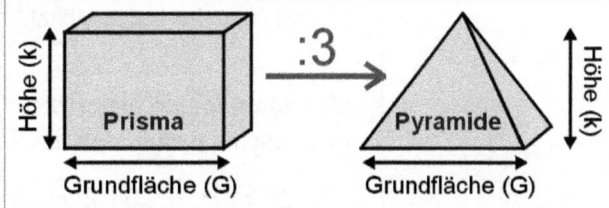

Dies führt uns zu folgender Rechenregel:

Rauminhalt (V) = Grundfläche mal Körperhöhe durch 3

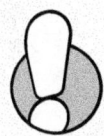

Nun haben wir die Formel für das Volumen einer Pyramide. Und damit bekommen wir auch das gewünschte Ergebnis:

G	=	3	·	3			=		9	d	m	^{2}
V	=	9	·	5	:	3	=	1	5	d	m	^{3}

Bruno hat also aus 45 dm³ Stein ein Kunstwerk von 15 dm³ geschaffen. (Man könnte auch sagen: eine 15-Liter-Pyramide.)

Weil die Prismenformeln auch für Zylinder gelten, muss die neue Formel demnach sowohl für Pyramiden als auch für Kegel gelten.

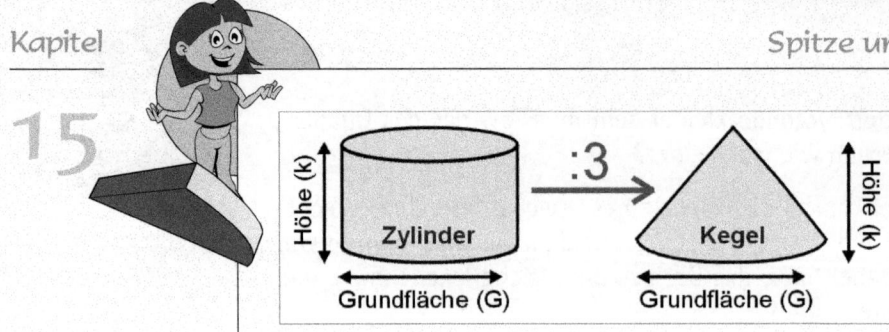

Und damit landen wir bei der nächsten Aufgabe:

> **Übung 15.02:**
>
> Bruno gibt nicht auf und macht sich gleich an sein nächstes Kunst-werk. Diesmal will er ein zylinderförmiges Holzstück bearbeiten. Her-auskommen soll ein Kegel. Der Block hat einen Durchmesser von 3 dm und ist 5 dm hoch. Welches Volumen hat das fertige Kunstwerk?

Wir könnten nun gleich den Kegel berechnen, aber es kann ja nicht scha-den, auch das Volumen des Zylinders zu kennen:

G	=	π	·	3	2		=		7,	0	7	d	m	^{2}
V	=	7,	0	7	·	5	=	3	5,	3	4	d	m	^{3}

Und nun zum Kegel:

G	=	π	·	3	2			=		7,	0	7	d	m	^{2}
V	=	7,	0	7	·	5	:	3	=	1	1,	7	8	d	m	^{3}

Brunos Zweitwerk ist aus gut 35 dm³ Holz entstanden und hat jetzt noch knappe 12 dm³. (Also ein 12-Liter-Kegel.)

Ein Mantel für die Pyramide

Nachdem wir nun wissen, wie leicht sich das Volumen von Pyramide und Kegel berechnen lässt, scheint es bei der Oberfläche nicht so einfach zu sein. Denn es sieht gar nicht danach aus, als würde hier die Formel **M = u·k** funktionieren.

Schauen wir uns zuerst das Netz einer Pyramide an:

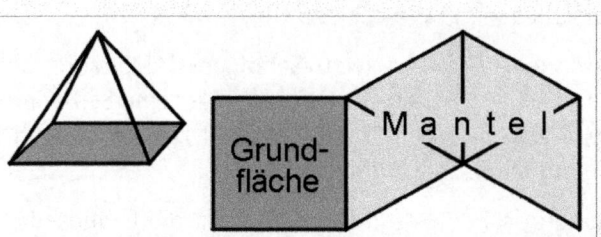

Wir haben es beim Mantel nun nicht mehr mit Rechtecken, sondern mit Dreiecken zu tun. Ist die Grundfläche ein beliebiges Vieleck, so müssten wir jedes Dreieck einzeln berechnen. Hier werden wir uns auf Pyramiden mit quadratischer Grundfläche beschränken. Damit genügt es, nur ein Dreieck berechnen und das Ergebnis dann mal 4 zu nehmen.

Übung 15.03:

Bruno überlegt, ob er seine Kunstwerke anmalen oder bekleben soll. Um abschätzen zu können, wie viel Material nötig wird, möchte er zunächst die Oberfläche der Pyramide berechnen.

Die Oberfläche besteht hier aus dem Mantel und nur **einer** Grundfläche. Die haben wir bereits ermittelt.

Um den Flächeninhalt eines Manteldreiecks zu berechnen, benötigen wir seine Höhe, wobei uns der Pythagoras (→ Kapitel 12) eine große Hilfe ist. Dazu zersägen wir – natürlich nur in Gedanken – Brunos Pyramide und erhalten als Querschnitt ein Dreieck.

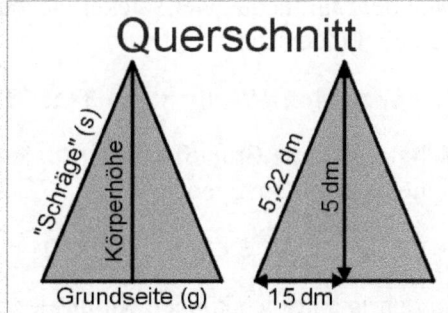

Querschnitt

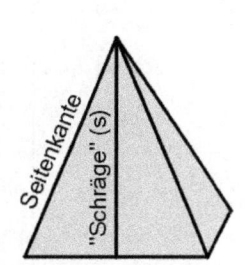

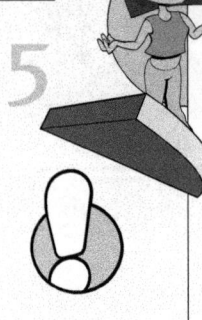

15

Querschnittdreieck und Manteldreieck sind **nicht** dasselbe! Wir haben es hier mit zwei verschiedenen Dreiecken zu tun:

◇ Das Querschnittdreieck wird aus zwei »Schrägen« (Abkürzung **s**) und einer Grundseite (**g**) gebildet. Die Grundseite ist eine Seite der quadratischen Grundfläche. Die Körperhöhe der Pyramide ist auch die Flächenhöhe des Querschnittdreiecks.

◇ Die Seite der quadratischen Grundfläche ist auch die Grundseite des Manteldreiecks. Die beiden übrigen Seiten sind die Seitenkanten der Pyramide. Und diesmal ist die »Schräge« die Flächenhöhe.

Die Seitenkanten der Pyramide werden hier nicht benötigt, sondern es gilt zunächst, die Länge der »Schrägen« zu berechnen.

Das tun wir mit einer Gleichung, bei der wir für diese Strecke zunächst x einsetzen:

x	^{2}	=	1,	5	^{2}	+	5,	0	^{2}			
x	^{2}	=	2	7,	2	5					$\sqrt{}$	
x		=		5,	2	2						

Und damit sind wir in der Lage, die Fläche **eines** Manteldreiecks (D) zu berechnen:

D	=	3,	0	·	5,	2	2	:	2	=	7,	8	3	d	m	^{2}

Weil der Mantel aus **vier** solcher Flächen besteht, ist dessen Berechnung nun ein Kinderspiel:

M	=	4	·	7,	8	3	=	3	1,	3	2	d	m	^{2}

Nehmen wir die Grundfläche hinzu, kennt Bruno endlich die Oberfläche seines ersten Kunstwerks:

O	=	3	1,	3	2	+	9,	0	0	=	4	0,	3	2	d	m	^{2}

So richtig glücklich können wir uns jetzt noch nicht schätzen, auch wenn die Aufgabe gelöst ist. Denn wir brauchen die passenden Rechenregeln, um für alle Pyramiden (bzw. wenigstens für die mit quadratischer Grundfläche) die Oberfläche ermitteln zu können.

Versuchen wir, die Schritte zur Berechnung des Mantels unter einen Hut zu kriegen. Zuerst geht es um das einzelne Dreieck, dann den kompletten Mantel:

D	=	g	·	s	:	2
M	=	4	·	D		

Ich habe hier das Manteldreieck wieder mit **D**, die Grundseite mit **g** und die Schrägseite mit **s** abgekürzt. Setzt man die Formel für das Dreieck (**D**) bei der Berechnung des Mantels ein, so erhält man endlich die gewünschte Formel:

$$M = 4 \cdot g \cdot s : 2 = 2 \cdot g \cdot s$$

Und damit haben wir ein paar Rechenregeln für die Pyramide:

(mit quadratischer Grundfläche)

Mantel (M)   = 2 mal Grundseite mal Schrägseite

(mit beliebigem Vieleck als Grundfläche)

Mantel (M)   = Summe aller Dreiecke

Oberfläche (O) = Mantel plus Grundfläche

Ein Mantel für den Kegel

Unsere neue Formel dürfte vermutlich problemlos außer bei der Oberfläche einer Pyramide auch bei der eines Kegels funktionieren. Aber der Mantel eines (runden) Kegels sieht bestimmt anders aus als der einer (eckigen) Pyramide.

Zur Veranschaulichung werfen wir einen Blick auf das Netz:

Oh je! Ein »angebissener« Kreis? Bei genauerem Hinschauen kannst du sehen, dass es sich um einen Kreissektor handelt. Und so was hatten wir doch schon mal?

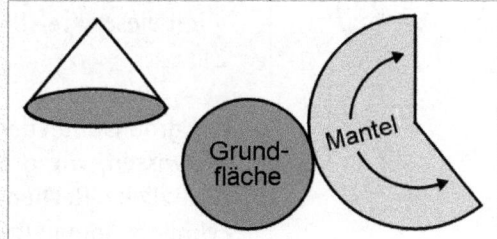

Übung 15.04:

Nachdem Bruno sein Erstlingswerk verziert hat, soll der Kegel veredelt werden. Auch hier will Bruno die Oberfläche berechnen.

Auch hier setzt sich die Oberfläche aus dem Mantel und nur einer Grundfläche zusammen (die wir schon kennen).

Zu welchem Kreis der Mantelsektor gehört, lässt sich leicht ermitteln, wenn wir auch hier die »Schräge« berechnen – mit Hilfe des bewährten Pythagoras (→ Kapitel 12).

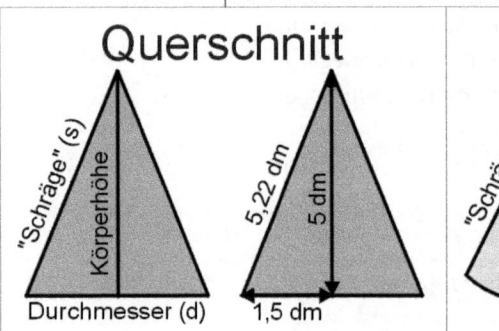

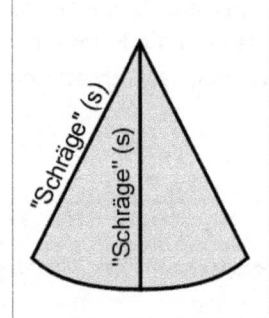

Beim gedanklichen Zersägen von Brunos Kegel erhalten wir als Querschnitt wieder ein Dreieck.

Die folgende Gleichung dürfte dir bekannt sein:

x	^{2}	=	1, 5	^{2}	+	5, 0	^{2}	
x	^{2}	=	2 7, 2 5					| √
x		=	5, 2 2					

Weil es sich hier um die gleichen Zahlen wie bei der Pyramide handelt, bekommen wir auch das gleiche Ergebnis. Und damit berechnen wir jetzt zuerst den kompletten Mantelkreis:

$$A = \pi \cdot 5,22^2 = 85,61 \, dm^2$$

Mit Mantelkreis ist ein Kreis gemeint, aus dem der Mantel ausgeschnitten wird. Der Mantel ist also als Ausschnitt (= Sektor) immer ein Teil dieser Kreisfläche.

Wie groß ist nun der Mantelsektor? Um seine Fläche zu ermitteln, müssen wir wissen, wie groß der zugehörige Bogen ist. Dafür ist nicht einmal zusätzliche Rechenarbeit nötig: Weil der Mantel die Grundfläche des Zylinders komplett umschließen muss, benötigen wir den Umfang der Grundfläche. Und damit haben wir auch den Mantelbogen:

$$u = \pi \cdot 3,0 = 9,42 \, dm$$

Um den Mantelsektor zu berechnen, stellen wir zuerst eine **Verhältnisgleichung** auf.

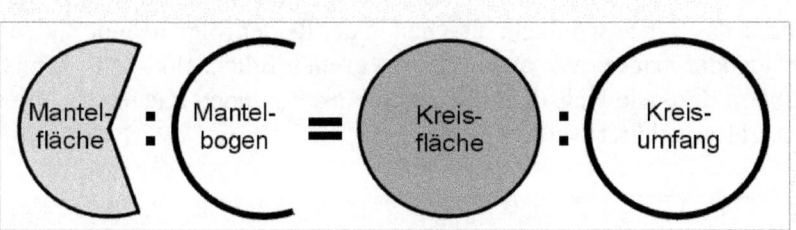

Dazu kürzen wir den Mantelsektor mit **M** und die Fläche des Mantelkreises mit **A** ab. Der Mantelbogen (= Umfang der Grundfläche) bekommt als Kürzel ein kleines **u**. Für den Umfang des Mantelkreises benutze ich hier mal ein großes **U** (weil wir das kleine ja schon für den Bogen verwenden).

Die Gleichung formen wir dann so um, dass **M** allein auf der linken Seite steht:

$$\frac{M}{u} = \frac{A}{U} \qquad | \cdot u$$

$$M = \frac{A \cdot u}{U}$$

Die Fläche des (großen) Kreises (**A**) haben wir, den Mantelbogen (**u**) auch, fehlt noch der Kreisumfang (**U**), der sich mit dem Durchmesser $2 \cdot 5{,}22 = 10{,}44$ so berechnen lässt:

$$U = \pi \cdot 10{,}44 = 32{,}80 \, dm$$

Nun lässt sich endlich die Mantelfläche mit Hilfe unserer neuen Formel ermitteln:

$$M = \frac{85{,}61 \cdot 9{,}42}{32{,}80} = 24{,}60 \, dm^2$$

Zählen wir die Grundfläche des Kegels hinzu, so kennt Bruno auch die Oberfläche seines Zweitwerks:

$$O = 24{,}60 + 7{,}07 = 31{,}67 \, dm^2$$

Immerhin wird die Oberfläche des Zylinders ebenso berechnet wie bei der Pyramide. Aber jetzt kommt der schwierigere Teil: Wir suchen eine Rechenregel für den Zylindermantel.

Listen wir erst einmal alle Formeln für die beteiligten Größen auf:

$A = \pi \cdot s \cdot s$				K	r	e	i	s	f	l	ä	c	h	e
$u = \pi \cdot 2 \cdot r$				M	a	n	t	e	l	b	o	g	e	n
$U = \pi \cdot 2 \cdot s$				K	r	e	i	s	u	m	f	a	n	g

Ich habe das Ganze schon ein bisschen in der **Reihenfolge** geändert, denn im Folgenden packen wir alles in einen großen Bruch. Und dann kannst du überprüfen, wie weit deine Rechenfähigkeiten noch reichen. Denn es muss kräftig **gekürzt** werden:

$$M = \frac{\pi \cdot s \cdot s \cdot \pi \cdot 2 \cdot r}{\pi \cdot 2 \cdot s}$$

$$M = \frac{\pi \cdot s \cdot s \cdot \pi \cdot 2 \cdot r}{\pi \cdot 2 \cdot s} = \pi \cdot r \cdot s$$

So richtig traust du dieser Formel nicht? Lass uns ausprobieren, ob damit dasselbe Ergebnis herauskommt wie oben:

$$M = \pi \cdot r \cdot s$$
$$M = \pi \cdot 1,5 \cdot 5,22 = 24,60 \, dm^2$$

Es klappt also. Und wenn du einwendest, dass dies kein Beweis dafür ist, dass die Formel immer stimmt, hast du Recht. Aber du wirst es mir glauben müssen, dass der Radius und die Schrägseite des Kegels genügen, um den Mantel zu berechnen. (Ist ja auch viel bequemer!)

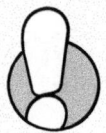

> Womit wir zwei Rechenregeln für den Kegel haben:
>
> **Mantel (M)** = Pi mal Radius mal Schrägseite
>
> **Oberfläche (O)** = Mantel plus Grundfläche

Kugel und Halbkugel

Was der Kreis für die Ebene ist, könnte die Kugel für den Raum sein. Auch hier gibt es einen Punkt in der Mitte, und wenn man den gleich weit in **jede** (!) Richtung ausdehnt, bekommt man eine Kugel.

Du kennst diese Beschreibung vom Kreis. Hier ging es in jede Richtung in der Ebene (= 2 Dimensionen), nun geht es überallhin im Raum (= 3 Dimensionen).

Es gibt noch eine andere Möglichkeit, eine Kugel zu beschreiben:

Wenn du einen Kreis einmal »im Kreis« drehst – nicht wie ein Rad um den Mittelpunkt, sondern wie einen Kreisel um den Durchmesser –, dann entsteht als Form eine Kugel.

Als Versuch kannst du ja mal eine (ausgediente) CD nehmen, sie senkrecht auf den Tisch setzen und ihr kräftig Schwung geben, sodass sie sich um eine Achse dreht.

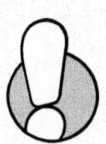

Auch bei der Kugel kennt man die Begriffe Durchmesser und Radius. Was die Oberfläche angeht, wäre deine erste Vermutung vielleicht diese:

Oberfläche = Pi mal Durchmesser hoch 2

Einfach mal versuchsweise die Formel für den Kreisumfang (O=$\pi \cdot$d) um eine Dimension erweitert. Beim Volumen könnte dies dann in Ableitung der Flächenformel (A=$\pi \cdot$r^2) so aussehen:

Rauminhalt = Pi mal Radius hoch 3

Ähnlich wie schon beim Kreis gibt es Annäherungsverfahren für Volumen und Oberfläche der Kugel. Wir sparen uns hier die Mühe, die sich andere bereits gemacht haben, und nutzen das Ergebnis ihrer Arbeit.

Und schon sind wir bei diesen Rechenregeln für die Kugel:

Rauminhalt (V)   = 4/3 mal Pi mal Radius hoch 3

Oberfläche (O) = Pi mal Durchmesser hoch 2

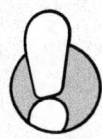

Also war unser erster Näherungsversuch gar nicht schlecht. Bei der Oberfläche haben wir einen Volltreffer gelandet. Nur beim Volumen müssen wir mit dem Bruch **4/3** etwas nachbessern. Mantel und Grundfläche werden hier offensichtlich nicht benötigt.

15

Und nun testen wir unsere frisch gewonnenen Einsichten gleich an einer Aufgabe:

> Übung 15.05:
>
> Aus einem großen Styroporwürfel mit 5 dm Kantenlänge soll Brunos Drittlingswerk entstehen, eine Kugel. Wie groß sind Volumen und Oberfläche?

Setzen wir wieder voraus, dass die Kugel möglichst groß sein soll, dann erhalten wir einen Durchmesser von 5 dm und einen Radius von 2,5 dm. Damit lassen sich die gesuchten Werte so berechnen:

V	=	4	/	3	·	π	·	2,5	3	=	65,45	dm	3
O	=					π	·	5,0	2	=	78,54	dm	2

Wenn man eine Kugel genau in der Mitte durchtrennt, bekommt man eine Halbkugel. Dass das Volumen genau die Hälfte der Vollkugel ist, dürfte klar sein. Wie aber ist es mit der Oberfläche?

Da ist einmal die **Hälfte** der Oberfläche, die eine ganze Kugel hat:

$$\frac{\pi \cdot d^2}{2}$$

Dazu kommt dann noch eine **Grundfläche**, deren Formel wir vom Radius auf den Durchmesser umrechnen:

$$\pi \cdot r^2 + \frac{\pi \cdot d^2}{4}$$

Damit ergibt sich für die Oberfläche der Halbkugel diese Formel:

$$O = \frac{\pi \cdot d^2}{2} + \frac{\pi \cdot d^2}{4} = \frac{3 \cdot \pi \cdot d^2}{4}$$

Womit wir ein weiteres Mal in den Genuss der Bruchrechnung gekommen sind.

> Das führt uns zu den Rechenregeln für die Halbkugel:
>
> Rauminhalt (V)   = 2/3 mal Pi mal Radius hoch 3
>
> Oberfläche (O) = 3/4 mal Pi mal Durchmesser hoch 2

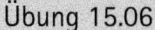

Nun reicht es aber und es wird Zeit, noch einmal möglichst viele Körperformen in einer Aufgabe zu verarbeiten:

Übung 15.06:

In der russischen Kleinstadt Matmatugorsk steht eine Kapelle mit
zwei freistehenden Türmen. Deren gesamtes Äußeres ist mit Kupfer
verkleidet und hat inzwischen sehr viel Grünspan angesetzt. Wie viele
Quadratmeter müssen gereinigt werden, wenn man für Türen und
Fenster ca. 39 m² abzieht?

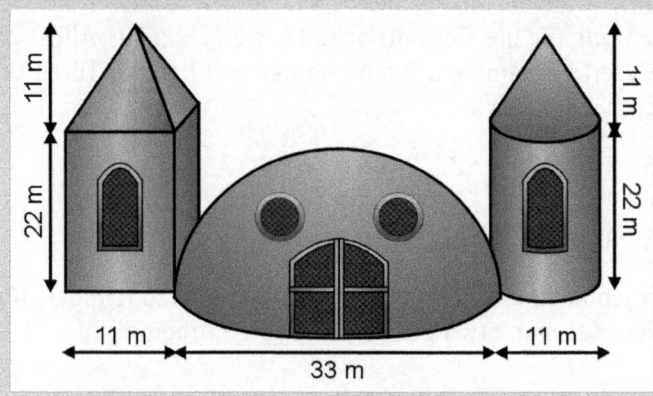

Nun steht uns einiges bevor: Wir haben insgesamt 5 Körper, benötigen
aber nur deren Mäntel, weil die Grundflächen entweder aufeinander oder
direkt auf dem Boden stehen.

Bevor wir beginnen, die Mäntel einzeln zu berechnen, kümmern wir uns
um die Schrägseiten der Dächer – die hier glücklicherweise beide gleich
lang sind. Das erledigen wir mit einer Gleichung, in der wir für die Schräge
x einsetzen:

$$x^2 = 5,5^2 + 11,0^2$$
$$x^2 = 151,25 \qquad | \sqrt{}$$
$$x = 12,30$$

Nun geht es weiter von links nach rechts. Der Westturm besteht aus
einem Quader (Q) und einer Pyramide (P) – jeweils mit quadratischer
Grundfläche:

$$u = 4 \cdot 11,0 = 44,0 \text{ m}$$
$$M(Q) = 44,0 \cdot 22,0 = 968,00 \text{ m}^2$$
$$M(P) = 2 \cdot 11,0 \cdot 12,3 = 270,56 \text{ m}^2$$

Der Ostturm setzt sich aus einem Zylinder (**Z**) und einem Kegel (**K**) zusammen:

			u	=	π	$\cdot$	1	1	,	0	=	3	4	,	5	6	m
M	**(** | **Z** | **)**	=	3	4	,	5	6	$\cdot$	2	2	,	0	=	7	6	0	,	2	7	m^2
M	**(** | **K** | **)**	=	π	$\cdot$	5	,	5	$\cdot$	1	2	,	3	=	2	1	2	,	5	0	m^2

Bleibt das Mittelstück bzw. das Kapellenschiff, wie man auch sagt. Dazu berechnen wir die Oberfläche einer Vollkugel und halbieren dann diesen Wert (**H**):

$$O (H) = \pi \cdot 33,0^2 : 2 = 1710,60 \ m^2$$

Und nun müssen wir für die Gesamtfläche (**A** steht hier für **Alles**) nur noch sämtliche Werte zusammenzählen und davon 39 m² für Türen und Fenster abziehen:

$$A = 968,00 + 270,56 + 760,27$$
$$+ \ 212,50 + 1710,60 - 39,00$$
$$= 3882,93 \ m^2$$

Wenn wir das Ergebnis runden, dann sind etwa 3.883 m² zu reinigen. (Pro Quadratmeter rechnet man etwa 20 bis 30 Minuten Arbeit.)

Zusammenfassung

Puh, war nicht ganz einfach, dieses letzte Kapitel! Aber ob gerade oder krumm, spitz oder schräg – jetzt kennst du die wichtigsten Körperformen der Mathematik. Auch in diesem Kapitel sind wieder eine ganze Reihe von Formeln aufgetaucht, wie die für (quadratische) Pyramide und Kegel:

$M = 2 \cdot a \cdot s$	Pyramidenmantel = 2 mal Grundseite mal Schrägseite
$M = \pi \cdot r \cdot s$	Kegelmantel = Pi mal Radius mal Schrägseite
$O = M + G$	Oberfläche = Mantel plus Grundfläche
$V = G \cdot k / 3$	Volumen = Grundfläche mal Körperhöhe durch 3

Außerdem ist die Kugel hinzugekommen, die mit dem Kreis verwandt ist:

$u = \pi \cdot d$	Kreisumfang = Pi mal Durchmesser
$O = \pi \cdot d^2$	Kugeloberfläche = Pi mal Durchmesser hoch 2
$A = \pi \cdot r^2$	Kreisfläche = Pi mal Radius hoch 2
$V = 4/3 \cdot \pi \cdot r^3$	Kugelvolumen = 4/3 mal Pi mal Radius hoch 3

Ein paar Fragen ...

1. Wie lauten die Formeln für Oberfläche und Volumen, wenn man jeweils Radius und Durchmesser vertauscht?

2. Rudi Pfiffig meint: »Man kann den Mantel einer Pyramide und eines Kegels auch mit der Formel Umfang mal Schräge durch 2 ausrechnen.« Stimmt das?

3. Wenn man eine Kugel halbiert, entsteht eine Schnittfläche. Lassen sich die Oberflächen einer Kugel und einer Halbkugel mit dieser »Grundfläche« vergleichen?

... und ein paar Aufgaben

1. Wie viel Prozent Ausschuss hat Bruno beim Hobeln und Schleifen seiner Kunstwerke jeweils verursacht?

2. Welches Volumen hat dieser Bleistift?

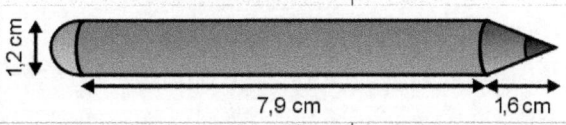

1,2 cm   7,9 cm   1,6 cm

3. Eine Pampelmuse hat einen Durchmesser von 12 cm. Ihre Schale ist 0,4 cm dick. Welches Volumen hat die Schale?

(Die Lösungen zu allen Fragen und Aufgaben stehen hinten im Buch.)

Anhang

Für Eltern ...

Ein Mathebuch für Kids – oder Kinder und Jugendliche, wenn Sie meinen. Na ja, die sollen ja was lernen, sagen Sie. Und der Kauf eines solchen Buches als Geschenk für Heranwachsende kann ein hervorragendes Alibi sein: Man hat etwas für die geistige Entwicklung seines Kindes getan.

Möglicherweise war Ihnen Mathematik selbst ein Gräuel. Vielleicht aber sollten Sie gerade deshalb auch mal hier reinschauen – weiter vorn, meine ich. Wäre schön, wenn nicht nur Ihr Kind, sondern auch Sie (nachträglich) auf den Geschmack kämen. Mathe muss gar nicht so schlimm sein, wie es oft geredet wird. Was also spricht dagegen, zusammen mit Ihrem Kind die Mathematik neu oder wieder zu entdecken?

... und für Lehrer

»Als Schulbuch würde ich so ein Machwerk nie empfehlen!« Waren Sie das, der/die das gerade gedacht (gesagt) hat? Als Schulbuch war **Mathe für Kids** auch nicht geplant – obwohl ich als Autor nichts dagegen habe, wenn es in möglichst vielen Schulen »vorkommt«.

Als Experte für Mathematik werden Sie wahrscheinlich den einen oder anderen »Schnitzer« entdecken, der streng genommen mathematisch nicht exakt (formuliert) ist. Aber wozu ist dieses Buch da? Es soll möglichst vielen (nicht nur jungen) Menschen einigen Spaß an der Mathema-

tik vermitteln. Wenn dies gelingt, dann kann man auch darauf vertrauen, dass die betreffenden »Kids« bemüht sind, aus eigenem Antrieb heraus Genaueres zu diesem oder jenem Thema zu erfahren. Und dann sind Sie gefragt – mit dem Mehr an Wissen, das dieses Buch nicht vermitteln konnte.

Lösungen zu allen Kapiteln

1 Einfach rechnen

1. Bei der Subtraktion und Division gilt **keine** Vertauschungsregel. Um dies zu beweisen, genügt jeweils ein einziges Gegenbeispiel:

   2+3 = 3+2 = 5   aber   3-2 = 1 und 2-3 = –1

   2·4 = 4·2 = 8   aber   4:2 = 2 und 2:4 = 1/2

   (Warum das die Lösungen sind, verstehst du spätestens nach Kapitel 4.)

   9+0+0 = 9   → plus 0 verändert das Ergebnis nicht
   9·1·1 = 9   → mal 1 verändert das Ergebnis nicht

   Man sagt übrigens:
   0 ist in der Addition **neutral**; 1 ist in der Multiplikation **neutral**.

2. Eine »allergrößte« Natürliche Zahl gibt es nicht. Findet man eine sehr sehr große Zahl, dann muss man nur 1 dazuzählen und schon hat man eine noch größere. Also irrt Rudi.

Aufgaben

1. Das sind die ursprünglichen Rechnungen (und Lösungen):

	5	7	0	2	3
+		3	4	5	6
+			1	2	8
+		9	0	8	6
	6	9	6	9	3

	4	6	0	3	5
−		6	5	4	3
−			9	0	8
−		2	2	1	5
	3	6	3	6	9

3	5	7	·	4	6	9
			3	2	1	3
		2	1	4	2	
	1	4	2	8		
1	6	7	4	3	3	

2. 1·2·3·4·5·6·7·8·9·10 = 3.628.800 → 10! = 3.628.800
   Man kann hier auch das Ausrufezeichen (!) als Symbol setzen und nennt das **Fakultät**.

3. Benjamin erreicht sein Ziel (mit 985 €) nicht ganz so schnell, er braucht einen Monat mehr, also 61 Monate.

4. Das Rauchen hat Herrn Smoke sein Leben und rund 19.000 Euro gekostet.

5. Die Lösungen für 12 bis 16 Jahre:

Jahre	Herzschläge	Atemzüge
1	34.164.000	13.140.000
12	409.968.000	157.680.000
13	444.132.000	170.820.000
14	478.296.000	183.960.000
15	512.460.000	197.100.000
16	546.624.000	210.240.000

6. Ein Lichtjahr sind ca. 9.460.800.000.000 km (rund 9,5 Billionen km).

2 Ganze Zahlen

Fragen

1. Rudi irrt schon wieder: Bei negativen Zahlen kehrt sich nämlich das Verhältnis um: –3 ist kleiner als –2; –1000 ist viel kleiner als –1 usw. Das lässt sich mit Temperaturen veranschaulichen: –9 ist z.B. kälter als –1.

2. Natürlich gelten die Rechenregeln von »Plus mal Plus« bis »Minus mal Minus« auch für die Division:
   Wenn z.B. gilt (-2) · (-3) = (+6), dann stimmt auch (+6) : (-2) = (-3). Auch hier wird zuerst ohne Vorzeichen dividiert, anschließend bekommt das Ergebnis ein passendes Vorzeichen.

3. Diesmal hat Rudi Recht: $(+2) + (-2) = 2-2 = 0$.
   Statt der 2 lässt sich jede beliebige Zahl verwenden. Stets gibt es dazu eine **Gegenzahl**. Die Summe beider Zahlen ist 0 (Die 0 ist ihre eigene Gegenzahl : $0+0 = 0-0 = 0$.)

Aufgaben

1. Zuerst werden die Klammern aufgelöst:

2 9 9	-	8 3	-	1 6	+	4 1	-	2 7	+	6 9	-	5 4
8 2	-	1 2	+	2 4	+	3 6	-	6 3	-	7 7		
4 6	+	8 5	-	5 8	+	1 0 4	-	9 2	+	2 5		

2. Dann könntest du so vertauschen:

2 9 9	-	8 3	-	2 7	+	4 1	+	6 9	-	1 6	-	5 4	=	2 2 9
8 2	-	1 2	+	2 4	+	3 6	-	6 3	-	7 7			=	- 1 0
4 6	+	1 0 4	+	8 5	+	2 5	-	5 8	-	9 2			=	1 1 0

3. So ergibt eine Addition (+) für jede Zeile und Spalte die gleiche Summe:

2 4	-	1
-	0 5	1
3	-	1 1
1 1	1	

2	-	-	-
-	0 4	-	
2 1	-	-	
-	-	-	

4. Hier sind die geknackten Klammernketten:

- 5 · 1 2 · 3	=	- 1 8 0
+ 4 · 9 · 7 · 2	=	+ 5 0 4
+ 2 1 · 4 : 7	=	+ 1 2
- 4 8 : 3 : 8	=	- 2

5. Mit 11 Euro Schulden verlässt »Unlucky« Freddy das Casino.

3 Zahlen mit Komma

Fragen

1. Nehmen wir an, ich teile 1 durch 0. Nennen wir das Ergebnis X. Dann müsste $X \cdot 0 = 1$ sein. Es gibt aber keine Zahl, die hier passt. Wäre z.B. $1:0 = 1$, dann müsste $1 \cdot 0 = 1$ sein. Aber jede beliebige Zahl mal 0 ist wieder 0!
   Wegen dieses Widerspruchs gilt: Die Division durch null ist **verboten!!!**

2. Selbstverständlich gelten die Rechenregeln für die Multiplikation (von »Plus mal Plus« bis »Minus mal Minus«) auch für Rationale Zahlen. Es wird ja immer ohne Vorzeichen multipliziert (oder dividiert), anschließend bekommt das Ergebnis ein passendes Vorzeichen. Dass es eine Kommazahl sein kann, stört dabei nicht.

3. Um miteinander verglichen zu werden, müssen die drei Zahlen auch **dieselbe** Anzahl von Stellen hinter dem Komma haben, also 0,100 ; 0,200 ; 0,900. So kann man eindeutig erkennen, welche Zahl die größere bzw. kleiner ist. Rudi erweist sich hier nicht als sehr pfiffig.

4. Zwischen 0 und 10 liegen **unendlich** viele Rationale Zahlen. Und das gilt für jedes noch so kleine Intervall. Zwischen 0 und 1 liegt z.B. 0,1; zwischen 0 und 0,1 z.B. 0,01 usw.
Hast du zwei verschiedene Kommazahlen, findest du immer wieder eine weitere, die dazwischen liegt. Denn Rationale Zahlen können sehr sehr viele Stellen hinter dem Komma haben.

5. +0 oder -0 ist im Prinzip das Gleiche. Bei Temperaturangaben wird in der Regel gerundet. Liegt also die Temperatur ein wenig unter null, ist aber nicht genau null, dann sagt man: Es sind –0 Grad.

Aufgaben

1. Jedes Kind bekommt fürs Rasenmähen 3,33. Und es bleibt 1 Cent als Rest.

2. Eine CD kostet etwa 8,33 Euro.

3. Hier die ursprünglichen Rechnungen (leere Stellen mit Nullen aufgefüllt):

		2	3,	0	5	7	0				4	6,	0	3	5	0
+		1	1,	9	8	7	6		-			6,	5	4	3	0
+			0,	0	8	0	0		-			9,	6	3	0	0
+			9,	0	6	4	2		-		2	9,	7	9	5	4
		4	4,	1	8	8	8					0,	0	6	6	6

4. Martina hat Recht: Die Zahlen 0,9951 und 0,0049 auf 2 Stellen gerundet ergeben 1,00 und 0,00.

4 Bruchrechnen

Fragen

1. Eigentlich ja, denn alle Rationalen Zahlen sind eben die Zahlen, die sich auch als Brüche darstellen lassen. Andererseits werden Bruch-

zahlen niemals als Kommazahlen, sondern **nur** als Brüche dargestellt. Im Grunde genommen ist also der Begriff Bruchzahlen nicht unbedingt nötig.

2. Erweitert man einen Bruch mit 0, so werden Zähler und Nenner mit 0 malgenommen: Es entsteht der Bruch 0/0.
   Kürzt man einen Bruch mit 0, so müssten Zähler und Nenner durch 0 geteilt werden: Der entstandene Bruch könnte 0/0 lauten.
   Die 0 ist also (auch hier) ein Problem: Deshalb haben die Mathematiker das Erweitern und Kürzen mit 0 **verboten!**

3. Peter hat einfach die Nenner ebenso wie die Zähler addiert. Wenn Peters Ergebnis 1/2+1/2 = 1/2 richtig wäre, dann könnte man z.B. auch sagen: **1+1 = 1**. Und würde das stimmen, dann wäre ja **2 = 1**. (Und das würde die Mathematik mehr als ein bisschen durcheinander bringen.)

4. Kürzen kann man nur mit der gleichen Zahl. Man müsste also **16/9** durch 3 **oder** durch 4 kürzen. Beide Male aber klappt dies nicht:
   Zwar geht **9:3 = 3**, nicht jedoch **16:3 = 5**, denn es bleibt eine Rest von 1.
   Zwar geht **16:4 = 4**, nicht jedoch **9:4 = 2**, denn auch hier ist ein Rest von 1 übrig. Also irrt Rudi.

Aufgaben

1. Die Ergebnisse sind $\frac{5}{7}$ und $\frac{2}{3}$. Gekürzt wurde durch 12 und durch 72.

2. Hier kommen die Brüche $\frac{2}{3}$ und $\frac{1}{2}$ heraus. Ungekürzt wären das

   $\frac{46}{69}$ bzw. $\frac{36}{72}$.

3. Das ist die Auflösung:

2/5	1/10	1/2	1
4/9	1/3	2/9	1
7/45	17/30	5/18	1
1	1	1	

4. Die Aufteilung siehst du in der folgenden Tabelle:

zu Fuß	per Fahrrad	per Bus	per Bahn	Gesamt
8	9	12	1	30
4/15	3/10	2/5	1/30	1

5. Nach Max müsste die Beute so verteilt werden:

Max	Ede	Igor	Gesamt
1/2 = 6/12	1/3 = 4/12	1/4 = 3/12	13/12

6. Macht zusammen 13/12. Es sind aber nur 12/12 da. Also sollte Max sich mit 5/12 begnügen.

7. Ganz schön happig: Der gemeinsame Nenner ist 2.520. Und das ist die Summe der Zähler:

2	5	2	0	+	1	2	6	0	+	8	4	0	+	6	3	0		
	+	5	0	4	+	4	2	0	+	3	6	0	+	3	1	5		
				+	2	8	0	+	2	5	2	=	7	3	8	1		

8. Das Ergebnis ist also $\dfrac{7381}{2520}$.

5 Noch mehr Brüche

Fragen

1. Alle Natürlichen Zahlen außer der 0 selbst sind Teiler von 0. Es gilt: 0/X = 0 (wobei du für X eine beliebige Natürliche Zahl wie 1, 2, 3, 10 usw. einsetzen kannst). Andersherum kann 0 niemals Teiler sein, denn X/0 ist ja verboten.

2. Es kommt immer 1 heraus, wenn ich einen Bruch mit seinem eigenen Kehrwert malnehme.

Ein Beispiel: $\dfrac{2}{3} \cdot \dfrac{3}{2} = 1$. Setzt du allgemein für X und Y beliebige

Ganze Zahlen ein (außer Null!), da*nn* gilt immer: $\dfrac{X}{Y} \cdot \dfrac{Y}{X} = \dfrac{1}{1} \cdot \dfrac{1}{1} = 1$.

3. Wenn Rudi sich etwas genauer ausdrückt, dann stimmt es und ist nichts anderes als mit dem **Kehrwert** malnehmen:
Dabei werden Zähler mit Nenner und Nenner mit Zähler jeweils »über Kreuz« multipliziert.

4. Die 1 ist keine Primzahl, denn eine Primzahl muss **zwei** Teiler haben, die 1 hat aber nur **einen**.

5. Rudi Pfiffig hat Recht: Alle anderen geraden Zahlen lassen sich durch 2 teilen. Damit bleibt nur die 2 als einzige gerade Primzahl.

Aufgaben

1. a) $\dfrac{5}{28}$ b) $\dfrac{5}{7}$

2. $\dfrac{7}{6} : \dfrac{3}{4} = \dfrac{14}{9} = 1\dfrac{5}{9}$

3. $\dfrac{1}{3} - \dfrac{3}{4} = -\dfrac{5}{12}$

4. Das ergibt die Zerlegung in Primzahlen:

   $44.100 = 2\cdot2\cdot3\cdot3\cdot5\cdot5\cdot7\cdot7$

   $9.699.690 = 2\cdot3\cdot5\cdot7\cdot11\cdot13\cdot17\cdot19$

5. Das Ergebnis ist $\dfrac{1}{10}$, weil sich fast alle Zähler gegen fast alle Nenner kürzen lassen.

6 Verhältnisse

Fragen

1. »Zenti« entspricht der Zahl 100, »Dezi« entspricht der Zahl 10: Also gilt 1 Meter (m) = 10 Dezimeter (dm) = 100 Zentimeter (cm). Und 1 Tonne (t) entspricht 1000 Kilogramm (kg), hat also nichts mit Metern zu tun.

2. Ein echter Bruch ist als Kommazahl kleiner als 1, ein unechter Bruch dagegen ist als Kommazahl größer als 1. Also hat Rudi Recht.

3. Bei Tinas Spinnenmodell könnte man statt 4:1 auch 1:0,25 sagen (allerdings sind Ganze Zahlen bei Maßstäben beliebter).

4. Was soll damit sein? Das sind keine neuen Zuordnungen, denn es gilt ja:
   Je weniger, desto weniger= Je mehr, desto mehr
   Je weniger, desto mehr= Je mehr, desto weniger

Aufgaben

1. Das ergibt ein Zentimeter bei Opa Krauses Karten in Wirklichkeit:

	1:150.000	1:250.000	1:1000.000
1 cm	1,5 km	2,5 km	10 km

2. Es sind 36 km, die Herr Maier zu fahren hat. Er braucht also 0,48 h, das ist ungefähr eine halbe Stunde, bis er bei Frau Müller eintrifft.

3. Eine CD kostet 11,50 €. Tina kauft 5 CDs, Kuno zahlt für 4 CDs 46 Euro.

4. Nach den 3 Tagen reicht der Vorrat eigentlich noch für 3 Tage, denn die Hälfte ist verbraucht. Dieser Vorrat verteilt sich nach Hippos Ankunft von 2 auf 3 Personen und reicht damit noch 2 Tage. Macht zusammen 5 Tage.

5. Offenbar benötigt jedes Meerschweinchen täglich 100 g. Für 5 Tiere reicht der Heuvorrat 8 Tage lang. Und mit 3 kg Heu kommen 3 Meerschweinchen 10 Tage lang aus.

7 Prozente

Fragen

1. Leopold liegt prozentual total daneben. Denn es geht um immerhin 200% Gewinn. Und wenn er genügend Schrott sammelt und wieder los wird, dürfte sein Geschäft auch gut laufen.

2. Das neue Gehalt von Olga und Erik beträgt 105% bzw. 104% vom alten.

3. Der Pfiffig ist pfiffig! Denn 1,16 ist ja die Kommzahl zum Bruch 116/100. Er spart sich so das zusätzliche Teilen durch bzw. Malnehmen mit 100. Das klappt übrigens bei allen Aufgaben dieses Kapitels, wo es nicht um den Prozentsatz geht.

4. Genau besehen sind 3% von 16 Prozent 0,48 Prozent (3·16/100). Damit es keine Missverständnisse gibt, hat man den Begriff Prozentpunkte eingeführt. Das heißt hier, die Mehrwertsteuer klettert um 3 Punkte nach oben von 16% auf 19%.

Aufgaben

1. Die Brüche und ihre Prozente:

$\dfrac{1}{10}$	$\dfrac{1}{2}$	$\dfrac{1}{4}$	$\dfrac{3}{4}$	$\dfrac{1}{5}$
10%	50%	25%	75%	20%

2. Künftig bekommen beide 5 Euro mehr. Damit hat Tina 25 Euro und Kuno 30 Euro Taschengeld.

3. Der DVD-Player kostet in beiden Läden 118,25 Euro (Zwischenwerte: 127,15 bei Olaf, 114,81 bei Detlef).

4. Bruno zahlt noch 982,07 Euro für das Velo (Rabattpreis: 1.012,44 €).

8 Zins und Zinseszins

Fragen

1. Beim Potenzieren lassen sich Basis und Exponent **nicht** beliebig vertauschen. Ein Beispiel: $2^3 = 8$, **aber** $3^2 = 9$.

2. Die Zahl gibt es, sie heißt Zwei: $2+2 = 2 \cdot 2 = 2^2$.

3. Jede Stelle einer Dezimalzahl steht für Einer, Zehner, Hunderter, Tausender usw. Und das lässt sich so als Potenz ausdrücken:

Tausender	Hunderter	Zehner	Einer
10^3	10^2	10^1	10^0

4. Damit könnte man z.B. die Zahl **1234** so schreiben:

5. $1 \cdot 1000 + 2 \cdot 100 + 3 \cdot 10 + 4 \cdot 1 = 1 \cdot 10^3 + 2 \cdot 10^2 + 3 \cdot 10^1 + 4 \cdot 10^0$

6. Rudi hat schon wieder Recht:
Der eine Zinsfaktor gilt nur für die Ermittlung der **Zinsen** und wird aus dem reinen Zinssatz gebildet:
Zinsfaktor = Zinssatz/100 bzw. kürzer: **q = p/100**

7. Mit dem anderen Zinsfaktor wird das **Zielkapital** ermittelt. Er bildet die Summe aus dem Zinssatz plus den schon vorhandenen 100% fürs Startkapital:
Zinsfaktor = Zinssatz/100+1 bzw. kürzer: **q = p/100+1**

8. Wobei die 1 aus 100/100 entstanden ist: q = p/100 + 100/100.

9. Ein Beispiel: Ein Zinssatz von **5%** ergibt als Zinsfaktor für die Zinsen **0,05** und für das Zielkapital **1,05**.

Aufgaben

1. Das sind die Potenzen von 2^2 bis 10^2 bzw. von 2^2 bis 2^{10}:

2^2	4	2^2	4
3^2	9	2^3	8
4^2	16	2^4	16
5^2	25	2^5	32
6^2	36	2^6	64
7^2	49	2^7	128
8^2	64	2^8	256
9^2	81	2^9	512
10^2	100	2^{10}	1024

2. Bei der Ratenzahlung muss Bruno 205 Euro zahlen. Das sind 16 € bzw. ca. 8,5% mehr als bei Sofortzahlung.

3. Felix sollte etwa 20.750 Euro anlegen. (Das genaue Startkapital wäre 20.732,14 €.)

4. So viel Überziehungszinsen muss Olga zahlen – je nach Zeitraum:

1 Jahr	1 Monat	11 Tage	3 Tage	1 Tag
7,50 €	0,63 €	0,23 €	0,06 €	0,02 €

5. Ohne Zinseszins würden sich auf dem Konto von Jesus gerade mal kümmerliche 21 Cent angesammelt haben.

6. Nach (spätestens) 3 Jahren ist Erik seine Schulden los. Am Ende des 3. Jahres hätte er noch 1.965,81 € zu zahlen. Insgesamt wären das damit 11.965,81 Euro. Zu Veranschaulichung die Tabelle:

Jahr	Startkapital	Zielkapital	Erik zahlt	Restkapital
1	10.000,00	11.100,00	5.000,00	6.100,00
2	6.100,00	6.771,00	5.000,00	1.771,00
3	1.771,00	1.965,81	1.965,81	0,00

9 Gleichungen

Keine Fragen

Aufgaben

1. Die Gleichung für den Opa lautet: $x/2-44 = 0$ und ergibt für $x = 88$
Die Gleichung für den Enkel heißt: $9 \cdot x = 88+x$ und ergibt für $x = 11$
Der Opa ist also 88 und der Enkel 11 Jahre alt.

2. Die Gleichung für Kuno: $40x = 40x$ hat wegen $x = x$ unendlich viele Lösungen. Die Gleichung für Tina: $20x = 40x$ ergibt für $x = 0$.
Kuno und Bruno bleiben immer zusammen, weil sie gleich schnell sind (sie »treffen sich« also zu jeder Zeit). Tina und Bruno dagegen »treffen sich« nur beim Start, also in der 0. Stunde.

3. Weil eine Gleichung nicht reicht, behelfen wir uns mit zweien. Außerdem brauchen wir auch zwei Variablen:
$x+y = 33$ für die Anzahl aller Tiere und $4x+2y = 88$ für die Anzahl der Beine.
Nach Umformung der einen Gleichung in $y = 33-x$ können wir y in der anderen Gleichung ersetzen:
$4x+2 \cdot (33-x) = 88 \rightarrow 2x+66 = 88$ ergibt für $x = 11$
Nehmen wir jetzt wieder die erste Gleichung zur Hilfe, dann heißt die jetzt
$11+y = 33$ und ergibt für $y = 22$.
Weil die Schweine mehr Beine haben als die Hühner, hat Bauer Knolle also 11 Schweine und 22 Hühner.

10 Funktionen und Graphen

Fragen

1. Natürlich dürfen die Werte für die Steigung a und die Verschiebung b auch Kommazahlen oder Brüche sein, erlaubt sind alle Rationalen Zahlen (inklusive der 0). Ein Beispiel: $y = 1/2x - 1{,}75$.

2. Es gibt **keine** Steigung, also muss $a=0$ sein. Der Graph verläuft durch den Ursprung, also muss auch $b=0$ sein:
Es gilt also für alle x: $y = 0x+0 \rightarrow y = 0$.

3. Es stimmt, was Rudi sagt. Bei einem Graphen, der senkrecht verläuft, müsste die Steigung a **unendlich** groß sein. Passen würde z.B. eine

der Gleichungen x = 0 oder x = 2 oder x = -2. Alle drei sind jedoch keine Funktionsgleichungen.

Aufgaben

1. Dies sind die Funktionsgleichungen:

(a)	y	=		9	0	x	+	9	0		y	=	1	5	0	x
(b)	y	=		9	0						y	=	1	5	0	x
(c)	y	=	-	9	0	x	+	9	0		y	=	1	5	0	x

2. Und das die Graphen:

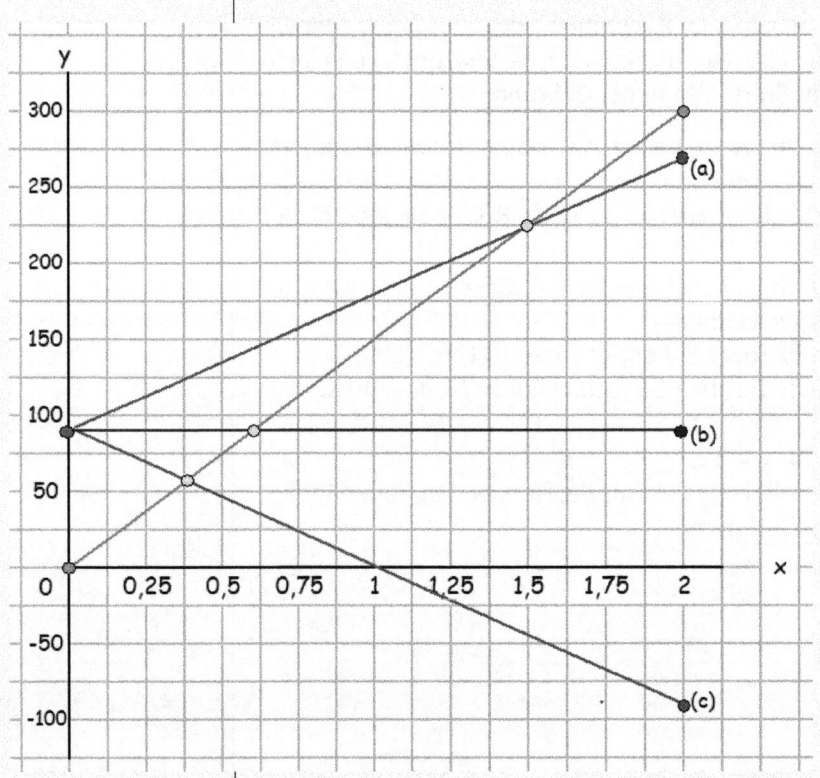

3. Nach a) 1,5 Stunden b) 36 Minuten c) 22,5 Minuten treffen sich die beiden.

4. Auch hier zuerst die Gleichungen:

(1)	y	=	4	0	x	+	2	0	B	r	u	n	o
(2)	y	=	4	0	x				K	u	n	o	
(3)	y	=	2	0	x				T	i	n	a	

5. Und dann kommen die Graphen:

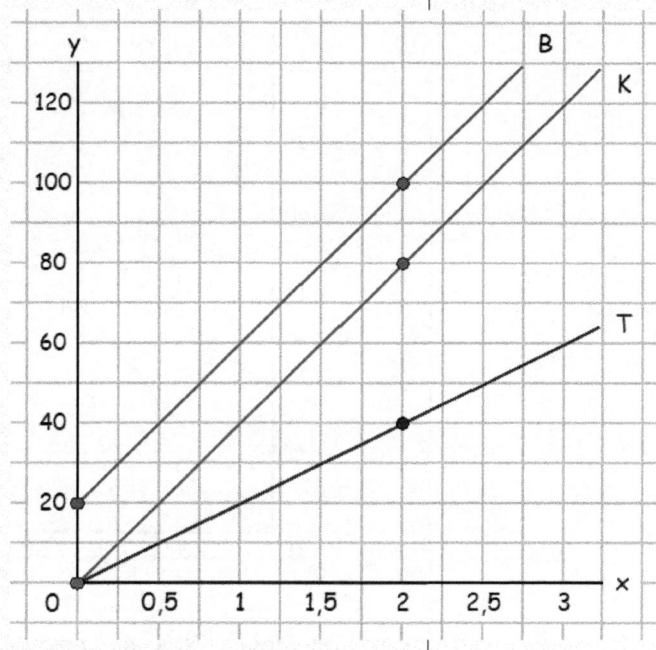

6. Weil es keine Schnittpunkte gibt, gibt es auch keine Lösungen.

7. Erst die Gleichungen:

(1)	y	=	0,	3	x		(2)		y	=	0,	2	x	+	9

8. Dazu gibt es diese Werte für Steigung und Verschiebung:

(1)	a	=	0,	3	b	=	0
(2)	a	=	0,	2	b	=	9

715

9. Und hier sind die Graphen:

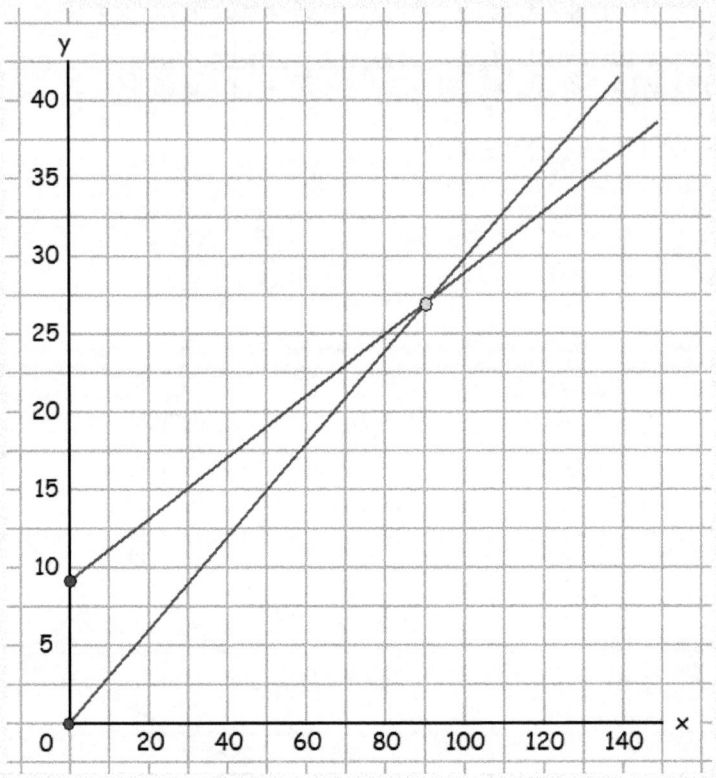

10. Telefoniert Olga weniger als 90 Gesprächseinheiten, so lohnt sich Tarif I, über 90 Einheiten ist Tarif II sinnvoller.

11 Punkte, Linien, Flächen

Fragen

1. Wenn man eine Strecke aus Punkten zusammensetzt, benötigt man **unendlich** viele Punkte! Auch pro Millimeter, weil diese Dinger ja auch winzig (= unendlich) klein sind.

2. Diese Frage lässt sich nicht beantworten: Man kann nur Millimeter in Meter (1 m = 1.000 mm) und Quadratmillimeter in Quadratmeter (1 m^2 = 1.000.000 mm^2) umrechnen!

3. Mit den Vierecken hat Rudi auf jeden Fall Recht: Bei einem Trapez müssen zwei Seiten **parallel** sein. Das gilt auch für Quadrate und

Rauten, Rechtecke und Parallelogramme. Damit wären das alles auch Trapeze.

Bei den Dreiecken kann man sich streiten: Philosophisch betrachtet, könnte jedes Dreieck ein Viereck sein, dessen 4. Seite die **Länge 0** hat. Wenn man das akzeptiert, dann wäre ein Dreieck ein »heimliches« Trapez.

4. Weil bei einem Quadrat alle Seiten gleich groß sind, müssen auch Mittellinie und Höhe identische Maße haben. Damit gilt auch $A = m^2 = h^2$.

Aufgaben

1. Die Flächen der Dreiecke sind mit 72 cm² halb so groß wie die der Vierecke (= 144 cm²).

2. Die Gesamtfläche beträgt 45 m², der Umfang abzüglich der Türen 44 m.
   (Die Zimmer im Einzelnen: Fläche = 16m²; 6m²; 8,75m²; 14,25m²; Umfang = 16m; 10m; 12m; 16m.)
   Bei einem Verschnitt von 5% macht das dann 47,25 m² bzw. 46,20 m. Aufgerundet sollten also 48 Quadratmeter Laminat und 47 Meter Fußleisten gekauft werden.

3. Benno müsste 81,54 m², Beppo 88,80 m² und Simba 76,70 m² streichen.
   (Vorn und hinten sind das jeweils 25,41 m², 29,04 m², 22,99 m²; für die Seiten jeweils 15,36 m².)

4. Es gibt 2 kleine Dreiecke (Nr. 4 und 7) zu je 6,25 cm², die Flächen Nr. 2, 3 und 5 lassen sich jeweils aus zwei solcher »Kleindreiecke« zusammensetzen, ihre Fläche beträgt dann je 12,5 cm². Dann gibt es noch zwei doppelt so große Dreiecke mit einer Fläche von jeweils 25 cm². Macht zusammen 100 cm².

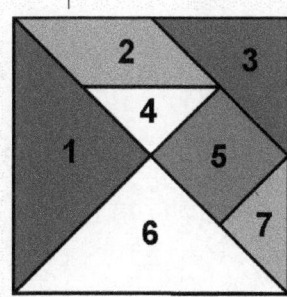

12 Geometrie in der Ebene

Fragen

1. Die Diagonale errechnet sich nach »Pythagoras« so: $a^2 + a^2 = 2a^2$. Zieht man daraus die Wurzel, so hat man die Diagonale. Diese muss aber mit der anderen (also hier sich selbst) malgenommen werden, sodass wieder quadriert wird. Also kann man sich Wurzelziehen und anschließend wieder Quadrieren sparen, der Wert bleibt so wie er ist: $2a^2$.

Lediglich durch 2 muss noch geteilt werden, womit wir a^2 erhalten. Und das entspricht genau der Formel für den Flächeninhalt eines Quadrates! (Pfiffig?)

2. Die Höhe **halbiert** ein gleichseitigen Dreieck in zwei gleich große rechtwinklige Dreiecke. Nehmen wir an, alle Seiten sind 10 cm lang, so hat die untere **halbe** Seite eine Länge von 5 cm. Setzen wir ein x für die Höhe. Nach dem Satz des Pythagoras gilt : $x^2 + 5^2 = 10^2$, woraus wir nach Berechnung **x = 8,66** erhalten.

Aufgaben

1. Die quadratische Schokolade ist 11,1 cm lang und breit.

2. Das Zelt ist in der Mitte 1,30 m hoch.

3. Das Haus wäre 9,86 m breit.

4. Die Leiter reicht 3,11 m hoch.

5. Der Drachen ist 88 cm breit und 1,16 m hoch.

13 Geometrie im Raum

Fragen

1. Ein Liter hat etwas mit Kubikmeter (m³) zu tun: Genau gesagt ist 1 Liter dasselbe wie 1 dm³ (oder 1.000 cm³). Demnach sind 1.000 Liter ein m³.

2. Nicht die Lage eines Prismas bestimmt, was seine Grundflächen sind. Grundflächen sind immer die Flächen eines Prismas, die **parallel** zueinander liegen und in Form und Größe völlig **gleich** sind.

3. Rudi hat Recht: Beim Quader sind die jeweils gegenüber liegenden Flächen immer parallel und exakt gleich große Rechtecke.

4. So wie man beim Quadrat aus dem Flächeninhalt die Quadratwurzel zieht, um die Länge einer Seite zu bekommen, so erhält man auch die Kantenlänge eines Würfel durch Wurzelziehen. Nur ist es diesmal die **Kubikwurzel**:
Volumen = Kante³ → Kante = ³√Volumen.

Aufgaben

1. Zu beachten ist, dass bei Bennos Wanne die Grundfläche seitlich liegt, bei Beppo aber vorn (bzw. hinten). Zuerst müssen die 30 cm bei

Benno von 90 und 70 cm, bei Beppo von 80 cm abgezogen werden. Beide Wannen haben dasselbe Fassungsvermögen. Hinein passen 2.700 Liter. Die lassen sich aber vielleicht nicht mal nutzen, denn sobald einer von den Dicken im Wasser sitzt, steht das wahrscheinlich nicht nur bis zum Rand, sondern schwappt sogar über.

2. Das Volumen beider Körper beträgt 970,3 m³. Der Quader ist 89,1 cm lang bzw. hoch – je nach Lage.

3. Ja, der Wanderstab passt. Allerdings nicht diagonal in einer Ebene, sondern nur diagonal im Koffer-Raum. In der Ebene beträgt die Diagonale 94,63 cm, es fehlen ca. 4,4 cm. Im Raum ist die Diagonale 100,21 cm lang, dort sind also ca. 1,2 cm Luft.

4. Die Grundflächen sind Rechteck, Trapez und Dreieck, und haben alle 100 cm² Flächeninhalt.
Für die Rechtecksfläche gilt:
$A = 2x^2$. Damit erhalten wir für $x = 7,07$. Für die Trapezfläche gilt:
$A = 3x^2$. Damit erhalten wir für $x = 5,77$.
Für die Dreiecksfläche gilt:
$A = 0,5x^2$. Damit erhalten wir für
$x = 14,14$.
In der Abbildung sind die Maße, die sich nun leicht errechnen lassen:

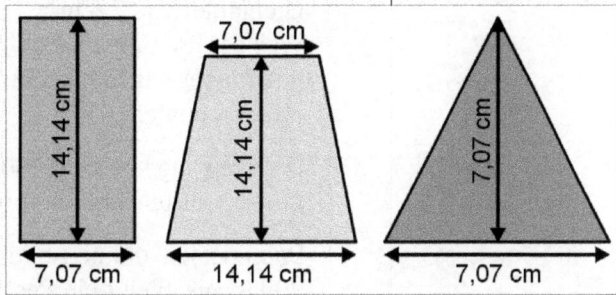

14 Krumme Linien und Flächen

Fragen

1. Der Umfang errechnet sich über 2 mal Pi mal Radius (**2r**), die Fläche über Pi mal Durchmesser durch 4 (**πd/4**).

2. Nehmen wir einen Kreis mit einem Radius von 1 m. Dann gilt für den Flächeninhalt = 3,1416 m² und den Umfang = 6,2832 m.
In der Tabelle stehen die Berechnungen für 3 bis 6 Kreisteile:

Anteil	Rudis Formel	Fläche	Bogen
3	1,0472	1,0472	2,0944
4	0,7854	0,7854	1,5708
5	0,6283	0,6283	1,2566
6	0,5236	0,5236	1,0472

3. Demnach scheint Rudis Idee Sinn zu machen.
   (Es gilt sogar **genau**: Teilfläche = Pi mal Radius durch Anzahl.)

4. Ein Kreisring entsteht, indem man aus einem größeren einen kleineren Kreis ausschneidet. Man berechnet beide Flächen und zieht den kleineren vom größeren Wert ab.

Aufgaben

1. Das Quadrat hat eine Seitenlänge von ca. 89 cm (die Kreisfläche beträgt ca. 0,785 m²).

2. Ein regelmäßiges Sechseck besteht aus gleichseitigen Dreiecken. Und alle Seiten jedes Dreiecks sind hier ebenso lang wie der Radius des Kreises. Ein Dreieck hat eine Fläche von ca. 0,43 m². Damit erhalten wir für das gesamte Sechseck einen Umfang von 6 m und einen Flächeninhalt von 2,6 m².
   Weil der Kreis einen Umfang von 6,28 m bzw. eine Fläche von 3,14 m² hat, macht das für das Sechseck 95,5% des Umfangs bzw. 82,7% des Flächeninhalts.

3. Der Kreisring hat ca. 4.560 m² Fläche. Und die Strecke ist etwa 414 m lang (= Mittelwert aus innerem und äußerem Kreisumfang).

4. Das Prismenvolumen beträgt 891,0 cm³, das Volumen des Zylinders 699,8 cm³. Bleibt ein Rest von 191,2 cm³, das sind 21,5%.

5. Das Haus hat 389,7 m³ Volumen (die »Grundfläche« beträgt ca. 35,4 m²).

15 Spitze und runde Körper

Fragen

1. Die Oberfläche errechnet sich über 4 mal Pi mal Radius hoch 2 ($4\pi r^2$), das Volumen über Pi mal Durchmesser hoch 3 durch 6 ($\pi d^3/6$).

2. Rudi hat Recht, wenn er Quadratpyramide und Kreiskegel meint.
   Für die Pyramide lässt sich der Mantel so herleiten:
   u = 4a → M = 4as/2 → M = us/2

Und für den Kegel ergibt sich diese Formel:

u = πd → M = πds/2 → M = us/2

3. Die Oberfläche einer Kugel ist das 4fache, die einer Halbkugel das 3fache einer Schnittfläche oder »Grundfläche«.

Aufgaben

1. Bei Pyramide und Kegel gehen ca. 66,7%, bei der Kugel knapp 47,6% verloren.

2. Der Bleistift hat ein Volumen von ca. 10 cm³ (Radiergummi = 0,5 cm³, Mittelteil = 8,9 cm³; Spitze = 0,6 cm³).

3. Das Gesamtvolumen (außen) beträgt 904,8 cm², das des Frucht-fleischs allein (innen) 735,6. Bleiben für die Schale 169,2 cm².

ELEKTRONIK GANZ LEICHT

Das Buch

Batterien, Schalter, Lampen, Motoren und Leuchtdioden begegnen uns jeden Tag. Florian Schäffer vermittelt dir in diesem Buch nicht nur technisches Hintergrundwissen und Physik zum Anfassen, sondern experimentiert baut und misst mit dir an Schaltungen. Wichtige Elektronik-Merksätze, einfache Formeln und die wichtigsten Schaltzeichen gehen dir dabei ebenso in Fleisch und Blut über wie das Wissen zu Relais, Widerständen, Transistoren und Dioden. Falls es einmal richtig kniffelig wird, steht dir Hund Buffi mit Rat und Tat zur Seite.

Altersempfehlung

Ab 12 Jahre, aber auch für Erwachsene, die eine wirklich einfache Einführung suchen und ihr Wissen auffrischen möchten.

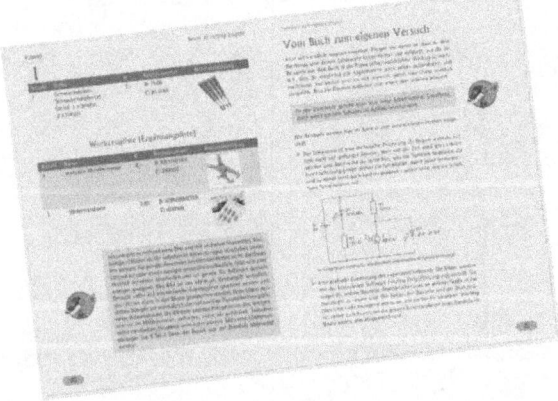

Florian Schäffer

ELEKTRONIK GANZ LEICHT

296 Seiten, durchgehend in Farbe
ISBN: 978-3-96269-033-5
Hardcover, 170 x 240 mm

€ 9,95

impian

COMPUTER GANZ LEICHT

Das Buch

Was haben Desktop-PCs, Laptops, Smartphones, Playstations und sogar Taschenrechner gemeinsam? Sie alle sind Computer! Zunächst erforschen wir Windows in seiner neuesten Version (Windows 10). Du erfährst, wie du mit Dateien, Ordnern und Fenstern umgehst und wie du speicherst und druckst. Mit der Pannenhilfe und dem Lexikon am Ende des Buches kannst du dich bei offenen Fragen und kleineren Problemen mit deinem Computer jederzeit schlaumachen.

Altersempfehlung

Ab 10 Jahre, aber auch für Erwachsene, die eine wirklich einfache Einführung suchen und ihr Wissen auffrischen möchten.

Hans-Georg Schumann

COMPUTER GANZ LEICHT

264 Seiten, durchgehend in Farbe
ISBN: 978-3-96269-032-8
Hardcover, 170 x 240 mm

€ 9,95

KENNST DU DIE?

100 Wissenschaftler, Entdecker, Künstler, Visionäre und wer noch die Welt verändert hat

Das Buch

Wissenschaftler, Entdecker, Künstler und Visionäre – sie alle verändern die Welt. Wie leben sie? Was treibt sie an? Was ist das Geheimnis ihres Erfolgs? Ob Weltverbesserer oder Fantasten – sie eint die Leidenschaft für ihre Berufung und der unbedingte Wille, ihre Vision zu verwirklichen. Manfred Mai porträtiert von Homer über Katharina die Große bis Mark Zuckerberg einhundert berühmte Persönlichkeiten, die es sich lohnt, besser kennenzulernen.

Die einmaligen Grafiken stammen von Dieter Wiesmüller. Er hat viele Jahre Bilderbücher sowie Titelbilder für den SPIEGEL illustriert. Er war außerdem Lehrbeauftragter an der Hochschule für Gestaltung in Hamburg.

Mai, Wiesmüller

KENNST DU DIE?

264 Seiten, durchgehend illustriert
ISBN: 978-3-96269-096-0
Hardcover, 165 x 233 mm

€ 14,95